Lenguas, reinos y dialectos en la Edad Media ibérica. La construcción de la identidad

Homenaje a Juan Ramón Lodares

Javier Elvira
Inés Fernández-Ordóñez
Javier García González
Ana Serradilla Castaño (eds.)

Lenguas, reinos y dialectos en la Edad Media Ibérica. La construcción de la identidad

Homenaje a Juan Ramón Lodares

Javier Elvira
Inés Fernández-Ordóñez
Javier García González
Ana Serradilla Castaño (eds.)

Iberoamericana · Vervuert · 2008

Bibliographic information published by Die Deutsche Nationalbibliothek.
Die Deutsche Nationalbibliothek lists this publication in the Deutsche Nationalbiografie; detailed bibliographic data are available on the Internet at <http://dnb.ddb.de>

Agradecemos a la Universidad Autónoma de Madrid la colaboración financiera para la edición de este libro.

© Iberoamericana, Madrid 2008
Amor de Dios, 1 – E-28014 Madrid
Tel.: +34 91 429 35 22
Fax: +34 91 429 53 97
info@iberoamericanalibros.com
www.ibero-americana.net

© Vervuert, 2008
Elisabethenstr. 3-9 – D-60594 Frankfurt am Main
Tel.: +49 69 597 46 17
Fax: +49 69 597 87 43
info@iberoamericanalibros.com
www.ibero-americana.net

ISBN 978-84-8489-305-9 (Iberoamericana)
ISBN 978-3-86527-335-2 (Vervuert)

Depósito Legal: S-1215-2008

Cubierta: Juan Carlos García Cabrera
Fotografía de la portada: Paloma Gómez Toledano
Impreso en España por Varona
The paper on which this book is printed meets the requirements of ISO 9706

ÍNDICE

Javier ELVIRA/Inés FERNÁNDEZ-ORDÓÑEZ. Introducción 11

1. LENGUA Y SOCIEDAD: IDENTIDAD Y CONVIVENCIA
EN LOS ROMANCES MEDIEVALES DE LA PENÍNSULA IBÉRICA

José María GARCÍA MARTÍN. «Relaciones entre los estados peninsulares y significado de las lenguas en la Baja Edad Media» 31

Germán COLÓN. «Algunos aspectos del catalán medieval» 63

Josep MORAN I OCERINJAUREGUI. «Lengua y sociedad en los orígenes del catalán escrito» 73

José María ENGUITA UTRILLA. «Sobre el aragonés medieval» 83

Xulio VIEJO FERNÁNDEZ. «El asturiano en la Edad Media: de la particularización de un espacio románico al nacimiento de una identidad lingüística» 107

José Ramón MORALA. «Leonés y castellano a finales de la Edad Media» 129

Bernard DARBORD/César GARCÍA DE LUCAS. «Reflexiones sobre las variantes occidentales de la materia artúrica castellana» 149

José António SOUTO CABO. «Do latin ao galego(-portugués): tempos, modos e espazos para unha mudanza escritural na documentazón notarial galega do séc. XIII» 167

António EMILIANO. «O conceito de *latim bárbaro* na tradição filológica portuguesa: algumas observações gerais sobre pressupostos e factos (scripto-)linguísticos» 191

Pedro SÁNCHEZ-PRIETO BORJA. «La variación lingüística en los documentos de la Catedral de Toledo (siglos XII y XIII)» 233

Javier GARCÍA GONZÁLEZ. «Cuestiones pendientes en el estudio de los arabismos del español medieval: una nueva revisión crítica» 257

2. LA EVOLUCIÓN DEL CASTELLANO: CUESTIONES LÉXICAS Y GRAMATICALES

Mónica CASTILLO LLUCH. «El castellano frente al latín: estudio léxico de las traducciones latinas de Alfonso X» 289

Jacinto GONZÁLEZ COBAS. «Construcciones anacolúticas en la *Estoria de España* de Alfonso X» 321

Marta LACOMBA. «La articulación de un discurso científico en castellano bajo Alfonso X. De la *Semeiança del mundo* al *Lapidario*: de una descripción del mundo en romance a la construcción de un espacio castellano del saber» 341

Raúl ORELLANA CALDERÓN. «En torno a la datación y lugar de redacción de la *Tercera Partida* de Alfonso X el Sabio» 367

Ana SERRADILLA CASTAÑO. «El caso del adjetivo *carnal:* un ejemplo relativamente temprano del paso de relacional a valorativo» 389

Marta LÓPEZ IZQUIERDO. «Variaciones diafásicas y diastráticas en Castilla a finales de la Edad Media: marcadores discursivos formados con el sustantivo *fe*» 409

Santiago U. SÁNCHEZ JIMÉNEZ. «La creación de un marcador del discurso: *naturalmente*» 435

Mª Azucena PENAS IBÁÑEZ. «Cuestiones semánticas y pragmáticas en torno al recorrido diatético en el *Tratado de la concordia* de Villafáfila (1506)» 469

Luis Miguel VICENTE GARCÍA. «Notas sobre la identidad castellana en la poesía narrativa medieval. Del modelo de héroe feudal al de monarca moderno, de la épica a los *dezires* alegóricos» 493

3. MESA REDONDA. LAS LENGUAS DE ESPAÑA:
    BALANCE DE UNA CONVIVENCIA MILENARIA

Elena de MIGUEL (Universidad Autónoma de Madrid) 517
María Teresa ECHENIQUE (Universidad de Valencia) 521
Fernando GONZÁLEZ OLLÉ (Universidad de Navarra) 531
Francisco MORENO FERNÁNDEZ (Universidad de Alcalá de Henares) 553
María Pilar PEREA (Universitat de Barcelona) 561

Los autores 567

Introducción

Javier Elvira/Inés Fernández-Ordóñez
Universidad Autónoma de Madrid

In honorem et memoriam Juan Ramón Lodares

1. Juan Ramón Lodares: semblanza del profesor, evocación del amigo

El día 4 de abril de 2005 falleció el profesor de la Universidad Autónoma de Madrid Juan Ramón Lodares Marrodán, mientras circulaba por una carretera provincial de Madrid. La noticia causó un profundo impacto en sus compañeros de universidad y se extendió con rapidez por otras universidades españolas. Varios medios de comunicación, especialmente aquellos que Juan Ramón frecuentó, divulgaron inmediatamente la noticia y publicaron glosas sobre su figura. Pocas semanas después, sus colegas y amigos más próximos en la universidad iniciaron las gestiones para promover unas jornadas científicas en homenaje a la memoria de su compañero. El homenaje tuvo lugar en la Facultad de Filosofía y Letras de la UAM, durante los días 16 y 17 de noviembre de 2006, bajo el mismo título genérico que da nombre al presente volumen, que incluye el texto de las ponencias que fueron allí leídas, de la mesa redonda que tuvo lugar durante la segunda jornada y algunas aportaciones de varios de sus compañeros.

Igual que en otras situaciones similares y más allá de la motivación personal, que está presente en el arranque de la organización de este homenaje, el objetivo de los organizadores del evento fue el de promover unas jornadas de carácter científico, con el correspondiente resultado editorial, en las áreas de trabajo e investigación que fueron también objeto del interés de nuestro compañero. Ello explica el hecho de que la mención de Lodares y sus ideas fuera frecuente en las diferentes sesiones y, ahora también, en las diferentes páginas de este libro. En general, más allá de la referencia explícita, la presencia y el recuerdo de nuestro compañero está presente de manera continua, como pretexto o trasfondo que motiva la realización de las diferentes ponencias e investigaciones que se incluyeron en el homenaje.

Inevitablemente las evocaciones de las personas fallecidas suelen ser marcadamente emotivas, con tendencia a valorar y ensalzar las cualidades personales del desaparecido, olvidando los posibles aspectos más conflictivos, cuando los hay, de la memoria del homenajeado. Es esta una actitud humana y comprensible. Hay que señalar, de todas maneras, que ha pasado ya más de año y medio desde que se produjo la desaparición de Juan Ramón y que la mayoría de los que fuimos sus compañeros hemos tenido ya tiempo suficiente para superar la conmoción inicial que nos produjo la noticia de su fallecimiento y que estamos, por tanto, en condiciones de realizar una valoración más equilibrada y serena de su figura.

Juan Ramón Lodares se incorporó a la Facultad de Filosofía y Letras de la UAM tras superar un concurso público que tuvo lugar en 1987. Desde entonces, hasta su fallecimiento, estuvo integrado en el Departamento de Filología Española. Antes había ejercido durante cuatro años como profesor en el Instituto de Bachillerato de Lerma, después de terminar sus estudios de Filología Hispánica en la Universidad Complutense. En esta universidad había tomado contacto con el Dr. D. Gregorio Salvador Caja, que fue su profesor en la licenciatura, después director de tesis doctoral y siempre maestro, en el sentido más amplio del término, pues el profesor Salvador es sin duda la persona que más ha influido en la formación intelectual de Juan Ramón y en la orientación de su actividad universitaria.

En la Universidad Autónoma de Madrid fue profesor de varias asignaturas de orientación histórica, como *Fonética histórica*, *Filología románica*, *Historia del léxico* o *Creación y transformación de la norma gráfica del español*. También ejerció, la docencia de tercer ciclo, con variados cursos de doctorado en los que prestó especial atención a la historia del léxico y los diccionarios.

Aunque su carrera en la Autónoma hubo de ser relativamente breve, debido a su juventud, el magisterio de Juan Ramón Lodares tuvo tiempo de plasmarse en resultados de mayor envergadura, como lo fueron los trabajos de licenciatura y tesis doctorales que dirigió. Una consecuencia de la calidad de su trabajo docente en esa universidad y de los excelentes resultados que obtuvo en las encuestas de docencia, fue el hecho de que recibiera el reconocimiento a la excelencia docente por parte de la UAM en los cursos 1998-1999, 1999-2000 y 2000-2001.

Sin embargo, su actividad desbordó el ámbito de las aulas, despachos y revistas universitarias, en los que sin duda participó activamente y se hizo presente también en las editoriales y medios de comunicación de más amplio alcance, en las que desarrolló una trayectoria muy prolífica. Es bien sabido que Juan Ramón Lodares llevó a cabo parte de su trabajo en el difícil, polémico e incómodo terreno de la historia y presente de la lengua española, los problemas de su difusión y sus relaciones con las otras lenguas peninsulares, así como en el tema de las identidades nacionales y su relación con el hecho lingüístico. El pensamiento de Lodares suscitó reacciones muy variadas, a veces viscerales, como era de esperar en un terreno tan espinoso. Pero incluso muchos de los que polemizaron con él reconocen hoy que Lodares expresó sus ideas con toda libertad y claridad y también con una buena dosis de arrojo y valentía, especialmente en lugares y delante de auditorios poco predispuestos a aplaudir sus planteamientos.

Aunque su faceta más conocida sea la de ensayista brillante y polémico en el terreno de las lenguas y las identidades, no hay que olvidar que el profesor Lodares desarrolló también su trabajo investigador en terrenos filológicos menos publicitados, pero igualmente serios, como son la historia de la lengua y la historia de la lingüística, la semántica, la etimología o la toponimia. Buena parte de esta tarea investigadora la llevó a cabo como miembro de un equipo de investigación que disfrutó de varios proyectos oficiales de forma ininterrumpida durante más de diez años. A este equipo de investigación pertenecían también los profesores Javier Elvira, Inés Fernández-Ordóñez, Javier García González y Ana Serradilla Castaño. Fueron precisamente estos cuatro profesores los que han llevado de forma directa la organización de estas jornadas. Este equipo ha estado vinculado con otros grupos de investigación de ámbito internacional y de carácter más amplio, como el SIREM (*Seminaire International de Recherches sur l'Espagne Médiévale*), institución universitaria francesa que ha participado de manera entusiasta en la financiación y en el desarrollo del homenaje. El equipo, que se ha renovado posteriormente con la incorporación de investigadores más jóvenes, ha quedado amputado de manera irremediable, porque la desaparición de

Lodares afecta decisivamente a la calidad de nuestros resultados. Buena parte de los éxitos cosechados en nuestra tarea conjunta se deben a la labor incansable de Juan Ramón y a su inagotable capacidad de trabajo y productividad científica, que han contribuido a dar brillantez a nuestra nómina de resultados y a mejorar la valoración oficial de nuestro grupo.

Por todo lo anterior, creemos que transmitimos adecuadamente el sentir de nuestros compañeros universitarios si afirmamos que la marcha de Juan Ramón nos deja a todos los que hemos trabajado con él una sensación de vacío difícilmente reemplazable. En un sentido general y desde un punto de vista personal, esto puede ocurrir con cualquiera de nosotros, en la medida en que cada persona es un complejo mundo de experiencias, ideas y modos de ser y comportarse. Hablamos, no en vano, de pérdida irreparable cuando nos referimos a la desaparición de nuestros seres queridos. Sin lugar a dudas, la desaparición de Juan Ramón es irreparable también en este mismo sentido; pero lo es, además, en una perspectiva universitaria más amplia, porque no tiene una fácil continuidad en el departamento universitario del que formaba parte.

Juan Ramón Lodares era un hombre intelectualmente muy singular. Su potente erudición, sus intereses y saberes interdisciplinares, su peculiar estilo de argumentar, comunicar y divulgar, configuraban una combinación de cualidades que no se dan frecuentemente en nuestro contexto universitario. Juan Ramón era peculiar también en un terreno más personal. Tenía un carácter apacible, poco agresivo y nada conflictivo y dio siempre muestras en su trato con los demás de una distinción que decía mucho de su exquisita educación. No se tiene noticia ni recuerdo de que nadie en el departamento universitario al que perteneció mantuviera nunca con él algún tipo de conflicto o rencor acumulado por algún motivo serio.

Uno de los rasgos más característicos de la producción intelectual de Lodares fue su intensa resonancia mediática, que resulta inhabitual para la mayoría de los profesionales universitarios, cuya actividad repercute normalmente en el restringido ámbito de los congresos y publicaciones especializadas. Lodares nunca estuvo ausente de estas esferas universitarias, pero desplegó una parte de su actividad en la prensa y editoriales de difusión general. Esta presencia en los medios de amplia difusión estuvo sin duda motivada por el interés general que suscita el problema al que Lodares dedicó parte de su actividad ensayística, el de las lenguas del estado español y su convivencia. En su interés por esta cuestión influyó sin duda el magisterio universitario recibido, que llevó a Lodares a entrar en un debate público poco confortable y a distanciarse en la misma medida del apacible y sosegado quehacer del erudito, que ocupa su tiempo y su energía en sesudas cuestiones de técnica filológica o en enrevesados problemas de teoría gramatical. Por el contrario, el debate de las lenguas, las identidades y las culturas puede ser áspero, confuso y precipitado, especialmente para intelectuales sosegados y apacibles, como era Juan Ramón, que no dudó, pese a ello, en entrar de lleno en este debate y defender con claridad sus planteamientos, sabiendo que asumía el riesgo de recibir réplicas y descalificaciones con alta dosis de agresividad, hecho que ocurrió en no pocas ocasiones y que Lodares ha sufrido y afrontado siempre sin perder el aire impasible e imperturbable y la actitud contenida que siempre le caracterizó, también en lo personal.

La presencia de Lodares en los medios de amplia difusión condicionó en buena medida el estilo ensayístico y a veces divulgativo de sus escritos, muy diferente del frío y cerebral tono de la mayoría de los trabajos universitarios. Aunque no todos sus lectores recibieron con el mismo agrado su estilo ameno, relajado y algo distante, combinado con una cierta ironía burlona, se deberá reconocer, en todo caso, que los libros de Juan Ramón estuvieron siempre provistos de una importante dosis de saber y erudición y que acompañó habitualmente sus opiniones y afirmaciones con el necesario apoyo empírico y documental.

Se habrá de reconocer también el enorme interés del tema que ocupó buena parte del trabajo ensayístico de Lodares, el de las lenguas en España y, en particular, el de la relación entre la lengua española mayoritaria y las otras lenguas del estado con menor ámbito espacial o social. Por su interés intrínseco y por el activo interés que Lodares mostró siempre por estas cuestiones, los organizadores del homenaje coincidimos desde el principio en que una manera idónea de honrar la memoria de nuestro compañero es la de organizar una reunión científica dedicada precisamente a estas cuestiones, fomentando un diálogo libre y desprejuiciado entre diferentes especialistas en la materia, sin presuponer que hayan de comulgar necesariamente con los planteamientos que Juan Ramón defendió en vida.

El debate de las lenguas de España se sitúa en una doble perspectiva, tanto sincrónica como diacrónica, y a ambas atendió la organización de los actos y secciones del homenaje. En relación con el presente, la discusión sobre este tema alcanza a menudo en España el nivel de encendida polémica, que pone en marcha la actividad y la energía intelectual de muchas personas, en ámbitos muy variados, especialmente en la prensa y en los medios audiovisuales y también, con cierta frecuencia, en foros de discusión organizados por instituciones universitarias y organismos oficiales. Entre las variadas posturas y opiniones que se defienden en este debate, son abundantes los planteamientos que propugnan el apoyo institucional a la revitalización de las lenguas regionales de España. Las motivaciones de la defensa de estas lenguas son complejas y surgen, en el fondo, de una discusión histórica, aún no resuelta, sobre la relación entre la lengua común, el español, y las otras lenguas de España.

Frente a ello, es evidente la progresiva fortaleza del español como lengua internacional, que se ve beneficiada en la actualidad por una política de apoyo institucional desde el estado central, quizá no tan aguerrida como la que se realiza de las otras lenguas, pero no por ello menos efectiva. Consecuencia de esta política son por ejemplo, la creación y difusión del Instituto Cervantes, la celebración en su día de la Exposición Universal y, en general, la reiterada defensa del español en los foros internacionales, así como la política de proyección del español asociada a la nueva imagen de una España moderna, en pleno crecimiento económico y con marcada presencia en Latinoamérica.

En este contexto surgen y proliferan los planteamientos que, por vías e instituciones diferentes, orientan su discurso hacia la defensa de las lenguas de menor difusión en el estado. En un intento de homogeneizar unos planteamientos que no tienen por qué ser siempre homogéneos, cabe decir que en estas propuestas la justificación de corte nacionalista desempeña un papel muy esencial. La importancia que la lengua ha asumido en los últimos años como factor de identidad es aún mayor porque otros rasgos de identificación, como la raza, han caído en descrédito teórico por razones de la historia reciente que son bien conocidas.

La crítica del nacionalismo lingüístico fue una de las preocupaciones constantes de la reflexión de Lodares. Para comprobarlo, basta con leer la que, probablemente, es la obra más representativa de su pensamiento, *El paraíso políglota*, que quedó finalista del Premio Nacional de Ensayo. El título de otro de sus libros más recientes, *Lengua y patria*, es también muy orientador sobre el objeto de interés de la reflexión de Lodares. En uno y otro, Juan Ramón defiende que hay un misticismo de la lengua en unos, los nacionalistas del español, y también en los otros, los nacionalistas de las diferentes lenguas, pues en ambos es posible detectar una mística subyacente que identifica la lengua y la nación. Su opinión sobre el nacionalismo lingüístico no es inseparable de su visión crítica de los procesos de normalización lingüística que tienen lugar en algunas comunidades autónomas de España. Lodares fue especialmente crítico con la justificación del caso vasco, al que achaca una reducida difusión y una acentuada fragmentación.

Esta actitud no es en sí misma original de Juan Ramón, por más que el propio Lodares diera a sus argumentos un tono y estilo muy peculiares. En realidad, Lodares conecta con una antigua corriente esencialmente distanciada de la visión de la lengua como vehículo de identidad, que ha preferido siempre comprometerse con una concepción de la lengua básicamente comunicativa. En esta concepción de partida, Lodares conecta también con los planteamientos de un sector muy amplio y pujante de la lingüística actual que, cada vez con mayor solvencia, está justificando la idea de que el uso y la función del lenguaje afecta esencialmente a aspectos básicos de su forma y configuración.

A partir de estas premisas generales y una vez asentada la idea de la finalidad básicamente comunicativa de la lengua, se sigue con facilidad, según Lodares, que las lenguas con muchos hablantes son preferibles a las lenguas con pocos hablantes. En esta línea, la voluntad de subrayar la utilidad práctica de las lenguas de amplia difusión ha sido siempre un motivo dominante en la argumentación de Lodares. En consonancia con esta visión instrumental de la lengua, Lodares se adhiere también a la visión de la lengua como recurso económico y a la idea de que el desenvolvimiento histórico de las lenguas está fuertemente ligado a factores económicos. En relación con el presente y el futuro, Lodares nos ha aportado sus razones para considerar que nos acercamos de forma inevitable a una situación global en la que predominarán pocas lenguas con dominios lingüísticos cada vez más amplios y se ha ocupado de analizar algunas de las razones económicas y políticas que dificultan la consolidación del español como lengua internacional.

Bajo la misma premisa, Lodares simpatizó siempre con la idea de que la difusión de las lenguas grandes es un proceso natural, lo que equivale a cuestionar de manera indirecta la suposición de que la imposición de las lenguas mayoritarias sea necesariamente el resultado de una política planificada por un imperialismo lingüístico; por el contrario, la consolidación y extensión de las lenguas sería el resultado de la actitud espontánea de los hablantes, mucho más que de la decisión de los políticos. La idea de que la lengua española es un lugar de encuentro y de concordia, que facilita el diálogo y la convivencia, no es, ni mucho menos, exclusiva de Juan Ramón. Es en buena medida una doctrina oficialmente asumida desde el propio estado central –con la vista puesta, obviamente, en la presencia del español en Latinoamérica–. El propio Rey de España la hizo suya cuando, con ocasión de la entrega del Premio Cervantes, afirmó que «nunca fue la nuestra lengua de pueblos más diversos quienes hicieron suyo por voluntad libérrima el idioma de Cervantes» (23 de abril de 2001). El título *Gente de Cervantes* de uno de los libros de Lodares, ilustra de manera muy gráfica el protagonismo que atribuyó Juan Ramón a los individuos anónimos en el desenvolvimiento e historia de la lengua española.

La polémica sobre las lenguas de España tiene también una indudable vertiente histórica, que se desenvuelve habitualmente en el ámbito más restringido de las publicaciones y aulas universitarias. En estos ámbitos, no son escasas en los últimos años las tomas de posición sobre la historia del español y las otras lenguas peninsulares que proponen un distanciamiento y revisión de la interpretación más extendida y divulgada sobre la historia lingüística peninsular, en cuya elaboración la figura de Menéndez Pidal juega un papel esencial. La obra del insigne filólogo estuvo en buena medida orientada desde una posición intelectual afín a un nacionalismo español de corte liberal, deseoso de dar respuesta a las demandas del proceso de construcción nacional en la España de su tiempo. Sin menoscabo de la solidez de su discurso científico y filológico, no sorprende que sus conclusiones buscaran justificar una determinada visión de la identidad lingüística de la nación. Desde este objetivo, Menéndez Pidal defendió su visión del español como un sistema unitario, integrado por una relativa variedad del habla, que tiende, sin embargo, a la convergencia en una lengua culta, históricamente elaborada sobre la base de la lengua literaria y el uso de Castilla. En el marco teórico pidalino, la identidad histórica de los otros romances peninsulares queda con frecuencia diluida en una situación de transición entre variedades romances, cuyas fronteras no coinciden siempre con las de los reinos medievales en las que fueron usadas. Esta reconstrucción de la historia lingüística peninsular se basa en el análisis de los datos que estuvieron en su momento disponibles y no en otros que la investigación posterior ha podido sacar a relucir.

2. Contenido del volumen

El presente libro, que reúne las contribuciones al coloquio internacional *Reinos, lenguas y dialectos en la Edad Media ibérica: la construcción de la identidad. Homenaje a Juan Ramón Lodares*, pretende reflexionar sobre la variación lingüística en la Península Ibérica durante la Edad Media (entre lenguas o entre áreas dialectales) en una perspectiva multidisciplinar. Esto es, tanto en una dimensión estrictamente lingüística como en lo relativo a las relaciones entre lengua y sociedad. Sobre este segundo eje se agrupan, no obstante, la mayor parte de los trabajos: la relación entre lengua oral y cultura escrita, la selección o la convivencia de lenguas, dialectos o variantes lingüísticas en la lengua escrita, o el papel que tuvo la lengua en la construcción de la identidad de cada reino. Problemas todos ellos que ocuparon y preocuparon a Juan Ramón Lodares, *singulari viro, caro amico, optimo collegae*.

El panorama de conjunto contenido en el artículo de José María García Martín, «Relaciones entre los estados peninsulares y significado de las lenguas en la Baja Edad Media», está dedicado a describir la situación sociológica de las diversas lenguas romances peninsulares y el vasco a partir del siglo XIII y a indagar las razones socio-históricas que pudieron motivar la difusión del castellano en detrimento de las demás lenguas a finales de la Edad Media. Así, tras exponer la trayectoria del uso de cada lengua, el autor concluye que la propagación del castellano estuvo potenciada por su temprana adopción por las clases altas de Galicia, Asturias, León y Aragón, al menos. Otros factores determinantes fueron la semejanza estructural del castellano con las lenguas del área central, la repoblación de los territorios reconquistados, que favoreció la eliminación de diferencias, así como la mayor pujanza económica y el predominio demográfico del reino castellano. J. M. García Martín resalta cómo este proceso lingüístico se inscribe en una dinámica política, dinámica que obedece a las ideas imperialistas de la monarquía absoluta propugnada por Alfonso X y que alcanzan su materialización sólo a finales de la Edad Media, en la época de los Reyes Católicos.

Tras este planteamiento de conjunto, siguen las contribuciones dedicadas al estudio particular, sea lingüístico o sociológico, de las diversas lenguas de nuestra Edad Media. Empezando por el este de la Península, Germán Colón Domènech nos introduce en su contribución, «Algunos aspectos del catalán medieval», a las características fundamentales (fónicas, gramaticales, léxicas) de la lengua a partir de fuentes de primera mano, ya que los textos y ejemplos citados provienen mayoritariamente de sus ediciones críticas (junto a Arcadi Garcia) de los *Furs de València* y del *Llibre del Consolat del Mar*, pero sin dejar de lado las grandes crónicas de Jaume I, Bernat Desclot y Ramon Muntaner, o *Blanquerna* de Llull. Nos recuerda Colón que el catalán medieval presenta gran unidad, sin preludiar aún la actual división dialectal, y que es, en términos generales, una lengua menos distanciada de la contemporánea que el castellano o el francés modernos lo están respecto de sus antecedentes medievales.

La contribución de Josep Moran i Ocerinjauregui, «Lengua y sociedad en los orígenes del catalán escrito», se enfoca, en cambio, no tanto a la caracterización lingüística del catalán como a la emergencia de su empleo escrito, que ya puede detectarse en algunos documentos de finales del siglo XI, procedentes de la diócesis de Urgel y muy relacionados con las relaciones sociales propias del feudalismo. Para encontrar textos en catalán de otras procedencias y tipologías hay que esperar a mediados o finales del siglo XII, en que destacan un fragmento en catalán del *Liber Iudicum* y las más conocidas *Homilies de Organyà*. Últimos testimonios destacados de este periodo arcaico (que termina hacia 1250) son diversos documentos privados y, sobre todo, la traducción de los *Usatges* de Barcelona. El asentamiento definitivo del catalán como lengua de la cultura escrita, en textos de muy variados registros, tiene lugar a partir de la segunda mitad del siglo XIII.

Dejando atrás el extremo este de la Península, el siguiente artículo incluido en este volumen está dedicado al aragonés medieval. José María Enguita Utrilla estructura su trabajo en torno a dos ejes: por un lado, la conciencia lingüística de los aragoneses respecto de su propia lengua y la percepción de la existencia diferencial de la misma por parte de castellanos y catalanes; por otro, la variación lingüística en los diversos territorios en que se habló aragonés en la Edad Media. Respecto a la primera cuestión, los datos expuestos muestran a las claras que el aragonés se percibía como una variedad lingüística autónoma del castellano y del catalán hasta finales de la Edad Media. Pese a ello, ya en la Edad Media y en época tan temprana como el siglo XIII, existían diferencias lingüísticas entre los varios territorios pirenaicos de Huesca, el aragonés de Zaragoza y la lengua de Teruel, de modo que la proporción de rasgos lingüísticos diferenciales disminuye gradualmente del máximo presente en el norte hasta el mínimo del sur. Este hecho, probablemente atribuible a la nivelación lingüística propia de las zonas repobladas tras la reconquista, no debe confundirse con la castellanización propiamente dicha, que tuvo lugar sólo a partir de las últimas décadas del siglo XV.

Pasando (por el momento) por encima del castellano, los trabajos que figuran a continuación se centran en los dominios lingüísticos del occidente peninsular. En su artículo «El asturiano en la Edad Media: de la particularización de un espacio románico al nacimiento de una identidad lingüística», Xulio Viejo Fernández critica muchas de las visiones tradicionales sobre la constitución y evolución del asturiano. Por una parte, expone con claridad las razones históricas que avalan hoy la temprana constitución del dominio lingüístico astur desde, al menos, los tiempos de la romanización y la latinización. Tras la caída del poder romano, el territorio, bajo el control de la aristocracia local, se mantuvo autónomo de suevos y visigodos, y es por ello de suponer que existía una norma lingüística propia, emanada desde el centro de Asturias y vinculada a esos grupos de poder. La existencia de ese foco irradiador se puede demostrar empíricamente en los documentos medievales de los siglos XIII y XIV, en los que se ve penetrar progresivamente las soluciones ovetenses. Sólo a partir del siglo XIV se produce la decadencia escrita de la lengua asturiana y es precisamente entonces cuando surge la conciencia de la particularidad lingüística propia. La visión tradicional del dominio lingüístico como un área fragmentada y poco cohesionada quiere, en opinión de Xulio Viejo, ocultar su autonomía lingüística respecto de las lenguas vecinas y negar la existencia de una identidad comunitaria. Sin embargo, ya desde los siglos XV-XVII se puede percibir en ciertos textos la existencia de una identidad social y lingüística asturiana, especialmente defendida por el clero medio y la pequeña aristocracia rural, y probablemente favorecida por el contraste con el castellano.

Trasladándonos algo hacia el sur, José Ramón Morala trata en su contribución «Leonés y castellano a finales de la Edad Media» de la gradual desaparición de los rasgos lingüísticos leoneses de la documentación de León y de la castellanización consiguiente de la lengua escrita. Los documentos de finales del siglo XIII reflejan un conjunto no despreciable de rasgos leoneses, lo que es indicio del prestigio de que aún gozaban entre las personas de cierta cultura encargadas de la redacción de ese tipo de textos. Mientras que ese leonesismo escriturario se mantiene todavía vivo a finales del siglo XIV, desde mediados del siglo XV se constata su decadencia en la documentación, si bien no todos los rasgos decaen en la misma medida. Los mismos rasgos lingüísticos que en el siglo XIII eran propios de un registro culto se convierten, a finales de la Edad Media, en un marcador del habla rural, de personas rústicas y de escasa cultura, tal como se refleja en los pastores de Juan del Enzina, lo que originó su definitiva desaparición. Así, la pervivencia del antiguo leonés puede rastrearse hoy poco más que en el léxico.

Se ocupan también de la dualidad entre lengua oral y tradición escrita, con el trasfondo de variedades lingüísticas diatópicamente diversas, Bernard Darbord y César García de Lucas. Pero en este caso de trata de una tradición literaria, la del ciclo artúrico, en la que los códices que transmiten los textos coinciden en revelar no pocas variantes lingüísticas occidentales (astur-leonesas o gallego-portuguesas) sobre una versión en esencia castellana. En sus «Reflexiones sobre la materia artúrica castellana» los autores examinan el conjunto de rasgos occidentales presentes en el ms. 1877 de la Biblioteca Universitaria de Salamanca para concluir que, frente a la idea tradicional de que esos rasgos habrían sido heredados de una versión portuguesa previa, quizá algunas variantes consideradas habitualmente como occidentalismos podrían haber existido espontáneamente en la oralidad del castellano occidental y, en consecuencia, en algunos de sus textos.

Avanzando hacia el oeste, José António Souto Cabo se preocupa asimismo de la emergencia de la lengua vernácula gallega en el siglo XIII y el gradual desplazamiento del latín. En «Do latin ao galego(-português): tempos, espazos e modos para unha mudanza escritural na documentazón notarial galega», se nos revela cómo los documentos en gallego fueron avanzando, a partir de la década de 1240, desde los centros monásticos más cercanos a Asturias y León, situados en el camino de Santiago y en la ribera del río Sil, hacia los del interior. Los primeros documentos en gallego son posteriores a la unión de León a Castilla (1230). Este hecho, junto a la variada tipología de estos primeros documentos, sugiere que la decisión de escribir en vernáculo fue una innovación cultural adoptada por influencia del centro peninsular. No obstante, los documentos en gallego son ejemplos aislados hasta 1255. Es a partir de ese momento cuando se dispara su número y su localización geográfica, que comprende todo el territorio gallego, con la única excepción de la diócesis de Santiago de Compostela, que se mostró refractaria a la adopción del vernáculo hasta finales del siglo XIII. La aceptación social del gallego parece segura en el caso de las diócesis de Orense y Lugo, en las que familias nobles o los obispos lo utilizan en sus documentos, así como en los documentos de los concejos.

Un problema levemente diferente, pero estrechamente relacionado, es el abordado por António Emiliano en «O conceito de *latim bárbaro* na tradição filológica portuguesa: algumas observações gerais sobre pressupostos e factos (scripto-) linguísticos». Aquí no se trata de documentar la difusión de la lengua vernácula con una grafía propia, sino de mostrar que, hasta el siglo XIII, existió una forma tradicional de escribir la lengua oral y que no es ajustada la denominación de *latín bárbaro* o *latín corrupto* para describirla. Lejos de la visión de estos documentos primitivos como una versión degradada del latín, producto de individuos semi-letrados, Emiliano defiende que deben ser juzgados como una tradición de escritura con sus propias reglas, comunicativamente adecuada al contexto social y cultural en que se insertaba, pero, eso sí, diferente de la tradición latina de la Antigüedad. Esta tradición medieval de escritura de base latina era la única forma de representación posible para una realidad lingüística neolatina, el portugués arcaico, tal como se nos muestra detalladamente en el análisis de un documento del monasterio de San Salvador de Moreira de 915.

La sección más abultada de este volumen comprende trabajos centrados sobre el castellano medieval y sobre producciones textuales castellanas. Tal como los dedicados a otras lenguas peninsulares, muchas de las aportaciones están conducidas por el hilo subyacente de la relación dual entre lengua oral y tradición escrita.

En su trabajo «La variación lingüística en los documentos de la catedral de Toledo (siglos XII y XIII)», Pedro Sánchez-Prieto Borja se detiene en el examen lingüístico de un conjunto de doscientos documentos procedentes del Archivo de la Catedral de Toledo y del Archivo Municipal de la ciudad para someter a análisis crítico algunos de los tópicos habituales sobre el papel de la lengua de Toledo en la historia del español, como su mozarabismo o el de que constituyó la base del castellano alfonsí. La documentación, sin embargo, no puede estimarse un reflejo directo de la lengua de uso, ya que existen, al menos, cuatro tradiciones de escritura diferentes en Toledo: la cancillería regia, la cancillería episcopal, el cabildo y las escribanías mozárabes. Del examen paleográfico de los cartularios toledanos surge la constatación de que parece existir una vinculación entre el escritorio del cabildo catedralicio y los códices alfonsíes, lazo de unión que se prolonga, por ejemplo, en la preferencia por la apócope de la vocal final. Sin embargo, esa vinculación no existe con los documentos de la cancillería regia, carentes de apócope (o de leísmo). Tras examinar las peculiaridades fonéticas, P. Sánchez-Prieto pone en cuestión el supuesto mozarabismo del habla de Toledo, bien por haberse basado en errores de lectura o interpretación de los documentos, bien porque los rasgos supuestamente mozárabes no lo son con exclusividad de esa variedad. En lo pertinente a la morfosintaxis, la lengua de los documentos catedralicios refleja una variedad que desconoce el leísmo y que emplea el numeral duplicado con valor distributivo (desconocido en Aragón) o la preposición *a* con valor locativo (inexistente en Navarra). En el léxico son interesantes los arabismos, aunque poco o nada parece haber en la documentación de las escribanías mozárabes que avale un mozarabismo lingüístico. Lo único verdaderamente característico de la lengua de Toledo (tal como se puede documentar en los diversos centros de producción escrita) es la heterogeneidad, acorde con la afluencia a la ciudad de individuos de muy variadas procedencias.

Los trabajos que siguen examinan cuestiones centradas en la capacitación léxica del castellano medieval frente al latín o al árabe o en aspectos concretos de su evolución sintáctica, con especial atención a los textos producidos bajo el patronazgo de Alfonso X el Sabio.

La contribución de Javier García González, «Cuestiones pendientes en el estudio de los arabismos del español medieval: una nueva revisión crítica», indaga los motivos socio-históricos por los que no existió una mayor incorporación de arabismos al castellano, pese a la larga presencia de la lengua árabe en la Edad Media Peninsular. Respecto de los datos, plantea la necesidad de discriminar épocas, vías de transmisión y frecuencia de uso, así como distinguir entre arabismos directos e indirectos, accidentales y usuales, etc., ya que los arabismos no pueden considerarse un bloque unitario de préstamos. En relación con el estudio sociolingüístico del contacto, el autor critica la idea tradicional de considerar a los cristianos romandalusíes y a los mudéjares-moriscos como dos grupos de hablantes bilingües compactos que tuvieron un papel casi exclusivo en la introducción de arabismos, pues su situación sociolingüística fue compleja y cambiante en el tiempo, en paralelo con su situación política y social, en progresivo deterioro y desprestigio. Debe tenerse en cuenta, además, la existencia de otros grupos intermediarios, con competencias parciales en la otra lengua: eruditos, comerciantes, soldados y mercenarios, cristianos de habla romance en contacto directo con los mudéjares, o la «gente de frontera». Aunque estos hablantes tendrían tan sólo una familiaridad pasiva con el árabe, ello no impediría que actuaran como agentes de cambio. Pese a ocho siglos de contacto, la influencia árabe en el español medieval es escasa debido a la complejidad de los grupos bilingües intermediarios y a su desprestigio dentro de la sociedad cristiana, que generó actitudes negativas hacia el árabe.

En «El castellano frente al latín: estudio léxico de las traducciones latinas de Alfonso X», Mónica Castillo Lluch investiga el *modus operandi* de los traductores alfonsíes en las versiones bíblicas contenidas en la *General estoria*. A pesar del literalismo con que habitualmente suelen caracterizarse, el estudio contrastivo del léxico de la fuente y de la versión alfonsí revela que existió en los traductores una neta y firme voluntad de generar *ex novo* un vocabulario apto para la expresión intelectual, vocabulario que no surgió de incorporar los términos latinos como cultismos sino de explotar las posibilidades derivativas de raíces patrimoniales románicas. Así se evitan en estas versiones tanto cultismos que son hoy moneda de uso corriente en español como cultismos que eran bien conocidos en la lengua del siglo XIII, incluso en los mismos textos emanados de la corte alfonsí. Existió, pues, una «norma» alfonsí en lo relativo a la capacitación léxica del castellano, norma que consistió en privilegiar la formación de derivados románicos frente a la adopción de neologismos latinos.

La contribución de Jacinto González Cobas, «Construcciones anacolúticas en la *Estoria de España* de Alfonso X», se ocupa de analizar un aspecto muy característico de la sintaxis alfonsí y de la lengua del siglo

XIII: los aparentes anacolutos. Tras el estudio pormenorizado de estas construcciones, se concluye que, lejos de tratarse de auténticos anacolutos, la inmensa mayoría constituye un recurso sintáctico habitual que caracteriza la prosa de esta época, prosa en la que el discurso suele organizarse sobre la estructura de un tópico extra-oracional seguido de un comentario oracional.

Los dos artículos incluidos a continuación también se ocupan de textos alfonsíes. Marta Lacomba, en «La articulación de un discurso científico en castellano bajo Alfonso X. De la *Semeiança del mundo* al *Lapidario*: de una descripción del mundo en romance a la construcción de un espacio castellano del saber», compara la muy diversa construcción discursiva del tratado traducido en época de Fernando III, *Semeiança del mundo*, con la traducción del *Lapidario* ordenada por Alfonso X. Destaca, en primer lugar, la diferente perspectiva discursiva adoptada en las dos obras: la primera se presenta como reflejo directo de una realidad compartimentada y deslavazada mientras que la segunda presenta a Aristóteles y a Alfonso como mediadores ante una realidad interrelacionada en sus partes. Pero, sobre todo, se distancian las obras en las alusiones a las lenguas implicadas en la traducción: mientras que la *Semeiança* menciona continuamente la lengua-fuente, el latín, y no nombra siquiera a la lengua-meta, un vago «romance», el *Lapidario* revela una clara consciencia de la importancia de la lengua-meta, que es continuamente aludida como «castellano» al traducir los nombres de las piedras, junto al latín, el árabe y el caldeo. Queda, así, equiparada en el texto a las otras lenguas de cultura. La importancia otorgada a las denominaciones y el papel fundador que ejerce al respecto la traducción se refleja en que el 66% de las traducciones del *Lapidario* están semánticamente motivadas frente a un escaso 21% de la *Semeiança*, que, por lo general, mantiene sin más los nombres de la fuente latina.

Otro texto alfonsí es el objeto de atención de Raúl Orellana Calderón en su trabajo «En torno a la datación y lugar de redacción de la *Tercera Partida* de Alfonso X el Sabio». El estudio de las fuentes empleadas en la composición del texto permite concluir que tuvo que ser necesariamente posterior a 1272, ya que emplea el *Speculum iudiciale* de Durante, datable en esa fecha. Por otro lado, los personajes contemporáneos mencionados en los títulos XVIII a XX, como los alcaldes de Sevilla, Burgos y Toledo, hacen suponer que el texto es anterior a 1283, ya que no da como alcalde de Sevilla a Diego González, quien alcanzó ese cargo en esa fecha. La cantidad de alusiones a personajes y dependencias ubicadas en Sevilla parece indicar que la composición del texto tuvo lugar en esa ciudad, de la que también proceden documentos privados que, ya en fecha tan temprana como 1285, ponen en práctica el formulario notarial de la *Tercera Partida*. Aunque el prólogo de la *Primera Partida* date su composición en los años 1256 a 1265, todo parece indicar que esa datación no es válida para la *Tercera Partida*.

Avanzando más allá del siglo XIII, las siguientes aportaciones se ocupan de cuestiones concernientes a la lengua de los textos castellanos a lo largo de la Edad Media o incluso hasta la Edad Moderna. La aportación de Ana Serradilla Castaño, «El caso del adjetivo *carnal:* un ejemplo relativamente temprano del paso de relacional a valorativo», estudia, a partir del examen de una evolución particular, la del adjetivo *carnal*, el comportamiento sintáctico y semántico de los adjetivos relacionales en español medieval. Frente a la restringida libertad posicional con que se suele caracterizar a estos adjetivos, según la cual no podrían ser prenominales, aparecer en posiciones predicativas o coordinarse a otros adjetivos, el adjetivo *carnal* acepta esas colocaciones en español antiguo. Ello podría ser debido a su evolución semántica, quizá ya temprana, a la categoría de adjetivo valorativo, o viceversa: la versatilidad sintáctica podría haber sido el factor determinante de su nueva interpretación.

El trabajo de Marta López Izquierdo, «Variaciones diafásicas y diastráticas en Castilla a finales de la Edad Media: marcadores discursivos formados con el sustantivo *fe*», caracteriza las secuencias *por mi fe, a la fe, miafé, alahé* desde un punto de vista social y estilístico a partir del contraste de su empleo en las dos Celestinas y en los textos de Juan del Encina con el uso documentado en textos anteriores y posteriores. El análisis le permite concluir que esas secuencias, que sólo se documentan a partir del siglo XV, experimentan un proceso de desemantización por el que pierden progresivamente sus valores modales para convertirse en simples refuerzos exclamativos orientados a la enunciación o a la situación comunicativa. Sin embargo, no todos ellos tienen el mismo valor. Atendiendo a los interlocutores, el tema de conversación y la situación comunicativa, se demuestra que *por mi fe* es característico de los sociolectos altos y de los estilos más formales, *alahé* y *miafé* de los sociolectos bajos y los estilos informales, mientras que *a la fe* se sitúa en una posición intermedia, bien como indicativo de formalidad en los sociolectos bajos o de informalidad en los altos.

También trata de la génesis de los marcadores discursivos Santiago U. Sánchez Jiménez en su artículo «La creación de un marcador del discurso: *naturalmente*». Después de analizar los diversos valores del marcador discursivo *naturalmente* en el momento actual, Santiago Sánchez explora sus orígenes desde la Edad Media. Así, estudia el proceso la transformación del adjetivo *natural*, originalmente un clasificador, en un adjetivo calificativo. El nuevo marcador discursivo *naturalmente* parte de los valores semánticos propios del adjetivo calificativo, y no de los del clasificador. Ese nuevo empleo, en que el adverbio supera el marco proposicional y establece relaciones entre segmentos discursivos, puede detectarse sólo desde el siglo XVI, aunque hasta el siglo XVIII pertenece exclusivamente a los registros cultos y no-dialogados. Es sólo a partir del siglo XIX cuando *naturalmente* empieza a emplearse en diálogos y, con cierta pérdida de contenido conceptual, adquiere los valores pragmáticos que hoy presenta.

A finales de la Edad Media se sitúa el trabajo de Mª Azucena Penas Ibáñez «Cuestiones semánticas y pragmáticas en torno al recorrido diatético en el *Tratado de la concordia de Villafáfila* (1506)», último tratado firmado por Castilla y Aragón como reinos independientes, del que se analizan las alternancias diatéticas. Y, por último, Luis Miguel Vicente compara, en sus «Notas sobre la identidad castellana en la poesía narrativa medieval. Del modelo de héroe feudal al de monarca moderno, de la épica a los *dezires* alegóricos», los muy diferentes modelos de identidad castellana que surgen del análisis del *Poema de Fernán González* y del *Poema de Mio Cid* frente al *Dezir de los siete planetas* que Francisco Imperial dedica a Juan II de Castilla.

En conjunto, pues, los trabajos de este volumen contribuyen a enriquecer nuestro conocimiento sobre las variedades lingüísticas en la Edad Media ibérica y su convivencia, a discutir los problemas sobre las relaciones entre lengua oral y tradición escrita, a indagar sobre la construcción social de las identidades a través de la lengua, así como a investigar aspectos particulares de la evolución lingüística del castellano.

1. LENGUA Y SOCIEDAD: IDENTIDAD Y CONVIVENCIA EN LOS ROMANCES MEDIEVALES DE LA PENÍNSULA IBÉRICA

RELACIONES ENTRE LOS ESTADOS PENINSULARES Y SIGNIFICADO DE LAS LENGUAS EN LA BAJA EDAD MEDIA

José María García Martín
Universidad de Cádiz

Cuando se lee la *Historia de la Lengua Española* de Rafael Lapesa, hay un capítulo que se queda grabado en la memoria con suma facilidad, el de las semejanzas y diferencias entre los primitivos dialectos romances peninsulares en el siglo X. La primera conclusión a la que se llega, atendiendo a los diversos elementos considerados (diptongación de las vocales medias abiertas latinas, evolución de F- inicial, de los grupos -CT- y -ŬLT-, -SC^{e,i}-, G^{e,i}-, I-, etc.) es que el castellano, arrinconado en un oscuro territorio del centro-norte peninsular, se singularizaba por sus soluciones frente a todos los demás: gallego, leonés, aragonés y catalán. ¿Cómo es posible que terminara por imponerse en la Península una modalidad lingüística que se apartaba en puntos significativos de un conjunto convergente de dialectos, lo que quiere decir que la tendencia uniforme en las hablas peninsulares era negada precisamente por la que iba a correr mejor suerte? Podemos admitir una leve corrección, en todo caso, a este panorama bastante generalizador que acabo de esbozar en el sentido apuntado por Neira: no sólo el castellano, sino también el riojano, el navarro y el leonés oriental participaron de la deriva protagonizada inicialmente por aquél, de modo que no estaríamos ante un «combate» de uno contra todos, sino en un escenario con mayor equilibrio de fuerzas. Sin embargo, el hecho fundamental permanece: hay dos áreas laterales, que comparten una serie de fenómenos básicos, en oposición a un área central, que presenta otras soluciones. Y del área central, no muy amplia, saldrá el dialecto que, con el tiempo, acabará originando una lengua, y aun una lengua de cultura.

La terminología que acabo de utilizar ya nos previene de que no estamos tratando con hechos únicamente lingüísticos. La distinción entre lengua y dialecto nunca se ha podido justificar ni explicar en términos puramente lingüísticos, inmanentes si queremos ser estrictos. Pertenece al mundo de la lingüística externa y, por ello, deberemos recurrir a otros

elementos de juicio para encarar el problema planteado. Y los de índole
política, social y cultural no son los menos oportunos en esta labor. Lo
que viene a continuación son unos apuntes apresurados de los sucesos
políticos más destacados que se suceden en la Península a lo largo de la
Baja Edad Media.

Las relaciones entre los estados peninsulares («los cinco reinos»)
desde la muerte de Alfonso VII el Emperador, rey de Castilla y León, en
1157 hasta el fallecimiento de Fernando II de Aragón, el Católico, en
1516 no fueron, como de todos es sabido, un plácido vergel. A la muerte del primero, se dan nuevas disputas entre León y Castilla por las tierras situadas entre el Cea y el Pisuerga. Es significativo que, en la célebre
batalla de Las Navas de Tolosa (1212), el ejército cristiano estuviera
compuesto por tropas procedentes de los reinos de Castilla, Navarra y
Aragón, pero no de León, sólo dieciocho años antes de la unión definitiva con Castilla (1230), que necesita de la presencia de Fernando III
durante un par de años en sus nuevas posesiones para serenar los áni-
mos. Navarra llama a una dinastía francesa en 1274 ante el peligro de
que castellanos o aragoneses intenten controlar el reino a la muerte de
Enrique I sin sucesión. Más tarde, el apoyo de Aragón a los infantes de
la Cerda, frente a Sancho IV. Invasiones del reino de Castilla por portugueses y aragoneses, entre otros, durante la minoría de Fernando IV,
que se saldan con pérdida de territorios en beneficio de Portugal, tanto
en la línea del Guadiana como al norte, en Ribadecoa y el Duero (Tratado de Alcañices, 1297), y de Aragón, que, deseando modificar el tratado
de Almizra, ocupó la parte norte del reino de Murcia, respetado por
Jaime I en 1266, es decir, Orihuela, Elche, Alicante y el valle del Vinalo-
pó (Tratado de Torrellas, 1304). Y es que, como dice M. Á. Ladero,

> Para Portugal y Aragón [...] el objetivo más importante era modificar unas
> fronteras con Castilla que les parecían demasiado favorables para esta Coro-
> na y acaso veían con interés la posibilidad de alguna fragmentación interna
> que les permitiera limitar con reinos más reducidos, de potencia similar a la
> suya (M. Á. LADERO 2003: 521).

Durante la etapa posterior, hasta bien entrado el siglo XV, se pergeña-
ron distintos proyectos de partición del reino de Castilla, que nunca llegaron a cuajar, para los que se barajaron como candidatos a la secesión o

unión con otras coronas peninsulares los reinos de Jaén, Murcia, Sevilla, Badajoz e incluso el antiguo León (*cf. ibíd.*). Apoyo de Aragón (aparte del francés) a la nobleza castellana enfrentada con Pedro I. En el reinado de Enrique II se acentúa la hostilidad entre Castilla y Aragón, aunque se consiga la paz en 1375 (tratado de Almazán) y lo mismo con la Navarra de Carlos II en 1379 (tratado de Briones), en términos que implicaban un protectorado militar castellano sobre este reino, pero con Portugal e Inglaterra las acciones bélicas se sucedieron en 1370, 1373, 1377 y 1382 (*ibíd.*: 524). En 1383, como consecuencia de la muerte del rey portugués Fernando I, se produce el enfrentamiento entre Beatriz, mujer del rey castellano Juan I, y otro Juan, el maestre de Avís, que será también Juan I en Portugal, y en cuyo favor había

> un componente muy fuerte de rechazo a la intervención castellana, una especie de amanecer o «crisis de nacimiento de la nacionalidad». Juan I fracasó militarmente (Aljubarrota, 1385) y Castilla hubo de sufrir el contragolpe portugués e inglés, encabezado por el duque de Lancaster, en 1386 y 1387, pero lo resistió sin dificultad, aunque a gran costo financiero, y aquello estimuló también los sentimientos pre-nacionales de los castellanos (*ibíd.*).

Las relaciones dinásticas se expanden a principios del XV de una manera que favorece a los Trastámaras castellanos. No sólo es que Fernando de Antequera sea elegido rey de Aragón en el Compromiso de Caspe (1412), sino que uno de los infantes de Aragón, hijos de aquél,

> Juan, cabeza de los intereses castellanos junto con su hermano Enrique, se convirtió además en rey consorte de Navarra a partir de 1425. Aquel juego de relaciones dinásticas centrado en torno al control de Castilla, convertía a este reino en la clave principal del acontecer político peninsular. Además, hacia 1420, cuando termina lo peor de la depresión económica y demográfica, Castilla se encontraba en condiciones de recuperación mejores, lo que incrementó su peso relativo en el conjunto hispánico más todavía a medida que el siglo avanzaba (*ibíd.*: 527).

Pugna entre don Álvaro de Luna y el partido aragonés durante buena parte del reinado de Juan II. Guerra entre el rey de Aragón, Juan II, y su hijo, el príncipe de Viana, por el control del gobierno de Navarra, ayudado por Enrique IV de Castilla, así como también los protagonistas de la revuelta de 1461 en Cataluña. Apoyo de Alfonso V de Portugal a Juana la Beltraneja y la nobleza rebelde en su guerra contra los hermanos de Enrique IV, primero Alfonso, más tarde la futura Isabel I.

Los sucesos que acabo de enumerar en breve relación pueden dar idea de lo que fue la vida política en la Península Ibérica durante aquellos tres siglos, y eso que no he incluido la intervención de potencias extrapeninsulares. Lo más positivo que se puede decir de tal estado de cosas en cuanto a sus repercusiones lingüísticas es que el contacto entre las diferentes sociedades peninsulares fue bastante frecuente y que, por consiguiente, debió de mantenerse un considerable grado de mutua inteligibilidad entre todas las modalidades lingüísticas habladas en los diferentes reinos, a lo que se debe añadir la situación de plurilingüismo existente en cortes y núcleos urbanos o, por lo menos, el recuerdo de tal situación en algunos casos. Ahora bien, precisamente la mutua inteligibilidad y el plurilingüismo podían haber hecho innecesario el avance de una de las lenguas hasta el punto de llegar a ser la dominante en buena parte de la Península (exceptúo, claro está, Portugal, aunque con el tiempo la influencia del español en este reino fuera muy grande). Si por lo menos los estratos más cultos y más activos social y económicamente podían entender las otras lenguas romances de la Península y en los centros del poder era normal que se oyeran varias, ¿cuáles pudieron ser las causas (estos procesos nunca son monocausales) de que una de ellas llegara a desplazar a las demás hasta el extremo de casi provocar la desaparición de algunas (leonés, aragonés) y dejar reducidas a otras prácticamente a la condición de lenguas familiares (gallego, catalán), proceso del que emerge en el siglo XVI el castellano como lengua común de una serie de pueblos que habían vivido normalmente separados durante la Edad Media?[1] Desde mi punto de vista, hay que examinar los siguientes factores: integración, prestigio, demografía, posición cultural y asimilación por parte de las clases socialmente elevadas. Pero, antes de hacerlo, debo dejar claro que lo que voy a describir es un fragmento de historia política con base lingüística. No se puede hablar de política lingüística en el sentido en que hoy se toma esa expresión (evidentemente, no hay

---

[1] En mi exposición, me apoyaré, para construir mi tesis, en las síntesis más recientes que conciernen a una o a diversas lenguas de las aquí estudiadas.

planificación de ninguna clase, al menos explícita, pero sobre otro tipo de ella no se puede discutir), aunque podría caber esa aproximación en el supuesto de que se tuviera en cuenta que, en tal sintagma, *política* es el sustantivo y *lingüística* un adjetivo, es decir, que hay hechos de carácter lingüístico que se insertan en una dinámica política, pero más por la propiedad que tiene la lengua de ser una institución social que por la naturaleza misma de esos hechos. Además, para comprender cómo es posible que a fines del siglo XV, y sobre todo desde principios del XVI, el castellano se hubiera difundido de la manera en que lo hizo, a pesar de todos los enfrentamientos que he indicado sumariamente, hay que tener en cuenta que en el Antiguo Régimen (y así también en los regímenes feudales) el único elemento de naturaleza cultural que puede provocar conflictos, incluso bélicos, es la religión. La lengua y los símbolos nacionales, como señala J. Álvarez Junco en *Mater dolorosa*, no habían alcanzado esa condición (*cf.* 2001: 77). Y eso es lo que se refleja en el período al que me estoy refiriendo. Como indica F. Moreno,

> no existía [...] en aquella época una relación entre lengua escrita y territorio tan estrecha como la que pudo apreciarse sobre todo a partir del siglo XV porque entre ambos factores, transversalmente, podían disponerse otros criterios de elección de lengua, como el género o la situación comunicativa (F. MORENO 2005: 108).

En ese sentido, me parece bastante complicado que tanto Alfonso X como Ramon Llull realizaran «para sus lenguas respectivas lo que la sociología del lenguaje actual llama una planificación lingüística, fijando usos y desarrollando recursos para un empleo de la lengua cada vez más amplio, rico y variado» (*ibíd.*: 107)[2]. Pero, por eso mismo, uno de los fenómenos que se produce en la Baja Edad Media con relativa normali-

---

[2] En el mismo orden de cosas, no me parece acertado usar conceptos sociolingüísticos muy específicos, tales como *normalización* o *normativización*, u otros jurídicos, como *lengua oficial*, para la Edad Media, época en la que esos objetos o procesos no tienen sentido. Quizá sí pudiera haber alguna duda con respecto al primero, al menos en Castilla, en la medida en que parece haber intencionalidad en la actividad de Alfonso X (*cf.* n. 10). No me atrevo a pronunciarme sobre la labor de Jaime I en la Corona de Aragón, aunque parece darse ese fenómeno con los reyes aragoneses de la dinastía catalana entre Pedro IV y Martín I: *cf.* G. COLÓN (1989: 248-249).

dad es la integración de variedades distintas. El caso **navarro** puede ser muy interesante a este respecto. Se ha discutido si una de serie de fenómenos (PL, CL- primero inalterados y convertidos tardíamente en *ll-*; -D- latina que alterna conservación y pérdida, definitiva ésta desde el siglo XIV; -CT-, -ULT-, transformados primero en *-it-, -uit-* y más tarde en *-ch-*; -LI-, -C'L-, -G'L-, -T'L-, primero origen de *-ll-* y más tarde de *-j-*; -M'N- > *-mn-, -mpn-* y posteriormente *mbr-*) se deben a una castellanización del romance navarro que proviene del exterior o bien por evolución espontánea del dialecto navarro en el mismo sentido que el castellano, aunque con retraso con respecto a él. Sobre esta cuestión han aportado diferentes punto de vista J. Neira y F. González Ollé. Para el primero, se puede hablar de dialecto navarro-aragonés en los orígenes del romance: son, de hecho, limítrofes los dos núcleos romances de los que estamos hablando, teniendo en cuenta las dos zonas en las que sitúa González Ollé el nacimiento del romance navarro a comienzos del siglo X (la más oriental, en torno a Sangüesa y Leyre, que difunde el romance de este a oeste a través de la zona media, con el movimiento de la corte, que se proyecta hacia la Rioja, Álava y Guipúzcoa, y la meridional, zona de romanización intensa y antigua que constituye unidad natural, en un tramo del valle del Ebro, con las zonas limítrofes de la Rioja y Aragón, y cuya modalidad románica, más conservadora, no debía de diferenciarse demasiado de la de éstas, teniendo en cuenta además que provenían de un sustrato común, lo cual coincide con las dos zonas léxicas que estableció T. Buesa en Navarra con los datos del ALEANR). Despúes, en Navarra, el alejamiento progresivo del aragonés procedería de la extensión del romance por todo el reino (el sentido de la propagación, por fuerza, lo alejaba de aquél) y de la acción del sustrato y adstrato vasco, de modo que no debe hablarse de castellanización, según J. Neira, sino que el dialecto navarro «al entrar en contacto con el castellano, se confunde con él, pasa a formar de su complejo dialectal. De hecho, podemos afirmar que el castellano no se ha difundido a costa del navarro, sino que se ha confundido con él» (1982: 272). Tomando como base las evoluciones de F- inicial y -CT-, -VLT-, J. Neira concluye, como hemos visto, que castellano, navarro, riojano y leonés oriental forman un grupo cuya unidad proviene de la acción de un sustrato común, frente a los demás dialectos romances peninsulares. Por su parte, F. González Ollé plantea como punto fundamental el proceso de desarrollo del navarro, más que su similitud con el aragonés o con el castellano, y llega a la conclusión de que en algunas evoluciones (como -CT- > -*it*- > -*ch*- o -LI- > -*ll*- > -*j*-) no debe hablarse de castellanización, sino de desarrollo autónomo del navarro, si bien con distinta cronología del cambio. Por eso, al presentar el navarro coincidencias con el castellano en rasgos muy representativos, es lógico que la castellanización exterior, cuando se produjo, acabara por suprimir «vacilaciones y, progresivamente, rasgos diferenciales» (1983: 176), como ocurre en los otros rasgos mencionados anteriormente. Todo ello lleva a este autor a considerar al navarro *dialecto de transición* entre el aragonés y el castellano, que es el mismo rótulo que A. Zamora Vicente y M. Alvar adjudican por separado al **riojano**, aunque, en este último caso, se llega a una bipartición del territorio entre una zona que gravita hacia Castilla, la Rioja Alta, y otra orientada hacia Navarra y Aragón, la Rioja Baja. Lo significativo, en la perspectiva que he adoptado para este análisis, es que la Rioja pertenecerá políticamente unas veces a León, otras a Navarra, otras a Aragón, otras a Castilla, reino al que se incorporó definitivamente desde finales del siglo XII. ¿Cuál de las dos actitudes, la de Neira o la de González Ollé es más procedente? Como se puede ver en el resumen previo, no parece haber tanta distancia entre los dos investigadores citados. En ambos casos, el navarro es un dialecto, del castellano sin más en J. Neira, de transición entre castellano y aragonés en F. González Ollé. De hecho, hay una coincidencia esencial entre ambos: en fenómenos fonéticos muy caracterizados el castellano y el navarro marchan juntos. Y eso parece ser lo verdaderamente relevante[3].

Antes de continuar con la suerte de los diversos romances, haré una breve referencia al **vasco**, cuyos testimonios medievales no son abundantes (dos de las *Glosas Emilianenses*, el vocabulario de la guía de peregrinos a Compostela atribuida a Aïmeric Picaud: *vid.* R. Lapesa 1980: 31), pero que estaba firmemente asentado en la Rioja todavía en el siglo XIII y perduró todavía mucho tiempo en zonas navarras de donde hoy ha desaparecido. Tanto si Pamplona fue el centro urbano

---

[3] Para un resumen más completo de la situación navarra, *vid.* C. SARALEGUI (1992: 38-43 y 50-52), J. M. ENGUITA (2004: 582-587) y M. T. ECHENIQUE y J. MÉNDEZ (2005: 138 y 146-148).

causante de la retirada del vasco (A. Tovar) como si, por el contrario, no tuvo suficiente poder romanizador (R. Menéndez Pidal, F. González Ollé), se debe reparar en que, según este último investigador, «el debilitamiento del euskera en Navarra debió producirse en sentido no geográfico, sino social, durante la Edad Media, perdiendo fuerza progresivamente ante el romance navarro primero y ante el castellano después» (M. T. Echenique 1987: 81). Hay que contar también con inmigrantes procedentes de Francia, la mayoría gascones, que se expresan por escrito en occitano, aparte el latín, el hebreo y el mozárabe[4]. En la lengua escrita se pasa directamente del latín al romance, probablemente, como dice esta autora, «porque los individuos unilingües vascohablantes, que debieron ser bastantes en algunas zonas, no formaban parte de los grupos más influyentes del país» (*ibíd.*). Tal sustitución del latín por el navarro debió de partir de los dos núcleos, nororiental y meridional, ya vistos. La castellanización definitiva de Navarra se produce antes que la de Aragón, quizá no el comienzo del proceso, pero ahí entran en juego las distinciones ya comentadas sobre la naturaleza del romance navarro. En cualquier caso,

> hay que suponer que la extensión del romance por el territorio navarro vascohablante se hiciera a base de una modalidad sumamente próxima a la castellana, siendo el castellano propiamente dicho la variedad que se difundió en el territorio navarro de habla vasca romanceado a partir del siglo XVI; de este hecho se desprende la inexistencia histórica del dialecto o romance navarro en parte de la geografía de este nombre (C. SARALEGUI 1992: 41).

Pasemos a la situación del **aragonés**. El siglo XII supone para Aragón una notable influencia francesa (exactamente igual que para Castilla, incluido el reino de León). En sus tierras se instalan verdaderos núcleos de población ultrapirenaica, y en particular, un 66%, occitana, que

---

[4] No voy a entrar en la complejísima cuestión de los contactos, relaciones e influencias entre latín o romance, de una parte, y vascuence, de otra, que incluyen preguntas sobre la existencia de un latín propio en zona vasca, la de un *continuum* lingüístico en el norte de la Península y el sur de la Galia y la falta de coincidencia entre los límites dialectales del euskera y los de los dialectos románicos. Para todo ello, remito a M. T. ECHENIQUE (1987: 78-82), M. T. ECHENIQUE (2004: 63-68) y M. T. ECHENIQUE y J. MÉNDEZ (2005: 72-75).

dejan una huella importante en la antroponimia y en diversos aspectos, en especial los lingüísticos, de la vida aragonesa: no en vano el *Fuero de Jaca* o los *Establimentz* de la misma ciudad están redactados en occitano. Más tarde, especialmente en el siglo XIII, la influencia predominante es la catalana, favorecida por la dinastía barcelonesa que reina en Aragón entre 1137 y 1410. El catalán es el instrumento de una literatura cada vez más desarrollada y su influjo lingüístico sobre el aragonés del valle es notable. En el siglo XIII acaba la Reconquista aragonesa y, en ese momento, la literatura castellana está ya en pleno florecimiento, pero no es hasta más tarde, en el siglo XVI, cuando la influencia cultural y, por tanto, la influencia lingüística a través de la literatura va a ser predominantemente castellana. Todas estas vicisitudes históricas y culturales explican, para M. Alvar, el cambio lingüístico producido: el romance del primer Aragón, del núcleo montañoso oscense, cambia sustancialmente de fisonomía cuando el reino alcanza el llano (finales del XI) y se dejan sentir influencias externas. Así, después de algunas muestras de literatura aragonesa –o, más propiamente, de obras literarias con aragonesismos– en el siglo XIV se encuentra ya la obra del aragonés Juan Fernández de Heredia, humanista y traductor, casi como única muestra –con el *Poema de Yúçuf* aljamiado– de literatura aragonesa y, de todos modos, con una castellanización lingüística que permite vislumbrar el retroceso dialectal aragonés, retroceso que en el siglo XVI será ya definitivo y dejará paso al castellano, naturalmente con regionalismos, que es todavía hoy la modalidad lingüística del llano aragonés. Así, *-ny-* predomina hasta el siglo XVI, igual que /f-/ en posición inicial, el empleo del futuro de indicativo en oraciones subordinadas que expresan futuridad o posibilidad, si bien el resultado castellano de -CT-, -VLT- domina ya entre 1490 y 1494, y lo mismo ocurre con LI y grupos similares y con los descendientes de los adverbios latinos IBI e INDE, ya muy escasos: *cf.* J. M. Enguita (2004: 579-580). Como dice J. M. Enguita, el influjo castellanizador comienza a manifestarse desde época relativamente temprana, como revelan los textos concejiles zaragozanos de finales del siglo XIII y, más cerca de nosotros, los turolenses del XV. Además, no existe –ni en la Edad Media ni, desde luego, en la situación actual– un dialecto aragonés unitario, como afirma C. Saralegui siguiendo a M. Alvar, es decir, un sistema del aragonés que pueda describirse como tal, sino que, en todo caso, como ha señalado T. Buesa «puede trazarse un *diasistema* de las hablas aragonesas» (T. Buesa 1980: 359), hablas que sincrónica y diacrónicamente tienen rasgos comunes, por un lado, y discrepantes, por otro[5]. M. T. Echenique y J. Méndez matizan más: por una parte, dicen que «En Aragón nunca ha existido homogeneidad lingüística» (2005: 149), pero señalan que «Las hablas pirenaicas fueron el germen del que surgió lo que conocemos como aragonés medieval. Se trata, añaden, de la lengua aragonesa que encontramos en los documentos medievales y en los pocos textos literarios que se escribieron en ella» (*ibíd.*: 155). Esa lengua tiene como modelo el habla de las ciudades, puesto que la del Pirineo es fragmentaria y no ofrece estabilidad, pero, además, está sometida a múltiples influencias, como hemos visto. Catalán y aragonés serán dos de las lenguas de la cancillería de la Corona de Aragón, entre el XII y el XV la primera penetrará en los documentos notariales del Alto Aragón y la difusión de las obras literarias en catalán será muy notable, pero las dos lenguas, igual que otras instituciones, se mantuvieron independientes la una de la otra (*ibíd.*: 156, *cf.* G. Colón 1989: 237-241) y el aragonés sufrió fuerte influencia del castellano antes de que éste lo suplantara en el viejo reino. Había, eso sí, escribanos en la cancillería que saltaban con facilidad de una lengua a otra (*cf. ibíd.*: 250-253 y 266-270). La sustitución lingüística se acelerará a fines del XV, es decir, en época de los Reyes Católicos; no llegó a formarse, como se sabe, una lengua suprarregional, y los restos de la lengua medieval quedaron restringidos a áreas rurales o de alta montaña. Para estos autores,

> Entre las causas que llevaron a la disolución progresiva del aragonés en el castellano se señala el hecho de que la Corona de Aragón pasara a la dinastía castellana de los Trastámaras en 1412, lo que aumentó la influencia del castellano, unido a la posterior unión política con Castilla, que supuso la unidad nacional con los Reyes Católicos, y el prestigio que la literatura en castellano y la propia lengua habían adquirido en la época. Pero también fue decisivo el hecho de que el aragonés mostrara multitud de rasgos lin-

---

[5] Actitud que, curiosamente, es la misma que mantiene Alarcos respecto de las hablas leonesas medievales en su *Fonología española. Cf.*, sobre la pertinencia de este punto de vista, J. BORN (1992: 693), quien recoge en la página siguiente un comentario de Antonio Llorente sobre la inexistencia de un dialecto salmantino, «ni siquiera en los primeros tiempos de la reconquista de la ciudad», como consecuencia del tipo de repoblación practicado en ella.

güísticos coincidentes con el castellano, al igual que había sucedido antes con el romance navarro. La castellanización comenzó en los estratos sociales más elevados y se extendió paulatinamente hacia los populares (*ibíd.*: 158).

J. M. Enguita comparte este punto de vista: las mentes instruidas del reino asumieron voluntariamente «una cultura lingüística ajena, más prestigiosa y uniforme que la propia», como atestigua Gonzalo García de Santa María en un célebre texto:

> E porque el real imperio que hoy tenemos es Castellano y los muy excellentes rey e reyna nuestros senyores han escogido como por asiento e silla de todos sus reynos el reyno de Castilla, deliberé de poner la obra presente en lengua caste-llana. Porque la fabla comúnmente más que otras cosas, sigue al imperio. E quando los príncipes que reynan tiene muy esmerada y perfecta la fabla, los súbditos esso mismo la tienen (2004: 581).

Esta última observación me parece muy importante, como justificaré más abajo, pero ahora sólo quiero comentar la alusión a la unidad nacio-nal. Algunos historiadores catalanes y anglosajones (sirvan de ejemplo Soldevila y Hillgarth), subrayan que la unidad pudo no haber sido tal. Si el hijo que tuvo Fernando de su segundo matrimonio hubiera sobrevivi-do, Castilla y Aragón se hubieran vuelto a separar. Es indudable que el objetivo de los Reyes Católicos era ése, pero después de la muerte del infante don Juan y de Felipe el Hermoso, todo hubiera quedado en bue-nos propósitos, en opinión de aquellos autores, si Fernando hubiera tenido descendencia con Germana de Foix. Esto es, los Reyes Católicos no consiguieron la unidad, sino que plantearon el problema y lo solucio-naron *post mortem* gracias a las medidas que tomaron a lo largo de su reinado. Y no hay que suponer hegemonía de uno sobre otro, más allá de los elementos objetivos que reseñaré más adelante (como la econo-mía o la demografía). No creo que se pueda hablar de dominio de Isabel sobre quien fue el modelo de Maquiavelo en *El Príncipe* o de Gracián en *El Político*. Hay, a mi parecer, otras causas, como veremos absolutamen-te objetivas y atingentes al tema que nos ocupa[6].

---

[6] No quiero dejar de señalar que J. M. ENGUITA apunta varios factores que contri-buyeron a la castellanización de Aragón, «además de la atracción ejercida por las clases

En lo que concierne al **leonés**, **asturiano** o **astur-leonés**, el desplazamiento de la corte a la ciudad de León con Ordoño II (principios del siglo X), en el centro de la zona de repoblación, dejó a aislada a Asturias y perpetuó la tradicional fragmentación de los bables asturianos (conservadores, pero no tanto como las hablas gallegoportuguesas o las mozárabes), sin que ninguna zona ostentara la supremacía y sin un centro rector con prestigio continuado. Podemos decir que las hablas leonesas son una continuación de las asturianas, salvo algunas pequeñas diferencias, como la mayor uniformidad e innovación que adquirió el romance en el Sur, por su carácter nivelador y menos heterogéneo, frente a la rica fragmentación lingüística asturiana y su carácter de dialecto constitutivo del latín[7].

El que Asturias pasara a depender de la corona castellana en la Baja Edad Media, aunque fuera con gran autonomía política, tuvo, como indica X. L. García Arias, un peso extraordinario en el devenir de este dominio lingüístico, aunque es difícil medir en el estado de nuestros conocimientos su contribución a la formación del castellano literario, como defiende este autor; lo que es indudable es que a ello ayudó decisi-

---

cultivadas sobre el pueblo», tales como «la proximidad geográfica de Castilla y, por tanto, la relativa facilidad de acrecentar los contactos humanos y los intercambios culturales; y, sin duda,… la abundancia de soluciones coincidentes entre el aragonés de las tierras centro-meridionales del reino y el castellano» (2004: 581), pero la piedra angular de tal proceso es, para él, «La unidad política forjada por los Reyes Católicos [que] propiciaba la unidad lingüística de los territorios por ellos gobernados» (*ibíd.*). Creo que este factor debe su importancia a la acción de otros sin los cuales no hubiera producido el mismo efecto: recuérdese el bilingüismo (o trilingüismo, si incluimos al latín) de la cancillería de la Corona de Aragón.

[7] Como indican M. T. ECHENIQUE y J. MÉNDEZ, a semejanza de las diferencias entre las hablas pirenaicas y el aragonés del llano, también las hubo entre los bables asturianos y el leonés de las tierras de repoblación, de modo que el romance leonés tampoco fue unitario: «Del contacto dialectal que, tras la repoblación de las diversas tierras del llano, se dio en esa área entre el gallego, los bables asturianos y las hablas mozárabes, unido a las coincidencias que les otorgaba su parentesco, al ser romances limítrofes, se originó un romance más nivelado, donde se acentuaron los rasgos comunes y se desecharon los elementos diferenciales que representaban los rasgos más marcados o notables entre los dialectos en contacto. El resultado es siempre una lengua menos heterogénea y mucho más simplificada que los romances que han participado en la mezcla, que en este caso se irá diferenciando progresivamente de los bables asturianos que constituyen su base» (2005: 367).

vamente el hecho de que no hubiera cristalizado una norma lingüística astur-leonesa. Además, si bien es verdad que la temprana inclusión de Asturias y León en el ámbito político castellano y la rápida castellanización de las tierras llanas leonesas son, sin duda, determinantes para entender que, posteriormente, no se haya sentido ni manifestado el deseo de una reivindicación unitaria en los niveles culturales o políticos, no está tan claro que la ausencia de una conciencia común asturiano-leonesa se deba a ese hecho, por más que los puntos de unión prehistórica e histórica –los ástures se extendían tanto al sur como al norte de la cordillera– sean bien conocidos (la evolución de los sentimientos de pertenencia a una tribu no desemboca matemáticamente en la existencia de una conciencia regional o nacional: quizá sea más importante la propia desarticulación del dominio).

Desde el punto de vista lingüístico, a pesar de que ya «en el siglo X aparecen con toda evidencia en los textos asturianos rasgos lingüísticos, indefectiblemente autóctonos», sin embargo, «cuando la documentación hoy conocida y conservada muestra amplia e inequívocamente el romance asturiano, es en la primera mitad del siglo XIII. En ese momento las escrituras notariales van dando cabida cada vez más ampliamente a los usos orales» (X. L. García Arias 1992: 681). Tal romance muestra vacilaciones y polimorfismo en muchas de sus soluciones, lo cual es propio de una lengua en un estadio temprano de normativización, con la selección de variantes, que estaba empezando a aparecer, pero presenta una clara voluntad de escribir la lengua popular. Es posible que hubiera influencias de escribas ultrapirenaicos, fundamentalmente occitanos, a partir del siglo XII, y también se indican algunos influjos más occidentales, pero lingüísticamente es tan difícil discriminar aquí las variedades lingüísticas como en el norte de la frontera catalana-aragonesa. Lo que parece bastante cierto es que, a medida que avanza la consignación por escrito, se va haciendo cada vez más patente el peso de las pautas originadas en la zona centro-asturiana, lo cual hubiera podido ser un punto de referencia para la estandarización. Por otro lado, se desconoce hasta qué extremo pudo darse una literatura autóctona en aquella época, elaborada en la lengua del dominio: X. L. García Arias cree que «su existencia debió de ser una realidad a juzgar por la temática asturiano-leonesa de algunos cantares y por el notable influjo ejercido por este dominio en textos castellanos» (*ibíd.*). Pero es sobre todo en los textos

notariales donde nos quedan las muestras conocidas más estimables
para valorar la situación de la lengua medieval asturiana. La existencia
de documentos como el *Fuero de Avilés*, «un buen texto de habla asturiana si bien omite por prevención o arcaísmo alguno de sus rasgos más
característicos» (R. Lapesa 1948: 96), o las versiones del *Fuero Juzgo*,
ilustran las posibilidades que pudo tener el leonés medieval. Pero este
despertar será efímero y nunca se logrará crear una lengua escrita astur-
leonesa, por lo que el romance, o bien desapareció barrido por el castellano, como ocurrirá en el Sur, o bien continuó manteniendo su carácter
oral fragmentado y dialectal, como sucedió en Asturias.

X. L. García Arias apunta dos circunstancias que, en su criterio, die-
ron al traste con las perspectivas de formación de una lengua escrita.
Por una parte, «la labor escrituraria y «normativa» llevada a cabo en la
Cancillería castellana de Alfonso X, el Sabio, que sirvió de modelo obligado para dominios que no se encontraban excesivamente alejados y sí
desprovistos de modelos tan coherentes» (1992: 682). Téngase en cuenta que, como apunta I. Fernández-Ordóñez, tras la unión de los reinos
de Castilla y León, «el canciller Juan de Soria amplió sus funciones a
este último reino, como canciller para todos los territorios que dependí-
an de Fernando III, pero mantuvo el empleo del castellano como modalidad romance preferida de la cancillería. Aunque el leonés comenzó a
emplearse en los diplomas privados y locales hacia 1230 y su uso pervi-
vió hasta finales del XIII al menos, su ausencia en los contextos oficiales
debió de ser determinante para que se frustrase la posibilidad de su
estandarización». Cuando Alfonso X sube al trono en 1252, la cancillería de su padre había emitido durante el decenio anterior alrededor del
60% de los documentos en castellano. Y ello se debió, en opinión de la
misma autora, a que Fernando fue rey de Castilla antes que de León, al
desarrollo de la representación gráfica de la lengua hablada en algunas
diócesis y centros monásticos y a que Castilla era el reino con más peso
demográfico, de mayor extensión territorial y con economía más pujante. A ello se debe añadir la labor traductora desarrollada bajo Alfonso
X, que capacitó al castellano para la expresión de contenidos que antes
le estaban vedados, y en ello cuenta la personalidad del rey, cuya sed de
conocimiento era inagotable, impregnada de fe en el saber como fuerza
transformadora de la sociedad (*vid.*, en este sentido, I. Fernández-Ordóñez 2004: 382-398).

Por otra parte, siempre según X. L. García Arias, la expansión política de los Trastámaras castellanos, en la segunda mitad del siglo XIV, consolida al castellano en la situación descrita, pues lleva aparejada, como correlato obligado, la presencia en Asturias de dignatarios civiles y eclesiásticos que impondrán el castellano como lengua de las clases altas y de la administración. Se trata, para nuestro autor, de un momento clave:

Es el inicio de la diglosia asturiana y del paulatino pero continuado repliegue de la lengua hasta nuestros días. Lingüísticamente, lo castellano se impone de tal modo, que las actas de la Xunta Xeneral, gobierno autónomo del Principado, como en general todo tipo de documentos irán siempre en la *lengua advenediza* (X. L. GARCÍA ARIAS 1992: 682; la cursiva es mía).

Lo más importante, no obstante, no es su efecto momentáneo, sino el camino que marca para el futuro, pues ese proceso se repetirá en numerosas ocasiones, por lo menos hasta el siglo XIX, si no hasta nuestros mismos días: «Pese a todo, la castellanización de las clases altas no va a tener como consecuencia inmediata la de las populares, necesariamente asturianoparlantes, pero va a significar *el persistente modelo del ascenso social*» (*ibíd.*; la cursiva es mía). Y sigue:

Que las clases populares siguieron hablando su lengua histórica nos lo manifiesta el hecho de la pervivencia oral de la lengua hasta hoy, y su grado de afianzamiento, amén de testimonios continuados, resulta obvio por la estimable literatura, sobre todo en verso, que va a escribirse en los siglos XVII y XVIII (*ibíd.*).

Por lo tanto,

durante la Edad Media, a medida que se iban castellanizando las tierras leonesas, el castellano se convirtió en el vehículo común de comunicación de las diferentes comarcas asturianas y se empleaba también cuando era preciso relacionarse con gentes ajenas. No era necesario crear una koiné asturiana, ya que la castellana la proporcionó, además de que se convirtió, después del latín, en la única lengua escrita (aunque con rasgos autóctonos), mientras que las hablas asturianas quedaron relegadas al uso oral en los límites de sus propios dominios (M. T. ECHENIQUE y J. MÉNDEZ 2005: 374), arrinconadas en los entornos rurales, especialmente los asturianos, a medida que castellano se extendía por León, Zamora y Salamanca. Con la unión definitiva en 1230 comienza el retroceso del leonés. El antiguo reino logrará mantener su romance en la lengua escrita durante la época medieval, aunque cada vez más como rasgos sueltos de diversa índole (dialectalismos) dentro de una estructura inequívocamente castellana. Hasta finales del siglo XIV se redactaron aún algunos textos en los que eran frecuentes los rasgos leoneses (*Otas, Plácidas, Guillelme, Tristán*), pero el modelo surgido de la corte alfonsí era demasiado potente para sustraerse a él. Este retroceso era ya evidente durante el siglo XV, en cuya literatura culta no hay rasgos en que se aprecien formas o usos leoneses. La castellanización general de la lengua literaria se dejaba sentir hacía tiempo en los usos de los notarios asturianos. El leonés se había convertido en un dialecto rústico, de tal manera que se desdibujaron poco a poco los límites entre castellano y leonés a medida que éste se diluía en aquél y el antiguo romance fue adquiriendo progresivamente la consideración de variante dialectal castellana, con un único cultivo literario, el artificial «sayagués» del lenguaje teatral. Ahora bien, J. R. Morala ha mostrado cómo se produce una lenta y gradual eliminación de rasgos leoneses en los documentos notariales de los siglos XIV y XV. Hay rasgos que apenas superan la frontera entre el XIII y el XIV (variación en los componentes de los diptongos procedentes de Ĕ, Ŏ; evolución de PL- y similares a /š/ y en menor medida a /ĉ/, pérdida de /y/ entre vocales no palatales). Otros llegan a los primeros decenios del XIV (diptongación de las formas de presente e imperfecto de *ser*). Otros no superan la mitad del siglo XIV (partícula *ata*, que alterna con *fata, fasta*, que la desplazará; la solución /ž/ para G^{e,i}; la variación *dos/duas;* diptongación de O ante yod, contracción de preposición con artículo, analogía *cantó/cantaron*). Otros rasgos se dan en la primera mitad del XV (mantenimiento del diptongo en *-iello*, mantenimiento de los diptongos decrecientes en los textos occidentales, conservación del grupo *-mb-*, confusión de /r/ y /l/ en grupos consonánticos, palatalización no sistemática de /l-/, solución de los grupos /-B'D-, D'G/ como /ld, lg/, resultados de LI y grupos similares con /y/, forma no apocopada en el artículo, formas *lle/lles* para el dativo del pronombre de tercera persona, formas verbales analógicas en *-emos* (*cantemos* por *cantamos*)). Y, en fin, llegan a la segunda mitad del XV los plurales del tipo *leys* por *leyes*, la confusión de /r/ y /l/ cuando forman parte de un grupo consonántico, la palatalización no sistemática de /l-/, formas *lle/lles* para el dativo del pronombre de tercera persona, formas verbales analógicas en *-emos* (*cantemos* por *cantamos*) y las formas apocopadas de la tercera persona verbal (*cf.* J. R. Morala, 2004: 562-567).

El hecho clave en la historia del **gallego** es el que provoca la partición del dominio lingüístico. En 1143 el condado de Portugal (Portocale) se independiza del reino de León. El Miño se convierte en frontera política y con el tiempo lingüística, sobreponiéndose a la antigua frontera pre-rromana del Duero (*cf.* P. Vázquez Cuesta/M. A. Mendes da Luz 1971: 196). Con la independencia de Portugal, Galicia quedó definitivamente unida a León (y después a Castilla), desgajada políticamente y al margen del área de expansión galaicoportuguesa (las innovaciones que se producían a un lado del río normalmente no llegaban al otro). Mientras las tierras portuguesas seguirán un rumbo aparte (sobre todo a partir de 1350), Galicia quedó encerrada definitivamente en sus límites actuales:

Ajena completamente a las grandes empresas de la reconquista, irá convirtiéndose progresivamente en un rincón olvidado de los monarcas leoneses y castellanos, donde unas cuantas familias señoriales se repartían el territorio junto con los dominios de obispos y monasterios. La nobleza gallega vivirá un estado de semiindependencia hasta los Reyes Católicos. Galicia estaba tan alejada de los centros de decisión de la política castellana que ni siquiera tenía voto en cortes (estaba representada por Zamora) (M. T. ECHENIQUE y J. MÉNDEZ 2005: 442-443).

Pero esto no supuso al principio una ruptura lingüística radical con el romance del reino meridional: a uno y otro lado del Miño se siguió hablando la misma lengua esencialmente y la lengua que reflejan los textos medievales no presentaba aún grandes diferencias (*lingua padrao/ padrón*), pero se irán profundizando en los siglos posteriores por las diferentes historias lingüísticas de ambas modalidades. El gallego permaneció cada vez más en una fase de postración en la que el castellano se convertía en la única lengua culta que invadía ámbitos donde antes sólo estaba el gallego. A medida que desaparecía de las ciudades, quedaba arrinconado en los entornos rurales o en los sociolectos más populares, muy influido por el castellano, sin escritura ni cultivo. Portugal, mientras tanto, iniciaba una decisiva y completa expansión de su futuro territorio. Con la conquista de Lisboa (1147) la corte y el poder político se desplazan hacia el sur. Los repobladores llegados del norte entraron en contacto con las poblaciones de habla románica de los mozárabes, y del contacto dialectal surgió una nueva modalidad que alteró o cambió los rasgos septentrionales, de manera que se fue alejando progresivamente de las variedades gallegas: «los viejos intereses agrícolas –cerradamente peninsulares– son, poco a poco, sustituidos por otros marítimos y mercantiles con cuyo apoyo se salvará la gran crisis nacional que supone el fin de la dinastía de Borgoña en la segunda mitad del siglo XIV» (P. Vázquez Cuesta y M. A. Mendez da Luz 1971: 196; *cf.* M. T. Echenique y J. Méndez 2005: 443). La conquista del Algarve cierra la Reconquista portuguesa a mediados del XIII, momento en que las cancillerías reales adoptaron el romance como forma de expresión oficial:

> Esto supuso una intensa actividad encaminada al establecimiento de una norma lingüística en cada romance que tuviera un alcance general mediante la selección de unas variantes y la elección y fijación de unas grafías que regulasen la escritura. Mientras en Portugal se realizó esta labor tomando como base la lengua meridional de Lisboa, en Galicia la ausencia de una cancillería real dejó en manos de cada uno de los escribanos la creación de esa norma. Por eso, una característica de los textos gallegos de esta época es la falta de homogeneidad respecto de las soluciones adoptadas y el abundante polimorfismo en el que aparecían conviviendo variantes geográficas, sociales y diacrónicas (M. T. ECHENIQUE y J. MÉNDEZ 2005: 444-445).

Sólo a partir de la segunda mitad del siglo XIV comienzan a aparecer las primeras manifestaciones que determinaron la bifurcación de este romance en gallego y portugués. Con la disolución por esta época de la escuela lírica gallego-portuguesa, tanto la variante gallega como la portuguesa culminan un proceso de desarrollo caracterizado por la disolución progresiva de su primitiva unidad[8]. A partir de finales del XIII y durante el XIV Galicia y el noroeste portugués se vieron sujetos a la acción de distintas corrientes culturales y la evolución de los sistemas

---

[8] Para las diferencias lingüísticas que se van introduciendo entre gallego y portugués a partir de este instante, *cf.* P. VÁZQUEZ CUESTA y M. A. MENDES DA LUZ (1971: 197-207), M. BREA (1994: 84) y M. T. ECHENIQUE y J. MÉNDEZ (2005: 444-445).

gráficos no se produjo de manera coincidente en las dos regiones, lo que condujo a sistemas más diferenciados de los que tuvo en su origen. A partir de entonces, mientras que el portugués experimenta amplios procesos de estandarización, se convierte en lengua nacional, se hace vehículo de una brillante literatura en el siglo XVI y se extiende por todos los continentes, el gallego se convirtió en una lengua encerrada en un territorio periférico, sin estandarización y un cultivo literario en paulatina decadencia, hasta convertirse con el tiempo en mero vehículo de expresión coloquial, ajeno a las ciudades y refugiado en el entorno rural, pues en sus principales funciones será desplazado por el castellano. ¿Cómo se produce ese desplazamiento? Sabemos que la lengua vulgar se convierte en lengua normal en todos los dominios a lo largo del siglo XIII. Su uso se impone de tal manera, que en el siglo XIV se emplea en los documentos públicos y privados, al igual que en el XV, aun cuando en la segunda mitad se reduce al ámbito de lo privado, como también, aisladamente, en la primera mitad del XVI[9]:

En resumen, al final de la Edad Media, el gallego era una lengua con la categoría que hoy llamaríamos de lengua oficial de un país. El gallego… tenía la consideración de lengua normal usada en la documentación notarial y admi-

---

[9] Datos concretos sobre su uso en documentos de ayuntamientos, gremios, cofradías y la Iglesia, así como también en la literatura naturalmente, se pueden encontrar en C. GARCÍA GONZÁLEZ (1986: 50-51), M. BREA (1994: 84-85) y M. T. ECHENIQUE y J. MÉNDEZ (2005: 446-452). En el empleo del gallego como lengua literaria, no hay que olvidar, como apunta M. Brea, que la poesía trovadoresca en gallego es el resultado de la confluencia de al menos dos corrientes, la poesía popular autóctona y la poesía cortesana ultrapirenaica. La misma autora indica, siguiendo a Lorenzo, que el gallego-portugués de los cancioneros es, probablemente, más una koiné literaria que estrictamente lingüística. Quizá una cosa esté relacionada con la otra. Véase también sobre el papel de esta escuela, M. T. ECHENIQUE y J. MÉNDEZ (2005: 446-449). Significativo es lo que ocurre con las reuniones de cortes, desde su primera reunión en el reinado de Alfonso IX de León: se celebraban alternativamente en León y en Galicia y se usaban ambas modalidades lingüísticas. Desde Alfonso X no se vuelven a reunir en Galicia, «y el castellano pasó a ser la lengua oficial de la corte castellana, en la que comenzaron a expresarse los clérigos nobles y burgueses gallegos que acudían a ella» (*ibíd.*: 450-451). La inexistencia de cancillería en Galicia ocasionó que la lengua hablada en ella no experimentase los procesos de codificación y normativización que llevan a la fijación de una norma, a diferencia del portugués, lo que se tradujo en la falta de una tradición escrita homogénea y en el polimorfismo de las variantes.

nistrativa civil y eclesiástica y en la composición de obras literarias (C. GAR-CÍA GONZÁLEZ 1986: 51; *cf.* M. BREA, 1994: 85).

Para C. García González y M. Brea, los impulsores del uso del castellano en Galicia son la Monarquía y la Iglesia. El primero analiza someramente la correspondencia entre la cancillería real (Fernando III y Alfonso X) y el reino de Galicia, en la que al principio ambos corresponsales emplean el latín, pero pronto los reyes cambian al castellano, con la excepción de un caso (1260) en que el gremio de concheiros se dirige al monarca en castellano también[10]. Asimismo, los fueros municipales también estaban redactados en latín primero y luego en castellano, aunque algunos menores lo fueron en gallego. Pero el momento más importante, desde este punto de vista, es la llegada de los Trastámaras al poder, con la progresiva sustitución de los nobles gallegos por castellanos en los puestos fundamentales de las administraciones civil y eclesiástica[11]. En este último campo, es decisivo el nombramiento de naturales de Castilla y Andalucía como arzobispos de Santiago. Desde 1362, por lo menos, con don Suero Gómez de Toledo, hay testimonios de uso del castellano en los documentos episcopales, aunque la situación no se decidirá a favor del castellano hasta más tarde, después del largo mandato del sevillano don Lope de Mendoza (1400-1445). Pero valga ello como síntoma de lo que C. García González llama *bilingüismo cultural*, ya no latín-gallego, sino gallego-castellano, para el que encuentra un ejemplo muy esclarecedor: en un documento de Orense de 1385 el enca-

---

[10] Como señalan C. GARCÍA GONZÁLEZ y M. BREA, no hace falta destacar la intencionalidad del uso lingüístico de la cancillería, dado el dominio del gallego por parte de Alfonso X.

[11] Es bastante verosímil la hipótesis que formula M. Brea basándose en otras palabras de Ramón Lorenzo: «non esquenzamos que os señores galegos mais poderosos case sempre se alistaron no bando dos perdedores, contribuindo con elo à implantación en Galicia dunha nobreza foránea, allea ó galego e impoñedora do castelán, o que –para Lorenzo 1985 [edic. de *Crónica Troyana*], 71– foi unha desgracia porque no séc. XIV ainda se daban boas condicións para o desenvolvemento da prosa galega [...]. Se daquela houbese nobres galegos de categoría con conciencia da realidade diferencial que representaba o idioma, seguramente a prosa galega non iría esmorecendo ata a súa desaparición» (M. BREA 1994: 86). Mi única reticencia se refiere al alcance del adjetivo *impoñedora*, teniendo en cuenta que M. Brea acepta la tesis de C. García González sobre la expansión no beligerante del castellano en Galicia durante estos siglos.

bezamiento está en gallego, los diálogos entre jueces, regidores y procurador también se registran en esa lengua, pero el obispo contesta siempre en castellano, y el final del documento es una mezcla de las dos lenguas (*cf.* C. García González 1986: 52-53)[12].

Otro factor que también debió de influir en la extensión del castellano en Galicia fue la desaparición del gallego como lengua general de la poesía lírica en los reinos centro-occidentales de la Península. Desde mediados del XIV surge una «escuela gallego-castellana», que, aunque prolongación en último término de la gallego-portuguesa, está separada ya de la unidad idiomática supuesta por ésta en virtud de los factores políticos a los que ya he aludido. Finalmente, el gallego perderá otro de sus dominios de antaño, como muy tarde hacia 1450[13]. La resolución del proceso llega en el siglo XV, que «es el momento en el que el castellano empieza a instalarse prácticamente en Galicia: esta instalación se realiza en las capas superiores de la sociedad. En las instituciones eclesiásticas se asientan, ahora de manera más asidua, personas extrañas a Galicia. Hablantes castellanos van imponiendo, aunque no beligerantemente, el empleo del castellano» (*ibíd.*: 53). Es la época en que, con Enrique III, paralelamente a lo que ocurría en la Iglesia, las funciones ejecutiva y

---

[12] Sobre la naturaleza sociolingüística del contacto de lenguas en Galicia en la Edad Media y sus consecuencias ulteriores, *vid.* M. T. ECHENIQUE y J. MÉNDEZ (2005: 453 y ss.), donde se subrayan la importancia de la temprana importación del castellano en Galicia y la proximidad entre ambas lenguas, junto con la postración del gallego en estos siglos, como causas de la contaminación del gallego por el castellano y la sustitución de aquél por éste en los sectores sociales más altos e influyentes, circunstancias que alejaron todavía más al gallego del portugués y condicionaron más tarde la creación de una norma de la lengua gallega, aparte de su caricaturización como variedad burda y zafia, lo que explica que, aun en el renacimiento circunstancial de la vida urbana en las ciudades atlánticas durante el XVI, las clases medias de estas ciudades adoptaron el modelo idiomático que suponía el castellano (*vid.* también la n. 14).

[13] Escribe M. Brea: «esa tradición vaise desnaturalizando para esmorecer de contado. A comunicación coa fonte orixinaria da lengua está rota, e esta estancada e corrupta... É Castela a que canta en galego, nun galego cada vez máis convencional, máis cheo de castelanismos, que vai quedar como lengua de arquivo, que hai que castelanizar porque quen a escribe e quen a lé son castelano-parlantes. Ata que estes comprendan por fin que poden escribir poesía na súa propia lengua. O florecimento da lírica castelán acarreará a desaparición final da lírica española en galego» (M. BREA 1994: 87; *cf.* M. T. ECHENIQUE y J. MÉNDEZ 2005: 450).

judicial quedan separadas de las atribuciones de los adelantados del reino y son encomendadas a naturales de otros territorios. El prestigio del castellano irá en aumento a lo largo del XVI, y ello se dejará notar, como dice C. García González, no sólo en las clases altas, sino también en las capas medias[14], lo que supone su consolidación, por lo que no es de extrañar que la documentación en gallego sea casi inexistente desde mediados de dicho siglo (*cf. ibíd.*: 53-54).

El **catalán** se originó en la parte nororiental de la península, en territorio de la Tarraconense, posteriormente Marca Hispánica, en el que se formaron una serie de condados que, a fines del siglo IX, una vez independizados del imperio carolingio, se reunirán bajo la autoridad del conde de Barcelona, en una época caracterizada lingüísticamente por la diglosia entre latín y romance, que llega hasta la unión con Aragón en el XII[15]. En lo que sigue me baso en el esquema cronológico de M. Grossmann (1991).

Tras esa época diglósica, la dinastía catalana desarrollará una política expansionista que afectará a esta lengua, extendida a Mallorca y a Valencia e, incluso, inicialmente a Murcia. Es un período en el que las funciones «altas» de las lenguas son ejercidas por el latín, el catalán y, en lo

---

[14] Ahora bien, como dice M. Brea, «Os pequenos comerciantes, os menestrales, os labradores, os mariñeiros, etc., seguirán falando a súa lengua por séculos, pero as clases superiores da sociedade fican xa definitivamente instaladas no uso do castelán desde o século XVI» (M. BREA 1994: 87; *cf.* M. T. ECHENIQUE y J. MÉNDEZ 2005: 454-455). Interpreto esta afirmación como que, al fin y al cabo, fueron las clases altas las que condujeron el proceso; las capas medias, en todo caso, actuaron de manera imitativa respecto de aquéllas, según un conocido modelo sociolingüístico.

[15] Hay en este período de formación un nuevo ejemplo de interacción entre hechos políticos y lingüísticos: «A esto se añade el hecho de que [...] durante los siglos medievales, al menos hasta el siglo XIII y en menor medida después, los condados catalanes formaran una unidad política con los condados tolosanos, dependientes todos de la diócesis narbonense. Esto explica la constante presencia de influencias occitanas y provenzales en los planos político, económico, cultural y, especialmente, lingüístico. La lengua occitana de la nobleza provenzal, la de los escribanos y los trovadores, necesariamente hubo de influir en el romance, que por entonces no presentaba diferencias notables con aquella. De esta manera, el catalán fue reforzando, acentuando e incrementando su componente galorrománico, en la medida que se apartaba de las soluciones adoptadas por los demás hispanorromances, pero sin perder nunca su carácter de variedad de transición entre los dos complejos románicos» (M. T. ECHENIQUE y J. MÉNDEZ 2005: 220; *cf.*, 236-238).

referente a la poesía lírica, por el provenzal, mientras que las «bajas» son propiedad exclusiva del catalán[16]. La Confederación catalano-aragonesa en sí era bilingüe, pero, dada la autonomía de los diferentes reinos y del Principado[17], ese bilingüismo, realmente, sólo afectaba a la corte. En este marco, que llega hasta 1276, interesa, sobre todo, la colonización de Valencia, que se singulariza por dos hechos: la presencia de colonos aragoneses (y del aragonés) en las comarcas del interior y la expansión de la modalidad occidental del catalán (*cf.* M. T. Echenique y J. Méndez, 2005: 217). Es el tiempo en que, a semejanza de lo que estaba ocurriendo en el sur de Francia y en la Castilla de Alfonso X, escribanos y notarios empiezan a intentar la escritura en romance (se adoptan las soluciones escriturarias ideadas en la Provenza) y la cancillería impone el uso de un catalán bastante homogéneo frente al latín en la documentación oficial, un catalán inspirado en la tradición del obispado de Urgel, con clara intención unificadora, que excluía los dialectalismos más evidentes. En esta labor de unificación lingüística, desde otra ribera, intervino decisivamente Ramon Llull. Esa labor la continuaron en etapas posteriores los historiadores de los siglos XIII y XIV y los poetas y prosistas del XIV y el XV (Metge, Eixemenis, Jordi de Sant Jordi, March, Martorell...).

En la fase de expansión mediterránea (1276-1410), lo que más nos importa es la consolidación del catalán como lengua nacional y su afirmación como lengua culta y literaria. Pero el momento que más importa a nuestros efectos es el siglo XV por diferentes motivos: 1) agudización de las diferencias entre los diversos reinos que formaban la Corona, lo que llevará a un sentimiento de disgregación de la antigua unidad; 2) intensificación de los enfrentamientos sociales, que llevan a un empobrecimiento y a una caída demográfica muy importante en Cataluña (que decae visiblemente, tanto política como económicamente) y Mallorca, con lo

---

[16] Tal es la visión de M. Grossmann (1991: 168), que toma como punto de referencia la diglosia latín-catalán. La perspectiva de Colón es diferente: si yo he comprendido bien su análisis, hay diglosia siempre que el catalán no sea el que cumple preferentemente o en igualdad de condiciones las funciones de lengua A y, por lo tanto, hasta el XV no cesa la situación diglósica por cuanto hasta esa fecha el occitano seguirá siendo la lengua de la lírica (*cf.* G. Colón 1989: 50).

[17] G. Colón no es muy favorable al título de Confederación, pero lo que sí deja claro es que «el único lazo jurídico común lo constituía la persona del soberano» (*ibíd.*: 44).

que Valencia se convierte en el centro económico y cultural de la Corona; 3) entronización de la dinastía de los Trastámaras, que introducen el castellano como lengua de cultura entre las clases altas y acercan la política aragonesa a la castellana (si acaso, la política de expansión continúa, pero con un carácter marcadamente patrimonial, como indican M. T. Echenique y J. Méndez, esto es, sometida a intereses dinásticos): aunque la documentación oficial siguió redactándose en catalán (y en latín, sobre todo para los asuntos eclesiásticos y las relaciones diplomáticas), una parte no desdeñable de la correspondencia real se redactó en una lengua que algunos llaman castellano (por ejemplo, C. Lleal), aunque no todos aceptan esa denominación. En todo caso, sería una modalidad de castellano que, aparte de la pervivencia de numerosos aragonesismos en la primera mitad de siglo y de la, en general, constante repetición de fenómenos explicables sólo a partir de la interferencia del catalán, en diversos aspectos se apartaba de la que, por las mismas fechas, se usaba en la corte castellana, por recoger la tradición cancilleresca catalana de depuración estilística y adaptación a los modelos clásicos, por la introducción de los modelos lingüísticos del humanismo y por el desarrollo de un vocabulario político a la medida de las instituciones catalano-aragonesas, en palabras de aquella autora. La brillante literatura en catalán de siglos anteriores desplaza su centro de gravedad hacia las tierras levantinas, aunque el occitano desaparece del terreno de la lírica, al tiempo que se manifiestan los primeros casos de bilingüismo literario catalán-castellano. Y comienza la pérdida gradual de la conciencia de la unidad «nacional» y lingüística de los territorios de lengua catalana, hecho favorecido probablemente por la estructura confederal de la Corona de Aragón. Una prueba indirecta de ello es que, frente a las denominaciones unitarias de la lengua que surgen en la etapa anterior (*català, llengua catalana, catalanesch*), ahora comienzan a competir con ellas otras de signo particularista (*valencià, mallorquí*)[18]. En fin, la unión «personal» con Castilla (1516-1714) abre las puertas a una influencia cada vez mayor de la cultura española (*cf.*, para todo este tercer punto C. Lleal 1997 y J. Lüdtke 1991: 235; y, en general, G. Colón, 1989: 50-51, y M. T. Echenique y J.

---

[18] Sobre la cuestión onomástica del catalán y sus variedades, *vid*. G. COLÓN (1989: 19-34).

Méndez 2005: 218-219). Ahora bien, con todo, téngase en cuenta la advertencia de Lüdtke: «Es muß jedoch darauf hingewiesen werden, daß nur die geschriebene Sprache einen Niedergang erfuhr; die Vitalität der gesprochenen Sprache blieb ungebrochen.» (J. Lüdtke 1991: 235). En efecto, con los Reyes Católicos la Corona de Aragón quedó definitivamente unida al proyecto de Monarquía hispánica y el castellano (favorecido por su cada vez mayor influjo sobre el aragonés y por ser la lengua familiar de la dinastía reinante[19]) se introdujo «paulatinamente en los territorios del dominio lingüístico catalán, aunque en distintos niveles y según épocas» (M. T. Echenique y J. Méndez 2005: 248). La decadencia de la literatura tuvo relación (como el auge de los orígenes, pero a la inversa) con la desaparición de la cancillería y de la corte: los buenos escritores componían en castellano o en latín, a pesar de que la lengua no sólo de la calle, sino también de la administración, era el catalán. Como concluyen los autores citados, «Cuando se unieron Castilla y Aragón, los cortesanos de la cancillería ya estaban familiarizados con el castellano. El modelo cortesano pasó a ser el español» (*ibíd.*: 248-249).

A modo de conclusión, podemos decir que, en mi criterio, X. L. García Arias para el asturiano, C. García González para el gallego y J. M. Enguita y M. T. Echenique y J. Méndez para el aragonés ponen el dedo en la llaga en un punto que me parece generalizable a las otras zonas que hemos visto. Me refiero al papel de las clases altas de las diversas zonas de España en la propagación del castellano y con consecuencias mucho más importantes que, pongamos por caso, el gusto de la aristocracia rusa de la segunda mitad del XIX por hablar francés incluso en casa, a pesar de tener los dos hechos un punto de partida común, a saber, la necesidad de una parte de la sociedad, la que se ve a sí misma como garante de la estabilidad social y como estamento que otorga el marchamo de prestigio a algunos usos y costumbres, de distinguirse de los demás estratos sociales. El elemento diferencial, naturalmente, es que estaba fuera de discusión la imposibilidad de la unión del Imperio zarista y la República francesa, pero en absoluto se podía descartar en la Baja Edad Media que la lengua fuera una de las avanzadillas castellanas en

---

[19] Colón hace un interesante recorrido por las lenguas preferidas por los reyes de Aragón para comunicarse con sus familiares (*cf. ibíd.*: 241-250).

los otros reinos peninsulares. Ahora bien, este deseo no surgió de la nada, sino del cumplimiento de una serie de condiciones básicas (o causas remotas), que podemos cifrar en las siguientes (véase F. Moreno 2005: 118-124 para estas conclusiones):

1) Su carácter de koiné, de, como la llama F. Moreno, variedad de compromiso, por sus múltiples coincidencias con las variedades romances occidentales y orientales, a pesar de no presentar todos los rasgos que se dan en éstas, hasta tal punto que

> el castellano forjado en el escritorio alfonsí no puede adscribirse a un origen dialectal concreto (¿Toledo, Burgos?), sino que refleja una especie de variedad koinética de Castilla, dado que entre los escribas castellanos, que eran mayoría, la mitad era de Segovia, una cuarta parte procedía de Castilla la Vieja y el resto, de Castilla oriental y Toledo, tal como establece Inés Fernández-Ordóñez (2004: 403) (F. MORENO 2005: 119);

R. Penny cree que se trata de la lengua de las clases altas de Toledo; M. T. Echenique y J. Méndez, en la senda de R. Lapesa, distinguen entre el castellano koiné, en el que habrían confluido las influencias franca y semítica, y el castellano derecho o koiné castellana, que respondía en general al gusto de Burgos, con algunas concesiones a la lengua de Toledo y de León (fijación de la grafía en la cancillería y el escritorio alfonsí, elaboración de la sintaxis, enriquecimiento del léxico), que se ha convertido luego en la lengua general de la comunidad hispánica; ahora bien, la repercusión que pudiera tener el modelo alfonsí sobre la codificación del idioma sólo es pertinente para algunos aspectos lingüísticos; como dice I. Fernández-Ordóñez, «apenas puede hablarse de una norma lingüística alfonsí tal como entendemos hoy ese concepto, esto es, el empleo mayoritario o uniforme de determinadas opciones lingüísticas con exclusión de otras, que pasan a ser consideradas dialectales o subestándar» (2004: 399). Ya había llamado yo la atención sobre el hecho de que es una norma de integración o policéntrica, no selectiva (*cf*. J. M. García Martín 1997). Además, los códices realizados en su corte no desconocen la variación gráfica, lo que no es de extrañar si pensamos en la gran cantidad de colaboradores de que se rodeó, con lo que no resulta fácil localizar el origen geográfico o social de tales variantes, y ello aunque hay algunas pruebas de que los colaboradores alfonsíes pudieron residir preferentemente en Toledo y Sevilla; la llamada norma alfonsí es más bien la variación dialectal, tanto dentro de una obra como entre ellas, y debe achacarse a la pluralidad de usos lingüísticos de los colaboradores regios (incluso en los documentos de la cancillería encontramos no pocas divergencias dialectales, aunque la prosa alfonsí muestre un acuerdo no despreciable en sus opciones lingüísticas (sin embargo, la mayor parte de las opciones alfonsíes fueron descartadas por la lengua culta posterior). En el mismo sentido, P. Sánchez-Prieto pone el acento en el concepto de tradiciones de escritura, después de descartar la validez de los conceptos de unificación normativa suprarregional y de «política lingüística» para la labor alfonsí, cuya ortografía había sido anticipada en tres décadas por los diplomas de Fernando III. Más que de ortografía como opción entre grafemas, este autor prefiere hablar de conjunción de factores que explican la preferencia por unas soluciones frente a otras, y más que de contienda de normas, «hay que hablar lisa y llanamente de tradiciones lingüísticas diferentes, de acuerdo con el dispar origen de los colaboradores» (P. Sánchez-Prieto 2004: 427). Para él, no es fácil discernir si los usos concretos que muestran los escritos son reflejo directo de usos locales o regionales, o son cristalizaciones de tradiciones de escritura que se difunden por encima de las peculiaridades de habla de quienes escriben. Hay que tener en cuenta que los códices, en general, no son homogéneos lingüísticamente.

2) Los sucesivos episodios de repoblación, que hicieron predominar en el sur de la Península a colonos de diversos orígenes castellanos, en detrimento de los de otros orígenes, con algunas excepciones, como la de los aragoneses en Murcia, los leoneses y navarros en Sevilla o los leoneses en Jerez (sobre este punto, trato detenidamente en J. M. García Martín 1998).

3) El que, como subraya otra vez Moreno, nunca se perdiera la idea de que la legitimidad de origen del poder de la unidad territorial alcanzado durante la dominación romana y reproducida por los visigodos a partir de Suintila (siglo VII), lo que se conoce con el nombre de visigotismo o goticismo, actualizado en el siglo XII por Alfonso VII el Emperador e inspirador todavía en el siglo XVI de la labor historiográfica de un Florián de Ocampo (*cf.* F. Moreno 2005: 118).

4) La demografía: el predominio demográfico del reino castellano se da en todo momento, sobre todo tras la unificación con León: en 1348,

Castilla tiene entre 3 y 4 millones de habitantes, Aragón, un millón; Navarra, 80000: a comienzos del XVI, Castilla está en 4.300.000, Aragón ha bajado a 855.000 y Navarra ha elevado sus efectivos hasta los 100.000 (*cf. ibíd.*: 120 y 128).

5) La economía castellana, a lo largo de toda la Baja Edad Media, se impone claramente sobre la de los demás reinos peninsulares (dejo a un lado lo concerniente a Portugal, por no ser de mi interés inmediato aquí), con Burgos y Sevilla como los dos grandes centros comerciales proyectados uno hacia el mar del Norte, el otro hacia el África septentrional (*cf. ibíd.*: 120 y J. M. García Martín,1998).

F. Moreno declara taxativamente que

> de todo el elenco lingüístico florecido durante la Edad Media peninsular, las únicas lenguas que cumplían sobradamente los cuatro requisitos [historicidad, estandarización, autonomía y vitalidad] que llevan al reconocimiento de una lengua como lengua «estándar», según la terminología de Stewart, eran el castellano y el catalán, además del portugués; las demás podían ser calificadas como «vernáculas» o como «dialectos» (F. MORENO 2005: 119).

Siendo esto así, ¿por qué fue el castellano el elegido? Me he preguntado antes cuál era el motor que había impulsado a esas causas que acabo de enumerar. Todos los hechos mencionados más arriba son importantes, pero, para adquirir sentido, deben estar orientados en la misma dirección. ¿De dónde vino el impulso orientador del proceso? Un elemento fundamental ya ha aparecido: el papel de las clases altas. Pero queda la que, a mi juicio, fue la verdadera contribución de Alfonso X, piedra angular del proceso. Dice en su *Crònica* el historiador catalán Ramón Muntaner, a propósito del frustrado intento de Alfonso X de ser reconocido emperador por el papa Gregorio X que lo que el rey castellano pretendía era «èsser emperador d'Espanya» (tomo la cita de M. Á. Ladero, 2004: 365, n. 3). Podemos enlazar ahora con el texto de Gonzalo García de Santa María reproducido más arriba. Y aquí podemos ver un elemento fundamental de lo que F. Márquez Villanueva llama el concepto cultural alfonsí, aunque realmente sea un objetivo político. El rey Sabio, que se pasó medio reinado en lucha con los nobles (*cf.* M. Á. Ladero 2004: 368-369 para el significado de este hecho), imaginó un monarca dueño absoluto de los resortes del reino (*cf.* F. Márquez Villanueva 1994, *passim*). Eso es lo que llevaron a la práctica los Reyes Católicos. Hay una continuidad profunda entre las aspiraciones y los designios del rey del XIII y los logros que pusieron en pie los del XV, que realizaron su proyecto. Y esa continuidad está simbolizada y resumida por la idea de monarquía absoluta. No es que Fernando se dejara dominar por Isabel, sino que, fecundando a todos esos factores que he indicado previamente, se dio cuenta de que el reino peninsular que podía poner en pie más fácilmente una estructura (que hoy llamaríamos estatal) más favorable a la autoridad real, y que por ahí soplaban los vientos de la Historia, era Castilla. De ahí que político tan avezado favoreciera que la balanza se inclinase a favor del reino central. En ello le iba el aumento de su poder, y, paralelamente, el castellano se constituía en uno de los instrumentos para lograrlo[20], en cuanto objeto favorecido por el ascenso de Castilla en la Península. ¿Cómo se compagina ello con el papel central desempeñado por las clases altas, según se ha defendido aquí? Por lo menos la nobleza tradicional no debía de sentir demasiado interés por favorecer los designios reales. Es materia para dedicarle otro estudio, pero lo que sí parece claro es que en éste, como en otros campos, los Reyes Católicos consiguieron neutralizar a quienes no estaban de acuerdo con ellos. Hoy sabemos que una de las piezas básicas con las que se construyó el Estado-nación fue la existencia de una lengua oficial, pero entonces las *naciones* eran sólo los grupos de personas con comunidad de lengua. La unidad política de dos Estados no parece ser el objetivo primero ni del rey medieval ni de los cuatrocentistas, sino, como es natural en la lógica del Antiguo Régimen, el bien (igual a la consecución del mayor poder posible) de la dinastía (*cf.* J. Álvarez Junco 2001: 50-53, 64 y ss., 308-312). Por su lado, las clases altas, en esa búsqueda de instrumentos de distinción de la que he hablado, lo que intentaban era asegurarse de que las formas culturales relacionadas con ellas fuesen prestigiosas para el resto de la sociedad. En la sociología, el poder, la función

---

[20] Muchos autores se fijan en la unidad política, que es un hecho externo, para justificar la progresión del castellano. Además de la cita de Enguita reproducida en la n. 6, véase la siguiente: «A unidade política acadada polos Reis Católicos e a expresión lingüística en castelán da corte real e de toda a súa organización administrativa fan que o poder civil, administrativo, etc., se identifique coa a lengua castelá. O galego queda relegado a un segundo plano...» (M. Brea 1994: 86-87).

social y la clase han sido relacionados frecuentemente con el prestigio. En sociolingüística, una de sus manifestaciones más genuinas es, precisamente, el prestigio vertical, el que diferencia a clases e individuos que, entre otras cosas, tienen el poder o no[21]. Son precisas muchas más matizaciones. Pero lo que se avizora en el proceso es que, de entidad políticamente neutra, la lengua (el castellano, en este caso) estaba empezando a convertirse en instrumento político, aunque a principios del XVI tal proceso no haya desembocado en una nueva situación ni lo vaya a hacer en bastante tiempo todavía.

BIBLIOGRAFÍA

ÁLVAREZ JUNCO, José (2001): *Mater Dolorosa. La idea de España en el siglo XIX*. Madrid: Taurus.

BORN, Joachim (1992): «Leonesisch», en: HOLTUS, Günter/METZELTIN, Michael/SCHMITT, Christian (dirs.), 5, 1, 693-700.

BREA, Mercedes (1994): «Galegisch: Externe Sprachgeschichte/Evolución lingüística externa», en: HOLTUS, Günter/METZELTIN, Michael/SCHMITT, Christian (dirs.), vol. 2, 80-97.

BUESA, Tomás (1980): «Estado actual de los estudios sobre el dialecto aragonés», en: UBIETO, Agustín (ed.): *Estado actual de los estudios sobre Aragón* I. Zaragoza: Cometa, 355-400.

CANO AGUILAR, Rafael (coord.) (2004): *Historia de la lengua española*. Barcelona: Ariel.

COLÓN, Germán (1989): *El español y el catalán, juntos y en contraste*. Barcelona: Ariel.

ECHENIQUE ELIZONDO, María Teresa (1987²): *Historia lingüística vasco-románica*. Madrid: Paraninfo.

— (2004): «La lengua vasca en la historia lingüística hispánica», en: CANO, Rafael (coord.), 59-80.

ECHENIQUE ELIZONDO, María Teresa/SÁNCHEZ MÉNDEZ, Juan (2005): *Las lenguas de un reino. Historia lingüística hispánica*. Madrid: Gredos.

ENGUITA UTRILLA, José María (2004): «Evolución lingüística en la Baja Edad Media: aragonés; navarro», en: CANO, Rafael (coord.), 571-592.

---

[21] Hay un análisis certero de las implicaciones del concepto de *prestigio* en F. MORENO (1990: 173-200).

FERNÁNDEZ-ORDÓÑEZ, Inés (2004): «Alfonso X el Sabio en la historia del español», en: CANO, Rafael (coord.), 381-422.

GARCÍA ARIAS, Xosé Lluis (1992): «Asturianisch: Externe Sprachgeschichte/ Evolución lingüística externa», en: HOLTUS, Günter/METZELTIN, Michael/ SCHMITT, Christian (dirs.), 5, 1, 681-693.

GARCÍA GONZÁLEZ, Constantino (1986): «El castellano en Galicia», en: ALVAR, Manuel/ETXEBARRÍA, Maitena/GARCÍA, Constantino/MARSÁ, Francisco: *El castellano actual en las Comunidades bilingües de España*. Salamanca: Junta de Castilla y León, Consejería de Educación y Cultura, 49-64.

GARCÍA MARTÍN, José María (1998): «Condicionamientos de la "política lingüística" de Alfonso X», en: RUFINO, Giovanni (ed.): *Atti del XXI Congresso Internazionale di Lingüística e Filologia Romanza, Palermo 1995* IV, Tübingen: Max Niemeyer, 419-430.

GONZÁLEZ OLLÉ, Fernando (1983): «Evolución y castellanización del romance navarro», en: *Príncipe de Viana* 44, 173-180.

GROSSMANN, Maria (1991): «Katalanisch: Soziolinguistik/Sociolinguistica», en: HOLTUS, Günter/METZELTIN, Michael/SCHMITT, Christian (dirs.), V/2, 166-181.

HOLTUS, Günter/METZELTIN, Michael/SCHMITT, Christian (dirs.) (1991): *Lexikon der Romanistischen Linguistik. Vol. 2: Okzitanisch, Katalanisch*. Tübingen: Max Niemeyer.

— (dirs.) (1992): *Lexikon der Romanistischen Linguistik. Vol. 1: Aragonesisch/ Navarrisch, Spanisch, Asturianisch/Leonesisch*. Tübingen: Max Niemeyer.

LADERO QUESADA, Miguel Ángel (2004): «Baja Edad Media. El entorno histórico», en: CANO, R. (coord.), 507-532.

LAPESA, Rafael (1948): *Asturiano y provenzal en el Fuero de Avilés*. Salamanca: Universidad de Salamanca.

— (1980[8]): *Historia de la lengua española*. Madrid: Gredos.

LLEAL, Coloma (1997): *El castellano del siglo XV en la Corona de Aragón*. Zaragoza: Institución «Fernando el Católico».

LÜDTKE, Jens (1991): «Katalanisch: Externe Sprachgeschichte», en: HOLTUS, Günter/METZELTIN, Michael/SCHMITT, Christian (dirs.), 5, 2, 232-242.

MÁRQUEZ VILLANUEVA, Francisco (1994): *El concepto cultural alfonsí*. Madrid: MAPFRE.

MORALA, José Ramón (2004): «Del leonés al castellano», en: CANO, Rafael (coord.), 555-569.

MORENO FERNÁNDEZ, Francisco (1990): *Metodología sociolingüística*. Madrid: Gredos.

— (2005): *Historia social de las lenguas de España*. Barcelona: Ariel.

NEIRA, Jesús (1982): «La desaparición del romance navarro y el proceso de castellanización», en: *Revista Española de Lingüística* 12, 267-280.

SÁNCHEZ-PRIETO BORJA, Pedro (2004): «La normalización del castellano escrito en el siglo XIII. Los caracteres de la lengua: grafías y fonemas», en: CANO, Rafael (coord.), 423-448.

SARALEGUI, Carmen (1992): «Aragonés/Navarro. Evolución lingüística externa e interna», en: HOLTUS, Günter/METZELTIN, Michael/SCHMITT, Christian (dirs.), 5, 1, 37-54.

VÁZQUEZ CUESTA, Pilar/MENDES DA LUZ, María Albertina (1971[3]): *Gramática portuguesa.* Madrid: Gredos.

ALGUNOS ASPECTOS DEL CATALÁN MEDIEVAL

Germán Colón Domènech
Universidad de Basilea/IEC

1. Para presentar el catalán antiguo convendrá situarlo en dos ejes: uno con respecto al catalán moderno y, estando aquí Madrid, otro confrontado con el castellano. En un espacio de tiempo tan breve como el que se nos concede, voy a ser muy parco con los datos. Un par de ejemplos de carácter anecdótico nos permitirán mostrar unas oposiciones entre las dos lenguas hispánicas: *varar, enconar, ensinistrar, civada.*

Mientras en castellano *varar* significa 'sacar del mar, poner en seco (una embarcación)' en catalán es lo contrario 'botar, lanzar al mar (una embarcación)'. Otro caso es el de *enconar* 'contaminar, irritar' en castellano, y en catalán es 'dar un poco de miel a un recién nacido para que tome gusto mamando; darle la primera leche'. Y un concepto como el de 'enseñar, educar' se expresa en catalán mediante *assinistrar/ensinistrar* frente al español *adiestrar*. En el siglo XVI, por ejemplo, un Feliciano de Silva dice «...le hará perder esos *siniestros*», en Valencia se pide al rey Felipe II que se pague a un artillero para que «*s'assinistrassen* alguns vehins» en el manejo de las armas para la defensa de su tierra contra los piratas berberiscos[1]. Podríamos seguir con el caso de *civada* que significa en catalán 'avena' mientras que en español *cebada* es el HORDEUM, cat. *ordi.*

El catalán antiguo podemos situarlo cronológicamente desde el momento en que se emancipa del latín (más o menos en los siglos IX o X) hasta fines del siglo XV. Pero, naturalmente, de la primera época apenas tenemos testimonios de la lengua: hallamos alguna palabra aislada o alguna frase corta que se desliza en documentos escritos en latín. Hay que esperar al siglo XII para que aparezcan textos ya completamente o mayoritariamente en vulgar. Así disponemos en esta centuria de dos tra-

---

[1] *La Celestina*, XXXXIV, ed. M. CRIADO DE VAL, Barcelona: Planeta, 544; *Cortes valencianas del reinado de Felipe II*, ed. E. SALVADOR: 141.

ducciones fragmentarias del *Liber iudiciorum* visigótico y de las llamadas *Homilies d'Organyà* (de fines del XII o principios del XIII).

2. Será en el último tercio del siglo XIII, en el reinado de Jaime I, cuando Ramon Llull comience a escribir sus obras, y entonces la lengua da un salto notable, pues Llull es el primero que redacta en vulgar tratados filosóficos, lo que es algo único durante ese tiempo en la Romania. Esta época, siglo XIII, coincide con la expansión territorial y por consiguiente con la llegada de la lengua a Mallorca y Valencia. Se reconquistan las Baleares y Valencia, pero el rey Jaime tiene la poca prudencia de convertir estos territorios en reinos, sin pensar en hacer lo mismo con el Condado de Barcelona. Tendríamos que hablar aún de la partición de sus dominios al morir en 1276, cuando Mallorca y las tierras ultrapirenaicas van a constituir un reino aparte (1276-1340).

3. El comienzo de la literatura lo situamos, pues, en el siglo XIII y nuestro panorama se detendrá a principios del XVI, cuando comienza una decadencia que durará hasta el XIX. El siglo áureo de las letras catalanas es el XV, con un particular florecimiento en el reino de Valencia, en el que se sitúan autores como Joanot Martorell y su *Tirant lo Blanch*, Jaume Roig con el *Espill o Llibre de les dones,* la monja sor Isabel de Villena (hija de don Enrique de Aragón o de Villena), Joan Roís de Corella, traductor del Cartujano y de numerosos escritos de tipo mitológico y sobre todo el gran poeta Ausiàs March. Después, a la muerte de Roís de Corella a fines del XV comienza el declive, de cuyas causas se ha discutido mucho.

Hemos de señalar que los textos catalanes están todos en prosa hasta que irrumpe en el panorama el gran Ausiàs March († 1459), pues el verso se escribía en provenzal, el idioma de la poesía.

Cabe decir que la lengua medieval es muy unitaria, sin grandes variaciones, tanto en Cataluña, como en Valencia o en Mallorca, y se ha achacado esta circunstancia a la influencia de la cancillería. Quizá sea así, pero no es ésa una explicación completamente satisfactoria.

4. El hecho de que la poesía se redacte en provenzal nos lleva a decir que Cataluña y el catalán se mueven, especialmente en los primeros tiempos en la órbita galorrománica.

El latín de Hispania no era unitario. El de la Tarraconense tenía características propias, que lo alejan del latín del resto de la península, de lo que serán luego el castellano y el portugués. Un ejemplo: en latín la -*LL*- geminada se reduce a -*l*- sencilla cuando va precedida de Ĭ breve o

Ē larga en una parte de la Romania, esto es, en las lenguas galorromances (francés, occitano, gascón, retorrománico y catalán), mientras que permanece geminada en español, portugués, italiano y rumano (*anguila, estel, galina, argila, balena*). Ya en tiempos romanos lo que iba a ser dominio lingüístico del catalán se diferencia del conjunto hispano. Otros rasgos típicos de la lengua catalana la alejan del centro peninsular: la preposición *ab* < APUD (frente a CUM), el sujeto impersonal *hom* o bien la negación RES (frente a RES NATA), etc.

Ahora bien, cabe decir, en un inciso, que estas características comunes con las Galias, no nos han de hacer caer en la suposición de algunos, según los cuales la lengua fue traída a Cataluña durante la dominación carolingia de los condados. Antes ya existía y es la continuación de latín llegado al oriente peninsular (pensemos en un rasgo fundamental que aleja al catalán de la Galorromania: el tratamiento de la U > *u vs. ü* LUNA > *lluna vs. lune*).

Dejo ahora de lado otras diferencias frente al castellano que podríamos apuntar, como la pérdida de las vocales finales, excepto -A (PRATU < *prat*, LUPU > *llop*, DENTEM > *dent;* pero TABULA > *taula*, BUCCA > *boca*), el paso de la segunda a la tercera conjugación: SEDERE > *seure*, BIBERE > *beure*, CADERE > *caure* (*cf.* fr. *s'assoir, boire, choire)*, contrariamente a la evolución castellana (RUMPERE > *romper*, PERDERE > *perder*, etc.). Recientemente expuse la división del romance hispánico en lo que respecta al léxico[2] y no voy a volver ahora con ejemplos enfrentados del tipo *carecer vs. freturar, hallar vs. trobar, tomar* vs *prendre, querer vs. voler, heder vs. pudir, uva vs. raïm, sartén vs. paella, ciruela* vs. *pruna, membrillo vs. codony, panal vs. bresca, mañana vs. matí,* etc. [en el estudio citado del Congreso de León, para ser objetivo, comparé los vocablos del *Lexicon* de Nebrija (1492) con los correspondientes de su traductor Gabriel Busa (1507)][3].

5. Voy ahora a indicar muy brevemente algunos rasgos que caracterizan a la lengua antigua.

5.1. En la morfología. En primer lugar hay que decir que, contrariamente a lo que ocurre en provenzal u occitano, el catalán ignora la decli-

---

[2] COLÓN DOMÈNECH, Germán (2004: 403-424).
[3] E. A. DE NEBRIJA (1979 [1492]) y E. A. DE NEBRIJA/G. BUSA (1987 [1507]).

nación de caso recto y caso oblicuo, exceptuados algunos raros vestigios (*senyor/sènyer, Déus/Déu, lladre/lladró*) que pronto desaparecieron para dejar paso a una solución única, a partir del acusativo.

En la formación del plural llama hoy la atención formas en *-es* para voces terminadas en *-s: cas* 'caso' tiene un plural *cases; religiós/religioses; generós/generoses;* «draps *franceses*», etc. cuando hoy la forma es *-os,* fenómeno que ya aparece en el siglo XIV: *casos, religiosos, generosos, francesos, etc.* [al principio se da cuando la voz tenía vocal tónica de la serie posterior: *monge, religiós, sospitós , cf. Furs,* IX: 72][4].

Son también normales los plurales en *-ns* de palabras paroxítonas: «richs *hòmens*», *térmens, vèrgens, òrdens, àsens* [*Furs,* IX: 73], solución que hoy se mantiene en el valenciano, el ibicenco y en algunos puntos del catalán occidental frente a la solución *-es: homes, termes, ases,* etc.

En los posesivos, las formas normales: *son, sa,* plural *sos, ses*; ejemplos: *son* vehí, *sa* muller, *sos* deutes, *sa* força, *ses* letres. También aparece en el siglo XIII la construcción con el artículo: «en *les mies* cases» [*Furs,* 4.19.6][5], «*lo seu* exovar» [*Furs,* 7.1.7] con el artículo.

La forma *lur, lurs* para sujeto plural se ha mantenido viva hasta el siglo XV (ejemplo: «los deutors que desempararan lurs béns» [*Furs,* 2.7.4.], y aún hoy se emplea en un estilo elevado (y se mantiene en el Rosellón). Un caso curioso es el de la forma *lur* con el artículo: «mas dintre les lurs cases (sc. los judíos) pusquen obrar» [*Furs,* 1.8.2].

Los interrogativos adjetivos son *quin/quina, quiny/quinya* i *qual.* Veamos la pregunta indirecta: «diguen manifestament *quinya* malaltia o *quiny* vici haurà la bèstia» [*Furs,* 4.17.17]. Hoy sólo tenemos *quin/quina.*

Entre los pronombres y determinantes cuantitativos citemos *abduy/abdues:* «enfre *abdues* les parts» [*Furs,* 9.34.8]; «sien *abduy* cremats ell e ella» [*Furs,* 9.2.9.].

Existe rivalidad entre *pus* y *més:* «obra nova que haurà feyta *pus* alta»[*Furs,* 3.16.9]; «dos o tres o *més* hòmens» [*Furs,* 8.5.21].

En el sistema verbal, señalemos en el infinitivo fluctuaciones entre *-ér* y *-re: trer/traure, veer/veure, jaer/jaure* [*Furs,* IX: 92], es decir, que la

---

[4] *Furs* = G. COLÓN/A. GARCIA (1970-2002). Se cita por libro, rúbrica y fuero; excepto cuando se aduce el volumen noveno, que contiene el estudio gramatical, y se señala la página.

[5] *Furs* = G. COLÓN/A. GARCIA (1970-2002).

tendencia a la tercera conjugación se impone sobre la forma etimológica más antigua.

En el presente de indicativo, la primera persona aparece sin vocal de apoyo: *do, leix, deman*, etc. [*Furs*, IX: 94]. Verbos con incremento incoativo: *jaquesch, establesch* [*Furs*, IX,: 95], como hoy aún en mallorquín y en parte en valenciano.

El perfecto simple (aoristo) tiene las formas *débiles*, que son las que se han conservado (*heretà, s'eixecà; reebé; ferí, moriren*).

Las formas fuertes del aoristo se dan sobre todo en la tercera persona del singular: *vench, poch, volch, hac, fusch, dech* [*Furs*, IX,: 96]. He aquí juntas unas muestras de perfecto débil, sigmático y fuerte: «E axí lo rei Robert, com *venc* en Sicília, *pres* terra a Palerm, e *cuidà* haver haver Palerm» [Muntaner, § 257][6].

En la tercera persona del plural las formas rizotónicas son escasas: *volgren, agren, estegren, caegren, feren* [LCM],[7] m. IV: 112]. *Cf.* «aquestes dues coses *m'estegren* molt en cor» [Muntaner, § 272, VIII: 18].

El perfecto *va* + infinitivo se gramaticaliza en el siglo XIV:« *van enderrocar* tots los murs e les cases».

En el futuro y en el condicional, tenemos las formas analíticas con intercalación del pronombre enclítico: *fer-los han, lexar-n'a; fer-l'ia* [LCM , m, IV: 107], «e nos *mostrar-li-ho em*» [*Crònica* de Jaume I, 31.5][8].

Llama la atención la abundancia de futuros en el catalán antiguo. En la mayoría de los textos medievales el futuro indica un matiz hipotético. Su función parece ser modal antes que temporal. Así rivaliza con lo que es en castellano el futuro de subjuntivo: «qual... *se volrà*» [LCM m. 253.6], «quin... *se volrà*» [m 187.63; m 274.10]. Uso en la subordinada: «los hòmens... pusquen, quant que·s *volran*, vendre tots lurs béns» [*Furs*, 1.5.1; variante: *vullen*].

El imperativo tenía para la quinta persona forma propia procedente del latín en -TE: LAUDATE > *loat, creet, prenet, deÿt* [*Crònica*, Jaume, I: 83], pero pronto fue substituido por la forma del indicativo y, en algún caso, del subjuntivo: *loats, prenets, sapiats, vejats,* y ya entrado el siglo XV

---

[6] R. MUNTANER (1927-1951).
[7] LCM = COLÓN, G./GARCIA, A. (1981-1987).
[8] JAUME I (1926-1951).

se da la el paso a las formas con *-u*: *loau, preneu, maneu*[9]. Es la misma evolución que conocen el occitano y el francés.

La concordancia del participio: en los tiempos compuestos con el auxiliar *ésser* el participio concuerda siempre en género y número con el sujeto. Cuando el auxiliar es *haver* el participio concuerda normalmente con el complemento directo, indiferentemente que vaya delante o detrás del participio:

a) el complemento es un pronombre personal:«no *la* havia *jaquida*» [LCM, m. 89.208], «aprés que *la* haurà *acordada*» [*Furs*, 7.8.42] «per pietat havia feta pau ab ells» [Muntaner, § 287];

b) el complemento directo es un substantivo: «ha *obtenguda* sentèn-cia» (LCM, m 35.2); «totes les mesures les quals haurà empreses» [LCM, m. 52.7];

c) con el *ne* partitivo: «ab los fruits que *n'haurà reebuts*» [*Furs*, 2.12.1].

5.2. *Tiempos y modos en las oraciones condicionales*

Condicionales «reales»: la frase principal va generalmente en futuro: «Si alcú *morrà* sens testament» [*Furs*, 6.5.1], «E si lo senyor de la nau lo'n *volrà* gitar per malvolensa, ... ell se'n porà anar» [LCM, m.12.16].

Condicionales «irreales»: la frase principal lleva el condicional en *-ria* y la subordinada en imperfecto de indicativo: «*faria* molta mala obra, si eyl sabia que...» [m. 53.80]; «Si no *sostenies* treballs per amor, ¿ab què *amaries* ton amat?» [Llull, *Blanquerna*, III: 18, § 35][10].

5.3. *Adverbios y partículas modales*

Señalamos sólo algún ejemplo.

---

[9] *Cf.* J. GULSOY (1993: 351-376).
[10] R. LLULL (1935-1954).

De modo: *sí* «de mantinent restituesca, *sí* que no pusque ésser posada alguna compensació» [*Furs*, 4.15.25]; «segons que lo guany serà gran o poch, *sí* deu ésser departit» [LCM, m. 288.51]. *Mills*: «pus tost e *mills* pusquen lo pleit jutjar e defenir» [*Furs*, 3.1.29]. *Ensems*: «Si dos companyons hauran una era o un pati *ensemps* comunalment» [*Furs*, 3.16.10]; «E aquell dia, con tots foren *ensems* en la claustra... lo dit senyor rei féu son sermon...» [Muntaner § 14]. *Gint*: «cadascun d'eyls se deu ormajar bé e *gint*» [LCM, m.227.5].

De tiempo:

- *sempre* 'en seguida, inmediatamente': «e lo rey de Franssa donà's tant de mal saber, que *sempre* fo malalt» [Desclot, V, 122.28][11]; «E nostra mare, *sempre* que nós fom nats, envià'ns a Santa Maria» [*Crònica* Jaume § 5, 12]; «*sempre de mantinent*» [*ibíd.* §21.14].
- *manvés*: «*manvés* al pus tost que puscha» [LCM, m. 301.6] [< MANU VERSA].
- *ivàs*: «venga a tart ho *yvàs*» [LCM, m. 89.204]. [< VIVACIUS; mod. *aviat*].

De lugar: *ací*: «Liura de diners e de çafrà e d'altres spècies que *ací* no són escrites» [*Furs*, 9.34.27].

De afirmación: *hoc* «E dix que *och*, que ell havia vist entrar lo veyl» [*Crònica*, Jaume I § 65.5]. «Digues, amich -dix l'amat- Hauràs paciència si·t doble tes langors? -*Hoc*, ab què·m dobles mes amors» [Llull, *Banquerna*, III: 13]. *Hoc* u *oc* desaparece frente a *sí* a fines del siglo XV.

5.4. *Preposiciones*

- *ab*: «vingue a successió per iguals parts *ab* los altres frares e ab les sors» [5.4.30]; «e *ab* bona companyia anà-se'n en Sicília» [Muntaner 1 257].
- *menys de* 'sin': «la tendran en poder *menys de* volentat d'aquells» [*Furs*, 9.2.12].
- *ultra*: «si ell volia carregar *ultra* la terça part» [m 45.6], «*ultra* lur volentat» [LCM, m. 238.35].

---

[11] B. DESCLOT (1949-1951).

- *enfre*: «si·l reptador no vençrà lo reptat *enfre* ·III· dies, *enfre* los quals seran e·l camp» [*Furs*, 9.22.27].
- *entrò* y *tro*: «axí com va la serra de Biar *entrò* en la mola» [*Furs*, 1.1.1.]; «*tro* a sentència» [m. 21.4]; «e vengren entrò a la cambra del senyor rei, a la porta» [*Crònica* Jaume § 5][12].

5.5. *Léxico*

En un campo tan vasto como el del vocabulario se hace difícil señalar las parcelas en las que han desaparecido ciertas voces. Leyendo textos antiguos nos llaman la atención algunos vocablos que hoy no tienen curso.

Voy a exponer algunos del LCM como *amblar* 'robar', *esquira* 'odio', *esters* 'excepto; de otro modo', *lig* 'ley', *jaquir* 'dejar', *malmirent* 'desagradecido', *venda* 'turno, vez' [< VICENDA], *cugurós* 'nuca', *a escar* 'a destajo'. Como este código marítimo con el tiempo fue ampliándose, puede observarse que algunos elementos arcaicos vienen sustituidos en algunos manuscritos por soluciones más innovadoras: *espeegar* por *espatxar*; *amblar* por *furtar*; *rompre* por *trencar*; *tolre* por *traure*; *aydar* por *ajudar*; *jaquir* por *lexar* y éste a su vez por *dexar*; *cugurós* por *toç* (*cf.* aragonés *tozuelo*); *reech* por *risch*; *arena* por *sorra* (en un manuscrito tardío) *a escar* por *a estall*; *lurs afers* por *ses faenes*.

También en este texto hallamos varios pares sinonímicos en donde quizá uno de los miembros viene sentido como más viejo: *nau o leny, ops e necessari, la correig o la esmena, en guisa e en manera, desalt e menyspreu, destrènyer ne forçar, baratador o treffegador, dupte o reguart, dupte o paor, pati o avenensa, prest e apareyat*.

En otros textos que he consultado para preparar esta charla, como los *Furs de València*, damos con lo que hoy nos suena a arcaísmo (y prescindo de diatopismos valencianos): *àvol* 'malo', *bescalm* 'pared, tabique', *tet* 'techo', *ledesme* 'legítimo', *aülteri* 'adulterio', *acuyndar* 'despedirse', *barrejar* 'devastar', *emblar* 'robar', *enagar* 'incitar', *ociure* 'matar',

---

[12] Deberíamos tratar aún de las conjunciones de coordinación, y de subordinación, pero por razones de espacio y de tiempo, lo dejamos y vamos a pasar directamente al léxico.

folch 'rebaño', *baare* 'traidor', *a cosiment* 'a discreción', *frare* 'hermano', *sor* 'hermana', *vult* 'imagen', *cuguç* 'cornudo', *esters* 'excepto', crim de *plagi* o *collera* 'crimen de plagio o rapto'.

Estas voces se pueden aumentar mucho, según la clase de documentos que manejemos. Son frecuentes en textos antiguos palabras como *breny* 'salvado', *altar-se* 'estar contento', *asalt* 'contento', *ujar* 'cansar', *monçònega* 'mentira', *glay* 'espada', *oldà* 'viejo', *sebollir* 'sepultar', *nuu* 'nube', *vijares* 'parecer'.

Deseo insistir en que el catalán medieval es unitario, como se ha dicho, y además, contrariamente a lo que ocurre con textos medievales de otros idiomas, es de fácil comprensión. En palabras de A. Rubió i Lluch ahora hace un siglo en el *Primer Congrés Internacional de la Llengua Catalana*: «Els catalans estem en situació de compendre més fàcilment avuy en día la Crònica imperialista de Muntaner, que'ls castellans les Estories del Rey Sabi, que'ls francesos les gestes de Villehardouin, que'ls portuguesos el llibre de las Cantigas del Comte Barcellos»[13].

SIGLAS

- *Crònica* de JAUME I, Editorial Barcino, Barcelona, 1926-1951.
- Desclot = Bernat DESCLOT, *Crònica*, 5 vols., a cura de M. COLL i ALENTORN, Barcelona, Barcino, 1949-1951 (Col·lecció «Els Nostres Clàssics»).
- *Furs* = G. COLÓN i A. GARCIA (eds.) (1970-2002): *Furs de València*, 9 vols. Barcelona, Barcino (Col·lecció «Els Nostres Clàssics»). Se cita por libro, rúbrica y fuero; excepto cuando se aduce el volumen noveno, que contiene el estudio gramatical, y se señala la página.
- LCM = G. COLÓN i A. GARCIA (eds.) (1981-1987): *Llibre del Consolat de Mar*, 4 vols., Barcelona, Vives-Casajuana. [Existe una segunda edición (de lujo), Barcelona, Fundació Noguera, 2002].
- Llull, *Blanquerna* = Ramon LLULL, *Libre de Evast e Blanquerna*, 4 vols., a cura de Mn. Salvador GALMÉS, Barcelona, Barcino, 1935-1954 (Col·lecció «Els Nostres Clàssics»).

---

[13] *Primer Congrés Internacional de la Llengua catalana* (1906: 78).

– Muntaner = *Crònica* de Ramon MUNTANER, Barcelona, Barcino, 1927-1951.

BIBLIOGRAFÍA

COLÓN, Germán/GARCÍA, Arcadi (eds.) (1970-2002): *Furs de València*, 9 vols. Barcelona: Barcino (Col·lecció «Els Nostres Clàssics»).

— (eds.) (1981-1987): *Llibre del Consolat de Mar*, 4 vols. Barcelona: Vives-Casajuana. [Existe una segunda edición (de lujo). Barcelona: Fundació Noguera, 2002.]

COLÓN DOMÈNECH, Germán (2004): «La división del romance hispánico», en *Orígenes de las lenguas romances en el reino de León. Siglos IX-XII*, I. León, 403-424.

CRIADO DE VAL, Manuel (ed.) (1976): *La Celestina*, XXXXIV. Barcelona: Planeta, 544.

DESCLOT, Bernat (1949-1951): *Crònica*, 5 vols. A cura de COLL I ALENTORN. Barcelona: Barcino (Col·lecció «Els Nostres Clàssics»).

GULSOY, Joseph (1993): *Estudis de gramàtica històrica*. València/Barcelona: Institut Interuniversitari de Filologia Valenciana/Publicacions de l'Abadia de Montserrat, 351-376.

JAUME I (1926-1951): *Crònica*. Barcelona: Barcino.

LLULL, Ramon (1935-1954): *Libre de Evast e Blanquerna*, 4 vols. A cura de Mn. GALMÉS, Salvador. Barcelona: Barcino (Col·lecció «Els Nostres Clàssics»).

MUNTANER, Ramon (1927-1951): *Crònica*. Barcelona: Barcino.

NEBRIJA, Elio Antonio de (1979 [1492]): *Diccionario latino-español*, Salamanca (edición facsímile con estudio preliminar de COLÓN, G./SOBERANAS, A. J. Barcelona: Puvill).

NEBRIJA, Elio Antonio de/BUSA, Gabriel (1987 [1507]): *Diccionario latín-catalán y catalán-latín*. Barcelona: Carles Amorós (edición facsímile con estudio preliminar de COLÓN, G./SOBERANAS, A. J. Barcelona: Puvill).

Primer Congrés Internacional de la Llengua catalana (1906). Barcelona: Estampa d'En Joaquim Horta (1908), 78.

SALVADOR, Emilia (ed.) (1974): *Cortes valencianas del reinado de Felipe II*. Valencia: Universidad de Valencia, 141.

LENGUA Y SOCIEDAD
EN LOS ORÍGENES DEL CATALÁN ESCRITO

Josep Moran i Ocerinjauregui
Universidad de Barcelona

En una sociedad en que la única lengua escrita era el latín, y más concretamente el latín surgido de la «renovatio» carolingia, el hecho de que apareciese algún texto en lengua vulgar o en un registro lingüístico bien diferente de este modelo había de tener una intencionalidad muy concreta. Éste no es el caso, claro, de palabras introducidas inadvertidamente, de carácter popular, diferentes de las formas clásicas, sobre todo topónimos, en documentos latinos ya a partir del siglo IX, como, por ejemplo, *puio* en lugar del clásico *podium*, que aparece el año 857, precedente inmediato del catalán *puig* 'monte', *(in pago) Geronnense*, por *Gerundense*, del año 881, o *Palomera*, topónimo, en lugar de *Palumbaria*, en la segunda mitad del siglo IX[1].

De hecho, del primer texto escrito deliberadamente en catalán, nos dio noticia el erudito de la Ilustración Jaime Villanueva, según el cual, en un códice científico muy valioso del monasterio de Ripoll del siglo VIII, perdido en el siglo XIX, «al folio 57 del libro se ven al margen escritas estas palabras: *Magister ms. novol (o novel) q; miras novel*. Esta bagatela en lengua vulgar es notable por su antigüedad, porque la letra es del siglo X, o cuando más de los principios del siguiente» (*Viaje literario*, VIII: 46)[2]. Es interesante considerar la motivación concreta de esta bagatela; el hecho de que sea el libro mismo el que advierta figuradamente al posible lector novicio que no puede leerlo sin permiso del maestro parece que no está exento de un cierto sentido del humor o de la ironía, que hoy nos puede parecer insólito en un ambiente monástico de entonces, pero que no se puede excluir en una comunidad donde, además de obras científicas y literarias notables en latín, surgió también

---

[1] J. BASTARDAS (1995).

[2] J. MORAN I OCERINJAUREGUI (1989: 55-93 y 2004a: 431-435); Ph. D. RASICO (2004: 431-455).

un cancionero erótico, que es una obra maestra de este género literario de la Edad Media[3].

En el siglo XI encontramos documentos escritos en un latín muy macarrónico que incluyen progresivamente palabras y frases en catalán. Son textos muy característicos, de carácter feudal, sobre todo juramentos de fidelidad, de los cuales tenemos una buena muestra en la conocida antología de Paul Russell-Gebbett[4]. Estos textos no debían ser ininteligibles para los protagonistas, aunque no fuesen gente letrada, sobre todo si el escribano o quien los leyese en el acto del juramento se esforzaba para hacerlos comprensibles. Por otra parte, la intencionalidad de darles un aspecto latino, no sólo debía venir condicionada por la formación de los escribanos sino también por el hecho de que se trataba de documentos solemnes, juramentos, para los cuales el uso directo de la lengua vulgar no se debía considerar aún pertinente.

Pero del final del siglo XI ya nos han llegado algunos documentos de carácter feudal escritos totalmente o mayoritariamente en catalán, procedentes del área de la diócesis de Urgell, que es donde se aplicó más pronto el catalán en la escritura, según las muestras de que disponemos. Se trata concretamente de los *Greuges de Guitard Isarn, senyor de Caboet*[5], documento escrito entre 1080 y 1095, y del *Jurament de pau i treva del comte Pere Ramon de Pallars Jussà* al obispo Ot de Urgell, redactado probablemente en 1098[6].

El primero se trata de unas declaraciones testimoniales de agravios (= *greuges*) presentados por un afectado de hechos violentos, característicos de la sociedad feudal. El escribano, ante la dificultad de traducir al latín una exposición oral en romance, no tenía otra opción que reflejarla directamente en la escritura, aunque hiciese un esfuerzo para encabezar los párrafos en latín, como era costumbre. La oralidad se refleja directamente en el documento por este motivo hasta el punto de que resulta confuso en algunos pasajes. El otro corresponde a un juramento muy

---

[3] J. L. MORALEJO (1986).

[4] P. RUSSELL-GEBBETT (1964).

[5] J. A. RABELLA (1999: 9-49); J. MORAN I OCERINJAUREGUI/J. RABELLA (2001: 63-66, doc. 4).

[6] J. MORAN I OCERINJAUREGUI (1989: 95-117); J. MORAN I OCERINJAUREGUI/J. RABELLA (2001: 63-66, doc. 5).

solemne del conde y sus vasallos, que suscriben el documento; como en los famosos juramentos de Estrasburgo, la intención de escribirlo en romance era para que quedase bien claro el contenido del juramento para todo el grupo. Analizando lingüísticamente este texto, podemos observar la impericia del redactor, no acostumbrado a escribir en romance, que aprovecha, sin demasiado acierto, fórmulas de los juramentos de fidelidad a los que nos hemos referido.

Llegados al siglo XII, podemos constatar que continúa la redacción en catalán de documentos de carácter feudal, entre los cuales destacaremos dos documentos de agravios: *Greuges dels homes de Sant Pere d'Escales*[7] i *Greuges dels homes d'Hostafrancs de Sió*[8], que también proceden del área de la diócesis de Urgell. Fuera de esta área sólo encontramos el *Capbreu de Castellbisbal*[9], del año 1189, correspondiente a la diócesis de Barcelona. Como se trata de una relación de prestaciones que los vasallos rústicos de la localidad debían hacer al señor, en este caso el obispo, está claro que el motivo de la redacción en lengua vulgar se debía precisamente a la condición cultural de los vasallos, ignorantes del latín.

Pero en este siglo XII, la producción en catalán ya no se limita a los documentos feudales. De la primera mitad, tenemos un fragmento que se ha conservado de una traducción hecha del *Liber iudiciorum*, es decir del *Fuero Juzgo*, que los monarcas carolingios mantuvieron en las tierras que conquistaron y que habían pertenecido a los monarcas visigodos, es decir, la Marca Hispánica y la Septimania o Galia Narbonense. Este fragmento primero, descubierto por don Cebrià Baraut, también procede del área de la diócesis de Urgell[10]. Pero además conocemos un fragmento de otra traducción al catalán del mismo *Fuero* correspondiente a la segunda mitad del mismo siglo XII, estudiado y publicado por Anscari M. Mundó. Aunque A. M. Mundó supone que esta traducción fue hecha en Barcelona, lo cierto es que el fragmento conservado proviene del interior de la diócesis de Girona, por lo que cabe pensar que fue

---

[7] M. BROSSA (1983: 335-359); J. MORAN/J. RABELLA (2001: 335-359, doc. 6).

[8] P. RUSSELL-GEBBETT (1964: 83-84, doc. 18.2); Ph. D. RASICO (2006: 273-297).

[9] J. MORAN I OCERINJAUREGUI (1984); J. MORAN I OCERINJAUREGUI/J. RABELLA (2001: 83-85, doc. 8).

[10] C. BARAUT/J. MORAN (1996-1997 [2000]: 7-35); J. MORAN I OCERINJAUREGUI, Josep (2004b: 49-72).

hecha si no en Girona, en algún monasterio de esta área, como Ripoll o Amer[11].

Estas traducciones tienen un notable interés lingüístico e incluso histórico. Aunque sólo nos haya llegado un único folio, reaprovechado, de cada versión, debemos tener en cuenta que ya no se trata de un documento suelto, como los anteriores, sino que formaban parte de códices que debían tener alguna extensión. Además, se trata de traducciones del latín, la lengua de cultura de entonces, a una lengua romance, usada sobre todo coloquialmente, es decir, que presentaba todavía un carácter lingüísticamente elemental. En este sentido, los traductores o adaptadores tuvieron que hacer un gran esfuerzo lingüístico, en el campo del léxico, pero sobre todo en el de la sintaxis, a fin de crear un sistema hipotáctico que permitiese reflejar el estilo culto del original latino. Estas traducciones representan, de hecho, los primeros pasos de un esfuerzo cultural que permitirá que la prosa catalana consiga pronto, en el siglo XIII, una gran madurez lingüística en todos los registros[12].

En cuanto a la motivación de estas traducciones, teniendo en cuenta que, al menos según los fragmentos conservados, trataban de normativa en disposiciones sucesorias testamentales, que dicho sea de paso han perdurado o perduran en nuestros días en derecho civil catalán, como la separación de bienes entre esposos, es de suponer que responden a la necesidad de divulgar entre escribanos e interesados estas disposiciones legales a la hora de redactar o dictar testamento.

Del principio del siglo XIII es el manuscrito conservado, parcialmente, de las conocidas *Homilies d'Organyà*, aunque debieron difundirse ya desde el final del siglo anterior. Desde que fueron editadas en 1904 por Joaquim Miret i Sans, estas homilías han conseguido una popularidad notable, hasta el punto de llegar a ser un mito: la obra más significativa del catalán naciente. Por ese motivo, aparecen en un lugar de honor a pesar de que haya textos más antiguos redactados en catalán. Aunque desde el principio, y desde el punto de vista lingüístico, estas homilías están ciertamente en lengua catalana, presentan occitanismos evidentes poco justificados en una obra original.

---

[11] A. M. MUNDÓ (1984: 155-193); J. MORAN I OCERINJAUREGUI (2004b: 41-45).

[12] J. MORAN I OCERINJAUREGUI/J. RABELLA (2001: 75-82, doc. 7).

Por otra parte, el erudito francés A. Thomas publicó en 1897 unas homilías en provenzal, prácticamente contemporáneas de las de Organyà, que se conservan en la catedral de Tortosa y que pasaron extrañamente desapercibidas a los estudiosos durante mucho tiempo, por lo menos en Catalunya[13]. De hecho, el primero que las tuvo en cuenta fue el francés Michel Zink, que en 1974 señaló la relación que había entre estas homilías de Tortosa y las de Organyà, a partir del sermón común del miércoles de Ceniza[14].

De hecho, en Organyà, como también en la catedral de Tortosa, había una comunidad de canónigos regulares de San Agustín; ya teníamos, pues, una pista sobre el origen de estos sermones. Además, el primer obispo, Gausfredo, y los primeros canónigos, así como también los primeros libros de la catedral de Tortosa, restaurada en 1151 después de la reconquista, provenían de San Rufo de Aviñón, en Provenza. Y la existencia, señalada por Zink, de dos versiones de un mismo sermón, en catalán la de Organyà y en provenzal la de Tortosa, nos indicaba el centro concreto de donde podían provenir.

Así pues, estas homilías en lengua vulgar eran una muestra de la actividad pastoral que los canónigos en general, por el hecho de ser clérigos, habían de realizar, y más concretamente, de la actividad de los canónigos regulares de San Agustín, que, en Cataluña sobre todo pero también en el resto de España, tomaron como modelo la abadía canonical de San Rufo de Aviñón.

Estas comunidades participaron plenamente en la reforma gregoriana y en el «renacimiento» del siglo XII, al mismo tiempo que contribuían a superar la decadencia de la iglesia en el período postcarolingio (en que, por lo menos en Cataluña, surgió la sociedad feudal). Sin ninguna duda, sirvieron de puente entre la religiosidad de la Alta Edad Media, caracterizada por el monarquismo benedictino, y la de la Baja Edad media, en que aparecieron las nuevas órdenes mendicantes, especialmente la orden de Predicadores, creada por san Domingo de Guzmán, que fue canónigo agustiniano en el capítulo de la catedral de Osma. Es en este contexto de reforma y de renovación clerical, que incluye el desa-

---

[13]   A. THOMAS (1897: 369-418).
[14]   M. ZINK (1976); J. MORAN I OCERINJAUREGUI/J. RABELLA (2001: 87-97).

rrollo de la actividad pastoral, donde debemos situar la aparición de recopilaciones de homilías en lengua vulgar y su difusión a través de los diferentes centros religiosos de carácter estrictamente clerical, no monástico, a partir del siglo XII[15].

Así pues, consideramos que las *Homilies d'Organyà* son una traducción al catalán de sermones provenzales surgidos en el ámbito de San Rufo de Aviñón. Esto explica los occitanismos lingüísticos que presentan[16], aunque recientemente algunos autores, como M. A. Sánchez y Armand Puig i Tàrrec nieguen, creo que sin suficiente fundamento, esta filiación, y consideren que son una versión directa al catalán de textos en latín, excepto claro, la homilía del Miércoles de Ceniza[17].

Desde el comienzo del siglo XIII, el uso de la prosa catalana se extiende progresivamente, tanto en cartas como en documentos privados, como, por ejemplo, una carta muy curiosa escrita por el noble Bernat de Saportella y dirigida al arzobispo de Tarragona Aspàreg de la Barca con motivo de un conflicto matrimonial, o el testimonial de reconocimiento de deudas a Pere Canet[18]. A partir del reinado de Jaime I (1213-1276) se incorpora el catalán en los documentos de la cancillería real[19] y en los de las señoriales que iban surgiendo, principalmente de las órdenes militares.

Por otra parte, con el desarrollo de las ciudades en el siglo XIII se ensancha el uso del catalán *lleudes* (lezdas), *reves* (impuestos), tarifas y otros documentos comerciales, de manera que en la sociedad laica el latín se reservaba generalmente para la redacción de los documentos más solemnes o que tenían modelos fijos, como testamentos, alienaciones, etc., práctica que continuó incluso después de la aparición de la prosa literaria en el siglo XIII.

También de este período es la traducción más antigua que conocemos de una obra importante, los *Usatges de Barcelona*, compilados en

---

[15] J. MORAN I OCERINJAUREGUI (1990 y 1997: 17-35).

[16] J. BRUGUERA, Jordi (1985: 253-261).

[17] M. A. SÁNCHEZ SÁNCHEZ (2000: 11-37); A. PUIG/A. TÀRREC (2004); J. MORAN I OCERINJAUREGUI (2004b: 73-115).

[18] P. RUSSELL-GEBBETT (1964: 93-95. doc. 23-24); J. MORAN I OCERINJAUREGUI (1994: 119-127); J. MORAN I OCERINJAUREGUI/J. RABELLA (2001: 101-108, doc. 11-12); Ph. D. RASICO (1993: 132-159).

[19] J. FONT I BAYELL (1982: 517-526).

latín por la curia condal de Barcelona a mediados del siglo XII y ampliados posteriormente. Esta traducción se efectúa para facilitar su conocimiento general en el momento en que su aplicación se extiende desde el condado de Barcelona a todo el Principado de Cataluña, entidad que agrupaba precisamente los condados carolíngios de la lengua catalana, incluido el Rosellón (que geográficamente formaba parte de la Galia y que eclesiásticamente estaba vinculado a Narbona), hasta construir una sola entidad política, de manera que se produjo una coincidencia rara y prematura entre dominio político y área lingüística[20]. Y de 1250 es un texto en catalán en parte dialogado, el *Informe per qüestió d'heretges*, que es interesante además para el conocimiento de la penetración de la herejía cátara en Cataluña[21].

En la segunda mitad del siglo XIII se acaba, de hecho, este período arcaico a que nos referimos, porque, gracias a los esfuerzos continuados que hemos intentado describir, la prosa catalana ya adquirió entonces una madurez considerable, que le permitirá crear una gran literatura. Es entonces cuando aparecen obras como la *Crónica* de Desclot, la de Jaime I (aunque se conserva en un manuscrito de 1343), la producción de Ramon Llull y, al mismo tiempo, la lengua catalana se extiende por los nuevos reinos conquistados de Mallorca y Valencia. La primera muestra de este nuevo estilo es el prólogo o preámbulo de las *Costums de Tortosa*[22], del 1272, redactado directamente en catalán, buen ejemplo de prosa culta y elegante, que corresponde ya a un mundo nuevo, que ya no es el mundo feudal, rural, áspero y violento que los *Usatges de Barcelona* intentaban regular, sino una sociedad urbana, de ciudadanos libres, de burgueses, que gozan de «franqueses e libertatz», como dice este mismo prólogo.

Como hemos podido observar, todos los documentos que hemos presentado de la primera producción escrita en catalán están en prosa. Por lo que se refiere a la poesía de este período, es bien conocido el hecho que toda la producción conservada de tierras catalanas está en occitano

---

[20] J. BASTARDAS (1984); J. MARTÍ I CASTELL (2002); J. MORAN I OCERINJAUREGUI/J. RABELLA (2001: 109-116, doc. 13).

[21] P. RUSSELL-GEBBETT (1973: 257-277).

[22] J. MASSIP I FONOLLOSA (1996).

o provenzal, es de género sobre todo lírico o satírico, de acuerdo con las normas trovadorescas de entonces, y presenta un carácter nobiliario. El representante más típico de esta corriente es Ramon Vidal de Besalú, quien en su obra *Les rasós de trobar*, del principio del siglo XIII, recomienda la «lenga lemosina» para este tipo de literatura, expresión que, por confusión durante la Edad Moderna y hasta el siglo XIX, se aplicó al catalán antiguo o literario[23]. Es probable que también hubiese una literatura oral de carácter épico y popular en catalán, pero no tenemos ningún conocimiento de ello, a pesar de que se han intentado reconocer restos de poesía épica prosificada y reaprovechada en las crónicas medievales.

BIBLIOGRAFÍA

BARAUT, C. (I. Edició, contingut i datació)/MORAN, Josep (1996-1997 [2000]): «Fragment d'una altra versió catalana antiga del *Liber iudicorum* visigòtic», en: *Urgelia*, XIII, 7-35.

BASTARDAS, J. (1984): *Usatges de Barcelona. El codi a mitjan segle XII*. Barcelona: Fundació Noguera.

— (1995): *La llengua catalana mil anys enrere*. Barcelona: Curial.

BROSSA, M. (1983): «Estudi lingüístic d'un document en català del segle XII ("zo són clams") de l'Arxiu Capitular de la Seu d'Urgell», en: *Urgelia*, VI, 335-359.

BRUGUERA, J. (1985): «Les *Homilies d'Organyà* i els seus possibles occitanismes», en: *Actes du XVII Congrés International de Linguistique et Philologie Romanes* (1983). vol. 3. Aix en Provence: Université de Provence, 253-261.

COLÓN, G. (1978): «Llemosí i llengua d'oc a la Catalunya medieval», en: *La llengua catalana en els seus textos*. Barcelona: Curial, 39-59.

FONT I BAYELL, J. (1982): «Documents escrits en català durant el regnat de Jaume I», en: *Jaime I y su época. Actas del X Congreso de Historia de la Corona de Aragón*. Vol. «Comunicaciones 3, 4 y 5». Zaragoza: Instituto Fernando el Católico, 517-526.

MARTÍ I CASTELL, J. (2002): *Estudi lingüístic dels "Usatges de Barcelona"*. Barcelona: PAM.

MASSIP I FONOLLOSA, J. (1996): *Costums de Tortosa*. Barcelona: Fundació Noguera.

MORALEJO, J. L. (1986): *Cancionero de Ripoll. Carmina Riuipullensia*. Barcelona: Bosch.

MORAN I OCERINJAUREGUI, J. (1984): *El Capbreu de Catellbisbal*. Barcelona: Edicions de la UB.

— (1989): *Treballs de lingüística històrica catalana*. Barcelona: PAM.

— MORAN, J. (1990): *Les homilies de Tortosa*. Barcelona: PAM.

---

[23] G. COLÓN (1978: 39-59).

— (1997): «La prédication ancienne en Catalogne. L'activité canonial», en: *La prédication en Pays d'Oc (XII°-debut XVe siècle. Cahiers de Fanjeaux, 32)*, 17-35.

— (2004a): «El proceso de creación del catalán escrito», en: *Aemilianense*, I. Logroño: Fundación San Millán de la Cogolla, 431-435.

— (2004b): *Estudis d'història de la llengua catalana*. Barcelona: PAM.

MORAN I OCERINJAUREGUI, J./RABELLA, J. (2001): *Primers textos de la llengua catalana*. Barcelona: Proa.

MUNDÓ, Anscari M. (1984): «Antic fragment del *Libre jutge*, versió catalana del *Liber iudiciorum*», en: *Miscel·lània Aramon i Serra*, IV. Barcelona: Curial, 155-193.

PUIG, A./TÀRREC, A. (2004): *Homilies d'Organyà, facsímil del manuscrit, edicions diplomàtica i crítica*, en: SOBERANAS, Amadeu-J./ROSSINYOL, Andreu, amb un estudi d'Armand Puig i Tàrrec. Barcelona: Barcino.

RABELLA, J. A. (1999): «Greuges de Guitard Isarn, senyor de Caboet (1080-1095)», en: *Estudis de Llengua i Literatura Catalanes, XXXV, Homenatge a Arthur Terry*, 1. Barcelona: PAM, 9-49.

RASICO, Ph. D. (2004): «Sobre l'evolució fonològica de la llengua catalana a l'àpoca dels orígens», en: *Aemilianense*, I. Logroño: Fundación San Millán de la Cogolla, 431-455.

— (2006): *El català antic*. Girona: CCG Edicions.

ROTHWELL, W. *et al.* (eds.) (1973): *Studies in Medieval Literature and Languages in memory of Frederick Whitehead*. Manchester: Manchester University Press.

RUSSELL-GEBBETT, P. (1964): *Mediaeval Catalan Linguistics Texts*. Oxford: The Dolphin Book.

— (1973): «Mossèn Pere Pujol's *Documents en vulgar dels segles XI, XII i XIII...* (Barcelona 1913): a partial retranscription and comentary», en: ROTHWELL, W. *et al.* (eds.): *Studies in Mediaeval Literature and Language in memory of Frederik Whitehead*. Manchester: Manchester University Press, 257-277.

SÁNCHEZ SÁNCHEZ, M. A. (2000): *La primitiva predicación hispánica medieval. Tres estudios*. Salamanca: Sociedad Española de Historia del Libro.

THOMAS, A. (1897): «Homélies provençales tirées d'un manuscrit de Tortosa», en: *Annales du Midi*, IX, 369-418.

ZINK, M. (1976): *La prédication en langue romane avant 1300*. Paris: Éditions Honoré Champion.

Sobre el aragonés medieval

José M.ª Enguita Utrilla
Universidad de Zaragoza

INTRODUCCIÓN

1. En 1502 Pedro Marcuello dedicaba a la princesa Juana, nombrada entonces sucesora de los Reyes Católicos, un *Cancionero* manuscrito en el que recogía composiciones y miniaturas que había ido elaborando desde 1482. El poeta reconocía su «estilo insuficiente» en el arte de versificar, y sus comentaristas, sin quitarle la razón en este punto, han destacado el valor histórico, pictórico y localista que el *Cancionero* encierra[1]. Dentro de ese contenido localista hay que destacar, sin duda, el interés que desde una perspectiva lingüística poseen algunos de sus versos[2]. En una miniatura, Pedro Marcuello quiere caracterizar a través de un yelmo y un ramo de hinojo la empresa común –con matices religiosos– de Aragón y Castilla, reinos, aunque unidos por los Reyes Católicos, con diferencias idiomáticas todavía evidentes a finales del siglo XV:

Deste yelmo: la cimera   y de Ihesús Hemanuel.
trahe dos sinifficados   Llámala Aragón *ffenojo*,
destos Reyes prosperados.   ques su letra de Fernando
Llámala Castilla *ynojo*   y de ffe las dos de un vando[3].
ques su letra de Ysabel

---

[1] Hoy contamos con una esmerada edición facsímil del *Cancionero* ([1994] Madrid: Edilan); antes, en 1987, J. M. Blecua publicó este texto reuniendo en su presentación los escasos datos que se poseen sobre el autor y los avatares sufridos por el manuscrito hasta llegar, en 1857, al museo Condé de Chantilly. Con gran erudición, M. C. Marín volvió en 1990 a estos mismos temas y los completó con agudas observaciones sobre la cronología de las estrofas que redactara Pedro Marcuello.

[2] Este aspecto no ha pasado desapercibido a los estudiosos de la Filología aragonesa; *cf.* al respecto R. MENÉNDEZ PIDAL (1980: 232), M. ALVAR (1953: 115-116) y J. M. ENGUITA y M. L. ARNAL (1996: 411-427).

[3] *Cancionero*, p. 61 en la edición de J. M. Blecua; M. C. MARÍN (1990: 174) considera que estos versos debieron componerse hacia 1492.

Y en otra miniatura, los Reyes sostienen una mata de hinojo, en la que Pedro Marcuello simboliza de nuevo la unidad de los monarcas ante la herejía; la matización lingüística vuelve a aparecer:

<table>
<tr><td>

Este tal en Aragón
ffenojo llaman, señores,
su primera letra es flores.

</td><td>

Y eso mesmo acá en Castilla
ynojo llaman, nombralda
su letra fina esmeralda[4].

</td></tr>
</table>

Los versos de Pedro Marcuello conllevan ciertamente una generalización, puesto que Aragón no fue unitario en la Edad Media desde el punto de vista lingüístico, y la diversidad se acrecentaba cuando el que fuera alcalde de Calatorao escribía su *Cancionero*: en aquellos años finiseculares, la forma correspondiente a *fenojo* carecería de vocal final (*fenoll*) en las áreas orientales de Huesca, Zaragoza y en el nordeste de Teruel, mientras que los territorios septentrionales del Reino conservarían sin apenas cisuras la pronunciación antigua (*fenollo*), como ocurre en nuestros días[5]; *fenojo* representaba ya, por consiguiente, una realización influida por el proceso castellanizador que, en el correr del tiempo, acabaría relegando las manifestaciones lingüísticas autóctonas a las partes más inaccesibles del territorio aragonés y que, en su fase más decisiva, se cumplió durante el reinado de Fernando II (1479-1516).

Tal panorama lingüístico del Aragón medieval puede completarse con la referencia a ciertas minorías asentadas durante esa época en su territorio; además de los mozárabes, entre ellas destaca, desde la segunda mitad del siglo XI, la presencia de un grupo compacto de occitanos en su parte noroccidental, con repercusiones lingüísticas en el *Fuero* y en el texto de los *Establimentz* de la ciudad de Jaca[6]. Pero también hubo

---

[4] *Cancionero*, p. 90 en la edición de J. M. Blecua; según M. C. MARÍN (1990: 172), Pedro Marcuello hubo de redactar esta estrofa hacia 1488. En el *Cancionero* hay otras alusiones a la diferenciación marcada por las grafías *f / y*, por ejemplo en las pp. 91-92 y 96.

[5] Sobre la difusión de estas variantes en la actualidad –incluidos el resultado *fenojo* (en zonas rurales del norte y del este de la provincia de Zaragoza y en algunos puntos del sur de Huesca) y la solución plenamente castellana *hinojo* (en la mitad meridional de Zaragoza y por toda la geografía turolense)–, *vid.* J. M. ENGUITA (1987: 28 y mapa 6).

[6] *Cf.* las ediciones de M. MOLHO (1964; reed. 2003) y D. SANGORRÍN (1920; reed. 1979) respectivamente. Entre los estudios que acompañan al reciente facsímile de la obra de M. Molho, se encuentra el de M. A. MARTÍN ZORRAQUINO y M. L. ARNAL PURROY (2003: 317-351), autoras que ofrecen una caracterización lingüística inicial

otras, según pone de manifiesto Á. San Vicente (1992: 372-373) en un curioso trabajo titulado «Del habla del hombre de pro a la del villano y soez» referido a los años finales del siglo XV, en el que tiene en cuenta a las comunidades judía y morisca, cuyas peculiaridades idiomáticas se reflejan en los textos con expresiones como *fablar con la gorga* o *fablar en ebrayco* y *fablar en algaravía*; señala el papel del latín como lengua de cultura –y del hebreo y del árabe en el caso de las minorías étnicas– para el tratamiento de cuestiones teológicas, jurídicas o médicas; y no ignora la presencia de *bohemianos* o gitanos, de esclavos de procedencia exótica y de delincuentes profesionales, los cuales también hubieron de contribuir con sus particularismos léxicos a colorear el ya complejo panorama lingüístico aragonés a lo largo de la Edad Media.

CONCIENCIA LINGÜÍSTICA

2. Aunque en los años en los que Pedro Marcuello componía sus versos ya estaba penetrando con intensidad el castellano en Aragón, el poeta todavía identificaba a través de la palabra *fenojo* –por oposición a *ynojo*– la idiosincrasia lingüística del Reino. Nacido en los valles pirenaicos con rasgos discrepantes respecto a otras áreas peninsulares, el romance aragonés se extendió hacia el sur, con el avance de la Reconquista, por todos los territorios incluidos en sus fronteras administrativas –excepto en su parte más oriental[7]– e incluso dejó huellas en áreas vecinas[8]. Esta varie-

---

sobre el *Fuero* jaqués. La redacción romanceada del *Fuero* podría fecharse en el siglo XIII, si bien la copia que se conserva en la Biblioteca Nacional de Madrid tiene letra del siglo XIV. El texto de los *Establimentz* data de 1238. La asimilación cultural de estas gentes ultrapirenaicas debió de producirse ya a finales del siglo XIII, según M. MOLHO (1964: XI). En el «Apéndice documental» de este trabajo (núm. 1), se incluye un breve fragmento de los *Establimentz*.

[7] La delimitación territorial entre Aragón y Cataluña –entidades políticas que, desde 1137, quedaron unidas en la Corona de Aragón– es tardía, pues data de mediados del siglo XIII. Sobre este tema, *cf.* J. Á. SESMA (1982: 146-148).

[8] Aparte de razones de vecindad y de relaciones político-sociales, debe considerarse la hipótesis de una primitiva área de expansión hacia el sur de las comunidades humanas asentadas, a finales del siglo XI, a un lado y otro del Ebro (*cf.* R. LAPESA 1981: 174, y D. CATALÁN 1989: 321). Particular mención merecen las concomitancias lingüísticas entre Aragón y Navarra, pues ha sido bastante habitual acoger bajo la denominación de *nava-*

dad románica, además de ser vehículo de comunicación entre buena parte de los aragoneses, sirvió para la redacción de fueros, ordinaciones, cartas de población, estatutos gremiales y otros textos de carácter legal, así como para las traducciones llevadas a cabo bajo la tutela de Juan Fernández de Heredia (1310-1396), si bien estas últimas muestran con frecuencia claros influjos catalanes y castellanos, así como la impronta de los textos que sirvieron de fuente para su elaboración e, incluso, rasgos introducidos por los hábitos lingüísticos particulares de los copistas[9].

Tal práctica textual está en consonancia con una serie de testimonios documentales que permiten descubrir una conciencia lingüística que atribuye al aragonés medieval autonomía frente a otras variedades romances próximas y lo considera vehículo principal de comunicación en el interior del Reino hasta finales del siglo XV.

3. De esos testimonios, tal vez el más llamativo figure en un acuerdo aduanero entre Aragón y Castilla, fechado el 27 de abril de 1409, del que dio noticia G. Colón (1976: 93-94) y que unos años más tarde F. González-Ollé (1983: 313-314) reprodujo íntegramente:

> Es concordado [...] que de los dichos capítulos, tractos et concordia se fagan dos cartas: la una escripta *en lengua aragonés;* la otra, escripta *en lengua castellana*. E que amas las dichas cartas sean firmadas de los nombres del dicho senyor rey de Aragón et de los dichos enbaxadores, et signadas por notario público. E que la carta escripta *en aragonés* quede al dicho sen-

---

rroaragonés los estudios filológicos dedicados a estos espacios geográficos: de hecho, según F. GONZÁLEZ-OLLÉ (1970: 70-71; 1996: 305-306), «el romance navarro y del oeste aragonés tuvieron que constituir necesariamente, en sus orígenes, una misma modalidad idiomática», si bien diversas circunstancias históricas y culturales introdujeron rasgos divergentes que aconsejan estudiar de forma autónoma las manifestaciones lingüísticas correspondientes a cada uno de estos dominios neolatinos durante la Edad Media.

[9] Distintos especialistas han advertido sobre las peculiaridades lingüísticas de la prosa herediana; *cf.* al respecto el extenso y meticuloso estado de la cuestión con el que V. LAGÜÉNS (1996) contribuyó al *Curso* que se organizó en Zaragoza con motivo del sexto centenario de la muerte del Gran Maestre de la Orden del Hospital de San Juan de Jerusalén. Cabe añadir que, aunque a veces se citan otros títulos dentro de la producción literaria aragonesa de la Edad Media, en realidad estos son en general copias de obras que presentan cierto aragonesismo lingüístico: así los poemas hagiográficos *Vida de Santa María Egipciaca* y *Libro de la infancia y muerte de Jesús*; la *Disputa del alma y del cuerpo*, ejemplo de poesía de debate; o el *Libro de Apolonio* y el *Libro de Alexandre*, representativos del mester de clerecía. *Cf.* J. A. FRAGO (1980: 221-276).

yor rey de Aragón; et la otra escripta *en castellano* lieven los dichos enbaxa-
dores para el dicho senyor rey de Castiella[10].

Como bien señala F. González-Ollé, el empleo, por parte de cada
Reino, de su propia lengua en la redacción de un instrumento diplomático que concierne a ambos, «comporta la afirmación legal de la personalidad lingüística irrenunciable de cada uno de ellos».

Todavía puede aducirse otra referencia desde el lado castellano que,
según han advertido distintos especialistas[11], pone de manifiesto la idiosincrasia lingüística de Aragón. Se trata de un breve fragmento que aparece en la *Primera Crónica General de España*:

Del dezeno anno fastal trezeno del regnado deste rey don Alffonsso non
fallamos que contar que pora aqui pertenesca, sinon tanto que en el XII
anno que murio el rey don Pedro de Aragon, et regno empos el su hermano
don Alffonsso, al que llamaron alla *en su aragones Batallero*.

4. La percepción lingüística del aragonés medieval aflora asimismo –y
con más ejemplos– en la documentación relativa a la Corona de Aragón.
A este respecto, G. Colón (1989: 252-253) ha reunido varios textos redactados en catalán –es decir, la lengua de los territorios orientales de esta
entidad política– en los que se intercalan expresiones y frases proverbiales
que se vinculan explícitamente con la variedad romance de Aragón:

[…] e diu, senyor, *l'aragonès* que *qui passa punto passa muyto*.
    Però aquí moren algunes persones jassia no muyren d'aquell mal, car diu
hom en Aragó: tanto vale qui mata como qui degüella, però bé havem oÿt dir
que Reyne de València és sa[12].

---

[10] Figura copiado dentro de la ratificación que, de tal acuerdo, hizo Juan II en Tor-
desillas el 4 de junio de 1409. Ya fue publicado por P. de Bofarull y Mascaró en 1847 y
por A. Morel-Fatio en 1882. No se ha descubierto, según advierte F. González-Ollé, la
versión aragonesa de este documento.

[11] Dan cuenta de esta cita F. GONZÁLEZ-OLLÉ (1983: 313), J. A. FRAGO (1986: 334),
H. J. NIEDEREHE (1987: 103-104) y J. L. ALIAGA JIMÉNEZ (1994: 27). El fragmento aquí
reproducido procede de la *Primera Crónica General de España*. Ed. de R. MENÉNDEZ
PIDAL (1955: vol. II: 537a, 10-16).

[12] El primer fragmento está fechado en 1331; el segundo corresponde a una carta de
Pedro IV a su primogénito.

Al bilingüismo de los escribas reales, hay que añadir la obligación de conocer las dos lenguas –catalán y aragonés– por parte de los reyes de la Corona: según ha comprobado G. Colón (1989: 244) en un documento fechado el 22 de abril de 1277, Pedro III el Grande dispuso que los soberanos residieran cuatro meses del año, siempre los mismos, en Valencia, Aragón y Cataluña respectivamente, y cabe suponer que los monarcas utilizarían en cada uno de esos territorios la lengua correspondiente. Lo que está en consonancia con las anotaciones que por esta razón informan, al final de algunos documentos, de su traducción a lengua distinta de la que consta en la redacción original, como ocurre en una carta de Pedro IV, escrita en catalán y fechada en Castellón de la Plana en 1363:

> Sub hac forma fuerint facte similes sex litere. Item fuerunt facte VII *in vulgari aragonensi*, continentes verba que continetur in litera superius proxima registrata.

Constatación que G. Colón (1976: 90-93) confirma en otras fuentes medievales y que lleva al reconocido filólogo a precisar que, cuando en la Cancillería Real se utilizaban el aragonés o el catalán, por lo general se pensaba en la lengua de los destinatarios: «Si había que dar a conocer un mismo asunto a varios súbditos, se redactaban documentos en la lengua de éstos»[13].

5. Las citas precedentes tienen que ver con la percepción del aragonés desde el bilingüismo de la Cancillería real. Pero aún pueden traerse a colación algunos otros testimonios a través de los cuales, desde la misma conciencia de los aragoneses, se percibe la singularidad de la propia lengua.

Uno de ellos se encuentra en el libro IX del *Vidal Mayor*, versión romanceada –del último tercio del siglo XIII– de la recopilación legal que, en latín, había llevado a cabo el obispo de Huesca Vidal de Canellas a mediados de esa centuria:

---

[13] C. LLEAL (1997: 15) se refiere asimismo a esta manera de proceder en las páginas introductorias a su edición de 200 documentos cancillerescos del siglo XV depositados en el Archivo de la Corona de Aragón, si bien observa que algunas veces «el mismo monarca y a través del mismo secretario utiliza en unos casos el catalán y en otros el castellano (*sic*) para dirigirse a un mismo receptor».

[...] quan tanto son las palauras estranias del latín o encara tantas son estranias *del lengoaje de Aragón* que non pueden ser espuestas aqueillas palauras de rafez en latín si non por palauras que son ditas acerqua d'aqueillas, nin los que fablan en su romantz pueden entender aillí, si non fueren mayestrados por sotil enseynnança cerqua la significatión d'aqueillas palauras, la quoal significatión es sacada por fuerça de esplanar, ante por muit grant fuerça saquada, quar, maguer que cada Iª de las ditas dictiones por sí misma pueda ser entendida segunt el uulgar de cada Iº, encara que sea rudo, et sin agreuiamiento ninguno, et sean planas, empero, quoando son aiuntadas, algunos cuerdos et letrados non pueden auer conplido entendimiento en su fuero.

En tal fragmento –comenta J. A. Frago (1989: 106-108)– se diferencia entre las soluciones romances claramente identificadas y el latín de las personas escolarmente instruidas. Hay, además, una referencia al *lengoage de Aragón* –complementada por otras, como *según dito d'Aragón*– que inducen a pensar que el redactor de esta compilación era consciente del particularismo lingüístico del Reino durante la Edad Media[14].

Otros tienen que ver con la obra de Juan Fernández de Heredia o, mejor dicho, con las traducciones al aragonés realizadas bajo su mecenazgo. Se recordará que el Gran Maestre nació en Munébrega, localidad situada en la parte occidental de la provincia de Zaragoza, y que en la producción realizada bajo su tutela algunos especialistas han querido ver el propósito de crear una lengua literaria en aragonés que, lamentablemente, no tuvo continuidad (*cf.* J. M. Cacho Blecua 1991: 195). He aquí uno de esos registros[15]:

Encomiença el libro de paulo Orosio, recontador de ystorias, sacado de latin *en lengua aragonesa* por mandamiento del muyt reuerent in xristo padre et senyor don fray iohan ferrandez de heredia Maestre dela orden del hospital de Sant johan de iherusalem.

De traducciones al aragonés trata asimismo este escrito –en catalán y fechado en 1372– que Pedro IV dirige a Juan Fernández de Heredia para comunicarle

---

[14] No es obstáculo para dicha valoración el hecho de que el autor de esta versión romanceada pudiera ser el notario navarro Miguel Lópiz de Zandio, según ha establecido recientemente F. GONZÁLEZ-OLLÉ (2004: 316, n. 34).

[15] Citado a través de V. LAGÜÉNS (1996: 350), quien lo ha recogido en el *Lexicon* que, sobre los manuscritos heredianos, publicó J. G. Mackenzie en 1984.

[…] que ha entregat al seu procurador el llibre Summa de les *Histories traduit al aragonés*: que fará també treslladar les croniques dels Reys d'Aragó predecessors seus y que li enviara la copia para que'l façi continuar en la gran crónica d'Espanya y per ultim que li envie el llibre que li va a deixar a París el Rey de França per ferlo aixi mateix *traduir a l'aragonés*[16].

Parece asimismo significativo al respecto que los diplomas oficiales correspondientes a los territorios orientales de Aragón, de habla catalana, estén redactados –al menos, en algunas ocasiones– en aragonés, aunque las huellas catalanas sean en ellos apreciables: así, los que recogen el *Proceso de las Cortes de Tamarite de Litera* de 1375 (*contrari* 'contrario', *coses feytes* 'cosas hechas', *ffur* 'fuero', *grossos* 'gruesos', *privilegi* 'privilegio', *temps* 'tiempo', *tots* 'todos'; *cf.* M. R. Fort 1977: 258 y ss.); así también un curioso documento de 1404, relativo al *Proceso de las Cortes de Maella* –localidad aragonesa igualmente de habla catalana–, que ofrece un fragmento en catalán (el que corresponde al notario de la localidad) y otro en aragonés (en él se da cuenta del asunto que motiva el acta), si bien el influjo recíproco resulta evidente (*cf.* «Apéndice documental», núm. 2).

6. La conciencia lingüística que reflejan los testimonios aportados se pierde desde finales del siglo XV, etapa en la que la castellanización se manifiesta con gran intensidad por las áreas centrales y meridionales de Aragón. Por las mismas fechas en que el poeta Pedro Marcuello destacaba las diferencias lingüísticas entre Aragón y Castilla, micer Gonzalo García de Santamaría razonaba –en consonancia con ideas de amplia difusión en la Europa renacentista, y antes de que Antonio de Nebrija redactara su conocido prólogo a la *Gramática castellana* (*cf.* E. Asensio 1960: 399)– sobre la conveniencia de que los aragoneses adoptaran el castellano, porque

el real imperio que hoy tenemos es castellano y los muy excellentes rey e reyna nuestros senyores han escogido como por asiento e silla de todos sus reynos el reyno de Castilla, deliberé de poner la obra presente en lengua castellana. Porque la fabla comúnmente más que otras cosas, sigue al impe-

---

[16] *Cf.* J. A. FRAGO (1989: 334). El texto también ha sido citado por J. L. ALIAGA (1994: 28-29) y consta en JIMÉNEZ CATALÁN, M./SINUÉS URBIOLA, J. (1922): *Historia de la Real y Pontificia Universidad de Zaragoza*. Zaragoza: Tip. La Académica, vol. I: XXX.

rio. E quando los príncipes que reynan tienen muy esmerada y perfecta la fabla, los súbditos esso mismo la tienen[17].

De este modo, hacía 1535 podía escribir Juan de Valdés que

la lengua castellana se habla no solamente por toda Castilla, pero en el reino de Aragón, en el de Murcia con toda el Andaluzía, y en Galizia, Asturias y Navarra, y esto aun entre la gente vulgar, porque entre la gente noble tanto bien se habla en todo el resto de Spaña[18].

Lo que no significa que este castellano quedara privado de ciertas marcas de identificación aragonesa que, en 1622, defendía Blasco de Lanuza con las siguientes palabras:

Aunque no confesaré yo por faltas las que algunos ingenios juzgan, si los de este reino nos apartamos un solo punto del lenguaje de Toledo, de Sevilla, Salamanca, Valladolid o de la Corte. Porque esas mismas ciudades tienen sus particulares maneras de acentuar, pronunciar y tienen algunos vocablos diferentes entre sí, y ninguna de ellas se corre de conservar la propiedad del lenguaje de su patria;

y añadía:

No me pongo a disputar cuál de las ciudades de España habla con más elegancia; pero tengo por cierto que el lenguaje de Zaragoza, y el que en ella usamos, es de los más suaves, y de los que con más propiedad, compostura y modestia declaran lo que pretenden de cuantos hay en toda ella[19].

Actitud bien distinta, desde luego, de la que cabe atribuir a los autores de las escasas muestras escritas que, continuadoras del aragonés

---

[17] El texto, que aparece al frente de la traducción de *Las vidas de los sanctos padres religiosos* (Zaragoza, 1486-1491), figura en E. ASENSIO (1960: 403-404), quien señala además que la obra de Lorenzo Valla en que se inspira circulaba por Aragón a finales del siglo XV y, concretamente, se encontraba en la biblioteca de micer Gonzalo García de Santa María; *vid.*, asimismo, J. A. FRAGO (1991: 110), quien lo reproduce a partir de una edición valenciana de 1529 que se conserva en la Biblioteca Universitaria de Zaragoza.

[18] Citado a través de la edición de J. M. LOPE BLANCH (1969: 62).

[19] El fragmento –igual que otras noticias lingüísticas de interés sobre Aragón durante los Siglos de Oro– ha sido recogido por F. MONGE (1951: 112).

medieval, nos ha legado el siglo XVII: entre ellas, unos cuantos poemas compuestos por Ana Abarca de Bolea, abadesa de Casbas, y por Matías Pradas, vicario de Cariñena. El castellano ya está consolidado en esa época en buena parte de Aragón y la composición de estos versos en el citado periodo, y con referencias geográficas al norte de la región, se inscribe –a juicio de R. M. Castañer (1993: 274)– dentro de la tradición del sayagués, lengua convencional utilizada para caracterizar en el teatro el habla de los rústicos.

VARIEDADES INTERNAS

7. A través de las pruebas documentales aducidas se percibe una separación idiomática entre el aragonés y los romances vecinos a lo largo de la Edad Media, y también –aunque en menos ocasiones– la propia percepción de los aragoneses respecto a tal diferenciación. Ello no significa, sin embargo, que esta variedad románica fuera uniforme en todos los territorios en los que funcionaba como vehículo de comunicación[20]. Antes bien, son numerosos los especialistas que han puesto su atención en la variación interna del aragonés medieval[21]. Y lo han hecho fundamentalmente desde dos perspectivas de análisis: de un lado, la definición de la lengua en que fueron redactados los textos en aragonés auspiciados por Juan Fernández de Heredia[22]; de otro, la reconstrucción de la realidad oral de esta variedad romance, tema al que dedicaré algunos comentarios a continuación.

En relación con este último punto los estudiosos han planteado la existencia, en sentio amplio, de dos zonas. V. García de Diego, en su *Manual de Dialectología hispánica* (1978 [1946]: 228), ya distinguió sig-

---

[20] Carece de fundamento sólido considerar, por las razones que después se aducirán, que «el aragonés que se extendió por todo el territorio tuvo que ser prácticamente igual al de la zona pirenaica y prepirenaica», según señalan Á. CONTE *et al.* (1977: 30-37). Esta es una hipótesis realmente excepcional en los estudios filológicos sobre el aragonés medieval.

[21] Trato más ampliamente sobre este asunto en otro trabajo que aparecerá en las *Actas de las Jornadas sobre «Áreas y contactos lingüísticos en Aragón». In memoriam Tomás Buesa Oliver*, que se celebraron en Zaragoza en noviembre de 2006.

[22] Para esta cuestión, remito de nuevo a V. LAGÜÉNS (1996: especialmente 349-351).

nificativamente entre lo «pirenaico» y lo «aragonés», según puede deducirse de las siguientes palabras:

> En muchos rasgos este lenguaje pirenaico es idéntico al antiguo aragonés común, y en él se estudian los caracteres fundamentales del dialecto aragonés, eliminado por el castellano sustancialmente en el resto de Aragón. Sin embargo, esta habla pirenaica ofrece rasgos que ni ahora ni antes han sido comunes con el aragonés restante y que estudiamos como característicos suyos.

En la misma dirección se han manifestado asimismo otros reconocidos investigadores de la Filología aragonesa, entre ellos M. Alvar (1978a: 53), J. A. Frago (1989: 110) y, unas décadas antes, B. Pottier (1991 [1955]: 235), quien atisbó la variación interna del aragonés medieval a partir de dos categorías de documentos: la de los textos escritos en el Alto Aragón, cuyos rasgos «encontramos en las hablas altoaragonesas modernas», y el aragonés común, en el que caben la lengua utilizada en los textos legales y también las traducciones heredianas.

No resultan carentes de sentido tales opiniones, pues se basan en un principio de aplicación no exclusiva al territorio aragonés: «Cada avance de un romance norteño hacia el sur fue acompañado de un proceso nivelador» (R. Lapesa 1985a: 46), es decir, se llevó a cabo una igualación de variantes. De este modo, la lengua que tras la Reconquista se impuso en Zaragoza y, seguidamente, en Teruel, hubo de renunciar a los localismos pirenaicos que definen, todavía hoy, a las hablas del núcleo norteño originario y que las hacen más resistentes a la penetración del castellano; al mismo tiempo aceptaba la influencia tanto de los repobladores ajenos al Reino como de las gentes que habitaban las tierras liberadas.

En nuestros días contamos, ciertamente, con un estimable número de aportaciones filológicas sobre la documentación aragonesa medieval, incluidas las fuentes más septentrionales[23]. El propósito de todas ellas –aunque ocasionalmente afloren estas discrepancias– es describir prioritariamente el aragonés que se descubre en cada una de las colecciones textuales analizadas. Son, por ello, muy escasos todavía los estudios

---

[23] Desde 1999 disponemos de una guía muy completa acerca del desarrollo de los estudios sobre el aragonés medieval que, además, incluye valiosas anotaciones sobre las obras más significativas. Es la contribución de V. LAGÜÉNS a las *Jornadas conmemorativas del L aniversario del Archivo de Filología Aragonesa*.

comparativos que de modo específico han tratado de analizar dichas diferencias, aunque claramente reveladores de la variación interna del aragonés medieval: así, un cotejo entre textos notariales altoaragoneses, por un lado, y zaragozanos por otro, ha permitido establecer que, entre 1276 y 1286, los resultados de las vocales Ĕ, Ŏ tónicas ofrecen numerosos diptongos fluctuantes en la primera de las zonas señaladas (*fiasta, bian-bien, setianbre-setienbre, abualtas* 'a vueltas', *buano-bueno, fuarza, luago, nuastro*, etc.), frente a las soluciones *ie, ue* de Zaragoza (*bueno, nuestro, huerto, fiesta, manifiesta, tiempo*, etc.), generales salvo el topónimo *Cuovera* (derivado de CŎVA) y *cuantra* (< CŎNTRA), variante también registrada –según el *DCECH*– en textos castellanos del siglo XIII y hoy en catalán dialectal[24].

8. Desde el mismo planteamiento es posible aducir nuevos datos, ahora referidos al periodo cronológico que discurre entre 1420 y 1450, procedentes de los *Documentos del Alto Aragón*, por un lado, y del *Diplomatario medieval de la Casa de Ganaderos de Zaragoza*, por otro[25].

Se registran en ambas fuentes, efectivamente, bastantes fenómenos comunes[26]: entre ellos, en el plano grafémico, la secuencia *-ny-* para /n/, en consonancia con la cronología establecida respecto a su uso, pues se hace muy frecuente desde el siglo XIV y prolonga su vitalidad durante el periodo áureo (Alto Aragón: *conpanyones* 135.50 'compañeros', *stanyada* 138.4, *senyor* 138.58, *enganyo* 140.32, *ninyos* 144.60; Zaragoza: *danyos* 139.99, *empenyamiento* 143.67, *penyoras* 144.193, *anyo* 148.38, *senyora* 155.23). Desde el punto de vista fonético, el mantenimiento de F-

---

[24] *Cf.* J. M. ENGUITA y V. LAGÜÉNS (1988: 387-389), quienes recogen información sobre la pervivencia de los diptongos /ia/, /ua/ en las hablas pirenaicas contemporáneas. A. VÀRVARO (1991: 258-259) considera que la lengua, al disponer de dos variantes [wá, wé], trata de aprovecharlas bajo el principio de la armonización («tod*a*s bu*a*stras cos*a*s e bi*e*n*e*s bu*e*stros»).

[25] Docs. altoaragoneses (ed. de T. NAVARRO TOMÁS), núms. 135-144: 197-211; Docs. zaragozanos (ed. de Á. CANELLAS), núms. 139, 143, 144, 148-150, 152, 155 y 157: 358-442 (se excluyen, en esta última colección, los diplomas redactados en latín, así como otros que corresponden a la Cancillería real o a localidades ajenas a la ciudad de Zaragoza y pueblos próximos). *Cf.* «Apéndice documental», núms. 3 y 4, donde se reproducen sendos fragmentos representativos de las colecciones documentales que se han seleccionado.

[26] *Cf.* al respecto, en los apartados correspondientes, M. ALVAR (1953, 1973, 1978b), R. MENÉNDEZ PIDAL (1980), G. TILANDER (1937, 1950), M. GOROSCH (1950), J. M. ENGUITA y V. LAGÜÉNS (1992), F. NAGORE (2003).

inicial, que muestra firmeza todavía incluso en los textos de las tierras centrales de Reino (Alto Aragón: *feyto* 135.16, *finquar* 135.33, *fillyo* 136.2, *feraduras* 138.23, *fer* 144.25; Zaragoza: *fazer* 139.49, *faginar* 144.141 'hacinar', *Forno* 144.190, *fablando* 152.34, *fazientes* 157.25); el resultado de los grupos latinos -LY-, -C'L-, -G'L-, -T'L-, que evolucionan regularmente a /l/ en el romance aragonés, y así perduran aún entre 1420 y 1450 (Alto Aragón: *collidor* 139.5, *millor* 140.16, *muller* 143.2, *concello* 144.18, *viellos* 144.73; Zaragoza: *consellero* 139.21, *tallados* 143.125, *allenase* 144.185, *concello* 149.7, *vermella* 152.11); o también la transformación del grupo consonántico -CT- en /-it/, sin que llegue a producirse la articulación africada /ĉ/ (Alto Aragón: *dito* 135.43, *de nueytes* 137.8 'de noche', *leytos* 140.6, *streytas* 140.17, *itado* 137.26 'echar'; Zaragoza: *muytas* 139.9, *proveytosa* 143.61, *dreyto* 143.74, *nueyt* 144.97, *dito* 157.24). Y en morfosintaxis, el empleo de futuro de indicativo en el núcleo verbal de algunas proposiciones subordinadas que expresan futuridad y contingencia y que, más frecuentemente, se construyen en subjuntivo en castellano[27] (Alto Aragón: si pagar no los *pora* XL dias en la carcel jazera 137.20; de aquellyo que *trobado sera* en cauallyos 139.12; a todos aquellyos clerigos, legos o pobres que *querran* prender almosna por amor de Dios 142.12; ali do a nuestros spondaleros *sera* bien visto con el heredero nuestro 142.17; si a Dios *plazera* 142.39; Zaragoza: si por ventura a vos o a los vuestros [...] *succedera* pleyto question embargo [...] 139.69; aquel precio que *valdran* los ditos dozientos sueldos censales 143.102; doquiere que yo *habitare* et *trobado sere* 143.112; juraron a Dios et los sanctos quatro evangelios por sus manos corporalmente tocados de dezir verdat de lo que *seran* interrogados 150.121; e dius aquella pena o penas que a los ditos procuradores nuestros et a qualquiere dellos por si *plazera* et *bien visto sera* 157.41).

9. Desde la perspectiva de la variación interna es preciso señalar que los documentos altoaragoneses proporcionan rasgos no atestiguados –o atestiguados de modo muy excepcional– en los textos zaragozanos, rasgos que perduran hoy en las hablas pirenaicas. Entre ellos se encuentran, por ejemplo, el artículo *lo* (*lo cobeçoro* 135.47, posiblemente 'espe-

---

[27] No es rasgo exclusivo del aragonés, aunque su presencia –ya muy reducida– se prolonga en esta área románica al menos hasta finales del siglo XVII; *cf.* R. LAPESA (1985b: 686-689).

cie de halcón'[28], *lo copdo* 136.4, *lo cabo delanio* 136.21 'aniversario', *lo degasto* 144.73), que se anota en otras fuentes altoaragonesas antiguas –entre ellas la *Vigilia y Octavario de San Juan Bautista*, de Ana Abarca de Bolea, abadesa de Casbas– y en la actualidad sigue vivo en algunas localidades del norte de Huesca como Hecho y El Grado[29]; cabe citar también la desinencia general -*z* para 2.ª persona del plural, que consta en las formas verbales *querez* 135.25 (presente de indicativo), *levarez* 135.26, *partirez* 135.34 (futuro imperfecto de indicativo), *teniaz* 140.17, *jaziaz* 140.18 (imperfecto de indicativo) y *soz venidos* 135.33 (pretérito perfecto de indicativo), y que es general en nuestros días en las hablas altoaragonesas mejor conservadas[30]; añádase la aparición de nueve ejemplos que presentan el morfema verbal -*ón* para la 3.ª persona del plural del pretérito indefinido de la primera conjugación (*coston* 144.10, 144.69, 144.71, 144.76, 144.77, *liuron* 144.14, *degaston* 144.43, 144.45, 144.60), variante que se explica por analogía con las desinencias verbales generales (- / -*n*) y que ha pervivido en algunas hablas altoaragonesas contemporáneas, concretamente en Yebra de Basa, Lasieso, Fanlo y Laguarta[31].

---

[28]   Derivado a partir de *cobez* más el sufijo peyorativo -*orro* (*cf.* V. LAGÜÉNS 1985: 232).

[29]   En el *Ceremonial de consagración y coronación de los Reyes de Aragón* (1353) constan los registros *lo ceptre* y *lo Evangelio*, en alternancia con *el ceptre* y *el santo Evangelio*; pero no habrá que olvidar que el influjo del catalán en este texto se deja notar con claridad, y que el artículo *lo* también se atestigua en el catalán antiguo y hoy sigue vivo en el norte de Castellón, el Campo de Tarragona y Lleida. *Cf.* J. M. ENGUITA y V. LAGÜÉNS (1992: 73, donde se aducen las oportunas referencias bibliográficas).

[30]   *Cf.* M. ALVAR (1953: 221) y J. M. ENGUITA (1988: 183). Hay testimonios de este morfema verbal en el siglo XVII, entre ellos, los que aparecen en la *Vigilia y Octavario de San Juan Bautista*, de Ana Abarca de Bolea, estudiados por R. M. CASTAÑER (1993: 262, 267). Para el aragonés medieval, pueden citarse registros esporádicos procedentes del *Ceremonial de consagración y coronación de los Reyes de Aragón* («¿*Sabez* uosotros a éll pertanescer el regno por legíttima succesión?»; *cf.* J. M. ENGUITA y V. LAGÜÉNS 1992: 77), de un proceso judicial que tuvo lugar en Zaragoza en 1462 («¿Cómo *levaz* estas ropas que son de Anthona Sanz?»; *cf.* M. C. GARCÍA HERRERO 2005: 266), y, con más ejemplos, de un *Discurso* que Martín I el Humano pronunció en las Cortes de 1398 celebradas en la Seo de Zaragoza (*havez hovido*, *havez feyta*, *podez ver*, *diestez*; *cf.* F. NAGORE 2003: 352-353, n. 1116). Ninguna de esas fuentes corresponde al Alto Aragón, pero tampoco puede afirmarse que esos casos representen estrictamente soluciones centro-meridionales del área aragonesa.

[31]   *Cf.* M. ALVAR (1953: 235) y T. BUESA y R. M. CASTAÑER (1994: 78 y 85), autores que proporcionan datos extraídos del *Atlas Lingüístico y Etnográfico de Aragón, Navarra*

10. Los comentarios anteriores suscitan otras matizaciones no exentas de interés, en cuyo análisis habrá que avanzar desde las fuentes documentales. Cabe plantear, en este sentido, que la actual fragmentación lingüística del norte de Huesca, aun contando con características difundidas por toda la zona pirenaica, no debe ser resultado tardío a partir de un origen unitario, sino diversificado ya desde los comienzos romances. No hay que olvidar –como advierte M. Alvar (1953: 7-12)– que cada uno de los tres condados, en cuya unión con Ramiro I (1004) germinaría el reino de Aragón, tuvo hasta entonces una diferente trayectoria histórica: el Aragón primitivo, en la parte noroccidental, constituía una comunidad pastoril no uniforme, vinculada al sur francés y, tempranamente, a Navarra; Sobrarbe recibió una impronta franca mucho más marcada que Aragón y, además, estuvo más abierto al influjo árabe; el condado de Ribagorza, por último, dependiente de los condes de Tolosa, se mantuvo siempre muy relacionado con las tierras más orientales. Y esa diversidad política y sociocultural, anterior a la formación del Reino, hubo de repercutir, lógicamente, en lo lingüístico.

Por otro lado, es hecho bien conocido que –además del influjo catalán que el aragonés recibe desde la parte oriental– la presencia del castellano comienza a manifestarse en tierras aragonesas desde época relativamente temprana[32], como revelan, por ejemplo, los textos concejiles zaragozanos de finales del siglo XIII editados por Á. Canellas (1975): junto a *allenas* 329.35 'ajenas', *mellor* 320.17 o *muller* 410.8, aparecen *cogido* 407.5, *fijo* 360.75 o *mejor* 406.31; junto a *dito* 104.5, *dereyto* 201.14 o *peyta* 408.3 'pecha', se registran *dicho* 104.23, *fecho* 407.27 o *provecho* 405.10; más adelante, entre 1420 y 1450, el *Diplomatario medieval de la Casa de Ganaderos de Zaragoza* ofrece *Cascallo* 144.84, *concello* 144.282 o *parellada* 150.110 al lado de *concejo* 144.291, *nueyt*

---

y Rioja. La variante *-ón* –advierte F. NAGORE (2003: 371)– aparece escasamente en los *Documentos lingüísticos del Alto Aragón* y todavía es más rara en otros textos medievales. Ya en 1909 T. Navarro Tomás dio cuenta de estos registros, clasificándolos dentro del perfecto por él llamado «vulgar por antonomasia» (*cf*. T. NAVARRO TOMÁS 1958-1959: 317 y 318).

[32] Presencia y no sustitución lingüística, pues el proceso que condujo a la desaparición del aragonés medieval en la mayor parte de esta región se desarrolló esencialmente desde finales del siglo XV (*cf*. § 6).

144.115, *feyto* 157.91 o *dita* 157.3 junto a *dicha* 149.54, *fechos* 157.27 o *sobredicho* 157.49[33].

Conviene advertir, no obstante, que en las fuentes que corresponden a los territorios aragoneses más meridionales –incluso en las de más temprana redacción en romance– la aparición de rasgos castellanos resulta bastante más notoria, como pone de manifiesto M. Á. Herrero en un reciente estudio sobre la documentación turolense de la segunda mitad del siglo XIII: dichos diplomas reflejan lógicamente la impronta aragonesa y contienen también algunas peculiaridades de procedencia catalana, «pero las coincidencias con el castellano son indudablemente mayores que las que han registado otros investigadores en textos aragoneses de la misma época». Los datos examinados confirman, desde luego, tales afirmaciones: *conçello*, *fillo* o *mellor* son cuantitativamente variantes minoritarias respecto a *conceio*, *fijo* o *meior*, y parecidas observaciones pueden hacerse en relación con la alternancia entre *hueytanta*, *feyto* o *dereyto* y *aducho*, *derecho* o *fecho*. En otras contribuciones sobre estos territorios se ha llegado también a consideraciones análogas: así, en el *Fuero de Teruel*, del que se conocen dos versiones romanceadas (de la segunda mitad del siglo XIII y de la centuria siguiente) o en la documentación del siglo XV[34]. Habrá que tener en cuenta, para interpretar más adecuadamente estos datos, que en la repoblación de la ciudad de Teruel participaron, en número importante, gentes no originarias de Aragón, según ha establecido A. J. Gargallo (1996: 340-343) a partir de 230 vecinos identificados hasta 1250: el grupo aragonés representa el 45,7 % del total, y casi un porcentaje similar (42,8 %) está constituido por individuos procedentes de Navarra, en tanto que los castellanos representan el 11,5 %[35]. En consecuencia, pudo producirse tempranamente un proceso de coineización

---

[33] En los documentos altoaragoneses editados por T. Navarro Tomás las soluciones aragonesas se mantienen con firmeza, de modo que incluso en el periodo comprendido entre 1420 y 1450 no se aprecian en ellos signos relevantes de castellanización.

[34] *Cf.* M. GOROSCH (1950) y J. TERRADO (1991) respectivamente; de este último procede el texto núm. 5 del «Apéndice documental».

[35] Ciertamente Navarra poseyó a lo largo de la Edad Media un romance propio, en bastantes rasgos coincidente con el aragonés (*cf. supra*, n. 8); también con el castellano, lo que lleva a F. GONZÁLEZ-OLLÉ (1991: 60-61) a caracterizarlo como variedad de transición entre el castellano y el aragonés, no sin advertir: «Los cambios que acusa, de modo tan relevante, el navarro a lo largo de toda la época medieval no admiten [...] la atribución, sin más, a la influencia e imitación del castellano [...]. Las pruebas acumuladas, en

en esos territorios, los cuales, a tenor de su adscripción administrativa y de los rasgos propios del aragonés que presentan –aunque parcialmente conservados–, pertenecen lingüísticamente a esta variedad romance.

CONSIDERACIONES FINALES

11. He tratado de mostrar en las páginas precedentes que, a lo largo de la Edad Media, existió una conciencia lingüística que concedía al aragonés autonomía idiomática frente a otros romances peninsulares. Dicha conciencia se comprueba en las reflexiones de los propios aragoneses, pero especialmente es percibida desde fuera del Reino.

Ello no significa que esta variedad neolatina fuera uniforme en sus manifestaciones escritas –y lógicamente, menos aún en las realizaciones orales–. Las fuentes documentales del Medievo contienen rasgos comunes ampliamente atestiguados en el conjunto del territorio aragonés (así, el dígrafo -*ny*- para /n/, la conservación de /f-/ inicial, los resultados /-it-/ < -CT- y /l/ < -LY-, o el empleo frecuente del futuro imperfecto de indicativo en proposiciones subordinadas de acción futura o contingente); pero, al mismo tiempo, informan también de fenómenos que, en la Edad Media, eran característicos –y todavía lo son– de la zona pirenaica (por ejemplo, los registros del artículo determinado *lo* y de los morfemas verbales -*z*, de 2.ª persona de plural, y -*ón*, de 3.ª persona del plural del pretérito indefinido de los verbos en -*ar*). Además, los diplomas correspondientes al centro y al sur del Reino muestran pronto indicios de castellanización –más notorios en la parte meridional– que, en lo que alcanzo a ver, no deben confundirse con el proceso de sustitución lingüística cuyo desarrollo en Aragón abarca, esencialmente, las últimas décadas del siglo XV y los años iniciales de la centuria siguiente.

Con todo, estas conclusiones deben considerarse provisionales, no porque no se haya avanzado considerablemente en el estudio del aragonés medieval, sino porque todavía quedan zonas de sombra y, paralelamente, muchas fuentes escritas que reclaman la atención de los especialistas y que, con seguridad, pueden mejorar los conocimientos hasta ahora alcanzados sobre esta parcela de la Filología hispánica.

---

cuanto a coincidencias de navarro y castellano empujan a pensar en una evolución autóctona del primero, concorde, en gran medida, con el segundo».

APÉNDICE DOCUMENTAL

Núm. 1

X) E nos tot lo poble de iacca mayors e menors presentz e auenidors estos establimentz qui sobre son escriutz confirmam e autreyam. e prepagatz de els nos tenim. Elas iuras che uos ditz iuratz els proomnes de iacca fetz. autreyam che de nostre mandament las fetz. chuals iuras establim e posam sobre nos. et en nos. e sobre nostra fe. e sobre nostra credença. che las tienguam e las façam fidelmentz tenir assi com de sobre es escriut (Jaca, año 1238. D. Sangorrín: 381).

Núm. 2

A XV dias del mes juliol fonch feta bona crida per la villa de Maella, per veu de Pascual Cabaner corredor de la dita villa, per manament del senyor rey, en la qual crida foren prorrogadas las Cortes entro a XX dias del mes. E fo feyta la crida del tenor siguient: Dit que vos fazen a saber el senyor rey que como cortes generales fuesen et sian prorogadas et inditas por mandamiento suyo a los prelados, personas eclesiasticas, nobles, cavalleros, scuderos et hombres de ciudades, villas del regno d'Aragon en la villa de Maella por el present dia que se conte XV dies del mes de julio […], les cuales coses rebi yo Pere de Bages notario (Maella, año 1404. M. L. Ledesma: 541).

Núm. 3

Item a otro cabo, dos leytos en la casa de Larbesa, & en la uno, do nosotros dormimos, yes la ropa seguient: primo, porque el almadrach no yera gayre bueno nos diestes el millor almadrach de fustanyo de casa, que yes a bandas streytas, el qual teniaz en vna de vuestras camenyas en la ciudat de Jacca, alli do vos jaziaz; & mas la otra ropa qui yera en la dita camenia do nos jaziamos, en el dito lugar de Larbesa, que yes hun trauessero, dos lincuelos, vna liytera & hun sobreleyto… Item a otro cabo, nos hauedes dado dos bannas bellyas & competentes. Item por las tres taças dargent nos hauedes dado dos taças grandes, pesantes entramas vint onzas menos quatro arienços… Et mas adelant, que diestes a mi dito Johan vna spada de dos manos, guarnida, la qual vos costo nueu florines doro, & otros muytos donatiuos que nos hauedes dados despues que nos entramos somos conjuntos en matrimonio (Alto Aragón, año 1435. T. Navarro Tomás: doc. 140).

Núm. 4

Por aquesto de part del senyor rey et en virtud de los ditos privilegios ins-
tantes et requirientes los ditos nuestros vezinos vos requerimos et de la nuestra
rogamos que en continent et vista la present restituades et tornedes restituyr et
tornar fagades et mandedes al dito Nicolau Darahues el dito asno e a los ditos
Bartolomeu de Montreal et Sancho Carbi las ditas penyoras muertas franqua-
ment et sin pagar cosa alguna con qualesquier misiones que por aquesta razon
feyto habran. Et no res menos daqui adelant a los sobreditos ni algunos otros
vezinos et habitadores de aquesta ciudat por causa del dito pontage non penyo-
redes ni permitades seyer penyorados, antes de aquel los hayades por exemptos.
En otra manera no pudientes fallecer a la tuicion e defension de nuestros privilegios e vezinos forzadament abriamos a proveyer en lo sobredito por aquellos
medios que los privilegios franquezas et libertades [...] (Zaragoza, año 1440. A.
Canellas: doc. 148).

Núm. 5

Como día lunes primero pasado, vuiendo brega en la carrera de Anthón Martínez, el dito Pero Nauarro, alcalde, echó mano a un escudero de Anthón Martínez de Marziella, diziendo: "Uos seréys preso, ¿& uos auéys de reuolver esta ciudad?"; & él tuuiéndolo asín vinyeron Anthón Martínez, Francisco Martínez,
Miguel Días & Gonçaluo d'Espeio, & ielo tiraron & pusiéronlo en casa del dito
Anthón Martínez. & él estando asín a la puerta del dito Anthón Martínez, plegó
el dito Johan d'Argent & él entró por tomar preso al dito scudero de Anthón
Martínez, visto que asín lo auían tirado al dito Pero Nauarro; & a la qu'éll le
quiso echar la mano, vino Miguel Días d'Espeio & dio al dito alcalde vna enpen-
ta con las manos, que lo cuydó lançar en el çuelo; & en esto él encara quiso reue-
nir por tomar preso al dito scudero; & vino Francisco Martínez & echóle sus
manos en sus braços e dixo [...] (Teruel, año 1435. J. Terrado: doc. 81).

BIBLIOGRAFÍA

Aliaga Jiménez, José Luis (1994): «Nuevas notas para la historiografía del
   habla de Aragón», en: *Archivo de Filología Aragonesa* 50, 21-41.
Alvar, Manuel (1953): *El dialecto aragonés*. Madrid: Gredos.
— (1973): «El latín notarial aragonés (1035-1134)», en: *Estudios sobre el dialecto aragonés (I)*. Zaragoza: Institución «Fernando el Católico», 11-161.

— (1978a): «Pobladores gascones y dialecto aragonés en un documento de c. 1187», en: *Estudios sobre el dialecto aragonés (II)*. Zaragoza: Institución "Fernando el Católico", 31-54.

— (1978b): «Documentos de Jaca (1362-1502)», en: *Estudios sobre el dialecto aragonés (II)*. Zaragoza: Institución «Fernando el Católico», 139-275.

ASENSIO, Eugenio (1960): «La lengua, compañera del Imperio», en: *Revista de Filología Española* 43, 399-413.

BUESA, Tomás/CASTAÑER, Rosa M.ª (1994): «El pretérito perfecto simple en las hablas pirenaicas de Aragón, Navarra y Rioja», en: *Archivo de Filología Aragonesa* 50, 65-132.

CACHO BLECUA, Juan Manuel (1991): «Introducción a la obra literaria de Juan Fernández de Heredia», en: *I Curso sobre Lengua y Literatura en Aragón (Edad Media)*. Zaragoza: Institución «Fernando el Católico», 171-195.

CANELLAS, Ángel (1975): *Colección diplomática del Concejo de Zaragoza* (II). Zaragoza: Excmo. Ayuntamiento de Zaragoza/Cátedra «Zaragoza» de la Universidad.

— (1988): *Diplomatario medieval de la Casa de Ganaderos de Zaragoza*. Zaragoza: Real Sociedad Económica Aragonesa de Amigos del País.

CASTAÑER, Rosa M.ª (1993): «Textos dialectales de los Siglos de Oro», en: *II Curso sobre Lengua y Literatura en Aragón (Siglos de Oro)*. Zaragoza: Institución «Fernando el Católico», 255-279.

CATALÁN, Diego (1989): «De Nájera a Salobreña. Notas lingüísticas e históricas sobre un reino en estado latente» [1975], en: *El español. Orígenes de su diversidad*. Madrid: Paraninfo, 296-327.

COLÓN, Germán (1976): *El léxico catalán en la Romania*. Madrid: Gredos.

— (1989): «El aragonés cancilleresco: sociología de un idioma», en: *El español y el catalán: juntos y en contraste*. Barcelona: Ariel, 237-270.

CONTE, Ánchel *et al.* (1977): *El aragonés: identidad y problemática de una lengua*. Zaragoza: Librería General.

COROMINAS, Juan/PASCUAL, José Antonio (1980-1991): *Diccionario crítico etimológico castellano e hispánico*. 6 vols. Madrid: Gredos [citado como DCECH].

ENGUITA, José M.ª (1987): «Pervivencia de F- inicial en las hablas aragonesas y otros fenómenos conexos», en: *Archivo de Filología Aragonesa* 39, 9-53.

— (1988): «Panorama lingüístico del Alto Aragón», en: *Archivo de Filología Aragonesa*, 40-2: 175-207.

— (en prensa): «Variación interna en el aragonés medieval», en: *Actas de las Jornadas sobre «Áreas y contactos lingüísticos en Aragón». In memoriam Tomás Buesa Oliver*. Zaragoza: Institución «Fernando el Católico».

ENGUITA, José M.ª/ARNAL, Mª. Luisa (1996): «Llámala Aragón *ffenojo*», en: SARASA, Esteban (coord.): *Fernando II de Aragón. El Rey Católico*. Zaragoza: Institución «Fernando el Católico», 411-427.

ENGUITA, José M.ª/LAGÜÉNS, Vicente (1988): «El dialecto aragonés a través de algunos documentos notariales del siglo XIII: una posible interpretación de variantes», en: *Homenaje al Profesor Emérito Antonio Ubieto Arteta*. Zaragoza: Facultad de Filosofía y Letras (Universidad de Zaragoza), 383-398.

— (1992): «Aspectos filológicos», en: *Ceremonial de consagración y coronación de los Reyes de Aragón. Ms. R.14.425 de la Biblioteca de la Fundación Lázaro Galdiano, en Madrid*. 2 vols. Zaragoza: Centro de Documentación Bibliográfica Aragonesa de la Diputación General de Aragón, 57-84.

FORT, M.ª Rosa (1977): «Estudio lingüístico de sesenta documentos del *Proceso de las Cortes de Tamarite de Litera del año 1375*, según el manuscrito Z», en: *Archivo de Filología Aragonesa* 20-21, 141-262.

FRAGO, Juan A. (1980): «Literatura navarro-aragonesa», en: DÍEZ BORQUE, José M.ª (coord.): *Historia de las literaturas hispánicas no castellanas*. Madrid: Taurus, 221-276.

— (1986): «El aragonesismo lingüístico en Gracián», en: *Gracián y su época. Actas de la I Reunión de Filólogos Aragoneses*. Zaragoza: Institución «Fernando el Católico», 333-363.

— (1989): «El marco filológico del *Vidal Mayor*», en: *Vidal Mayor. Estudios*. Huesca: Instituto de Estudios Altoaragoneses, 83-112.

— (1991): «Conflicto de normas lingüísticas en el proceso castellanizador de Aragón», en: *I Curso de Geografía Lingüística de Aragón*. Zaragoza: Institución «Fernando el Católico», 105-126.

GARCÍA DE DIEGO, Vicente (^{3}1978): *Manual de Dialectología española*. Madrid: Centro Iberoamericano de Cooperación.

GARCÍA HERRERO, M.ª del Carmen (2005): «Una burla y un prodigio. El proceso contra la Morellana (Zaragoza, 1642)», en: *Del nacer y el vivir. Fragmentos para una historia de la vida en la Baja Edad Media*. Zaragoza: Institución «Fernando el Católico», 251-286.

GARGALLO MOYA, Antonio J. (1996): *El Concejo de Teruel en la Edad Media. II. La población*. Teruel: Instituto de Estudios Turolenses.

GONZÁLEZ-OLLÉ, Fernando (1970): «El romance navarro», en: *Revista de Filología Española* 53, 45-93.

— (1983): «Distinción legal entre castellano y aragonés en 1409», en: *Revista de Filología Española* 63, 313-314.

— (1991): «La posición de Navarra en el dominio lingüístico navarroaragonés», en: *Actas del Congreso de Lingüistas Aragoneses*. Zaragoza: Diputación General de Aragón, 55-68.

— (1996): «Navarro», en: ALVAR, Manuel (dir.): *Manual de Dialectología hispánica. El español de España*. Barcelona: Ariel, 305-316.

— (2004): «*Vidal Mayor*, texto idiomáticamente navarro», en: *Revista de Filología Española* 84, 2, 303-346.

GOROSCH, Max (1950): *El Fuero de Teruel. Según los mss. 1-4 de la Sociedad Económica de Amigos del País y 802 de la Biblioteca Nacional de Madrid.* Stockholm: Almqvist & Wiksells Boktrikery.

HERRERO SÁNCHEZ, Miguel Ángel (en prensa): *Estudio lingüístico de documentos turolenses pertenecientes a la segunda mitad del siglo XIII.* Tesis doctoral presentada en la Universidad de Zaragoza en diciembre de 1993, Teruel, Instituto de Estudios Turolenses.

LAGÜÉNS, Vicente (1985): «Algunos aspectos de la derivación en textos altoaragoneses del siglo XV», en: *Archivo de Filología Aragonesa* 36-37, 223-254.

— (1996): «Caracterización lingüística de la prosa herediana (a través de la bibliografía», en: *IV Curso sobre Lengua y Literatura en Aragón. Juan Fernández de Heredia y su época.* Zaragoza: Institución «Fernando el Católico», 285-355 y 357-368.

— (1999): «Estado actual de los estudios sobre el aragonés medieval», en: *Jornadas de Filología Aragonesa. En el L aniversario del AFA.* 2 vols. Zaragoza: Institución «Fernando el Católico», vol. II, 163-264.

LAPESA, Rafael (⁹1981): *Historia de la lengua española.* Madrid: Gredos.

— (1985a): «Orígenes y expansión del español atlántico», en: *Rábida* 2: 43-53.

— (1985b): «Sobre el uso de modos y tiempos en suboraciones de acción futura o contingente. Futuro de indicativo por presente o futuro de subjuntivo», en: MELENA, José Luis (ed.): *Symbolae Lvdovico Mitxelena septvuagenario oblatae.* Bilbao: Universidad del País Vasco, 679-692.

LEDESMA RUBIO, M.ª Luisa (1973): «Proceso de las Cortes de Maella de 1404», en: *Estudios de Edad Media de la Corona de Aragón* 9, 527-639.

LLEAL, Coloma (1997): *El castellano del siglo XV en la Corona de Aragón.* Zaragoza: Institución «Fernando el Católico».

LOPE BLANCH, Juan M.: *vid.* VALDÉS, Juan de.

MARCUELLO, Pedro (1987 [1502]): *Cancionero,* ed. de BLECUA, José Manuel. Zaragoza: Institución «Fernando el Católico».

— (1994 [1502]): *Cancionero,* edición facsímil. Madrid: Edilan.

MARÍN, M.ª Carmen (1990): «Composición y cronología del *Cancionero* de Pedro Marcuello», en: *Archivo de Filología Aragonesa* 44-45, 161-176.

MARTÍN ZORRAQUINO, M.ª Antonia/ARNAL PURROY, M.ª Luisa (2003): «Introducción al estudio lingüístico del *Fuero de Jaca*», en: ARNAL PURROY, M.ª Luisa *et al.*: *El Fuero de Jaca. Estudios.* Zaragoza: El Justicia de Aragón, 317-351.

MENÉNDEZ PIDAL, Ramón, con la colaboración de SOLALINDE, Antonio G./MUÑOZ CORTÉS, Manuel/GÓMEZ PÉREZ, José (1955): *Primera Crónica General de España que mandó componer Alfonso el Sabio y se continuaba bajo Sancho IV en 1289.* 2 vols. Madrid: Gredos.

— (⁹1980): *Orígenes del español. Estado lingüístico de la Península Ibérica hasta el siglo XI* (según la 3.ª muy corregida y adicionada). Madrid: Espasa-Calpe.

MOLHO, Maurice (ed.) (1960): *El Fuero de Jaca.* Zaragoza: Instituto de Estudios Pirenaicos. Reedición 2003. Zaragoza: El Justicia de Aragón.

MONGE, Félix (1951): «Notas para la historiografía del habla de Aragón», en: *Boletín de la Real Academia Española* 31, 93-120.

NAGORE LAÍN, Francho (2003): *El aragonés del siglo XIV. Según el texto de la «Crónica de San Juan de la Peña».* Huesca: Instituto de Estudios Altoaragoneses.

NAVARRO TOMÁS, Tomás (ed.) (1957): *Documentos lingüísticos del Alto Aragón.* Syracuse: Syracuse University Press.

— (1958-1959 [1909]): «El perfecto de los verbos en *-ar* en aragonés antiguo», en: *Archivo de Filología Aragonesa* 10-11, 315-324.

NIEDEREHE, Hans J. (1987 [1975]): *Alfonso el Sabio y la lingüística de su tiempo.* Madrid: Sociedad General Española de Librería.

POTTIER, Bernard (1991 [1955]): «Elementos gascones y languedocianos en el aragonés medieval», en: *Archivo de Filología Aragonesa* 46-47, 235-244.

SAN VICENTE, Ángel (1992): «Del habla del hombre de pro a la del villano y soez», en: SESMA, José Ángel *et al.*: *Un año en la historia de Aragón: 1492.* Zaragoza: Caja de Ahorros de la Inmaculada, 369-382.

SANGORRÍN, Dámaso (ed.) (1979 [1920]): *El Libro de la Cadena del Concejo de Jaca.* Zaragoza: Heraldo de Aragón.

SESMA, José Ángel (1980): «Aragón medieval», en: CANELLAS, Ángel (coord.), *Aragón en su historia.* Zaragoza: Caja de Ahorros de la Inmaculada, 107-186.

TERRADO, Javier (1991): *La lengua de Teruel a finales de la Edad Media.* Teruel: Instituto de Estudios Turolenses.

TILANDER, Gunnar (1937): *Los Fueros de Aragón según el ms. 458 de la Biblioteca Nacional de Madrid.* Lund: C. W. K. Gleerup.

— (1950): *Vidal Mayor. Traducción aragonesa de la obra «In excelsis Dei Thesauris» de Vidal de Canellas.* 3 vols. Lund: Hakan Ohlsson Boktryckeri.

VALDÉS, Juan de (1968 [1535]): *Diálogo de la lengua,* ed. de LOPE BLANCH, Juan M. Madrid: Castalia.

VÀRVARO, Alberto (1991 [1970]): «De la escritura al habla (I): la diptongación de O breve tónica en el Alto Aragón», en: *Archivo de Filología Aragonesa* 56, 245-265.

EL ASTURIANO EN LA EDAD MEDIA:
DE LA PARTICULARIZACIÓN DE UN ESPACIO ROMÁNICO
AL NACIMIENTO DE UNA IDENTIDAD LINGÜÍSTICA

Xulio Viejo Fernández
Universidad de Oviedo

Hablar del asturiano en el marco de la lingüística hispánica actual obliga a empezar por hacer frente a una serie de ideas recibidas y, en negativo, a una notable falta de actualización e integración crítica de los datos que va suministrando la investigación, apenas revisados en la bibliografía generalista de la especialidad en las últimas décadas.

Por eso, la percepción general que puede rastrearse en los manuales al uso resulta, en su propia indefinición, incómoda: suele asumirse la existencia de una modalidad romance de formación autónoma, más o menos bien delimitada y caracterizada, pero no su constitución en términos de lengua histórica según un proceso convencional. Al tiempo, tampoco se acaba de aportar un argumento definitivo (es decir, estrictamente lingüístico) que permita descartarla sin más como tal, dentro del conjunto de las románicas.

Recursos terminológicos de uso más o menos convencional como *dialecto histórico* o *continuum de hablas* no pueden distraer a un observador atento y perspicaz de la existencia de una *identidad lingüística* bien particularizada en el mapa lingüístico peninsular y dotada de un cierto grado de coherencia interna. Su fuerte retroceso social o sus particulares avatares políticos de los últimos tiempos poco debieran afectar la consideración que cualquier lingüista solvente debiera hacerse de su realidad histórica. Obviar o minimizar su existencia (salida por la que se decantan algunos manuales recientes de hispanística o romanística) no aporta, evidentemente, nada a nuestro conocimiento crítico de la realidad lingüística peninsular.

Las causas más inmediatas de esta desidia creo que tienen que ver con el discurso filológico heredado de la escuela pidaliana, a la que por lo demás deben tanto los estudios asturianos. Para empezar, en su programa investigador, R. Menéndez Pidal (1906: 128-172) disolvió una realidad lingüística (el *asturiano,* o *bable*) perfectamente reconocible y reconocida por el discurso filológico anterior y, desde luego, por su propia comunidad hablante, en otra (el *leonés*) que, más allá de una razonable fundamentación en términos filológicos, no dejaba de responder a una idealización historicista sin correspondencia clara con una comunidad de habla mínimamente cohesionada y autoconsciente, constatable positivamente en algún momento.

Ciertamente, es discutible que el *leonés*, en el sentido pidaliano del término, haya conformado en algún momento histórico una identidad lingüística colectiva, pero el *asturiano* incontestablemente sí, independientemente de cómo quiera después conceptualizarse su naturaleza idiomática. Sin embargo, esta realidad sociolingüística (que R. Menéndez Pidal, por cierto, no cuestionaba), quedaba velada para el interés de sucesivas generaciones de filólogos hispanistas y romanistas a partir de sus propios planteamientos teóricos, algo que no pudieron compensar (ni de hecho quisieron, en algunos casos) unos estudios asturianos exiguos y no siempre demasiado lúcidos.

El enfoque esencialmente historicista de R. Menéndez Pidal (el único en el que tenía un verdadero sentido su concepto de *leonés*) tuvo además el efecto derivado de impedir ver el *asturiano* como lo que se supone que es esencialmente la lengua: una herramienta de intercomunicación dentro de una comunidad de hablantes. A lo largo de casi todo el siglo XX, el asturiano fue contemplado, entonces, no como un sistema operativo de comunicación social, sino más bien como una especie de archivo de datos fósiles para el estudio de la evolución romance o para el diseño de los atlas dialectológicos peninsulares. Semejante enfoque es legítimo desde cierta óptica teórica pero, evidentemente, no aporta una comprensión cabal de la complejidad de una forma idiomática viva, pues la percepción de una determinada realidad lingüística en términos de *conjunto de datos* no presupone, obviamente, que su forma de existencia social sea ésa. Para sus usuarios, claro, no lo es, y a ello debiera atender primariamente el lingüista: a su dimensión funcional y, con ella, a su formidable virtualidad para generar patrones de identidad social, cualesquiera que sean éstos.

Si a ello sumamos que, desde un punto de vista castellano-centrista, lo que interesa de los datos *leoneses* es apenas lo que ofrecen de divergente y variable, resultará ser, precisamente, la variación lo único que se buscará en el análisis interno de este espacio, y por lo tanto, lo único que se encontrará, se describirá y se conocerá de él, y no siempre con rigor. De ahí resulta una visión atomizada de este dominio románico que acaba por cuestionar su integridad, y, sumado a todo lo anterior, su existencia misma (como ejemplo reciente, R. Penny 2004), aun cuando el dibujo dialectológico del territorio no sea de suyo esencialmente más complejo que el de otras áreas románicas constitutivas. El efectivo y dramático retroceso en el empleo del asturiano en las últimas décadas, y la dinámica de reacción (y contrarreacción) social ante el mismo, acabó generando una ideologización del discurso asociado a la lengua que acaba por complicar, en muchos casos, su evaluación objetiva en términos estrictamente idiomáticos, al desplazarlo al terreno de lo político o lo propiamente emocional. Las dificultades estructurales de la investigación asturianista actual para aportar con fluidez sus propios enfoques y logros y someterlos a la consideración y evaluación por parte de la comunidad hispanorromanista acaban de explicar el deficiente y apriorístico conocimiento que se tiene del tema.

La visión actualmente divulgada del asturiano, limitada y, demasiado frecuentemente, *finalista* (en el sentido de estar orientada a avalar un determinado discurso) tiene, para lo que ahora nos ocupa, el efecto perverso de contaminar su estudio histórico, por cuanto arrastra normalmente a la tentación de relegar el análisis crítico de los datos (necesariamente complejos, frecuentemente descontextualizados y a veces contradictorios) a favor de una exposición *presentista* de su mismo proceso constitutivo como modalidad romance.

Así, la suposición axiomática de que el asturiano actual no sea otro que un conglomerado de variedades orales carente de coherencia interna y subordinado a una norma referencial exógena (la castellana) lleva también a pretender una situación histórica de partida de desarticulación territorial, social y lingüística que no habría podido ser superada por la generación en el propio territorio de un modelo idiomático merecedor de prestigio para su misma población. A partir de ahí, se le buscan a esta hipótesis avales que remitirán, incluso, al propio momento fundacional de la evolución romance, a la Romanización.

Y como se buscan, se encuentran: por ejemplo, desde las mismas referencias de los cronistas romanos a los primitivos pueblos ástures (salvajes y levantiscos por naturaleza) y a su conquista y dominación por Roma (dificultosa y épica). De este discurso (que tiene mucho que ver en su momento con la propaganda política de Octavio Augusto) se extrae la conclusión de que aquellos ástures no eran más que unas bandas tribales emboscadas en sus montes y refractarias a toda pauta de civilización, y que apenas pudieron ser muy deficientemente romanizadas, lo justo para salir airosamente de la incómoda evidencia de estar ante una variedad, a fin de cuentas, románica. De ahí el pecado original de un latín igualmente deficiente y de irregular implantación en el territorio, manifestado luego en un romance tosco y desestructurado casi por tara genética y, por lo tanto, necesitado de buscar, fuera de su espacio natural, una verdadera referencia de prestigio.

Esta visión *ab ovo*, que se puede encontrar sin dificultad en manuales universitarios muy recientes (M. T. Echenique 2005: 358-359), ya habría cogido cierto vuelo en el siglo XVII y, de hecho, fue combatida con rigor por la incipiente filología ilustrada de finales del XVIII impulsada por Jovellanos y González de Posada que reconocían en el asturiano precisamente la huella de una intensa latinización del territorio.

El caso es que la investigación histórica más actual no hace más que corroborar la intuición de los autores dieciochescos. En primer lugar, aquellos ástures no eran sin más un puñado anárquico de tribus aisladas en montes inverosímiles, cerriles y poco evolucionadas culturalmente. La población prerromana del territorio asturiano había participado, desde la Edad del Bronce, de una amplia red de intercambios comerciales tanto en el área atlántica como con otras poblaciones y manifiesta un desarrollo técnico y cultural homologable al de otros puntos de la Europa antigua. Además, en el momento previo a la conquista romana habrían ido ya evolucionando desde un primitivo modelo comunitario de naturaleza gentilicia hacia estructuras de carácter político o prepolítico, es decir, a modelos de organización social y territorial más o menos amplios, complejos y articulados. Esta situación la sugieren de hecho las propias crónicas romanas de la conquista cuando se refieren a una población con un cierto nivel de organización interna a la hora de hacer frente a los ejércitos imperiales, lo que además parece coherente con los datos arqueológicos conocidos (J. Camino *et al.* 2005).

Ello explica la percepción conjunta y unitaria que los romanos tienen de las poblaciones situadas al noroeste del río *Ástura* (el Esla) que, además, van a ser englobadas por la administración imperial en una única demarcación política, el *Conventum Asturum*, que por sí misma será a la larga un importante factor de modulación de la identidad colectiva de sus moradores. Para lo que ahora interesa, la esencial coincidencia entre los antiguos límites conventuales romanos y las isoglosas definitorias del dominio asturiano-leonés ya fue observada por Menéndez Pidal hace un siglo y, aunque matizable, sigue siendo en lo básico sostenible (X. Viejo Fernández 2005).

Con todo, no cabe porfiar en una argumentación indigenista que suponga una fuerte resistencia a la latinización o una singular persistencia del sustrato, que no contaría con avales sólidos en la lengua actual. La existencia de un territorio y una sociedad prerromana ya mínimamente articulados ayudaría a explicar, por contra, la aparente rapidez e intensidad de la romanización del territorio, en la misma medida en la que los romanos se hubiesen servido, como parece haber sido el caso, de los elementos organizativos previos a la hora de asentar su poder: de ahí la persistencia, hasta tiempos altomedievales, de ciertas estructuras sociales y comportamientos culturales.

Un ejemplo de lo dicho podría ser la rapidísima integración de grupos ástures en el ejército imperial (N. Santos Yanguas, 1981) con todo lo que ello implica para la promoción de los indígenas en la ciudadanía romana, para la formación de nuevas aristocracias locales y, en definitiva, para una novedosa y sólida articulación social y territorial. Y, desde luego, para el aprendizaje del latín. Añadamos a esto la intensa y temprana explotación económica del territorio (en razón de la minería del oro y los metales en general) que además implica una fuerte acción administrativa para garantizar su control: la consolidación de importantes núcleos urbanos (la *urbe magnífica* de Astorga, en palabras de Plinio), de asentamientos militares (la *Legio VII Gemina* de la que nace luego la ciudad de León) y de una estimable red viaria que articula en sentido tanto longitudinal como transversal el conjunto del territorio hoy asturleonés (C. Fernández Ochoa 1982 y 1995, C. Fernández Ochoa y A. Morillo Cerdán 1999, entre otros).

Otros elementos claves de romanización son, igualmente, más precoces de lo que pretende el tópico: la cristianización y el incipiente desarrollo de una organización eclesiástica (F. J. Fernández Conde 1993-1994 y 2000: 138-155) y, además, de una singular fuente de cultura escrita llamada a difundir nuevos modelos idiomáticos que están en el origen de la lengua romance. La cultura literaria latina en el Convento

Asturiense se remontaría al siglo II y conocería un momento de cierto esplendor en el siglo VII, con continuación en las cortes asturiana y leonesa altomedievales (M. C. Díaz y Díaz 1976 y 2001, X. Viejo, 2004).

La romanización de los ástures es, pues, temprana e intensa y, además, general a todo su territorio, incluida la proverbialmente montaraz Asturia Transmontana. Si en un primer momento los principales centros de romanidad se sitúan al sur de la *Iuga Asturum*, en Astorga o León, a lo largo del Imperio van a ir consolidándose igualmente núcleos en la actual Asturias, particularmente Gijón, que parece conocer desde el siglo III (cuando, significativamente, va a amurallarse) un importante desarrollo urbano a resultas de su relevante papel como referencia del comercio imperial atlántico. Esto explica, a su vez el desarrollo de un auténtico *hinterland* en torno a esta costa central, también relativamente bien comunicado con la Meseta, en el que se afirman centros secundarios como *Lucus Asturum* (el actual Llugo, en Llanera), y todo un entramado de *villae* rústicas responsables y beneficiarias del abastecimiento de productos a este tipo de comercio, y que florecen económicamente durante el Bajo Imperio con ejemplos espectaculares como los de Veranes (en la misma periferia de Gijón), Valduno o Mamorana, y otras concentradas en el entorno del Oviedo actual. *Villae* equipadas, según la más genuina tradición romana, con termas, mosaicos, basílicas... Esto, más allá de su relevancia en términos culturales (que no es poco para lo que aquí interesa) informa también de la formación de una poderosa aristocracia local, que lo es precisamente por ser capaz de controlar y articular el conjunto del, por lo demás, pequeño territorio asturiano y sus habitantes. Élite social muy romanizada y, por lo dicho, en disposición de asumir, generar e imponer modelos lingüísticos referenciales al conjunto de la población.

Por eso, fuera de tópicos cómodos y alcanforados no hay razones para suponer que el latín sobre el que se forma el romance asturiano presentara, con relación a otros espacios románicos hoy mejor considerados, ningún tipo de rebaja en lo que se refiere a su integridad idiomática, ni que padeciera ningún impedimento dramático para su efectiva y eficaz asimilación entre el conjunto de la población autóctona, por más que el proceso y su cronología nos sean en buena medida desconocidos.

Por eso, *a priori*, Asturia tenía, desde época romana, todas las cartas a favor para generar en su territorio una modalidad romance diferenciada y cohesionada: por su latinización, por su particularización étnica y político-administrativa y por la existencia de una dinámica social y económica propia, bien articulada internamente, relativamente autónoma y, además, muy persistente en el tiempo, pues estamos hablando de una continuidad histórica que, sin demasiados sobresaltos, se extiende desde la misma consolidación del poder romano en el territorio hasta los albores de la Edad Moderna.

Efectivamente, el tiempo y los acontecimientos históricos que marcan el tránsito desde el Imperio Romano a la Edad Media no harán sino jugar a favor de la consolidación y particularización progresiva de este espacio, no ya por la persistencia administrativa de la demarcación asturiense en época visigoda, sino porque el contexto político que se abre en la Península con la caída del poder romano y hasta la Alta Edad Media creó de hecho unas condiciones óptimas para la afirmación definitiva de la identidad asturiana.

Primero, el reparto del noroeste peninsular entre suevos y visigodos dejó fuera, como una especie de *tierra de nadie,* el espacio central asturiano, donde ya existían, como se ha visto, sólidos fundamentos para la consolidación de un núcleo de poder local, muy arraigado en el territorio en virtud de procesos históricos anteriores, y, sobre todo, llamado a jugar un papel esencial en la Alta Edad Media hispánica. El mismo centro de Asturias, desligado de repente del poder imperial y no sometido de manera inmediata a las nacientes monarquías sueva o visigoda, parece haber visto consolidarse políticamente a esa aristocracia señorial fortalecida por la expansión económica bajoimperial, que asumirá plenamente la riendas de lo que queda de administración romana, garantizando el control de sus dominios territoriales y generando un amplia red de dependencias y lealtades que se extiende al conjunto de Asturias (M. Calleja Puerta 2002) y que según las crónicas coetáneas se muestra reacia a su asimilación por el estado visigodo y capaz de poner en serios aprietos a su monarquía hasta los últimos tiempos de su existencia. Será seguramente este grupo de magnates astur-romanos el que ulteriormente estará en condiciones de capitalizar políticamente, a la caída del reino visigodo, la resistencia al Islam, constituyendo el primer estado medieval peninsular cristiano (L. R. Menéndez Bueyes 2001).

De todo ello debieran esperarse algunas implicaciones lingüísticas. Quizá las más evidentes se refieran a la progresiva particularización idiomática con relación al resto de la península de ese territorio en constante y sostenido proceso de afirmación política. Otras, en clave más bien interna, sugieren la posible emergencia de un modelo local de romance vinculado a una élite de creciente poder, que pudo también condicionar, en el uso hablado, el nacimiento de tendencias prestigiosas que serían, en mi opinión, las responsables de ir definiendo el esquema básico de la dialectología asturiana según la conocemos hoy. Según mi hipótesis, la primitiva norma hablada protorromance emanada desde Astorga (como gran centro de poder conventual de época romana, bien conectado con Braga, Mérida y el sur peninsular) habría ido siendo desplazada por una nueva norma oral generada ahora en el centro de Asturias, que desde entonces, y a lo largo de la Edad Media, habría ido arrinconando las soluciones más conservadoras hacia el occidente (X.L.Viejo 2005: 139-178).

No es necesario insistir demasiado en la continuidad del Reino de Asturias y León hasta su integración en la corona de Castilla en 1230, con lo que resulta que su ámbito geográfico habría evolucionado durante todo el amplio período protorromance (extendido éste hasta la generalización de las muestras escritas en la modalidad románica local) en una dinámica de progresiva afirmación política y articulación social y territorial, con sus propios núcleos y estructuras de poder y producción cultural que, además, resultan centros referenciales de ámbito más general, como lo es Oviedo en el siglo IX (y como importante centro religioso desde el XI), y León, sobre todo desde el siglo XI y a lo largo del XII.

A propósito de la corte asturiana altomedieval, digamos finalmente, de manera tangencial, que el estado actual de los conocimientos sobre los orígenes del Reino de Asturias se compadece mal con la pretensión pidaliana (muy grata a la línea de discurso que habíamos empezado a criticar) de que la norma hablada en la corte ovetense altomedieval sería una mera imitación de los usos del Toledo visigótico. En todo caso, para los propios contemporáneos era bastante perceptible la discontinuidad cultural entre ambos reinos, que además llegaba a ser contemplada por unos y otros (asturianos y toledanos) en términos de rivalidad; evidenciada, por ejemplo, a raíz de la polémica adopcionista entre la diócesis toledana de Elipando y el entorno de la corte real asturiana (M. C. Díaz y Díaz 1976: 214).

Así pues, si hubiese de razonarse en términos apriorísticos, resultaría más esperable para el territorio asturiano-leonés un proceso de singularización, cohesión y afirmación lingüística a partir del estado de cosas generado por la Romanización, que no su disolución sin más en una inexplicable y dramática deriva hiperlocalista del latín protorromance o en una inverosímil búsqueda de referencias idiomáticas en territorios ajenos o marginales a sus propias estructuras de poder. Pero como, naturalmente, ninguna presunción apriorística garantiza el éxito real de un proceso histórico, valga lo dicho como un simple marco de referencia en el que puedan llegar a hallarse unas causas razonables para otro tipo de circunstancias posteriores que ya estaremos en condiciones de documentar positivamente. A fin de cuentas, un incipiente proceso de diferenciación geolingüística protorromance no garantiza su continuidad posterior en términos de elaboración idiomática consciente guiada por alguna forma de sentimiento identitario.

El cúmulo de circunstancias expuestas es, en todo caso, suficiente para hacer explicable la entidad lingüística que la tradición filológica conoce como *asturiano*, *leonés* o *asturiano-leonés*: da cuenta bien de por qué en el territorio considerado coinciden una serie significativa de fenómenos románicos, comunes y diferenciales, que lo singularizan seguramente por algo más que por un feliz azar.

Ante ello, tiene una fuerza argumental menor el hecho de que la compleja distribución diatópica de una serie de rasgos permita descomponer esta área en espacios dialectales menores. La evidente existencia de tales variaciones permite establecer particiones internas en el conjunto del dominio útiles para su estudio, pero en absoluto reconocer en ellas variedades idiomáticas realmente autónomas. La frivolidad con la que demasiadas veces se procede así a propósito de la dialectología asturiana es en la práctica un grave lastre intelectual para su propia comprensión y para la comprensión cabal del *continuum* hispánico y su formación histórica.

De hecho, la extensión translectal de cada una de estas isoglosas tomadas independientemente informaría más bien del comportamiento homogéneo de áreas lingüísticas mucho más extensas en razón de alguna circunstancia que, a fin de cuentas, siempre tendrá que ver con un nivel de intercomunicación intenso y constante. En sentido contrario, el que una región dialectal pueda ser delimitada en virtud de un cruce particular de isoglosas con irregular distribución espacial lo que demostrará precisamente es que dicha región no ha sido sujeto de un proceso de histórico autónomo y sostenido de particularización lingüística. Finalmente, cuando lo que se constata es una distribución en gradiente de estas isoglosas, éste apuntará más bien a la existencia de mecanismos históricos unitarios y, de hecho, integradores dentro de un territorio y una población dados. Es decir, de tendencias a la cohesión comunitaria manifestada luego a través de los usos idiomáticos efectivos. Cuando estas isoglosas son, además, indicativas de variaciones dentro de un mismo parámetro o de estadios evolutivos sucesivos a partir de él y no de procesos independientes, el análisis de la variación diatópica en el territorio mal puede usarse como argumento al servicio de una visión disgregadora del mismo y sí como una fiel muestra estratigráfica de la evolución lingüística y social de una comunidad relativamente bien articulada, sea en razón de unas circunstancias materiales objetivas o de un discurso de identidad compartido.

Y ésa es precisamente la cuestión: no tanto si un determinado entramado de rasgos permite a los filólogos singularizar *a posteriori* una *entidad lingüística* en tierras asturiano-leonesas y remitir su explicación a remotas circunstancias previas a la fragmentación romance, sino si existe efectivamente en Asturias una tendencia histórica de afirmación consciente de su *identidad lingüística* capaz de servir de guía para los usos idiomáticos de la comunidad local, dotándolos de una esencial coherencia interna y diferenciándolos discretamente de los de otros espacios contiguos.

Distinguimos, entonces, en el proceso formativo de una lengua románica, una primera fase protorromance en la que la caracterización lingüística de un espacio geográfico viene modelada por unas condiciones históricas objetivas, sin que medie una conciencia lingüística ostensible que oriente los usos idiomáticos efectivos en un sentido de afirmación identitaria y diferencial. Después, una fase plenamente romance en la que los comportamientos de una comunidad ya empiezan a ser, en alguna medida, condicionados por unas creencias relativas a la implicación de los rasgos idiomáticos concretos en la generación, consolidación y representación simbólica de ciertos mecanismos de solidaridad comunitaria. Que eso se traduzca luego en una norma explícita e institucionalizada es algo, en sí mismo, banal desde un punto de vista lingüístico.

La Asturia tardorromana y altomedieval seguramente participó plenamente del primer momento formativo convirtiendo su territorio en un espacio lingüístico con algún grado de particularización objetiva, aun sin la pretensión de estar hablando nada distinto del latín cristiano. Simplemente, decantó en su propio molde un prototipo idiomático que, a partir del siglo XII, se vio en la tesitura de desarrollar o no para elaborar conscientemente una identidad lingüística propia. La cuestión es si, efectivamente, procedió a ello: si se da en la comunidad histórica asturiana, y desde cuándo, un discurso lingüístico identitario propio, diferenciado e integrador, y cómo se manifiesta.

Las primeras referencias a la existencia de una forma de hablar *asturiana* discretamente diferenciada del castellano y otras lenguas datan del siglo XV y se van haciendo progresivamente más explícitas a lo largo de los siglos XVI y XVII, cuando empieza a ser de uso común, dentro y fuera de Asturias, el glotónimo *asturiano* o *lengua asturiana* (J. L. Pensado 1999, X. Viejo 2004: 49-67). Para entonces, no son ya meras expresiones testimoniales, sino que vienen acompañadas de todo un discurso identitario sobre la lengua, exponente (según un autor como Luis Alfonso de Carvallo) de la grandeza histórica de Asturias y de su papel mítico como salvaguarda del cristianismo y las tradiciones hispánicas después de la invasión islámica.

Simultáneamente, también se hace visible la percepción del asturiano como auténtico marcador de identidad social. Esta es negativa cuando las referencias proceden de fuera de Asturias y aluden a la miseria y el atraso proverbiales de los asturianos en el Siglo de Oro español, pero más positiva, cuando, desde dentro de Asturias, el uso y la dignidad histórica de la lengua local se contrapone, simbólicamente, al empleo afectado del castellano en un contexto de crítica y denuncia política ante los abusos crecientes de la alta aristocracia sobre el campesinado, presentado como genuino depositario de la legitimidad histórica (de la *hidalguía*) asturiana.

Un ejemplo visible lo encontramos en la obra entremesística de Antón de Marirreguera (c. 1600-1662) en la que el uso del castellano se ridiculiza y se asocia a actitudes sociales prepotentes y abusivas. Y también, de alguna manera, en el discurso coetáneo del citado Luis Alfonso de Carvallo. Esto permite conjeturar que el sector social que éstos representan (clero medio y pequeña aristocracia rural) fue el auténtico valedor de una nueva sensibilidad lingüística al calor del peculiar y complejo contexto social y político asturiano de los siglos de la Edad Moderna, cuando la presión de la gran aristocracia local amenaza con neutralizar la capacidad decisoria de instituciones políticas representativas como los concejos o la Junta General de Principado (X. Viejo 2002). No sugiero en absoluto que tales autores rechacen la presencia del castellano y su desplazamiento por el asturiano, ni que planteen un programa político sobre la lengua, sólo que, con su actitud, reafirman el espacio social del asturiano atribuyéndole dignidad histórica y un fuerte simbolismo identitario.

No es baladí constatar que es precisamente en este momento cuando también surgen las primeras manifestaciones literarias en asturiano, que alimentarán los primeros discursos filológicos y una incipiente actividad codificadora con la generación de ilustrados de finales del XVIII. Sólo entonces empieza a aparecer alguna reflexión menor sobre su variación interna que, en todo caso, sirve de pretexto al mismo Jovellanos (1981: v. 2, 68) para afirmar muy enfáticamente la unidad e integridad del idioma asturiano. Ésta no será cuestionada hasta las décadas finales del siglo XX, en un contexto sociocultural radicalmente diferente de cualquier momento histórico anterior.

La paradoja que supone el emerger de un discurso explícito de conciencia lingüística asturiana precisamente en un momento en el que se consuma la castellanización de la lengua escrita y de las élites locales, tampoco debiera entenderse como algo casual. Al contrario: seguramente fue la penetración del castellano como lengua de poder desde finales del XIV la que hizo surgir el sentimiento de particularidad en un territorio hasta entonces monolingüe y relativamente autónomo, en el que, por lo tanto, la identidad lingüística no era algo de mayor relevancia social. Es de hecho, la reacción típica en una situación de contacto de lenguas: una tendencia a la asimilación y dialectalización de la lengua débil por la más fuerte socialmente en un marco de diglosia, pero también otra concurrente de autoafirmación de la lengua amenazada. Los dos fenómenos (paradójicos, pero no contradictorios) se dan de hecho en Asturias desde finales de la Edad Media hasta la actualidad, y lo que marca la peculiaridad de su situación lingüística es, precisamente, la singular capacidad de simbiosis entre ambos, algo que los estudios asturianos, de muy distinta orientación ideológica, no han tenido la idea, la voluntad o el valor de abordar en profundidad (R. D'Andrés 2002).

En todo caso, si situamos el momento inaugural de la identidad lingüística asturiana entre los siglos XV-XVII, lo pertinente ahora será tratar de indagar en el pasado medieval más inmediato sus antecedentes y sus claves más profundas y decisivas. En principio, antes de tal fecha no hay constancia de ninguna referencia expresa a una forma *asturiana* o *leonesa* de hablar y, aunque esto apenas quiere decir que no existe tal dato documental, es razonable suponer que efectivamente tampoco existiese en el imaginario del hablante medieval una idea nítida de un tipo de romance autóctono discretamente diferenciado de los del entorno. Ello no anula el supuesto de una cierta conciencia de particularismo idiomático, pero ésta no se cifraría tanto en una idea de sistema lingüístico autónomo como en la constatación eventual de una serie de rasgos diferenciales interpretados luego por referencia a un marco de relaciones sociales muy variable y contingente. Será en la medida en que éste evolucione cuando la conciencia particularista se desarrolle y consolide, como se ha dicho.

El análisis de esta evolución puede hacerse a través de los propios testimonios metalingüísticos y de los usos idiomáticos efectivos, específicamente, como es natural, los escritos. La profunda renovación del latín que sale de la reforma gregoriana y su progresivo distanciamiento de la lengua hablada parece explicar, desde el siglo XI y sobre todo a lo largo del XII, la proliferación de fórmulas metalingüísticas en los diplomas de la época que manifiestan la percepción creciente de que los usos orales y escriturales se corresponden con ámbitos idiomáticos diferentes (X. L. García Arias, 1992, X. Viejo 2004: 25-49), primero evaluando ciertos rasgos puntuales en un eje de variación socioestilística (en el caso de fórmulas del tipo *quod vulgus vocat* y similares) y secundariamente contemplando dichas manifestaciones textuales como exponentes de sistemas lingüísticos ya plenamente autónomos, de ahí las sucesivas menciones a la *materna lingua* y, finalmente, al *romançio*.

Pero si los asturianos de la Edad Media apenas parecen tener una conciencia clara de hablar *romançio,* algunos datos podrían también apuntar a un trasfondo de creencias lingüísticas en las que una percepción ya territorializada de ese *romançio* propio pudiera estar empezando a emerger. Estos, escasos y poco contextualizados, exigen una prudente consideración y, sobre todo, un ponderado análisis a la luz de los usos idiomáticos efectivos en la diplomática local a partir del siglo XIII.

Estoy de acuerdo con R. Wright (1982: 337-340) en no considerar las menciones del tipo *nostra lingua* con las que se introducen algunos romancismos en la crónica de Alfonso VII como referencias metalingüísticas a una forma específicamente leonesa, sino, a lo sumo, como una percepción particularizada del romance hispánico frente a otros modelos lingüísticos. Esta concepción sería más evidente en otro cronista leonés posterior, Lucas de Tuy, cuando presenta, en su *Chronicon Mundi*, las citas en romance como *sermone ... modo yspanico* en oposición al *sermone modo caldayco* o árabe.

Que semejante concepción de un romance panhispánico diferenciado existiese en ambos momentos históricos es, por lo demás, verosímil; otro asunto es su verdadero alcance. Es decir, si refleja un estado de opinión generalizado entre los hablantes peninsulares o si, como haría sospechar su presencia en textos cronísticos con una muy específica orientación, remite a una cierta idealización cortesana en dos momentos históricos en los que la cabeza de la monarquía leonesa (Alfonso VII primero y Fernando III después) aspira a constituir una amplia unidad política sobre el conjunto de la Hispania cristiana.

En todo caso, valgan ambos testimonios como posible trasfondo para la que sería la primera referencia territorializada al romance en suelo asturiano, un curioso documento de alcance estrictamente local datado en el reinado del mismo Alfonso VII (1141) y procedente del fondo de San Vicente de Oviedo (lo considero en X. Viejo 2004: 38-40). El documento recoge la donación al monasterio de sendas heredades en el mismo centro de Asturias y lo firma el escribano Pelayo Exorcista. Se trata de un texto redactado en un correcto latín en el que, pese a su brevedad, se intercalan hasta tres referencias metalingüísticas para certificar el carácter oral de algunos topónimos: «*hereditates usu parentum Pocana et Horno uocitatas*» (hoy Pozana y Güernu, en Llanera y Carreño), «*quod pre altaribus Sancti Saluatoris fundatum sit, Ante Altaria antiqua patrum consuetidine uocitatur*», y, la más llamativa de todas, volviendo a las dos heredades anteriores , «*ut uulgi utar sermone more patrie*».

El diploma parece pensado *ad hoc* para ejemplificar las tesis de R. Wright sobre la emergencia del romance: un latín eclesiástico renovado que, por distanciamiento, activa la conciencia metalingüística romance. Nótese, sin embargo, que aunque la referencia al vulgo de la tercera pudiese encubrir algún tipo de valoración socioestilística de estas formas, lo que prevalece en las tres es la existencia a una tradición lingüística recibida de los antepasados. De hecho, la alusión a la forma *Ante*

Altaria «según la antigua costumbre de los padres» tiene un precedente en un documento poco anterior (1133) en el que la misma se menciona como propia de la *materna lingua* («*quam maternam apelant linguam Ante Altares Domini*»).

En este contexto, la alusión de la tercera a una *patria* se hace poderosamente llamativa. No es en absoluto evidente qué *patria* sea ésa: que la presunta identidad lingüística aludida sea la misma *nostra lingua* de la contemporánea *Crónica del Emperador Alfonso* es una posibilidad, pero ni ésta última resulta en realidad más explícita (fuera de las aceptables hipótesis de R. Wright) ni el contexto es ni mucho menos el mismo: si el de la crónica es el propio de un texto literario cortesano de proselitismo imperial, en el documento asturiano estamos ante referencias muy locales a un señorío eclesiástico.

En este sentido, el concepto de *patria* y otros allegados (*consuetudine, usu parentum*, etc...) no es del todo neutro en la iglesia asturiana de aquellos años, embarcada en una acérrima defensa de su independencia diocesana encabezada por el obispo Pelayo en el triple frente de la acción administrativa, política (contra el mismo Alfonso VII y quizá en connivencia con el conde independentista Gonzalo Peláez) y la erudición proselitista, en virtud de la cual, por ejemplo, se deja clara la excepcionalidad histórica de Asturias nada menos que porque «*Elegit Deus Asturias ... in Asturiarum uero circuitu posuit montes firmissimos Deus et Dominus est custos in circuitu populi sui ex hoc nunc et usque in saeculum*». Por eso, tampoco sería descabellado suponer que detrás de esta cita *ut vulgi utar sermone more patrie* empleada por un culto clérigo formado en los años del obispado pelagiano en alusión a un señorío monástico se encuentre un cierto grado de prefiguración de una conciencia local, que, sin vanas mistificaciones, empezase ya a contemplar la existencia de una forma singular de expresarse, propia de la oralidad (*sermone*), de un registro coloquial carente de codificación expresa (*vulgi utar*), y de transmisión tradicional (*more*) dentro del territorio local (*patrie*) y no por aprendizaje o cultivo erudito como el latín de la Iglesia.

En otro sentido, el ejemplo es casi contemporáneo de los fueros romanceados de Avilés y Oviedo de los que nos interesa ahora el peculiar contexto sociológico en el que surgen: el de una Asturias en la que la importante presencia de población inmigrante de origen franco, bien organizada, influyente y aún no asimilada culturalmente (X. Viejo 2004:

34-37), garantizaba la presencia de un tipo romance bien diferenciado que tan pronto condicionaba la aparición de muestras textuales de compromiso (como el *Fuero de Avilés*, según el conocido análisis de R. Lapesa 1948) como ofrecería una referencia contrastiva capaz de activar en los autóctonos su propio sentimiento de particularidad.

En todo caso, la precoz mención a la forma de hablar de la *patria*, cualquiera que sea la interpretación correcta, aparece de manera completamente aislada en su momento, y tampoco va a tener ecos claros en los dos siglos posteriores. X. L. García Arias (1994: XI-XII) ha llamado la atención sobre el hecho de que la aparición de la versión asturiano-leonesa del *Fuero Juzgo* pudiera estar consignada en un documento episcopal leonés de 1261 que informa de cómo «don Rodrigo, que yera aquella sazón [obispo] mandó treslladar el Liuro Iudgo en letra ladina, ca enante yera en letra toledana e non lo podia todo omme leer». Dado que el recurso a una determinada tipología gráfica podía guardar relación en la Edad Media con una distinta tipología lingüística y que la versión asturiana del *Fuero Juzgo* aparecerá mencionada más tarde (1347) en la propia Asturias como «*el* lliuro del fuero, todo en romançio», quizá otras menciones al grafismo de los textos pudieran permitir aventurar algunas hipótesis relativas a la percepción localista del romance e, incluso, a su posible uso literario. Así, por ejemplo, cuando el canónigo ovetense Roy Gonzáliz de Bobes en 1298 se refiere en su testamento a cierta versión de la obra «Ysidoro Ethimologiarum que el saco de letra toledana enna nuestra letra» (X. Viejo 2004: 43).

Podrían aducirse más ejemplos, en todo caso escasos y ambiguos, y ninguno expresamente alusivo a una forma asturiana o leonesa de romance. Sin embargo, el análisis detenido de la documentación de la época (por hacerse, con la debida profundidad) aporta otro tipo de datos para la reflexión.

La documentación romance en Asturias, fuera de los ejemplos excepcionales y complejos de los fueros del siglo XII, asoma esporádicamente desde las primeras décadas del XIII y tras un aumento progresivo (análogo al de otras partes de la Península) se hace general desde la década de 1260. Más allá del número de diplomas, es observable en la lengua de estos documentos un sostenido proceso de elaboración, en el doble sentido de depuración de elementos latinizantes más o menos adventicios en textos de innegable concepción romance, y de selección de soluciones dentro de los propios parámetros de variación que ofrecería la lengua contemporánea. Un modelo más o menos definido y estable de *scripta* asturiana medieval (divergente en ciertos aspectos de la leonesa) parece asentarse en la diplomática local a partir de la década de 1280 y hasta la de 1330, aproximadamente (X. Viejo 2004b).

El análisis de la variación diatópica en el rico *corpus* documental de estos años se hace difícil, básicamente por la pérdida del grueso de los archivos procedentes de las áreas más periféricas, oriental y occidental, aunque de esta última comarca llegó hasta hoy una muestra significativa de textos. Su análisis ofrece conclusiones aparentemente paradójicas, siendo de notar, primero, la aparente precocidad del uso escrito del romance y, sin embargo, la notable fidelidad que desde el primer momento parecen observar los escritorios locales a las soluciones propiamente centrales, y ello no solo en textos netamente romances, sino también en diplomas aún intensamente latinizados, por ejemplo en referencias a antropónimos o topónimos orales (así, en el *Libro Registro* del Monasterio de Courias, de 1207).

La influencia de las soluciones ovetenses es sensiblemente más visible, con todo, en los escritorios de monasterios situados en la ruta del Camino Francés, en la parte más noroccidental (los de Corniana y Oubona) que, por ejemplo, en los que ocupan una posición más marginal, como los de Balmonte o el citado de Courias, lo que es coherente con la caracterización dialectal actual de la comarca. En todo caso, la situación descrita hace evidente la preminencia de la norma ovetense en la generalidad del territorio asturiano desde que tenemos constancia escrita del romance local, lo que, si no acredita la existencia previa de una identidad lingüística compartida capaz de homogeneizar los usos idiomáticos en este tipo de registros, al menos sentaría de hecho las bases para una percepción unitaria del romance asturiano. Esta es la idea del poco sospechoso Rafael Lapesa, que realizó su tesis doctoral sobre la materia en 1930, y publicó inicialmente sus conclusiones en 1979 con el significativo título de «Tendencias a la normalización en el asturiano medieval».

Otra cuestión es el grado de diferenciación del asturiano medieval escrito. El romance del reino castellano-leonés en el siglo XIII manifiesta en sus usos escritos un grado de homogeneidad más alto del que podría hacer suponer la divergencia lingüística actualmente conocida. La remisión de unas y otras *scriptae* a una tradición escrituraria común, la no siempre sencilla interpretación grafemática de los textos y el estado incipiente de formación de los romances hispánicos son suficientes para explicarlo sin necesidad de descartar por ello una cierta influencia original y general de la norma castellana sancionada en el uso cancilleresco.

Sin embargo, ésta no es ni mucho menos clara hasta el segundo tercio del xiv. Si las soluciones, hoy diferenciales, del asturiano-leonés no siempre son generales o evidentes a través del grafismo de los documentos de esta época, lo contrario podría tener más fuerza probatoria: las soluciones diferenciales netamente castellanas son prácticamente testimoniales en los documentos originales de este amplio corpus textual hasta la fecha apuntada. Ello nos hablaría de un romance local que seguía formándose de manera autónoma, seguramente sin un excesivo empeño diferencialista por parte de los escribanos, pero también sin demasiada atracción por los usos de una lengua, el castellano, con una más acusada elaboración literaria.

¿Qué hay en esta actitud de conciencia lingüística propia, más allá de una mera displicencia ante las propuestas escriturarias recibidas de Castilla? Es interesante observar las copias locales de documentos emitidos por la corte real, en las que los escribanos asturianos se ven impelidos, por un lado, a respetar la literalidad de un texto en un romance ajeno y, por otro, a contrastar, y en cierta medida, evaluar, los usos propios y los extraños. El resultado son unos textos híbridos (merecedores de un estudio en profundidad) en los que, como ha hecho notar el trabajo de R. Lapesa, si el castellanismo está mucho más presente que en la producción propia de los escritorios locales, no es menos visible la libertad con la que actúan los escribas asturianizando, hasta avanzado el siglo xiv, los rasgos castellanos. Estos escribanos eran, evidentemente, conscientes de la existencia de formas idiomáticas diferentes, tradicionales unas y advenedizas otras, y la eventual preferencia por las primeras no haría sino sugerir una cierta consideración de prestigio para ellas.

Pero a partir de, aproximadamente, 1330 va a producirse un punto de inflexión en la lengua de los documentos asturianos, que va a ir dando cada vez más cabida al castellanismo, hasta que, a finales del siglo la castellanización de los textos sea palmaria. El primer hito de este proceso pudiera estar en la reclamación de Fernando IV en 1309 de su derecho a nombrar los notarios públicos de Asturias (J. Sanz 1989: 250), que se ejercerá normalmente a través del adelantado real en Asturias y León, un noble local. Por eso, aunque no se advierte un cambio inmediato en las notarías, será la progresiva castellanización de la nobleza local a causa de su implicación creciente en los intereses políticos de la corte la que repercutirá en la entrada gradual pero sostenida del elemento castellano en los textos asturianos.

La consumación de ésta con el ascenso de los Trastámara y el consabido proceso de centralización política del Reino y la asunción de las riendas de la iglesia de Oviedo local por el activo y reformador obispo castellano Gutierre de Toledo (F. J. Fernández Conde 1976), consolidarán a finales del XIV un cambio sustancial en el registro formal y escrito de la lengua en Asturias. Contribuirá a ello la creación de una nueva institución de gobierno, el Principado de Asturias, en 1388, que, pese a su elevada autonomía política, al final, no hará sino sancionar la definitiva subordinación de la administración del territorio a la corona de Castilla.

Estos acontecimientos marcan sin duda un fin de época, pero no una quiebra en la existencia social del romance local y en su percepción colectiva. Ciertamente, hay ya una castellanización ostensible de la parte de la lengua (la escrita) que realmente podemos conocer. Ahora bien: se trata, no de un brusco cambio de sistema, sino de una progresiva sustitución de rasgos que extiende un uso nada marginal de los autóctonos a lo largo del XV, con intensidad variable según las escribanías o los tipos textuales, lo que indica un cierto apego y consideración por estos usos. Por otra parte, la creciente presencia de formas castellanas parece favorecer también la emergencia gráfica de ciertas soluciones diferenciales asturianas hasta entonces menos visibles, acaso como materialización de una cierta percepción contrastiva con relación a la nueva lengua. Es el caso del reforzamiento articulatorio de [l] inicial (*llingua*) oculto tras grafías simples sistemáticas en la *scripta* local hasta 1300 y que, coincidiendo precisamente con la generalización del castellanismo, se manifiesta con algo más de regularidad con grafías dobles «ll», sin que haya que descartar para explicar este fenómeno, el concurso de una profunda reorganización en el orden de las palatales locales (X. Viejo 2005: 239-262).

Con todo, a finales de la Edad Media, Asturias encara un nuevo periodo histórico definitivamente subordinada al espacio político y lingüístico castellano. Pero junto a este incuestionable trasfondo, lo hará también refundada como entidad política dotada de una notable capacidad de autogobierno (el *Principado de Asturias*) y con una dinámica social y política marcadamente diferencial en la que los discursos propios de identidad de raigambre medieval mantienen todo su vigor sin contradecir en nada el nuevo *status*. En este contexto, el sentimiento contrastivo de singularidad lingüística dado por el propio contacto por el castellano no tendrá problema para asentarse definitivamente en el imaginario colectivo de los asturianos.

BIBLIOGRAFÍA

CALLEJA PUERTA, Miguel/SUÁREZ BELTRÁN, Soledad (2002): "El espacio centro-oriental de Asturias en el siglo VIII", en: FERNÁNDEZ CONDE, Francisco Javier (dir.): *La época de la Monarquía Asturiana. Actas del Simposio celebrado en Covadonga (8 a 10 de octubre de 2001)*. Oviedo: Real Instituto de Estudios Asturianos, 78-83.

CAMINO MAYOR, Jorge/VINIEGRA PACHECO, Yolanda/ESTRADA GARCÍA, Rogelio (2005): *La Carisa. Ástures y romanos frente a frente*. Oviedo: Cajastur.

D'ANDRÉS, Ramón (2002): «L'asturianu urbanu mínimu. Delles hipótesis», en: *Lletres Asturianes* 81, 21-38.

DÍAZ Y DÍAZ, Manuel Carlos (1976): *De Isidoro al siglo XI*. Barcelona: El Albir.

— (2001): *Asturias en el siglo VIII. La cultura literaria*. Oviedo: Sueve.

ECHENIQUE ELIZONDO, María Teresa/SÁNCHEZ MÉNDEZ, Juan (2005): *Las lenguas de un reino*. Madrid: Gredos.

FERNÁNDEZ CONDE, Francisco Javier (1976): *Gutierre de Toledo, obispo de Oviedo*. Oviedo: Universidad de Oviedo.

— (1993-94): «Lugares de culto en Asturias durante la época de transición», en: *Asturiensia Medievalia* 7, 31-56.

— (2000): *La religiosidad medieval en España. I. Alta Edad Media (s. VII-VIII)*. Oviedo: Universidad de Oviedo.

FERNÁNDEZ OCHOA, Carmen (1982): *Asturias en época romana*. Madrid: Universidad Autónoma.

— (1995): *Astures. Pueblos y culturas en la frontera del Imperio Romano*: Gijón: GEA.

FERNÁNDEZ OCHOA, Carmen/MORILLO CERDÁN, Antonio (1999): *La tierra de los astures. Nuevas perspectivas sobre la implantación romana en la antigua Asturias*. Gijón: Trea.

GARCÍA ARIAS, Xosé Lluis (1992): «Asturianische und leonesische Skriptae/Las scriptas asturianas y leonesas», en: HOLTUS, Günter/METZELTIN, Michael/

Schmitt, Christian (eds.): *Lexikon der Romanistischen Linguistik*. Tübingen: Max Niemeyer, vol. II/2, 621-662.

— (1994): «Entamu», en: TUERO MONÍS, M.: *Fueru Xulgu*. Oviedo: Academia de la Llingua Asturiana.

GONZÁLEZ RODRÍGUEZ, Mª Cruz (1997): *Los astures y los cántabros vadinienses*. Vitoria: Universidad del País Vasco.

JOVELLANOS, Gaspar Melchor (1981): *Cartas del viaje de Asturias*. Salinas: Ayalga.

LAPESA MELGAR, Rafael (1948): *Asturiano y provenzal en el Fuero de Avilés*. Salamanca: Universidad de Salamanca.

— (1979): «Tendencias a la normalización del asturiano medieval», en: *Estudios y trabayos del Seminariu de Llingua Asturiana* Oviedo: Universidad de Oviedo, v. 2, 25-46 (reeditado en 1998 como *El dialecto asturiano occidental en la Edad Media*. Sevilla: Universidad de Sevilla).

MENÉNDEZ BUEYES, Luis R. (2001): *Reflexiones críticas sobre el origen del Reino de Asturias*. Salamanca: Universidad de Salamanca.

MENÉNDEZ PIDAL, Ramón (1906): «El dialecto leonés», en: *Revista de Archivos Bibliotecas y Museos* 14, 128-172 y 294-311.

PENNY, Ralph (2004): «*Continuum* dialectal y fronteras estatales. El caso del leonés medieval», en: FERNÁNDEZ CATÓN, José María (dir.): *Orígenes de las lenguas romances en el Reino de León. Siglos IX-XII*. León: Centro de Estudios e Investigación San Isidoro, 565-578.

PENSADO TOMÉ, José Luis (1999): «Evaluación del asturiano entre las lenguas hispánicas», en: *Estudios asturianos*. Oviedo: Academia de la Llingua Asturiana, 9-27.

SANTOS YANGUAS, Narciso (1981): *El ejército romano y la romanización de los ástures*. Oviedo: IDEA.

SANZ FUERTES, Josefa (1989): "Documento notarial y notariado en la Asturias del siglo XIII", en: *Notariado público y documento privado: de los orígenes al siglo XIV*. Valencia: Generalitat Valenciana.

VIEJO FERNÁNDEZ, Xulio (2002): «Sociollingüística y lliteratura asturiana nel sieglu XVII», en: *Actes del ciclu de conferencies La Lliteratura Asturiana nel IV Centenariu d'Antón de Marirreguera*. Oviedo: Principado de Asturias, 27-58.

— (2004): *Historia de la lliteratura asturiana. Llingua y cultura lliteraria na Edá Media asturiano-lleonesa*. Oviedo: Trabe.

— (2004b): «Las vocales velares finales en asturiano medieval: oralidad y norma», en: BOULLÓN AGRELO, Ana Isabel: *Novi te ex nomine. Homenaxe a Dieter Kremer*. Santiago de Compostela: Instituto da Lingua Galega.

— (2005): *La formación histórica de la lengua asturiana*. Oviedo: Trabe.

WRIGHT, Roger (1982): *Latín tardío y romance temprano*. Madrid: Gredos.

Leonés y castellano a finales de la Edad Media*

José R. Morala
Instituto de Estudios Medievales
Universidad de León

Cuando R. Menéndez Pidal en su obra *El dialecto leonés* trata de dibujar los límites orientales del leonés, es decir, aquellos que le diferencian del castellano, lo hace intentando fijar primero la antigua línea divisoria entre los dos reinos, una frontera que no fue precisamente estable en esa época, para dar a continuación unas lacónicas referencias sobre el carácter lingüísticamente leonés de Cantabria o de Sahagún. Finalmente, frente a la detallada relación de los límites occidentales, despacha el asunto de la frontera oriental leonesa con unas pocas líneas que son más significativas por lo que no dicen que por lo que dicen:

> Tan castellanizada está desde antiguo esta parte oriental del antiguo reino, que no será fácil hallar modernamente algún rasgo fonético que convenga poco más o menos con el límite antiguo (R. MENÉNDEZ PIDAL 1962: 16).

Han pasado cien años –justamente este año se cumple el centenario de la publicación del trabajo de R. Menéndez Pidal en el número 14 de la *Revista de Archivos, Bibliotecas y Museos*– y nuestros conocimientos sobre la zona limítrofe entre el leonés y el castellano medievales y, más concretamente, sobre la relación que históricamente se establece entre ambos romances permanecen casi tan desdibujados como lo estaban para el autor de la obra pionera sobre el leonés.

Los manuales de la disciplina de Historia de la lengua suelen reseñar el proceso de castellanización, siempre muy de pasada, a partir de la lengua literaria. Una de las referencias obligadas es el *Libro de Alexandre* en el que, junto a los rasgos leoneses del manuscrito «O», el más antiguo, se pone de manifiesto también que ya hay otros muchos resultados

———————
* Para la realizacion de este trabajo se ha contado con la financiación del Ministerio de Educación y Ciencia al proyecto HUM2006-118883-C04-01.

que solo pueden ser considerados castellanos, lo que suele tomarse, de forma más o menos abierta como un indicio del retroceso del leonés frente al castellano (R. Lapesa 1980: 204-205, R. Cano 1988: 206). En realidad, como es bien sabido, los procesos de transmisión de los textos literarios pueden resultar engañosos a la hora de fijar el modelo de lengua usual en un área concreta. Más aún, si entendemos que el texto original del *Alexandre* no es leonés sino castellano, los abundantes rasgos leoneses que se encuentran en el manuscrito «O» tendrían que ser interpretados en el sentido justamente inverso. En vez de servir como argumento para demostrar la progresiva castellanización del área leonesa, constituirían una interesante muestra de la pervivencia del leonés, que obligaría a introducir abundantes cambios para acomodar el texto castellano a los oídos de los leoneses.

Sea de una u otra forma, lo que sí está claro es que cuando la Dialectología sale a hacer trabajos de campo en el siglo XX se encuentra con un área, en la parte más oriental de Zamora, de León o de Salamanca, en la que no es difícil aún, a ojos de los estudiosos, identificar indicios variados del antiguo leonés, especialmente en el campo del léxico o en la toponimia. El fondo común, no obstante, es una lengua que no puede ser considerada más que castellano, una variante diatópica del castellano pero castellano al fin y al cabo[1].

De lo que trataré en las líneas que siguen es precisamente de analizar algunos textos que nos ayuden a poner hitos en la historia de este cambio y a saber algo más de cómo y cuándo se produjo el proceso de castellanización, del que conocemos más bien poca cosa. El punto de partida serán los textos notariales de las últimas décadas del siglo XIII, cuando el proceso de estandarización del castellano, a partir principalmente de su

---

[1] Frente a los trabajos en los que los investigadores descubren muestras bien conservadas del antiguo dominio leonés o asturleonés (Cabrera, Aliste, Sayago, Sanabria, El Bierzo, Maragatería, la montaña leonesa, la Ribera salmantina… además lógicamente de Asturias o Miranda de Douro), lo que se encuentran quienes han trabajado en zonas de la franja más oriental como Villacidayo (M. Urdiales, 1966), Los Oteros (J. R. MORALA 1990), el este de Zamora (A. ÁLVAREZ TEJEDOR 1989) o el área de Toro (J. C. GONZÁLEZ FERRERO 1990) son restos más o menos fragmentados del leonés que no constituyen ya una lengua que pueda confrontarse con el castellano. Una clasificación moderna de las diversas áreas del dominio leonés atendiendo precisamente a su grado de mantenimiento la encontramos en el trabajo de J. BORREGO NIETO (1996).

uso en la corte alfonsí, comienza a ser mucho más evidente y, como consecuencia, se inicia la castellanización de áreas como la leonesa, un dominio con resultados las más de las veces cercanos al castellano pero que no por eso dejaba de presentar soluciones propias y diferentes de las del romance vecino. Después, unas pocas calas en textos de los últimos siglos medievales nos permitirán acercarnos algo más al desarrollo del proceso.

El marco temporal abarcará, por tanto, desde mediados del siglo XIII hasta finales del siglo XV. En cuanto al marco geográfico, dado que lo que interesa aquí es la relación entre leonés y castellano, utilizaré principalmente textos de la franja oriental leonesa situada al sur de la Cordillera Cantábrica, la zona que está en contacto directo con el castellano y en la que la acción castellanizadora se supone que es más temprana a la vez que más efectiva.

1. La lengua de León a finales del XIII

Un testamento[2] concedido en 1274 y conservado en el archivo catedralicio nos va a servir de guía para hacernos una idea de cuál era la situación lingüística de la ciudad de León en las últimas décadas del siglo XIII. El testamento lo otorga Gil Nicolás, canónigo de la catedral ante «Johán Pascual, escriuán público e jurado del conceyo de León», es decir, intervienen unas personas que podemos considerar que representan al estrato social más alto de la ciudad, no solo en el plano económico, sino también en el aspecto cultural. De hecho, entre los abundantes bienes del canónigo, se cuenta un, para la época, muy apreciable número de libros que él reparte con buen criterio entre jóvenes «porque aprendan e sean omnes bonos». Entre ellos, además de los de tipo eclesiástico o religioso, figuran incluso algunos de gramática pues deja a uno de los herederos «el Berbiginal[3] con todolos otros liuros de gramátiga».

---

[2] J. M. Ruiz Asencio y J. A. Martín Fuertes (1994, doc. nº 2341).

[3] Como ya apuntan los editores del texto, este *Berbiginal* que se cita entre los bienes del canónigo corresponderá al *Verbiginale* estudiado por E. Pérez Rodríguez (1990): *El Verbiginal. Una gramática castellana del siglo XIII*, Valladolid.

En este amplio[4] testamento nos encontramos con un casi completo compendio de los rasgos más significativos que caracterizan al leonés medieval –al menos el que se daría en ciudades como León– que no solo están bien representados sino que, en la mayor parte de las ocasiones, se presentan como solución única. Dado que las coincidencias con el castellano medieval son también abundantes, interesa aquí especialmente, claro está, hacer un seguimiento de los ejemplos que representen soluciones propias del leonés a la evolución desde el latín pero que, al mismo tiempo, sean diferentes de los resultados que se dan en castellano[5].

Es el caso, por ejemplo, de la solución leonesa /y/ para la serie latina representada por /lj/ que vemos funcionando de forma regular en el texto tanto en voces que se repiten una y otra vez (*fiyo, meyor, conceyo*) como en otras que aparecen más esporádicamente: «XII *cuyares* de plata»[6], «una cuba de vino *aneyo*» 'añejo', «que *aconseyedes* a estas tres órfanas», «el mío Digesto *uieyo*». El resultado palatal procedente de /dj/ y otras secuencias similares cae en castellano en contacto con vocal palatal (*legione > leyón > León*). El leonés[7], sin embargo, va más allá y elimina la consonante aun cuando el contexto vocálico en el que se sitúa no contenga vocales anteriores. Este fenómeno explica que, en el texto que nos ocupa, se repita una y otra vez el topónimo *Maorga*, actual *Mayorga* –forma con la no aparece nunca en el testamento–, y que incluso en alguna ocasión es *Morga*, con asimilación de las dos vocales del hiato. Por supuesto, la misma explicación tiene el cargo de un personaje citado varias veces, del que se nos especifica que era «*mordomo* del

---

[4] Acorde con la extensión del texto, el pergamino sobre el que se redacta el original que nos ha llegado mide, según sus editores, 402 × 525 mm.

[5] Incluso en algunos resultados inicialmente coincidentes puede estarse dando ya por estas fechas un diferente tratamiento entre ambos romances. Entre las soluciones que leonés y castellano compartían pero que comienzan a desaparecer ya del castellano, mientras el leonés las conserva, está el mantenimiento del diptongo en el sufijo diminutivo *-iello*, que en el texto figura en la voz *luciello* («el lucielo», «polo lucielo»).

[6] La solución leonesa *cuyar* es una de las posibles a partir del étimo latino COCHLEA-RE: mientras que el castellano opta por tratar el grupo como en *conc'la > concha*, el leonés lo soluciona como un caso más de /lj/, de donde parte *cuyar, cuyares*, usual en la documentación medieval leonesa.

[7] El proceso es muy frecuente en la documentación leonesa aunque posiblemente no afecte a todo el dominio con la misma fuerza.

bispo», es decir, *mayordomo*, o la forma *maor* por *mayor* (por *maor* fir- medumre) y probablemente lo mismo habría que decir del apellido *Pan* o *Paan* que, en otros documentos, figura como *Payan*[8].

En el campo fónico, otro de los rasgos más característicos –pese a tratarse de una secuencia que no se prodiga mucho– es la evolución que el leonés de una determinada zona al sur de la Cordillera presenta para los grupos /pl-, kl-, fl-/: mientras que el gallego y el leonés occidental dan como resultado la africada /ĉ/ (PLANU > *chano*) y el castellano y resto del asturiano dan /ļ/ (*llano*), un área centro meridional del leonés, en la que se incluye la ciudad de León, tiene como resultado el fonema fricativo /š/ que, con la grafía *x*, es habitual en la documentación medie- val leonesa (PLANU > *xano* y, por castellanización posterior, *jano*). Una buena prueba de que el texto está escrito en la modalidad del leonés del entorno geográfico de la corte, nos la proporciona la presencia de una palabra de uso habitual en los textos medievales de esta zona. Me refie- ro al *xumazo* («el meyor *xumazo*», «senas cozedras e senos *xumazos*»), procedente del latín PLUMACEU, que se referiría a un tipo de cojín. El resultado /pl-/ > /š/ está lo suficientemente vivo como para figurar no solo en una voz como esta, quizá con un arraigo especialmente local, sino también en un término general que además constituye un tecnicis- mo propio del lenguaje jurídico como es *hallar/fallar*, del latín AFFLARE[9], que en leonés es *axar*: «porque lo *axé* leal».

Otras peculiaridades –quizá de menor calado– son la presencia de la yod epentética, especialmente visible en esta época en los nombres de los meses[10] (*setembrio*); las formas diptongadas de paradigmas como *tener*, donde el castellano no diptonga por la presencia de la yod («que

---

[8] En documento de 1269 de la propia catedral, figura este mismo «Johán Payán» (CL-2280). Se trata de una copia algo posterior pero, figurara así en el original o no, está claro que los notarios eran capaces de identificar ambas grafías. El apellido es relativa- mente frecuente en textos anteriores, donde figura como *Payan*, *Payam*, *Paiam*, etc., además de *Paan*.

[9] La solución del leonés, sin /f-/, no debe extrañar pues el étimo AFFLARE carecía de esa /f-/ que el castellano asume (*fallar*). La solución gallego-portuguesa (*achar*), donde tampoco aparece la /f-/, es paralela a la leonesa.

[10] En los testamentos es muy frecuente *pitancia* por *pitanza*. Respecto a los nombres de los meses, recuérdese la versión leonesa del *Libro de Alexandre*, donde en el famoso pasaje de la representación del calendario figuran *ochubrio*, *nouenbrio*, *dezembrio*.

tiengo en casa», «una cuba de vino aneyo que *tiengo* enna mía cueua en Maorga»); la solución asimilada en /ṇ/ para el grupo romance presente en SĬNGŬLOS, que da *sendos* en castellano pero que aquí se escribe *senos*, forma que habrá de ser leída como *seños* («mando a sos fiyos e a súas fiyas *senos* estopos de centeno, *senas* cozedras e *senos* xumazos»); pese a que es frecuente en otros documentos, únicamente encuentro un caso de confusión entre líquidas /r, l/ formando parte de grupo consonántico («Johan el *poble*», «que los den a pobres»).

En el plano morfológico, las soluciones leonesas no son menos frecuentes que en el fónico y todo el texto está plagado de formas que han de considerarse diatópicamente marcadas en esta época. Una de ellas es la asimilación entre el artículo y la preposición que le antecede en el decurso. La más frecuente es la asimilación con *en* («*enna* eglisia», «*enna* calostra», «*enna* mía arca», «*enna* mía cueua», «*enna* mía heredat», «*enas* casas») pero también aparece con la proposición *con* («*cono* mío vasso de plata», «*connos* C soldos», «*conas* cubas e *conna* cueua», «*conna* metat del vuerto»)[11] y con *por* («*polos* XL morauedís», «*polos* uuestros criados»). El propio artículo presenta una forma sin aféresis de la vocal inicial que, por estas fechas, no sería ya frecuente en castellano. No se trata de una forma sistemática sino que alternan, sin que necesariamente tenga que ver con el hecho de ir precedido de preposición, formas del tipo de *elos, elas* con las apocopadas *los, las* que finalmente triunfaron («*las* XXXV cargas ... *elas* LX cargas»; «*el* mío Digesto uieyo e *ela* Estituta ... *elos* míos Decretales»; «*los* criados ... *las* mías vinnas»; «*ela* mía capa aguadera ... *el* mío vasso»; «*el* mío manto»; «*ela* meyor ... *el* meyor ... *elas* meyores»).

El posesivo mantiene regularmente la oposición formal entre femenino y masculino en las formas átonas, antepuestas al sustantivo: «*mía* sobrina, fiya de *mío* hermano», «el *mío* manto e ela *mía* garnacha», «con *súas* casas e con *súas* tierras e con *sos* vuertos», «mando a *sos* fiyos e a *súas* fiyas», «en *súa* uida e desde *so* finamiento». Una situación formal-

---

[11] Pudiera parecer que solo se usa la asimilación en combinación con el femenino en una de las preposiciones (*enna*) y con el masculino en otra (*polo*) pero esto es una mera casualidad pues todas las combinaciones posibles de preposición más artículo que hay en el texto presentan asimilación salvo una ocasión («*con elo* meyor que uos podierdes») en la que efectivamente no hay asimilación, aunque al tratarse de la forma del neutro extraña menos.

mente equiparable a la del posesivo es la que presenta el numeral *dos*, que también cuenta con variación formal de género *dos/dúas*, paralela a la que vemos en *sos/súas* («*dos* vassos, *dos* pares de mangas»; «con *dúas* cocedras, *dúas* vacas, *dúas* [cargas] de ceuada, *dúas* mulas»).

Por lo que toca al paradigma de los pronombres personales, buena parte del mismo coincide con el usual en castellano[12] pero en el resultado átono de las antiguas formas latinas de dativo (*illi, illis*) la solución leonesa *ye, yes* es prácticamente general[13]:

> mándo*yes* el mío manto
> mándo*yes* el mío lecho
> mando que *ye* den sos dozientos morauedís que *ye* tien Simón Fernández
> que *yes* mandó María Gil, e mándo*yes* otros XXXV morauedís
> quíto*ye* otra que me deue
> en casa que *ye* dio María Gil
> e rógo*yes* que me perdone
> mándo*ye* X cargas de pan … que *ye* mandé recaudar de Villa Alón

En cuanto a los paradigmas verbales, ya se ha señalado el uso de formas diptongadas para el presente de *tener* («que *tiengo* en casa», «que *tiengo* en mía casa», «que *tiengo* enna mía cueua»). Frente a estos tres ejemplos de *tiengo*, tan solo se registra un caso de la forma no diptongada *tengo* («que yo *tengo* en mía casa»). También puede considerarse una marca diatópica el especial arraigo que en el área leonesa[14] tiene la apócope de la vocal final en la tercera persona del singular de algunos verbos:

> que ye *tien* Simón Fernández … que *tien* de mí
> que *diz* que Johán Pan le deuía
> que *ual* CCCCos morauedís
> yo Johán Pascual … *fiz* deste so testamento
> que *fiziés* desto

---

[12] Como única variante llamativa se puede señalar la forma *ele*, sin apócope, para el tónico *él*: «deuo a *ele* XIII morauedís».

[13] Únicamente en las últimas líneas del testamento aparece un *le* («que diz que Johán Pan *le* deuía») que rompe la regularidad del resto del documento.

[14] Una simple consulta al *CORDE* nos permite observar cómo, a finales del siglo XIII o comienzos del XIV, la inmensa mayoría de los ejemplos con pérdida de /-e/ en los verbos corresponde a textos procedentes del Reino de León.

Dentro del verbo, quizá el rasgo que más inmediatamente se identifica con el área leonesa venga dado por las formas diptongadas del paradigma del verbo *ser* –*ye* o *yera*– en las que el leonés presenta el resultado esperable tras la diptongación de una /ĕ-/ en inicial absoluta.

esto *ye* elo que me deuen
de que *yéramos* padrones

Si a todos estos rasgos añadimos la presencia en el texto de una serie de partículas que presentan en leonés una forma específica, obtendremos una relación bastante ajustada de los rasgos que caracterizan al leonés medieval frente a los romances vecinos y, de forma específica, frente al castellano. Es el caso de la adaptación del arabismo *hatta*, que en castellano pasa a *fata* o *fasta*, pero que en leonés, donde la /f/ no tiene un alófono aspirado, se traslada como *ata*. Igualmente puede considerarse un rasgo marcado la preferencia en la documentación leonesa por la partícula condicional *se* en vez de *si* («*se* el lucielo hy cobier, e *se* non cobier hy») o por la preposición *sien* en vez de *sin* («*sien* danno de ssí»).

Seguramente se echa en falta en esta relación la presencia de algún otro rasgo de amplia implantación en el leonés de unas y otras zonas que, sin embargo, no está presente en este texto. De entre todas las carencias, la más llamativa es tal vez la ausencia absoluta de cualquier indicio de la palatalización de la /l-/ en /l-/, un rasgo que, bien como fenómeno vivo o bien fosilizado en unas pocas voces, se detecta por todo el antiguo dominio asturleonés. Dejémoslo de momento aquí. A este asunto volveremos más adelante.

Aún anotando carencias como esta, la relación de rasgos diatópicamente marcados es, como puede verse, muy nutrida. Con todo, lo importante no reside tanto en hacer una relación exhaustiva de datos diferenciales o en lograr un inventario detallado de los rasgos que singularizan al leonés durante los últimos años del periodo alfonsí. Resulta mucho más importante, a mi juicio, la lectura en clave sociolingüística que podemos hacer de este testimonio de la lengua de finales del siglo XIII en León. Estamos ante el testamento de una persona letrada, un canónigo que tiene entre sus libros varios de gramática y que cabe suponer que alguna intervención tendría en la redacción escrita de su propio testamento, que se hace, no ante un amanuense cualquiera, sino ante el escribano público del concejo de León. Vistas así las cosas, cabe deducir que nos hallamos ante personas que representan el registro culto y cuidado de la ciudad de León. Incluso podría añadirse un matiz diatópico: el canónigo tiene buena parte de sus posesiones –y, podríamos suponer también, una parte de sus vivencias– en la franja más oriental del obispado leonés: Mayorga, Villafrechós o Villálón, localidades situadas todas ellas en la franja más occidental de la actual provincia de Valladolid, justamente donde la línea del leonés se desdibujaría con la del castellano.

Aun teniendo en cuenta esos dos condicionantes –pertenencia del otorgante a un registro culto y su procedencia de la zona más cercana al castellano dentro del obispado leonés–, este testamento, escrito en León en el último cuarto del siglo XIII es, desde nuestra perspectiva filológica, de indiscutible factura leonesa. Esto no significa necesariamente que los actuantes, como meros usuarios de la lengua que son, tuvieran conciencia alguna de estar escribiendo en un romance distinto al de un notario de Palencia o de Burgos, con cuyos textos podrían señalarse también múltiples coincidencias[15]. En todo caso, la valoración social que en ese momento tiene la modalidad romance que mucho más tarde conoceremos como leonés es, desde luego, lo suficientemente positiva como para formar parte del modelo de lengua escrita de la época.

No es este, desde luego, el único modelo de lengua localizable en la documentación leonesa de la época, entre otras razones, porque no hay un patrón generalizado y mucho menos un modelo estándar. De hecho, sería muy importante que al lado de la referencia al punto geográfico y al año en el que se fecha un documento tuviéramos en cuenta el notario que lo hace pues sigue habiendo un importante componente de variación que parece depender del *scriptorium* en el que se redacta el documento[16]. Así por ejemplo, al cambio del siglo XIII al XIV un par de notarios de Valencia

---

[15] R. MENÉNDEZ PIDAL (2005: 533) considera que cuando Alfonso X habla del *castellano drecho* probablemente incluya también bajo esta categoría al romance hablado en León.

[16] Así lo demuestra, por ejemplo, el seguimiento detallado de los resultados de HŎDIE en la documentación leonesa (*hoy, uuey, uuay, oy*, etc.) que únicamente parecen poder clasificarse con una cierta lógica si echamos mano del nombre de quien redacta el documento (J. R. MORALA, 2003).

de Don Juan[17], al sur de León, entremezclan en sus documentos la solución castellana (*fijos, muger, conçeio*) y la leonesa (*Grayar, Payares, Carrera Vieya*) para los étimos con /-lj-/ si bien la solución patrimonial parece haberse recluido ya mayoritariamente en los topónimos. Por las mismas fechas, sin embargo, otros dos notarios de León[18] parecen hacer algo similar pero ahora mezclando soluciones gallegas (*fillos, filla, moller, mellores, melloría, concello*) junto a las propias de León (*caleya de conceyo*). Junto a estos ejemplos, en textos de estos mismos notarios, se leen otros casos también claramente marcados como leoneses *xumaço, palombar* o *selmana* o los omnipresentes «mándo*ll*», «que *lles* yo dexo» o «que *lle* yo mando», frente a algún caso aislado como *chave* 'llave' que no corresponde al romance del entorno de León.

Un último ejemplo de las postrimerías del siglo XIII nos lo proporciona una donación hecha en 1292 por el arcediano de Valderas –en el extremo suroriental de la actual provincia de León– que nos llega en copia hecha al año siguiente por el notario público de Castroverde, localidad a la que se refiere la donación, situada en la parte vallisoletana de la comarca de Tierra de Campos y que perteneció durante siglos al obispado de León. Pues bien, pese a su situación geográfica, la lengua del documento presenta rasgos marcadamente leoneses. Al lado de formas castellanas como *fijo, enagenar* o *llamado*, el texto se fecha en el mes de *janero*, distingue el género en el numeral (*duas* cargas ... *dos* mill morauedís), mantiene el diptongo sin reducir en *Gordonciello* o *Quintaniella*, alterna las formas *tiengo* y *tengo*, usa la partícula *ata* («*ata* dos annos») y reitera una y otra vez la forma *lle* para el pronombre personal: «*lle* do e *lle* otorgo», «do*lle* por juro», «*lle* do el heredamiento», etc.

Indudablemente para el notario de Castroverde –y quizá también para los intervinientes– ese conjunto de rasgos que nosotros calificamos como diatópicamente marcados gozan del suficiente prestigio como para que, incluso iniciado el proceso de castellanización, aparezcan insistentemente en la lengua escrita.

---

[17] Fernán Domínguez (CL-2636 y CL-2637) y Miguel Domínguez (CL-2642), ambos con textos datados en 1300 publicados en J. M. RUIZ ASENCIO y J. A. MARTÍN FUERTES (1994).

[18] Garçía Gil (CL-2644) y Martín Iohánez (CL-2627, CL-2630), ambos, como en el caso anterior, de 1300 y editados en J. M. RUIZ ASENCIO y J. A. MARTÍN FUERTES (1994).

El análisis de este grupo de documentos de finales del siglo XIII nos permite constatar el hecho de que, en el cambio del siglo XIII al XIV, los límites entre leonés y castellano o, para ser más exactos, entre los diversos fenómenos lingüísticos que sirven para diferenciarlos, se sitúan aún en los mismos límites que sirvieron históricamente de frontera política o administrativa entre los reinos o de línea de demarcación entre las diócesis leonesas y castellanas. No deja de ser significativo que los textos propuestos, que pueden situarse de forma genérica entre la ciudad de León y la comarca de Tierra de Campos, mantengan aún un modelo de romance plagado de rasgos leoneses.

2. LA LENGUA DE FINALES DEL SIGLO DEL XIV

Damos ahora un salto de un siglo y, a la vez, nos desplazamos un poco más al sur. Veremos algunos documentos de finales del siglo XIV pertenecientes al archivo de San Esteban de Nogales (G. Cavero 2001) y localizados en el límite entre Zamora y León, en el área de influencia de Benavente. Continuamos moviéndonos, por tanto, en la franja más oriental del antiguo dominio románico leonés.

Son textos en los que, aún con diverso grado de castellanización, no es difícil hallar ejemplos en los que se puedan identificar los resultados patrimoniales leoneses: *julgado, arçiprestalgo* (SEN-234, 1394), *llagares*, cabeçales de *llino* e de *llana* (SEN-243, 1400) o un texto algo anterior con una sentencia del alcalde de Benavente donde se usan voces y expresiones como *lliçençia, lletras, pubrico, entremezcrados, Veyga, forçia*, «que *lles* diese», «que*lles* mandaua», «el dicho alcalle *lle* preguntó», etc. (SEN-218, 1378). Como puede verse, aquí aparece ya con una importante presencia la palatalización de /l-/ que se echaba en falta en el bloque de documentos anterior. En realidad, las grafías específicas con *ll-* no son habituales en el leonés medieval y la razón es bien simple: toda /l-/ sería siempre /ļ/ por lo que, como ocurre con la vibrante /r/, no es necesario grafiarla de modo específico pues no habría posibilidad de distinguir, como en castellano, *lana* y *llana*. Curiosamente es con el inicio del proceso de castellanización, cuando los notarios leoneses comienzan a escribir *llino, llabrar* o *llugar*, con la posibilidad de que, a cambio, escriban a veces también *lamar* por *lla-*

mar o *lano* por *llano*, formas que han empezado a sustituir a las patrimoniales *xamar* y *xano*.

Más interesante resulta un documento (SEN-229) sobre una delimitación de propiedades hecho en *Veiga* –actual Vega de Riba de Tera, en
las cercanías de Benavente– en el que el notario, «escriuano de nuestro
sennor el rey e su notario», escribe en 1392 con un modelo de lengua
entremezclado de leonés y castellano. Así frente a algunos rasgos foráneos como *viejo*, *fijo*, *tejar*, *caruajo* o *encrusijada* para los resultados de
/-lj/[19], hay otros muchos testimonios señaladamente leoneses.

La grafías con *ll-* son una muestra clara de la fuerza con la que cuenta la palatalización de /l-/ (*Lluna*, por *Luna*, *Llucas*, por *Lucas*, *llinar*,
Llamiella)[20]. El sufijo *-iello* que, sin reducción del diptongo, figura en
Matiella, *Llamiella*; la reiterada preferencia por la variante con diptongo decreciente en *Veyga* o *Veiga*; la apócope de la vocal en los verbos
(se *contien*, que *tien*); la solución en /l/ de algunos grupos romances
como *dulda* < *dub'da* o *pelgar* < *ped'gar* < PEDĬCARE 'apear, deslindar';
el mantenimiento de /-mb-/ (la casa del *Palombar*, casa e *palombar*); el
resultado del dativo del pronombre personal («que*lle* uendió», «que*lle*
ansi uendiera»); las formas contractas de la preposición *en* y el artículo
(«otra tierra *enno* monte», «enfruenta *enna* Verea», «enfruenta *eno*
monte», «jase *enno* rrecuesto») o, en fin, ejemplos del léxico como *cor-
tina* 'finca cercada' o *adil* 'erial, terreno abandonado para el cultivo'
forman un corpus de ejemplos muy significativo que no puede negarse
que representen un modelo de lengua con rasgos señaladamente leoneses.

Otro notario[21] coetáneo –seguimos en el paso del siglo XIV al XV–,
con varios documentos en el citado archivo, se muestra menos dialectal

---

[19] El tratamiento que se da a esta secuencia es más que peculiar pues, si las formas
del tipo de *viejo* o *tejar* son las más frecuentes, también hay algún caso de *viello* o *tellar*.
Más aún, se cita varias veces una persona, *Pelay Quiyada*, cuyo apellido fluctúa entre
Quiyada o *Queyada* y *Quexada*, una alternancia de grafías que, en el siglo XIV, parece
desde luego muy prematura.

[20] El hecho de que en el propio texto alternen *linar* y *llinar*, *Llucas* y *Lucas* no ha de
ser necesariamente analizado como una especie de repliegue de la palatalización.

[21] Se trata de Pedro Alfonso, notario del Conde Medinaceli en las comarcas de Cas-
trocalbón y Valdería, según él mismo indica. Tomo ejemplos de los documentos nº 239
(año 1397), 240 (1397), 244 (1400) y 245 (1401), todos ellos conservados en el pergami-

pero no por ello deja de presentar abundantes rasgos leoneses en los documentos que de él nos han llegado. Entre los más abundantes y significativos, está su preferencia por las formas no reducidas del artículo («*elas* cosas», «*elos* bienes», «*ela* colcha», «*elos* vasallos»...); el uso de *lle* en el paradigma del pronombre personal («que *lles* ella avia dadas», «dándo*lle* e otorgándo*lle*», «las otras cosas que *lles* die e *lles* dote», «que *lles* den pan e vino»...); frecuente confusión de /r/ y /l/ en grupos consonánticos («*pourados* e por *pourar*», *prata, muebre, Pobradura, conprida*, «lo *cunpran*», «el *dobro*»); mantenimiento del diptongo en *capiella, Peniella*; casos de palatalización de /l-/ (*llegítimos, llino, llibre, llaurar, lley, llicençia*) o, de forma esporádica, resultados leoneses con /y/ < /-lj-/ (*fiya, fiyo, Caruayo*). Lo más llamativo, quizá, es el uso de diptongos decrecientes en varios ejemplos, aunque no puede olvidarse que estas tierras pertenecen al obispado de Astorga, zona del leonés occidental en la que los diptongos decrecientes /ei, ou/ se han mantenido vivos hasta nuestros días («en que se *mandou*», «elos vasallos e elo que yo *ey*», «e non *ey* en otra manera», *Ribouta*).

Vemos, por tanto, cómo a finales del siglo XIV hay todavía una serie de rasgos leoneses que se mantienen con una apreciable presencia en la documentación notarial. Lo que me interesa destacar no es tanto el grado de pervivencia del leonés como el hecho mismo del valor que estos ejemplos tienen en el campo sociolingüístico. Más que hacer una valoración cuantitativa de rasgos diatópicamente marcados, es importante, a mi juicio, comprobar que en el modelo de lengua usado habitualmente en la escritura sigue estando presente un buen puñado de resultados leoneses que, pese a las evidentes diferencias con el castellano, los notarios no solo no evitan sino que no parecen tener mayor problema en utilizar. Se han ido limando determinadas diferencias entre ambos romances –no aparece ya, por ejemplo, *xamar* sino *llamar*– pero eso no es óbice para que aún pervivan otros muchos resultados patrimoniales que –por su misma presencia en la lengua escrita, en la que sin duda se refleja la variante más prestigiosa– debemos entender que forman parte del registro culto de los notarios o, dicho de otro modo, que,

---

no original (G. CAVERO 2001). Los textos están redactados en el propio monasterio o en San Pedro de Ceque, Zamora.

pese a estar claramente marcados como variantes diatópicas, no tienen una valoración negativa.

3. La lengua de mediados del siglo del XV

Un nuevo salto en el tiempo nos lleva ahora a otro documento del mismo archivo escrito a mediados del siglo XV[22]. Se trata de un amplio apeo o deslinde de las numerosas fincas que el monasterio de San Esteban de Nogales tiene en el sur de León y norte de Zamora. Dado su contenido, con constantes referencias al mundo agrícola, citando una y otra vez nombres de pagos y caminos, cultivos, lindes o rentas en especie, cabría esperar que la presencia del leonés –aunque estuviera solo recluida en el léxico más específicamente rural– debería ser importante. Sin embargo, la lectura del texto, pese a su extensión, no nos ofrece muchos ejemplos y, cuando lo hace, da la impresión de que el notario no ha sido consciente de que ha *caído* en el uso de una voz que seguramente trataría de evitar en la escritura.

Los fenómenos que eran habituales medio siglo antes no aparecen ya en este texto si no es de forma ocasional. El espigueo de ejemplos proporciona una parca cosecha de resultados: la palatalización de /l-/ figura en un *llagunas* que, pese a las muchas veces que se repite el término, no vuelve a escribirse con esta grafía, como tampoco lo hacen otras voces patrimoniales del tipo de *longuera*, *lugar* o *linar*. Del mismo modo, se escribe *palomar* varias veces si bien entre los topónimos figuran *Santa Colomba*, el *Lombo* o los *Lambederos*. *Chano* y *Xosa* figuran únicamente como topónimos. Incluso un topónimo como el actual *Genestacio*, un pueblo de León, se corrige en varias ocasiones para eliminar la yod epentética (*Genestaço*, «camino de *Genestaço*», «carra *Genestaço*»)[23] si bien se usa una vez la forma *marçio* como nombre del mes. Fuera de estos casos, las formas marcadas diatópicamente se reducen al capítulo del

---

[22] El documento aludido –original de 1444– es un cuaderno en pergamino de 28 hojas que, en la edición que manejo (G. Cavero 2001), figura con la referencia nº 333.

[23] Tan solo en una ocasión se recoge la forma popular del topónimo, que es la que llega hasta nuestros días: Camino de *Genestaço*.

léxico, especialmente el léxico agrícola, un campo en el que probablemente el notario ni siquiera es consciente de estar utilizando voces que no pertenecen a la lengua estándar como *baçellar*, *adil*, *embelga*, *pelgar*.

A la vista de estos datos, parece consecuente deducir que el proceso de castellanización ha tocado a su fin y que de los antiguos resultados patrimoniales del leonés quedan ya únicamente restos fragmentarios refugiados en el léxico o en la toponimia, el elemento más conservador y que con mayor firmeza se resiste a acoger las innovaciones. Si en un texto de casi treinta hojas, con las características que este tiene, no es posible reunir más que unos pocos ejemplos aislados del antiguo dialecto –que solo 50 ó 100 años antes aparecía pujante en cualquier documento–, la explicación parece bien simple: el proceso de sustitución del leonés por el castellano ha finalizado.

Pero la realidad lingüística es, de ordinario, mucho más compleja que la simple sustitución de una lengua por otra. En este caso, contamos con algunos indicios que nos obligan a matizar la afirmación anterior de que el proceso de castellanización está ya cerrado. Tenemos, por ejemplo, el testimonio impagable de un copista que, también a mediados del siglo XV, recibe el encargo de copiar una serie de documentos –especialmente testamentos– en los que el cabildo de la catedral leonesa figuraba como beneficiario. El resultado es una especie de *tumbo* conocido como *Códice 40*. Como se comprueba en los casos en los que se conservan los documentos originales, lo interesante es que este copista es más bien descuidado a la hora de trasladar los textos y hace casi una nueva versión, alterando datos –para desesperación de los historiadores– y, por supuesto, transformando la redacción del texto copiado, para alegría de los filólogos cuando tenemos oportunidad de comparar su versión con la del original.

De este modo, cuando copia los documentos redactados en leonés en la segunda mitad del siglo XIII, los que hemos simbolizado con el testamento que vimos al comienzo[24], no tiene ningún inconveniente en adaptar su lengua a los usos imperantes a mediados del siglo XV, que es cuan-

---

[24] Este testamento, por cierto, es uno de los muchos que aparece copiado en el *Códice 40*, también llamado *Libro de los Testamentos*. Lo hace concretamente en los folios 19r al 20r.

do se realiza la copia. Unos cambios que probablemente tengan que ver a veces con el modo de realizar materialmente un trabajo en el que intervendrían dos personas, una que iba leyendo el original y otra que copiaba al dictado del anterior (J. M. Fernández Catón 2006: 433). El estudio detallado de estos cambios introducidos por el copista revela que en el *Códice 40* no se tratan del mismo modo todos los fenómenos que podemos considerar leoneses. Por ejemplo, entre otros casos, el copista del XV no tiene ningún recato en sustituir *axar* por *fallar*, *maor* por *mayor*, *sennos* por *sendos*, ni en cambiar los frecuentes *enna, conna* por *en la, con la*. La explicación resulta clara: moderniza unas formas que para él, muy posiblemente, más que formas dialectales son expresiones antiguas o vulgares y, por tanto, inadecuadas para el registro escrito.

El problema se plantea cuando, en evidente oposición a lo que nos muestran los textos coetáneos, el copista del *Códice 40* parece dudar entre escribir *fijo, conceio* o *le* para el pronombre personal, al modo castellano y ya general a mediados del XV, o mantener las formas leonesas del pergamino original *fiyo, conceyo* o *ye*, por lo que de hecho opta en bastantes ocasiones. Todavía más significativo es que ese mantenimiento de las antiguas formas leonesas se haga de manera casi sistemática en otros rasgos también ya bien marcados en ese momento, como es el mantenimiento del diptongo en el sufijo *-iello*, el uso de las formas diptongadas del verbo *ser* como *ye* 'es' o *yera* 'era' o el de las diferencias de género en *so/súa* o *dos/dúas*[25].

---

[25] No entro aquí en detalles pues este caso –por lo demás bastante curioso– lo analicé más extensamente en otro lugar (J. R. MORALA 2002) haciendo un seguimiento de un grupo de documentos –desde 1242 a 1268– de los que conservamos el original, además de su copia en el *Códice 40*. En el testamento que nos ocupa, el copista actualiza muchos de los rasgos citados (*sendos* por *senos*, *en la* por *enna*, *fasta* por *ata*, *Mayorga* por *Maorga* o *Morga*, *mandoles* por *mandoyes*, *setienbre* por *setembrio*, *tengo* por *tiengo*, etc.) pero, al mismo tiempo, mantiene regularmente la oposición de género en el posesivo (*«mía* sobrina fija de *mio* hermano», «*sos* fijos», «*suas* ganancias») o en el numeral (*dos, duas*) y el diptongo en el sufijo *–iello* (*luciello*). Por otra parte, aunque castellaniza en general el resultado /y/ < /lj/ (*fijo, concejo, mejor, …*) hay algunos casos en los que no lo hace como *meyor* o, con otra solución castellaniza de una forma artificiosa, *cuyares* en *cujares*. Otros casos de mantenimiento de la forma marcada en la copia del XV, aunque sea de modo más o menos ocasional, son *yéramos* 'éramos', *xumazo, tien* o *ual* por *tiene* o *vale, elos* por *los*, etc.

Vistas así las cosas, solo cabe deducir que esos rasgos dialectales que el copista no corrige nunca o lo hace solo parcialmente son aún formas vivas en la lengua hablada –pese a que no aparezcan en otros textos de mediados del XV– por lo que no necesita tratarlos igual que aquellos que le resultaran demasiado extraños. Es decir, que algunos de los rasgos que en el tramo de un siglo o siglo y medio han desaparecido casi por completo de la lengua escrita podrían, sin embargo, seguir perfectamente vivos no ya en zonas rurales y apartadas, más reacias a la castellanización, sino también entre las clases urbanas a cuyo entorno pertenecería el copista del *Códice 40* de la catedral de León. ¿Cómo se explica entonces esa aparente contradicción entre el registro escrito de los documentos y el registro oral que deducimos a través del copista? Dejemos, de momento, pendiente la respuesta.

4. El habla de los pastores sayagueses en el teatro de Enzina

El recorrido que iniciábamos en los documentos notariales de la segunda mitad del siglo XIII escritos en leonés vamos a cerrarlo con un registro bien conocido en el ámbito de la literatura, el de los pastores sayagueses que, a finales del siglo XV, aparecen en el teatro de Juan del Enzina. Aquí nos encontrarnos de nuevo –y ahora de forma manifiestamente notoria, haciendo alarde de ellos– con muchos de los rasgos que hemos venido siguiendo en los textos notariales hasta su paulatina desaparición: yod epentética (*llabrançia*), palatalización de /l-/ (*llabrar, llugar*), confusión de /r/ y /l/ (*praça, habrar, diabro*), *lle* como forma de dativo del pronombre personal (que *lle lo* digamos, dezír*llelo*), formas contractas de preposición más artículo («*nel* mercado», «*ña* praça»), etc.

No puedo detenerme en exceso en este tipo de lengua que, como corresponde al uso literario que de ella hace Juan del Enzina, sirve para caracterizar sobre el escenario a los personajes rurales y de un registro lingüístico poco culto, incluso vulgar, frente al registro urbano y culto del que hacen gala los estudiantes salmantinos que se burlan de ellos[26].

---

[26] Este asunto lo he tratado más ampliamente en un trabajo, aún inédito, que aparecerá en la *Revista del Instituto Florián de Ocampo* con el título «El leonés y el castellano en Zamora: de la Edad Media a nuestros días».

Lo que creo que resulta importante en la línea de lo que venimos analizando es que, en el intervalo de dos siglos –de finales del XIII a finales
del XV–, hemos asistido a un cambio radical en la valoración de toda una
serie de rasgos que hoy nosotros clasificamos como leoneses. Si en los
primeros textos, a finales del XIII, pertenecían al registro culto y figuraban regularmente en la lengua escrita, ahora, a finales del XV, los encontramos ya solo en la lengua literaria y formando parte de un registro
rural que solo sirve como objeto de chanza. En otras palabras, lo que
antes era un registro marcado diatópicamente, pero prestigioso, ha pasado a convertirse en un registro escasamente valorado que ha de ser analizado en el campo diastrático y del que tenemos noticia solo porque un
autor echa mano de él como recurso literario para caracterizar a un
determinado tipo de personajes.

De este cambio de categoría solo se salvan aquellas palabras que, por
razones diversas, han logrado traspasar la barrera que media entre formas prestigiosas y formas carentes de prestigio. El propio Juan del Enzina utiliza voces como *pega* 'urraca' o *pardal* 'gorrión' de las que seguramente ignora que son tan dialectales como los *llabrar, llabrancia* o *diabro*
que pone en boca de sus pastores sayagueses. Como puede comprobarse en los mapas n° 440 (*urraca*) y 429 (*gorrión*) del ALCyL, *pega* y *pardal*
son voces exclusivamente occidentales, es decir, leonesas, no castellanas,
pese a que en el diccionario de la RAE figuren sin notación geográfica
alguna.

5. CONCLUSIONES

Tras la revisión de estos textos de diferentes épocas podemos comprender algo mejor la naturaleza del proceso de castellanización. No hay una
sustitución de una lengua por otra a partir de un momento dado. Probablemente las muchas coincidencias entre ambos romances tampoco lo
propiciaron. Lo que nos encontramos es un escalonado proceso de confluencia o de nivelación del leonés con el castellano por la vía de eliminar –en un proceso que dura siglos– aquellos rasgos que, en cada
momento, pasan a considerarse especialmente marcados (J. R. Morala
2004). De una forma progresiva, los diferentes rasgos leoneses van desapareciendo del registro escrito –nuestra fuente principal de informa-

ción– lo que no significa necesariamente que hayan desaparecido de la lengua, en su conjunto, sino solo que dejan de tener el prestigio exigible para figurar en el estándar de la lengua escrita.

Los rasgos leoneses, que paulatinamente se han ido arrinconando en la escritura, no han desaparecido, sino que se han visto recluidos al registro oral. Por eso aparecen de nuevo con toda su fuerza en el lenguaje de los pastores de Encina pero ahora no ya como registro escrito propiamente dicho ni siquiera como marca geográfica sino exclusivamente para marcar a un grupo social es decir, como marca diastrática, con la categoría, además, de variante vulgar o rural.

Queda por hacer aún la otra parte de la historia que, sin embargo, no me resisto a apuntar en estas líneas finales. Efectivamente el castellano fue poco a poco borrando los rasgos leoneses que en el siglo XIII llegaban hasta tierras hoy consideradas muy castellanas como la comarca de Tierra de Campos. Pero no todo desapareció. Como apuntaba a propósito del uso de *pega* o *pardal* en Juan del Enzina, seguramente no son pocas las palabras leonesas que, justamente desde las zonas más castellanizadas del territorio, fueron capaces de sobrepasar la barrera de la castellanización y entrar en el inventario oficial de palabras del español, es decir, el *DRAE*, por más que un análisis detallado de su expansión histórica nos confirmaría su uso casi exclusivo en el occidente de la Península. Apunto solamente algunas como las citadas *pega* y *pardal* junto a otras como *uñir, yera, bacillar, provena, sobrado, coruja, corrobra,* etc., voces que se cuentan dentro de la aportación del leonés al castellano y, por qué no decirlo así, forman parte del gozne sobre el que el castellano gira para enseñarnos su cara más occidental, más cercana, por tanto, a los romances de la fachada atlántica de la Península, el gallego y el portugués.

BIBLIOGRAFÍA

ALCyL, vid. M. ALVAR, *Atlas.*
ALVAR, M. (1999): *Atlas Lingüístico de Castilla y León.* 3 tomos. Valladolid: Junta de Castilla y León, Consejería de Educación y Cultura (= *ALCyL*).
ÁLVAREZ TEJEDOR, A. (1989): *Estudio del léxico rural de la zona este de la provincia de Zamora.* Salamanca: Universidad de Salamanca/Colegio Universitario de Zamora.

BORREGO NIETO, J. (1996): «Leonés», en: ALVAR, M. (dir.): *Manual de dialectología hispánica. El español de España*. Barcelona: Ariel, 139-158.

CANO AGUILAR, R. (1988): *El español a través de los tiempos*. Madrid: Arco-Libros.

CAVERO DOMÍNGUEZ, G. (2001): *Colección documental del Monasterio de San Esteban de Nogales (1149-1498)*. León: Colección Fuentes y Estudios de Historia Leonesa, Centro de Estudios e Investigación «San Isidoro».

CORDE, vid. Real Academia Española.

COROMINAS, J./PASCUAL, J. A. (1980-1991): *Diccionario Crítico Etimológico Castellano e Hispánico*. 6 vols. Madrid: Gredos.

FERNÁNDEZ CATÓN, J. M. (2006): «El "Tumbo legionense". Notas sobre su origen, redacción, estructura, contenido y utilización», en: NASCIMENTO, A. A./ALBERTO, P. F. (eds.): *Actas de IV Congresso Internacional de Latim Medieval Hispânico*. Lisboa: Centro de Estudos Clássicos, 415-434.

GONZÁLEZ FERRERO, J. C. (1990): *Palabras y expresiones en el habla de Toro (Zamora)*. Toro: Colectivo Cultural Bardales.

LAPESA, R. (^{8}1980): *Historia de la lengua española*. Madrid: Gredos.

MENÉNDEZ PIDAL, R. (1962): *El dialecto leonés*. Oviedo: IDEA.

— (2005): *Historia de la Lengua española*. Madrid: Fundación Ramón Menéndez Pidal/Real Academia Española.

MORALA RODRÍGUEZ, J. R. (1990): *Toponimia de la comarca Esla Oteros (León)*. León: Diputación Provincial de León.

— (2002): «Originales y copias. El proceso de castellanización en el área leonesa», en: *Actas del V Congreso Internacional de Historia de la Lengua Española*. Madrid: Gredos, 1335-1345.

— (2003): «Isoglosas y usos gráficos», en: PERDIGUERO, H. (ed.): *Lengua romance en textos latinos de la Edad Media. Sobre los orígenes del castellano escrito*. Burgos: Universidad de Burgos/Instituto Castellano y Leonés de la Lengua, 193-204.

— (2004): «Del leonés al castellano», en: CANO, R. (coord.): *Historia de la lengua española*. Barcelona: Ariel, 555-569.

REAL ACADEMIA ESPAÑOLA: Banco de datos en línea *Corpus diacrónico del español* (CORDE) <http://www.rae.es> [consulta en noviembre de 2006].

RUIZ ASENCIO, J. M./MARTÍN FUERTES, J. A. (1994): *Colección documental del archivo de la Catedral de León*, T. IX *(1269-1300)*. León: Colección Fuentes y Estudios de Historia Leonesa, Centro de Estudios e Investigación «San Isidoro».

URDIALES, M. (1966): *El habla de Villacidayo (León)*, Anejo nº XIII del *BRAE*. Madrid: RAE.

Reflexiones sobre las variantes occidentales de la materia artúrica castellana

Bernard Darbord/César García de Lucas
Université Paris X Nanterre

El ciclo artúrico hispánico sigue siendo aún hoy uno de los misterios de la crítica moderna por diversos motivos. Se trata de un material de enormes dimensiones: su traducción debió de ser, ya de por sí, una magna empresa; su transmisión íntegra, una ardua y costosa labor. Trazar la historia ecdótica de tantas páginas es siempre difícil porque, a menudo, los caminos de la tradición se pierden en la espesura de una auténtica *floresta* textual. La fecha de la versión hispánica y el nombre de su supuesto autor, tal y como aparecen en alguno de los testimonios, dejan lugar para la sospecha. Más aún: los especialistas siguen debatiendo sobre la lengua hispánica que tradujo por vez primera la enorme recopilación francesa; ni que decir tiene que el orgullo nacional ha movido a veces en fiel de la balanza crítica[1].

El manuscrito 1877 de la Biblioteca Universitaria de Salamanca, base del presente estudio, incluye imprescindibles elementos de la materia de Bretaña en prosa introducida en España. Contiene una versión incompleta del *Libro de José de Abarimatea,* o *Libro del Santo Grial,* algunos capítulos del comienzo de la *Estoria de Merlín* y un par de folios del llamado *Libro de Lanzarote*[2]. Desde el punto de vista del conjunto, el *Libro de José de Abarimatea* es esencial y prototípico: se trataba de justificar la incansable búsqueda del santo Grial por parte de los caballeros de la Tabla Redonda. Antes de proponer lo que compete a la filología dialectal, objeto de este coloquio, no es inútil decir algo de esta tradición europea, que encontró buena acogida por las tierras occidentales de la

---

[1] Se encontrará una excelente visión de conjunto así como la ayuda bibliográfica necesaria en F. Gómez Redondo (1999: 1475 y ss.).

[2] También recoge el manuscrito 1877 una versión del *Barlaam e Josafat*, el *Libro de fray Juan de Rocasisa,* unas *Vidas de los Santos Padres,* y los *Fueros de Palencia y Sevilla.* Para el detalle del contenido, véase C. García de Lucas (1999).

Península Ibérica. Prueba de ello son los documentos en portugués; en cuanto a la versión castellana, es fácil observar que contiene un gran número de fenómenos lingüísticos propios de los dialectos gallego-portugueses o leoneses.

Trataremos, en esta ponencia, de rastrear y analizar algunos de los llamados occidentalismos que aparecen en los textos del ciclo artúrico castellano.

1. EL MANUSCRITO 1877 DE LA BIBLIOTECA UNIVERSITARIA DE SALAMANCA

La primera y mejor conservada de las monumentales recopilaciones artúricas se finalizó en algún lugar del norte de Francia en la década de 1210. Es la que se conoce comúnmente como *Vulgata*. Sin embargo, no fue esta la más popular en los demás países de Europa: tanto en las Islas Británicas como en la Península Ibérica se conocieron las aventuras de los caballeros de la Mesa Redonda a través de una versión posterior –terminada entre 1230 y 1240: la de la *post-Vulgata* o *Roman Du Graal*. En la primera redacción, que algunos manuscritos atribuyen engañosamente a Walter Map, las aventuras de Lanzarote del Lago ocupan la mayor parte: el amor cortés –que ahora se expresa en prosa artúrica– parecía el interés principal de la obra. Sin embargo, en el segundo gran ciclo, cuyo autor fingido es Robert de Boron, preocupa mucho más la creación del reino de Arturo y su destrucción como consecuencia del pecado de incesto: las hazañas del amante de Ginebra, en cambio, ya no son lo más importante.

Las primeras traducciones hispánicas de las grandes recopilaciones artúricas en prosa tuvieron como original algún ejemplar de la rama *pseudo Boron*. A partir de ellas se confeccionaron después durante varios siglos copias e impresos que reproducían o reelaboraban –siempre parcialmente– las fantásticas aventuras de la Mesa Redonda. La *Estoria del Saint Graal*, en su versión ibérica, se conserva hoy tanto en el *Libro de Josep Abarimatía* incluido en el manuscrito S1877 como en el *Livro de Josep Abarimatia* portugués (fechado entre 1521 y 1557 y que supuestamente reproduce una copia de comienzos del XIV). El *Merlín* y su *Suite* han sobrevivido en tres formas: la *Estoria de Merlín* –también en nuestro códice–, el *Baladro del Sabio Merlín con sus profecías* (un impreso de Burgos de 1498) y en parte de la *Demanda del Santo Grial con los maravillosos fechos de Lançarote y de Galaz su hijo* (en dos ediciones, una impresa en Toledo en 1515 y otra en Sevilla en 1535). Las traducciones de la *Queste del Saint Graal* y la *Mort Artu* se recogen en tres textos: en el breve fragmento llamado *Lançarote* del testimonio salmantino, en la *Demanda do Santo Graal* (versión portuguesa[3], copiada en el primer tercio del siglo XV) y en la castellana *Demanda del Santo Grial* citada.

Una de las variantes textuales de la versión castellano-leonesa que lo adscriben a la tradición *post Vulgata,* a modo de ejemplo, es la substitución de Verónica por María Egipcíaca en el *Libro del Santo Grial.* El motivo de la revelación del *bulto* (< VULTU-) de Cristo en un tejido (*tovaja*) marcó sin duda las memorias, porque se manifestó a lo largo de una amplia tradición libresca. Verónica (< VERA IKON?) es una creación del *Evangelium Nicodemi* o *Acta Pilati*[4]. La consecuencia del motivo prototípico se manifiesta en la virtudes milagrosas del paño (véase a este respecto, en el *Libro del Santo Grial*, el episodio del caballero Barfano, deturpación del topónimo *Cafarnaún*). La forma *tovaja*, empleada en el manuscrito 1877 no parece particularmente occidental[5]. Al contrario: la evolución del germánico **thwahljo* > *tovaja*, con fricatización de /lj/ > /ž/, es marcadamente castellana[6]. El CORDE documenta trece veces *tovaja* (con su forma escrita alternativa *touaja*)*:* aparece ya en el *Arte complida de cirugía*, BNM 2.165 y en Pedro Tafur (1457). Contamos, sin embargo, con ocurrencias anteriores de la forma *tovalla.* En portugués actual la forma es *toalha*[7]. No aparece *toaja* hasta el siglo XV (según CORDE). La

---

[3] Sobre las particularidades textuales de la *Demanda* portuguesa, véase F. BOGDANOW (1966: 119-120).

[4] Aparece el episodio en la *Cura sanitatis Tiberii*, apéndice ocasional a dichos *Acta.*

[5] Véanse, verbigracia, los lemas *conseyar, coyer, aguiyar, iuramentar, amoyonar, apareyado, mayulo* ('majuelo'), *meaya* ('meaja'), *moyón* ('mojón), *muller*, en P. e I. CARRASCO (1997). En el leonés más oriental o en portugués, en cambio, a *hallar, llamar* responden *achar, chamar;* P. e I. CARRASCO (1997).

[6] Los resultados de /lj/ son más bien /l/ palatal en gallego o en portugués y yod en leonés; J. R. MORALA (2004: 558). Además, la ruptura antihiática *toa-* > *tova-* es también característica de otros dialectos como el aragonés.

[7] El leonés y las hablas occidentales no realizan la fricatización propia del castellano. Véase al respecto A. ZAMORA VICENTE (1967: 146).

forma *tovaja* (en su variante gráfica *touaja*) también está documentada en el corpus de Mark Davies[8].

2. Dialectología diacrónica: dificultades

Las dificultades que plantea cualquier trabajo de dialectología diacrónica ya han sido puestas de manifiesto en más de una ocasión. Como decía Inés Fernández-Ordóñez:

> En la determinación del «estado de lengua» de un texto medieval y en la investigación asociada de sus rasgos lingüísticos existe una limitación de partida que afecta a todo intento de reconstrucción de la historia lingüística y sobre la que el historiador de la lengua no puede hacer mucho[9].

En efecto, la rigidez de la letra escrita, las incertidumbres sobre los orígenes de los copistas o la indeterminación de los límites dialectales en épocas pasadas son solo algunos de los obstáculos a los que el investigador deberá hacer frente. Además, es de observar que una traducción es susceptible de reflejar, cual palimpsesto, elementos de los textos fuente, en el caso de la materia de Bretaña en España, un original francés.

3. Rasgos generales del leonés

Parece generalmente admitido que el leonés, en la Baja Edad Media, ya presentaba, como hoy, algunos rasgos considerados como arcaizantes con respecto al castellano. Seguramente, en parte de su zona de influencia, seguía conservando diptongos decrecientes y crecientes que su

---

[8] En <http://www.corpusdelespanol.org/>. Documenta cinco veces esta forma durante el siglo XV.

[9] I. Fernández-Ordóñez (2001: 389). Igualmente explícito es J. R. Morala (1998: 169): «Lengua escrita y lengua hablada van íntimamente unidas pero no puede olvidarse que la primera no es más que un intento, siempre parcial e incompleto, de representar la segunda y que ésta engloba variedades de muy diverso tipo de entre las cuales la lengua escrita elige únicamente las que considera oportunas». En el mismo sentido, J. R. Morala (2004: 556).

romance vecino y rival desechaba (/éi/, /óu/ y, posteriormente, /ié/, como sucedería en el mismo nombre de *Castiella*); en ocasiones, como en las demás lenguas y dialectos hispánicos con excepción del castellano, no habían llegado a palatalizar las consonantes dentales influidas por yod 4ª (*feito,* 'hecho').

Pero, junto a estas decisiones aparentemente conservadoras, hay que sumar, por otro lado, soluciones mucho más avanzadas que ni siquiera han llegado a alcanzarse en castellano: el ensordecimiento (/ĉúbia/ < PLUVIA-) e, incluso más tarde, la dentalización de antiguas palatales (/gaŝína/ < GALLINA-). Algunos estudiosos, después de R. Menéndez Pidal, han tratado de cernir la extensión geográfica de estos fenómenos durante la época medieval; uno de ellos es José Ramón Morala que, sirviéndose tanto de la documentación de la época como de la toponimia menor, ha conseguido trazar con cierta precisión algunas isoglosas[10].

Veamos ahora en qué medida recoge la copia salmantina variantes de lengua propias del ámbito del leonés.

4. OCCIDENTALISMOS DEL MS. DE SALAMANCA 1877

4.1. *Vocalismo*

Ya insistía Ramón Menéndez Pidal en el carácter «incoloro» de las vocales átonas de los dialectos hispánicos. Con un enfoque esta vez fonológico, podemos observar la presencia de un archifonema vocálico en las posiciones átonas. No se distinguen las palabras del léxico por el timbre de las vocales átonas. De ahí que los copistas medievales vacilaran en la grafía de aquellas vocales: *escrebir* alterna con *escribir, logar* con *lugar,* etc.[11]. Hoy, podemos observar que la fonética del portugués tiene ya unificada en [u] toda forma de [o, u] átona (*curto* [kúrtu])[12]. El leonés, como el asturiano, conoce este fenómeno de cerrazón de la vocal átona

---

[10] J. R. MORALA (1998).

[11] Lemas *adevino, alfériz, Avangelio, nenguno* en P. e I. CARRASCO (1997).

[12] Piénsese en el mismo nombre de *Portugal.*

final no sólo en el caso de la /o/ sino también en el de la /a/ (*tenaces* por *tenazas*)[13].

El testimonio salmantino también vacila en el timbre de las vocales átonas: *sará* ('será', 254v., 9)[14], *saredes* ('seréis', 285r., 11); *come* ('como', 265r., 6), *mogieres* ('mujeres', 298v., 17)[15]. Pero incluso se observan oscilaciones en el timbre de las vocales tónicas: *vevo* (<VĪVUM; reconstrucción textual, 251v., 15)[16]; *biver* (<VIVIRE, 286r., 5)[17]; *pónelo* (de *poner* <PUNIRE, 276r., 19). Pueden encontrarse formas verbales no analógicas[18] : *veno* ('vino; avino', 274v., 2; 284r., 22; 284v., 28; 285r., 27; 291v., 29; 292v., 1)[19]; *fue* (<FŬI, 254r., 11; la forma no es exclusiva de las zonas occidentales)[20]; *dexo* (<DIXIT; 256v., 27).

Se da la reducción del diptongo /-ié-/ ante nasal, *cinto* (<CĔNTUM; reconstrucción textual[21], 276v., 29; 281v., 6). En ocasiones, se constata la ausencia de diptongación en las vocales breves tónicas, al modo gallego-portugués: *ben* (< BĔNE, 292r., 10); *tempo* (< TĔMPU-; 262v., 8)[22]. Nótese la presencia de una consonante nasal implosiva después de la vocal breve[23].

En cambio, ningún caso de variación de los diptongos (tipo *bian, nuostro)* aparece. Tampoco se documenta la diptongación ante yod, peculiar del leonés (*vuecho* por *ocho)*[24]. Además, no se encuentran ejemplos de diptongos decrecientes (*escudeiro…*)[25].

---

[13] A. ZAMORA VICENTE (1967: 111). El caso de la inflexión de la vocal tónica es de otra índole: APERTU > abierto, A. ZAMORA VICENTE (1967: 105).

[14] Las referencias indican siempre el folio y el número de línea del ms. 1877 de la B. U. de Salamanca.

[15] También en *Alexandre,* 368, 822.

[16] Se trata de una reconstrucción textual. El manuscrito presenta la forma *veno.* Como afirma R. MENÉNDEZ PIDAL (1941: § 105.2) también puede tratarse de un arcaísmo.

[17] *Cf.* port. *viver.*

[18] La inflexión de la /i/ de *vino* es analógica de la primera persona, VENĪ. La /i/ de *fui* también es analógica.

[19] La forma castellana actual, *vino,* muestra la inflexión de la ī final.

[20] R. MENÉNDEZ PIDAL (1941: §120.5) reproduce el paradigma de Nebrija; B. DARBORD y B. POTTIER (1994 : §203).

[21] En el texto de Salamanca se lee *cinco.*

[22] Podría tratarse de un simple arcaísmo gráfico.

[23] A. ZAMORA VICENTE (1967: 94).

[24] Utilizamos la enumeración de fenómenos hecha por J. R. MORALA en su estudio citado.

[25] A. ZAMORA VICENTE (1967: 89, 93, 100).

4.2. *Consonantismo*

A menudo se privilegia la vibrante como líquida[26] en particular cuando se trata de la segunda consonante de un grupo doble: *prata* ('plata', 273r., 9), *brago* (<*BLACUM, positivo de BACULUM, y no *blago,* como en Berceo; 274r., 20; 274v., 31; 276r., 10; 276r., 17; 276r., 20); *progo* y *proguiese* (perfecto simple de indicativo e imperfecto de subjuntivo de *plazer,* 282v., 5 y 266v., 27 respectivamente); *afroxáronsele* ('se le aflojaron', 290v., 16); *sembrante* (por *semblante,* 298v., 18); *carcerero* (forma etimológica que cedió en castellano ante *carcelero,* 252v., 27); *fabra* (por *fabla* 259v., 20)[27]. J. R. Morala observa que esta vacilación tiende a incrementarse en fechas posteriores[28].

También es relativamente frecuente la epéntesis de la vibrante: *contrará* (futuro de *contar,* 294r., 5); *esprirital* (<SPIRITUALE-, 270r., 16); *priegros* (y no *priegos,* 272v., 9). Sobre esta última palabra, J. Corominas y J. A. Pascual[29] documentan las formas *priego* y *pliego*, con la vacilación [pr]/[pl] observada en el párrafo anterior. La [r] aparece por metátesis en *entrego* (>INTEGRUM, p. 6, p. 40). La concordancia de P. e I. P. e I. Carrasco (1997) documenta en cambio *soglo* (<SŎCERU-, *suegro*) demostrando que, en el alguna ocasión, el leonés puede preferir la lateral a la vibrante[30].

Se interponen constrictivas con el fin de señalar los hiatos: *creyó, (creó,* 264r., 18)[31]; o para reforzar los diptongos: *riguiendo* ('riendo',

---

[26] Para J. Borrego Nieto (1996), es un rasgo perceptible en la actualidad en la denominada *zona 2* del dialecto leonés (en la que se encuentra la ciudad de Astorga). El rasgo ya era perceptible en la segunda mitad del siglo XIII. *Cf.* SAL12675D0328: *canónigo de la egresia de Salamanca,* o bien, SAL12685D0401: *en mia buena memoria comprida* (J. Dagenais, R. S. Gardner, W. D. McHugh, 1993).

[27] La forma *compremiento (cumplimiento)* es buena ilustración de estos rasgos fonéticos que vamos observando.

[28] J. R. Morala (2004: 559). Añade en la p. 565 (hablando de textos del siglo XV): «Se trata de un fenómeno que afecta incluso a los notarios que carecen de otras marcas y, a lo largo de toda esta primera mitad del siglo, aparecen tanto a oriente como a occidente ejemplos como *plados, conprir, conplar, muebres, brancas, dubro* 'doble', *labrar, paper».* El portugués dice *branco.* Sobre el rotacismo, véase A. Zamora Vicente (1967: 137).

[29] J. Corominas y J. A. Pascual (1980-1991), *apud* «entero».

[30] P. e I. Carrasco (1997: 1020).

288v., 27). La aparición de la yod antihiática es un fenómeno frecuente tanto en el área leonesa como en la aragonesa pero es, sobre todo, una consecuencia del panhispánico principio de ascendencia que tiende a marcar el ataque fuerte de la articulación de una sílaba.

4.3. *Morfología*

El artículo femenino puede presentarse bajo la forma *ela* (253r., 22; 253v., 5; 256r., 19; 262v., 20; 263v., 22; 275v., 1; 275v., 9; 276v., 16; 285v., 24; 287r., 15; 288r., 5; 290r., 5; 290r., 23; 290v., 17; 293v., 25; 299r., 21). El masculino plural, como *elos* (258v., 21; 259v., 25; 263v., 20; 280r., 6; 282r., 12; 282v., 3; 295r., 2; 299v., 17)[32]. Especial presencia tiene la forma *otre* (262r., 13, 19, 20, etc.)[33].

El pronombre dativo puede mostrar palatalización de la /l-/ inicial: *lle* (254r., 10)[34]. Frecuente es la apócope del pronombre clítico *le*: «él díxo·l que lo non creía si le (sin apocopar) non dexiese verdaderas señales por que los podiese conocer» (p. 19).

La conjunción condicional puede aparecer con la forma *se* (<si, 283r., 20; 292v., 16)[35].

Ciertas formas verbales pueden considerarse como leonesas o bien propias de la lengua antigua, como *crey* (imperativo de *creer,* 262v., 18; 294v., 12; 295r., 3); *tien* (imperativo de *tener,* 286v., 21); *es* (segunda persona del presente de indicativo de *ser,* 296r., 6). Coexisten las formas de imperfecto en *-ía/-ié (veía/salíen* 267r., 19)[36]. Es de observar la monop-

---

[31] J. Borrego Nieto (1996: 149).

[32] Véase el lema «el» en P. e I. Carrasco (1997: 531-579).

[33] A. Zamora Vicente (1967: 256) documenta *otri* en aragonés. Más occidental sonaría *otru*; A. Zamora Vicente (1967: 111).

[34] La tendencia a la síncopa de la /-l-/ intervocálica, conocida en portugués (*véu,* etc.), ha podido contribuir a la palatalización de la -l- conservada (*anguilla, aportellado* 'servidor' en P. e I. Carrasco 1997). Lo mismo para la /-n-/ intervocálica (*annora* 'noria', P. e I. Carrasco 1997). Piénsese en el pronombre *lhe* del portugués. Forma *che* está documentada en leonés (y en gallego). En cambio, a la presencia de una *-ll-* palatal en castellano, responden formas del tipo de *aquele, aquelo, aquelos* en leonés.

[35] *Cf.* SAL1267D0121: *et se el Cabildo non quisier pagar* [...]. Es la misma solución del portugués.

tongación del presente de subjuntivo en plural: *-edes* > *-éis*> *-és*, atribui-ble seguramente al copista del siglo XV: «non vos llegués a mí, ca me tolerés la gloria» (272v., 3)[37]; «non lo digaes» (284v., 26).

Mucho no se apocopa ante vocal (*mucho amado*, 265r., 2; *mucho altos*, 270v., 9; «tres maderos muy grandes e muy derechos e mucho altos», 267r., 20; 279r., 27; 283r., 27; 286v., 25) mientras que lo hace ante conso-nante (*muy sofridor*, 251r-. 29; *muy gozoso*, 251v., 22; *muy limpio*, 251v., 23; etc.). Algunas variaciones de número tienden a considerarse dialec-tales: el plural de *rey* es *reis* (269r., 5-6).

El uso del prefijo verbal *a-* es muy frecuente: *adexar*, 258v., 27; *ador-*mióse*, 287r., 27; *aprovar*, 264r., 7 (por *probar*, 'demostrar'); *aquebrantar*, 261r., 23; *asañar*, 284r., 4.

4.4. *Sintaxis*

El complemento directo de persona se introduce normalmente sin la preposición *a:* «vencería sus enemigos» (261v., 20)[38].

El leísmo de persona aparece a veces. Sin embargo, la práctica nor-mal del leonés es más bien el uso de la forma *lo* para el acusativo mascu-lino (e incluso dativo)[39]. Los raros casos en los que el uso analógico se prefiere al etimológico, como en «ellos prendiéron*le* e crucificáron*lo* en un palo», p. 34), pueden deberse a los usos personales de alguno de los copistas de la tradición[40].

---

[36] El imperfecto en *-ié* permanece dialectalmente en leonés (Cabrales), A. ZAMORA VICENTE (1967: 183).

[37] La vacilación de *-l-* (a veces palatal, como aquí en *toler*) y de *-ll-* (no siempre pala-tal) es común en leonés. Es una característica leonesa del manuscrito del *Libro de los gatos*; B. DARBORD (1984). Lo mismo para *-n-/-nn-*. Así, «un acetre ('vasija') *lleño* de agua». También tiene amplia presencia entre algunos notarios la palatalización de /l-/ que, aunque no es ni mucho menos sistemática, aparece en voces como *llugar, llegua, llimpio, llagar, ller, lleyda, llaguna, llegítimo, llenares, llemuelas, llino, llana*; J. R. MORA-LA (2004: 565).

[38] La construcción también frecuente en el castellano de la Edad Media.

[39] El *lo* neutro es general; C. GARCÍA DE LUCAS (1999: 55).

[40] Como nos recuerda P. SÁNCHEZ-PRIETO BORJA (1998: 62), la crítica textual difícil-mente puede ayudarnos a resolver las variantes de lengua.

Interesante es el orden de las palabras, en particular en el caso de los pronombres clíticos: «mas si lo nós non servimos» (260r., 7), «agora me di» (262r., 27-28), «quando lo su padre vio» (256r., 18), «como le Dios mandara» (259v., 28). Es una sintaxis sorprendente en contraste con el uso moderno, pero es elegante en términos de cronología mental: el pronombre (anafórico, substituto) precede al nombre.

Muy propio del manuscrito 1877 es el orden *clítico + negación* (*lo non*, preferido a *non lo*). El CORDE documenta un sinnúmero de enunciados con este orden, en particular en la *General Estoria* o en la *Estoria de España*. La negación rechaza el semantismo del verbo y no el del pronombre. Es negación de verbo, no de frase. Es normal que el clítico anafórico preceda así al verbo negado: «E si lo non sacase bivo, que siquier los huesos» (p. 16).

Queremos insistir sobre este elemento. Inés Fernández-Ordóñez lo considera como un occidentalismo en su examen de la *General Estoria*.

> La interpolación de elementos entre el pronombre y el verbo es muy frecuente, admitiendo no sólo la negación sino un repertorio extenso de elementos: *d'otra guisa non lazraría yo como é lazrado si con verdat non andudiesse e en el rey mucho bien e mucha merced me non yoguiés e la yo y non esperás* (fol.27v)[41].

Los casos de interpolación son numerosos en el *Libro del Santo Grial*: «e quando la él ovo guardada» (252r., 22); «bien oiredes después cómo lo ende sacó» (253v., 11-12). Aquí no es inútil observar que este orden se ha impuesto en francés: «*vous entendrez bien comme après il l'en sortit*». Lo mismo en «lo ý faría morir» (258v., 4; en francés, «*qu'il l'y fit mourir*»). El orden *non le* también aparece: «omne del mundo non le quería ver» (253v., 25)[42].

---

[41] I. FERNÁNDEZ-ORDÓÑEZ (2004). La investigadora observa en la *General Estoria* los siguientes elementos (entre otros): 1) imperfectos y condicionales en *-ié;* 2) distinción genérica *so/su,* leísmo generalizado («para todo tipo de antecedentes singulares masculinos y contables, animados e inanimados»); 3) interpolación de elementos entre el pronombre y el verbo *(le non…);* 4) formas *elle, aquelle* y *lle;* 5) perfectos sin diptongo: *saliron;* 6) participios en *-udo;* 7) apócope en *vencist, dixist, dixiés, preguntás,* así como en *me, se te, > sim, luegot…,* reducción de *-iello > -illo* en masculino, pero nunca en femenino *(-iella).*

[42] Sobre la ubicación del pronombre clítico, véase también A. ZAMORA VICENTE, (1967: 206).

4.5. *Léxico*

Ciertas unidades léxicas parecen gallego-portuguesas, leonesas o, al menos, no son típicamente castellanas: *falar* ('hablar', 254r., 2); *fía* ('hija', seguramente de *FIL(I)A, 285r., 12); *entrego* ('entero', 252v., 11; 279r., 12; 279r., 19; 265v., 18; 279r., 17; 279r., 24); *esmorido* ('desvanecido', 268r., 24)[43]; *ome* ('hombre', 294r., 17); *sergiente* ('sirviente', 283r., 6); *fol* ('loco', 283v., 25; 284r., 14); *folía* ('locura', a partir del adjetivo anterior, 252v., 5; 259r., 26; 299v., 13)[44]; *ren* (<REM, 283r., 11; 284v., 20; 296r., 8)[45]; *sen* (germ. *sĭnn,* 'sentido', 289v., 12; 290r., 5); *escaecer* (*EXCADESCERE, 'olvidar', 287r., 1)[46]. Asimismo, el adverbio *aínda* (285v., 28; 290v., 23; 291r., 29) es propio del Occidente de la península y, como es bien sabido, todavía se usa en portugués. Según J. P. Machado, el adverbio no puede provenir de ĬNDE, dada la presencia de la ĭ breve. En portugués, la forma más antigua es *inda.* Se debe aducir AD + HINC (o ABHINC), siendo la *-a* final analógica de *fora, contra, mientra…*[47].

5. OCCIDENTALISMOS EN OTROS TESTIMONIOS DE LA TRADICIÓN

Tras rastrear el manuscrito salmantino, hemos podido hallar numerosas muestras lingüísticas, en los diferentes aspectos gramaticales, que no se corresponden con lo que generalmente se considera castellano. Cabría preguntarse si estas particularidades son exclusivas del manuscrito de Salamanca dentro de la tradición. La cuestión la formuló K. Pietsch hace ya tiempo y llegó a la conclusión de que los *occidentalismos* de la copia que hemos estudiado se encuentran también en los demás testimonios del ciclo artúrico castellano.

---

[43] Y no *esmortecido* como en castellano.

[44] Palabra conocida y usada en castellano, aunque seguramente se trate de un préstamo.

[45] Mucho más frecuente en otras lenguas o dialectos peninsulares y ultrapirenaicos.

[46] *Cf.* port. *esquecer.*

[47] Léase el estudio de J. P. MACHADO (1952), con las observaciones de Leite de Vasconcelos o Carolina Michaelis.

The unmistakable traces of this mixed language in *G* [Salamanca 1877] and even still in *D* [las *Demandas* castellanas] not only confirm the correctness of my assertion that *O* [la traducción cíclica castellana perdida] is the common source of *G* and *D,* but are also a weighty argument for the original unity of the Grailcycle[48].

Efectivamente, podemos entresacar algunos ejemplos del *Merlín* o de la *Demanda* que muestran el color *occidental* que, aquí y allá, caracteriza a todos los textos artúricos castellanos. En el impreso de Toledo de 1515 mencionado, se leen frases como, por ejemplo, «tu madre irse á agora de aquí, y contrará al clérigo quanto te yo dixe» (6 r., col. a), de sintaxis llamativa y con una forma verbal en la que aparece la consabida /r/ epentética. Incluso encontramos ejemplos negativos, mucho más útiles desde el punto de vista textual, como «aínda será muy sesudo si biviere, y sería gran daño si lo matássedes» (8 r., col. b), donde el adverbio que abre la frase, al ser incomprensible, fue trivializado, aquí en contra del sentido, por el más habitual y castellano *aína*[49]. Podemos afirmar, por lo tanto, que los rasgos lingüísticos occidentales debían de encontrarse diseminados por toda la extensión de la traducción cíclica en la cúspide misma del *stemma* de la tradición; es muy posible, desde luego, que estuviesen ya presentes en el original.

6. OCCIDENTALISMOS EN OTROS TEXTOS CASTELLANOS

Al hablar del contenido del manuscrito de la Biblioteca Universitaria de Salamanca 1877, podemos mencionar el códice H-1-13 de la Biblioteca del Escorial, que también recopilaba, hacia finales del XIV, hechos caballerescos y hagiografías adaptados del francés un siglo antes: la *Historia del caballero Plácidas,* del rey *Guillermo de Inglaterra,* de la *Santa emperatriz de Roma,* de los emperadores *Carlos Maines y Otas.* Esta colección también recoge traducciones de material libresco de origen transpirenaico y comparte con la copia salmantina los supuestos rasgos lingüísti-

---

[48] K. PIETSCH (1924: XVII).

[49] Ambos ejemplos se han tomado de la edición de la *Estoria de Merlín* establecida por A. ESCAMILLA SÁNCHEZ (2001).

cos de la parte occidental de la Península. El amanuense del manuscrito 1877 trabajó en la segunda mitad del XV. En aquel lapso de tiempo es cuando los textos escritos se deshacen de sus rasgos dialectales, como explica el profesor J. R. Morala:

> Tiempo después de la muerte de Alfonso X, en torno al cambio del siglo XIII al XIV, aún es posible identificar, en un buen número de los textos leoneses de la época, una serie de rasgos que el especialista no tendría mayor inconveniente en clasificar como rasgos específicos de las hablas asturleonesas. Dos siglos más tarde, a finales del XV, cuando la Edad Media deja paso ya a una nueva etapa histórica, esos rasgos han desaparecido casi por completo de los textos escritos[50].

Lo cierto es que algunas otras obras importantes de la literatura y la historiografía castellanas medievales también muestran, en varios testimonios que nos las han transmitido, rastros lingüísticos occidentales. El *Libro de Alexandre* o el del *Arcipreste de Hita* son dos buenos ejemplos. Parece ser que los orígenes de la prosa y el verso castellanos están frecuentemente ligados a variantes hasta hoy consideradas como leonesas. Sobre este asunto, decía Alberto Blecua en el comentario lingüístico a su edición del *Libro de buen amor*:

> Para terminar, quiero aventurar una hipótesis sobre los dialectalismos de las obras literarias medievales y, en particular, el *Libro de buen amor*. La mayoría de los textos anteriores al siglo XV presenta en mayor o menor grado rasgos que, al no concordar con el castellano alfonsí, se consideran dialectalismos. Sin embargo, cabría preguntarse cuál era la lengua de aquellas obras hispánicas en romance que manejó Juan Ruiz[51].

En efecto, Juan Ruiz pudo tratar de imitar modelos literarios que no se expresaban en el castellano alfonsí de la cámara regia; es perfectamente normal que un autor reproduzca las variedades lingüísticas de las obras a las que intenta emular y no hay duda de que, en determinados

---

[50] J. R. MORALA (2004: 555).

[51] RUIZ, Juan: *Libro de buen amor*. Edición de A. BLECUA ([6]2003), Madrid: Cátedra, XCI.

pasajes del *Libro de buen amor,* se recurre a la caracterización sociolingüística de algunos personajes. Pero además sabemos que, esporádicamente, el mismo castellano del siglo XX presenta variantes que transgreden las reglas fonéticas generales del dialecto medieval que acabaría por convertirse en el español[52].

I. Fernández-Ordóñez también nos recuerda la proximidad de las lenguas y dialectos romances de la Edad Media y la imprecisión de sus límites:

> Las diferencias estructurales entre las lenguas romances peninsulares y la percepción de esas diferencias eran mucho menos acusadas en la Edad Media que en época moderna. La transmisión de nuestra literatura medieval arroja pruebas de una cierta «comunidad de lenguas» paralela a cierta «comunidad cultural»[53].

Creemos que algunas variantes que la crítica ha tildado de *occidentalismos* o *leonesismos* en la tradición textual artúrica podrían encontrarse igualmente en textos castellanos de cierta antigüedad o espontaneidad. La extensión de algunas formas y fenómenos, incluso en la actualidad, rebasa ampliamente los límites del leonés (piénsese en las consonantes antihiáticas, la confusión de líquidas o algunos paradigmas verbales). Si hoy, tras siglos de norma escrita y décadas de medios de comunicación de masas, aún son perceptibles elementos afines en las hablas populares de dominios lingüísticos diferentes e incluso distantes, no debe sorprendernos encontrar numerosos rasgos comunes a los diversos dialectos y lenguas peninsulares durante la Edad Media. Si el gallego-portugués y el mozárabe de Almería o Alicante, por ejemplo, adoptaban a veces decisiones similares, ¿por qué el leonés no habría de alinearse con ellos? Pensando de ese modo, muchas de las variantes de la tradición artúrica castellana consideradas hasta hoy como dialectales podrían dejar de serlo (*sará, ben, tempo, veno, fue* y, por qué no, *progo, sembrante* y tantas otras). De esta manera, además, sería innecesario suponer un sustrato luso de la traducción castellana para explicar los elementos extraños a la

---

52 J. R. MORALA (2002), por ejemplo, nos recuerda los casos de *camba* y *ambelga* que recoge el *ALCyL*.

53 I. FERNÁNDEZ-ORDÓÑEZ (2006: 1794).

llamada lengua alfonsí: el leonés y el gallego-portugués compartieron, evidentemente, una buena porción de materia lingüística.

Curiosamente y como hemos podido observar, algunos rasgos tan característicos como la conservación de los diptongos decrecientes o el ensordecimiento de la palatal no se recogen en la versión castellana del ciclo. La nivelación, desde luego, puede ser fruto de la tradición textual pero también podría haberse producido ya en el lenguaje que escribió por primera vez en la Península la materia de Bretaña en prosa.

Es muy posible que, como aventuraba María Rosa Lida[54], el origen de la traducción cíclica artúrica esté en el mismo entorno que, en cierto modo, fijó las bases de la prosa castellana. El *castellano drecho* querido por Alfonso X, *koiné* centrada en Toledo, aún vacilante pese a la voluntad de su defensor, quizás tratase de suceder a un *castellano occidental,* fraguado en León e impulsado como lengua literaria por Fernando III.

BIBLIOGRAFÍA

BOGDANOW, Fanni (1966): *The Romance of the Grail.* New York: Barnes & Noble.

BORREGO NIETO, Julio (1996): «Leonés», en: ALVAR, M. (dir.): *Manual de dialectología hispánica. El español de España.* Barcelona: Ariel, 139-158.

CARRASCO, Pilar/CARRASCO, Inés (1997): *Estudio léxico-semántico de los fueros leoneses de Zamora, Salamanca, Ledesma y Alba de Tormes. Concordancias lematizadas.* 2 vols. Granada: Universidad de Granada, Publicaciones de la Cátedra de Historia de la lengua española.

COROMINAS, Juan/PASCUAL, J. Antonio (1980-1991): *Diccionario crítico etimológico castellano e hispánico.* Madrid: Gredos.

DAGENAIS, J./GARDNER, R. S./McHUGH, W. D. (1993): *Books and Libraries in Salamanca (1240-1300),* disponible en Internet en ftp.acns.nwu.edu/pub/ NUacademics/hispanic.studies/Medieval.Iberia/articles/salamanc.txt.

---

[54] María Rosa Lida de Malkiel, quizás retomando una idea de R. Menéndez Pidal, percibió un ambiente literario idóneo para la elaboración de las traducciones artúricas en el León de la mitad del siglo XIII. En efecto, ya relacionaba el material del manuscrito de Salamanca con la *Estoria del rey Guillelme* y afirmaba que todas estas adaptaciones proceden de un mismo centro de actividad literaria. Véase M. R. LIDA DE MALKIEL (1979: 409-411).

DARBORD, Bernard (ed.) (1984): *El Libro de los Gatos*. Paris: Klincksieck.

DARBORD, Bernard/POTTIER, Bernard (^{3}2004): *La Langue Espagnole. Grammaire Historique*. Paris: Armand Colin.

ESCAMILLA SÁNCHEZ, Adelina (2001): *Una nueva edición de la* Historia de Merlín. Tesis doctoral inédita defendida el 18/01/2001. Alcalá de Henares: Universidad de Alcalá.

FERNÁNDEZ-ORDÓÑEZ, Inés (2001): «Hacia una dialectología histórica. Reflexiones sobre la historia del leísmo, el laísmo y el loísmo», en: *Boletín de la Real Academia Española,* Tomo 81, Cuaderno 284, septiembre-diciembre, 389-464.

— (2004): «Alfonso X en la historia del español», en: CANO, Rafael (coord.): *Historia de la lengua española*. Barcelona: Ariel, 381-422.

— (2006): «La historiografía medieval como fuente de datos lingüísticos. Tradiciones consolidadas y rupturas necesarias», en: BUSTOS TOVAR, J. J. de/GIRÓN ALCONCHEL, J. L. (eds.): *Actas del VI Congreso Internacional de Historia de la Lengua Española*. Vol. 2. Madrid: Arco/Libros, 1779-1807.

GARCÍA DE LUCAS, César (1999): *Les premières Traductions du Roman du Graal en Espagne, I/II*. Tesis doctoral inédita defendida el 18/01/1999. Paris: Université Paris X Nanterre.

GÓMEZ REDONDO, Fernando (1999): *Historia de la prosa medieval castellana*, II. Madrid: Cátedra.

LOOMIS, R. S. (ed.) (1959): *Arthurian Literature in the Middle Ages. A Collaborative History.* Oxford: Oxford University Press, 406-418.

LÓPEZ GARCÍA, Ángel (1985): *El rumor de los desarraigados (conflicto de lenguas en la península ibérica*. Barcelona: Anagrama.

MACHADO, José Pedro (1952): *Dicionário etimológico da língua portuguesa*. Lisboa: Confluencia.

MENÉNDEZ PIDAL, Ramón (^{6}1941): *Manual de gramática histórica española*. Madrid: Espasa-Calpe.

MORALA, José R. (1998): «Norma gráfica y variedades orales en el leonés medieval», en: BLECUA, J. M./GUTIÉRREZ, J./SALA, L. (eds.): *Estudios de grafemática en el dominio hispánico*. Salamanca: Ediciones Universidad de Salamanca/Instituto Caro y Cuervo, 169-188.

— (2002): «De la complejidad interna del castellano en Castilla (y León)», en: SARALEGUI, C./CASADO, M. (eds.): *Pulchre, bene, recte. Estudios en homenaje al Prof. Fernando González Ollé*. Pamplona: Eunsa, 955-969.

— (2004): «Del leonés al castellano», en: CANO, Rafael (coord.): *Historia de la lengua española*. Barcelona: Ariel, 555-569.

PIETSCH, Karl (1924-1925): *Spanish Grail Fragments*. 2 vols. Chicago: University of Chicago Press.

SÁNCHEZ-PRIETO BORJA, Pedro (1998): *Cómo editar los textos medievales.* Madrid: Arco-Libros.

ZAMORA VICENTE, Alonso ([2]1967): *Dialectología española.* Madrid: Gredos.

Do latin ao galego(-portugués): tempos, modos
e espazos para unha mudanza escritural
na documentazón notarial galega do séc. XIII

José António Souto Cabo
Universidade de Santiago de Compostela

Fai agora tres anos, nun cuadro simbólico para as orixes do castellano escrito, o mosteiro de S. Millán na Rioja, prognosticábamos a posibilidade de concluir nun período de dous anos a pesquisa arquivística que nos iria permitir oferecer algunhas conclusóns sobre a mudanza no modelo escritural verificada no ámbito galego-portugués ao longo dos séculos XII e XIII (J. A. Souto Cabo 2004a). Fruto dese traballo foi a publicazón recente dun «Inventário dos máis antigos documentos galego-portugueses» (J. A. Souto Cabo 2006). Ese catálogo xunto coa edizón dun total de trescentos e oitenta e catro documentos, na actualidade en vias de publicazón (J. A. Souto Cabo [no prelo]), son as bases sobre que construímos o estudo que agora apresentamos.

O interese pola fase inaugural da expresón escrita galego-portuguesa coñeceu, na última década, algunhas novidades significativas. No ámbito lusitano a localizazón de textos até o momento inéditos xunto coa reinterpretación dalguns xa coñecidos permitiron adiantar considerabelmente as datas de aparizón dos primeiros testemuños escritos do galego-portugués, sendo posíbel situar na segunda metade do século XII as amostras máis vetustas: o *Pacto entre Gomes Pais e Ramiro Pais* (ca. 1173), a *Carta foral da Benfeita* (2ª metade do séc. XII) ou a *Notícia de haver* (2ª metade do séc. XII?). Por outro lado, os novos dados documentais contribuíron notabelmente para esclarecer o estatuto de documentos hai tempo identificados, nomeadamente o *Testamento de Afonso II* ou a *Notícia de Torto* (J. A. Souto Cabo 2003a).

Apesar de as novidades no ámbito galego no contaren cun carácter tan notório, diversos traballos conseguiron exumar documentos significativos para entender a orixe e progresón das práticas escriturais romances en Galiza. Entre eles, merece especial atenzón un conxunto relativamente importante de escrituras situadas entre 1231 e 1250, entre as cais sobresai, pola prioridade cronolóxica, unha compra-venda de 1231 procedente

do mosteiro de Melón que, por encanto, constitui o primeiro diploma
plenamente galego-portugués dos producidos no noso país [**n° 2**[1]].

Non é a primeira vez que abordamos este tema que desde 1993 ven
sendo obxecto frecuente das nosas pesquisas e publicazóns, tanto no
referido ao ámbito portugués como ao galego. Neste caso, atendendo à
suxestón dos organizadores, só imos analisar a situazón dunha das áreas,
a máis setentrional, daquelas en que o complexo lingüístico galego-portugués se viu politicamente cindido na alta Idade Média e que se corresponde co antigo reino de Galiza e as áreas limítrofes de língua galega.
Pretendemos, portanto, dar a coñecer, a partir dos dados colixidos, as
variábeis que explican e condicionan a presenza da expresón romance
na documentación notarial procedente de Galiza. O ámbito cronolóxico
contemplado estende-se de meados do século XII a 1270.

1. O CUADRO HISTÓRICO

Torna-se necesário, en primeiro lugar, facer unha breve alusón ao palco
histórico en que se inscrebe o noso estudo, xa que, en boa medida, foron
circunstáncias sócio-políticas as responsábeis por mudanzas importantes no ámbito que estudamos.

Galiza, desvinculada do que foi a sua metade meridional que, co
nome de Portugal, se erixia en 1121 como reino independiente, iria
constituir, co reino de León, desde o falecimento de Afonso VII en 1157,
unha unidade independente. Esta autonomia política mantivo-se durante 73 años, o que se corresponde cos reinados de Fernando II (1157-
1188) e de Afonso VIII –Afonso IX– (1188-1230). À morte deste último, diversos feitos virian frustrar a continuidade dese reino, ao ocupar o
trono o rei Fernando III de Castela. Esta sensíbel mudanza política tivo
importantes consecuéncias económicas e culturais. Asi, dunha fase claramente expansiva e com reflexo en importantes realizazóns artísticas
(entre as cais a catedral de Santiago pode ser un claro expoente), pasá-

---

[1] No fin deste traballo reproducimos, de acordo con J. A. SOUTO CABO [no prelo],
diversos documentos que reputamos significativos para mellor comprender esta exposizón. Eses textos aparecen referidos entre parénteses rectos.

mos a un longo período de decadéncia. Na base de tal contraste está a viraxe na orientazón política do reino, xa que Galiza pasa de ser o núcleo do poder (lembremos que o panteón real se encontra na Sé de Compostela) a converter-se nun apéndice marxinal e remoto da nova entidade política, agora guiada case exclusivamente por intereses castellanos.

Poderá parecer paradoxal verificar que foi precisamente a unión a Castela o feito que explicará, polo menos en parte, a presenza do romance nas produzóns escritas de Galiza. No entanto, esta nova situazón política, a longo prazo, porá as bases para a decadéncia do noso idioma e para o seu desaparecimento da documentazón en finais da Idade Média.

2. LIMITES SCRIPTO-LINGÜÍSTICOS

Antes de percorrermos as diferentes etapas cronolóxicas do proceso que analisamos, debemos estabelecer algunhas precisóns nos conceitos relativos à natureza scripto-lingüística e documental das escrituras en foco. Asi, fai-se necesário delimitar a expresón estritamente galego-portuguesa, por un lado, do modelo de representazón tradicional latino(-romance) e, por outro, dunha variedade de *scripta* que podemos definir como «galaico-leonesa», oriunda das áreas administrativamente castellano-leonesas fronteirizas con Galiza.

En relazón ao primeiro aspecto, face à existéncia dalgunhas controvérsias no ámbito lusitano[2], non existen sérias discrepáncias à hora de clasificar como latinos ou romances os diferentes textos localizados. De feito, salvo en casos excepcionais, non supón especial dificuldade discriminar os modelos escriturais a que aludimos. Notemos, contodo, que o debate teórico se poderia producir tomando como base documentos latino-romances do tipo *notícia* como o reproducido no apéndice [n° 1], escrito en que a presenza de elementos exclusivamente galego-portugueses é moi significativa. Nestes casos, o modelo diplomático favorece, como está suficientemente estabelecido, a utilizazón dun

---

[2] Referimo-nos fundamentalmente ao debate provocado pola posíbel considerazón da *Notícia de fiadores* (1175) como documento galego-portugués (*cf.* A. M. MARTINS 1999 e 2001a, A. EMILIANO 2003, J. A. SOUTO CABO 2003b, I. CASTRO 2006).

código tendencialmente isomórfico en relazón à oralidade, unha vez que se trata de escrituras de tipo probatório que, portanto, non están suxeitas às exixéncias de formalidade próprias da documentazón dispositiva. A presenza do romance decorre igualmente das características do conteúdo, xa que alén de carecer dos segmentos formulaicos, estes tipos documentais aparecen constituídos por listaxes ou descrizóns xeográficas, como o exemplo a que aludimos. Porén, a escasa e/ou insuficiente representatividade romance, no que tanxe a alguns compoentes lingüísticos (*v. g.* formas verbais), impede considerá-los documentos romances.

Como se sabe, tamén podemos encontrar documentos híbridos cuxa característica substantiva é un contraste lingüístico moito marcado entre os diferentes segmentos do discurso diplomático, sendo a parte dispositiva, face ao protocolo e ao escatocolo, susceptíbel ocasionalmente dun alto grau de romanceamento. De todos os modos, os exemplos con que contamos, todos posteriores a 1230, tampouco oferecen problemas de adscrizón idiomática, ainda que poderian colocar algunhas dúvidas. Para evidenciar esta situación, reproducimos os textos n° **3** e n° **5**. O último, unha compra-venda procedente do Arquivo da Catedral de Ourense que pertenceu ao mosteiro de Monte de Ramo, apresenta unha particular distribuizón de latín e romance. Despois de ter sido consignado o acto dunha «primeira» transaczón económica e inclusivamente de se ter feito alusón às cláusulas penais polo incumprimiento, rexista unha nova transaczón coa aparéncia de *addenda* à primeira. Nesta segunda parte abandona-se bruscamente a expresón latina, pasando a utilizar o galego-portugués que, talvez por inércia expresiva, se prolonga ao resto do escatocolo. Canto ao documento procedente do *Tombo de Lourenzá* (n° **3**), os segmentos latinizantes coinciden co protocolo inicial e co escatocolo. Polo contrário, na parte dispositiva domina de modo absoluto o romance. O documento n° **4** apresenta algunas conexóns cos dous anteriores no uso do galego-portugués tanto no corpo do documento como na apostila final. Parece clara, portanto, a relazón inversa que se estabelece entre o uso do romance e a expresón codificada dos formulários.

Face ao documento n° **5** –que cualificamos como latino–, non duvidamos en considerar os dous restantes [n° **3** e n° **4**] como galego-portugueses, con base en critérios discriminativos xa expostos en traballos prévios e que sintetizamos na constatazón do predomínio, en extensón e intensidade, de elementos romances.

Outro problema delimitativo é aquel que se pon respeito das modalidades de *scripta* leonesas xeograficamente viciñas. Isto debe-se à situazón scripto-lingüística peculiar que observamos en diversas áreas limítrofes con Galiza, fundamentalmente as situadas nas actuais províncias castellano-leonesas de Zamora e León. En primeiro lugar, o debate pode surxir à hora de definir dun ponto de vista idiomático a produzón emanada de tres mosteiros desa zona: os de Castañeda (c. Calende), Carracedo (c. Carracedelo) e San Pedro de Montes (c. Ponferrada). Mesmo sendo a língua funcional destes espazos xeográficos unha variedade oriental do galego, a *scripta* utilizada no período obxecto da nosa análise revela un claro influxo dos modelos leoneses viciños. Face à prática normal no conxunto galego-portugués, rexistamos, entre outras, características como: (i) conservazón gráfica de -N- e -L- intervocálicos latinos (xeral); (ii) ditongazón de Ĕ breve latino (ocasional); (iii) formas verbais irregulares (*tenga*, *venga*, etc) de configurazón allea às pautas evolutivas galego-portuguesas (frecuente). Un dos documentos dese tipo máis antigos conservados en versón orixinal é o reproducido co n° **9**. O texto rexista diversos resultados estraños ao galego-portugués, ainda que non se poda descartar que o escrito fose producido en terras galegas, concretamente en Carballeda de Val de Orras.

Ese modelo chegou, como vemos, a exercer unha influéncia máis ou menos profunda en diversas áreas de sudeste galego e nomeadamente nunha área do nordeste ourensano vinculada à diocese de astorga. O que durante algun tempo foi considerado primeiro documento galego, a *Carta de foro de Vila Boa* [n° **7**], evidencia claras pegadas do influxo de que falamos.

Na clasificazón idiomática destes escritos, optámos por combinar argumentos scripto-lingüísticos con criterios de índole administrativa. Do anterior surxe a identificazón dun conxunto documental a que atribuímos a etiqueta de «documentos galaico-leoneses», grupo formado maioritariamente por cartas producidos nesa área (castellano-)leonesa e en menor medida nos espazos políticos galego e portugués.

Finalmente, en relazón a otras posíbeis marcas de convivéncia idiomática, podemos apontar a presenza esporádica de resultados castellanos e/ou leoneses, alguns dos cais aparecen limitados a esta primeira fase cronolóxica e que, portanto, poden ser indício do influxo directo que exerceron outras tradizons de *scripta* nas orixes do galego-portugués escrito.

Abordamos a seguir o obxectivo central da nosa intervenzón coa análise, en primeiro lugar cronolóxica, da expansón do novo código gráfico romance. Para isto, estabelecemos por interese exclusivamente metodolóxico, embora en parte arbitrário, diferentes «fases» constituídas en eséncia polos catro decénios que medean entre 1230 e 1270.

Documentos galego-portugueses entre 1231 e 1260

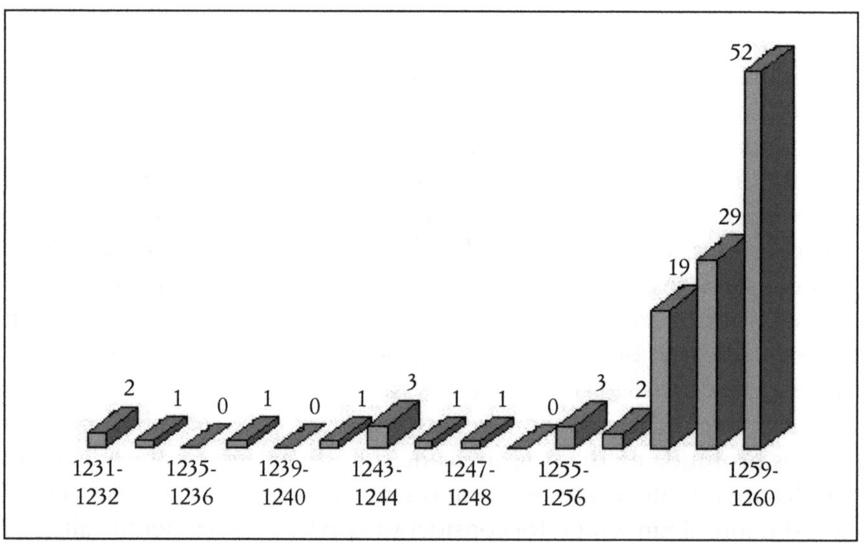

3. FASES

a) 1231-1240

Como xa indicámos anterioriormente, o que podemos clasificar, sen paliativos, como máis recuado escrito romance dos producidos no espazo galego data de 1231 [nº **2**]. Surxe, portanto, en data posterior à anexón do reino galaico-leonés a Castela producida en 1230. Esta carta de compra-venda entre a comunidade monástica de Melón (Ourense) e un particular posui tamén un relevo especial a nível da área lingüística galego-portuguesa en conxunto, xa que se trata do primeiro documento de características plenamente dispositivas dese ámbito. En principio, portanto, non parece que teña existido calquer tipo de coarctada diplomática que xustifique o recurso ao (novo) modelo escritural romance, até ese momento practicamente inédito en território galaico. A carta, en correspondéncia coas exixéncias diplomáticas próprias dunha compra-venda, reúne todos os requisitos da documentazón dispositiva. Ao mesmo tempo, exibe unha configuración scripto-gráfica totalmente desvinculada do modelo latino e cun grau notábel de estabilidade, infrecuente neste período.

O mesmos fundos dese mosteiro ourensano oferecen-nos un ano e meio máis tarde, embora da mao dun escriba diferente, outro exemplo precoce do uso da nosa língua na produzón notarial[3]. De novo estamos perante un documento dispositivo: un contrato enfitéutico polo cal o mosteiro afora unha herdade a un particular. Existen contodo algunhas diferenzas en relación à compra-venda de 1231 antes citada. Neste caso, ainda que o texto é nítida e maioritariamente galego-portugués, a expresón latina ainda monopoliza os segmentos inicial e final de carácter formulaico. Non deixa de ser, en boa medida, surprendente a existéncia destes dous textos e sobretodo a coincidéncia na orixe institucional, nomeadamente se tivermos en conta que será necesário esperar até 1255 para encontrarmos un novo documento romance nos ricos fundos dese extinto cenóbio.

Máis facil parece, a priori, xustificar a existéncia romance das duas escrituras ainda non contempladas: a carta foral, xa citada, outorgada aos habitantes de Piñeiro (1232) [nº **3**] e o testamento de Airas Oveques (1237) [nº **4**]. A permeabilidade ao romance nos documentos do primeiro tipo é ben coñecida. Canto aos testamentos, sobretodo aqueles caracterizados por unha menor solenidade diplomática, tamén apresentan amiúde un rexisto marcado por un considerábel grau de romanceamento, como foi xa notado en diversos estudos.

A respeito da procedéncia xeográfica destes dous últimos exemplares, parece, como veremos, certamente «inesperado» o uso do romance na manda testamentária, pois que procede da área sul da diocese com-

---

[3] AHN, pasta 1441, nº 11.

postelana, rexión eclesiástica que non se revelará proclive ao novo modelo de representazón gráfica até as últimas décadas do século XIII. Non se afigura tan excepcional o documento foral pola sua localizazón na diocese mindoniense, de todos os modos, como no caso dos documentos de Melón, até despois de 1255 non observamos continuidade nesa área.

Finalmente, non podemos deixar de mencionar o texto de Monte de Ramo de 1238 [nº **5**], xa aludido anteriormente polo seu carácter idiomáticamente impreciso, mais que pode testemuñar certa progresón do romance nun dos espazos que nas décadas posteriores adoptará con maior frecuéncia o novo modelo de representazón, feito a que certamente non foi alleo o influxo das áreas leonesas limítrofes.

Analisados no conxunto, polo seu relacionamento co período prévio e con aquilo que coñecemos sobre a produzón posterior, debemos notar, en primeiro lugar, que a emerxéncia do código romance en Galiza en 1231 constitui, até certo ponto, un feito abrupto, xa que no foran observados indícios claros que o presaxiasen durante o primeiro terzo do séc. XIII. Cabe postular como factor determinante de tal viraxe a referida unión a Castela, onde o uso do romance contaba cunha dilatada tradizón. Notemos que o referido carácter súbito poderá ser tamén referendado pola falta de limitazóns xurídicas ou diplomáticas con que se produce esa transformazón. Asi, o uso do romance en Galiza poderá ter, en parte, carácter de produto importado. Por outro lado, pode parecer, como veremos, un tanto paradoxal a discontinuidade con aquela que parece ter sido, do ponto de vista xeográfico, área inicial de difusón do romance durante os decénios seguintes.

b) 1241-1250

Ainda que, no segundo decénio, o número de documentos en galego-português non experimente unha progresón significativa, pois somente pasamos de 4 a 6, o panorama que deseñan apresenta unha maior coeréncia coa dinámica interna de difusón do código romance nos anos posteriores. De feito, os escritos proceden dos dous focos que, como veremos, se revelarán máis dinámicos na adopzón do galego-português.

Estes seis diplomas pertenceron a catro instituizóns monásticas, por un lado, aos mosteiros lucenses de Samos (1 doc.), Pena Maior (c. Bece-

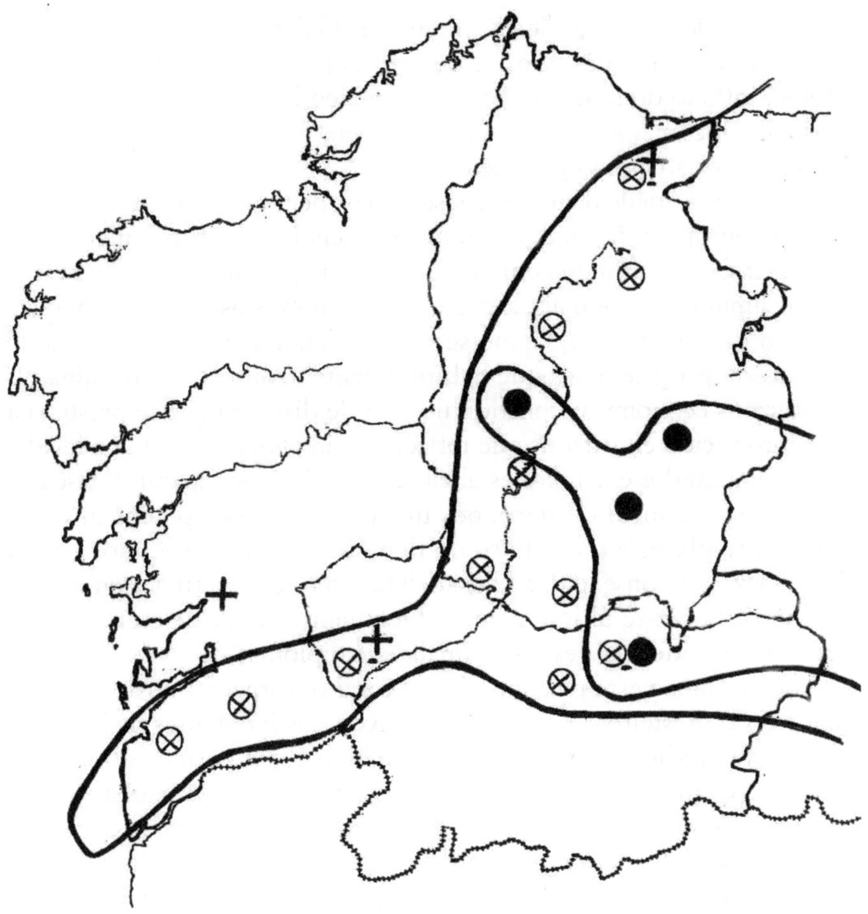

Documentos romances entre 1231-1255
+ : 1231-1240
● : 1241-1250
⊗ : 1251-1255

rreá) (2 docs) e Ferreira de Pallares (c. Guntin) (2 docs) e, por outro, ao ourensano de Sobrado de Trives (1 doc.). Os tres primeiros aparecen situados nas proximidades do camiño de Santiago, o último na liña do rio Sil. Trata-se, portanto, de duas das máis importantes e antigas vias de acceso a Galiza desde a meseta. A situazón será un novo dado para reforzar a hipótese de que estamos perante a extensón dunha prática procedente de áreas exteriores ao reino de Galiza. Este feito é especialmente evidente na carta de orixe ourensana [nº **7**] cuxa *scripta* revela un notábel influxo do modelo leonés (ou galaico-leonés) viciño. Polo contrário, os documentos lucenses no reflecten, na misma proporzón, elementos alleos ao galego-portugués.

Sobre a variedade de textos conservados, debemos notar que catro se integran en tipoloxías que poden ter propiciado o rexisto romance. En dous deles, o esencial do conteúdo, ainda que por motivos diferentes, é definir limites patrimoniais, aspecto que en ambos os casos monopoliza o corpo do documento. Como se sabe, a demarcazón topográfica de espazos ou propriedades que habitualmente acompaña determinadas transaczóns económicas constitui un tipo de discurso que se prestaba a ser reproducido en versóns que reflectian directamente a língua falada. O máis antigo dos exemplos estabelece os lindes que separan Vilaselle e Bacorelle (c. Láncara, Lugo), por un conflito de competéncias entre dous particulares e o mosteiro de Pena Maior[4]. No segundo, Teresa Rodríguez, por consello dos fillos, delimita o que lle pertence en Negral (c. Guntin)[5]. Neste último caso, o documento carece de escatocolo, o que pon en evidéncia a escasa formalidade diplomática.

Localizámos neste período a carta foral outorgada por dona Toda, abadesa do mosteiro de Sobrado de Trives, aos habitantes de Vila Boa [nº **7**]. Xa aludimos ao xénero diplomático, pola permeabilidade ao romance, e tamén às características lingüísticas da carta cunha elevada presenza de elementos leoneses. De feito, o texto situa-se no limite daquilo que consideramos documento galego-portugués face a texto galaico-leonés. A auséncia de ditongos leoneses e de formas verbais irregulares alleas ao romance máis ocidental, alén da sua probábel procedéncia galega, permite incluí-lo no primeiro grupo.

Embora de forma aproximada, pois no texto non consta a data de redaczón, o relato do litíxio patrimonial entre Pedro Formoso e Urraca Domingues, procedente do mosteiro lucense de Ferreira de Pallares [nº **6**], tamén se poderá situar neste decénio. O documento constitui un magnífico exemplo dos pleitos en que se compilan as declarazóns de liti-

---

[4] AHN, pasta 1216, nº 9.
[5] AHN, pasta 1242, nº 15.

gantes e testemuñas, e demonstra como a necesidade de respeitar a literalidade desas declarazóns pudo ter favorecido o uso dun rexisto caracterizado por un grau elevado de romanceamento.

Face aos catro reseñados, os dous documentos restantes, procedentes de Pena Maior[6] e Ferreira de Pallares[7], polo carácter formal e tipoloxia xurídica, un aforamento e unha cesón patrimonial, son moito máis significativos acerca da progresón do galego-portugués na documentazón que, en ambos os casos, monopoliza o discurso diplomático, inclusivamente as partes caracteristicamente máis formulaicas.

c) 1251-1260

Se, como vimos, a extensón do novo código no segundo decénio en relazón ao primeiro foi exígua, a revoluzón neste ámbito situa-se no espazo cronolóxico dos dez anos seguintes, como se evidencia claramente no gráfico (*cf. supra*). A progresón chega agora, en percentaxes, a 1.700%. Porén, os dados tamén permiten discriminar con nitidez entre a primeira e a segunda parte dese período, con 22 e 83 exemplares respectivamente, sendo o ano 1255 aquel que supón un evidente salto cualitativo e cuantitativo en relazón ao período prévio. De feito, para ese ano foron localizados un total de 12 escritos romances, en claro contraste con 1254, ano para o cal non dispomos, até o momento, de nengun.

A nível xeográfico tamén existe un notábel distáncia entre eses dous quinquénios. No primeiro, a prática do galego-portugués afianza-se e progríde nas áreas onde ese uso era xa coñecido, nomeadamente en tres núcleos:

1. O nordeste ourensano e a zona lucense limítrofe nas marxes do rio Sil (Monte de Ramo, Sobrado de Trives, Val de Orras, Monforte).
2. O Miño lucense, desde o seu nacimento ate a unión co Sil (Carballedo, Portomarin, Ferreira de Pallares, Lugo, Pastoriza). Este

---

[6] AHN, pasta 1216, n° 13.
[7] AHN, pasta 1086, n° 3.

espazo prolonga-se no nordeste desa mesma província até perto
do Cantábrico (Vila Nova de Lourenzá).
3. A área do Baixo-Miño (Melón – Sobroso).

A segunda metade do decénio é aquela que nos vai oferecer maiores
novidades. O uso do romance acaba por se espallar de norte a sul na
província de Lugo, chegando ao cantábrico en Ribadeu e, ao mesmo
tempo, avanzando na direczón das zonas ocidental e interior de Ourense, xunto coa área do Miño tudense. No entanto, a novidade de maior
significáncia é a sua presenza nas periferias da diocese compostelana,
até o momento totalmente allea à mudanza scriptográfica. Surxe con
certa intensidade no limite norte da mesma, concretamente no espazo
interior às rias de Ares-Betanzos e da Coruña, isto é, na terra de Nen-
dos. Contodo, como virán a demonstrar os dados do decénio seguinte,
non consideramos que eses exemplos podan constituir unha viraxe de
tendéncia no conxunto da demarcazón; probabelmente estamos perante
un movimento que responde às peculiaridades desa zona concreta.
Trata-se dun espazo de forte personalidade laica derivada da existéncia
de importantes burgos como Ferrol, Pontedeume e Betanzos, orixe e
sede duna das principais famílias nobres do país. Aliás, aparece afastada
e separada oroduce do centro da diocese, o que non se produce
en relazón ao espazo máis ocidental da sede mindoniense –hoxe zona de
Ferrolterra– coa cal constitui unha unidade xeográfica natural.

Por outro lado, o uso do romance entra polo noroeste desa demarcazón, con exemplares procedentes do mosteiro de Sobrado, nunha área
imediata ao camiño de Santiago e ligada ao espazo anteriormente aludido.
Tamén surxe un exemplo isolado, e segundo parece sen continuidade posterior, na Costa da Morte, posibelmente xustificábel como un caso excepcional, xa que nos encontramos perante a exposizón dun pleito, con sen-
tenza favorábel ao mosteiro de Moraime (Muxia)[8]. De todos os modos, da
mesma maneira que os exemplos procedentes de Sobrado, talvez poda ser
explicado por efeito de prolongazón da área setentrional antes citada.

En relazón aos xéneros documentais, xa son maioria os diplomas en
que se consignan actos de compra-venda, cesón ou aforamento, tipoloxias

---

[8] Museu de Pontevedra, C. A. A., 1.12.6.

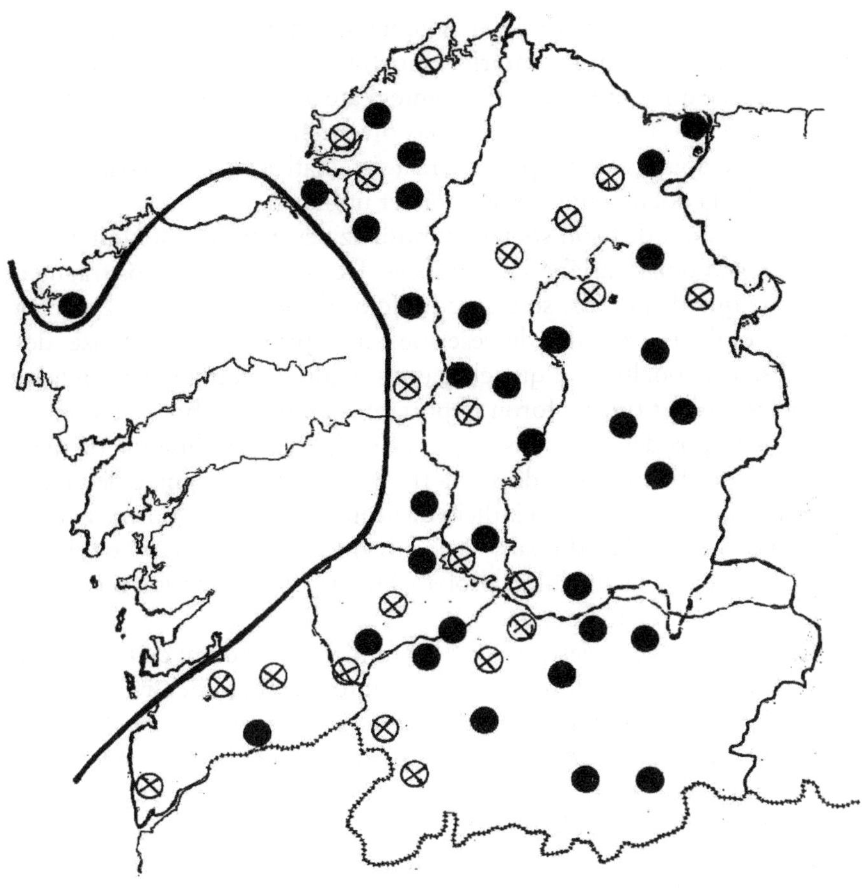

Documentos romances entre 1256-1270

que exixen cartas formais e de características dispositivas, feito que até o momento constituíra un impedimento para a expansón do romance.

A partir de 1260, non dispomos de informazón documental exaustiva, mais polos dados que conseguimos colixir, ainda que se intensifica notabelmente a proporzón de documentos romances, o *status quo* territorial no sofre praticamente nengunha alterazón significativa, mantendo-se a diocese compostelana, salvo a área setentrional citada, impermeábel à mudanza «idiomática» na documentazon notarial. Apesar de non ter sido elaborado un inventário exaustivo para o período posterior a 1260, parece que esa situazón se manterá até a década de oitenta. Inclusive, tendo en considerazón algunhas diverxéncias territoriais, ese último período aparece como palco para a sistematizazón do uso do galego-português na documentazón de carácter utilitário.

En relazón à difusón social da mudanza escritural, esta tamén ven determinada polas variábeis xeográficas. De acordo cos dados fragmentários de que dispomos, só temos indícios de aceitazón social máis ou menos xeral nas áreas das dioceses de Lugo, primeiro, e Ourense, despois. Esa é a conclusón a que chegamos tendo en conta a existéncia de diplomas cuxos titulares foron importantes famílias nobres e mesmo os próprios bispos desas circunscrizons eclesiásticas. Un diploma de que é titular D. Rodrigo Gomes de Trava [nº **8**], principal magnate de Galiza, pode ser significativo como indício da aceitazón do código romance por parte das elites sociais do país. O documento remonta a 1255 e foi redixido en Mayorga (Valladolid) probabelmente por un escriba ou notário da corte pesoal do aristocrata.

Canto às elites eclesiásticas, os ricos fundos da Catedral de Lugo, hoxe custodiados polo AHN, reúnen o conxunto máis significativo de documentos romances do período, sendo moito notória a asociazón de moitos deles a D. Miguel, bispo de Lugo por un longo período que vai de 1226 a 1269. Para a diocese ourensana, xa en 1259 localizámos o primeiro escrito galego producido polo notário do prelado[9]. Polo contrário, a documentazón asociada às autoridades eclesiásticas da diocese compostelana permaneceu refractária aos novos usos scripto-lingüísticos, situazón que se mantivo até os últimos anos do séc. XIII. O conxunto do bispado parece ter seguido o exemplo das elites eclesiásticas, xa que, como dixemos, até o momento, non coñecemos documentos romances producidos nesa zona até meados os anos 80. O território compostelano aparece asi, xunto con diversas zonas do reino de Portugal, como un dos espazos ibéricos máis resistentes à habilitazón do vernáculo para a documentazón notarial.

Canto às altas instáncias da administrazón civil, é interesante notar que o galego pasa a ser desde esta fase inicial língua das instáncias muni-

---

[9] AHN, pasta 1329/E, nº 12.

cipal e xudicial; segundo se reflecte na documentazón emanada dos *con-cellos* e dos *meiriños*. Tamén a administrazón réxia tivo a lingua autócto-ne como veículo comunicativo. Asi se demostra, por exemplo, cun docu-mento de 1266 [n° **10**] elaborado en Ourense cuxo titular é Estevo Fernandes, adiantado-mor de Galiza naquel momento. Isto implica un grau notábel de «normalizazón» do idioma autóctone, que só se verá seriamente alterada dous séculos despois. De todos os modos, notemos que o documento admite, en certa proporzón, elementos espúrios que poden suxerir a considerazón incipiente do castellano como modelo lin-güístico de prestíxio.

Canto ás características scripto-lingüísticas do período, xa apontá-mos anteriormente alguns feitos especialmente significativos, entre eles o interferéncia ocasional de tradizons de *scripta* leonesas e/ou castella-nas de que resulta a presenza nalguns textos de formas evolutivamente alleas ao galego-portugués. A área que parece ter sido máis permeábel, por motivos de diversa natureza, a ese influxo exterior leonés e/ou cas-tellano é o ángulo constituído polo curso dos rios Sil e Miño.

Ao mesmo tempo, esta fase inaugural, con independéncia da conti-nuidade, às veces moito marcada, de elementos latinizantes, caracteriza-se loxicamente por ser un período de notábel plasticidade gráfica, sobre-todo naqueles ámbitos lingüísticos que non mantiveron continuidade «linear» co modelo escritural anterior. Entre eles encontrámos:

a) Contraste <e> e <i>, <o> e <u>.
b) Os ditongos decrecentes (ej, ow).
c) Sistema de africadas e/ou frivativas romances: contrastes entre os diferentes fonemas e oposizón xordas *vs* sonoras.
d) Vogais nasais.

Non queremos concluir sen lembrarmos que o galego-portugués foi veículo lingüístico da poesia trovadoresca e que o texto poético máis anti-go dese movimento poético, datábel conxecturalmente, poderá remontar a ca. 1200, polo cal supomos que a escrita literária terá precedido, en máis de trinta anos, o primeiro texto notarial no uso do romance. Contodo, consideramos que se trata de tradizóns diferentes en orixe e, por aquilo que se deduce das actualizazóns concretas, sen claros pontos de conexón nesta altura. Excluímos, portanto, calquer intuito por estabelecer ligazóns entre ambas, máis se tivermos en conta que, como se sabe, a produzón poética foi preservada maioritariamente en apógrafos do século XVI.

APÉNDICE DOCUMENTAL

1

Sen data (ca. 1130-1170).
C. AHN, *Tombo de Lourenzá* (cód. 1044), fl. 54v.

hec est noticia de terras que iacent in uilla cezar jn pranis. jn agualada una [12] terra cum sou directo. dilus corragos usque in caruceyro d' agrilo u directo do mona[13]sterio. hereditate tota de conido hereditate tota de cornas. hereditate tota de uec[14]ga. hereditate tota de oucteyro dis istu usque in lago mortu directo do mo[15]esteyro dela agra du cotu usque in lagona de lagu mortu de inde usque ad ma[16]re. hereditate da auissada *et* toto aprestamo de pedro porteyro qui tenet petrus [17] froyle in sancti petri media de hereditate da lagona. *et* casal que tiuu petrus al[18]uariz cum suas cortinas. jnna siara toto directo do moesteyro. Jn gra-dau[19]fi usque ad mare. *et* de inde per aqua de iuncelus *et* figeyrido *et* funtanelo *et in* pereyra *et* [110] cabrunçana todo derecto do monasterio. Jm sancti petri casal de maria uremu[n]diz [111] *et* casal de pelay lado vnde debet monasterio habere seruicium et humilitatem.

2

1231, Agosto, 25.
AHN, Mosteiro de Melón, pasta 1441, nº. 4.

Era Mª CCª LXª IXª VIIIº kalendas september Conocuda cousa sea a todos [12] Que. Eu. Pedro. saluadorit. vendo a uos. abade dom Gomet & con[13]uento de sancta. Maria. de melom essa mia herdade de sequeyros de [14] buruem a tal precto & sub tal condicom que uos dedes a mjm raçom [15] no moesteyro tal como úúm dos bóós frades que ouuer na [16] casa Eu abade dom Gomet & conuento de sancta. Maria. de melom damos [17] & outorgamos a uos en este mesmo logar raçom como de suso [18] nomeada e E damos uos .CC. soldos por reuora que nunca sea [19] demandada de uos nem de uosa uoz E uos ou uossa uoz se a [110] demandar quiser pecte .D. soldos a uoz do Rey & Nos abade [111] & conuento de melom outro tal precto façemos a uos se uos uos[112]sa raçom nom queremos dar ou_[u]os na ordím nom queremos coler [113] O abade & o conuento de melom entergemuos uossa

he*r*dade & [*se*] uo[114]la entergar no*m* q*u*isere*m* facauos entergar O rey da te*r*ra [115]
e leue a pea q*ue* iat no plazo [116] q*u*i *presentes* foro*m* don Gomet abade .Jo*h*am.
p*er*ez p*r*iol. pay /m*ar*t*iiz*/ scelareyro. ff*er*nando. capelo [117] sub celareyro. do*m*.
vasco uistiaro mo*n*ges [118] Eu .*pedro*. rod*r*ig*uez* dicto manteyga Qui Notey.

3

1232, Outubro, 15.
C. AHN, *Tombo de Lourenzá* (cód. 1044), fl. 68r-68v.

In no*m*i*n*e do*m*inj Am*en*. Notum sit om*n*ib*us* hominib*us* ta*m* p*re*sentib*us* q*uam*
futuris. Quod [l2] ego don Aluaro gonzaluiz facio preyto conos homéés de pineyro
[l3] por mi*n* & por m*e*o linage. qual foro eu pono cu*n* eles. que seia estauil por
ía[l4]mays han a séér me*us* uassalos. & am me a dar X. sol*dos*. de fossadeyra cada [l5]
santo martino. & am me a dar. viij°. fugazas pela media talega do bur[l6]go. & iiij°r.
taegas de ceuada pela taega do burgo. & .j. porco de .viij. [l7] sol*dos* & de quantos
fogos ouuer na uilla sinnas gallinas. & aio y a me[l8]ter .ij. alcaldes da uilla A meu
plazer & A seu deles p*er* q*ue* aia eu es[l9]ta mina dereytura q*ue* aqui nomearey. &
eles darma p*er* eles. & cada [l10] anno metere*n* .ij. homees bonos da uílla cu*n* estes
alcaldes: & sacare*n*. [l11] ij. homees bonos pra teere*n* íusticia na uílla. & pra dare*n* a
mín [l12] este meu dereyto q*ue* inde ey A Auer mias indizias & aleyuosias. [l13] Rousu.
voz. indizia. nupcio. a a dar el melior auer. q*ue* ouuer. [l14] & de mañadigo ome de
sete annos Aa susu. darme. v. sol*dos* & seer q*u*ito [l15] & lexar o que ouuer a seu
linage mays p*r*ouinco q*ue* more na uila. & se ouuer [l16] filio dalgo inna uilla fazelo
caualeyro & se no*n* dalo a que*n*no faça. f*e*ita [l17] carta sub Era Mª. CCª. LXXª. &
XI dies jd*us* octobris. Regnante rege do*m*no [l18] fernando in legione & in castella.
& toleto & Gallecia. Do*m*no Roderico [l19] gomez tene*n*te monte nigro. & ripam
euue do*m*no M*ar*tinus. ep*iscopo* in sede mindon*iense* [l20] meyrino ex parte regis in
gallecia do*m*no sancio pelagíí. meyrino i*n* min[l21]donedo m*ar*tin pelagíí. & se algu*n*
de meu linage *con*tra este fecto ueer. sega [l22] maldito de d*eus*. & escumu[*n*]gado
& pecte al rey .C. morabitinos. Quj pre[l23]sentes fueru*n*t. do*m*no pelagio fernandi
de cauarcos. ffernan diaz testis. [l24] Garcia suariz testis. Petrus Jo*h*a*nn*is not*uit*.

4

1237, Abril, 17.
AHN, Mosteiro de S. Salvador de Lérez, pasta 1786, n° 18.

[ordi]nacio que ordinauit Aras [l2] [oue]quit i*n* uita m*e*a qua*n*do uadit [in] [l3]
[per]enigracione*m*. s*anct*e marie d*e* ro[ca][l4]mador. Jn primo ma*n*do corp*us* et d'
ani[ma] [l5] sancti. saluatori d*e* lerize. et ma*n*do [l6] ibi mecu*m* q*u*inione*m* d*e* ecles*ie*

s*a*n*c*ti tome. *de* gu*n*[7]dáár. et de germana m*e*a Maior ouequ*i*t [8] et isi casal. (q*u*i)
de gu*n*dáár q*u*i fuit d*e* maior. [9] ouequ*i*t i*n* ip*s*o que mora Johane pel*a*gíí [110] et mea
de gana*n*cia. q*u*i ip*s*o ganei ina uila [111] de gu*n*dáár asi casal. et u casal. d*e* moldes
[112] de cito facta. q*u*ituus a moesteru. d*e* s*a*n*c*ti [113] saluatoris. d*e* lerize. et istes casa-
es q*u*itu [114] do sua populacion*e* a sancti pe*t*ri d*e* ca*m*panola [115] uno .m*o*dio. de p*a*n
& de uino. et ma*n*do a ma [*m*]uler [116] iluira. garcia. m*e*a herdad*e* me*n*tre q*u*iser [117]
uiuir. cu*m* suo/s/ filios et m*e*a bua. i*n* sa uida [118] deila. et uiua. cu*m* suos filios e a
seu pasame*n*[119]tu siia q*u*ita a suos filio[*s*] e ista ma*n*da. cu*m*pra [120] iluira garcia. &
suas diuidas. e*r*a .I[a]. CC[a]. LXX[a] V[a]. [121] et q*u*od. v°. decimo. k*a*lendas. maj [122] Eu
aras uuequ*i*t inista ma*n*dacione Manu*s* [123] m*e*as robor[.] et q*u*id *contra* factu*m*
m*e*um fuerit sit [124] malecdictu*s* usque a septima*m* generacion*e*. [125] et pariat a
uoce*m*. Rege*m*. c. s*o*lidos. & sit malecditu*s* [126] et ista ma*n*da. istet i*n* suo robore. [127]
q*u*i prese*n*tes fueru*n*t. abbas. p*e*trus. de le[*ri*]ze. p*e*trus. prior [128] Moninu. nuniz.
p*e*trus monachi. Joha*n*ne fernandi [129] P*e*trus. Joha*n*ni*s*. P*e*trus. nuniz. Joha*n*ne d*e*
guldar. laic*u*s. [130] et ma*n*do a santi pe*t*ri. de ca*m*panola a lera. d*u*s salgerus [131] d*e*
misuelas. pur alma. d*e* m*e*o patre. & pur la mina. [132] et si sa*n* petro á ia*m* [*a*]qu*i*l
casal. q*u*i fui d*e* m*e*o patre. siia [133] q*u*ita. pur aqu*i*la ismolna. [134] q*u*i eu doc.

5

1238, Xuño.
ACO, Mosteiro de Monte de Ramo, n° 469.

Jn d*e*j n*omi*ne Am*e*n. Notu*m* sit ho*m*nibus hominib*us* ta*m* presentib*us* quam futuris [12] presente*m* carta*m* inspecturis. q*u*od pe*t*ro lopez facio carta*m* uendicionis [13] de
hereditate*m* m*e*a que abeo i*n* uilla d' esquadro. i*n*tu*s* uel foris *et* [14] ubi ea*m* i*n*uene-
ritis te*r*mino illi*us* uille. A uos sancha lopez. hec est [15] pretiu*m* nominatu*m*. qu*o*d a
uob*is* recepit cilic*et* .L. soldos monete legio[16]nis. *et* se fili*us* m*e*us uel aliq*u*is ha*n*c
carta*m* frangerit uoluerit sit ma[17]ledictu*s* *et* comunicatu*s* et pectect .c. solidos domi-
no te*r*re. *et* illa*m* heredi[8]tate*m* tali loco ducplata*m*. Asi como eu le ue*n*do ista mia.
Asi le ue*n*[19]do o quino*n* de meu irmano ioha*n* lopez. que ei co*m*prado por [110] Seix.
soldus. é se meu irmaúú ina te*r*ra ue*n*. e ista carta n*o*n quer [111] otorgar. eu petro
lopez amparar mia irmáá cu*m* ista erdade. [112] Facta carta i*n* m*e*nse iuníí. Sub. E*r*a.
M[a]. CC[a]. LXX[a]. sesta. [113] Reynaua el rey do*n* .F*ernando. en castella é en toleto é en
galiza. [114] Tene[*n*]te lima do*n* .fernan. ianes. é do*n* pay ayras. L. ep*iscopus* Aurie*n*se.
A*fonso. de[15]cano de te*r*ra sa*n*cti io(i)anis da bara. Mejrino d*e*l rey do*n* s*a*ncho paiz.
[116] firmas q*u*i uider*un*t *et* audier*un*t. gu*n*saluo paiz. do*n* uasquo paiz ó clerigo [117] de
s*a*ncta eolalia. M*a*rti*n* gu*n*saluez sudiago. p*e*dro. uascez. F*ernan. uascez. M*a*rti*n*
me[18]lendiz. p*e*dro. paiz. Joha*n*. paiz. Joha*n*. F. [..] rolan. p*e*dro. rodrigit. do*n* suero
[119] pedrez. gu*n*saluo marti*n*. q*u*i not[uit] [—]as manu*s* roborauimu*s* carta*m*.

6

Sem data (ca. 1243)
AHN, Mosteiro de Ferreira de Pallares, pasta 1082, n° 18.

[is]ta *in*tencia fui *in*ter. vraca d*omi*nici [2] ex .jª. parte. &. p*etro*. fermosu ex alte-ra [3] Urraca d*omi*nici deu sua uoce a du*n* [4] pol. d*e* isto plectu q*ui* u t*r*ocsese. & [5] illis uener*unt* ant' *os* alcaides de [6] líígu*n*di & i*n*fiaru*n*se. (v.) p*or*. v. s*oldos* [7] & uener*unt* a*n*te iudex. r*oderico*. roderici [8] & posuer*unt* p*or* uicarios. d*omi*nico. ioh*annis* de [9] uilareda. & M*u*nio. ioh*annis* de uilar ca[l10]brecru. vn*de* disu p*ar*te d*e* du*n* pol [l11] q*u*iriamo*s* saber purq*ue* nos i*n*xi[l12]quades nosa h*er*dade. disu p*ar*te [l13] de p*etro*. fermoso. ca abemo*s* uerbo de [l14] ista h*er*dade. disu du*n* pol. q*ue* uer*u*u [l15] disu p*etro*. fermoso. q*ue* auia*n* a ue*n*der [l16] & are*n*dar. & supinorar. a nos. [l17] disu u iudex a p*ar*te d*e* du*n* pol. q*ue* [l18] dicedes co*n*tra aq*u*ilu si a uoscu [l19] aq*u*ele ueru*u* oc se no*n*. & du*n* pol dicimo*s* q*ua* non. disu iudex [l20] co*n*tra parte. p*etro*. f*er*moso q*ui* pode[l21]des i facer ca u[*u*]s dice*n* daqesta [l22] parte ca no*n* .p*etro*. fermoso disu [l23] ca q*ue*ria i*n*de prouar [..] q*ue* pode [l24] [..]dade [..] dia [l25] Ioh*annes* pelagii. j*u*ratus. dixi q*ui* ist[*e*] uidi q*ue* o [..] [l26] a uraca d*omi*nici q*ue* facia uer*u*u a [l27] p*etro*. f*er*moso. q*ui* ue*n*des[*e*]. & are*n*dase [l28] & supinorase a ili. & q*u*itocle. [l29] p*etro*. f*er*moso a fectura daq*ue*la casa [l30] de líígu*n*di p*ur* iste uer*u*u q*ue* le facia [l31] & isti ioh*annes*. pelagii. uicario & isti disu q*ui* [l32] auia .ii. a*n*nos pur isti sete*m*bro [l33] & q*ui* era .iº. d*omi*nico. p*os* iantar. & aq*ue*le [l34] uer*u*u q*ui* u p*os* per ioh*annes* d*omi*nici. ioh*annes* [l35] petri d*e* marca*n*. & se se illis [l36] no*n* auenise*n* de isti [l37] plectu stare*n* a [l38] ma*n*datu*m* daq*ue*les [l39] omi*n*es bonos [l40] ioh*annes*. d*omi*nici pr. j*u*ratus d*i*su. q*ue* uidi [l41] & oiu & fui prectes pesquis[l42]idur cu*m* alios omi*n*es bo[l43]nos. de dema*n*das q*ue* facia*n* [l44] un*os* ad alios furu*n*t (qtas) [l45] q*u*itas & fecer*unt* uer*u*u i*n*ter se [l46] q*ui* ue*n*dese*n* are*n*dase*n* & su[l47]pinorase*n*. un*os* ad alios [l48] isti uer*u*u fui i*n*ter p*etro*. fermoso [l49] & v*r*raca. d*omi*nici [..] magis> [l50] [..] j*u*ratus [..] testi[l51]monia [..] P*e*lagio [l52] d*omi*nici jura-tus d*i*su. [..] p*er* ma te[l53]stimonia p*er* totu*m*. J. [..] [l54] [..] j*u*ratus d*i*su ite*m* per ora[l55]ca d*omi*nici.

7

1244, Xaneiro.
AHO, Mosteiro de Santa Clara de Allariz, pasta 6, n° 1.

Jn d*e*i ame*n*. Jsta e*st* carta de foro q*ue* faz#e# dona toda /abb*atissa*/ a estos homéés q*ue* pobla*n* esta pobla(*n*) de uila bona. Michael pet*r*iz [2] cu*m* uxor ei*us* eluira sancit f*erna*n martiniz cu*m* uxor ei*us* marina f*er*na*n*di. do*n* abril et ad uxor ei*us* marina pet*r*i. Garcia pe[13]tri. et ad uxor ei*us* oracha petriz. D*om*ni pet*r*i & ad uxor ei*us* marina pet*r*i. Marti*n* ioha*n*es et maria ioha*n*es Johan ramirit & marina [14] uxor ei*us*. petr*us* sancit et uxor ei*us* marina pet*r*i. Estos poblan a atal foro q*ue* me de*n* tre/s/ tres Modi*os* de centeno. pola tale[15]ga de ujana q*u*al agora anda & .III. talegas de t*r*igo & .III. de centeno & .II[os]. dos lu*m*b*os* & .II[os]. duas galinas. & senas marra[16][-]as q*ue* uala*n* dos dos solid*os* entre dos dar .I. carneiro e tres tres panes dineiradas de pa*n* de t*r*igo el car-neiro de dos [17] dentes deste lugar o garim*os*. E de|mais .I. soldo cada caseiro por metiga. et senas talegas de ceuada. las .III. talegas [18] de t*r*igo e las .III. de ce*n*teno dalas cada caseiro cada a*n*no. e dar en luitosa & dar .XVIII. solid*os* cada ome q*u*ando mor[19]rer. e sino*n* dar .I. boi. el melor q*ue* ouer a plazer da muler la escoleita da muler. E no*n* dedes maneria ne*n* osas. E me*n*[110]tra uiue-re*n* enesta h*er*dade seere*n* m*e*os uasalos o de cuia fore la h*er*dade. E si se fore*n* los oméés morar enoutra par[111]te co*n* fame o co*n* omezio. Metere*n* sua proge-nia ena herdade q*ue* faza este foro a*n*nuati*m*. E si sem*en* n*on* lexar a q*u*al sazo*n* q*u*ere q*ue* uena [112] entre en cale*n*das marcias en sua herdade. E si se fore da herdade sin fame e sin omezio p*er*za o foro e fiq*ue* a mi. Abeatis uos & [113] [fil]ijs u*ost*ris & p*r*ogenie u*ost*ra e dar este foro e mais no*n*. Si uos q*u*isere*n* desforar tornar uos uasalos de q*u*i en uos tena a derei[114][to] este foro. Si q*u*is uen*er*it uel uen*er*im*us* q*u*i hanc carta*m* ad disru*m*pe*n*du*m* uen*er*it sit maledict*us* et excomunicat*us* et cu*m* iudas [115] [in i]nf*er*no da*m*pnat*us* & ad parte*m* regis pectet in cocto .C. Morab*i*tinos & ista h*er*editate in tali loco duplata uel meliorata [116] et abeat maledicio*n* de dona toda. per u[*n*]de partiro*n* los bonos omees p*er* rio darua*n*. e como deze a_l' agua de iares fora [117] das sortes dos casares de candaeda. E p*er*la mamoela como deze por el reg*ue*iro de parada a_l' agua de iares da do[118]na toda toda sua dereit*ur*a a los caseir*os* de uila bona. das arbores q*ue* xantare*n* o q*u*ere q*ue* uaan leue*n* la mea da fruita [119] me*n*tra morare*n* ena herdade aia*n* la toda. facta carta in me*n*se ianuarij Era. M[a].CC[a]. L[a]. XXX[a] II[a]. Regna*n*te rex [120] f*er*nando in legione & in castella. Ep*iscopu*s in astorica petr*us* f*er*na*n*diz. Tene*n*te Roboreta Sancio Pelaiz. & f*er*nand*us* paiz [121] Maiordom*us* f*er*na*n* q*u*intana & ioha*n* espora. Mei-rino Rod*er*ico go*n*zaluit Ego dona toda q*u*i hac carta*m* iusso fac*er*e man*us* [122] m*e*as roboro & co*n*firmo. Q*u*i p*r*esentes fuer*un*t. Michael rod*er*ici *confirmat* p*r*esbit*er*. Roderico f*er*na*n*diz miles *confirmat* Petrus Sanci*t* [123] miles *confirmat* Rod*er*ico Sa*n*cit co*n*f*ir*mat miles. Munio Rauol *confirmat* Petro aluelo *confir-mat* Petr*us* michael*is* *confirmat*. Sancio rod*er*ici *confirmat*. don [124] uiuia*n* co*n*-f*ir*mat Outros muit*os* q*ue* uiro*n* e q*ue* ouiro*n* Petr*us* testi*s*. Martin*us* testi*s*. Pelagi*us* testi*s*. Joha*nn*es q*u*i notuit.

8

1255, Setembro, 20.
ACZ, Leg. 16-II, nº 16.

Conozuda Cousa segia a q*uan*tos esta Carta uiren *que* eu Don Rod*r*igo gom*ez* [12] *con*fesso & reconosco *que* uos .FF*ernan*. afonso de Touro fezestes á min paga inteyram*ẽt*e [13] de iij. mil mor*auidis que* eu tegno del Rey ena Martinega de Touro de quaes .mor*auidis*. [14] m' eu tegno por muy ben pagado. & ainda eu Dõ Rod*r*i-go gom*ez* de suso dito gááney [15] Carta del Rey *que* todo hõme *que* me fezesse manleua q*ue* el Rey *que* o outorgaua. & q*ue* lle [16] plazia end*e* a q*u*al Carta a uos dey. & q*ue* esta Carta segia firme & en dultanza uíj́r [17] nõ possa figia eu aséélar de meu Séélo pendente. ffeyta a Carta en Mayorga [18] xx. dias andados de S*etem*-bro .Era de mil & duzentos & nouaenta & [19] tres años.

9

1257, Abril.
AHN, Mosteiro de Castañeda, pasta 3566, nº 17.

Jn d*ei* no*min*e ameN. Coneçuda cousa seya a todos aquellos *que* esta Carta uirẽ Q*ue* [12] eu Pedr' aluarez dou por deus & por mja anima & pollas animas de meus [13] parẽtes q*uan*ta h*er*dade eu ey ou espero auer ẽna villa *que* he dita caso-yo sob [14] sino de sã julian. A uos don viujã abbade de san Martĩ de Castaneyra [15] & a todo el Conuẽto desse mismo lugar. por atal preyto *que* me gouernedes [16] & me ujstades & me calcedes por en meus dias. & esta h*er*dade dola cõ terras [17] lauradas. & por laurar & con viñas & cõ aruoles & con cassas con mõtes [18] & con valles con fontes & cõ aguas & con molineyras & con entradas & con [19] sali-das & con todas suas p*er*tinẽcjas p*er* hú podierẽ entrar a todas suas [perti][110]nẽcjas *que* aquesta h*er*dade p*er*tenecerẽ. & heu don viujã con todo ó Con[uento] [111] damos uos parte de q*uan*to ben se fezer ẽno monest*er*io de dia & de [—] [112] por esta helimosna *que* uos fazedes que fagamos por uos depoys de [113] uossa morte asi como por un cõpaneyro & eu Pedr' aluarez dou & [114] outorgo esta h*er*dade a don abbade & al Conuẽto asi como de suso he [di][115]ta *que* desd' este dia de hoy adelantre de meu juro & de meu poder [—] [116] q*u*ita & en juro & en poder de don abbade & del Cõuẽto seya metida que [117] fagã dela ho q*ue* quiserẽ & se alguno de mja parte ou doutra parte [118] uenjer q*ue* esta ma donacjõ quera cõtradizer seya maldito & desco[119]mũgado & cõ judas trahedor ẽno enfer-no dãpnado & peyte ala par[120]te do Rey .CC. M*orauidis*. & doble ela demanda

que demandar en tal lugar ho u [21] [..] mellor [..] garcia rod*r*iguez caualeyro
Johã p*er*ez. & p*edr*o ioh*anni*s [22] sou fiyo. Diago p*er*ez & Migael martinez. *P*edro
martinez. Don Arias cl*er*igo. *P*edro [23] casoyo. Diago fernãdez & fernã sanchez.
Rod*r*igo ioh*anni*s mõges. frey monjo [24] & de mays el Conceyo de casoyo. *q*ue
uirõ & oyrõ *qu*ando robrarõ esta Carta. [25] FFacta carta ẽno Mes de abril. Era
M^a. CC^a. XCV^a. Reynãte el Rey Don [26] Alfonso en Castiella & en Leon. Bispo
en astorga Don Pedro fernandez.

10

1266, Agosto, 25.
AHN, Mosteiro de Meira, pasta 1136, n° 20.

Conozuda cousa seya á *qu*antos esta Carta virẽ. Como eu Don Esteuã fern*andez*
Ende[l2]antado mayor del Rey en galliza. Recebio en mya Garda & en mya
en|Comẽ[l3]da. álho Moesteyro. de Meyra & todas Las suas h*er*dades & todas Las [l4]
suas Cousas *qu*e an en Galliza. Onde digo & defendo *q*ue nĩguno nõ ssea ousa-
do de lle [l5] fazer mal nĩ forza nĩ torto al Moesteyro sobredicto. nĩ en nĩgunas
dellas suas [l6] Cousas ca *qu*al|*qu*ier *q*ue llo fizesse. Pectarmya en Couto .C.
mo*r*au*idi*s. & a elle & á [l7] quanto *q*ue ouuesse me tornaria por ello. Et Mando
firme*m*ente. á todos Los [l8] meus meyrin*os* de Galliza. a Cada vno dellos en sseus
Meyrinados *qu*e Garden [l9] & amparẽ & defendam. todas Las suas h*er*dades &
todas Las suas Cousas [l10] *qu*e ouuerẽ en sseus meyrínados. de Guisa *qu*e nõ
Consintã á nĩgũ *qu*e lles faza [l11] forza nĩ torto en nĩgunas de suas Cousas. Ca se
p*er* culpa de allgun*os* [l12] dellos. allgunas. dellas suas cousas. menos|cabassem.
sin. derecto. á ellos [l13] & a *qu*anto *q*ue ouuessem. me tornaria eu por ende. Et
*qu*e esto seya creudo [l14] & nõ possa venir en dullta. dou ende al Moesteyro
sobredicto esta [l15] Carta assééllada de meu ssééllo Pendente. Dat*a*. en Ourens.
[l16] .xx. & Çinque. dias andados do Mes d' agosto. Era. M^a. CCC^a. IIIJ^a. años.

BIBLIOGRAFIA[10]

BOULLÓN AGRELO, A. I. (2004): «Catálogo dos documentos éditos en galego anteriores a 1260», en: *Cadernos da lingua* 26, 5-46.

CASTRO, I. (2006): *Introdução à História do Português.* Lisboa: Edições Colibri.

CINTRA, L. F. Lindley (1987): «Sobre o mais antigo texto não-literário português: A notícia de torto (leitura crítica, data, lugar de redacção e comentário linguístico», en: *Boletim de Filologia* 31, 21-77.

EMILIANO, A. (2003): «Sobre a questão d' "os mais antigos textos escritos em português"», en: CASTRO, I./DUARTE, I. (eds.): *Razões e Emoção: Miscelânea de Estudos oferecida a Maria Helena Mateus pela sua jubilação.* Vol. I. Lisboa: Imprensa Nacional/Casa da Moeda, 261-278.

EMILIANO, A./PEDRO, S. (2004): «*De Notícia de Torto.* Aspectos paleográficos e scriptográficos e edição do mais antigo documento particular português conhecido», en: *Zeitschrift für romanische Philologie* 120, 1-81.

GUTIÉRREZ PICHEL, R./CABANA OUTEIRO, A. [no prelo]: «Parámetros para o estudo da introdución do romance na documentación notarial galega», en: *Na nosa lyngoage galega. A emerxencia do galego como lingua escrita na Idade Media (Novembro, 2005).* Santiago: Instituto da Lingua Galega/Consello da Cultura Galega.

MAIA, C. de Azevedo (1986): *História do galego-português. Estado linguístico da Galiza e do Noroeste de Portugal do século XII ao século XVI (com referência à situação do galego moderno).* Coimbra: I.N.I.C.

MARTINS, A. M. (1998): «Sobre a primitiva produção documental em português: notícia de uma *notícia de auer*», en: KREMER, D. (ed.): *Homenaxe a Ramón Lorenzo.* Vol. I. Vigo: Galaxia, 105-121.

— (1999): «Ainda "os mais antigos textos escritos em português". Documentos de 1175 a 1252», en: HUB FARIA, I. (org.): *Lindley Cintra. Homenagem ao Homem, ao Mestre e ao Cidadão.* Lisboa: Edições Cosmos/Faculdade de Letras da Universidade de Lisboa, 491-534.

— (2001a): «Emergência e generalização do português escrito. De D. Afonso Henriques a D. Dinis», en: MIRA MATEUS, M. H. (coord.): *Caminhos do Português. Exposição Comemorativa do Ano Europeu das Línguas. Catálogo.* Lisboa: Biblioteca Nacional, 23-61.

— (2001b): *Documentos Portugueses do Noroeste e da Região de Lisboa.* Lisboa: Imprensa Nacional/Casa da Moeda.

---

[10] Para alén das obras citadas, incluímos tamén aqueles traballos que consideramos de interese para mellor se aproximar ao tema obxecto deste estudo.

— (2006): «O primeiro século do português escrito» [www.clul.ul.pt/equipa/amartins/Martins_(no_prelo)_4_artigo].

SOUTO CABO, J. A. (2002): «Usos romances na documentaçom galego-portuguesa do séc. XIII», en: HEAD, B./TEIXEIRA, J./SAMPAIO LEMOS, A./BARROS, A./PEREIRA, A. (orgs.): *História da Língua e História da Gramática. Actas do Encontro.* Braga: Centro de Estudos Humanísticos/Universidade do Minho, 435-448.

— (2003ª): «Dinâmicas da escrita romance na primeira metade do século XIII», en: MENDES, A./FREITAS, T. (orgs.): *Actas do XVIII Encontro Nacional da (Porto, 2-4 de Outubro de 2002).* Lisboa: Associação Portuguesa de Linguística, 795-914.

— (2003b): «Nas origens da expressão escrita galego-portuguesa. Documentos do século XII», en: *Diacrítica. Ciências da Linguagem* 17, 329-285.

— (2004ª): «Novas perspectivas sobre a génese da *scripta* romance na área galego-portuguesa. Textos e contextos», en: *Aemilianense* 1, 569-599.

— (2004b): «A transição scriptográfica na produção documental portuguesa de 1257 a 1269», en: BRITO, M. A./FIGUEIREDO, O./BARROS, C. (eds): *Linguística Histórica e História da Língua Portuguesa. Actas do Encontro de Homenagem a Maria Helena Paiva.* Porto: Universidade do Porto.

— (2006): «Inventário dos máis antigos documentos galego-portugueses», en: *Agália* 85-86, 9-88.

— [no prelo]: *Documentos galego-portugueses dos séculos XII e XIII.* Coruña: Universidade da Coruña.

O CONCEITO DE *LATIM BÁRBARO* NA TRADIÇÃO FILOLÓGICA PORTUGUESA: ALGUMAS OBSERVAÇÕES GERAIS SOBRE PRESSUPOSTOS E FACTOS (SCRIPTO-)LINGUÍSTICOS[1]

António Emiliano
Universidade Nova de Lisboa

El de las lenguas, las identidades y las culturas es un debate áspero, confuso y precipitado, poco recomendable para intelectuales apacibles, como era en el fondo el propio Juan Ramón, que adoptó y defendió siempre una decidida y valiente actitud crítica ante muchas de las ideas asumidas y los lugares comunes en relación con la cuestión de las lenguas, su historia, su expansión y su uso (Javier Elvira, «Juan Ramón Lodares, el polemista impasible», *El País*, 2005/04/07).

Desde 1980 xurdiu unha teoría nova, dun británico que se chama Roger Wright, que propuxo unha teoría revolucionaria sinalando que o que se acostuma a chamar o latín bárbaro ou medieval dos documentos era en realidade unha forma de escrita do romance (Henrique Monteagudo, entrevista a *culturagalega.org*, 2005, <http:// www. culturagalega. org/temadia_arquivo. php?d=6408> [2006/ 10/31]).

NOTA PREAMBULAR E EXPLICATIVA

Se o ponto de partida para este texto é um conjunto de citações produzidas por estudiosos portugueses no século XIX e nas primeiras décadas do século XX (sobre as quais entendo que é necessário reflectir critica-

---

[1] Esta comunicação foi elaborada a partir de investigação em curso no âmbito do projecto «Origens do português: digitalização, edição e estudo linguístico de documentos dos séculos IX-X», financiado pela FUNDAÇÃO PARA A CIÊNCIA E A TECNOLOGIA (POCI/LIN/58815/2004).

mente), o pretexto (em termos «filosóficos») para a estrutura concreta deste texto e para o tom geral da argumentação apresentada foi a descoberta quase simultânea das duas curtas citações que aponho como epígrafes: o impressionante parágrafo de Javier Elvira sobre a personalidade polémica e a postura académica de Juán Ramón Lodares, e a afirmação cândida de Henrique Monteagudo (distinto linguista e filólogo galego e Secretário do *Consello da Cultura Galega*) sobre uma nova perspectiva que se abriu aos estudos medievalistas galego-porugueses.

OBSERVAÇÃO INTRODUTÓRIA

Desde a publicação pela *Academia Real das Sciencias de Lisboa* da série *Portugaliae Monumenta Historica* na segunda metade do século XIX, sob a responsabilidade do grande historiador e escritor Alexandre Herculano (uma das personalidades marcantes da cultura portuguesa do século XIX), os documentos latino-portugueses têm sido domínio quase exclusivo de historiadores (para quem as questões filológicas e scripto-linguísticas são praticamente irrelevantes). Os documentos latino-portugueses têm sido abordados sobretudo como fontes históricas primárias, e só rara e esporadicamente como *fontes linguísticas primárias*, apesar da sua antiguidade e das suas evidentes particularidades escriturais. Enquanto *fontes linguísticas primárias* os documentos latino-portugueses têm sofrido na sua apreciação os efeitos negativos da perspectiva linguística errónea e pejorativa que o termo *latim bárbaro*[2] encerra.

Este termo, usado continuadamente em Portugal por historiadores e filólogos pelo menos desde o século XIX para designar a língua escrita dos documentos notariais redactados entre os séculos IX e XIII (sendo

---

[2] Não cabe aqui fazer o historial do conceito de «barbarismo», sobre o qual assenta o conceito oitocentista e novecentista de *latim bárbaro*. Basta notar que o conceito provém originalmente da tradição gramatical latina tardo-antiga e alto-medieval, e que entre as definições de Élio Donato na *Ars Grammatica* e de S. Isidoro de Sevilha nas *Etimologias* não há diferenças substanciais: o barbarismo é um tipo de incorrecção no uso escrito ou oral do Latim que se traduz na alteração fonética ou gráfica das palavras. O conceito de *latim bárbaro* resulta de uma extensão da aplicação exclusivamente grafémica e fonética do conceito de barbarismo à esfera da morfologia, da sintaxe e do léxico.

ainda hoje corrente entre os académicos portugueses), recebeu o seu estatuto «oficial» do fundador da filologia portuguesa, Francisco Adolpho Coelho, que considerava essa forma de escrita como nada mais do que uma «giria de tabelliães e da gente da egreja» (F. A. Coelho 1868: 25) ou «giria de tabelliães ignorantes» (F. A. Coelho 1887: 124). No entanto, o simples facto de essa tradição particular de escrita ter preservado as suas principais características durante vários séculos, especialmente na Península e em Portugal, mostra que era uma *tradição escritural viva*, aprendida e transmitida através de sucessivas gerações de clérigos notários em mosteiros e cabidos, os quais eram, em grande parte, copistas, calígrafos e escreventes competentes e letrados. Mesmo depois da reforma gregoriana, que supostamente contribuiu para «melhorar a qualidade» do latim ibérico, os documentos continuaram «curiosamente» a ser escritos em *Latino-romance* (termo mais adequado para designar a língua documentos notariais)[3] e não no latim reformado de Cluny e Cister: aliás, em muitos documentos latino-portugueses do século XII (época em que se dá de facto a difusão generalizada da reforma gregoriana ou cluniacense em Portugal) provenientes de cartórios com documentação abundante (o que mostra a existência de produção documental rotineira ou habitual), a *Schriftsprache* latino-românica está tão profundamente aportuguesada, que não hesito em classificá-la como *escrita proto-portuguesa* (*cf. esp.* A. Emiliano 2004a, 2004c e 2004e *passim*).

1. ORIGENS DO CONCEITO DE *LATIM BÁRBARO* NA TRADIÇÃO FILOLÓGICA PORTUGUESA NO SÉCULO XIX E INÍCIO DO SÉCULO XX

Para se compreender a origem do conceito de *latim bárbaro* na tradição filológica portuguesa devemos remontar ao século XIX e ao início do século XX, e considerar o trabalho e as reflexões de utilizadores antigos do

---

[3] Utilizo o termo na acepção de R. WRIGHT (1992: 883), e não na acepção mais antiga de E. PULGRAM (1975), ou na adaptação mal informada da acepção «wrightiana» proposta por M. PÉREZ GONZÁLEZ (1993: 126 e 138), que não distingue virtualmente *latino-romance* de *latim bárbaro*. Para uma discussão do termo *vid.* A. EMILIANO (2005: 18-21).

termo, grandes vultos da cultura portuguesa que deixaram a sua marca nos estudos medievalistas e cuja obra estabeleceu doutrina em Portugal.

1.1. *João Pedro Ribeiro (1758-1839) – «huma Orthografia barbarissima e incerta»*

João Pedro Ribeiro foi o fundador da Diplomática portuguesa. Notável personagem da cultura portuguesa setecentista e oitocentista, de entre os diversos títulos e cargos que acumulou, destacam-se *Lente da Cadeira de Diplomática* na Universidade de Coimbra, *Capelão Fidalgo da Capela e Padroado Real, Presbítero Secular e Cónego Doutoral* das Sés de Faro, de Viseu e do Porto. A primeira Cátedra de Diplomática, criada por decreto régio de 1769, foi ocupado pelo Doutor João Pedro Ribeiro em 1796 (por Carta Régia). Em 1801, e também por decreto régio, foi ordenado que esta cátedra fosse regida em Lisboa, no *Arquivo da Torre do Tombo (vid.* E. Donato, 1938; A. Cruz 1938). O trabalho pioneiro e monumental de João Pedro Ribeiro é ainda hoje de importância fundamental e de referência obrigatória: o seu *opus magnum, Dissertações chronologicas e criticas sobre a historia e jurisprudencia ecclesiastica e civil de Portugal*, publicado entre 1810 e 1836 (e reimpresso sem alterações entre 1860 e 1896) – uma colecção em vários volumes de dissertações que cobrem diversos tópicos, e contêm transcrições de documentos, para além de muitas notas e anotações sobre matérias várias –, resultante de um conhecimento directo das fontes (na altura ainda espalhadas pelo Reino em mosteiros e cabidos) é tão abragente que mais nenhum tratado ou manual de Diplomática portuguesa foi publicado em Portugal.

Numa pequena secção dedicada à língua dos documentos latino-portugueses, J.P. Ribeiro deixou algumas observações (sobre periodização da história da língua portuguesa na sua quinta dissertação) que estabeleceram as fundações do conceito de *latim bárbaro* na comunidade académica portuguesa (*vid.* Quadro 1)*. São de notar dois aspectos na perspectiva de J. P. Ribeiro: (1) para ele a língua dos documentos notariais produzidos entre os séculos IX e XIII era uma forma bárbara e corrupta de Latim, era Latim,

---

* Em anexo ao texto são apresentados onze quadros com citações relevantes de vários autores.

portanto –note-se a equivalência das expressões «Latim barbaro» e «Latim corrupto», equivalência que a expressão complexa «Latim barbaro e corrupto» confirma; (2) o português medieval escrito, caracterizado segundo J. P. Ribeiro pela sua «gradual polidez» foi a causa do abandono do *latim bárbaro* como língua escrita de registo (durante o reinado de Dom Denis, 1261-1325)– é importante notar que este tema da vitalidade e da robustez da língua vulgar face ao anquilosamento do *latim bárbaro*, vitalidade e robustez que explicariam o desaparecimento do *latim bárbaro* e o «triunfo» do português medieval escrito, foi retomado em termos mais veementes pelo filólogo Francisco Adolpho Coelho (*vid.* Quadro 4 e Quadro 5) nas suas contribuições decisivas para o dossier do *latim bárbaro*.

Numa outra observação, mais extensa, sobre as língua dos documentos, J. P. Ribeiro foi mais explícito, e estabeleceu então a doutrina até hoje aceite em Portugal sobre o conceito de uma latinidade notarial decadente (*vid.* Quadro 2). A sua escolha de termos é muito interessante, e podemos considerar a sua perspectiva como moderada, quando comparada com a de outros estudiosos posteriores: J. P. Ribeiro descreve o Latino-romance como uma *espécie de latim* –nas suas palavras «hum chamado Latim», segundo ele «mais estranho do que era a antiga lingua do Lacio aos do Seculo de Augusto», e ainda «Hum Latim, com resabio da Lingua vulgar». Refere-se à sintaxe, ao léxico, à morfo-sintaxe e à grafia dos documentos, onde encontra toda a sorte de incorrecções e desvios. No que respeita a grafia, ao classificar as características scriptográficas dos diplomas como «huma Orthografia barbarissima e incerta», J. P. Ribeiro reconhece a existência de algo que hoje para nós deve ser apenas visto como *variação grafémica por ausência de codificação ortográfica rígida*.

É também interessante que J. P. Ribeiro se refira em particular ao Mosteiro de S. Salvador de Moreira como um «foco regional de barbaridade»: «com effeito os Documentos do Cartorio de Moreira vencem a todos em rusticidade.» (J. P. Ribeiro, 1810-36: 194). Ora, de todos os núcleos monásticos que sobreviveram, o de Moreira é de longe o mais abundante até ao século XIII: basta considerar que cerca de 50% de todos os documentos latino-portugueses originais conhecidos do século X provêm de Moreira. Moreira era um mosteiro próspero e muito dotado pelos seus sucessivos patronos, e o número elevado de notários individuais que é possível identificar nos diplomas, especialmente a partir do século XI, indica a existência de um importante *scriptorium*. Sendo assim, se adoptarmos a perspectiva de J. P. Ribeiro, não podemos deixar de nos interrogar por que razão os notários de uma instituição tão notável seriam os escreventes menos letrados e mais incompetentes do *territorium portucalense*. Por outro lado, se considerarmos que o *latim notarial* não é mais do que a representação escrita de um registo formal de português sntigo, e se tomarmos aquilo que J. P. Ribeiro chamou *rusticidade* como *criatividade*, então o quadro do grande mosteiro de Moreira com os seus hábitos de escrita peculiares e desviantes torna-se mais inteligível: numa instituição tão rica e tão importante, podemos facilmente supor que um número razoável de indivíduos seria ensinado a redigir documentos e seria assim especificamente industriado no registo linguístico especial da produção documental.

Convém recordar, a propósito, as *Formulae Marculfi*, um testemunho precioso do século VIII sobre a literacia medieval. Marculfo é claro sobre a escolha de tipo de linguagem, que ele caracteriza com a expressão «mea rusticitas» (*q. v. infra*), nos seus preceitos para a composição de documentos, ou seja, preceitos para a utilização de um género textual e de um tipo de discurso específicos:

> Scio enim, multos fore, et vos et alios prudentissimos viros et eloquentissimus ac rethores et ad dictandum peritos, qui ista, si legerint, pro minima et velud deliramenta, eorum conparata sapientiae, reputabunt, vel certe legere dedignabunt. Sed ego non pro talibus viris, **sed ad exercenda initia puerorum**, ut potui, **aperte et simpliciter scripsi**. Cui libet exinde aliqua exemplando faciat; enim si vero displicet, nemo cogit invitum; nec prejudicat **mea rusticitas** eruditorum et rethorum flores verborum et eloquentiae facundiae (*Formulae Marculfi, apud* K. ZEUMER, ed., 1882: 37, ênfase minha.)

Claramente, para Marculfo, a adequação do tipo discursivo a que podemos chamar eventualmente *latim notarial* ao género textual diplomático requeria um tipo de linguagem que não era de todo o que as *artes grammaticae* prescreviam.

1.2. *Alexandre Herculano (1810-1877) – «nulla scribenti lex, nec norma, nec ratio erat»*

Alexandre Herculano foi o organizador da monumental e ainda hoje incontornável colecção de documentos e textos medievais intitulada

Portugaliae Monumenta Historica, publicada pela Academia Real das Ciências de Lisboa, seguindo o modelo dos *Monumenta Germaniae Historicae*. No seu prefácio à série *Diplomata et Chartae*, A. Herculano deixou algumas observações sobre a escrita dos documentos, cujo teor ecoa e segue a perspectiva de J. P. Ribeiro (*vid.* Quadro 3), contribuindo para reforçar a doutrina subjacente à expressão *latim bárbaro*. A perspectiva de A. Herculano sobre língua dos documentos (cujo carácter corrupto e hórrido superaria toda a barbaridade) está lapidarmente inscrita na sua frase «*nulla scribenti lex, nec norma, nec ratio erat*», que representa também exemplarmente a visão oitocentista da latinidade notarial que condicionou o estudo linguístico dos documentos durante todo o século XX.

Ora, ao contrário de A. Herculano, não é possível de facto afirmar que nos documentos nenhuma regra, norma ou princípio de escrita eram seguidos. Pelo contrário. A questão é que nem tudo era latim e, sobretudo, nem sequer *pretendia* sê-lo, para parafrasear uma afirmação fundamental de J. Bastardas Parera:

> Hay que hablar de una amplia y profunda penetración románica dentro de los documentos de redacción latina. En efecto, **en los documentos notariales no sólo no es todo latín, sino ni siquiera pretende serlo** (J. Bastardas Parera 1960: 276, ênfase minha).

Há de facto muita coisa nesses textos que não seria possível num texto latino clássico ou mesmo tardo-latino, como há muita coisa que não seria possível num texto em vulgar do século XIII. Nem tudo era possível nesses textos latino-românicos, porque, de facto, os notários, por mais inepto ou insciente que nos possa parecer o seu domínio da escrita latina, produziram *actos de língua escrita, comunicativa e pragmaticamente adequadas ao contexto cultural e social em que viviam*, usando um sistema de escrita tradicional no qual foram treinados, e o qual herdaram dos seus antecessores, e fizeram-no de acordo com *as expectativas da comunidade textual em que se inseriam*: tal situação, de transmissão e prática multi-secular de uma tradição comunicativa estável, exclui liminarmente uma análise caótica do tipo «*nulla scribenti lex*», e deve convidar-nos a uma reflexão séria sobre as estruturas particulares daquela tradição escritural. Por outro lado, um exame superficial dos textos revela a existência de padrões e estruturas grafémicas recorrentes, e não o caos ortográfico e textual que A. Herculano sugeriu.

Aliás, o facto de, segundo A. Herculano, os documentos superarem toda a barbaridade, não impediu o grande historiador de os transcrever de forma fidedigna, acrescentando um ocasional *sic*. Os editores de documentos latino-portugueses do século XX não usaram a mesma contenção de A. Herculano, que respeitou a capitalização e pontuação forte dos manuscritos, sem nada acrescentar ou corrigir nesse respeito. Por isso, e apesar das suas limitações e alguns erros de leitura, os *Diplomata et Chartae* são um monumento duradouro da ciência portuguesa do século XIX.

1.3. *Francisco Adolpho Coelho (1847-1919) – «O Latim barbaro é [...] emfim uma giria de tabelliães ignorantes»*

O trabalho de Francisco Adolpho Coelho (1847-1919) marcou o início de uma tradição filológica e linguística científica em Portugal – é facto consensualmente aceite entre nós desde que José Leite de Vasconcellos o declarou em 1888, proclamando que Adolpho Coelho «com a sua obra *A língua portugueza*, Coimbra 1868 (de que só contudo saiu a lume o 1.º fascículo), a que logo se seguiram outras dêle, introduziu em Portugal o critério da Filologia moderna, aplicado fecundamente às línguas neo-latinas por Frederico Diez» (J. L. de Vasconcellos [1888] 1929: 886).

Adolpho Coelho foi o primeiro estudioso português a empregar os termos *glótica* e *glotologia* como designações para uma nova área de estudos, e inclusivamente publicou um folheto acerca da importância do ensino da *glótica* (*i. e.* da Linguística) em Portugal. No seu livro de 1868, numa pequena secção introdutória dedicada à emergência do português escrito, A. Coelho deixou-nos algumas observações sobre a língua dos documentos latino-portugueses e sobre a sua concepção da origem das tradições escritas dos vernáculos românicos (*vid.* Quadro 4). Na perspectiva de A. Coelho o *latim bárbaro* é «uma giria de tabelliães e da gente da egreja, que tomava o nome pomposo de Latim», e é «inorganico, notavelmente irregular». Ou seja, tratar-se-ia de uma língua escrita sem vida própria, e por isso teria sido substituída pelas línguas vivas das populações romano-falantes iletradas (esta ideia já se encontra, como referi acima, em João Pedro Ribeiro). Há na concepção de A. Coelho (e também nas dos seus antecessores e sucessores) obviamente um problema de indistinção ou de confusão entre escrituralidade e oralidade, que é um dos equívocos fundamentais subjacentes ao conceito de *latim bárbaro*; há também incompreensão –que se perpetuaria ao longo do século XX, sobrevivendo até hoje– relativamente à relação filogenética entre o *latim bárbaro* e as ortografias ibero-românicas autónomas que parecem emergir *ex nihilo* no início do século XIII.

Num livro posterior de 1887 e mais extenso (e mais maturo), com um título muito semelhante ao supra-mencionado, Adolpho Coelho expandiu a sua concepção da língua dos mais antigos documentos notariais portugueses. Nesta obra, A. Coelho associou explicitamente a existência do *latim bárbaro* à «ignorancia profunda dos tabelliães» –algo que não encontramos, pelo menos explicitamente, nem em J. P. Ribeiro nem em A. Herculano–, e, ao invocar *o tema da ignorância escribal*, A. Coelho inscreveu definitivamente na Filologia Portuguesa *o conceito (e o mito) de uma latinidade corrupta e decadente* usada por escribas iletrados e incompetentes (*vid.* Quadro 5). A sua formulação tem algo de tautológico e contraditório, pelo que vale a pena observá-la com detalhe:

> A ignorancia profunda dos tabelliães, a que devemos esses documentos, revela-se no modo por que elles estropiam completamente as formulas que lhes eram ministradas, já por os formularios, já pelo ensino tradicional dos cartorios (A. Coelho 1887: 125).

Cabe-nos perguntar perante este tipo de formulação (ecoada por estudiosos posteriores que aceitaram acriticamente o *topos da ignorância escribal*): se os tabeliães eram profundamente ignorantes – apesar de disporem de formulários e de um «ensino tradicional dos cartorios» –, como se explica então a sucessão ao longo dos séculos de gerações de escreventes incompetentes, incapazes de absorverem a formação que lhes era ministrada? Como é possível conciliar a existência de um «ensino tradicional dos cartorios» com o estado de permanente ignorância dos escrivães? Quem ministrava então o ensino aos ditos escrivães? E como foi então possível continuar a escrever «barbaramente» na segunda metade do século XI ou em inícios do século XIII em cabidos submetidos já a bispos franceses reformadores, como Braga e Coimbra, ou em mosteiros submetidos à influência de Cluny?

1.4. *José Leite de Vasconcellos (1858-1941) – «Falava-se uma língua (romanço), e escrevia-se outra (latim bárbaro)»*

A importância de José Leite de Vasconcellos e do seu legado científico na Filologia Portuguesa e em outras áreas do saber é tão portentosa que não faz sentido tentar aqui descrevê-la. Apesar de Leite ter declarado Adolpho Coelho como o iniciador da filologia científica em Portugal, ninguém hesitará, no entanto, em considerá-lo, médico de formação, eminente polígrafo, etnólogo, arqueólogo, dialectólogo, etimologista, filólogo e historiador da língua, como o verdadeiro «pai» da Filologia Portuguesa. A sua influência e o seu impacto em Portugal foram semelhantes aos de Ramón Menéndez Pidal em Espanha.

A interpretação da latinidade notarial fornecida por J. Leite de Vasconcellos, dado o peso que este autor prolífico e multifacetado teve (e tem ainda hoje), como «pai» da Filologia Portuguesa, merece especial atenção. Apesar das expressões datadas *latim bárbaro* e *documentos latino-bárbaros*, J. Leite de Vasconcellos percebeu a importância fundamental do estudo da tradição notarial latino-portuguesa para a história da língua (*vid.* Quadro 6 e Quadro 7). Fundamentalmente, percebeu que a latinidade notarial era um *registo scripto-linguístico específico*, com uma relação estreita com o vernáculo (apesar de não ter conceptualizado na forma mais adequada a natureza desse registo escrito, que considerava uma forma «estropiada» de latim). A associação que fez entre *latim bárbaro* e aquilo que designou *português proto-histórico* –a língua vernácula subjacente à língua escrita dos documentos– é uma contribuição única e original para o estudo das origens do «portuguez lingua escripta» (expressão de Adolpho Coelho).

Tal como R. Menéndez Pidal, J. Leite de Vasconcellos utilizou uma linguagem moderada quando se referiu aos documentos latino-portugueses –uma linguagem distinta da prosa radical e fundamentalista do seu predecessor Adolpho Coelho e dos seus sucessores cronológicos José Joaquim Nunes e Carolina Michaëlis de Vasconcellos–, reconhecendo a sua importância linguística daqueles textos. Mas tal como R. Menéndez Pidal, J. Leite de Vasconcellos não distinguia de forma clara e inquívoca *escrituralidade* de *oralidade*: esta indistinção levaria o grande filólogo espanhol a postular o *mito do «latim vulgar leonês»*, enquanto o mestre português reforçaria em Portugal o *mito do «Latim bárbaro»*, por não entenderem ambos a relação representacional directa que existia entre a tradição de escrita latino-notarial e os vernáculos românicos dos escribas e das comunidades ibero-românicas medievais. Ou seja, o facto de ambos os filólogos hispânicos não terem compreendido ou conceptualizado de forma adequada a relação entre os aspectos grafémicos da língua notarial e os aspectos fonémicos dos vernáculos ibero-românicos medievais conduziu-os ambos a uma posição teórica que podemos considerar *diglóssica,* a qual impediu, na prática, o avanço dos estudos sobre a literacia notarial e, sobretudo, o reconhecimento de que *os documentos latino-românicos mais antigos da Península são também os mais antigos testemunhos directos das línguas ibero-românicas medievais.*

1.5. *José Joaquim Nunes (1859-1932) e Carolina Michaëlis de Vasconcellos (1851-1925)*

Outros dois grandes nomes da filologia portuguesa do início do século XX, José Joaquim Nunes e Carolina Michaëlis de Vasconcellos, cujos importantes trabalhos são ainda hoje consultados e referidos com deferência, fizeram contribuições decisivas para o dossier do *latim bárbaro*, consolidando entre nós *o mito de uma latinidade corrupta e estropiada* que nada mais seria do que um jargão agramatical utilizado por monges ignorantes (*vid.* Quadros 8 a 11). As afirmações de J. Nunes e D. Carolina Michaëlis são extremas, insistindo particularmente no tópico da ignorância escribal, revelam falta de sensibilidade relativamente ao traços característicos da escrituralidade latino-notarial (sem de facto entenderem a relação complexa, mas directa, entre escrituralidade notarial e oralidade antigo-portuguesa), e não contribuem para a explicação dos textos e da sua tradição de escrita. As formulações de J. Nunes e de D. Carolina Michäelis ecoam a doutrina de Adolpho Coelho, nas quais o tema da ignorância escribal ficou indelevelmente associado às características específicas do *latim bárbaro*.

De forma geral, as observações dos filólogos do século XX e do século XXI replicam as observações catastrofistas de J. P. Ribeiro, A. Herculano, A. Coelho, J. Nunes e de D. Carolina Michaëlis, perpetuando a ideia de uma latinidade barbarizada praticada por escribas semiletrados. Por isso, poucos estudiosos – tanto historiadores como filólogos, tanto

latinistas como romanistas – sentiram a necessidade de rever e de actualizar as edições oitocentistas, enquanto as edições do século XX foram
realizadas a partir de critérios que as tornam virtualmente inutilizáveis
para os filólogos e os estudiosos contemporâneos da escrita e da língua
medievais. Do ponto de vista do estudo linguístico dos documentos, não
há, para a documentação produzida em território português, estudos de
conjunto equivalentes aos de R. Menéndez Pidal Pidal, J. Bastardas
Parera, A. C. Jennings, M. Pérez González, A. García Leal, P. Álvarez
Maurín, e, sobretudo, Amable Veiga[4].

Como afirmei já noutra ocasião, o estado da questão dos documentos
latino-portugueses como fontes linguísticas primárias para a história da
língua e da escrita portuguesas «justifica que se ultrapasse definitivamente nos estudos de história da língua portuguesa uma perspectiva
oitocentista da literacia alto-medieval, e que depois de um século de
mudanças profundas (revolucionárias) nas ciências humanas, e na Linguística em particular, como foi o século XX, se reequacione e actualize o
estudo da escrituralidade notarial.» (A. Emiliano 2003: 114).

2. FACTOS SCRIPTO-LINGUÍSTICOS SUBJACENTES AO *CONCEITO DE LATIM BÁRBARO*

A expressão *latim bárbaro* pressupõe duas premissas que hoje não podemos mais considerar adequadas ou empiricamente fundamentadas; são
elas: (1) os documentos notariais eram escritos em latim[5], (2) os notários
que redigiram os documentos eram escreventes ignorantes e semiletra

---

[4] Tais factos justificam plenamente que os documentos latino-portugueses, sobretudo os conservados em diplomas autógrafos, sejam objecto de novas edições, mais consentâneas com a investigação de fases pretéritas da história da língua e da escrita portuguesas. Por essa razão, empreendi em 2005 o projecto «Origens do português:
digitalização, edição e estudo linguístico de documentos dos séculos IX-X», <http://
www.fcsh.unl.pt/philologia/ origens.html>.

[5] Entende-se por «latim» a língua escrita usada em textos privados, públicos, ou institucionais por indivíduos letrados no Império Romano do Ocidente (na Antiquidade
Clássica e Tardia), no Império Carolíngio, em Nortúmbria e na Irlanda, no Sacro Império Romano-Germânico, nos Estados Pontifícios, na Europa em geral na Baixa Idade
Média e posteriormente na Renascença Humanista, etc.

dos, que tentavam sem sucesso escrever latim sem conhecimento das regras da ortografia e da gramática latinas, devido ao estado geral de decadência cultural das monarquias cristãs na Península Ibérica[6].

Relativamente à primeira premissa, que a língua latino-românica dos documentos era «latim», vale a pena apontar que no recente *Congreso Internacional Orígenes de las Lenguas Romances en el Reino de León (Siglos IX-XII)*, que teve lugar em León em Outubro de 2003, o eminente latinista Manuel Cecilio Díaz y Díaz afirmou na sua conferência inaugural categoricamente (para não dizer dogmaticamente) que o Latim era a língua de comunicação oral e escrita na Hispânia alto-medieval:

> [...] ahora **sabemos sin el menor vestigio de duda** que en el siglo VII, y en el siglo VIII, la única lengua usada en la Península, con sus problemas internos y sus tendencias, era la latina, como atestiguan las pizarras visigóticas y otras noticias de que disponemos. Y este latín contaba con todos los medios para producir una comunicación perfecta y matizada. (M. C. DÍAZ Y DÍAZ 2004: 24; ênfase minha)

e mais adiante:

> Contra intentos recientes de afirmar lo contrario, hay que decir que hasta el siglo XII por lo menos, casi el siglo XIII, **los documentos se escriben, se quieren escribir, se da por supuesto que el notario los escribe, en latín, lengua de la comunicación con ausentes (en el espacio y en el tiempo), y por tanto garantía de universalidad y perennidad** (*id.*: 25; ênfase minha).

Estas observações, que não têm base empírica, reflectem um ponto de vista e um quadro mental ainda hoje generalizados na filologia tradicional. Se se aceita, à partida, ou a-prioristicamente, como M. C. Díaz, que os notários alto-medievais escreviam latim, que queriam escrever latim e nada mais que latim, bom, a única forma de apreciar os actos de escrita que esses notários nos deixaram, é considerá-los como produtos

---

[6] Estes dois problemas não são obviamente exclusivos da tradição filológica portuguesa, pois encontramo-los igualmente noutras tradições académicas (por exemplo, na Espanha) que se debruçaram sobre documentos alto-medievais escritos em Latino-romance.

de uma latinidade incorrecta, corrupta e decadente, e é isso, precisamente, o que exprime a velha expresão *latim bárbaro*.

No que concerne a segunda premissa, sobre a suposta ignorância dos notários e a profunda incorreção da «língua latina» dos seus documentos, devemos afirmar inequivocamente que a expressão *latim bárbaro* é uma expressão derrogatória, que reflecte uma concepção negativa, pessimista, datada e inadequada da literacia medieval e do desenvolvimento cultural medieval ibérico. A perspectiva de que a língua dos documentos é uma forma deficitária de latim, uma forma de comunicação escrita deficiente e corrupta («con sus problemas internos», afirma M. C. Díaz, *q. v. supra*) não é corroborada pelos dados, *e não tem qualquer valor heurístico ou hermenêutico*. É uma perspectiva que impede, de facto, uma investigação séria dos actos de escrita medievais e que não explica nada acerca da literacia medieval, das práticas escribais e da ecologia e etnografia da comunicação escrita medieval: a «teoria da ignorância notarial generalizada» não explica a existência de variação entre estruturas latinas e estruturas românicas nos textos, e entre estruturas latinas «correctas» e estruturas desviantes, nem explica a ausência generalizada de verdadeiros erros de escrita (*i. e.* formas sem plausibilidade linguística), nem o carácter sistemático dos «desvios» à norma latina ortográfica e gramatical de base, nem finalmente os modos particulares de produção textual vigentes na época.

A literacia medieval não é literacia moderna ou contemporânea, e não era também literacia romana clássica ou urbana: não há, como se sabe, um conceito universal de literacia ou práticas universais de literacia – a literacia é um saber local (localizado no tempo, no espaço e na cultura) e não se pode comparar o que não é, por natureza, comparável. O estudo da literacia medieval, em particular dos actos de escrita notariais, requere distanciamento antropológico e objectividade científica socio-filológica (como requere o estudo sério e rigoroso da literacia e da textualização em qualquer comunidade discursiva e textual pré-moderna).

O estudo dos documentos latino-portugueses mais antigos é de grande importância para a história da língua e da escrita portuguesas medievais, não por causa dos supostos «barbarismos» que revelam de forma directa aspectos isolados do vernáculo –chame-se-lhes «fórmas da lingua vulgar e fórmas mal aprendidas do antigo Latim» (A. Coelho, 1887), «termos da língua falada» (J. Nunes 1906), «palavras e expressões portuguesas que transparecem nos documentos latino-bárbaros» (J. L. de Vasconcellos 1911), ou «afloramentos do português» (J. G. Freire 1995)–, mas porque o seu sistema de escrita peculiar era o *único meio de comunicação escrita disponível* para falantes e escreventes de português antigo até ao início do século XIII. Este não é um facto trivial: sendo o Latino-romance o único sistema de escrita disponível durante um intervalo de diversos séculos que antedata o surgimento de uma escrita portuguesa autónoma e deslatinizada, deve interessar ao estudioso tanto o aspecto latino tradicional, como o aspecto inovador ou desviante (romanceado) destes textos, ou seja, deve interessar o estudo e compreensão global da estrutura e desenvolvimento da escrita latino-românica. Fixar-se apenas nos desvios à norma latina é na prática «tomar a árvore pela floresta» e cair inevitavelmente nos antigos equívocos da flologia tradicional.

Os textos latino-portugueses da fase mais antiga *não* testemunham o nascimento da língua portuguesa, ou as origens do português como língua funcional, estruturalmente distinta do latim (nem seria legítimo esperar que o fizessem); testemunham sim, *as origens de uma tradição de escrita portuguesa, i. e.* as origens remotas do *português lingua escrita*, e são, portanto, *as primeiras atestações escritas do português antigo, i. e. as fontes linguísticas primárias mais antigas medievais* de que dispomos em Portugal. Assim, considero que a análise adequada dos documentos, enquanto fontes linguísticas primárias para a história do português, exige que se reconheçam e aceitem alguns pressupostos como os que seguem[7]:

1. os modelos (operacionais) de produção textual testemunhados pela documentação notarial latino-portuguesa não correspondem aos modelos (representacionais) herdados da Antiguidade[8];

---

[7] Secção extraída e adaptada com muitas alterações de A. EMILIANO 2004d: 590-1. Outros estudiosos têm assumido posições semelhantes, ainda que a sua formulação possa ser bastante distinta da minha. Recordo, enre outros, Roger Wright, Michel Banniard, József Herman (recentemente desaparecido e a quem deixo aqui homenagem simples de profunda admiração), Francesco Sabatini, Robert Blake, Alfonso García Leal, Maurilio Pérez González, Pilar Álvarez Maurín, apenas para mencionar autores mais recentes.

[8] Para a distinção entre *modelos operacionais* e *modelos representacionais, vid.* A. EMILIANO (2005).

2. a tradição notarial era uma tradição com traços específicos que resultavam da natureza particular dos documentos e da intencionalidade comunicativa subjacente à sua produção;

3. os documentos notariais são actos de língua escrita válidos em si mesmos e por si mesmos – enquanto discursos e textos inseridos numa comunidade discursiva e textual correspondiam às necessidades e expectativas comunicativas da comunidade textual para a qual foram redigidos (e não podem, portanto, ser descritos simplesmente como produtos de uma latinidade corrupta ou decadente ou como um «jargão» baseado no latim);

4. o desenvolvimento multissecular da língua notarial fez-se a partir de uma relação dialógica entre *tradicionalidade* e *exigências comunicativas* (*cf.* F. Sabatini, 1978; A. Emiliano, 1995), que não pressupõe nem revela uma ruptura conceptual entre latim e romance antes de meados do século XII –na realidade, a análise dos textos revela que as estruturas próprias da língua notarial se integram perfeitamente no quadro de *monolinguismo complexo* proposto por R. Wright (1993);

5. os documentos notariais documentam uma *cadeia ininterrupta de romanceamento gráfico* que vai desde os testemunhos mais antigos conhecidos até aos primeiros textos românicos do início do século XIII –o surgimento de ortografias românicas autónomas e diferenciadas para as diversas línguas ibero-românicas medievais foi, sob o ponto de vista diacrónico e genético, o resultado de uma *tendência antiga de mudança scripto-linguística* que resultou na *deslatinização* e *progressiva vulgarização* da tradição escrita de base tardo-latina (*cf.* A. Emiliano 1994: 196; A. Emiliano 2003: 80 y ss.).

Tendo em conta pressupostos como os acima expostos –que tornam inaceitável a «crença» na existência multi-secular de um latim «bárbaro» ou «barbarizado» como forma geral de comunicação escrita, o qual teria sido abandonado no início do século XIII em favor de uma tradição de escrita portuguesa superior surgida *ex nihilo*– importa tecer alguns breves comentários sobre aspectos selectos da língua notarial latino-portuguesa que levaram à sua caracterização como «bárbara» pelos estudiosos do século XIX. Sirvo-me, para tal, de um único texto, um curto plácito de 915 proveniente do cartório de S. Salvador de Moreira (que transcrevo em anexo), o cartório medieval latino-português mais rico, e segundo João Pedro Ribeiro, o mais «barbarizado» de todos.

Do ponto de vista das grafias o documento de 915 é em tudo semelhante aos documentos leoneses do século X estudados e descritos por R. Menéndez Pidal em *Orígenes*. De facto, encontramos neste texto diversos fenómenos gráficos que constituem desvios consistentes e marcados à norma ortográfica latina. Alguns desvios, que resultam da inexistência de codificação grafémica rígida na época, reflectem diversas inovações fonológicas românicas – das quais se deve destacar o vozeamento inter-vocálico de obstruintes, bem representado neste texto[9].

É fundamental notar que a inexistência de uma «orto-grafia» operacional se traduz na possibilidade de inovação e de criatividade grafémicas por parte de quem escreve: tal facto explica a existência nos documentos latino-portugueses de desvios que não resultam directamente de características do vulgar, como hiper-correcções, grafias inversas e vernacularização ou romanceamento de formas latinas. Digo «directamente», porque os documentos notariais latino-portugueses mostram uma escrituralidade profundamente permeada pela oralidade –a «profunda penetración románica» apontada por J. Bastardas, *q. v. supra*– e, assim, em última análise, quase tudo nestes documentos (tanto o elemento tradicional, como o elemento desviante ou inovador) deve ser examinado à luz do que se sabe sobre o vernáculo da época.

Os actos jurídicos contidos nos documentos só eram válidos após a leitura destes perante testemunhas, e a leitura em voz alta deste tipo de texto e de discurso pressupunha a compreensão do conteúdo pelas partes interessadas: os documentos eram oralizados com fonética antigo-portuguesa, e o seu teor, sobretudo no que respeita as secções dispositivas ou narrativas, devia ser compreendido por todos os participantes, letrados ou não. Este aspecto, conjugado com a ausência efectiva de imposição de uma norma ortográfica, explica a vernacularização frequente de formas «puramente» latinas, dado que aquilo que hoje consideramos e aceitamos como a «pronúncia restaurada» do latim seria algo

---

[9] *nodeximus, didagum, eglesia* (2x), *didagu, eglesie, episcobus, laigalem, circuidu, perpedi, auiduro.*

de completamente alienígena para os falantes de português antigo. Esta
perspectiva foi já eloquentemente formulada por Amable Veiga nos anos
80, no seu estudo fundamental de documentos latino-galegos, sendo
hoje consensual entre os praticantes da Filologia Românica mais atentos
aos estudos de literacia e de etnografia da comunicação escrita:

> Resulta además evidente que los documentos eran leídos a personas total-
> mente ignorantes del latín, que sólo hablaban gallego, cuya pronunciación
> era la que se aplicaba a los términos puramente latinos, lo que sin duda faci-
> litaría la entrada en la lengua hablada de palabras puramente latinas y en la
> escrita de formas romances y la consiguiente aparición de dobletes del tipo
> pazo, palacio (A. VEIGA ARIAS 1983: 18).

Gostaria de apontar as formas *kallendas* (linha 9) e *nodeximus*
(linha 1) no precioso documento latino-português de 915. A duplicação
do grafema -L- em *kallendas* não se pode explicar directamente como o
resultado de um fenómeno fonológico galego-português; no entanto, a
duplicação de -L- indica seguramente, em meu entender, embora de
forma indirecta, que na época de redacção do documento a síncope
galego-portuguesa da lateral alveolar /-l-/ intervocálica já tinha ocorri-
do e que as formas tradicionais grafadas com -L- seriam tendencialmente oralizadas com síncope da lateral, ao contrário das formas com -LL-,
que seriam oralizadas com [l]. A forma latina KALENDAS correspondia
em português antigo a [ka'ẽdas], e, de facto, as formas gráficas <caen-
das/kaendas> aparecem em documentos portugueses e galegos do
século XIII, e a forma *quenda(s)* sobrevive no galego normativo contem-
porâneo e em dialectos portugueses nortenhos, embora com alteração
do significado original. A explicação para a grafia -LL- do documento
de Moreira é a que dei para a forma *kartulla* do mais antigo documento
original latino-português conhecido, a *Carta de Fundação e Dotação da
Igreja de S. Miguel de Lardosa*, datado de 882:

> Relativamente a <kartulla>, a duplicação da letra consonântica pode ser um
> indício de que a pronunciação habitual de palavras latinas com -l- seria sem
> consoante: a grafia ll constituiria uma «advertência» grafémica para preser-
> var ou garantir a articulação da líquida, pelo facto de que a consoante longa
> / l: / do latim, grafada ll, tinha evoluído em galego-português para / l / sim-
> ples (A. EMILIANO 2000: 39).

O notário de Moreira saberia, portanto, que a pronunciação normal de uma forma gráfica com -L- seria com síncope, e deliberadamente grafou -LL- de maneira a evitar a síncope da lateral na leitura em voz alta, *i. e.* de forma a evitar um romanismo fonético. O notário saberia também que uma pronunciação mais tradicional (mais latina) da forma continha uma lateral intervocálica que não existia já no *sermo quotidianus* da época. Sabia ademais que a grafia tradicional -LL- correspondia a uma lateral na fala contemporânea. É de supor que, dado o carácter formulaico da secção em que a forma *kallendas* ocorre, o notário tenha deliberadamente optado por uma grafia desviante; apesar de incorrecta do ponto de vista da ortografia latina essa grafia garantiria, não obstante, uma oralização mais latina, ou alatinada, da forma KALENDAS em contexto formulístico, [ka'lẽdas] em vez de [ka'ẽdas].

A forma *nodeximus*, que ocorre na *notificatio*, é também um bom exemplo da criatividade grafémica dos escrivães notariais e obedece a padrões regulares de vernacularização da tradição latina. O escriba grafou *nodeximus* em vez da forma mais tradicional *notissimus*[10]; ora esta forma de aparência «bárbara» está absolutamente conforme (a) ao vozeamento antigo de /t/ latino em posição inter-vocálica, (b) à pronunciação normal de X como uma fricativa ápico-alveolar surda (/s/) – confimada aliás pela forma *testum* (linha 3) por *textum*[11], e (c) às mudanças vocálicas dos romances peninsulares, mudanças que possibilitavam alternâncias entre letras vocálicas, como E e I. *nodeximus* é portanto representacionalmente equivalente a *notissimus*, e ambas as formas eram oralizadas da mesma maneira em português antigo, muito provavelmente como [no'desemo]. A oralização da terminação -VS como [-o] está plenamente comprovada pelos padrões de variação presentes no texto: basta considerar os antropónimos *flaino, uidisclum, ariulfo, honorigo, leodemundo, didagum, didagu, aluitu* (2x)*, senorino, aluitu, seniorinu, bretus, eldebredus, uermudo, trasmiru, bellengo, miro,*

---

[10] A. J. CARNOY (1906: 21) anota as formas *karessemo* (por *carissimo*) e *merentessemo* (por *meretissimo*) numa inscrição hispano-latina proveniente de Saragoça (CIL 2997), e a forma *merentessimo* (por *meritissimo*), numa inscrição romana hispano-latina proveniente de Córdova e datada de a. D. 348 (CIL 2211).

[11] Para a atestação deste fenómeno em inscrições hispano-latinas, *vid.* A. J. CARNOY (1906: 163).

louegildo, para constatar a equivalência representacional das terminações -VS, -VM, -V e -O.

É difícil conciliar factos deste tipo, que envolvem uma manipulação sofisticada das unidades grafémicas, com uma «teoria da ignorância escribal generalizada». De facto, perante formas como estas, a questão da correcção ortográfica dos documentos hispânicos alto-medievais torna-se absolutamente irrelevante. É também, de certo modo, irrelevante a questão de se os notários sabiam ou não sabiam ortografia e gramática latinas tradicionais (embora com toda a probabilidade soubessem). O que estava, de facto, em causa não era escrever latim, mal ou bem, mas sim escrever português antigo com um sistema de escrita muito arcaico, e produzir actos comunicativos de tipo específico e de teor específico.

O que fica exposto acima sobre leitura em voz alta e «penetração românica» da escrita notarial deve aplicar-se também ao exame da morfologia, da sintaxe e do léxico dos documentos. Sobre o léxico, mormente sobre a ocorrência de vocabulário germânico, árabe e neo-latino não vale a pena aqui determo-nos: se a língua escrita dos documentos não era latim, e assentava no vernáculo das comunidades hispano-românicas, a presença de elementos lexicais não-latinos não levanta qualquer problema, antes seria de estranhar e difícil de explicar a sua ausência. Por razões de brevidade, refiro-me simplesmente a aspectos da morfologia flexional nominal.

Um dos aspectos mais notórios da «latinidade» notarial é a representação gráfica da morfologia flexional nominal, a qual resulta directamente das profundas alterações do sistema casual latino na passagem para o romance. Cito a propósito M. Pérez González:

> Sin duda, uno de los hechos que más contribuyeron a la conversión del latín en las diferentes lenguas romances fue la ruina de la declinación clásica, el confusionismo o sincretismo casual (M. PÉREZ GONZÁLEZ 1993: 129).

Apesar da abundância de construções com morfologia flexional latina estranhas à gramatica latina, podemos reduzir a diversidade das formas gráficas a alguns padrões simples, como já notou Bastardas Parera no seu estudo fundamental de 1953:s

> De una simple lectura de nuestros documentos parece deducirse que los escribas usan cualquier caso en cualquier función. No obstante, un examen

a fondo pone en evidencia que no todo es arbitrariedad en su uso (J. BAS-
TARDAS PARERA 1953: 16).

Em termos simples, e ignorando deliberadamente aspectos diversos
que o grande filólogo catalão estudou em detalhe, podemos considerar
que dominava na flexão dos nomes uma forma gráfica de «caso universal» ou de «caso Ø» com distinção simples de plural e singular: é em
geral uma forma que não apresenta qualquer morfema flexional no singular para além de uma vogal temática, e no plural apresenta a terminação -S acrescentada ao tema. É fácil reconhecer neste padrão flexional
simples a situação dos romances peninsulares na época de redacção dos
testemunhos mais antigos. O documento de Moreira de 915 apresenta
diversas ocorrências de acusativos não marcados no singular (*i. e.* sem -M
final), padrão que podemos considerar geral e dominante na documentação notarial latino-portuguesa. Mas o mesmo documento apresenta
também algumas formas marcadas com -M final em contexto sintáctico
que exige acusativo. O escriba conhecia, portanto, a terminação de acusativo singular em -M, bem como os contextos sintácticos que exigiam o
seu emprego, e produziu simplesmente variação grafémica sincrónica,
como sucedia um pouco por toda a Europa medieval.

Outro tipo de desvio frequente à gramática latina que vale a pena
sublinhar é a utilização «incorrecta» de morfemas casuais, que resulta
em aparentes problemas de concordância. O documento de Moreira
apresenta, por exemplo, a sequência «aliqui uenit tam episcobus quam
de laigalem parte» (linhas 6-7), em que as formas *episcobus* e *laigalem*
apresentam terminações flexionais inadequadas ao contexto sintáctico.
Este tipo de fenómeno, de «morfologia redundante» –ou melhor, de
«hiper-caracterização grafo-morfémica»–, reflecte simplesmente intencionalidade por parte do escriba de marcar com terminações arcaicas,
que não tinham qualquer correspondência fonético-fonológica no vernáculo, certas palavras, que, no caso vertente, pertencem à esfera da
vida religiosa: podemos qualificar como «scripto-pragmático» este
emprego dos casos latinos, na medida em que o valor gramatical dos
morfemas grafados é irrelevante no contexto sintáctico em que ocorrem.
O seu valor textual, no entanto, é o de serem indicadores da formalidade do discurso e da situação de discurso. Se estas terminações eram oralizadas (e podiam perfeitamente sê-lo) é irrelevante. Do ponto de vista

discursivo, tinham o mesmo valor que algumas expressões obscuras e estranhas que são habituais na linguagem jurídica dos nossos dias. Entendo que o seu emprego é intencional e não casuístico ou espúrio.

É interessante contrastar estes factos com a correcção geral do emprego do genitivo com valor de complemento determinativo na documentação, sobretudo em contextos formulísticos. Vejam-se as formas do documento de 915: *ad pater didaci* (linha 2), *testum scripture* (linhas 3-4), *eglesia sancti salbatoris* (linha 4), *kallendas decenbre* (com -E final por -I final, linha 9). A sequência «*placuit nouis bone pacis uoluntas*» (linha 3), típica da *dispositio*, é opaca gramaticalmente e tem valor formulístico puro em contexto discursivo jurídico.

Como observou Robert Louis Politzer (1961), a presença/ausência de determinados elementos morfémicos nos textos latinos em regiões de fala românica não está em relação directa com a sua presença/ausência na competência linguística activa dos falantes da época: no caso de determinadas terminações flexionais nominais latinas obsoletas a sua ocorrência nos textos deve ser interpretada à luz dos padrões de produção textual vigentes na comunidade.

Outro aspecto fundamental é a presença do artigo definido nos documentos latino-portugueses, grafado ILLE ou IPSE. O surgimento do artigo definido, e dos determinantes em geral, nas línguas românicas foi uma mudança fundamental na sintaxe do latim, dado que implicou o surgimento e estabelecimento da «constituência» na sintaxe tardo-latina da frase. O artigo definido começa incipientemente a ocorrer com uma forma gráfica portuguesa a partir do século XI, sobretudo em topónimos e antropónimos e contraído com a preposição DE; a presença desta notável inovação gráfica aumenta nos documentos do século XII. É um dos mais importantes índices de romanidade e de portugalidade para a análise dos documentos latino-portugueses. No documento de 915 o artigo aparece algumas vezes sob a «capa gráfica» do demonstrativo latino IPSE.

As alterações ao nível gráfico que a morfologia flexional latina apresenta nos documentos latino-românicos obriga-nos a pensar que, de facto, não estava na mente dos escribas escrever latim, mesmo que o latim escrito e os vernáculos românicos que se falavam nas diversas áreas ibero-românicas sob domínio ásture-leonês não fossem conceptualmente coisas distintas. A questão da morfo-sintaxe dos documentos é uma questão complexa e controversa, com diversas e múltiplas ramificações que é impossível abordar neste lugar. Sublinho apenas a ideia de que a escrital notarial de base latina levantaria naturalmente problemas de aprendizagem e de aquisição da literacia: como na ortografia do francês moderno, os escribas tinham que aprender a redigir e a usar diversos elementos grafo–morfémicos que não tinham correspondência na oralidade. A ausência de uma norma ortográfica operacional explica a ocorrência de variação grafémica, e as *exigências de realismo comunicativo* subjacentes aos documentos notariais explicam a vernacularização da escrita de base latina.

3. CONCLUSÃO

Se considerarmos, como M. C. Díaz y Díaz, que o documento de 915 de S. Salvador de Moreira –o quarto mais antigo documento latino-português original conhecido (sendo o segundo e o terceiro mais antigos provenientes do mesmo mosteiro)– está escrito em latim, e que o seu autor não quis escrever outra coisa senão latim (*q. v. supra*), ficamos irremediavelmente condenados à perspectiva do *latim bárbaro* e da ignorância escribal. Se, pelo contrário, como J. Bastardas Parera, considerarmos que neste texto nem tudo é latim, nem sequer pretende sê-lo (*q. v. supra*), ou melhor ainda, se abdicarmos completamente da designação «latim» das nossas discussões para nos referirmos a este texto e outros do mesmo tipo, e aceitarmos que estamos perante uma tradição de escrita de base latina mas que representa já uma realidade linguística neo--latina, então teremos a porta aberta para um estudo sério das práticas escribais tabeliónicas, da literacia medieval e da relação entre as práticas escribais e textuais e a língua da época. Poderemos assim conferir aos documentos latino-portugueses a sua legítima dignidade de actos de língua válidos e de fontes primárias antiquíssimas e valiosíssimas para a história da língua portuguesa.

O objectivo desta comunicação não é criticar «edipicamente» ou sobranceiramente aqueles que nos precederam nas nossas investigações, apontando simplesmente as limitações da sua visão ou o carácter datado das suas concepções, naturalmente condicionados pelo tempo em que viveram e trabalharam: trata-se apenas de reconhecer que os instrumentos conceptuais e analíticos disponíveis na sua época condicionaram a sua reflexão e a sua produção, e que o conceito de *latim bárbaro* não é útil nem necessário, e deve ser banido de qualquer discussão séria. Se há críticas a fazer ou a distribuir é, de facto, às gerações subsequentes de estudiosos dos séculos XX e XXI, que não souberam (e não têm sabido) renovar a sua área de estudos, preferindo manter-se acriticamente à sombra dos «gigantes prometaicos» que os antecederam, e a cuja obra supostamente «definitiva» nada há a acrescentar. Ora em Ciência, e com particular ênfase para as Humanidades, convém afirmá-lo, não há obra definitiva, não há constituições dogmáticas, nem há, ou pelo menos não deveria haver, ortodoxias e heresias. Tudo está, por natureza, em aberto, na construção de hipóteses e de interpretações e na procura racional de explicações. É sobre os ombros dos «gigantes» que nos precederam, e não à sua sombra, que nos devemos posicionar, para tentar ver um pouco mais longe do que eles próprios conseguiram ver.

In memoriam Juan Ramón Lodares

ANEXOS

NOTAS: todos os negritos nas citações que seguem são da minha responsabilidade; o nome do autor citado vai seguido das datas de nascimento e falecimento; as interpolações são dadas entre colchetes; as omissões de texto são indicadas por [...]; a ortografia original dos autores citados é escrupulosamente respeitada.

QUADRO 1

RIBEIRO, João Pedro [1758 –1839], *Dissertações chronologicas e criticas sobre a historia e jurisprudencia ecclesiastica e civil de Portugal*, **publ. [1810-36] 1860-96 (i)**

Dissertação V. Sobre o Idioma, Estylo, e Orthografia dos nossos Documentos, e Monumentos.

[…]

CAPITULO I. Sobre o Idioma dos nossos Documentos, e Monumentos.

I. EPOCA [«Até o Estabelecimento da Monarchia» (p. 180)]

PERIODO IV. [«No tempo do cativeiro dos Mouros, e Reinado dos Reis de Leão e Galiza, até o estabelecimento do nosso Reino» (p. 180)]

No IV. continua ainda o Latim nos Monumentos, e Documentos, entre os refugiados nas Asturias, e terras dominadas pelos Reis de Leão, […]

Alguns Documentos nos restão nos nossos Cartorios deste periodo, desde o IX. Seculo, no **Latim barbaro** daquelle tempo: poucos mais antigos os conserva originaes o resto da Hespanha.

II. EPOCA [«Desde aquelles tempos, e principio do Sec. XII. até o presente» (p. 180)]

PERIODO I. [«Desde o Senhor Conde D. Henrique até o Senhor D. Affonso III» (p. 180)]

Neste periodo se empregou geralmente o **Latim corrupto** em Documentos, e Monumentos.

[…]

Disse que os Documentos publicos nos ultimos periodos da Epoca antecedente, e neste 1.º da II. são no **Latim barbaro e corrupto**; (p. 186)

«PERIODO II. [«Desde o Senhor D. Diniz até o fim do Reinado do Senhor D. Affonso V.» (p. 182)]

Neste 2.º periodo se faz visivel a gradual polidez, que foi tomando a lingua vulgar, a que deo occasião a residencia, que tinha feito em França o Senhor D. Affonso III: os Mestres, que buscou a seu Filho: as traducções, que se fizerão, qual a das Leis das Partidas, e a da Obra do Mouro Rasis por Gil Pires, ambas por mandado do Senhor D. Diniz: a instituição de huma Universidade no Reinado do Senhor D. Diniz: a intermissão das Elleições Canonicas, passando a proverem-se na Curia muitos Estrangeiros em Bispados, Prebendas, e mais Beneficios deste Reino: e mais que tudo o uso que da mesma lingua se principiou a frequentar nos Documentos publicos, **desterrado o barbaro Latim**, que até ahi vogara. (p. 190)

QUADRO 2

RIBEIRO, João Pedro [1758 –1839], *Dissertações chronologicas e criticas sobre a historia e jurisprudencia ecclesiastica e civil de Portugal*, **publ. [1810-36] 1860-96 (ii)**

DISSERTAÇÃO V. CAPITULO II. Estilo, e Orthografia. §. I. Monumentos, e Documentos Latinos.

Se os mais antigos Documentos, que nos restão, são do Seculo IX. e seguintes, em que desmembrado já o Imperio Romano, se reduzio a sua lingua á **maior / barbaridade**, não he muito, que tal appareça nos mesmos Documentos; pois o mal era commum. Hum Latim, com resabio da Lingua vulgar, he o que se encontra nos Documentos: syntaxe irregular, palavras alheias a todas as idades daquelle Idioma, casos, generos, e numeros invertidos, e huma **Orthografia barbarissima e incerta, formão hum chamado Latim, e mais estranho do que era a antiga lingua do Lacio aos do Seculo de Augusto**.

A significação dos vocabulos, que nelles se usão, em vão se rebuscão em DuCange, e outros Glossarios do **Latim barbaro da meia idade**; pois sendo aos seus Authores pouco conhecidos os nosso Documentos, os formarão principalmente sobre os da sua Nação, nos quaes se vê alatinada huma lingua diversa da nossa. Confrontados porém os Documentos de diversas Provincias, e territorios do nosso Reino, parece que a **barbaridade** estabeleceo o seu throno na Maia: com effeito os Documentos do Cartorio de Moreira vencem a todos em rusticidade. [...] / Quantos aos Monumentos, sem fallar das Inscripções do tempo dos Romanos, que entre nós restão, e mostrão na sua maior, ou menor pureza, a idade da mesma Lingua, as dos seculos Gothicos, e dos Reis de Leão, e posteriores ao estabelecimento da Monarchia, não differem muito na **barbaridade** dos Documentos coevos. (pp. 193-5)

QUADRO 3

HERCULANO, Alexandre [1810-1877], *Diplomata et Chartae* **(Prefácio), publ. 1867**

Per id enim temporis non aliud pene chirographarium stigma praeter interpunctionem cognitum erat, quam ad omnes orthographicos usus confuse, et ad libitum adhibebant, nullamn sermonum distinctionis, suspensionis, incisionisque, quas nunc distincte notis signamus, curam suscipientes: rem insuper in pejus vertebant diplomatum scribae et notarii unico illo stigmate uti nescientes: **nulla scribenti lex, nec norma, nec ratio erat**. [...] Quapropter in his describendis documentis quasdam interpunctiones arbitrarias, manifesteque imprudentes, omittere, paucas tamen raro transferre curavimus, ubi supramodum obscuritatem et confusionem augebant in **scriptis, quorum inquinatus, horridusque sermo omnem saepius barbariem superat.** (pp. vij-viij)

QUADRO 4

COELHO, Adolfo [Francisco Adolpho] [1847-1919], *A lingua portugue-za. Phonologia, etymologia, morphologia e syntaxe,* **publ. 1868**
PRELIMINARES
§6. O portuguez lingua escripta
Vendo tantas raças, tão grandes revoluções politicas succederem-se na peninsula hispanica num periodo em que a lingua do povo não era escripta, e **uma giria de tabelliães e da gente da egreja, que tomava o nome pomposo de Latim, era a unica lingua que se escrevia**, e ainda só nos casos de grande necessi-/ dade, suppor-se-ia que essa lingua do povo se tornaria de cada vez mais informe e adquiriria o caracter d'uma verdadeira monstruosidade. Mas não succedeu assim, nem podia succeder. [...]
É na bocca do povo, da massa rude e ignorante, que ellas [as linguas] se formam, e por isso trahem a cada passo as concepções ingenuas d'esse poeta sem artificio. Renegadas a principio pela classe sabia, chega porem sempre o dia do seu triumpho. Assim o **Latim barbaro da edade media** teve que ceder o logar por toda a parte ás linguas romanas como superiores a elle, que preten-dia ser imitação d'um idioma cuja tradição se perdera.
A substituição das novas linguas á **giria dos tabelliães e ecclesiasticos** fez-se lentamente, e apenas desde certa epoca podemos observar os seus pro-gressos. O portuguez só nos apparece escripto do seculo XII por diante, mas nos mais antigos documentos em **Latim barbaro** dos nossos cartorios já se encontram muitas formas da nossa lingua; [...]. (pp. 25-26)

QUADRO 5

COELHO, Adolfo [Francisco Adolpho] [1847-1919], *A língua portugue-sa: curso de litteratura nacional para uso dos lyceus centraes: noções de glottologia geral e especial portugueza*, **publ. 1887**
(SECÇÃO II – O LATIM E AS LINGUAS ROMANICAS)
8. O Latim barbaro
No periodo que vae da queda do imperio até ao apparecimento dos primeiros monumentos das linguas romanicas, dos monumentos que nós reconhecemos como escriptos indubitavelmente nas novas fórmas de linguagem, nesse periodo continuou-se a escrever apesar da **decadencia geral da cultura**. Os escriptos que remontam a esses tempos são de duas especies: 1) uns, em geral obras litterarias, conservam em regra as fórmas do Latim classico, empregando assaz correctamente os casos, a / voz passiva, etc., com muitos neologismos, muitos desvios na syntaxe com relação ao Latim classico, com um estylo de completa decadencia; 2) a segunda especie comprehende em geral documentos de archivos, obra de tabelliães, etc., em que ha as maiores irregularidades no emprego dos casos e de muitas outras fórmas latinas, uma construcção em regra profundamente differente da latina, numerosissimos neologismos, etc. É á linguagem d'esses documentos que se dá o nome de *Latim barbaro*.

Na França e na Italia ha documentos em Latim barbaro que remontam ao v seculo. Na Hispanha e em Portugal os mais antigos d'esses documentos (authenticos) remontam ao seculo IX.

Suppôz-se que o Latim barbaro era identico á lingua popular do periodo a que nos referimos. Essa opinião não tinha o minimo fundamento. As linguas romanicas são perfeitamente regulares nos seus mais antigos monumentos; as irregularidades apparentes proveem-lhes da influencia da orthographia latina (do Latim barbaro): o seu desenvolvimento manifesta-se como perfeitamente organico. O Latim barbaro é inorganico, notavelmente irregular; emfim uma linguagem forjada artificialmente com formulas ministradas por collecções escriptas de proposito com esse fim, com fórmas da lingua vulgar e fórmas mal aprendidas do antigo Latim; **é emfim uma giria de tabelliães ignorantes** em que transparece, mas não se acha refelectida directamente, a lingua popular.

[…] /

A **ignorancia profunda dos tabelliães**, a que devemos esses documentos, revela-se no modo por que elles estropiam completamente as formulas que lhes eram ministradas, já por os formularios, já pelo ensino tradicional dos cartorios. Assim a formula das doações e testamentos em que se exprimia

QUADRO 5 (Cont.)

que o doador ou testador obrava sem coacção exterior: *nullius que cogente imperio*, acha-se estropiada ora em *nulus que congentis imperio*, ou *nullus quoquo gentis imperio* em documentos do século IX. (pp. 123-5)

[segue-se um parágrafo final em tipo pequeno, como uma nótula final, com referência à famosa citação do tratado atribuído a Virgílio de Córdova a, que contém a expressão *latinum circa romancium*; Coelho procura encontrar aí uma explicação para a existência do *Latim bárbaro*.]

QUADRO 6

VASCONCELLOS, José Leite de [1858-1941], *Lições de Filologia Portuguesa,* **publ. [1911] [1926²] 1959³ (i)**

Não devemos confundir *Latim vulgar* com *Latim bárbaro*. Aquele é língua viva, que a pouco e pouco se modificou, estando hoje representado pelas línguas românicas ou *romanço*; êste é o **Latim dos escrivães da idade-média, Latim não só estropiado, mas mesclado de palavras e expressões da língua falada**. Pelo que toca a Portugal, possuímos textos em Latim bárbaro, do século IX em diante. Antes de começar a usar-se o português nos documentos (contratos, testamentos, etc.), êles escreviam-se neste Latim. **Falava-se uma língua (romanço), e escrevia-se outra (Latim bárbaro).** [...]

As palavras e expressões portuguesas que transparecem nos **documentos latino-bárbaros** constituem o que costumo chamar *português proto-histórico*, que é a primeira fase do *português arcaico*. Esta primeira fase pode dizer-se que durou até o século XII, pois em tal época principiou a escrever-se a nossa língua, ou pelo menos é d'então que datam os mais antigos documentos portugueses que possuímos. (pp. 14-16)

QUADRO 7

VASCONCELLOS, José Leite de [1858-1941], *Lições de Filologia Portuguesa,* **publ. [1911] [1926²] 1959³ (ii)**

Ao português pre-histórico segue-se o *português proto-histórico*, já revelado em **documentos latino-bárbaros**, que vão do século IX ao XIII (principalmente). Transcreverei d'aí alguns vocábulos: *abelia* «abelha», *conelium* «cõelho» (arc.), *estrata* «estrada», *ovelia* «ovelha». Nenhuma de tais formas era da língua viva, pois *abelha* vem de apicula, *cõelho* de cuniculus, *ovelha* de ovicula, e não podiam passar por aqueles **estádios latino-bárbaros**; os escrivães medievais é que, como sabiam que o port. *lh* correspondia ao lat. li + vogal, o que achavam exemplificado em *folha* < folia, *evangelho* < euangelium, etc., conjecturaram erradamente que a *abelha, coelho* e *ovelha* correspondiam palavras latinas em *-lia* e *-lium,* e **relatinizaram-nas** do modo que fica indicado. A palavra *estrata* também não existia na época a que me estou referindo, pois já -T- latino havia dado *-d-,* mas os escrivães, que tinham diante dos olhos *-ada* < *-ata* em *amada* < amata, e centenares de outras palavra com *-d-* por -T-, forjaram por êsse modêlo *estrata*[1] .

Compreende-se por tanto que nas **palavras latino-bárbaras** possam descobrir-se as verdadeiras palavras portuguesas do tempo. A expressão *proto--histórico* é, como *pre-histórico,* inteiramente fortuita e transitória. Supondo que apareciam documentos portugueses com todas as palavras que podemos reconhecer no Latim bárbaro, ela não teria também cabimento[2].

[1] Nos exemplos em que há *li* + *a* (e *ni* + *a*) pode também ver-se mera representação ortográfica de *lh* (e *nh*), pela razão indicada acima. Palavras, porém, como *au* «ou», *pumare* «pomar», *Figueirola* «Figueirola» (depois *Figueiroa, Figueiró*), *dublata* «dobrada», «duplicada», **os notários pensavam que as escreviam em Latim, quando não faziam mais do que dar vago aspecto latino a palavras românicas.**

[2] Do que a êste propósito escreveu o crítico João Ribeiro[12] concluo que êle não entende o que é português proto-histórico. **O que eu chamo português proto-histórico é a língua que se revela por baixo, se posso assim dizer, do Latim bárbaro, e não o Latim bárbaro,** ou gíria tabelioa, como êle diz. Os exemplos que citei acima e na nota 1 tornam isto bem claro. (pp. 122-123)

---

[12] Estudioso/filólogo brasileiro; não confundir com o diplomatista João Pedro Ribeiro.

QUADRO 8

NUNES, José Joaquim [1859-1932], *Crestomatia Arcaica*, **publ. [1906]
[1943[3]] 1981[8]**

É impossível, à falta de provas, seguir passo a passo a evolução do Latim vulgar, desde que os soldados, colonos, e comerciantes romanos o trouxeram à Lusitânia até se tornar a língua hoje falada em Portugal. A existência, porém, do português já no século VIII é-nos atestada pelos documentos da época, escritos em **Latim bárbaro**, nos quais, devido à **insciência dos notários** que os redigiam, transparecem aqui e ali termos que eles iam buscar à língua falada, sendo só no século XII que aparecem textos completos nesta última. (pp. xvi-xvij)

QUADRO 9

NUNES, José Joaquim [1859-1932], *Compêndio de Gramática Histórica Portuguesa*, **publ.** [1919] [1945[3]] 1975[8] (i)

Com o desaparecimento da nobreza romana pela irrupção dos bárbaros e, como consequência, das escolas e cultura intelectual, recebeu o Latim literário, um golpe, que podemos chamar mortal; quase agonizante, acolheu-se aos mosteiros onde foi recebido e tratado com carinho. Embora não com a perfeição de um Cícero, continuou a ser escrito; os preceitos da sua gramática não deixaram de observar-se; ao que não se podia eximir, era a sofrer a influência das ideias novas para as quais precisava de criar termos, que necessariamente ia pedir às línguas faladas. Mas, ao lado deste Latim, a que se dá o nome de baixo e que, em toda a Idade Média e ainda depois, foi a língua oficial da ciência, empregavam os tabeliães, nos documentos que redigiam, outro inteiramente diferente, que **desconhecia quase por completo as regras gramaticais**, não passando de **fórmulas latinas estropiadas**, de **mistura** com vocábulos que eles iam procurar às línguas de que se serviam nas suas relações quotidianas, empregando-as quer na sua forma viva, quer dando-lhes **aspecto latino**. É este **Latim bárbaro**, de que os cartórios nos ministram bastante testemunho nos contratos, testamentos, doações e outros documentos, de grande importância pelo conhecimento que nos subministra da existência da língua vulgar, como adiante se verá. (pp. 10-11)

QUADRO 10

NUNES, José Joaquim [1859-1932], *Compêndio de Gramática Histórica Portuguesa,* **publ. [1919] [1945³] 1975⁸ (ii)**

Mas que a nossa língua já existia no século IX, provam-no os documentos que dessa data afastada nos restam. Escritos em **Latim bárbaro** e com muitas fórmulas comuns a outras nações, como não podia deixar de suceder, tratando-se de usos idênticos, aparecem neles já, além de vocábulos que o notário evidentemente latinizou, como *dublador, pumare,* etc., muitos com feição e cunho portugueses. Só do século XII em diante é que começam a aparecer documentos escritos por completo ou quase por completo em português, sem que todavia se pusesse de parte o **Latim bárbaro**, que ainda persistiu por muito tempo. (pp. 14-15)

QUADRO 11

VASCONCELLOS, Carolina Michaëlis de [1851-1925], *Lições de Filologia Portuguesa*, **publ. [1911-1913] 1946**

Do século IX em diante há documentos públicos, contratos de cimpra e venda, doações, testamentos, etc., exarados por tabeliães, ou escrivães, bem como documentos jurídicos de maior alcance: cartas, diplomas, leis, forais, inquirições sôbre propriedades. Dêstes documentos os mais antigos provêm de cartórios conventuais, sobretudo do Minho e Beira. [...]

A linguagem em que estão escritos merece bem o nome de *Latim bárbaro*. Muito ao contrário do Latim vulgar e português arcaico, que são línguas perfeitamente regulares, **êsse Latim bárbaro que nunca teve vida e nunca foi falado, é inorgânico**; **obra artificial** dos referidos tabeliães que sendo obrigados a servir-se da língua latina, a ignoravam todavia, **cometendo por isso as maiores irregularidades**.

Ignorando o Latim, êles misturavam parcelas mal aprendidas do idioma do Lácio com fórmulas tradicionais, colhidas nos formulários do cartório. E onde essa ciência espúria falhava, acudiam com locuções e vocábulos do *romanço* que no trato comum usavam; estropiando as primeiras gramatical-mente, e deturpando mesmo as últimas porque lhes davam **grafia e flexão pseudo-latinas**. [...]

Às palavras sôltas e expressões em romanço que se encontram nesses **textos deveras bárbaros**, dá-se o nome de português *proto-histórico*. (p. 17)

DOCUMENTO NOTARIAL LATINO-PORTUGUÊS
DE S. SALVADOR DE MOREIRA DATADO DE 915

DATA: 0915/11/20
ARQUIVO: Instituto dos Arquivos Nacionais/Torre do Tombo, OSB, Mosteiro de S. Salvador de Moreira, maço 1, n.º 3 (cód. de referência: PT-TT-MSM/A/1/3)
TRADIÇÃO: original autógrafo em letra visigótica cursiva
DIMENSÕES: 112mm × 157mm
TIPO: documento particular: plácito – pacto relativo a dotação de igreja e confirmação de posse
ASSUNTO: *Flaino*, pai do presbítero *Didacus*, e seus restantes filhos *Trudildi*, *Vidisclu*, *Ariulfo*, *Honorigo* e *Leodemundo*, fizeram carta de dotação (pacto) da Igreja de S. Salvador; posteriormente, o presbítero *Didacus* transferiu a dotação e o pacto para os presbíteros *Aluitu* e *Senorino*.

Convenções de transcrição:
Todas as abreviaturas são expandidas sem indicação editorial, excepto *ts*. São introduzidas capitalização e pontuação modernas.
[…]   texto ilegível por dano no suporte com número de letras e/ou palavras indeterminado
P   parágrafo numerado
L   linha de texto
| separação de linha de texto

P01 |^L01 (*chrismon*) Non est duuius, set multis manet nodeximus, eo quod uenit uoluntas |^L02 ad pater Didaci, nomine Flaino, et de suos eredes, nominibus Trudildi, Vidisclum, |^L03 Ariulfo, Honorigo, Leodemundo, placuit nouis, bone pacis uoluntas, ut faceremus testum |^L04 scripture ad Didagum prespiter et qui in uita sancta perseuerauerit ad ipsa eglesia Sancti Salbatoris.

P02 |^L05 Et tradit se Didagu in manus Aluiti ipsa dote eglesie et ipso pactu, ut autorecent |^L06 eam Aluitu et Senorino post parte […]

P03   In concilio qui proinde aliquis uenit, |^L07 tam episcobus quam de laigalem parte, comodo carescamus ipsa eglesia et ipsos pomares |^L08 que ibide sunt in omne circuidu, et uouis perpedi auiduro.

P04   Factus |^L09 placitus XII Kallendas Decenbre, Era DCCCCLIII.

P05 |^L10 Aluitu, |L11 Seniorinu. (*signum*)

P06 |^C01 (*chrismon*) Bretus ts. – Eldebredus ts. – Vermudo ts. – Trasmiru ts. |^C02 (*chrismon*) Bellengo prespiter ts. – Miro ts. – Fafila ts. – Louegildo ts.

BIBLIOGRAFÍA

BASTARDAS PARERA, Joan (1953): *Particularidades sintácticas del latín medieval: Cartularios españoles de los siglos VIII al XI*. Barcelona/Madrid: Consejo Superior de Investigaciones Científicas.

— (1960): «El latín medieval», en: ALVAR/BADÍA/BALBÍN/CINTRA (eds.): *Enciclopedia Lingüística Hispánica*, Tomo I – Antecedentes/Onomástica. Madrid: Consejo Superior de Investigaciones Científicas, 251-290.

CARNOY, Albert Joseph ([1906] 1971): *Le latin d'Espagne d'après les inscriptions. Étude linguistique*. Hildesheim: Georg Olms (Reprografischer Nachdruck der 2. durchgesehenen und erweiteren Auflage Brüssel 1906); reimpressão da 2.ª edição, Bruxelles: Misch & Thron, 1906 (deuxième édition revue et augmentée).

COELHO, Francisco Adolpho (1868): *A lingua portugueza: phonologia, etymologia, morphologia e syntaxe*. Coimbra: Imprensa da Universidade.

— (1887): *A língua portuguesa: curso de litteratura nacional para uso dos lyceus centraes: noções de glottologia geral especial portugueza*. Porto: Magalhães & Moniz.

CRUZ, António (1938): «Breve estudo dos manuscritos de João Pedro Ribeiro», en: *Boletim da Biblioteca da Unioversidade de Coimbra* 14 (suplemento, número comemorativo do I Centenário da morte do Doutor João Pedro Ribeiro), 1-238.

DÍAZ Y DÍAZ, Manuel Cecilio (2004): «Tránsito y tránsitos», en: FERNÁNDEZ CATÓN, José María (ed.): *Orígenes de las Lenguas Romances en el Reino de León. Siglos IX-XII. Congreso Internacional, León, 15-18 de octubre de 2003*. Vol. I. León: Centro de Estudios e Investigación «San Isidoro»/Caja España de Inversiones/Archivo Histórico Diocesano, 19-29.

DONATO, Ernesto (1938): «No 1.º centenário da morte do Mestre da Diplomática Portuguesa Doutor João Pedro Ribeiro», en: *Boletim da Biblioteca da Unioversidade de Coimbra* 14 (suplemento, número comemorativo do I Centenário da morte do Doutor João Pedro Ribeiro), vii-xix

EMILIANO, António (1994): «Considerações sobre o estudo da documentação notarial anterior ao séc. XIII», en: *Actas do IX Encontro Nacional da Associação Portuguesa de Linguística (Coimbra, 1993)*. Lisboa: Associação Portuguesa de Linguística, 195-210.

— (1995): «Tradicionalidad y exigencias de realismo en la lengua notarial hispánica (hasta el siglo XIII)», en: PÉREZ GONZÁLEZ, Maurilio (org.): *Actas I Congreso Nacional de Latín Medieval (León, 1-4 Diciembre de 1993*. León: Universidad de León, Secretariado de Publicaciones, 511-518.

— (2000): «O mais antigo documento latino-português (882 a. D.) – edição e estudo grafémico», en: *Verba. Anuario Galego de Filoloxía* 26 [1999], 7-42.

— (2003): «O estudos dos documentos notariais latino-portugueses e a história da língua portuguesa», en: *Signo. Revista de Historia de la Cultura Escrita* (Universidade de Alcalá de Henares) 11, 75-122.

— (2004a): «Observações sobre a "produção primitiva portuguesa" a propósito dos dois testemunhos do Testamento de Pedro Fafes de 1210», en: *Verba. Anuario Galego de Filoloxía* 30 [2003], 203-236.

— (2004c): «A edição e interpretação da documentação antiga de Portugal: problemas e perspectivas da Filologia Portuguesa face ao estudo das origens da escrita em português», en: *Aemilianense. Revista Internacional sobre la génesis y los orígenes históricos de las lenguas romances,* 1, *Actas do I Congreso Internacional sobre «Las Lenguas Romances en su Origen»,* da Fundación San Millán de la Cogolla (Logroño, Espanha), Monasterio de San Millán de la Cogolla, 16-20 de Dezembro de 2003, 33-63.

— (2004d): «A documentação latino-portuguesa dos séculos IX-X e as origens da escrita portuguesa medieval: considerações gerais e preliminares», en: FERNÁNDEZ CATÓN, José María (ed.): *Orígenes de las Lenguas Romances en el Reino de León. Siglos IX-XII. Congreso Internacional, León, 15-18 de octubre de 2003.* Vol. IV. León: Centro de Estudios e Investigación «San Isidoro»/ Caja España de Inversiones/Archivo Histórico Diocesano, 589-616.

— (2004e). «The textualization of Portuguese in the late 12th and early 13th centuries», en: *Medievo Romanzo* 27 [2003], 275-310.

— (2005): «Representational models vs. operational models of literacy in Latin-Romance legal documents (with special reference to Latin-Portuguese texts)», en: WRIGHT, R./RICKETTS, Roger y Peter (eds.), *Studies in Romance languages. Dedicated to Ralph Penny.* Newark: Juan de la Cuesta Monographs, 17-58.

FREIRE, José Geraldes (1995): *Oração de Sapiência: O Latim Medieval em Portugal – Língua e Literatura.* Coimbra: Serviço de Documentação e Publicações da Universidade Coimbra.

HERCULANO, Alexandre (1867): *Portugaliae Monumenta Historica a Saeculo Octavo post Christum usque ad Quintum Decimum – Diplomata et Chartae.* Vol. I. Lisboa: Academia Real das Ciências de Lisboa, v-viij.

NUNES, José Joaquim ([1906] [1943³] 1981⁸): *Crestomatia Arcaica.* Lisboa: Livraria Clássica Editora.

— ([1919] [1945³] 1975⁸): *Compêndio de Gramática Histórica Portuguesa: Fonética e morfologia.* Lisboa: Livraria Clássica Editora.

PÉREZ GONZÁLEZ, Maurilio (1993): «El diploma del rey Silo y sus romanismos», en: *Cuadernos de Filología Clásica. Estudios Latinos* 5, 115-139.

POLITZER, Robert Louis (1961): «The interpretation of correctness in Late Latin texts», en: *Language* 37, 209-214.

PULGRAM, Ernst (1975): *Latin-Romance phonology: prosodics and metrics*. München: Fink.

RIBEIRO, João Pedro (1798): *Observações historicas e criticas para servirem de memorias ao systema da diplomatica portugueza*. Lisboa: Typographia da Academia Real das Sciencias.

— ([1810-36] 1860-96): *Dissertações chronologicas e criticas sobre a historia e jurisprudencia ecclesiastica e civil de Portugal*. Lisboa: Typographia da Academia Real das Sciencias, 2.ª reimpressão.

SABATINI, Francesco (1978): «Lingua parlata, "scripta" e coscienza linguistica nelle origini romanze», en: VÀRVARO, Alberto (ed.): *Atti del XIV Congresso Internazional di Linguistica e Filologia Romanza, Napoli, 15-20 Aprile 1974*. Vol. I. Napoli/Amsterdam/Philadelphia: Gaetano Macchiaroli/John Benjamins, 445-53.

VASCONCELLOS, Carolina Michaëlis de ([1911-1913] 1946): *Lições de Filologia Portuguesa*. Lisboa: Revista de Portugal.

VASCONCELLOS, José Leite de ([1888] 1929): «A filologia portuguesa. Esbôço histórico (a propósito da reforma do Curso Superior de Letras de Lisboa)», en: *Opusculos. Volume IV. Filologia (Parte II)*. Coimbra: Imprensa da Universidade, 839-919.

— ([1911] [1926²] 1959³): *Lições de Filologia Portuguesa*. Rio de Janeiro, edição enriquecida com notas do Autor, prefaciada e anotada por Serafim da Silva Neto.

VEIGA ARIAS, Amable (1983): *Algunas calas en los orígenes del gallego*. Vigo: Editorial Galaxia.

WRIGHT, Roger (1992): «La metalingüística del siglo XII español (y la *Chronica Adefonsi Imperatoris*)", en: ARIZA, M. *et al.* (eds.): *Actas del II Congreso Internacional de Historia de la Lengua Espanõla*. Vol. 2. Madrid: Pabellón de España, 879-886.

— (1993): «Complex monolingualism in Early Romance: Linguistic Perspectives on the Romance Languages», en: *Selected Papers from the XXI Linguistic Symposium on the Romance Languages*. Amsterdam: John Benjamins, 377–88.

ZEUMER, Karl (ed.) (1882): «Marculfi Formulae», en: *Formulae Merowingici et Karolini Aeui, Monumenta Germaniae Historica, Legum Sectio V. Formulae*, Liber I. Hannover: Impensis Bibliopolii Hahniani, 37.

La variación lingüística en los documentos de la catedral de Toledo (siglos XII y XIII)*

Pedro Sánchez-Prieto Borja
Universidad de Alcalá

Es un honor para mí participar en estas jornadas en memoria de Juan Ramón Lodares. Siempre lo recordaré como un joven y excelente filólogo, tal y como se ha puesto de manifiesto en el acto con el que se han abierto estas jornadas.

Cuando hace ya meses recibí la amable invitación de los organizadores para participar en unas Jornadas en recuerdo del profesor Lodares pensé enseguida que el objeto tenía que ser el romance de Toledo. Coincide en esta elección mi interés actual como investigador con otra razón que viene al caso. Al castellano de Toledo y al lugar que éste ocupa en la historia de la lengua española dedicó Juan Ramón Lodares (1995) páginas muy perspicaces. Sirva, pues, mi intervención, como modesto homenaje hacia su obra.

1. El castellano de Toledo y su lugar en la historia de la lengua española

Acerca del castellano de Toledo han circulado diversos lugares comunes. El más difundido es, seguramente, el de la llamada «primacía lingüística», que tiene su fundamento último en la creencia de que una ley, tácita o escrita, mandaba que, en caso de discrepancia lingüística en la interpretación de las leyes, se habría de seguir el criterio del habla Toledo. La manifestación más antigua de esta creencia es de finales del siglo XV. El concejo de Toledo solicita a los Reyes Católicos que no antepongan en la nómina de sus títulos Granada a Toledo, porque «d'ésta todas las provincias aprendían la lengua y las costumbres» (F. González Ollé 2000).

---

* Este trabajo se ha llevado a cabo dentro del proyecto del MEC «Edición y estudio lingüístico de los documentos medievales de la catedral de Toledo» (HUM2006-04767/FILO).

Creo que fue precisamente Juan Ramón Lodares (1995) quien situó el problema en sus justos términos, al distinguir entre interpretación lingüística e interpretación jurídica. Toledo, donde residieron los reyes castellanos en el siglo XIII más que en ninguna otra ciudad, podía ser el destino de quienes tuvieran que dirimir cuestiones legales[1], pero esto no apunta a ninguna primacía lingüística.

Ligada a la idea tradicional del «privilegio lingüístico» se ha difundido entre los estudiosos la identificación entre castellano alfonsí y habla toledana. Según R. Lapesa (1991) a Toledo debe el castellano alfonsí ciertos rasgos conservadores frente a las innovaciones burgalesas, como el mantenimiento de *f-* inicial y de *-iello*. Y hay quien ha afirmado incluso que «el nuevo estándar literario suprarregional debió de basarse en la manera de hablar de las clases altas de Toledo» (R. Penny 1993: 17).

El supuesto conservadurismo del habla de Toledo se ha achacado al peso que siguieron teniendo los mozárabes tras las reconquista de 1085. Así explicó R. Menéndez Pidal en *Orígenes del español* (1986) el mantenimiento durante más tiempo que en Burgos de la *m* implosiva, p. ej., en *comde* (frente a *conde*). Y a los mozárabes se han atribuido algunas de sus peculiaridades en la fonética o el léxico, como la variante *faysa*, por *faxa*, señalada por A. de Nebrija en su *Diccionario español latino* de hacia 1495.

Cuestiones de tanta trascendencia para la historia de la lengua española como la conexión del habla de Toledo con el castellano alfonsí, su entronque mozárabe o su pregonado conservadurismo no pueden resolverse en un plano meramente especulativo, sino que han de plantearse a la luz de los datos sobre la lengua de Toledo en los siglos XII y XIII. Este necesario fundamento empírico de nuestras deducciones sólo puede encontrarse en los archivos.

2. Los fondos documentales de Toledo

Sorprende que los fondos documentales en latín y en romance de los archivos de la catedral de Toledo (ACT) y Municipal (AMT) sean menos

---

[1] Como se ve por un diploma de 1251 por el que Fernando III regula hasta el número de mulas que pueden llevar los comisionados del concejo de Guadalajara cuando vayan a verlo por el asunto que sea (P. Sánchez-Prieto Borja 1994:32).

conocidos que los documentos árabes, estos últimos conservados mayoritariamente en el Archivo Histórico Nacional (AHN). R. Menéndez Pidal incluyó la transcripción de varios documentos toledanos en sus *Documentos Lingüísticos de España* (1966) pero el fondo más importante, el del Archivo Capitular de Toledo, continúa inédito casi en su totalidad. Del ACT se conocen los cartularios gracias a la monumental obra de F. J. Hernández (1996). Da la signatura de los documentos originales y a veces transcribe segmentos, e incluso alguno íntegro. También incluye contados facsímiles de los diplomas. Menor es aún el conocimiento de los diplomas del Archivo Municipal de Toledo (AMT) salvo de los cancillerescos.

3. El corpus

Del enorme fondo de la catedral he tenido la inmensa fortuna de poder fotografiar unos doscientos documentos de los siglos XII y XIII. Debo dar las gracias por ello al antiguo director, Don Ramón Gonzálvez. También me he servido de algunos documentos del AMT, en particular de tres cartas de 1219. Como término de comparación podemos valernos de valiosísimas series de ordenanzas tardías; la principal de hacia 1400 (AMT) que han permitido comprobar la vigencia de ciertos usos (A. Tello Martín 2006).

4. «Toledanismo» de los pergaminos

Es preciso hacer distinciones acerca del «toledanismo» de los pergaminos del ACT (y del AMT). En los archivos toledanos se encuentran diplomas de procedencia real, elaborados o no en Toledo. Dentro de los documentos vinculados a la catedral de Santa María se deben separar los que emanan directamente del arzobispo primado y los elaborados por el cabildo, es decir, por los clérigos que sirven en la catedral (la diferencia entre unos y otros es importante por diversos motivos). También hay que considerar documentos hechos fuera de Toledo por clérigos de la catedral. Toledanos por excelencia serán los diplomas elaborados en las escribanías que daban cumplimiento al derecho municipal, y que funcionan a espaldas del arzobispo, señor de la ciudad (estos documentos no se expiden exclusivamente en árabe).

5. Variación de los documentos y variación de la lengua de uso

La diversidad de emisores, la pertenencia de éstos a diferentes grupos humanos que vivían en Toledo, el lugar de procedencia, sobre todo, son factores que contribuyen a la diversidad lingüística de los documentos. Queda así planteado el problema de la variación, entendida, por ahora, en su parámetro geográfico[2].

Pero hay un hecho que hay que tener en cuenta antes. Debido a la naturaleza misma de la relación entre lengua hablada y escrita, la reconstrucción de la lengua de uso a partir de los documentos sólo puede ser parcial. Tal y como yo la veo, esta oposición, para épocas antiguas no es uno más de los parámetros por los que se manifiesta la variación inherente a la lengua, sino como el haz de relaciones fundamental que condiciona, que filtra, toda manifestación de la riqueza social y geográfica del idioma. En lo que respecta a los documentos, la *variatio*, entendida como un rasgo de «estilo» de quien escribe, es también un factor que configura la escritura antigua, y afecta a todos los niveles, de la grafía al léxico (M. Morreale 1978). Esta *variatio*, que formaba parte del arte de escribir, no es lo mismo que variación de la lengua de uso.

Cabe hacerse una pregunta: ¿de quién es la lengua del documento? La utilización de modelos previos, memorizados, sin duda, la elaboración de una *nota* con los datos «variables», la escritura por persona mandada, dificultan la adscripción de los rasgos del documento a la persona que indica el «facta» o el «fecha», según rezan en latín y romance las fórmulas habituales. La representatividad del documento no es, pues, algo que se otorgue mediante criterios preestablecidos, sino que sólo puede valorarse en el marco de una hipótesis histórica sobre la lengua de un territorio.

Los documentos no son una especie de crisol que muestren el habla de Toledo en su rasgos principales. Pero tampoco negaremos toda repre-

---

[2] Para el concepto de variación y sus clases en un corpus, véase R. Caravedo (1999: 127-151).

sentatividad respecto de la lengua de uso. Motivos se podrán aducir para justificar una y otra postura. Los documentos no reflejan de una manera natural el uso mayoritario de la población de un territorio, sino de la minoría que escribe. Y quizá esto no plantee un gran problema en otros lugares, pero sí en Toledo. El elemento repoblador más numeroso vino, claro, de los reinos cristianos peninsulares, pero no es fácil saber su procedencia concreta. Según J. González (1987: 106) sólo el 5 % muestra «topónimo de ascendencia», pero este método no es del todo fiable. El propio J. González piensa que tal vez personas establecidas ya en un territorio situado más al sur que el topónimo de ascendencia pasaron a Toledo.

Se ha denotar, además, que cristianos provenientes de diversos lugares arabizaron sus nombres, y ni siquiera los francos son ajenos a este proceso de «mozarabización». «Yahya ben Temán» comparece como testigo en un documento de 1182; pero el escribano se sintió obligado a precisar, en árabe: «es gascón del arrabal» (Á. González Palencia 1926: vol. Preliminar 140).

6. UN MOTIVO PARA LA VARIACIÓN: LATÍN Y ROMANCE EN LA DOCUMENTACIÓN TOLEDANA

Un primer motivo para la variación en los diplomas, es la alternancia (dentro de un mismo documento) entre latín y romance. Ello afecta a la valoración de las soluciones de los documentos como testimonio de la lengua de uso. De esta variación es muestra el *Fuero de Belinchón*, conservado, según F. J. Hernández (1996) en copia de hacia 1200. En este *Fuero* muestran la fonética romance *ganado, mancebos, manneria, coto, aiuso, tornadizo, iuveros, fazendera*, pero como no hay una representación isomórfica del romance, col. a19 *pecto* 'impuesto' puede interpretarse como muestra de variación gráfica en romance (*ct* como forma de escribir [ĉ]) o como forma adscrita al latín. La variación también afecta al léxico, como se ve en a18 *casa* frente a 21 *domus*, o b21 «contra sarrazenos» ('hacia la frontera') ~ b29 «in frontera paganorum». ¿Qué nos indica, entonces, la pareja a32 *poplatores/abitantes* sobre el léxico romance?

Sobre la conciencia lingüística de los copistas medievales sólo diré aquí que parece más afinada de lo que suele señalarse. Así lo veo cuando

se comparan formas latinas y romances que sólo difieren por la fonética:
357,4 «saltus quos vulgaliter (*sic*) sotos appellamus»[3]. ¿Diremos que
escribían *saltus* pero leían *sotos*?

7. DOCUMENTOS Y TRADICIONES DE ESCRITURA

Los documentos son relevantes, antes que de la lengua de quien escribe,
de la tradición de escritura en la que se inserta el documento. Si hay un
espacio donde se dan citan las más diversas tradiciones de escritura ése
es Toledo: (1) cancillería, por momentos muy vinculada a Toledo (varios
arzobispos fueron titulares de la cancillería, algunos de manera sólo
nominal): (2) catedral, con la doble línea señalada de (2a) la cancillería
episcopal y (2b) miembros del cabildo, (3) parroquias toledanas, que
eventualmente también elaboran contratos de compraventa, y (4) escribanías mozárabes.

Ni siquiera dentro de la misma tradición de escritura ha de esperarse
uniformidad de usos, al menos, en la de la catedral, pues clérigos venidos de diferentes lugares toman la pluma, como se ve en ACT 78, de
1237[4], que emplea *tro a* («que faga toda la paret q*ue*s tiene co*n* las otras
casas n*uest*ras de nueuo tro a sommo») *cabrido* (5 «segund el fuero de
cabrido», pero 1 «el cabildo de Santa María») o *pola* (6 «Conpieça pola
festa de sant Sebastián»): usos que casan con los del monasterio asturiano de Belmonte, por ejemplo.

8. LAS ESCRIBANÍAS MOZÁRABES. ¿UN MODO DE ESCRIBIR IDEADO EN TOLEDO?

Dentro de esta variedad de tradiciones de escrituras destacan las «escribanías mozárabes», que son garantes del derecho municipal de la ciudad. Este es el derecho heredado de la ciudad musulmana, y su manifes-

---

[3] AHN, Clero, Valladolid, carp. 3340, n° 13, 10 de enero de 1194.

[4] ACT E.11.A.15. Aquí y en lo que sigue aparece junto a la signatura el número de
orden del documento en el corpus de documentos del Archivo de la Catedral de Toledo
que estoy elaborando.

tación, del todo coherente, es el uso del árabe, que perdura en la documentación hasta el siglo XIV. No lo vio así R. Menéndez Pidal (1986) para quien los mozárabes de Toledo «se encastillaron en el uso del árabe» sólo «por un mal entendido orgullo ciudadano». Pero estas escribanías mozárabes no pudieron sustraerse a la realidad social y lingüística de Toledo tras la conquista cristiana, y redactaron documentos en romance. F. J. Hernández (1999) ha presentado pruebas suficientes de esa escritura romance. Sólo añadiré que la influencia de estas escribanías alcanza a las parroquias que escriben, ocasionalmente o no, cartas de compraventa de sus clérigos.

Señala F. J. Hernández (1999) en su excelente estudio «Sobre los orígenes del castellano escrito» que Toledo, por la especiales circunstancias culturales, fue madrugadora en el empleo del romance, como se ve en 1191 en la carta puebla de Villa Algariva (ACT 173 = Z.9.D.1.3.), del notario del notable toledano Don Pedro Alpolichén. Para R. Wright (1996) éste es el primer documento escrito de una manera «consistentemente romance» y F. J. Hernández (1999) señala que fue precisamente en las escribanías mozárabes de Toledo donde se ideó esa manera de escribir plenamente romance. Por mi parte, quiero llamar la atención sobre la dificultad de precisar cuál es el primer documento en escritura «plenamente romance». Discutirlo sería el cuento de nunca acabar. Sólo diré que no menos romance que la carta puebla de Villa Algariva es, por ejemplo, un documento de Santa María de Aguilar de Campoo en Palencia, de 1174[5].

De los usos de la carta-puebla de Villa Algariva, F. J. Hernández (1999) destaca *ke* frente a *que* (*ke, akella*). Puede, sin embargo, documentarse este empleo en diversos monasterios de la meseta castellana, como el de Santa María de Aguilar de Campoo o el de San Salvador de Oña, todavía en la segunda mitad del siglo XIII; y más que un genial hallazgo ortográfico, como dice F. J. Hernández, al servicio del foneticismo, es muestra de los tanteos (y de la variación, por tanto) entre diversas posibilidades. No parece que Toledo sea más madrugadora que otros lugares en el uso escrito del romance.

---

[5] AHN, Clero, Palencia, Carpeta 1648, Nº 5 (hace el número 207 en el corpus «Documentos españoles anteriores a 1700» que se elabora en la Universidad de Alcalá).

9. Paleografía y usos gráficos

Si insisto en la diversidad de tradiciones de escritura que coexistían en Toledo y en los contactos que pudo haber entre ellas es porque estos encuentros pudieron condicionar su evolución, y hacer que unas y otras confluyeran, o bien que alguna de ellas entrara en vía muerta. La cuestión no es de menor importancia, porque la tradición de escritura condiciona los usos lingüísticos.

Varias son las preguntas a las que habría que intentar responder: ¿qué relación hay entre la escritura toledana de las escribanías mozárabes o del entorno mozárabe y la escritura de la catedral, sobre todo del cabildo? Y ¿cómo se relacionan y se influyen, si es el caso, la escritura de la catedral y la de la cancillería real? ¿Cuándo adoptan el romance una y otra? ¿Influye Toledo en los usos cancillerescos?

La paleografía acierta a darnos una visión global de la escritura romance en Toledo, y nos permite comprobar que la variación también alcanza a este nivel constitutivo del documento. Se observa una diferente valoración de latín y romance como códigos de escritura en el último tercio del siglo XII y el primero del siglo XIII, pues el carácter más o menos humilde del documento se asocia con el uso del romance, y sólo raramente éste se presenta en la mejor caligrafía.

El modo genuino de la escritura en romance es el que adoptan los tres documentos del AMT, del año 1219, antes citados. Su inserción en la tradición municipal toledana parece confirmada por la peculiar perspectiva redaccional (me referiré a ello más adelante), el empleo de términos jurídicos árabes, y en uno de ellos, las firmas en árabe. Su letra es menos estilizada que la de los diplomas regios, aunque prolonga su astas más que la gótica libraria, con un curvado característico de éstas que contrasta con la angulosidad de las escrituras cancilleresca y libraria. Esta escritura toledana típica está igualmente representada en el cabildo, por los menos desde la década de los 20 del siglo XIII. ¿Cabe pensar en que el modo tradicional toledano influyó en la catedral? Es probable que sí, pero ni siquiera imprescindible, pues fuera de Toledo, en Santa María de Aguilar, por ejemplo, encontramos escrituras similares. No parece que esa escritura «toledana» proceda de usos de la ciudad anteriores a la reconquista de 1085.

Tampoco cabe otorgar prioridad a la escritura practicada en la catedral de Toledo respecto de la cancillería castellana. Los diplomas cancillerescos romances, como uno de mano de Álvar García de Frómista, de 1234[6], mostraban un tipo de escritura tan perfeccionado como el que más de la tradición latina, con sus característicos curvados contrapuestos en la letras como *s* alta o *f*, mientras que este empleo no se encuentra en los documentos romances de Toledo hasta fecha más tardía, y aun así sin llegar a la perfección formal de los diplomas regios. La vinculación a Toledo de la cancillería no fue siempre efectiva, y en la época decisiva del arranque de la documentación romance bajo Fernando III, Don Juan, obispo de Osma, ostentó el privilegio.

En la catedral de Santa María, aparte de la cancillería episcopal y el cabildo, hay una tercera línea escrituraria, la representada por la biblioteca y escritorio capitular. F. J. Hernández apuntó esta conexión[7]. Una vez más, el plano paleográfico nos da una clave interpretativa precisa. Los cartularios de la catedral de Toledo presentan un tipo de letra libraria que está en la línea que conducirá a la empleada en los códices regios alfonsíes (sobre todo 996B, según J. González del primer cuarto del siglo XIII, pero quizá algo posterior[8]). Y hay un cartulario posterior de letra prácticamente idéntica a la de BNM 816, códice regio de la Primera Parte de la *General estoria*. La prioridad de la escritura catedralicia respecto de la libraria alfonsí resulta clara, pero es difícil probar que en Toledo esté el origen de los usos librarios de la Cámara Regia alfonsí, pues desarrollos escriturarios similares y paralelos en el tiempo se observan en otras catedrales, como la de Palencia o la de Osma (no cabe decir, en cambio, lo mismo de Sevilla, por razones cronológicas obvias)[9].

Volviendo a la vinculación entre la escritura catedralicia y los usos cancillerescos, el análisis gráfico corrobora la prioridad de la cancillería real en los usos ortográficos que tradicionalmente se han llamado «alfonsíes». Así, tras muchos tanteos y vueltas atrás, la representación gráfica de la pareja de sibilantes dorsodentales sorda y sonora se estabiliza a mediados del siglo XIII en los diplomas catedralicios.

---

[6] N° 136, ACT O.2.B.1.1.

[7] Recuerda a un tal Forto, escribano del cabildo y copista de libros (F. J. HERNÁNDEZ 1999:146-147).

[8] Véase la lámina XII de F. J. HERNÁNDEZ (1996).

[9] Acerca del desarrollo de la gótica libraria remito al importante artículo de M. J. TORRENS (1995).

En cuanto a las grafías cabe destacar, dado el cúmulo de tradiciones que se dan cita en Toledo, la extraordinaria variación, o, si se quiere heterogeneidad, de los documentos. Esta falta de sistematicidad dificulta establecer filiaciones o, al menos, conexiones entre diferentes escritorios, e incluso entre diplomas producidos en el mismo centro. Desde luego, puede ponerse en duda la especificidad gráfica de la producción toledana, pues no hay uso que no tenga paralelo en otros centros de producción peninsulares. Con todo, cabe destacar algunas manifestaciones al parecer más frecuentes en la ciudad del Tajo que en otros lugares, como la de representar el diptongo procedente de las breves tónicas E y O por su elemento más cerrado (AMT 60, de 1219, *auulo*, por *avuelo*): mientras que fue mucho más frecuente por todas partes hacerlo con la misma vocal latina, *e* y *o*. La copia conservada del *Auto de los Reyes Magos* manifiesta asimismo esta solución con frecuencia llamativa, con ser éste un uso conocido fuera de Toledo.

10. VARIACIÓN FONÉTICA

Notaremos, la escasa presencia de los diptongos decrecientes *ai* y *au*. La solución de -ARIU es -*ero* en los documentos toledanos, fuera de los casos habituales del castellano (*alcaide*). Recuérdese que F. Corriente (1992: 41-42) señala [ai] como una de las adaptaciones árabes de [e] romance, por lo que el conservadurismo mozárabe no es la única explicación para los topónimos con *ai* o *ei*). Ejemplo es el nombre árabe de Toledo, *tulaitula* (F. Marcos Marín 1985). Fuera de nuestros documentos, dejábamos pendiente el *faisa*, señalado por A. de Nebrija. No es ésta una mera variante formal de *faxa*, pues, según Covarrubias, la *faysa* sirve sólo para ceñirse el pecho las mujeres. La exclusividad toledana de esta forma queda desmentida por el hecho de que se documente también en el *Vocabulista arábigo en letra castellana* de Pedro de Alcalá[10]: *faiša* es «faxa de pechos». ¿Es ésta una palabra «mozárabe» caracterizada por su diptongo decreciente, como dice el *DCECH*?

---

[10] Impreso en Alcalá de Henares en 1505. Cito por la ed. de Elena PEZZI (1989).

Tampoco veo en la documentación latina y romance del ACT ni del AMT muestras diferentes de las del castellano de pervivencia de *au*, fuera de la onomástica de origen árabe, ya se trate de topónimos (ACT 73, 1175, 3 *Alaudín*) o antropónimos (1197, 19 *Petrus Iauzelín*).

En lo que concierne a la diptongación de las vocales breves tónicas, R. Menéndez Pidal (1986: § 91,4) señaló que los documentos toledanos aceptan *ie* y rechazan *ue*. Hoy sabemos que este uso gráfico fue habitual en monasterios castellanos y leoneses todavía en el siglo XIII, sin que indique falta de diptongación en la lengua de uso. No ha de valorarse como mala grafía del diptongo en ACT 177, de 1199, 11 *Marrocos*, pues aquí /o/ es la percepción romance de una /a/ árabe en entorno velar: *maṛṛákuš* (F. Corriente 1992: 39).

Síntoma del supuesto conservadurismo toledano sería la conservación del diptongo [jé] en el sufijo *-iello*, mientras que en Burgos triunfaría la reducción. La geografía y cronología de la reducción ha de ponerse en entredicho, pues si no hay ninguna muestra explícita de *ie* para E breve tónica en el documento no podemos estar seguros de que *-illo* no sea sino una manera de representar el diptongo. No me atrevo por esto mismo a incluir ACT 203 (1193) «balneum del Cavalil» como ejemplo de reducción del diptongo.

Aspecto importante para caracterizar los textos del siglo XIII ha sido la apócope. Según R. Lapesa (1975 y 1982) en la obra alfonsí se observa una tendencia propiciada por el propio monarca a desterrar la apócope «extranjerizante», dentro, eso sí, de lo que él llamó «contienda de normas», postura esta última que le fue forzoso adoptar ante la evidencia de que determinados manuscritos la presentan en abundancia. Todavía Enzo Franchini (2005) señala que «a lo largo de su hijo, Alfonso X el Sabio (1251-1284) el empleo de apócope se anula prácticamente». Nada más lejos de la realidad, pues el examen de los códices alfonsíes, como de la Cuarta Parte de la *General estoria* (Urb. lat. 539 de la Biblioteca Vaticana, de 1280) no permite deducir una actitud del monarca contraria a la apócope. Es de notar, sin embargo, que los documentos de la cancillería de Alfonso X muestran índices de apócope notablemente inferiores a los de los códices regios coetáneos. Podría pensarse que los diplomas muestran mejor que los códices la voluntad contraria a la apócope del Rey Sabio. Un examen de la tradición cancilleresca desmiente la idea. Ya bajo Fernando III los diplomas regios presentan índices de apócope muy bajos, y en esto, como en otros aspectos, la cancillería de Alfonso X no hizo sino continuar el uso anterior a 1252. Hay que concluir, pues, que la cancillería y la cámara regia son dos entidades diferenciadas, que constituyeron dos tradiciones de escritura distintas, y la fonética (o, al menos, la apócope) viene a confirmar lo que se aprecia en el examen de los niveles paleográfico y gráfico.

Pero interesa también examinar las posibles conexiones de la Catedral de Toledo con la Cancillería y con la Cámara Regia. Resulta a mi entender significativo que los documentos de la catedral de Toledo presenten apócope relativamente abundante: 202 (1171) 4 *mozarav*, 161 (1208) 7 *orient*, 8 *cal* («cal del rei»): 136 (1234) 8 *arciprest* en «_ de Fita» (*v. q.* ACT 75, de 1243[11] y muchísimos otros). Por supuesto, los arabismos pudieron favorecer la presencia en romance de formas apocopadas (85 (1205) 6 y 75 (1243) *alarif*) especialmente los topónimos (p. ej. 4 (1211) *Alcubelet*). También destaca la apócope de -o, al parecer más frecuente en Toledo y en ciertos escritorios situados en territorio leonés central y oriental que en los de Castilla (p. ej., *convent*), 6 (1221) 2 *primat*. Tampoco falta *tod*, que no cabe considerar propiamente apócope, pues solo aparece ante vocal (esta forma es corriente en los códices alfonsíes, pero no en los diplomas). También en la apócope los usos toledanos están más cerca de los de la cámara Regia alfonsí que los de la cancillería. Al respecto, puede ser significativa la disparidad de soluciones para el nombre *Cete* (o *Cide*) en los documentos cancilleresco y catedralicio sobre la donación que hace Pedro Alpollechén a la catedral de un horno en Alaudín (ACT 73, de 1175): *donna cete* (cancillería)/*donna Ceth* (catedral).

Uno de los pocos rasgos que presentan algunos documentos procedentes de las escribanías mozárabes y que resulta inusual en Castilla es -*ll*- para -LJ-. R. Menéndez Pidal (1986) lo señaló como una coincidencia del mozárabe con el leonés central, y no occidental, puesto que esos documentos tenían *ch* para KT. Desgraciadamente, R. Menéndez Pidal no transcribió en persona todos los documentos, ni vio siempre los originales. En el documento n° 265 de *Documentos lingüísticos de España*, de 1206, *fillo* es mala transcripción de *filio*; en el n° 268, también procedente al parecer de una escribanía «mozárabe», se lee *oueja*, al lado de

---

[11] E.7.K.1.6.

filio. De todos modos, *-ll-* no era la forma gráfica habitual para reflejar -LJ-, pues lo corriente en esas escribanías era *-li-*. En ACT 6, de 1221, coexisten *filio* y *meiorar*. La variación en un mismo documento entre formas de diferentes tradiciones de escritura es frecuente en Toledo: *filio* y *mulier* son grafías convencionales que coexisten con *majolo* (y en el mismo pergamino de los *Documentos lingüísticos* se ve *maliolo*). Esta variación no es, con todo, exclusiva de Toledo: en un documento vallisoletano del convento de Palazuelos (Valladolid) se escribe 22 *filio, fillo,* y unas líneas más arriba *canalejas*[12].

Interesa como testimonio de la adaptación de la «ese» árabe (fricativa dental) la variación entre 111 (1184) 13 *mesquita* y 203 (1193) *mezquita* («domus que fuit mezquita» y 17 «qui est super mesquita»).

Al lado de *mucho*, tenemos, con epéntesis característica, 77 (1236) 7 *muncho* (en una frasis de sabor popular «ni poco ni *muncho*»): escrito con todas las letras[13]. Como la vitalidad de *muncho* en La Mancha (y en otras regiones) es todavía hoy grande, no hay razones para dudar de la validez del testimonio antiguo.

R. Menéndez Pidal (1986) señaló el retraso de Toledo en la evolución del grupo *m'n*. Se ha denotar que, con buen criterio, R. Menéndez Pidal excluye de su conteo la palabra «*hombre*, pues es muy arcaizante en su evolución, al menos en la grafía». Por este atraso resulta especialmente significativo en 1239 ACT 64, 14 *hombres*, con todas las letras, a la que hay que añadir otro de *ombre* señalado por F. J. Hernández en una sentencia del cabildo de Toledo de 1262 (F. J. Hernández 1999: 162). Los tres documentos de 1219 del Archivo Municipal de Toledo que presentan rasgos comunes con los elaborados en las escribanías mozárabes traen *conombrado* (AMT 6,4 59,4 y 60 4). Lo mismo ACT 6,11 de 1221. Todo esto no parece casar muy bien con la afirmación de R. Menéndez Pidal de que «la mozárabe Toledo está menos castellanizada que Sahagún». Añádase, si se quiere, el *fembra* del *Auto de los Reyes Magos*.

La terminación *-ancia* alterna con *-ança* (p. ej., 19 (1255) 13 *demandancia*). Para R. Menéndez Pidal las formas con epéntesis de yod mues-

---

[12] AHN, Clero, carpeta 3431, nº 12 , s. l.. El documento es una carta partida por abc de intercambio de tierras entre un particular y el convento de Palazuelos.

[13] La autenticidad del documento de 1236 queda garantizada por el sello y las firmas originales.

tran pervivencia mozárabe, aun reconociendo la coincidencia con el leonés. Más difícil de valorar es 177 (1199) 10 *derechio*, al lado del habitual *derecho*. La circulación de estas soluciones epentéticas de yod fue, al parecer, más notable de lo que suele considerarse, al menos en la terminación *-ancia*. ¿Son muestra de mozarabismo?

11. Morfología y sintaxis

La brevedad de los documentos es un serio inconveniente para su caracterización morfológica y sintáctica. Con todo, señalaremos algunos usos de los que no será fácil dar precisión geográfica, pero que pueden interesar como indicativos de la coexistencia de diferentes soluciones en los documentos toledanos.

Desde el punto de vista de la formación del apellido cabe destacar 179 (1237) *doña Muñoza*. El apellido podía variar morfológicamente cuando se refería a mujer, como se ve en una carta de 1483 de Paredes de Omaña (León): 1 «yo Aldera Gonçalez *Tárraça*, fija de Marcos Fernández *Tárraço* e de María Álvarez»[14].

En cuanto a los pronombres objeto átonos, en los documentos de la catedral predomina el sistema etimológico, al menos hasta mediados del siglo XIII: 177 (1199) 3 ss. (documento escrito por Bricio, apodado «Lobo»):

> hoviron iudicio en el foro e cognovit Micael ferrero en el foro que assi como el iudicio iudgara el rex e el arzobispo complido lo avién Ioan Pétriz de so las Mertiras e suos aparceros [...] mas dicebat [...] que aun mal *le* fazién las acenias [...] viéron*lo* por bien [...] vadant a la pesquera e midan d'el solo inter amas las canales fata el petril que es en el cabo de la pesquera, e si falaren más alzado de como está la medida en la torre desáten*lo*.

Pero el leísmo personal está claramente atestiguado en el mismo documento de 1199: 177,19-20:

> e si super esto la medida derecta falando iudicio les quisieren dar o trabajo primero les pecten VI moravedís Micael Ferrero o herederos de aquelas

---

[14] En el original *Tarraca*. «Documentos españoles anteriores a 1700», n° 764.

suas acenias e despues respondan. E quantos VIII días *les* traxieren en el
iudicio tantas veces les pecten VI moravedís».

La cuestión, obviamente, merece un estudio exhaustivo, y a ello invita
el trabajo de I. Fernández-Ordóñez (2001) sobre la historia del leísmo,
laísmo y loísmo. Allí se señala que la mayor parte de la provincia de Toledo está inserta en el sistema referencial, con *le* para persona y para objetos contables, y se apunta a la raigambre medieval de tales alteraciones,
en tanto motivadas por la repoblación. En el códice regio *Urb. lat.* 539 de
la Cuarta Parte de la *General estoria*, según aduce con toda razón esta
investigadora, se aprecia ya el sistema referencial. No veo tan seguro apelar a nombres concretos para explicar esto. Martín Pérez «de Maqueda»
subscribe la copia, pero confiesa trabajar «con otros mis ecrivanos».

Habrá que confirmar si en efecto los documentos de Toledo del siglo
XIII muestran o no un comportamiento como el de la *General estoria*. Lo
que si es evidente es que los diplomas alfonsíes no coinciden con los
códices de materia historiográfica de la Cámara Regia. Pretender en la
amplia documentación alfonsí una homogeneidad absoluta es quimera,
pero sí me resulta claro que documentos y códices no siguen los mismos
usos en lo que respecta al pronombre átono objeto de tercera persona.
El sistema etimológico predomina, con mucho, en los diplomas de la
cancillería.

Seguramente merecerá la pena rastrear el empleo de *lo medio* al lado
de «la meatad», que vemos en un documento de 1243: 81 «lo medio de
trigo e lo medio de cebada»[15]. No es claro, un uso exclusivo de Toledo.

Del máximo interés resulta el que aparezca el numeral duplicado con
valor distributivo en 1 (*ca.* 1200) a 14 «pectent tres tres solidos aut tres
tres karneros» 'paguen tres sueldos o tres carneros a cada uno'. En otro
documento de 1227, conservado, al parecer, en copia, coetánea: «en
Huecas é XX tenajas. Mando las X a los calonges e las X con otras VIII
que son en Toledo mando VI VI a estos omnes que mandé las viñas»[16].

---

[15] ACT E.12.O.1.4. Encuentro «lo medio» en un documento de San Salvador de
Oña (Burgos) de 1237 (AHN, carpeta 285, nº 6, en «Documentos españoles anteriores a
1700», nº 163) y en otro de Cañas (La Rioja) de 1325 (AHN, carpeta 1025, nº 11, en
«Documentos españoles anteriores a 1700», nº 667).

[16] ACT Z.4.B.8.

De este arabismo sintáctico, hay decenas de ejemplos de época medieval, de Castilla, León, La Rioja, pero no de Aragón (Horcajada Diezma y Sánchez-Prieto Borja 1999).

La variación entre las preposiciones *en* y *a* está ampliamente atestiguada en los documentos de la catedral. En una carta de 1254[17] el cabildo de Santa María arrienda a Martín Domingo una viña 2 «que avemos *a* Sant Esteban». Pero el uso de *a* con valor 'en donde' poco puede servirnos para diferenciar geográficamente los usos toledanos, pues aparecen en castellano y dialectos colindantes, pero falta en los documentos navarros del corpus «Documentos españoles anteriores a 1700» (P. Sánchez-Prieto Borja 2000).

En un aspecto clave de la sintaxis, el de la rección preposicional, sorprende la secuencia de AMT 6 (de 1219) 1: «Vende don Joán el ferrero del arzobispo don Rodrigo Simenez que Dios salve la ratión que á en Jumela [...]». A primera vista parece mero error (o que forma sintagma «ferrero del arçobispo»). Pero otros dos documentos del mismo año traen la misma secuencia: AMT 59, 1 «vende doña Justa la filia de don Pelayo de Abeza del arzobispo don Rodrigo Simenez que Dios salve la ratión que á en Jumela»; AMT 60, 1 «Vende doña Cete la ratión que fue de so avulo Pero Crespo del arzobispo don Rodrigo Simenez que Dios salve la ratión que á en Jumela». La referencia en los tres documentos al arzobispo Don Rodrigo como comprador (4 «e apodero al comprador conombrado») no deja lugar a dudas sobre el valor de la preposición *de* como introductora del complemento indirecto; es decir, asume el valor de *a*[18]. Las vías de explicación tal vez haya que buscarlas en la interferencia de la sintaxis árabe. En cualquier caso, si fuera éste un arabismo sintáctico, habrá que considerarlo un calco ocasional (aunque presente, por lo menos, en tres documentos). Su fortuna no fue, desde luego, comparable a la duplicación distributiva del numeral. Y es que la ambigüedad en este uso de la preposición *de* la hacía de partida incompatible con la gramática romance.

---

[17]   ACT (sin número) O.1.6.1.3.

[18]   Javier Rodríguez Molina me llama muy agudamente la atención sobre el paralelo de *vender* con el régimen de *comprar*, que es de en los textos medievales.

12. Variación léxica

La primera cuestión que nos planteamos es la de la necesidad de diferenciar en los contextos latinos entre palabras sólo usadas en latín y palabras usadas en romance. Precisamente el que la palabra se emplee en romance puede ser uno de los motivos para la selección léxica en documentos escritos en latín. Opción meramente latina parece *plasmare* en el *Fuero de Belinchón*, en el sentido de 'crear (Dios su obra)', seguramente extensión de 'modelar' (Dios al hombre, hecho del barro). Tampoco parece que *suburbio* (204,4 de 1194) tuviera uso en el romance de entonces[19], frente a los corrientes *barrio* y *vico*. Del mismo *Fuero de Belinchón*, tenemos la concurrencia entre 32 *poplatores* y 8 *abitantes*[20]. Aunque desde la perspectiva actual parecería «habitantes» el lema romance, no es probable que fuera así en lo antiguo.

Campo no fue la única palabra para referirse a la realidad que representa: 133 (1221): en donación del concejo de Guadalajara, pero tal vez escrita por alguien del cabildo toledano) tenemos 180 (1237) 15 *ero*.

Primo (< (CONSOBRINUS) PRIMUS) fue desde antiguo más frecuente que *cormano*, que aparece dentro del sintagma «primo cormano»[21]. En nuestros documentos comparecen los dos; a la menor frecuencia del segundo quizá apunte que con el apelativo «el cormano» se identifique por procedimiento de antonomasia a Pedro de Alcocer, primo de Don Illán: A.3.A.1.1., de 1163: «ab oriente maiolo del cormáno», con acento en el original (F. J. Hernández 1999:145). Aunque en la Edad Media *cormano* tuvo notable extensión, para los clásicos es habitual *primo* (Covarrubias trae sólo *primo ermano*; aunque *cormano* está en el *Quijote*). Aquí vemos 202 (1171) 17 «cipriano primo meo». Es posi-

---

[19] Todavía el *Diccionario de Autoridades* señala el poco empleo de la palabra, apenas documentada en el siglo XVII.

[20] «Ad vos omnes abitantes in Bellinchón», lo que apunta a un empleo más verbal que sustantivo: 'todos los que habitáis...'. Es palabra recogida sin documentación en el *DCECH*.

[21] Vemos el sintagma tanto en Castilla (1126, año 1290, 13 Valladolid) como en Asturias (571, año 1275, 1), según encuentro en «Documentos españoles anteriores a 1700». Á. González Palencia (1926-30) recoge *cormano* en una escritura mozárabe (documento nº 825).

ble, sin embargo, que *cormano* tuviera mayor vigencia en Toledo que en otras zonas.

En cuanto a las categorías gramaticales distintas del sustantivo, notamos el participio del verbo *conombrar* en 76 (1231) 2, 179 (1237) *conombrado*, con el mismo significado que tiene *pernominado* (sin descartar que a veces haya de leerse *prenominado*) o los sintagmas alternativos *suso nominado* (y *suso dicho*). A favor del arraigo en Toledo de *conombrado* habla también su presencia en AMT 6,7. La distribución, sin ser estrictamente geográfica, sí muestra el mayor arraigo de unas formas en determinados escritorios o ámbitos de escritura. En el caso de *conombrado*, R. Menéndez Pidal señaló que el uso de esta forma parecía característica léxica mozárabe. No veo que haga falta apelar al mozárabe. *Conombrado* tiene amplia distribución geográfica y temporal. Lo encuentro en Salamanca («Documentos españoles anteriores a 1700», 112, 1301, 4), Valladolid (id., 348, 1412, 13) o Molina de Aragón (id. 828, 1260, 13). *Pernominado* es variante más propia de los documentos leoneses, y en Aragón encuentro sobre todo *avandito*.

Otros términos, aunque puedan tener un uso restringido hoy, o incluso marginal, disfrutaron de amplia distribución en lo antiguo. Es el caso de *tajar* (173, 1156, «término *tajado*»), por «término señalado». Cabe destacar el empleo de *coger* en 62 (9) «E una cuba sana que cogié V tenajas», donde se ve que el uso transitivo es antecedente inmediato de la expresión absoluta hoy tan extendida de *coger* para 'caber'.

Otra palabra considerada mozarabismo ha sido *muchacho*. Los ejemplos más tempranos de este apelativo son de posición adnominal, como verdadero apellido: 203 (1193) «ut detur [...] Petro *Mochacho*». En este documento, 26 «Petri Mocho», referido al mismo personaje, demuestra a las claras que *mocho* 'pelado' (*cf. rapaz*, o véneto *toso* 'chico', de TONSUM) y *muchacho* son variantes de la misma raíz. En el *DCEH* se señala *muchacho* como mozarabismo recibido tardíamente por el castellano. Creo posible, sin embargo, que *mocho* saliera de la misma raíz que *moço*, y que *m(u)chacho* sea forma incrementada.

Raro es el supuesto arabismo *albor* (lo señala como tal F. J. Hernández, sin más explicación): 2 (1179) 3 «unam *albor* in azukeca que nominatur Cossulus». Falta en las obras lexicográficas consultadas, incluido el diccionario de arabismos de F. Corriente (1999). En el Vocabulista in arábico atribuido a Raimón Martí encontramos la raíz BWR, representada en el sustantivo *bur* 'barbecho' (F. Corriente, 1989). *Barbecho*, claro, es la palabra corriente en la documentación toledana.

13. ¿SINGULARIDAD DE LA DOCUMENTACIÓN TOLEDANA?

La caracterización lingüística que hizo R. Menéndez Pidal de Toledo en *Orígenes del español* destaca los usos «mozárabes». Según él, este mozárabe tiene sólo unos pocos rasgos caracterizadores, que, además, coinciden con el leonés central (*ch* para KT, aunque el mismo R. Menéndez Pidal 1986: § 51.4, señala *oitava*); y de un documento del notario de Don Pedro Alpolechén cita «mulleres, fillos»; de otros *morancia, sobrinu*.

Sin embargo, no puede decirse que la documentación toledana carezca de rasgos llamativos. Queda fuera de toda duda la peculiaridad léxica de la documentación toledana, con arabismos no exclusivos, pero que sí contrastan con el uso castellano coetáneo. Cabe señalar la palabra «ataúd»: 83 (1245) 7 «es tenudo [...] de labrar en estas casas teyado e atevut»; 30 (1256) 6-7 «es tenudo de reparar [...] tejados e *atabutes*». En los documentos toledanos se refiere a arqueta, pero en la acepción de 'registro de un desagüe', que normalmente conduciría al aljibe[22]. Es posible que se relacione con *atabe* 'registro de la tubería' (tapado con ladrillo y *zulaque* 'betún').

La terminología administrativa o jurídica de origen árabe está representada por 6 (1221) 17 *mariahadarac*: «e sean tenudos de pechar de lo mio por *marjahadarac* al arçobispo don Rodrigo...» (Fidel Fita, 1885). AMT 6,8 *mariahadarach* (*id.* 59,8 60,9 *mariahadac*). Es éste otro claro ejemplo de la pervivencia de algunos aspectos de la organización legal de la ciudad anterior a la reconquista, de la que los mozárabes serían valedores. *Marjadraque* es 'evicción' (*sanamiento* en los documentos medievales). También cabe citar su cuasinónimo *algea*. Como se ve, en el Toledo medieval, y no sólo allí, no cabe hablar de peyorización del arabismo.

Pero quizá el rasgo más específico de algunos documentos toledanos es el punto de vista desde el que se elabora el documento. El que éste

---

[22] *Cf.* J. PASSINI y J.-P. MOLÉNAT (1995): OF-356, de 1492, 12v «e el patio tiene dos pozos, uno algibe e otro manantío».

pueda ser el del vendedor cuando el comprador es el propio arzobispo
es sumamente llamativo, pues no responde a la perspectiva legal esperada en un territorio en el que justamente el señorío recae sobre los sucesivos arzobispos. Así se ve en los tres documentos de 1219, en los que
falta la consabida *intitulatio* «nós don Rodrigo por la gracia de Dios...»,
para ser reemplazada por la escueta fórmula inicial *vende fulano a men-
gano*[23]: «Vende Doña Cete toda la ratión que fu de su avulo Pedro Crespo del Arçobispo». Esta formulación no parece que se dé en otras zonas.
¿Es esto muestra de una legalidad municipal mozárabe que funciona a
espaldas del señorío del arzobispo?

14. ¿Sólo variación?

Llegados a este punto, si hubiera que caracterizar la documentación toledana habría que señalar, sin duda, la variación, la diversidad de soluciones
en todos los planos. Esto contrasta con la legítima aspiración del historiador de la lengua a percibir leyes generales o siquiera tendencias en su objeto de estudio; el investigador, insisto, quiere ver comportamientos lingüísticos coherentes, al menos en un espacio y en un tiempo determinado.
Idealmente, los rasgos de la documentación toledana mostrarían el polimorfismo inherente a cualquier variedad lingüística... Pero la variación del
documento escrito (documento o códice) no es la variedad de la lengua, y
se han de tener en cuenta tradiciones de escritura diversas, la procedencia
geográfica de quienes escriben, el modo de elaboración del documento. A
lo mejor, al menos en el caso que nos ocupa, no basta el concepto de
«variación» y hay que hablar, solapada con ésta, de heterogeneidad.

15. Toledo en el panorama lingüístico peninsular

Estaríamos así, aparentemente, en el punto de partida. Sin embargo,
cierta coherencia sí se percibe en los usos de los testimonios de la escri-

---

[23] Se ha de notar, sin embargo, que las cartas partidas por abc muestran distinta
perspectiva según a quien vaya destinado cada ejemplar, por lo que está claro que no son
exactamente iguales.

tura romance de Toledo en el período estudiado, por ejemplo, en su comparación con el «castellano alfonsí». Puede afirmarse que hay una separación entre las dos «tradiciones» principales de la producción alfonsí, documentos y códices, escritorio y cancillería, como indica la paleografía y corrobora el estudio lingüístico. Lo que creo que puede, de momento, decirse es que la documentación toledana, aun dentro de su variedad, no se vincula a la cancillería alfonsí.

Mozárabes debieron ser quienes confeccionaron los importantes documentos del AMT de 1219 (y otros en las escribanías de la ciudad). Nada hay allí del llamado mozárabe como peculiaridad lingüística. El cerco se estrecha en torno a la importancia atribuida al mozárabe en la forja de las lenguas y dialectos hispánicos. Porque la misma revisión del peso del mozárabe no ha afectado sólo a la historia del español, sino también a la del catalán. F. Hanssen (1898) negó la influencia mozárabe en el habla de Toledo, pero sus opiniones fueron eclipsadas por el prestigio de R. Menéndez Pidal. También pone en duda Germán Colón (1997) muchas de las etimologías mozárabes propuestas para el catalán.

16. EXPECTATIVAS DE LA INVESTIGACIÓN

Estamos, pues, casi en el punto de partida, pero ahora ya en mejores condiciones para emprender el camino. Para recorrerlo es necesario: (1º) un planteamiento teórico sólido; desde mi punto de vista ese andamiaje lo proporciona el concepto de tradición de escritura; (2) reconstruir el marco histórico, identificar las escribanías, los personajes que intervienen en los documentos; la línea apropiada es la que trazan F. J. Hernández y Gonzálvez en diversos estudios; y (3º) contar con términos adecuados de comparación. Para el espacio de los dialectos centrales nos servimos de nuestros corpus «Documentos españoles anteriores a 1700». Y, claro, lo más importante, el trabajo en los archivos.

* * *

En fin, más allá de los tópicos como el de la primacía lingüística de Toledo, el mozarabismo, la identificación con el castellano alfonsí, o, en otro orden, la convivencia de las tres culturas, creo que el examen de la documentación de los archivos toledanos muestra el rico pasado de la ciudad, y pone de relieve el complejo y plural poblamiento de este espacio. La variación que manifiestan los diplomas en todos los órdenes, desde el paleográfico al léxico o a la formulación misma de los documentos, es la mejor muestra de lo que se ha llamado «el crisol toledano». ¿No parece raro, por cierto, que la coexistencia de usos heterogéneos se resolviera en el conservadurismo lingüístico que suele atribuirse al castellano de Toledo? Por todo esto, y por muchas otras razones, lo que queda claro es la necesidad de revisar la historia del romance en Toledo, y esclarecer así el lugar que ocupa en la historia de la lengua española. A este esclarecimiento contribuyó muy brillantemente Juan Ramón Lodares. Que su recuerdo nos sirva de estímulo en nuestras indagaciones.

BIBLIOGRAFÍA

CARAVEDO, R. (1999): *Lingüística del Corpus. Cuestiones teórico-metodológicas aplicadas al español*. Salamanca: Ediciones Universidad.

COLÓN, G. (1997): «Mossarabomania», en *Estudis de Filologia Catalana i Romànica*. Valencia/Barcelona: Institut Interuniversitari de Filologia Valenciana/Publicacions de L'Abadia de Montserrat, 349-386.

CORRIENTE, F. (1989): *El léxico árabe andalusí según el «Vocabulista in arabico»*. Madrid: Universidad Complutense (Departamento de Estudios Árabes e Islámicos, 2).

— (1992): *Árabe andalusí y lenguas romances*. Madrid: Fundación Mapfre América-Editorial Mapfre.

— (1999): *Diccionario de arabismos y voces afines en iberorromance*. Madrid: Gredos.

COVARRUBIAS, Sebastián de (1611): *Tesoro de la Lengua Castellana o Española*. Madrid: Edición de Martín de Riquer, Barcelona, Alta Fulla, 1987 (Madrid, 1984, ed. facsímil).

DCECH: COROMINAS, J./PASCUAL, J. A. (1980-1991): *Diccionario crítico etimológico castellano e hispánico*. 6 vols. Madrid: Gredos.

FERNÁNDEZ-ORDÓÑEZ, I. (2001): «Hacia una dialectología histórica. Reflexiones sobre la historia del leísmo, el laísmo y el loísmo», en: *Boletín de la Real Academia Española* 81, 389-464.

FITA, F. (1885): «*Marjadraque* según el Fuero de Toledo», en: *Boletín de la Real Academia de la Historia* 7, 360-394.

FRANCHINI, E. (²2005): «Los primeros textos literarios: del *Auto de los Reyes Magos* al Mester de Clerecía», en: CANO AGUILAR, Rafael (coord.): *Historia de la lengua española*. Barcelona: Ariel.

GONZÁLEZ, J. (1987): «Repoblación de Toledo», en: *Estudios sobre Alfonso VI y la reconquista de Toledo. Actas del II Congreso Internacional de Estudios Mozárabes (Toledo, 20-26 Mayo 1985)*. Toledo: Instituto de Estudios Visigótico-Mozárabes.

GONZÁLEZ OLLÉ, F. (2000): «Fundamentos históricos del privilegio lingüístico toledano», en: MAQUIEIRA RODRÍGUEZ, Marina/MARTÍNEZ GAVILÁN, Mª Dolores/VILLAYANDRE LLAMAZARES, Milka (eds.): *Actas del II Congreso Internacional de la Sociedad Española de Historiografía Lingüística, León, 2-5 de marzo de 1999*. Madrid: Arco/Libros, 55-91.

GONZÁLEZ PALENCIA, Á. (1926-30): *Los mozárabes de Toledo en los siglos XII y XIII*. 4 vols. Madrid: Instituto Valencia de Don Juan.

HANSSEN, F. (1898): *Sobre los pronombres posesivos*. Santiago de Chile.

HERNÁNDEZ, F. J. (²1996): *Los cartularios de la Catedral de Toledo. Catálogo documental* (1ª ed. 1985). Madrid: Fundación Ramón Areces,

— (1999): «Sobre los orígenes del español escrito», en: *Voz y Letra. Revista de Filología* 10, 2, 133-166.

HORCAJADA DIEZMA, B./SÁNCHEZ-PRIETO BORJA, P. (1999): «La reduplicación distributiva del numeral y el arabismo morfosintáctico en el romance hispánico medieval», en: *Zeitschrift für romanische Philologie* 115, 280-299.

LAPESA, R. (1975): «De nuevo sobre la apócope vocálica en castellano medieval», en: *Nueva Revista de Filología Hispánica* 24, 13-23 (recogido en *Estudios de historia lingüística española, op. cit.*, 198-208).

— (⁹1981): *Historia de la lengua española*. Madrid: Gredos.

— (1982): «Contienda de normas en el castellano alfonsí», en: *Actas del Coloquio Hispano-Alemán R. Menéndez Pidal*. Tübingen: Niemeyer, 172-189 (recogido en *Estudios de Historia Lingüística Española* [1985]. Madrid: Paraninfo).

LODARES, J. R. (1995): «Alfonso el Sabio y la lengua de Toledo (un motivo político-jurídico en la promoción del castellano medieval», en: *Revista de Filología Española* 75, 35-65.

MARCOS MARÍN, F. (1985): «El nombre en árabe de Toledo», en: *Homenaje a A. Galmés*, II. Madrid: Gredos, 599-607.

MENÉNDEZ PIDAL, R. (¹⁰1986): *Orígenes del Español. Estado lingüístico de la Península Ibérica hasta el s..XI Obras Completas*, VIII [1ª ed. 1926]. Madrid: Espasa-Calpe.

— (1966): *Documentos lingüísticos de España. I Reino de Castilla*. Madrid: CSIC.

MORREALE, M. (1978): «Trascendencia de la variatio para el estudio de la grafía, fonética, morfología y sintaxis de un texto medieval, ejemplificada en el MS Esc. I.I.6», en: *Annali della Facoltà di Lettere e Filosofia dell'Università di Padova* II, 249-261.

PASSINI, J./MOLÉNAT, J.-P. (1995): *Toledo a finales de la Edad Media. I. El barrio de los canónigos.* Toledo: Colegio Oficial de arquitectos de Castilla-La Mancha.

PENNY, R. (1993): *Gramática histórica del español.* Barcelona: Ariel (original inglés: *A History of the Spanish Language* [1991]. Cambridge: Cambridge University Press).

PEZZI, E. (ed.) (1989): *El vocabulario de Pedro de Alcalá.* Almería: Editorial Cajal.

SÁNCHEZ-PRIETO BORJA, P. (coord.) (1994): *Textos para la historia del español II. Archivo Municipal de Guadalajara.* Alcalá de Henares: Universidad de Alcalá.

— (1996): «Sobre la configuración de la llamada ortografía alfonsí», en: ALONSO GONZÁLEZ, A./CASTRO RAMOS, L./GUTIÉRREZ RODILLA, B./PASCUAL RODRÍGUEZ, J. A. (eds.): *Actas del III Congreso Internacional de Historia de la Lengua Española. Salamanca, 22-27 de noviembre de 1993.* Madrid: Arco Libros, 913-922.

— (2000): «La preposición *a* con valor 'lugar en donde' en castellano antiguo», en: ENGLEBERT, Annick/PIERRARD, Michel/ROSIER, Laurence/VAN RAEMDONCK, Dan: *Actes du XXIIe Congrès International de Linguistique et Philologie romanes. Bruselas, 23-29 julio de 1998.* Vol. II. Tübingen: Max Niemeyer, 393-406.

TELLO MARTÍN, A. (2006): *Ordenanças de la muy noble cibdat de Toledo (1400).* Tesis de Licenciatura (inédita): Universidad de Alcalá.

TORRENS, M. J. (1995): «La paleografía como instrumento de datación. La escritura denominada 'littera textualis'», en: *Cahiers de Linguistique Hispanique Médiévale* 20, 345-380.

WRIGHT, R. (1996): «Latin and Romance in the Castilian Chancery, 1180-1230», en: *Bulletin of Hispanic Studies* 73, 115-128.

CUESTIONES PENDIENTES EN EL ESTUDIO
DE LOS ARABISMOS DEL ESPAÑOL MEDIEVAL:
UNA NUEVA REVISIÓN CRÍTICA[1]

Javier García González
Universidad Autónoma de Madrid

Los préstamos árabes son el resultado del fenómeno de contacto más prolongado en el tiempo que el español ha tenido con otra lengua en su historia. Sin embargo, no ha sido un tema especialmente cultivado por la historia del español. Son relativamente escasas las incursiones en este tema desde el campo del hispanismo, ya que han sido los arabistas los que, básicamente, le han dedicado su atención. En este trabajo realizaré una revisión crítica de la situación en la que se encuentra el estudio de los arabismos en la Edad Media en los últimos años, y desarrollaré algunos conceptos provenientes del ámbito de los estudios sobre contacto de lenguas que puedan ser útiles e interesantes para el estudio de los arabismos. El objetivo es plantear la necesidad de seguir aplicando y buscando nuevas herramientas metodológicas que nos permitan dar una visión lo más completa y exhaustiva posible de este complejo fenómeno de contacto desarrollado a lo largo de más de ocho siglos[2].

Con esta aportación, se completa aún más el panorama que sobre los reinos, lenguas y dialectos de la Península Ibérica en la Edad Media se realiza en este libro. El árabe, la «otra» lengua o la lengua de los «otros», fue, durante varios siglos, la lengua dominante desde el punto de vista lingüístico-cultural y, en otros, al menos, la lengua de uno de los grupos

---

[1] Este trabajo se ha realizado en el marco del proyecto de investigación «Procesos de cambio lingüístico en situaciones de contacto» (HUM2005-04374), financiado por el MEC.

[2] Hace más de quince años escribí dos trabajos en los que hacía una breve revisión de los estudios sobre los arabismos en el español. En ellos trataba de los materiales de que se disponía entonces y de los enfoques y métodos utilizados en el análisis (J. GARCÍA GONZÁLEZ 1993-4 y J. GARCÍA GONZÁLEZ 1996). Esta nueva aportación podría considerarse una actualización de aquellos trabajos, una nueva revisión quince años después, volviendo la vista atrás para ver el camino andado y echando una mirada hacia adelante para ver el camino que aún queda por recorrer.

humanos que conformaban las sociedades medievales en la Edad Media peninsular.

1. SOBRE LOS DATOS

Una de las más importantes aportaciones desde el campo del arabismo en los últimos años ha sido el *Diccionario de arabismos y voces afines en Iberromance* de F. Corriente (1999, 2ª ed. 2003a)[3], la primera obra que reúne la gran mayoría de los arabismos de las lenguas iberrománicas y que los estudia desde un punto de vista etimológico, tomando como principal base, a diferencia de otros estudios anteriores, el árabe andalusí[4] y no el árabe clásico o moderno[5]. Sin embargo, pese al inestimable valor de esta obra, se mantiene un enfoque acrónico[6]. Aunque en ocasiones se realizan comentarios históricos, esto no se produce de forma sistemática, de modo que la información histórica y filológica (por ejemplo, la primera documentación) es inexistente o escasa, según los casos. No es, por tanto, un diccionario histórico de arabismos, por lo que aún debemos lamentar la ausencia de este material básico, como también sucede en el campo de la historia del español[7].

------

[3] *DA*. La segunda edición, publicada en 2003, es, básicamente, una fe de erratas de la primera. Las referencias posteriores se harán sobre esta última edición.

[4] Variedad que es la base, aunque no única, de un importante número de los arabismos del español, y para la que F. Corriente ha realizado importantes aportaciones; sirvan como ejemplos su estudio sobre *Árabe andalusí y lenguas romances* (F. CORRIENTE 1992) o *A Dictionary of Andalusi Arabic* (F. CORRIENTE 1997).

[5] Como sucede, por ejemplo, en E. K. NEUVONEN (1941), F. MAÍLLO (1998), R. KIESLER (1994), E. PEZZI (1995) o en el propio *DRAE*.

[6] Estas y otras críticas (por ejemplo, la inclusión de arabismos indirectos o de préstamos de otras lenguas que no son el árabe, o la organización de los lemas) pueden leerse también en G. COLÓN (2000) o M. WINET (2006).

[7] Lamentablemente el español sigue sin contar con un diccionario histórico completo, aunque se han publicado en los últimos años varias obras que suplen con una aceptable eficacia esta importante carencia, al menos en lo que afecta al castellano medieval, como el *Léxico hispánico primitivo (siglos VIII al XII)* (*LHP*), proyectado por R. Menéndez Pidal y elaborado por R. Lapesa y C. García (Madrid, Fundación Ramón Menéndez Pidal-Real Academia Española, 2003), o el *Diccionario de la prosa castellana del Rey Alfonso X* de L. A. Kasten y J. J. Nitti (3 vols, Nueva York, The Hispanic Seminary of

Sí tiene, por el contrario, una perspectiva histórica el estudio de M. Winet (2006) sobre una de las cuestiones más controvertidas y problemáticas de los arabismos en el español: la persistencia del artículo árabe aglutinado[8]. Esta obra incluye un corpus editado de fichas en formato electrónico (CD-ROM) con la información más destacada (étimo, significado(s), campo semántico, categoría(s) gramaticales, variantes con o sin artículo aglutinado, primeras documentaciones, fuentes, etc.) de arabismos del español, del portugués y del catalán, que han constituido la base de su trabajo. No es tampoco, sin embargo, un diccionario histórico, pues este material se ha realizado con el objetivo de servir de base para el análisis de una cuestión concreta, aunque puede ser de utilidad para futuros estudios sobre este u otros temas.

A la ausencia de un diccionario histórico del español o de arabismos hay que añadir la carencia de obras actualizadas que analicen etapas cronológicas concretas. Los estudios de E. K. Neuvonen (1941) y de F. Maíllo (1983, 3ª ed. 1998) siguen siendo fundamentales para el estudio de los arabismos en la Alta y en la Baja Edad Medias, respectivamente, pero la aparición de nuevas metodologías sobre contacto (ver más adelante 2) y de nuevos datos y materiales (como el arriba mencionado diccionario de F. Corriente o el corpus *CORDE*) hacen necesaria su actualización[9]. Además, hay que recordar que, aunque en la obra de E. K. Neuvonen se

---

Medieval Studies, 2002). Contamos también con los fascículos iniciales del *Diccionario del español medieval (DEM)* de B. Müller (Heilderberg, Winter, 1987-) y del *Diccionario histórico de la lengua española* de la RAE (*DH*), del que, afortunadamente, se ha retomado recientemente su elaboración. Hay que añadir la actualización en 2003 del *Corpus Diacrónico del Español (CORDE)*, lo que permite abordar con más eficacia el estudio histórico de los arabismos, aunque con las debidas precauciones que siempre hay que tener al trabajar con un corpus electrónico, en el que es siempre necesario una revisión cualitativa de los datos.

[8] En esta obra se realiza un exhaustivo estudio, desde una doble perspectiva sociolingüística e histórica, de la aglutinación y deglutinación del artículo árabe en español, portugués y catalán a lo largo de diferentes etapas históricas, desde el siglo IX hasta el XX, y corrobora en gran medida los datos de E. K. NEUVONEN (1941) y F. MAÍLLO (1998): la existencia de dos etapas extremas de relativo uso de la forma articulada (siglos IX-XII y XIV-XV) y una etapa de gran aumento de la aglutinación en el siglo XIII.

[9] Especialmente en el caso del clásico estudio de E. K. NEUVONEN. F. MAÍLLO ha ido aumentando y corrigiendo periódicamente su obra en sucesivas ediciones: 2ª edición 1991 y 3ª edición 1998. Las referencias posteriores se harán sobre sobre esta última edición.

analizan algunos arabismos de los primeros siglos de la Alta Edad Media, el objetivo de este estudio fueron los préstamos del siglo XIII, por lo que aún es necesario analizar en profundidad esa primera etapa de contactos entre el árabe y el español[10].

Aunque los arabismos forman un complejo conjunto de préstamos pertenecientes a estratos cronológicos, sociales y geográficos muy variados, en muchas ocasiones se han estudiado sin discriminar épocas, vías de transmisión o su frecuencia de uso, como si conformaran un bloque unitario. Así sucede, por ejemplo, en los trabajos de R. Kiesler (1994) o E. Pezzi (1995) y en gran medida, como ya he señalado, en F. Corriente (2003a). En el ámbito de la historia del español, los arabismos en la *Historia de la lengua española* de R. Lapesa son agrupados y estudiados acrónicamente en un único capítulo, el V, tras el correspondiente a la influencia visigoda[11]. En la *Historia de la lengua española* coordinada por R. Cano (2004), encontramos también, antes de la parte dedicada a la constitución de los romances peninsulares, un capítulo dedicado exclusivamente a la influencia árabe (elaborado por F. Corriente), aunque sí se hace referencia en esta obra a los arabismos más adelante en varias ocasiones[12].

Evidentemente, la ausencia de un diccionario histórico del español y de un diccionario histórico de arabismos dificulta abordar los arabismos desde esta necesaria perspectiva histórica. En primer lugar, no nos permite ir más allá de la especulación más o menos certera respecto de cuándo un arabismo se introduce y se usa en el español, pues la fecha de una primera documentación no tiene que ser coincidente con la fecha de uso. Sin embargo, es el único dato del que disponemos en un conjunto de materiales necesariamente formado por textos escritos por una

---

[10] Una aproximación general, aunque limitada, a los préstamos árabes en la Alta Edad Media, puede verse en J. García González (2007). Posteriormente a la redacción de este trabajo, F. Corriente (2004b) ha publicado un estudio en el que corrige algunas entradas de arabismos del *LHP*.

[11] Críticas en este sentido pueden verse, por ejemplo, en D. Oliver Pérez (2004) o M. Winet (2006); sobre la necesidad de una perspectiva histórica en el estudio de los arabismos, pueden verse también C. Barceló y A. Labarta (2001) y P. López Mora (2003).

[12] Por ejemplo, en los capítulos dedicados al léxico del siglo XIII, de G. Clavería, y al español bajomedieval, de S. N. Dworkin (2004).

minoría letrada, con todas las consecuencias sociolingüísticas que de ello se derivan. Son necesarios, pues, la actualización y el cruce de datos entre materiales y fuentes (diccionarios históricos del español, estudios sobre arabismos en épocas determinadas, corpus como el *CORDE*, etc.), con el objeto de obtener dataciones más precisas. De este modo, podrían detectarse y estudiarse, por ejemplo, fenómenos como los «dobles nacimientos» de ciertos arabismos, como sucedió en los casos de *(al)juba, algodón, almodí, almirante, albéitar, taza, alcuza*, documentados entre los siglos IX y XI por primera vez (*algupa, algoton, almutino, alfondega, amirante, alueidar, tazola, couza*), pero que hasta los siglos XIII y XIV no vuelven a aparecer de forma continuada, por lo que pueden considerarse como accidentales en sus primeras apariciones (J. García González 2007). Podríamos añadir el caso de los arabismos «renacidos», como *aceifa*, vocablo documentado en 1041 y en 1115 (*LHP* y *DEM, s. v.*) y que es recuperado en el siglo XIX.

A estas carencias y a la falta de profundización en la perspectiva histórica se ha unido un frecuente olvido de importantes aspectos sociolingüísticos, como trataremos más detalladamente en el apartado 2. Esto ha llevado a presentar como aparentemente equivalentes con los arabismos integrados, para el análisis o a efectos de recuentos estadísticos, no solo arabismos indirectos[13] sino cultismos, muchas veces accidentales (como los vocablos *alcora* o *albot* de los textos alfonsíes[14] o los tecnicismos bajomedievales *aledan, teliarmín, zambac* o *cifaque*[15]), mudejarismos accidentales o de uso restringido al contexto mudéjar (como *(a)zalá, zoma, azaque, alaroza* o *alçufa*[16]) o arabismos de otros tipos, que pueden ser meras transliteraciones (como *nagüela*[17]). No se ha tenido en cuenta la multiplicidad de procesos y vías de contacto por los que los arabismos penetraron en el español, ni su persistencia y grado de integración.

---

[13] J. García González (1993-4: 344-345), M. Winet (2000: 293). Ejemplo de la necesidad de profundizar en el estudio histórico y sociolingüístico es la rectificación que debo realizar sobre la atribución del carácter de indirecto al arabismo *mezquita* en el trabajo mencionado. F. Corriente (2003a, *s. v. mezquita*) ha demostrado claramente, en mi opinión, su carácter directo.

[14] J. García González (1998: 131-132).

[15] F. Maíllo (1998, *ss. vv.*), F. Corriente (2003a, *ss. vv.*).

[16] F. Maíllo (1998, *ss. vv.*).

[17] F. Corriente (2003a, *s. v.*).

Todo esto ha conducido, en ocasiones, a un análisis indiscriminado de los datos, lo que ha podido llevar a generalizaciones erróneas o excesivas, pues se han tratado como pertenecientes a un único estrato cronológico o sociolingüístico arabismos directos e indirectos, contemporáneos y medievales, accidentales y usuales, etc. Como señalan C. Barceló y A. Labarta, se ha concedido igual valor a los términos identificados, «que se han coleccionado con cierto espíritu "entomológico" o "filatélico"» (2001: 34).

Relacionado estrechamente con lo anterior está la necesidad de ahondar en el estudio de la semántica de los arabismos, pese a las dificultades y carencias ya señaladas. Afortunadamente, el diccionario de F. Corriente (2003a) nos aporta información sobre el significado de los étimos andalusíes y, en algunos casos, sobre la evolución semántica del préstamo. Sin embargo, aunque se han realizado algunos estudios en este sentido, aún queda un largo camino por recorrer, especialmente en el conocimiento de los cambios semánticos sufridos por los arabismos en su paso al romance y ya dentro de él (C. Barceló y A. Labarta 2001: 38)[18]. Tener un conocimiento más completo, una visión global y estructurada, y una perspectiva histórica y sociolingüística de la semántica y de los cambios semánticos producidos en los arabismos en su paso al romance nos permitiría profundizar en multitud de cuestiones pendientes o poco tratadas: el estudio de los posibles grupos intermediarios «profesionales» a través de los cuales, con cambios de significado, penetraron arabismos «técnicos» (jurídicos, militares, del comercio, de la industria, etc.)[19], el

---

[18] Algunos trabajos han tratado sobre las clases terminológico-semánticas de arabismos o sobre los dobletes semánticos árabe-romances (D. FASLA 1998-9 y 1999-2000), la relación entre clase semántica y pérdida (C. BARCELÓ y A. LABARTA, 2001: 38-42) o algunos cambios semánticos sufridos por ciertos arabismos al entrar en el castellano medieval (J. GARCÍA GONZÁLEZ 1993-4, 1996-7, 1998).

[19] Fenómeno que se produce significativamente, por ejemplo, en los arabismos militares de la época de las Grandes Reconquistas (siglos XII y XIII), en los que se encuentran restricciones de significado (*adalid*, 'guía' en árabe; *alférez*, 'jinete' en árabe; *almocadén*, 'jefe, príncipe, monarca', en árabe; *almogávar*, 'el que realiza una expedición, algareador' en árabe; *recua* 'convoy militar de abastecimiento' en el castellano del siglo XIII, 'cabalgata, caravana, cortejo' en árabe) y ampliaciones (*zaga*, 'retaguardia del ejército' en árabe; *rebato,* 'servicio de defensa por parte de creyentes' en árabe; *alborozo*, 'desfile, generalmente militar, de celebración' en árabe) (J. GARCÍA GONZÁLEZ 1993-4 y 1996-7). Ejemplos similares aparecen también en la Baja Edad Media (véase F. MAÍLLO

grado de conocimiento del árabe entre los hablantes de romance a lo largo del contacto (mediante el estudio de los casos de incomprensión o no total entendimiento del significado árabe por desconocimiento cultural o de falta de comprensión o confusión al presentar el referente)[20], la actitud ante la otra lengua y cultura (reflejada, por ejemplo, en las depreciaciones y las meliorizaciones)[21] o el proceso de integración o pérdida de los arabismos.

Un ejemplo representativo que podría resumir todo lo anterior es el de un préstamo desaparecido: *anúteba*. Este término lo encontramos, como un arabismo más, en el *Diccionario* de F. Corriente (2003a, *s. v. ANÚBADA*). Sin embargo, es un préstamo con una interesante historia. Se introdujo muy pronto en el castellano, antes de la Grandes Reconquistas y se usó abundantemente hasta el siglo XII con una gran variación formal[22], lo que podría hacer suponer su falta de arraigo, pero que en este caso se puede atribuir a un uso oral en una época en que la ortografía romance se está conformando. Fue un término relativamente frecuente que aparecía habitualmente asociado con el término de origen latino *fossadera*, formando con él casi una fórmula jurídica en los documentos de la Alta Edad Media[23]. Ambos términos hacían referencia a conceptos relacionados con la frontera: prestaciones militares y tributos

---

1998), aunque en esta época los cambios afectaron a otros tipos de tecnicismos y clases semánticas.

[20] Incomprensiones como la que se produjo en el caso de *hazaña* ('buena acción, como dar limosna' en árabe) o confusiones como las de *almófar* ('casco' en árabe, significado que sí se conserva en portugués) o *arriaz* ' gavilanes de la espada' ('empuñadura de la espada' en árabe) (J. GARCÍA GONZÁLEZ 1993-4 y 1996-7).

[21] Como sucedió en casos como *alcahuete*, término usado ya con valor negativo en sus primeras documentaciones (J. GARCÍA GONZÁLEZ 1996-7: 143) o, en un sentido contrario, con *alcurnia*, que tuvo un proceso de ennoblecimiento semántico (F. MAÍLLO 1998, *s. v.*).

[22] Por ejemplo, en el *Diccionario histórico de la lengua español* (DH) (*s. v. ANÚTEBA*), encontramos las siguientes variantes: *annubda, annubta, anupda, annudba, anupta, adnupda, annubteba, annuteba, abnulda, anuda, anubda, nubdua, anubtua, annupda, anutba, anutuba, adnuba, annutuva, annutuba, annutua, annupta, annutaba, amjuda, annuda, abnuda, annuduba, anutada, anumpda, amnuda, abnudba, nuda, nubda, nupda, anubada, annudeba, annuduva, annubeta, annuba.*

[23] «non pro fossatera nec per anupta non per homicidio» (1039 Arlanza) (*LHP, s. v. ANNUBDA*).

para la guerra. *Anúteba* sufrió una restricción de significado en su transmisión[24] debido a su paso por lenguajes especializados. Deja de usarse
en el siglo XIII[25], pues el contexto político y militar había cambiado tras
finalizar, de hecho, la Reconquista a finales de este siglo. Esta palabra es,
pues, un ejemplo de la necesidad de analizar los arabismos con una perspectiva histórica y teniendo en cuenta, como en el siguiente apartado
veremos, aspectos sociolingüísticos. De otro modo, perderíamos datos
valiosos sobre el contacto entre el árabe y el castellano medieval.

2. SOBRE LOS MÉTODOS

2.1. *Una necesaria actualización*

El desarrollo de los estudios sobre contacto de lenguas y de la sociolingüística en general ha sido importante en los últimos años y su enfoque y
sus metodologías empiezan a penetrar en el ámbito histórico[26]. Aunque
no se planteado aún una teoría coherente sobre contacto, sí se han realizado interesantes aportaciones que pueden permitir actualizar las herramientas de análisis en el estudio de uno de los fenómenos de contacto
de lenguas conocidos más complejos y prolongados en el tiempo[27].

---

[24] Procede el árabe andalusí *annúdba*, que tenía el significado de 'llamamiento (a las
armas); lamento' (F. CORRIENTE 2003a, *s. v. ANÚBADA*). En los documentos posee los
significados de ´servicio de vigilancia en las fronteras', 'prestación personal para reparar
los muros de los castillos', o 'multa por incumplimiento de este servico o tributo por
redimirse él' (vid. *LHP, s. v. ANNUBDA, y DH, s. v. ANÚTEBA*).

[25] La última documentación recogida en el *DH* es de 1271: «Mandamos que los caua-
lleros de Lorca non fagan annuda, sino un fonsado en el anno» (*FPrivil.* Alfonso X).

[26] Véase, por ejemplo, el trabajo de S. THOMASON (2006), donde plantea la posibilidad (y los problemas) de estudiar situaciones de contacto muy antiguas.

[27] Como ya planteamos en J. GARCÍA GONZÁLEZ (1993-4 y 1996), y recientemente
en J. GARCÍA GONZÁLEZ (2007 y en prensa). En este línea se enmarca el estudio de M.
WINET (2006) ya citado. Sobre la utilidad de un enfoque sociolingüístico en el estudio
de los arabismos, aunque señalando algunos problemas, véase B. HORCAJADA y P. SÁN-
CHEZ-PRIETO (1999: 298). Fuera del ámbito de los arabismos, la aplicación de la sociolingüística a la historia del español ya hace tiempo que empieza a dar sus frutos, como es
el caso del manual de R. Penny: *Variación y cambio en español* (1ª ed. en inglés: *Variation
and Change in Spanish*. Cambridge: Cambridge University Press, 2000).

La visión sociolingüística que mayoritariamente se conserva todavía en recientes estudios sobre el contacto entre el árabe y el castellano medieval, así como en manuales de historia de la lengua española, parte de la base de un fuerte contacto entre las dos lenguas, con una profunda influencia de lo árabe en los reinos del norte, dado su prestigio (F. Corriente 1996: 5; Y. Kiegel-Keicher 2006: 1477), produciéndose un alto grado de aculturación por la larga convivencia (D. Fasla 1999-2000: 83-84). La época de mayor introducción sería, pues, básicamente la del Califato (siglos IX-X), antes de la época de las Grandes Reconquistas, cuando el dominio árabe era evidente (R. Penny 2005: 294), y en este contacto actuó como puente necesariamente un grupo intermediario bilingüe y bicultural: los mozárabes (F. Corriente *ibíd.*[28], Y. Kiegel-Keicher *ibíd.*, M. J. Viguera 2002: 50, R. Köntzi 1998: 332-333, F. Moreno 2005: 70-73). Posteriormente, los avances hacia el sur pusieron en contacto a los romances con otro grupo bilingüe que actuó también necesariamente como puente: los mudéjares-moriscos (M. J. Viguera *ibíd.*, R. Penny *ibíd.*, R. Köntzi, *ibíd.*)[29].

El contacto entre el árabe y las lenguas romances peninsulares, sin embargo, fue mucho más complejo, pues se produjeron varios procesos o situaciones de contacto, a veces paralelos en el tiempo, que variaron a lo largo de las diferentes etapas de la larga convivencia de estas lenguas. En los siguientes apartados plantearé y revisaré algunos conceptos y aspectos metodológicos sobre contacto de lenguas que pueden ser útiles para abordar esta difícil cuestión.

---

[28] La siguiente cita resume claramente esta visión: «en los siglos IX y X, particularmente importantes en la gestación del romance, en Alandalús sólo hay esa única cultura arábigo-islámica, además tan prestigiosa que los mismos incipientes estados cristianos del Norte, consciente o inconscientemente, la imitan en casi todos sus aspectos seculares, gracias a la mediación de los inmigrantes mozárabes que, precisamente por conocerla a fondo, tuvieron garantizado el éxito social que reflejan, vrg., los estudios de Gómez Moreno» (*ibíd.*).

[29] Existen también opiniones contrarias, aunque minoritarias, a esta visión. C. BARCELÓ y A. LABARTA (2001: 43) aducen en contra la rápida arabización de los mozárabes y su falta de prestigio, algo que sucedía, también, en el caso de los mudéjares. F. MAÍLLO minimiza el papel de los mudéjares y atribuye la introducción de arabismos a los cristianos romances (1998: 495-498).

2.2. *Sobre bilingüismo*

2.2.1. Puesto que en el contacto entre el árabe y el castellano medieval se ha atribuido un papel esencial al bilingüismo, es necesario hacer, primero, una breve revisión de este concepto, largamente discutido en el ámbito de la sociolingüística desde sus comienzos.

Una inicial y necesaria distinción es la que hay que establecer entre bilingüismo social y bilingüismo individual o bilingualidad (R. Appel y P. Muysken 1996)[30]. Bilingüismo social es el que se produce en una comunidad en la que se hablan dos lenguas: porque conviven dos grupos monolingües entre los que interactúan algunos hablantes bilingües, porque todos los hablantes son bilingües, o, finalmente, porque uno de los dos grupos, generalmente el minoritario, es bilingüe. Este es el tipo de bilingüismo que subyace en los estudios sobre arabismos, en los que se considera el bilingüismo como un fenómeno social que afecta a grupos considerados homogéneamente como bilingües o como no bilingües. El bilingüismo individual, por el contrario, es concebido como un fenómeno o estado psicológico de un individuo que tiene acceso a más de un código lingüístico como medio de comunicación. G. Valdés (2001: 39-43) distingue tres tipos de definiciones de un individuo bilingüe:

a) *El bilingüe mítico*: considera a un bilingüe como dos monolingües en uno, pues domina como un nativo ambas lenguas en todos los ámbitos, destrezas y competencias; es una figura mítica, porque casi nunca se encuentra en la realidad.

b) *El continuum bilingüe*: parte de la existencia de diferentes tipos de bilingües; los bilingües pueden tener distintos grados de dominio en diferentes destrezas o ámbitos y su consideración como bilingües se hace en comparación con el grupo monolingüe: por ejemplo, alguien que entienda y hable otra lengua (aunque no la lea o escriba) es más bilingüe que alguien que no posea estas habilidades.

---

[30] Una aplicación de algunos de estos conceptos en el estudio de los arabismos (como la distinción entre bilingüismo social e individual o el de competencia parcial) puede verse también en M. WINET (2006).

c) *El bilingüismo como condición dinámica*: el perfil bilingüe de un individuo puede variar con el tiempo dependiendo de sus experiencias o del tipo de escolaridad, pudiéndose establecer patrones de cambio en ciertos casos, como en el de los inmigrantes.

Este concepto de *continuum* dinámico bilingüe puede asociarse a los de *dominio lingüístico* y *hablante de herencia*. D. Winford (2005) en su trabajo sobre el Cambio Lingüístico Inducido por Contacto (CLIC), siguiendo la teoría de F. Van Coetsem, plantea el concepto de *dominio lingüístico* desde un punto de vista psicolingüístico[31] y no social, pues la lengua dominante en un individuo sería aquella que él considera como primera lengua (porque es la única o porque de las dos es la que domina mejor), independientemente de que sea o no su lengua materna[32]. En consecuencia, podemos plantear que el proceso de contacto lingüístico puede concebirse como un *continuum* en cuyos extremos se situaría un hablante monolingüe de una lengua A y en el otro un hablante monolingüe de la lengua B, y, entre ambos, toda una concatenación de etapas de interlengua que abarcaría, partiendo de una simple «familiaridad pasiva» con la lengua A o *Lengua Fuente* (LF) (S. Thomason 2001: 139-142), diferentes estados de bilingüismo parcial, asimétrico o simétrico; en estas etapas la lengua dominante iría cambiando en cada individuo, generación o subgrupo de la comunidad en la que se produce el proceso.

En algunas situaciones estos hablantes podrían considerarse como *hablantes de herencia* (G. Valdés 2001), concepto que alude a individuos que conservan o quieren conservar una lengua (*lengua de herencia*, LH) y una cultura «heredadas» de su familia y grupo social en una situación diglósica, como sucede en el caso del español o las lenguas amerindias en EE. UU. Esta etiqueta de *hablantes de herencia* abarca una amplia gama de situaciones, en ocasiones entrelazadas entre sí: desde hablantes

---

[31] En una línea cercana se encuentra la propuesta de K. ZIMMERMANN (en prensa), que propugna una teoría Constructivista del contacto que da relevancia a los procesos cognitivos individuales que «construyen», conforman, los factores relevantes en un contacto; esto explicaría que procesos de contacto en circunstancias «objetivas» similares tengan un desarrollo y resultados distintos.

[32] Como sucede en el caso de hablantes de español en Los Ángeles que han adoptado el inglés como lengua dominante (*ibíd.*: 393-4).

con competencias totales hasta los que solo poseen competencias parciales en su LH, desde hablantes que la mantienen como lengua dominante hasta los que ya la consideran como su L2, desde hablantes que la tienen como lengua materna hasta los que nunca la tuvieron como tal.

2.2.2. En el caso del contacto entre el árabe y el castellano medieval, dos grupos han sido tradicionalmente considerados como intermediarios casi únicos en el proceso: cristianos romandalusíes (mozárabes), especialmente, y mudéjares, como hemos visto. Sin embargo, ambas comunidades se encontraron a lo largo de la Edad Media en situaciones sociolingüísticas muy complejas y cambiantes con el tiempo, en las que la lengua dominante de estos hablantes iría variando. En ambos casos nos encontramos con dos grupos en los que su L1 sufrió un progresivo abandono que llevó al final del proceso a un monolingüismo del que pueden ser ejemplos, por un lado, la situación de Toledo, en la que tras la conquista a finales del siglo XI por parte de los cristianos norteños el árabe era la única lengua vehicular (T. Glick 1991: 233), o, por otro lado, la existencia de obras como el *Breviario Çunní* de Içe de Gebir en el siglo XV, que muestran el abandono del árabe en la comunidad mudéjar[33]. Entre el principio y el final de estos procesos se sucedieron etapas intermedias antes de llegar al monolingüismo final, en las que la lengua dominante (en el sentido de D. Winford) tuvo que variar, pasando, en el caso de los romandalusíes, de un bilingüismo romance-árabe a un bilingüismo árabe-romance[34] o, en el caso de los mudéjares, de un bilingüismo árabe-romance a un bilingüismo romance-árabe. Este cambio tuvo

---

[33] Esta traducción y adaptación de preceptos musulmanes parece dirigida a mudéjares sin competencia completa o sin competencia en el árabe; distinto sería el caso de las *Leyes de moros* (siglo XIV), pues esta obra puede ser, seguramente, una traducción para hablantes de romance con el objeto de que conocieran las leyes del «otro» (L. P. HARVEY 1990: 74-97).

[34] En I. FERRANDO (2001: 17) se traza un cuadro sobre diglosia y bilingüismo en Alandalus basado en D. J. Wasserstein (1991), «The language situation in Al-Andalus», en: A. Jones y R. Hitchcock (eds.), *Studies on the Muwaššaḥa and the Kharja*, Oxford: O.U.P., 1-15), con criterios cronológicos, geográficos y comunales, en el que se plantea la evolución a lo largo del tiempo de la situación lingüística de las comunidades de Alandalus. Un cuadro sobre las capacidades lingüísticas de las diferentes comunidades, aunque sin un criterio cronológico, puede verse en M. WINET (2006: 175).

que ser necesariamente progresivo y en él debieron de actuar factores como la edad, el sexo o el nivel socioeconómico. Se transformaron, entonces, en *hablantes de herencia*, de una lengua que conservaron, en mayor o menor grado y durante más o menos tiempo, por diferentes razones (tradición cultural, religiosa, familiar, etc.) y en circunstancias cada vez más difíciles, pues en ambos casos el deterioro de su situación social y lingüística fue progresivamente empeorando (J. García González 2007). No podemos considerar, pues, a estos dos grupos intermediarios considerados básicos en este contacto como dos bloques compactos de hablantes bilingües simétricos, al menos durante todas las etapas del proceso, pues hay que suponer que en estas dos comunidades los hablantes poseerían diferentes grados de dominio de las destrezas y usarían, en muchas ocasiones, la nueva L2 (su futura L1) solo dentro de determinados ámbitos temáticos.

Junto a ello, es necesario considerar que, además de estos dos grupos, debieron necesariamente de actuar como intermediarios también otros en los que sus componentes tendrían competencias más o menos parciales en la otra lengua: *alfaqueques* ('redentores de cautivos'), *truchimanes* ('intérpretes'), eruditos con un variable dominio de las destrezas escritas y del lenguaje especializado científico y técnico, soldados de frontera y comerciantes con un mayor o menor dominio de las destrezas orales y del lenguaje especializado militar o comercial, hablantes de romance norteños con una familiaridad pasiva con el árabe por su contacto indirecto con él (antes de las Grandes Reconquistas) o directo (tras los avances hacia el sur) por su convivencia, al menos en determinados ámbitos (el mercado, por ejemplo), con cristianos romandalusíes y mudéjares, etc.

Entre estos grupos podemos incluir el conformado por un complejo haz de grupos humanos asentados en la Extremadura castellano-leonesa antes de las Grandes Reconquistas (D. Oliver Asín 2004, J. García González en prensa). Los árabes no llegaron a asentarse al norte del Sistema Central y los contingentes bereberes que sí lo habían hecho se retiraron a mediados del siglo VIII al sur de la cordillera. Se estableció, así, una gran zona *sin señorío*, independiente tanto de Alandalus como de los reinos norteños (L. M. Villar 1986), entre el Duero y la indefinida frontera califal, pues ésta estaba estructurada por el sistema los *ṯuġūr, marcas* fronterizas de extensión y demarcación cambiantes (E. Manzano 1991:

25-69). En esta zona, tradicionalmente considerada como despoblada[35], convivieron una gran diversidad de grupos humanos: población autóctona más o menos arabizada, bereberes que no habían emigrado al sur, fugitivos de las rebeliones de Alandalus, tanto muladíes y bereberes como cristianos andalusíes, desertores de ambos bandos, campesinos que huían del dominio de sus señores en el norte y, progresivamente, repobladores provenientes de los reinos norteños que se irían asentando de manera más o menos oficial en la zona (L. M. Villar 1986, T. Glick 1991, E. Manzano 1991, E. Pastor Díaz 1996, F. Maíllo 2004, D. Oliver Asín 2004, J. García González en prensa). A estos grupos, más o menos estables, habría que añadir un abigarrado conjunto de «personajes de frontera» como los *adalides* ('guías militares'), *exeas* ('guías de frontera que aseguraban el paso de los comerciantes y las mercancías'), *enaciados* ('renegados', 'espías'), mercenarios, etc. En este «caldero» sociolingüístico debieron de confluir hablantes de árabe, de bereber y de diferentes variedades de romance. Como ya he expuesto en un trabajo reciente (J. García González en prensa), es posible plantearse, al menos como hipótesis, si, como resultado de esta compleja situación sociolingüística, podría haber surgido un *pidgin*, una lengua de comunicación, en esta zona, que podría haber tenido como efecto ser una las causas, no la única, de la frecuente aglutinación del artículo árabe en los arabismos de las lenguas romances del centro y del occidente de la Península Ibérica. El fenómeno de la aglutinación del artículo puede encontrarse en lenguas *pidgin* como el *Chinook Jargon*, en el que el término francés aparece con el artículo aglutinado (*lapipe* 'tabaco'). Ya V. Noll (1996) señaló el paralelismo entre la conservación del artículo árabe y fenómenos parecidos en *pidgins* y *criollos*, pero atribuyéndolo al bilingüismo árabe-romandalusí de los mozárabes; sin embargo, esto no explicaría la diferencia entre las lenguas del oriente y las del centro y oeste de la Península. En ambas zonas el influjo de los cristianos romandalusíes fue semejante, pero sí fue diferente el tipo de frontera: más delimitada en un lado y más extensa e indefinida en el otro.

---

[35] Sobre esta discusión, ya tradicional en el campo de la Historia, véase E. Pastor Díaz (1996).

2.3. *Préstamo e interferencia*

2.3.1. *Préstamo* e *interferencia* son dos términos que frecuentemente se utilizan como equivalentes en los estudios sobre arabismos. S. Thomason, en su propuesta metodológica sobre el CLIC (S. Thomason y T. Kaufman 1988 y S. Thomason 2001)[36] plantea la distinción entre dos tipos de procesos de contacto: el proceso de *deslizamiento, desplazamiento o abandono* (*shift*) y el de *préstamo*. El proceso de *deslizamiento o abandono* (*shift*) de una lengua por otra se caracteriza por la existencia de «aprendizaje imperfecto o deficiente» de una segunda lengua (L2), en el sentido de usar, consciente o inconscientemente, rasgos de la L1 en la versión de la L2 (*interlengua*), que pueden ser imitados o no, con mayor o menor intensidad, por los hablantes nativos de la L2; en este proceso, estos cambios o interferencias se producen primero con más intensidad en la pronunciación y en la morfosintaxis[37]. En el proceso de *préstamo*, por el contrario, no interviene el factor de «aprendizaje imperfecto» de una L2; las dos lenguas se mantienen, pero también puede llegar a producirse en el proceso de préstamo la «muerte» de una lengua, tras un largo tiempo de contacto y si los factores lingüísticos y sociales son muy favorables; aunque puede haber préstamos fonéticos y gramaticales si la duración del contacto es larga, los préstamos son básicamente léxicos.

S. Thomason parte de una dimensión social y colectiva del CLIC. Esta propuesta metodológica es matizada por D. Winford (2005) en su trabajo ya nombrado sobre el CLIC en el que, desde una dimensión psicológica que tiene en cuenta la actitud individual, diferencia entre dos tipos de transferencia: *préstamo* e *imposición*[38]. La distinción entre ambos tipos se basa en la noción, arriba comentada (2.2.1.), de *dominio lingüístico*. En el *préstamo*, el hablante que tiene como lengua dominante la LO (*Lengua Objeto*) es el agente del cambio e importa elementos, generalmente léxicos, de la LF (*Lengua Fuente*) (*ibíd.*: 376-377). En la

---

[36] Un desarrollo más amplio de la posible aplicación del CLIC en el estudio de los procesos de contacto entre el árabe y el romance en la Edad Media puede verse en J. García González (2007).

[37] A este proceso pertenecerían los fenómenos históricos de substrato y superestrato.

[38] Término preferido por F. Van Coetsem y D. Winford al de *interferencia*.

imposición, el agente del cambio es un hablante que considera como lengua dominante la LF e importa elementos a su L2, en la que se considera menos competente; en este caso la transferencia es sistemática y tiene impacto estructural en la LO[39]. Los mismos agentes pueden emplear las diferentes clases de agentividad y pueden darse los dos tipos de transferencia en la misma situación (*ibíd.*: 371): de este modo, un grupo de hablantes puede actuar como agente de préstamos léxicos en una lengua que considera su L1 y, al mismo tiempo, actuar como agente de cambios fonológicos o morfosintácticos en una lengua que considera su L2[40]; junto a ello, en una lengua pueden producirse cambios inducidos por contacto provenientes de los dos tipos de agentividad, pues pueden penetrar elementos de la LF a través de hablantes que tienen la LO como dominante, y también por medio de hablantes pertenecientes a la misma comunidad, pero que tienen la LF (la L2 del otro grupo) como primera lengua[41].

2.3.2. Entre las complejas situaciones de contacto entre el árabe y el romance en la Edad Media peninsular nos encontramos con dos procesos que culminan con la «muerte» de una lengua: el del romandalusí en contacto con el árabe y el del árabe andalusí en contacto con los romances norteños. Lo que expondré a continuación es una aproximación a estos procesos desde el marco teórico antes expuesto, que deberá ser corroborada en un futuro con un estudio más completo y profundo de los datos, escasos, con que contamos[42].

---

[39] Aunque en el préstamo puede también haber transferencia estructural, pero solo si es fuerte e intenso (introduciendo nuevos rasgos o elementos morfológicos a través del préstamo léxico) (D. Winford *ibíd.*: 386).

[40] D. Winford ejemplifica esta situación con el caso de hablantes de origen noruego en EE. UU.

[41] D. Winford ejemplifica esta situación con el caso del griego en Turquía o *greco-turco*.

[42] Síntesis sobre la evolución de las variables situaciones lingüísticas por las que pasaron estas comunidades pueden verse en C. LÓPEZ-MORILLAS (2000) y M. WINET (2006). Sobre el romandalusí en específico, véanse Á. GALMÉS (1999) y M. ARIZA (2004). Sobre la lengua y situación lingüística de mudéjares y moriscos, contamos también con las síntesis de Á. GALMÉS (1999) y A. SALVADOR (2004). Un primer acercamiento sobre el contacto entre el romandalusí y el árabe desde la perspectiva del CLIC puede verse en J. GARCÍA GONZÁLEZ (2007).

Si consideramos, como señalé anteriormente (2.2.1.), el proceso de aculturación como un *continuum* de diferentes grados y etapas, tanto en el caso del romandalusí como del árabe pudieron actuar los dos tipos de procesos de contacto: préstamo e interferencia. En el caso del romandalusí, hablantes de este romance habrían tenido el papel de agentes de préstamos desde su nueva L2 (el árabe) a su L1, su lengua dominante; en otras situaciones y épocas, individuos también pertenecientes a la misma comunidad de hablantes de herencia o que la habían abandonado (los muladíes) habrían sido agentes de interferencias desde su nueva lengua dominante (el árabe) en el romandalusí[43]. Del mismo modo, en el caso del árabe, hablantes (mudéjares, *naṣríes*, moriscos) que mantuvieran el árabe como lengua dominante habrían sido agentes de préstamos desde el romance en esa lengua, y, en otros casos, ya con el romance como lengua dominante, habrían sido agentes de interferencias en su lengua de herencia. Como vemos, pudo producirse un doble proceso de transferencia en los dos casos que coadyuvase a la pérdida de las dos lenguas.

La influencia lingüística de estos dos grupos en los romances norteños se ciñó a un tipo de cambio: el de préstamo. La posible transferencia de rasgos de su *interlengua* como nuevos hablantes de una L2 en los hablantes nativos de ésta no debió de producirse, pues no tenemos datos de interferencias fonológicas o gramaticales permanentes en el castellano medieval producto de este tipo de contacto. También es difícil saber en qué grado, cuándo y en qué situaciones se produjo «aprendizaje imperfecto». Quizá para explicar esta ausencia de interferencia, los factores sociales y psicosociales sean decisivos. Según S. Thomason (2001: 60 y 76-85), podemos predecir la existencia de un mayor o menor número de cambios inducidos por contacto de acuerdo con un conjunto de factores lingüísticos (distancia tipológica, grado de integración, «marcación»), pero, especialmente, sociales: la intensidad del contacto (estable-

---

[43] Matizo lo afirmado en J. García González (2007) sobre el romandalusí como «lengua en deslizamiento». Como señalé en ese trabajo, los datos disponibles no permiten establecer exactamente la profundidad y el tipo de influencia del árabe en el romandalusí, aunque sí parece demostrado que los cambios inducidos por contacto afectaron tanto al léxico como a la pronunciación y a la gramática (veánse Á. Galmés 1999, M. Ariza 2004 y J. García González 2007).

cido sobre los parámetros de duración del contacto, número de hablantes de la LF y de la LO y relación de dominio socieconómico y político entre los dos grupos) y, el factor más impredecible, la actitud, positiva o negativa, de los hablantes de un grupo hacia la lengua, sociedad y cultura del otro; de este modo, en un proceso de *deslizamiento* o *abandono* habrá una mayor transferencia si el tamaño del grupo y su grado de integración en la sociedad de la L2 son altos y menor si son bajos, a menos que haya un dominio socioeconómico, como sucede en el caso del superestrato. K. Zimmermann (en prensa), desde una perspectiva constructivista, señala que hay que tener en cuenta otros factores: cognitivos, «actitudinales» y emocionales (como la ideología, los mitos, las creencias, las visiones equivocadas), que influyen en el contacto de lenguas y determinan la influencia en cada situación concreta de los factores socioculturales.

En el caso de los cristianos romandalusíes y de los mudéjares, el número de integrantes de estas comunidades se fue reduciendo progresivamente, por su integración en las nuevas sociedades o, por el contrario, por las deportaciones que sufrieron o, simplemente, por su exterminio. Respecto de los hablantes de romandalusí, el proceso de aculturación hacia el árabe, seguramente ya casi completado a comienzos del siglo XII[44], debió de confluir o encadenarse, según las situaciones y la etapa cronológica, con otro proceso de aculturación hacia los romances norteños, al emigrar al norte o al ir siendo conquistado Alandalus (J. García González en prensa). Tanto en el caso de aquellos que fueran ya monolingües de árabe como incluso en el de aquellos que aún conservaran su romance (como lengua dominante o no), la tendencia a la integración les llevaría a la adquisición rápida de una nueva lengua romance, pese a que existiera un alto grado de intercomprensión. Además, en el caso de los cristianos andalusíes, hubo problemas de integración, al pertenecer a una comunidad que, pese a que profesaba la misma religión aunque no el mismo rito, formaba o había formado parte de la sociedad del «otro» y, porque, además, al mantener una mejor posición

---

[44] Un índice de arabización frecuentemente manejado es la curva de conversión al Islam de R. W. Bulliet, que llegaría al 80% de la primitiva población indígena en esta época (T. GLICK 1991: 43-47, C. LÓPEZ-MORILLAS 2000: 46).

económica por sus oficios (comerciantes, artesanos) o por poseer tierras debieron de ser mirados con recelo y actitudes negativas (T. Glick 1990: 253, J. García González en prensa). En el caso de los mudéjares, aunque esta comunidad pasó por situaciones variables, también sufrió un progresivo deterioro social y una cada vez mayor discriminación (L. P. Harvey 1990: 55-67, F. Moreno 2005: 115-118), procesos sociales que irían paralelos a su abandono del árabe[45]. Era considerado un grupo derrotado militar y socialmente, tras largos años de enfrentamiento con el «otro», pero que aún podría representar un peligro, por sus frecuentes rebeliones (especialmente en el siglo XIII) o su posible connivencia con los naṣríes granadinos o los bereberes del norte de África.

2.4. *Una escala de préstamos*[46]

2.4.1. En el proceso de préstamo, S. Thomason propone una escala de grados de contacto de acuerdo con los parámetros lingüísticos y sociales mencionados en 2.3.2. Los factores lingüísticos solo influyen si el proceso de préstamo se produce entre lenguas tipológicamente semejantes, debido a que la facilidad de integración de las estructuras es mayor, lo que produce variaciones en la escala; pero cuando las lenguas son tipológicamente distintas (como es el caso del árabe y el español) el proceso tiende a seguirla (S. Thomason 2001: 71). Esta escala[47] (S. Thomason y T. Kaufman, 1988: 74-109: S. Thomason, 2001: 70-71) comienza con un grado mínimo de contacto (*contacto casual*)*,* donde los receptores de los préstamos no tienen por qué tener competencia en la LF y/o hay pocos bilingües entre los hablantes de la LO; el préstamo es únicamente léxico

---

[45] Algunos de los rasgos descritos en el habla de los moriscos (A. SALVADOR 2004), como las confusiones vocálicas de /e/-/i/, la falsa selección de /b/ por /p/ o la reducción de diptongos podemos encontrarlos en la interlengua de aprendientes actuales de español de árabe.

[46] Una aplicación más desarrollada y detallada de esta escala de préstamos a los arabismos altomedievales, puede verse en J. GARCÍA GONZÁLEZ (2007 y en prensa).

[47] En la primera obra citada se propone una escala de cinco grados, pero en la segunda se simplifica en una escala de cuatro. Sigo a continuación la segunda y última versión.

y solo de vocabulario no básico (generalmente solo de sustantivos). Conforme aumenta la intensidad del contacto (más tiempo, más bilingües) y si otros factores sociales como la actitud lo favorecen, el contacto puede avanzar en la escala. En los dos grados intermedios de contacto (*contacto ligeramente más intenso* y *contacto más intenso*), los receptores de los préstamos son bilingües con competencia en la LF y ya surgen los préstamos gramaticales y fonológicos, que van aumentando progresivamente, así como el préstamo de palabras pertenecientes al vocabulario básico. La escala culmina en un cuarto grado de contacto *(contacto intenso)*, donde hay ya un bilingüismo muy extendido entre los hablantes de la LO y los factores sociales favorecen los préstamos, por lo que producen préstamos léxicos, gramaticales y fonológicos continuos que llevan a cambios tipológicos importantes. Como vemos. en el primer grado de la escala, al menos, no es necesario que exista un grupo bilingüe que actúe de puente entre las dos lenguas; además solo es precisa una mínima presión cultural y social, y puede producirse el préstamo, exclusivamente léxico, desde grupos subordinados a grupos superordinados e incluso entre comunidades lingüísticas alejadas (S. Thomason y T. Kaufman 1988: 77)

2.4.2. De acuerdo con esta escala de préstamos, el contacto del árabe con el castellano medieval alcanzaría el grado 1 de la escala, la fase de contacto casual, quizá penetrando ligeramente en el grado 2, pues el préstamo gramatical se redujo a la preposición *hasta*[48], al sufijo *-í* (introducido a través de los préstamos léxicos) y, quizá, a algunas estructuras (como las reduplicaciones distributivas, por ejemplo)[49] que, finalmente, no pasaron a formar parte del sistema romance. Los préstamos del árabe al castellano medieval fueron casi exclusivamente léxicos, pero no de

---

[48] La preposición *hasta*, el arabismo con más éxito en el español, es estudiada por M. MORERA (1999), que analiza su penetración y adaptación en el castellano medieval.

[49] En el trabajo de B. HORCAJADA y P. SÁNCHEZ-PRIETO (1999) se plantea la posibilidad de la existencia en el castellano medieval de una posible influencia gramatical del árabe como es la reduplicación distributiva del numeral («que con dos dos veervos en infiernos dañados», G. de Berceo: *Vida de san Millán*), que los autores encuentran en textos no provenientes de traducciones. Puede que esta pequeña vía abierta pueda descubrir préstamos similares que podrían haber penetrado en la lengua medieval.

palabras pertenecientes al vocabulario básico, como partes del cuerpo, números (con la excepción de *cifra* con el significado de 'cero'), nociones temporales o espaciales, etc.

Un breve análisis de la distribución semántica de los arabismos medievales por épocas puede revelarnos algunos datos interesantes. En un reciente trabajo (J. García González 2007) analicé 414 arabismos introducidos en la Alta Edad Media. Los resultados más destacables fueron los siguientes:

1) En un primer período (siglos VIII-XI) aparecen 147 términos. El grupo más numeroso está formado por los nombres de telas y vestidos (30%), aunque es el que más términos dudosos y accidentales tiene (50%). El siguiente grupo en importancia, el de términos referentes a la administración e instituciones sociales y económicas (27%) presenta, al contrario, más ejemplos de términos que arraigarán en el castellano medieval y en el español en general (*aldea, alfoz, arrabal, alguacil, alcalde, albarán, alhóndiga, almud, arroba*, etc.). Los siguientes grupos representativos pueden considerarse minoritarios (arabismos militares, referentes a la agricultura y al campo, referentes a lo árabe y musulmán, etc.).

2) En un segundo período (siglos XII-XIII, la época de las Grandes Reconquistas) aparecen 267 términos. La distribución semántica de los arabismos es más variada en esta época, aunque siguen siendo mayoritarios los arabismos referentes a la economía y a la organización administrativa y económica (15%) (*alfaba, fanega, celemín, maravedí-morauedí, a(l)motacén, albacea, arancel, aduana*, etc.). Aumenta en importancia el grupo de arabismos militares (12%) (*adalid, almocadén, almófar, azagaya, arriaz, velmez, alarde, zaga, arobda-ronda, rebato*). Aumenta también el número de arabismos referentes al campo y a la agricultura (12%), como los términos de regadío (*alcaduz, (a)cequia, alberca, aljibe, noria-alnagora*), y ya se encuentran, a diferencia de la etapa anterior, nombres de plantas y productos (*adelfa, nenúfar, arrayán, bellota, azafrán, algarroba, acelga, arroz*, etc.). Surge en esta época el grupo de los arabismos científicos y técnicos (12%), provenientes en muchos casos de traducciones, por lo que su accidentalidad o falta de integración es alta (*azarrech, azímgar, albot-abot, alcora*). También aumenta de forma importante el grupo de arabismos referentes a lo árabe y lo musulmán (7%), aunque con numerosos ejemplos de términos no integrados en el roman-

ce (*alquibla, molliti, muzmoto,* etc.). Los restantes grupos de arabismos,
ya minoritarios, pertenecen a campos muy variados, como el de los animales, los referentes a la vivienda y el hogar, los accidentes geográficos o
lugares, la construcción, la cosmética, los juegos, las joyas y los adornos,
la música, etc.

En el caso de los arabismos en la Baja Edad Media, contamos con el
estudio de F. Maíllo (1998) ya nombrado. Este autor divide los arabismos de esta época en tres períodos:

1) En el primer período (1300-050), se introducen 86 arabismos.
Predomina el conjunto formado por arabismos referentes a la perfume-
ría, la artesanía, la técnica, la medicina, los minerales y la química con un
30% del total (*atíncar, atutía, momia, almizcle,* etc.). Los arabismos que
nombran plantas o productos agrícolas forman otro importante grupo,
pues alcanzan casi un 20% (*altramuz, naranja, acebuche, ajenuz, azucena,*
etc.). Los nombres de telas, vestidos, adornos (*albornoz, alcandora,* etc.)
siguen en importancia, con más de un 11%. Entre los restantes tipos de
arabismos, más minoritarios, destaca el descenso de los arabismos militares (representan ya sólo un 6%) y el avance de otros, muy poco frecuentes en épocas anteriores, como el de los términos referentes al hogar
y la cocina (también un 6%). Los arabismos accidentales representan
casi un 13% del total de los préstamos de este período y no hay un
grupo que en el que sean significativamente frecuentes.

2) En el segundo período (1350-1454), se introducen 142 préstamos. Los arabismos técnicos y artesanales siguen siendo el grupo más
numeroso, alcanzando un 24% del total (*alcanfor, alambique, algafacán,
albayalde,* etc.). Los arabismos que nombran plantas o productos siguen
también constituyendo el segundo grupo en importancia con un 20,5%
(*albahaca, alhucema, azucena, berenjena,* etc.). Aumentan en esta época
los arabismos referentes a lo árabe y musulmán, que representan alrededor de un 15% del total. Sin embargo, la accidentalidad aumenta
(20%), pues un importante número de arabismos de este último grupo,
así como de préstamos técnicos, son accidentales o de uso restringido a
determinados ámbitos, como el de los mudéjares.

3) En el último período (1454-1514), en el que se introducen 56 arabismos, todos los tipos sufren un fuerte descenso, pero especialmente

los que se refieren a plantas y productos (3,5%), y los técnicos y artesanales (5,4%). Los arabismos referentes a lo árabe y musulmán pasan a ser el primer grupo de préstamos (25%), aunque una gran parte de ellos tienen un uso muy restringido a determinados ámbitos (*algima, jaraçuna, muley, muftí,* etc.).

Como podemos ver, hubo una «adopción selectiva» de los arabismos medievales (F. Maíllo 1998: 461-2, C. Barceló y A. Labarta 2001: 44). En la primera etapa altomedieval (VIII-XI) son los arabismos referentes a la administración e instituciones sociales y económicas y los militares los que más claramente se integran, pues los cristianos norteños necesitaban nuevos términos y conceptos en el desarrollo de las nuevas sociedades que se estaban reestructurando, por lo que los adoptaron de la potencia militar y política del sur. En la segunda etapa altomedieval (XII-XIII) este tipo de arabismos sigue predominando, pues la necesidad terminológica se mantiene en las sociedades cristianas en expansión, aunque cobran una mayor importancia los arabismos militares, muchos de ellos pertenecientes al «contenedor» léxico de términos del lenguaje especializado militar[50], en el que debieron de convivir términos latinos, romances y árabes, lo que facilitó el intercambio[51]. Junto a ello, debido ya al contacto directo con la sociedad andalusí en esta época de Grandes Reconquistas, aumentan los arabismos referentes al campo, a la agricultura, plantas y productos, y, lógicamente, los referentes a lo árabe y

---

[50] Tanto los cristianos norteños como los árabes adoptaron tácticas, armamento y modo de organización del «otro». En todas las guerras, especialmente si son largas, los soldados de los bandos enfrentados suelen usar, al cabo del tiempo, el mismo armamento y las mismas tácticas para adaptarse a una situación común, por lo que utilizan los mismos términos en la jerga militar que se crea (J. GARCÍA GONZÁLEZ 2007). A ello se une, en el caso de los enfrentamientos entre los reinos del norte y Alandalus, el hecho frecuente de que formaran parte de los ejércitos andalusíes tanto cristianos andalusíes como mercenarios del norte o que, en ocasiones, actuaran conjuntamente huestes de un reino cristiano junto con los ejércitos andalusíes contra otro reino cristiano.

[51] En los dos sentidos, tanto del árabe al romance como del romance al árabe. Los arabismos (como *azeipha, algara, alcaide, alférez, atalaya, alcázar adalid, almocadén, almogávar, arráez, almófar, azagaya, arriaz, velmez, alfanje, alarde, alarido, zaga, ronda, rebato*; J. GARCÍA GONZÁLEZ 1996-7, 1998 y 2007) tuvieron su correspondencia en los romancismos del árabe andalusí (>bannūn< 'pendón', *pórra, cóta, corçál*; F. CORRIENTE 1992: 139).

musulmán. En cierta medida fuera de estas vías o líneas de contacto se encuentran los arabismos científicos, introducidos en las traducciones, que tienen una desigual fortuna en su penetración.

En la Baja Edad Media, los arabismos militares y los referentes a la administración y economía entran en declive, pues la sociedad andalusí ha sido derrotada política y militarmente, y aumentan los arabismos en aquellos ámbitos en los que los cristianos norteños necesitaban de los conocimientos y habilidades de los mudéjares: la agricultura, la técnica y la artesanía[52]. La adopción de otros tipos de arabismos, como los referentes a la indumentaria[53] o la cocina, fueron producto de modas más o menos pasajeras y de una lógica transculturalidad entre dos comunidades cercanas, especialmente si ciertos aspectos de lo árabe se intelectualizon, separándolos de la realidad de su grupo humano.

Hay que destacar que, aunque van aumentado a lo largo de la Edad Media los préstamos referentes a conceptos abstractos, cualidades, acciones o nociones, no constituyen en ninguna época un grupo homogéneo destacado[54]. Su progresiva introducción fue paralela al aumento del contacto directo, tras los avances hacia el sur, con los hablantes de árabe.

El contacto entre el árabe y el castellano en la Edad Media fue, pues, un contacto «utilitarista». El prestigio de lo árabe fue, pues, un prestigio parcial, variable según el ámbito o campo y las épocas. Aunque el contacto lingüístico se desarrolló a lo largo de más de ochocientos años,

---

[52] Precisamente en estos ámbitos se ha centrado el interés de muchas de las investigaciones sobre arabismos en los últimos años, con estudios de campos semánticos concretos o de textos con vocabularios específicos: botánica y zoología (J. BUSTAMANTE 1996), medicina (M. C. VÁZQUEZ y M. T. HERRERA 1998, 2004, 2005; J. BUSTAMANTE 2002), música (D. FASLA 2004), léxico de la construcción, el urbanismo y la vivienda (Y. KIEGEL-KEICHER 2005 y 2006), etc.

[53] Sobre el léxico de la indumentaria de origen árabe, tanto en la Alta como en la Baja Edad Media, puede verse D. SERRANO-NIZA (2005).

[54] En la primera época de la Alta Edad Media hubo pocos casos (uno de los escasos ejemplos es *mezquino*), aunque aumentaron en la segunda, constituyendo un 7,5% del total de arabismos introducidos (*albricias balde, fulano, loco,* etc.) (J. GARCÍA GONZÁLEZ 2007). En la Baja Edad hubo un ligero aumento, llegando a alcanzar alrededor de un 10% del total de los arabismos introducidos (*baladí, hazino, haragán,* etc.), aunque algunos de ellos fueron accidentales (como *alaud* o *mazorral*) (F. Maíllo 1998).

solo tuvo como resultado la adopción de préstamos léxicos de campos determinados, que penetraron a través de complejos grupos intermediarios y, en ocasiones, de hablantes no bilingües con una simple «familiaridad pasiva». Los factores sociales y psicosociales fueron decisivos para que la influencia no alcanzara la intensidad de contacto que, dado el largo tiempo transcurrido, hubiera podido esperarse. Dos de los grupos de bilingües que actuaron como intermediarios, cristianos romandalusíes y mudéjares, eran dos comunidades en declive cultural y lingüístico, con problemas de integración y hacia las que hubo actitudes negativas en las nuevas sociedades cristianas, aunque no fueron los únicos, ya que otros grupos intermediarios, como los habitantes de la frontera del Transduero, también sufrieron actitudes negativas por parte de los cristianos norteños[55]. Unido a ello, en las sociedades cristianas del norte se fue produciendo un paulatino proceso de negativización del «otro» (J. García González 2007), que reflejan las crónicas, en las que se puede observar una progresivo aumento de una imagen cerrada negativa, sin matices ni discriminaciones, de los musulmanes (R. Barkai 1991), y de la que son reflejo las peyorizaciones de términos árabes, de las que se encuentran ya ejemplos en el siglo XIII (J. García González 1996-7), y que continúan a lo largo de la Baja Edad Media[56].

3. Algunas conclusiones y algunas últimas cuestiones pendientes

El estudio de los arabismos presenta una gran complejidad, ya que el contacto entre el árabe y las lenguas romances peninsulares es uno de los fenómenos de contacto conocidos más dilatados en el tiempo. Los arabismos penetraron en la lengua meta (el español) durante un larguísimo período de tiempo, por lo que fue un fenómeno que pasó por una

---

[55] En las crónicas cristianas se les tacha de «turba de réprobos, homicidas, maléficos, fornicarios, adúlteros, adivinos, odiosos ladrones, apóstatas execrados» (L. M. Villar 1986: 78; véase J. García González en prensa).

[56] Asi sucedió en casos como *alcahuete, aleve, cicatero, alfadía, algarivo, hazino, mazmorra, adufe,* etc. Como afirmé al comienzo de este trabajo, la existencia de un diccionario histórico y de estudios sobre la semántica de arabismos podría permitir profundizar con una mayor precisión en este importante tema.

multiplicidad de situaciones, en las que los contextos socio-políticos y lingüístico-culturales fueron cambiantes. Junto a ello, las vías y modos de transmisión, los posibles grupos intermediarios, los tipos de procesos de contacto, los factores sociales y psicosociales (como las actitudes, la visión del «otro», el prestigio, el tamaño del grupo, etc.) que en ellos influyeron variaron, a veces dramáticamente, a lo largo de más de 800 años de contacto. Por ello, al abordar el estudio de los arabismos es necesario tener en cuenta la existencia de diferentes etapas de introducción y de los diferentes procesos y vías de contacto que se superpusieron o se sucedieron en el tiempo. La adopción de una doble perspectiva histórica y sociolingüística no solo puede enriquecer sino que se torna fundamental para el análisis y la interpretación de los datos.

Ello nos ayudaría no solo a profundizar en el conocimiento de los procesos de penetración de los arabismos en el español, sino también dar luz a otras cuestiones, aún abiertas en este campo, como el proceso de desaparición de los arabismos[57] y las diferentes causas y vías, ya que seguramente debieron de ser varias, por las que la aglutinación del artículo árabe persistió en un importante número de los arabismos del español[58].

Puede que F. Corriente tenga gran parte de razón al achacar a los hispanistas un olvido de los arabismos (1996 y 2003b). En ciertos casos, cuestiones ideológicas pueden haber llevado, por un lado, a una excesiva idealización de la convivencia de las culturas medievales y, por otro, a minimizar la influencia árabe[59]. En otros casos, sin embargo, quizá haya habido más bien una cierta prudencia al enfrentarse a una lengua en la que sus especialistas han trabajado durante largo tiempo, y en la que el hispanismo había penetrado tímidamente. Las dos visiones desde las dos orillas del mismo río pueden enriquecer de forma importante los estudios de este tema crucial de la historia del español.

---

[57] Para esta cuestión seguimos contando casi exclusivamente con el trabajo inédito de J. K. Walsh: *The Loss of Arabisms in the Spanish Lexicon* (Universidad de Virginia, 1967), junto a algunas breves referencias en otros trabajos (S. N. Dworkin 2004, R. Cano 1993, F. Maíllo 1998: 503-506).

[58] Tema aún abierto pese al estudio de M. Winet (2006), que aporta un gran número de datos, analizándolos cronológicamente.

[59] Pueden verse algunos ejemplos en A. Fajardo y D. Serrano (2004: 490-1).

BIBLIOGRAFÍA

APPEL, R./MUYSKEN, P. (1996): *Bilingüismo y contacto de lenguas*. Barcelona: Ariel.

BARCELÓ, C./LABARTA, A. (2001): «Árabe y español: un contacto multisecular», en: CALVO, J. (ed.): *Contacto interlingüístico e intercultural en el mundo hispano* 1. Valencia: Universitat de València, 31-52.

BARKAI, R. (²1991): *Cristianos y musulmanes en la España medieval. (El enemigo en el espejo)*. Madrid: Rialp.

BUSTAMANTE COSTA, J. (1996): *Arabismos botánicos y zoológicos en la traducción latina (s. XII) del «Calendario de Córdoba»*. Cádiz: Universidad de Cádiz.

BUSTAMANTE COSTA, J. (2002): *Préstamos del árabe al léxico latino de materia médica*. Madrid: Universidad Complutense.

CANO AGUILAR, R. (1993): «La muerte de las palabras», en: *Estudios lingüísticos en torno a la palabra*. Sevilla: Universidad de Sevilla, 41-58.

— (coord.) (2004): *Historia de la lengua española*. Barcelona: Ariel.

COLÓN, G. (2000): reseña a CORRIENTE, F.: *Diccionario de arabismos y voces afines en iberromance*, en *Revue de Linguistique Romane* LXIV, 216-220.

CORRIENTE CÓRDOBA, F. (1992): *Árabe andalusí y lenguas romances*. Madrid: Mapfre.

— (1996): «Novedades en el estudio de los arabismos en iberorromance», en: *Revista Española de Lingüística* 26.1, 1-13.

— (1999, ²2003a): *Diccionario de arabismos y voces afines en iberromance*. Madrid: Gredos.

— (2003b): «Los arabismos del iberromance: balance y perspectivas ante el siglo XXI», en: MARTÍN ZORRAQUINO, M. A./ALIAGA JIMÉNEZ, J. L. (coords.): *La lexicografía hispánica en el siglo XXI: balance y perspectivas*. Zaragoza: Institución «Fernando el Católico», 71-76.

— (2004a): «Los arabismos del *Léxico hispánico primitivo*», en: *Revista de Filología Española* 84/1, 67-93.

— (2004b): «El elemento árabe en la historia lingüística peninsular: actuación directa e indirecta. Los arabismos en los romances peninsulares (en especial, el castellano)», en: CANO, R. (coord.), 185-206.

DWORKIN, S. D. (2004): «La transición léxica en el español bajo medieval», en: CANO, R. (coord.), 643-656.

FAJARDO AGUIRRE, A./SERRANO-NIZA, N. (2004): «La ideología y su influencia en la investigación de los arabismos del español», en: CORBELLA, D. *et al.* (coords.): *Nuevas Aportaciones a la Historiografía lingüística: Actas del IV Congreso Internacional de la SHE* I, 489-498.

FASLA, D. (1998-9): «Aportaciones terminológicas de la lengua árabe al español medieval, moderno y contemporáneo (notas para un análisis etnolingüístico y reflexiones críticas)», en: *Revista de la Sociedad Española de Lingüística Aplicada* 13, 243-259.

— (1999-2000): «La adopción de arabismos como fuente de creación sinonímica en español (datos para un estudio socio-semántico)», en: *Anuario de Lingüística Hispánica* 15-16, 83-100.

— (2004). «El legado cultural latino-semítico a la luz de la terminología musical hispánica», en: *Revista de Investigación Lingüística* 7, 1, 105-128.

FERRANDO, I. (2000). «El árabe, lengua del Toledo islámico», en: *Entre el Califato y la Taifa: mil años del Cristo de la luz (Actas del Congreso Internacional)*. Toledo: Asociación de Amigos del Toledo islámico, 107-123.

GALMÉS DE FUENTES, Á. (1999): «Presencia árabe», en: ALVAR, M. (dir.): *Manual de dialectología hispánica. El español de España*. Barcelona: Ariel, 97-118.

GARCÍA GONZÁLEZ, J. (1993-1994): «El contacto de dos lenguas: los arabismos en el español medieval y en la obra alfonsí», en: *Cahiers de Linguistique Hispanique Médievale* 18-19, 335-365.

— (1996): «Los préstamos árabes en el español: una revisión crítica», en: *Actas del III Congreso Internacional de Historia de la Lengua Española* II. Madrid: Arco-Libros, 677-685.

— (1996-1997): «Los arabismos militares y los referentes a lo árabe en los textos alfonsíes», en: *Cahiers de Linguistique Hispanique Médiévale. Homenaje a Jean Roudil* 21, 127-144.

— (1998): «Clases de arabismos en los textos alfonsíes», en: *Actas del IV Congreso Internacional del Historia de la Lengua Española*, II. Logroño: Universidad de La Rioja, 127-136.

— (2007): «Una perspectiva sociolingüística de los arabismos en el español de la Alta Edad Media (711-1300)», en: *De admiratione et amicitia. Homenaje a Ramón Santiago*. Madrid: Ediciones Clásicas.

— (2008): «Viejos problemas desde nuevos enfoques: los arabismos del español medieval desde la pespectiva de la Sociolingüística», en: BLAS ARROYO, J. L./CASANOVA ÁVALOS, M./VELANDO CASANOVA, M./VELLÓN LAHOZ, Javier (eds.) (2008): *Discurso y sociedad II. Nuevas contribuciones al estudio de la lengua en contexto social*. Castellón de la Plana: Universidad Jaume I.

GLICK, Thomas F. (1991): *Cristianos y musulmanes en la España medieval (711-1250)*. Madrid: Alianza.

HARVEY, L. P. (1990): *Islamic Spain*. Chicago: The University of Chicago Press.

HORCAJADA DIEZMA, B./SÁNCHEZ-PRIETO BORJA, P. (1999): «La repuplicación distributiva del numeral y el arabismo morfosintáctico en el romance hispánico medieveval», en: *Zeischrift für romanische Philologie* 115, 2, 280-299.

KIEGEL-KEICHER, Y. (2005): *Iberoromanische Arabismen im Bereich Urbanismus und Wohnkultur: sprachliche und kulturhistorische Untersuchungen*. Tübingen: Max Niemeyer.

— (2006): «Lexicología y contexto histórico-cultural: los arabismos del español», en: *Actas del VI Congreso Internacional de Historia de la lengua española* II. Madrid: Arco Libros, 1477-1490.

KIESLER, R. (1994): *Kleines vergleichendes Wörterbuch der Arabismen im Iberoromanischen und Italienischen*. Tübingen: Francke.

KÖNTZI, R. (1998): «Arabisch und Romanisch», en: HOLTUS, G./METZELTIN, M./SCHMITT, C. (dirs.): *Lexikon der Romanistischen Linguistik* VII. Tübingen: Max Niemeyer, 328-347.

LÓPEZ MORA, P. (2003): «Arabismos léxicos en textos de ordenanzas andaluzas», en: *Actas del XXIII Congreso Internacional de Lingüística y Filología Románicas* III. Tübingen: Max Niemeyer, 281-290.

LÓPEZ-MORILLAS, C. (2000): «Language», en: MENOCAL, M. R. *et al.* (eds.): *The Literature in al-Andalus*. Cambridge: Cambridge University Press, 33-59.

MAÍLLO SALGADO, F. ([3]1998): *Los arabismos del castellano en la Baja Edad Media*. Salamanca: Ediciones de la Universidad de Salamanca.

— (2004): *De la desaparición de al-Andalus*. Madrid: Abada.

MANZANO MORENO, E. (1991): *La frontera de al-Andalus en época de los Omeyas*. Madrid.

MORENO FERNÁNDEZ, F. (2005): *Historia social de las lenguas de España*. Barcelona: Ariel.

MORERA, M. (1999): «El arabismo *hasta*: su evolución formal y semántica», en: *Verba* 26, 81-95.

NEUVONEN, E. K. (1941): *Los arabismos en el siglo XIII*. Helsinki: Imprenta de la Sociedad de la Sociedad de Literatura Finesa.

NOLL, V. (1996): «Der arabische Artikel *al* und das Iberoromanische», en: *Romania arabica*, 299-313.

OLIVER PÉREZ, D. (2004): «Los arabismos dentro de la historia del español: estudio diacrónico de su incorporación», en: DÍAZ DE BUSTAMANTE, M. *et al.* (coords.): *Estudios dedicados a José María Fernández Cantón*, II. León: Centro de estudios e investigación «San Isidoro»/Caja España de inversiones/ Archivo histórico diocesano, 1073-1095.

PASTOR DÍAZ, E. (1996): *Castilla en el tránsito de la Antigüedad al feudalismo*. Valladolid: Junta de Castilla y León.

PENNY, R. ([2]2005): *Gramática histórica del español*. Barcelona: Ariel.

PEZZI MARTÍNEZ, E. (1995): *Arabismos. Estudios etimológicos*. Almería: Universidad de Almería.

SALVADOR PLANS, A. (2004): «Los lenguajes 'especiales' y las minorías en el Siglo de Oro», en: CANO, R. (coord.), 771-797.

SERRANO-NIZA, D. (2005): «El léxico castellano medieval se viste de palabras árabes. Algunos arabismos de indumentaria», en: AGUADÉ, J. *et al.* (eds.): *Sacro Arabo-Semiticum: Homenaje al profesor Federico Corriente en su 65 aniversario*. Zaragoza: Instituto de Estudios Islámicos y del Oriente Próximo, 439-452.

THOMASON, S./KAUFMAN, T. (1988): *Language Contact, Creolization and Genetic Linguistics*. Berkeley/Los Ángeles/Oxford: University California Press.

THOMASON, S. (2001): *Language Contact. An Introduction*. Edinburgh: Edinburgh University Press.

— (2005): «Determining Language contact effects in ancient contact situations», en : BÁDENAS DE LA PEÑA, P. *et al.* (eds.): *Lenguas en contacto: el testimonio escrito*. Madrid: CSIC, 1-14.

VALDÉS, G. (2001): «Heritage language students: Profiles and Possibilities», en: PEYTON, J. K. *et al.* (eds.): *Heritage Languages in America. Preserving a National Resource*. Washington, D.C.: Center for Applied Linguistics y Delta Systems Co. [microficha], 37-77.

VÁZQUEZ DE BENITO, M. C. (1998): «La medicina árabe fuente de la medicina medieval castellana», en: SOTO, J. M. (coord.): *Pensamiento medieval hispano: Homenaje a Horacio Santiago-Otero*. Madrid: CSIC, 771-784.

— (2004): «Traducción y transmisión de las ciencias y las técnicas árabes, la medicina y la dietética», en: EPALZA, M. de/RUBIERA, M. J. (coords.): *Traducir del árabe*. Barcelona: Gedisa, 165-214.

— (2005): «Recapitulación sobre el léxico médico del castellano medieval de origen árabe», en: SANTOS, L. (coord.): *Palabras, norma, discurso: En memoria de Fernando Lázaro Carreter*. Salamanca: Universidad de Salamanca, 1147-1152.

VIGUERA MOLÍNS, M. J. (2002): «Lengua árabe y lenguas románicas», en: *Revista de Filologia Románica* 19, 45-54.

VILLAR GARCÍA, L. M. (1986): *La Extremadura castellano-leonesa*. Valladolid: Junta de Castilla y León.

WINFORD, D. (2005): «Contact-induced changes», en: *Diachronica* 22, 2, 373-427.

WINET, M. (2006): *El artículo árabe en las lenguas iberorrománicas (aspectos fonéticos, morfológicos y semánticos de la transferencia léxica*. Córdoba: Universidad de Córdoba.

ZIMMERMANN, K. (en prensa): «Constructivist theory of language contact and the Romancisation of indigenous languages», en: STOLZ, TH. (ed.): *Romancisation world-wide*. Berlin: Mouton-de Gruyter.

2. LA EVOLUCIÓN DEL CASTELLANO: CUESTIONES LÉXICAS Y GRAMATICALES

EL CASTELLANO FRENTE AL LATÍN: ESTUDIO LÉXICO DE LAS TRADUCCIONES LATINAS DE ALFONSO X

Mónica Castillo Lluch
Université Paris 8 - SIREM

1. INTRODUCCIÓN

Aprendemos y enseñamos a nuestra vez en las aulas universitarias que Alfonso X, con su imponente obra cultural, define el castellano y lo promueve como lengua de cultura. Esta fórmula presupone, o en todo caso conduce a imaginar, que el Rey practicó voluntariamente una política lingüística *avant la lettre*, tanto normalizadora como normativizadora[1]. Sin embargo, sabemos que los investigadores especialistas en la relación del Rey Sabio con el castellano son escépticos a este respecto e incluso se oponen a tal representación. Autores como H. J. Niederehe o J. R. Lodares concluyen definitivamente que la «intervención» del rey en la lengua castellana no es sino un efecto secundario. «Lo importante para Alfonso el Sabio es la transmisión de nuevos saberes, y no una "défense et illustration de la langue"», nos recuerda H. J. Niederehe (1987: 108). En palabras de Juan Ramón Lodares (1993-1994: 316-317, nota 13):

> Alfonso X fue un político y no un gramático ni alguien a quien pareciera preocuparle las consideraciones filológicas «stricto-sensu» [...] si, lingüísticamente, su obra produjo algún tipo de normalización e ilustración del español (y sin duda lo hizo) no fue un fin perseguido en sí mismo sino consecuencia de motivaciones alejadas en principio de ese campo de actividad[2].

---

[1] *Cf.* los trabajos de reciente publicación de I. FERNÁNDEZ-ORDÓÑEZ (2004) y F. MORENO FERNÁNDEZ (2005: 107). En el centro de esta representación encaja la famosa fórmula de «castellano drecho» convertida tradicionalmente en equivalente de un supuesto estándar alfonsí (así todavía en F. MORENO FERNÁNDEZ 2005: 119). Para un análisis crítico de esta expresión, *cf.* R. CANO (1985), A. CÁRDENAS (1992) y J. R. LODARES (1993).

[2] *Cf.* asimismo J. R. LODARES (1996: 112): «Es conveniente no olvidar nunca lo que fue Alfonso X: un rey medieval español con una concepción de sí mismo, de su posición

La monumental producción cultural alfonsí se enmarca en la corriente europea del enciclopedismo didáctico, y responde principalmente, de un lado, a una funcionalidad política muy concreta –pues el poder y autoridad del Rey se fundamentan en su superioridad intelectual– y, de otro lado, al particular afán de conocimiento de Alfonso X[3]. Ahora bien, pese a aceptar que, por encima de la forma lingüística, la prioridad alfonsí era la transmisión exacta y directa de las ideas, no deja de resultar apasionante el estudio del tratamiento formal de la lengua por parte de los talleres alfonsíes. Y aunque hay razones de sobra para que el investigador se desanime de buscar en sus textos una regularidad o norma lingüística en el sentido fuerte del término –pues sabemos que en ellos abundan los dialectalismos, así como también las vacilaciones en la morfología nominal y verbal[4]–, merece la pena seguir explorando qué criterios formales, si los había, guiaban la expresión de los textos creados por los equipos del rey Sabio. En ese sentido, mi indagación es un intento más de determinar hasta qué punto las actitudes lingüísticas de los colaboradores, particularmente de traductores que trabajaron para Alfonso X, eran controladas, es decir, seguían una línea precisa debida a la «vigilancia del sabio rey», en expresión de A. G. Solalinde (1915: 288).

Basándome en la traducción de dos de los Libros de Salomón (Cantar de los Cantares y Proverbios) realizada para la tercera parte de la *General Estoria*, –de cuyo texto disponemos en edición bilingüe gracias a P. Sánchez-Prieto y a B. Horcajada[5]– me propongo analizar qué acti-

---

como gobernante, junto a su instalación en el mundo, propias de su época; y es oportuno interpretar sus magnas complicaciones jurídicas, históricas o "científicas" [...] dentro de esa perspectiva y no desde la de mero empresario cultural e ingeniero de la lengua española».

[3] *Cf.* I. Fernández-Ordóñez (2004: 393-395).

[4] En relación con las variantes dialectales que acoge la obra alfonsí, *cf.* I. Fernández-Ordóñez (2004: 401-409) y para ilustración del polimorfismo, M. Morreale (1995) y S. L. Hartman (1974: 53).

[5] La edición utilizada enfrenta en columnas paralelas el texto latino (reconstrucción del texto de la Biblia de París –para más detalles sobre el texto latino, *cf.* P. Sánchez-Prieto y B. Horcajada (1994: 159)–) con la versión alfonsí de la *General Estoria*, lo que permite un cómodo cotejo del léxico latino y romance. Mi corpus comprende el texto de la página 167 a la 267.

tud adoptan los traductores a la hora de verter el léxico latino en romance. Me interesará observar si puede colegirse de la práctica de la traducción en este punto un comportamiento que presente indicios de ser sistemático y consciente. A este respecto, subrayaré que las traducciones, como producciones escritas de un contexto histórico determinado, ineludiblemente están marcadas por la ideología política, social y cultural de la época y revelan la posición desde la que se enfoca la relación con el modelo original, pues, como afirma C. Foz (2000: 87):

> [...] la traducción, lejos de ser una práctica neutra y ahistórica, fuerza, en tanto que práctica de apropiación, una toma de posición en relación con el otro, con el extranjero, una práctica cuyo resultado constituye un campo de observación privilegiado de las diversas estrategias (imitación, ocultación, re-creación) utilizadas.

Este estudio no puede prescindir de una perspectiva textual más amplia: en concreto, habrá de comprobarse el uso léxico en el conjunto de la prosa alfonsí, para lo cual procederé a una verificación en el material editado por el Hispanic Seminary of Medieval Studies de Madison (*Diccionario de la prosa castellana del Rey Alfonso X* y corpus electrónico de textos y concordancias de las obras en prosa de Alfonso X).

2. El castellano frente al latín en el *Cantar de los Cantares* y los *Proverbios de Salomón*

Es sabido que no hay criterio único que guíe las traducciones promovidas por Alfonso X. En tanto que en algunas la línea adoptada es la del respeto a la literalidad de la fuente, en otras lo que impera es la digresión y el excurso en relación con el original[6]. Dentro de una composición tan vasta y compleja como la *General Estoria* podría afirmarse para una gran parte de la misma que no se da «tanto una traducción cuanto una *enarratio* de los *auctores*», siguiendo a F. Rico (1972: 178)[7], si bien

---

[6] Véase a este respecto M. R. Lida de Malkiel (1958-59), F. Rico (1972: 178-179) e I. Fernández-Ordóñez (2004: 413).

[7] También a propósito de la *General Estoria* afirmó R. Menéndez Pidal (1972: 68): «Alfonso X no traduce, sino que interpreta, comenta, amplifica el texto en que se inspira».

en fragmentos de versiones bíblicas, como el que nos ocupa, se impone en líneas generales la proximidad al original[8]. Esta fidelidad a la fuente es sin duda lo que más llama la atención a primera vista en el cotejo del texto latino con la versión alfonsí. Sirvan de ejemplo los siguientes versículos de Proverbios:

II. ¹ *fili mi si susceperis sermones meos et mandata mea absconderis penes te*	¹ Mio fijo, si tú recibieres las mis palabras, e condesares en ti los mis mandados
² *ut audiat sapientiam auris tua inclina cor tuum ad cognoscendam prudentiam*	² de guisa que oya la tu oreja el saber, baxa el tu coraçon a coñocer sabiduría;
³ *si enim sapientiam invocaveris et inclinaveris cor tuum prudentiae*	³ ca si llamares la sapiencia e omillares el tu coraçón a la sabiduría,
⁴ *si quaesieris eam quasi pecuniam et sicut thesauros effoderis illam*	⁴ e la demandares assí como riqueza e la buscares como tesoros,
⁵ *tunc intelleges timorem Domini et scientiam Dei invenies*	⁵ estonces entendrás el temor del Señor e fallarás el saber de Dios;
⁶ *quia Dominus dat sapientam et ex ore eius (procedit) prudentia et scientia*	⁶ ca el Señor da la sapiencia, e d'él viene la sabiduría e el saber.

(pp. 190-191 de la edición)

---

[8] Aparentemente de acuerdo con el tópico medieval que arranca de la epístola *De optimo genere interpretandi* de San Jerónimo (*cf.* LABOURT 1953: III, 59 y RUSSELL 1985: 27), según el cual los textos sagrados debían ser traducidos con la mayor literalidad, cuando los demás podían serlo mucho más libremente. Ha de añadirse, no obstante, que H. J. NIEDEREHE (1987: 200) considera que para Alfonso X la distinción de San Jerónimo no tiene «trascendencia alguna», pues «él no se interesa tanto por una traducción de las Sagradas Escrituras [...] cuanto por una historia del mundo, cuyo esqueleto lo forma la Biblia. Siempre que el sentido de las fuentes utilizadas se transmita, no hay razón para el Rey Sabio para hacer una traducción literal». Ahora bien, creo que no cabe duda de que la traducción de Cantar de los Cantares y de Proverbios impone atender rigurosamente a la forma para no traicionar la naturaleza y en definitiva el sentido de los textos.

Sobre este telón de fondo de literalidad general en el seguimiento de la fuente, destaca de modo llamativo en el plano léxico una serie de divergencias entre el original latino y la versión romance, sobre las que nos detendremos en las páginas que siguen. Pero antes de abordar el estudio léxico contrastado de uno y otra, conviene recordar que con respecto al componente léxico de la lengua alfonsí, en lo que más hincapié han hecho los historiadores de la lengua es en que el Rey Sabio dotó al castellano del vocabulario necesario para la intelectualización[9] del idioma, acometida mediante la redacción del conjunto de su obra que, como es bien sabido, cubre un amplio espectro de las ramas del saber. Con tal fin, como ya apuntó R. Menéndez Pidal (1972: 69), «tomó a manos llenas» préstamos latinos, bien en su forma intacta (*ingenio, imaginación, opinión, profundidat, carácter, teatro, tribus, aritmética, geometría, constelación...*), bien con las adaptaciones fonéticas propias de las palabras patrimoniales (*fésigo*, 'físico', *gramátiga, cloaga, fruito, adevino, cérculo*). No obstante, la entrada de estos neologismos en el castellano de la época tuvo límites, como nota el mismo R. Menéndez Pidal (1972: 69):

> Pero el aluvión de tales neologismos era tan grande, según las necesidades didácticas de la época, que en muchos casos se observa fuerte resistencia a ellos. *Las Partidas* prefieren al latín *elección* el romance *escogencia*; al latín *affinitas* el romance *cuñadía*. En los libros de Astronomía se intenta la traducción de muchos tecnicismos: el *aequator* o ecuador es denominado «el *eguador* del día» (variante *aguador*), los círculos de *longitud* meridianos y de *latitud,* paralelos, son llamados «los cercos de *longuras*» y «los cercos de *ladeza*»; se dice que los etíopes son negros porque viven «en *linde* de la *cinta quemada*», o sea en el límite de la zona tórrida. La lengua acabó por prescindir de estos procedimientos, prefiriendo perder claridad castiza para asociarse a la comunidad internacional ateniéndose al latín.

Esta resistencia a la incorporación de latinismos en las obras alfonsíes advertida por Menéndez Pidal es la que guía precisamente las divergencias observadas en el cotejo de la Biblia de París con la versión romance de Cantar de los Cantares y de Proverbios. Así es como, las más de las veces,

---

[9] *Cf.* a este respecto J. E. JOSEPH (1987: 39-42), G. BOSSONG (1982: 1) y J. R. LODARES (1993-1994: 317).

en lugar de emplear el término culto de la fuente, los traductores recurren al uso de una palabra creada a partir de las capacidades derivativas propias del castellano. Tal proceder es llamativo, por un lado, desde una perspectiva histórica, pues se prefirieron entonces términos vernáculos para traducir voces latinas que más tarde acabarán incorporándose como cultismos al caudal léxico del español, formando parte activa del mismo en la lengua actual; por otro lado, destaca también sincrónicamente, cuando palabras cultas documentadas en la lengua de la época –incluso en otros textos alfonsíes–, y hasta con elevada frecuencia, se descartan al traducir los textos bíblicos estudiadas a favor de una solución más romance.

2.1. *Cultismos existentes en castellano actual no incorporados en Cantar de los Cantares y Proverbios*

El tomar como punto de referencia el castellano actual, por anacrónico que pueda parecer de entrada, es una opción metodológica que hace posible resaltar y sistematizar las divergencias léxicas en la traducción alfonsí[10]. Esta mirada a posteriori, desde nuestra perspectiva de hablantes de español moderno, nos revela un número incalculable de casos en los que no se incorporan en la lengua alfonsí de Cantar de los Cantares y Proverbios palabras existentes hoy como cultismos[11]. Así ocurre con los siguientes pares de palabras, a cuyo primer término, culto, se prefiere la segunda forma, con tradición patrimonial[12]: *acervo – montón, adquirir – ganar, adolescente* y *adolescencia – mancebiello* y *mancebía, aflicción – pena, afluir – manar, ánimo – coraçón, arcano – poridat, arrogancia* y *arrogante – orgullía* y *orgulloso, ascender – subir, astucia* y *astuto – argudeza* y *sabidor, atónito – espantado, aumento – acrecentamiento, áureo – de oro, calamidad – mes-*

---

[10] En esta puntualización, concuerdo con M. MORREALE (1959: 70-71), quien en su estudio contrastivo del léxico de Castiglione y Boscán –precisamente de los latinismos– optaba igualmente por tomar como punto de contraste la lengua moderna justificándolo así: «La comparación con el español actual no deja de ser anacrónica y arbitraria, pero se presta para entresacar sistemáticamente las desviaciones verbales del traductor».

[11] Incluyo excepcionalmente en esta sección alguno que no existe hoy como *inicuidad* o *multiloquio*.

[12] En las tablas presentadas en apéndice figuran las referencias de estos ejemplos y de los de las siguientes secciones.

quindat, cándido – alvo, carecer – non aver, caverna – cueva, clemencia – piadat, concluso – cerrado, concubina – barragana, condenar – despreciar, congregar – allegar o ayuntar, comparar – egualar, conservar y custodiar – guardar, considerar – mesurar, corrección – emienda o castigo, demolir – derribar o dañar, desidia – pereza, detestar y detraer – maldezir, devorar – tragar, dilatar y dilatación – ensanchar y alongamiento, dirigir – endereçar, discreción – entendimiento, diseminar – sembrar, disimilar – non semejar, doloso, falaz y fraudulento – engañoso, dolo y fraude – engaño, dominar – señorear, egestad – pobreza o mingua, emular – semejar, equidad – egualdat o derechura, erudición y erudito – enseñança y enseñado, excelso – alto, expectación – esperança, fémur – muslo, fluir – salir, furor y furioso – saña y sañoso, habitar – morar, hilaridad – alegría, ignominia – mal nombre o denuesto, ignominioso – de mal nombre, ignorantia – necedat, imperar – señorear o mandar, increpación – castigo, indicar – mostrar, indigente – que mengua o menguado, indignación – saña o venganza, infantia – niñez, inicuidad – (e)nemiga, maldat o tuerto, injusto – tortiçero, inestable – fallecible, intelecto e inteligencia – entendimiento, inteligente – entendudo, introducir – meter, invocar – llamar, itinerario – camino, sendero o carrera, longitud – longura, lucro – ganancia, meditar – pensar, meretriz – puta, moderación y modestia – atempramiento, multado – penado, multitud – muchedumbre, mundicia – limpiedumbre, negociación – mercadería, nuncio – mensagero o mandadero, ocio – vagar, odiar y odio – aborrecer y malquerencia, oportuno – conveniente, oprobio – denuesto, ornar – componer, parábolas – proverbios o fazañas, paciente – sufriente, sofridor o qui sufre, paciencia – sufrencia, permanecer – fincar, perverso – avieso, malo o traviesso, plenitud – llenedumbre, potestad – poder, precepto – mandado, preparar – guisar o aduzir, principio – comienço, proceder – ir, prohibir – devedar, prosperidad – bienandança, próximo – vezino o cercano, prudente y prudencia – sabio o sabidor y saber o sabiduría, pubertad – mancebía, recto – derecho, restituir – pagar, ruina – destroimiento, derribamiento o caída, saturarse – fartarse, separarse – partirse, sociedad – compaña, sopor – sueño, estulticia y estulto – locura o necedat y loco, axila – sobaciella o sobaquera, (re)surgir – levantarse, suscitar – levantar o abivar, terrible y terror – espantoso y espanto, ubre – teta, violado – forçado, visceras – entrañas.

En algunas ocasiones se opta por traducir mediante una perífrasis que calca semánticamente la palabra latina, así: *ab aeterno – de siempre, gladius biceps – espada que taja de amas partes, bilingue – la boca de dos lenguas* o *el de dos lenguas, degluttire – tragar en balde, detractor – dezi-dor de nemiga, dissimulat – qui se fazet que non para mientes, docentium – los que enseñavan, fragantia – huelen muy bien, gemellis fetibus – dos dos [sic] fijos, ignorans – non sabidor, ignoras – non coñoces* o *non sabes, impii – los malos de sin piadat, crueles sin ley* o *el omne de sin piedat*, y otras variantes combinatorias posibles de los componentes de estos sin-tagmas, *impietatis – de non piadat, cosa sin pieadat, crueldat o crudeleza, impie agit – non faze piadosamientre, importabile – que se non puede levar, imprudentes – los no sabidores, imprudentia – la non sabiduria* o *neciedat, in futuro – en el otro sieglo* o *adelante, futurorum – que han de venir, germinare – echar sus frutos, infames – de mal prez, infelix – de mala ventura, inpatiens – el que non sufre* o *qui sofridor non est, inpuni-tus – sin pena(s), investigabiles – se pueden fallar, investigar – buscar, amore langueo – enfermo con amor d'él*, o la versión más expresiva *enfer-ma só por su amor e enflaquida, maxima – la muy grant, multiloquio – el mucho fablar, pessimi – los muy malos* o *enimigaderos, praecedere – ir delant, praeparare – guisar d'antes, repente* y *repentino – a desora* y *de a desora, satiabitur – avrá abondo, satiatus – farto, insatiabiles – que se nunca fartan, saturabuntur – fartar se an, insturabilis – non es cosa que se farte, sufficiens – a quien abonda lo que á, transeuntes – los que passassen.*

De entre los casos citados, cabe destacar aquellos en los que un único término romance sirve para traducir diversos vocablos latinos: valgan de ejemplo *entendimiento*, que traduce *discretio, intelligentia* e *intellectus*; *engañoso*, que sirve tanto para verter *falax* como *fraudulentus* y *dolosus*; y *saña*, que se utilizará como equivalente de *furor, ira, iracundia* e *indignatio*. Sucede también que al mismo término latino le corresponden varias tra-ducciones (*cf.* los ejemplos de *futuro* e *inpii* que se acaban de citar), lo cual puede obedecer en ocasiones a un recurso formal, de búsqueda de *varia-tio* (*genuit*, por ejemplo, es traducido como *fizo* y *engendró* a tres versícu-los de distancia), pero otras veces puede interpretarse como tentativas variadas de encontrar el equivalente más exacto para el signo latino. Al mismo deseo de máxima precisión semántica pueden responder los des-doblamientos de un término latino en varios romances, aparte de que quepa una lectura estilística de los mismos, con expresividad enfatizada[13].

---

[13] Aunque hay razones para pensar que los desdoblamientos en la lengua de Alfon-so X son más funcionales semántica que retóricamente, pues, como advierte R. Menén-

Así, se ha visto que para traducir *perverso* se vacila entre *avieso, malo* o *traviesso*, pero en una ocasión se opta por la pareja *malo e traviesso* logrando sin duda mayor propiedad. Otros ejemplos de combinación de términos romances usados en vez de lo que podría haber sido un neologismo latinista son: *malo e descomunal* por *execrable, enojoso e lleno de malquerencia* por *odioso* y *derribamiento e quebranto* en lugar de *ruina*.

2.2. *Cultismos documentados en la lengua de la época evitados en Cantar de los Cantares y Proverbios*

Son también bastante numerosos los casos en los que se evita en el corpus estudiado un cultismo documentado, aun abundantemente, en la lengua de la época e incluso en la alfonsí. Por ejemplo, existiendo *adúltero* se opta en una ocasión por la perífrasis *el que adulterio faze* para traducir *adulter* (aunque en otro momento se empleará *adúltera*). *Aedificat domum suam* da *faze su casa e compónela*, a pesar de que el verbo *edificar* ya se registraba en otras obras alfonsíes (*JUZ, LEY, GE1*)[14]. Se prefiere *encenderse* a *arder* (aunque este verbo queda recogido en numerosas obras y bajo formas muy variadas), *encubrir* a *celar* (documentado en *GE4, GE5* y *JUZ*), *compaña* a *coro* (ya en *EE*), *engendrar* a *concebir* (en *LEY*), *confondimiento* a *confusión* (en *EE, GE* y *PIC*), *buen nombre* a *fama* (siendo voz generalizada en la época), *dar gloria* a *glorificar* (en otros pasajes de *GE*), *onra* a *honor*, *saña* a *ira*, *atar* a *ligar* (a pesar de que ya tenía múltiples acepciones y se atestiguaba en toda la conjugación), *blando* a *muelle*, *achaque* a *ocasión*, *destruimiento* a *perdición*; para traducir *plantae* se opta por

---

DEZ PIDAL (1972: 71): «la prosa alfonsí usa poco la pareja y procura que sea de términos claramente diversos: *onras e plazeres, anviso et acucioso, conortar et esforçar*».

[14] Proporcionaré algunas referencias de obras alfonsíes en las que aparecen los neologismos latinistas, apoyándome en los datos del *Diccionario de la prosa castellana del Rey Alfonso X* del Hispanic Seminary of Medieval Studies de Madison. Las siglas de las obras alfonsíes utilizadas por ellos son: *ALB – Canones de Albateni; ACE – Libros de acedrez, dados y tablas; AST – Libros del saber de astronomía; CRZ – Libro de las cruzes; EE – Estoria de España; GE – General Estoria; JUZ – Judizios de las estrellas; LAP – Lapidario de Alfonso X; LEY – Libro de las leyes; MOA – Libro de Moamyn; PIC – Picatrix de Alfonso X; RAB – Libro del cuadrante señero de Rabizag; YMG – Libro de las formas e ymagenes; ZRQ – Tablas de Zarquiel*.

suelas de los pies y no por *plantas de los pies* (que sin embargo se documenta en *GE4*), se elige *lidiar* en lugar de *punnar* (siendo como era verbo muy atestiguado), *alevantamiento* en vez de *escándalo*, *saber* en vez de *ciencia* y de *sapiencia*[15], *carrera* más que *sendero*, *simpledat* en vez de *simplicidad*, *sabroso*, *dulce* o *manso* y no *suave* (sin embargo en *GE1* y *GE4*), *siella* en vez de *trono* (aunque se empleara en *EE* y otros lugares de *GE*), *aver miedo* en vez de *temer* (enormemente documentado), *pecho* en vez de *tributo*, se vierte *timor* como *miedo* a veces y otras como *temor* (también muy documentado) y se emplea *vencimiento* y no *victoria* (a pesar de que ambas eran al menos igual de frecuentes en la época). La elección unas veces del término patrimonial y otras del cultismo puede responder a una intención de *variatio*: así la alternancia entre *temor* y *miedo* (incluso para traducir el mismo sintagma *timor domini*), o la variación entre *fechos* y *obras* para *opera* a dos versículos de distancia.

Capítulo aparte dentro de esta sección merecen aquellas palabras que, usadas copiosamente en obras científicas, se descartan de nuestra traducción bíblica. Por ejemplo, se escoge *bajar* y no *inclinar*, *mediodía* y no *meridie* (en *RAB PIC* y *AST,* con documentación también de *meridional* y *meridión* en otras obras astronómicas), *amochiguarse* y no *multiplicarse* (documentado sin embargo en *JUZ* y *CRZ*[16]) *fondo* y no *profundo* (aunque aparece en *JUZ* y *CRZ*). En algunos casos la variación se debe a una alternancia entre el uso técnico y el común. Así la palabra latina *angulo* se traduce por *requexo* u *oriella*, cuando en obras astronómicas (*RAB, CRZ, AST, PIC, ALB*) *ángulo* se documenta ampliamente; *causam*

---

[15] *Sapientia* se traduce en el corpus una vez por *saber* y dos por *sapiencia* (que también traduce *doctrina*) y *scientia* sólo en una ocasión por *ciencia* (a pesar de que el *Diccionario de la prosa castellana del Rey Alfonso X*, recoge en la tercera acepción de *ciencia* el valor de 'saber' o 'erudición', *PIC, GE4*). M. Morreale (1981) expuso la distribución de *sapiencia, sabiduría* y *saber* en la *General Estoria* (a la que se ajustan los datos manejados para este estudio).

[16] Aquí como equivalente de 'crecer' o siguiendo la fórmula de la primera acepción del *Diccionario de la prosa castellana del Rey Alfonso X*: 'Aumentar en número considerablemente los individuos de una especie' (en *JUZ* y *CRZ*). Por otro lado, *multiplicar* se usó en el ámbito estrictamente matemático, como 'Realizar con dos números la operación que equivale a una suma en que uno de ellos figura como sumando tantas veces indica el otro' (en *JUZ, ALB, PIC, AST*). Con este segundo valor aparece bajo numerosas formas verbales, y, como vemos, exclusivamente en prosa científica.

aparece en nuestras traducciones como *razón* o *pleito*, cuando existe *causa* (*ALB, AST, JUZ* y *PIC*) con una acepción científica. *Ordenamiento* es la palabra elegida para expresar *dispositio* en su valor común, mientras que *disposición* se usa, por ejemplo en *JUZ*, para referirse a la de la luna; o un adjetivo como *precioso* se reserva para calificar a las *piedras*, mientras que en el resto de contextos, *pretiosus* se vierte como *preciado*. Tomemos un último ejemplo: *columna* ('apoyo cilíndrico que sirve para sostener partes de los edificios') –traducido como *pilar* en Proverbios–, del que merece la pena saber que se utiliza sin necesidad de glosa en *LAP* 118v78 («et dellas y a que fallan de forma de columnas que son todas de muchas colores»), o en *JUZ* 74v20 («sabras el logar enque a viga tendida. o alguna columna echada»), mientras que en en *GE1* 201r82 aparece glosado («assi como cuenta la estoria dela biblia en el xxvjo. capitulo dell exodo por al departimeinto destos destaios. mando nuestro sennor a moysen que fiziesse de maderos de setin. quatro columpnas. & columpnas son aqui por pilares o postes buenos»). A juzgar por casos como estos, el sistema léxico se mostraba bastante más abierto al neologismo latinista para los traductores y compiladores de obras científicas que para los de la prosa histórica o jurídica.

2.3. *Cultismos documentados excepcionalmente en la lengua de la época evitados en Cantar de los Cantares y Proverbios*

Viendo cómo los traductores del taller alfonsí descartaban el uso de neologismos latinistas con cierta tradición, con mayor razón era de esperar que opusieran resistencia a introducir cultismos solo presentes ocasionalmente en algún que otro documento coetáneo que podemos calificar de muy vanguardista. Es el caso de los primeros términos de los siguientes pares de palabras, a los cuales se prefiere el segundo de uso popular arraigado: *abreviar – ser encortado, conciencia – voluntat, determinar – departir, diadema – corona, dorso – espinazo, inocente – sin noçimiento* u *ombre de paz, íntegro – entero, joven – mancebo*. Las palabras latinas *disciplina* y *doctrina* se traducen ambas por *enseñamiento*[17], lo cual puede

---

[17] *Doctrina* se traduce ocasionalmente por *sapiencia* y *lo que les enseñares* (una ocurrencia de cada).

originar repeticiones (como en 208: 10: *accipite disciplinam meam et non pecuniam doctrinam magis quam thesaurum eligite* > «Tomat el mio *enseñamiento* e non riqueza, escoged el *enseñamiento* más que tesoro»), que hubieran sido evitables mediante el empleo de *disciplina* o *doctrina*, registrados en otros pasajes de la producción alfonsí[18]. Tampoco se utiliza *contemplar* o *contemprar* (documentado en *EE*), sino la pareja *veer e mesurar*, y se da prioridad al arabismo *algib* antes que al latinismo *cisterna* (presente en *GE1*). Por último, cabe señalar algunos ejemplos de términos presentes esporádicamente en obras científicas y descartados en las traducciones bíblicas: *dividir* –se decía comúnmente *partir*–, *gema* –de uso excepcional frente a *piedra* (preciosa)– y *vía* –cuyo correlato patrimonial era *carrera*–.

3. El tratamiento del léxico en la traducción de Cantar de los Cantares y Proverbios

Si no faltan entre los términos utilizados en los Libros de Salomón préstamos latinos como p. ej. *adúltera* (242: 22), *descender* (199: 5), *extraño* (201: 1, 205: 5, 264: 9), *irado* (231: 18), *muel* (240: 9), *propinco* (256: 11), *sanidad* (235: 24), *estable* (198: 26), *vías*[19] (198: 26)…, en líneas generales, resulta sensible a lo largo de las cien páginas de corpus analizadas, una actitud por parte de los traductores tendente a dar prioridad a las soluciones vernáculas antes que a recurrir a neologismos latinistas. En su *Contribución al estudio del cultismo léxico medieval*, J. J. de Bustos (1974: 49) ya subrayó «lo que fue permanente norma lingüística de Alfonso X: su preferencia por la voz romance sobre cualquier neologismo», afirmación que nos conduce de vuelta a la problemática planteada

---

[18] Se dan otros casos en los que se emplea un latinismo para evitar la repetición (*vid.* nota siguiente).

[19] Normalmente *viae* y *semitae* se traducen ambas por *carreras* y se utilizan los latinismos *vías* y *senderos* sólo de modo excepcional, para evitar repeticiones: *dirige semitas pedibus tuis et omnes viae tuae stabilientur* > «Endereça las carreras a los tus pies, e todas las tus vías serán estables» (198: 26); *in summis excelsisque virtutibus supra viam in mediis semitis stans* > «en los somos e en las altas vertudes sobre la carrera, en medio de los senderos estando» (207: 2).

en la introducción de este trabajo: ¿Las divergencias léxicas observadas entre la fuente y la versión romanceada estaban condicionadas por una «norma lingüística»? ¿Es siquiera pertinente tal concepto aplicado a la labor alfonsí?

Lo que parece claro a la vista de los datos presentados es que existía un *control* en la elección del léxico: esta noción, central en la planificación lingüística se lleva a cabo en época moderna institucionalmente por parte de Academias, comités de planificación lingüística y ministerios lingüísticos, pero se viene ejerciendo desde mucho antes[20], por parte de lo que autores como J. E. Joseph (1987: 53) han dado en llamar la «vanguardia de la aculturación» de la que para el castellano, el rey Sabio fue, de fijo, la figura más relevante[21]. Sin duda, como defiende J. M. García Martín (1998: 422), «Alfonso X no llegó a lo que los sociolingüistas llaman 'normativización formal'», sino que más bien tuvo una «actitud normativa moderada» (J. M. García Martín 1998: 427) con predominio comprobable estadísticamente de algunos usos lingüísticos. Y aquí nos hallamos ante uno de esos casos, en el que la proporción de «ausencias» es muy superior a la de «presencias»[22], siguiendo una dinámica de resistencia al cultismo y de control activo. Dicho control ha de interpretarse en un marco que va mucho más allá del ámbito de un simple protocolo para traductores; de ese marco puede afirmarse que es el «proceso de elaboración» (R. Cano 1989: 469) del castellano, de desarrollo de usos para alcanzar el estatus de lengua culta a imagen del latín (proceso de *Ausbau*), con lo que ello supone de acercamiento a esta lengua, pero al mismo tiempo evitando seguir en exceso el modelo, diferenciándose de él para instituirse como una lengua aparte (o sea, promoviendo su carácter de lengua *Abstand*). Porque, como es sabido, en toda situación de contacto de dos lenguas, una dominante culturalmente (A) y la otra rele-

---

[20] *Cf.* J. E. JOSEPH (1987: 113).

[21] Por supuesto que fueron vanguardistas también la conocida como «Escuela de Traductores de Toledo» y Fernando III, pero como pone de relieve R. CANO (1989: 464): «La obra alfonsí […] supone una clara diferencia cualitativa con la situación anterior: por la voluntad de permanencia de los textos compuestos en romance, por la cantidad de textos que se producen, y por el ámbito y naturaleza de tales textos».

[22] Parafraseando una fórmula de M. MORREALE (1959: 74) utilizada en su estudio sobre el cultismo en Castiglione y Boscán.

gada a la expresión informal (B), cuando se produce el aumento del ámbito funcional de B, se suelen evitar en esta los neologismos de A y se tiende a aprovechar al máximo las posibilidades derivativas propias[23]. Un ejemplo de este ejercicio de derivación autóctona lo encontramos en la productividad del sufijo *-umbre* en el corpus analizado; así, *firmitatem > firmedumbre* (255: 21), *multitudine > muchedumbre* (200: 23, 247: 15), *dulcedo > dulcedumbre* (235: 24), *plenitude > llenedumbre* (245: 23), *munditiam > limpiedumbre* (253: 11).

Llegamos de este modo a una conclusión hacia la que cada vez convergen más investigaciones (*cf.* R. Cano 1989: 468 y 472 e I. Fernández-Ordóñez 2004: 398-399 y 409): parece que el término de «norma lingüística alfonsí», siendo cuestionable en su acepción global, no carece de sentido aplicado a la definición del léxico –al menos en lo que respecta a la selección operada según un criterio de prioridad a la solución vernácula frente al latinismo[24]–. Considerando que esta pauta de bloqueo a la entrada de neologismos provenientes de la lengua dominante figura entre las medidas más notorias y sensibles de las políticas lingüísticas en su gestión normativizadora, y admitiendo que sea válido extrapolar para la antigüedad esta constatación basada fundamentalmente en los procesos de estandarización modernos, puede conjeturarse que con mucha probabilidad Alfonso X era bien consciente de estar prescribiendo una norma lingüística[25]. Norma que no reunía preceptos para todos los nive-

---

[23] Siguiendo a J. E. JOSEPH (1987: 91 y 93), si no cabe duda de que el latín era el modelo para las vanguardias que intentaban llevar a cabo la estandarización de las lenguas vernáculas europeas, no es menos cierto que es frecuente que en el desarrollo de las lenguas estándar una excesiva dependencia de los términos extranjeros engendre resentimiento y orgullo por parte de la comunidad de la lengua B. Sobre este particular *cf.* igualmente C. HAGÈGE (1992: 180-181). Para más información sobre otros casos similares entre las lenguas de Europa, *cf.* C. HAGÈGE (1992: 87, 180, 197, 199, 205 y 208).

[24] Pues sabemos que con respecto a la integración de dialectalismos el criterio alfonsí fue mucho más laxo. De hecho, si Alfonso X no promueve una norma unitaria castellana que excluya elementos de otras lenguas vernáculas vecinas es porque no hubiera sido lo más idóneo política y socialmente en un reino tan heterogéneo (*cf.* J. M. GARCÍA MARTÍN 1998).

[25] La determinación normativa por parte del rey en cuanto a la selección léxica resulta del todo coherente con su actitud notablemente exigente en todo el proceso de traducción: desde la elección cuidadosa del mejor manuscrito en el que basarse para realizar la translación –cosa insólita, pues ni anteriormente (entre los traductores del siglo

les de la lengua, como luego harían las gramáticas, pero que sí contenía ese elemento decisivo que es la noción de emancipación y suficiencia, presente para toda instancia que acomete un proceso de *Ausbau*.

Por último, ha quedado también patente con los datos presentados que existían criterios más o menos proteccionistas en la selección del léxico, en función de los distintos géneros textuales[26]. La adaptación terminológica en la traducción de las obras científicas alfonsíes era un proceso complejo que se llevaba a cabo, como demostró J. R. Lodares (1993-1994), respetando los requisitos de costumbre, autoridad y razón. Y a poco que las palabras disponibles en romance no cumplieran bien con los dos últimos de estos principios –circunstancia relativamente corriente– se abría paso a un préstamo de origen grecolatino. Por su parte, las traducciones destinadas a la prosa historiográfica no estaban sometidas a la misma preceptiva de modo ni tan frecuente ni tan exhaustivo, pues la razón de nombres (adecuación de la palabra a la naturaleza de la cosa) se plantea como necesidad fundamentalmente para traducir las realidades y conceptos del campo científico[27]. Cabe suponer además que si las obras científicas se presentan mucho más abiertas a la penetración de los latinismos que los textos historiográficos –en los que se incluyen los textos bíblicos aquí tratados– fuera quizá porque Alfonso X concibiera unas y otros de modo distinto: en concreto la prosa historiográfica como más comprometida formalmente en la labor de configuración del código castellano que el género científico –al que corresponde una lengua de especialidad más marginal regida por los imperativos de la justa selección terminológica–[28].

XII, exceptuando a Gerardo de Cremona o Juan de Sevilla), ni siquiera más tarde (en el Cuatrocientos) se atiende así a este tipo de pormenor filológico (*cf.* C. Foz 2000: 109 y P. Rusell 1985: 10)– hasta la decisión de mandar retraducir el *Libro de la açafeha*, veinte años más tarde del trabajo realizado por Fernando de Toledo por no haber quedado satisfecho (C. Foz 2000: 94).

[26] *Cf.* M. Castillo Lluch (2005), donde se da una ilustración algo más detallada de este punto, además de otras consideraciones relacionadas con el contenido de este trabajo.

[27] El propio J. R. Lodares (1993-1994: 324) puntualiza, de hecho, que la necesidad de acatar el principio de la razón de nombres «no se da en ninguna otra obra alfonsí de forma tan señalada y constante» como en el libro *De las XLVIII figuras de la VIII espera*.

[28] *Cf.* en este mismo volumen el trabajo de Marta Lacomba para un análisis de la articulación del discurso científico alfonsí. V. también G. Bossong (1982).

Fuentes

Alfonso el Sabio, *General Estoria. Tercera parte, IV, Libros de Salomón: Cantar de los Cantares, Proverbios, Sabiduría y Eclesiastés*, P. Sánchez-Prieto Borja y B. Horcajada Diezma (eds.), Madrid, Gredos, 1994.

Electronic Texts of Alfonso X: The Electronic Texts of the Prose Works of Alfonso X, el Sabio, Ll. Kasten, J. Nitti y W. Jonxis-Henkemans (eds.), Madison, Hispanic Seminary of Medieval Studies, 1997 (CD-ROM).

Apéndice

Las tablas siguientes, que no aspiran a ser exhaustivas (pues no todas las ocurrencias aparecen registradas en ellas), tienen como finalidad aportar una muestra precisa de los ejemplos a partir de los cuales se ha establecido la descripción anterior.

TABLA 1
Traducción de cultismos existentes en castellano actual no incorporados en Cantar de los Cantares y Proverbios

aeterno (ab)	de siempre	209: 23
aeternum (in)	nunca, siempre	215: 30, 245: 21
abominable	aborrecible	218: 20
	aborridos	238: 15
abominatio	aborrimiento	216: 1, 232: 26, 233: 5, 260: 9
	aborrencia	222: 22
acervum	montón	267: 8
adquire	gana	196: 7, 253: 9
adulescenti	mancebiello	187: 4, 253: 6
adulescentulae	mancebiellas	167: 2

adulescentiae	mancebía	200: 18
aequitatis	egualdat	187: 3, 191: 9
	derechura	197: 11, 208: 14
afflictio	pena	215: 22
affluens	manando	184: 5
animus	coraçón	239: 22, 257: 15, 257: 19
arrogans	orgulloso	252: 24
arrogantiam	orgullía	208: 13
ascendit	sube	173: 6, 182: 8, 251: 22, 264: 7
astutia	argudeza	187: 4
astutus	el sabidor	224: 16, 227: 1
attonitis (oculis)	espantosos (con ojos)	236: 30
augmenta	acrecentamiento	196: 9
aureas	de oro	179: 15
biceps (gladius biceps)	espada que taja de amas partes	199: 4
bilingue	la boca de dos lenguas	208: 13
	el de dos lenguas	240: 8
candidus	alvo	178: 10
carebit	non avrá	248: 21
cavernis	cuevas	171: 14
clementia	piadat	218: 19, 234: 15, 249: 28
conclusus	cerrado	175: 12
concubinae	barraganas	180: 8
condemnat	desprecia	238: 15

congregat	allega	201: 8
	ayunta	250: 6
conparari	egualar	194: 15, 208: 11…
conservans	guarda	202: 20
considerat	mesura	200: 21
correctionem	emienda	189: 23
	castigo	237: 10
custodiunt…	guardan	172: 3, 185: 12, 191: 7, 191: 8, 192: 20, 194: 21, 195: 26, 196: 4, 196: 6, 197: 13, 198: 21, 198: 23, 199: 2, 203: 22, 203, 24, 204: 1, 205: 5…
degluttiamus	traguémosle en balde	188: 12
demolietur	derribará	232: 25
demoliuntur	dañan	171: 15
desidia	pereza	252: 25
destestatur	maldize	202: 16, 225: 19
detractoribus	dezidores de nemiga	261: 21
detrahit	maldize	224: 13
devorat	traga	246: 28
dilatat	ensancha	241: 16
dilatatio	alongamiento	250: 4
dirige	endereça	198: 26, 216: 5, 248: 24, 257: 19
discretionis	entendimiento	238: 14
disseminabunt	sembrarán	230: 7
dissimile	non semeja	230: 7
dissimulat	qui se fazet que non para mientes	221: 16

docentium	los que enseñavan	200: 13
dolosa	engañoso	216: 1, 226: 5
dolus	engaño	221: 20
dominabitur	señoreará	222: 24
egestas	pobreza	214: 15, 214: 21... 251: 17
	mingua	225: 18, 250: 5
erudit	enseña	225: 24, 235: 23, 245: 18,
eruditio	enseñança	187: 3, 235: 22
eruditum	enseñado	232: 24
excelso	alto	212: 14
expectatio	esperança	215: 28, 216: 7... 237: 8
exsecrabilis	malo e descomunal	239: 1
falax	engañoso	237: 4
femur	muslo	173: 8
fluenta	que sale	200: 15
fragantia	huelen muy bien	167: 2
fraudes	engaños	259: 2
fraudulenta	llenos de engaños	220: 5
fraudulentus	engañoso	222: 27
furioso	sañoso	255: 24
furor	saña	204: 34, 229: 1
	locura	218: 23
gemellis fetibus	dos dos [*sic*] fijos	180: 5
genuit	parió	239: 25
	fizo	258: 22
	engendró	258: 25

germinassent	fechas sus frutos	181: 10
habitabunt...	morarán	192: 21, 215: 30... 251: 19
hilaritate	alegría	234: 15, 244: 12
ignominia	mal nombre	204: 33, 240: 3
	denuesto	228: 28
ignominiosus	de mal nombre	245: 26
ignorans	non sabidor	206: 22
ignorantia	neciedat	225: 18
ignoras...	non coñoces	168: 7
	non sabe	256: 7
imperant...	señorean	208: 16
	manda	253: 7
impie (agit)	non faze piadosamientre	219: 2
impietatis	de non piadat	197: 17
	cosa sin piadat	261: 15
	crueldat	213: 2
	crudeleza	216: 5
impii	los malos de sin piadat	192: 22, 197: 19
	de sin piedat	195: 33
	el omne de sin piedat	216: 7
	crueles sin ley	195: 25
	los de sin piedat	213: 6
	al malo sin piedat	207: 7
	al de sin ley	200: 22
importabile	que se non puede levar	193: 11

imprudentes	los no sabidores	189: 22, 251: 20
inprudentia	la non sabiduria	226: 8
	neciedat	228: 24
futuro (in)	en el otro sieglo	196: 9
	adelante	241: 12, 243: 8
futurorum	que han de venir	261: 20
increpationes	castigos	189: 25, 200: 12, 203: 23, 223: 8, 230: 5
indicat	muestra	221: 16
indigens	que mengua	181: 2
	menguado	217: 12
indignatio	saña	234: 14
	venganza	251: 14
infames	de mal prez	192: 15, 226: 2
infantiam	niñez	189: 22, 211: 6
infelix	de mala ventura	245: 26
iniquitatem	enemiga	214: 11
	nemiga	234: 8, 246: 28, 251: 15…
	maldat	197: 17, 253: 8
	tuertos	200: 22, 213: 6
iniustum	torticero	195: 31
inpatiens	el que non sufre	227: 17
	qui sofridor non es	245: 19
inpunitus	sin pena, sin penas	237: 5, 244: 9
non erit inpunitus	penado será	243: 5
instabile	fallecible	218: 18

intellectus	entendimiento	187: 4
intellegens	entendudo	229: 35, 239: 28
intelligentiam	entendimiento	258: 23
introduxit me	metióme	168: 3, 170: 4
investigabiles	se pueden fallar	199: 6
investigare	buscar	263: 2
invocaveris	llamares	190: 3
itinere	camino	212: 16
	senderos	267: 13
	carrera	226: 2
langueo (amore langueo)	enfermo con amor d'él	170: 5
	enferma só por su amor e enflaquida	178: 8
longitudinem	longura	192: 2, 194: 16
lucrum	ganancia	222: 27
maximam	la muy grant	251: 14
meditatur	piensan	259: 2
meretricis	de la puta	199: 3
moderationibus	atempramientos	220: 11
modestiae	atempramiento	253: 4
multato	penado	250: 11
multiloquio	el mucho fablar	214: 19
multitudine	muchedumbre	200: 23, 247: 15
munditiam	limpiedumbre	253: 11
negotiatione	mercadería	194: 14

nuntius	mensagero	224: 17, 234: 14
	mandadero	267: 6
obprobrium	denuesto	204: 33, 240: 3
odiosus	enojoso e lleno de malquerencia	227: 17
odit	aborrece	202: 16, 208: 13… 243: 7… 265: 17
odium	malquerencia	214: 12, 214: 18, 231: 17
oportunus	conviniente	232: 23
optimus	muy buena	232: 23
ornat	compone	229: 2
otium	vagar	220: 11
parabolae	proverbios	187: 1
	fazañas	263: 1
patiens	sufriente	229: 29
	sofridor	231: 18
	qui sufre	236: 32
patientiam	sufrencia	244: 11, 265: 15
permanebunt	fincarán	192: 21, 220: 7…
perversa	aviessa	191: 12, 192: 15, 207: 8, 215: 32… 259: 33
	malas	198: 27, 216: 3
	traviesso	236: 28, 265: 20
	malo e traviesso	239: 20
pessimis	enimigaderos	191: 14
	los muy malos	261: 19
permanebunt	fincarán	192: 21, 220: 7…
plenitudine	llenedumbre	245: 23

potestatem	poder	256: 2
praecedant	delante vaya	198: 25
praecepta	mandados	192: 1, 196: 4, 202: 20, 204: 1, 224: 13
praeparata	guisada	205: 10
praeparavit...	guisó	218: 19
	aduzen	228: 22
	guisar d'antes	233: 1
principium	comienzo, comienço	196: 7, 248: 21
procedit	va	197: 18
prohibere	deviedes	195: 27
prosperitas	bienandança	190: 32
proximi	vezino	203: 29, 214: 14... 250: 10, 265: 17
	su muy cercano, tu cercano	228: 21, 262: 28
prudens	sabio	217: 12, 229: 33, 231: 21, 237: 10, 239: 24, 244: 14
	sabidor	235: 21 , 239: 27, 241: 15
prudentia	saber	196: 1, 198: 1, 211: 10, 240: 2, 243: 8, 256: 4
	sabiduría	187: 3, 190: 2, 191, 6, 191: 11, 193: 5, 194: 13, 194: 19, 196: 7, 204: 4, 208: 14, 235: 16, 259: 3
pubertatis	mancebía	192: 17
recta	derechera	221: 15, 251: 18
	derechos	168: 3, 191: 7, 191: 13, 192: 21, 198: 25, 236: 25, 257: 17

recte	derechamientre	199: 2
repentino	de a desora	195: 25
repente	a desora	261: 22
restituat	pague	255: 27
ruina	destroimiento	221: 13, 261: 17
	derribamiento	224: 14, 238: 16, 240: 7
	cayuda, caída	235: 18, 237: 5, 261: 17, 261: 22
	derribamiento e quebranto	249: 25
satiabitur	avrá abondo	220: 11
satiatus	fuere farto	265: 17
insatiabiles	que se nunca fartan	231: 16
saturabuntur	fartar se an	190: 31, 247: 13
insaturabilis	non es cosa que se farte	225: 25
separantur...	se partieron	243: 4, 246: 3
societatem	compaña	242: 24
sopor	sueño	244: 15
stultitiam	locura	266: 4, 266: 5
stulto	loco	260: 7, 260: 8, 260: 9...
sub ascella	so la sobaciella	245: 24
	so su sobaquera	267: 15
sufficiens	a quien abonda lo que á	220: 9
sufficit	abonde	265: 16
surge	levántate	171: 13, 176: 16,
resurgit	levanta	261: 16
suscita	levanta	201: 3, 236: 28
	abiva	229: 1

suscitatas	levantadas	231: 18
terribilis	espantosa	180: 9
terrore	espanto	190: 33, 195: 25, 246: 2
transeuntes	los que passassen	212: 15
ubera	tetas	167: 1, 169: 12, 174: 5, 182: 8, 184, 8,
unigenitus (*coram matre mea*)	non ovo mi madre más de mí solo	196: 3
violata	forçada	184: 5
viscera	entrañas	220: 10

TABLA 2
Traducción de cultismos documentados en la lengua de la época evitados en Cantar de los Cantares y Proverbios

adulter	el que adulterio faze	204: 32
	adúltera	242: 22
aedificavit	fizo casa para sí	210: 1, 259: 3
	faze su casa e compónela	226: 1
angulo	oriella	198: 21
	requexo	205: 8, 205: 12, 250: 9, 265: 24
ardescit	se encenderá	236: 27
causam	razón	255: 23, 255: 27, 264: 9
	pleito	256: 11, 267: 10
celat	encubre	222: 23, 237: 9
choros	compañas	181: 1
columnas	pilares	210: 1

concepta	engendrada	209: 24
confirmartur	afírmanse	232: 22
confusione	cofondimiento	241: 13
declinavit	se apartó	179: 17
	se parte	232: 27
dispositione	ordenamiento	260: 6
extranei	agenos	199: 10
extraneum/-a	extraño/-a	201: 1, 205: 5, 264: 9
fama	buen nombre	232: 30
glorificaberis	te dará gloria	196: 8
honorem	onra	199: 9, 246: 3, 253: 9
inclina…	baxa	190: 2, 197: 20, 198: 1, 200: 13
inclinaveris	omillares	190: 3
inclinentur	se abaxen	174: 6
iram	saña	221: 16, 239: 25, 253: 8, 261: 18
	iras	267: 10
liga	ata	204: 3
meridie	mediodía	168: 6
mollis	blanda	229: 1, 265: 15
	muel	240: 9
multiplicabuntur	se amochiguarán	211: 11, 224: 11
occasiones	achaques	239: 1
opera	fechos	233: 3, 255: 29, 262: 29
	obras	240: 9, 250: 8, 262: 27
operando	faziendo	243: 1, 252: 24
	se llega a los fechos	243: 8

perditio	destruimiento	202: 15, 217: 10… 230: 11
plantae	suelas de los pies	203: 28
pretiosam	preciada	203: 26, 247: 15
profunda	muy fonda	240: 4
	fonda	240: 5
pugnaverunt	lidiaron	168: 5
purgantur	serán alimpiados	232: 27
sapientia	saber	259: 3
	sapiencia	235: 16, 260: 7
sapientibus	sabios	261 :23
scientia	saber	187: 4, 189: 22, 191: 6, 243: 2, 246: 27, 247: 15, 250: 12, 257: 12
	ciencia	219: 1
simplicitas	simpledat	216: 3
suavis	sabroso	212: 17
	dulce	248: 17
	manso	220: 11
thronus	siella	263: 5
timebatis	temiedes	190: 26
timebis avrás	miedo	195: 24
timor	temor	188: 7 (timor Domini), 233: 33 (timor Domini)
	miedos	173: 8 (timores nocturnos), 232: 27 (timorem Domini), 257: 17 (timore Domini)
tributis	pechos	222: 24
	dones	243: 6
victoriam	vencimiento	252: 28, 253: 9

TABLA 3
Traducción de cultismos documentados excepcionalmente en la lengua de la época y evitados en Cantar de los Cantares y Proverbios

breviabuntur	serán encortados	215: 27
cisterna	algib	200: 15
conscientia	voluntat	231: 13
contemplantur	veen e mesuran	230: 3
determinat	departe	267: 10
diademate	corona	173: 11
disciplina	enseñamiento	187: 2, 188: 8, 193: 11, 196: 1, 197: 13, 199: 2...
dividunt...	parten	218: 24, 235: 19
doctrinam	enseñamiento	208: 10, 220: 8... 235: 22, 257: 12, 258: 23, 259: 4
	sapiencia	231: 14
	lo que les enseñares	256: 9
dorso	espinazo	214: 13, 266: 3
gemma	piedra preciosa	237: 8, 247: 15
innocens	sin noçimiento	218: 21, 233: 5, 253: 3
	omne de paz	223: 6
integrum	entero	188: 12
iuvenem	mancebo	205: 7, 249: 30
pacificae	de paz	194: 17
patiens	sufriente	229: 29
	sofridor	231: 18
	qui sufre	236: 32

pecunia	aver	206: 20
	riqueza	190: 4
penetrant	passan fasta	199: 5
perfecta	acabada	180: 8
piscinae	pesqueras	182: 4
posside	ave	196: 5, 196: 7
posside sapientiam	ave sapiencia e manténla	235: 16
redemptione	remidimiento	204: 35, 223: 8
robusti	los fuertes	217: 16, 250: 5
	rezio	260: 5
sermones	palabras	190: 1, 192: 16, 222: 25, 229: 1, 232: 23
substantia	de lo tuyo	193: 9
substantia	todo quanto oviere	204: 31
	lo qu'el omne oviere	222: 27
	el aver	224: 11, 241: 4
	cosa	259: 4
	riqueza	214: 15
superficiem	faz	262: 31
tenebrosa	llena de tiniebras	197: 19
torrens	arroyo	240: 4
túnica	saya	177: 3
viae	carrera	190: 31, 191: 12, 192: 15, 192: 20, 193: 6, 194: 17x2, 194: 23, 195: 31, 197: 11, 200: 21, 201: 6, 203: 23, 205: 8…
	vías	198: 26

BIBLIOGRAFÍA

BADIA MARGARIT, Antonio M. (1958-59): «La frase de la *Primera Crónica General* en relación con sus fuentes latinas. Avance de un trabajo de conjunto», en: *Revista de Filología Española* 42, 179-210.

BOSSONG, Georg (1982): «Las traducciones alfonsíes y el desarrollo de la prosa científica castellana», en: HEMPEL, W./BRIESEMEISTER, D. (eds.): *Actas del Coloquio hispano-alemán Ramón Menéndez Pidal*. Tübingen: Max Niemeyer, 1-11.

BUSTOS TOVAR, José Jesús de (1974): *Contribución al estudio del cultismo léxico medieval (1140-1252)*. Madrid: Real Academia Española.

CANO AGUILAR, Rafael (1985): «Castellano ¿*drecho?*», en: *Verba* 12, 287-306.

— (1989): «La construcción del idioma en Alfonso X el Sabio», en: *Philologia Hispalensis* 4, 2, 463-473.

CÁRDENAS, Anthony J. (1992): «Alfonso X nunca escribió *castellano drecho*», en: VILANOVA, A. (coord.): *Actas del X Congreso de la Asociación Internacional de Hispanistas*. Vol. 1. Barcelona: PPU, 151-159.

CASTILLO LLUCH, Mónica (2005): «Translación y variación lingüística en Castilla (siglo XIII): la lengua de las traducciones», en: *Cahiers d'Études Hispaniques Médiévales* 28, 131-144.

EBERENZ, Rolf (1989): «Conciencia lingüística y prenacionalismo en los reinos de la España medieval», en: STROSETZKI, Ch./TIETZ, M. (eds.): *Akten des Deutschen Hispanistentages*. Hamburg: Helmut Buske, 201-210.

FERNÁNDEZ-ORDÓÑEZ, Inés (2004): «Alfonso X el Sabio en la historia del español», en: CANO, R. (coord.): *Historia de la lengua española*. Barcelona: Ariel, 381-422.

FOZ, Clara (2000): *El traductor, la Iglesia y el rey. La traducción en España en los siglos XII y XIII*. Barcelona: Gedisa [ed. original: *Le traducteur, l'Église et le Roi* (1998). Ottawa: Les presses d'Ottawa].

GARCÍA MARTÍN, José María (1998): «Condicionamientos de la «política lingüística» de Alfonso X», en: RUFFINO, Giovanni (ed.): *Atti del XXI Congresso Internazionale di Linguistica e Filologia Romanza*. Tübingen: Max Niemeyer, IV, 419-430.

HAGÈGE, Claude (1992): *Le Souffle de la langue. Voies et destins des parlers d'Europe*. Paris: Odile Jacob. [Cito por la ed. de 2000].

HARTMAN, Steven L. (1974): «Alfonso el Sabio and the Varieties of Verb Grammar», en : *Hispania* 57, 48-55.

JOSEPH, John Earl (1987): *Eloquence and power. The rise of language standards and standard languages*. London: Frances Pinter.

KASTEN, Lloyd A./NITTI, John J. (dirs.) (2002): *Diccionario de la prosa castellana del Rey Alfonso X*. 3 vols. New York: Hispanic Seminary of Medieval Studies.

LABOURT, Jérôme (ed.) (1953): *Lettres* (SAINT JÉRÔME). Paris: Les Belles Lettres.

LIDA DE MALKIEL, María Rosa (1958-1959): «La *General Estoria*: notas literarias y filológicas (I)», en: *Romance Philology* 12, 111-142.

LODARES, Juan Ramón (1993-1994): «Las razones del "castellano derecho"», en: *Cahiers de linguistique hispanique médiévale* 18-19, 313-334.

— (1996): «El mundo en palabras. (Sobre las motivaciones del escritorio alfonsí en la definición, etimología, glosa e interpretación de voces», en: *Cahiers de linguistique et de civilisation hispaniques médiévales* 21, 105-118.

MENÉNDEZ PIDAL, Ramón (1972): «De Alfonso a los dos Juanes. Auge y culminación del didactismo (1252-1295)», en: *Studia Hispanica in Honorem R. Lapesa* I. Madrid: Gredos, 63-83.

MORENO FERNÁNDEZ, Francisco (2005): *Historia social de las lenguas de España*. Barcelona: Ariel.

MORREALE, Margherita (1959): *Castiglione y Boscán: el ideal cortesano en el renacimiento español*. BRAE, anejo I, tomo I (estudio léxico semántico) y tomo II (apéndices). Madrid.

— (1981): «Acerca de *sapiencia, sabencia, sabid(u)ría* y saber en la IVª parte de la *General Estoria*», en: *Cahiers de linguistique hispanique médiévale* 6, 111-122.

— (1995): «Consideración formal de las variantes verbales en el romanceamiento del libro de los Proverbios incorporado en la *General Estoria* de Alfonso el Sabio», en: Departament de Filologia Catalana (Universitat de Barcelona) (ed.): *Estudis de lingüística i filologia oferts a Antoni M. Badia i Margarit*, vol. II. Barcelona: Abadia de Montserrat: 25-50.

NIEDEREHE, Hans Joseph (1987): *Alfonso X el Sabio y la lingüística de su tiempo*. Madrid: SGEL [ed. original: *Die Sprachauffassung Alfons des Weisen. Studien zur Sprach- und Wissenschaftsgeschichte*, Beihefte zur *Zeitschrift für Romanische Philologie*, Band 144 (1975), Tübingen: Niemeyer].

RICO, Francisco (1972): *Alfonso el Sabio y la General Estoria. Tres lecciones*. Barcelona: Ariel.

RUSSELL, Peter (1985): *Traducciones y traductores en la Península ibérica (1400-1550)*. Bellaterra: Universidad Autónoma de Barcelona.

SOLALINDE, Antonio G. (1915): «Intervención de Alfonso X en la redacción de sus obras», en: *Revista de Filología Española* II, 283-288.

CONSTRUCCIONES ANACOLÚTICAS EN LA *ESTORIA DE ESPAÑA* DE ALFONSO X[1]

Jacinto González Cobas
Universidad Autónoma de Madrid

1. INTRODUCCIÓN

No pasa inadvertida, para todas las personas que se interesan por el análisis de las obras más antiguas de nuestro idioma, la existencia de ciertas estructuras que infringen la norma lingüística por no presentar una coherencia sintáctica plena. A pesar de ello, se trata de escritos perfectamente comprensibles, y dichas construcciones no suponen, por lo general, ningún impedimento en la correcta asignación de referentes e interpretación de las ideas de que aquellos son transmisores. Llama la atención, asimismo, la alta frecuencia con que se produce la pérdida de ilación sintáctica, y ello ha sido la causa de que algunos autores se hayan visto atraídos por el estudio de textos que ilustran significativamente este fenómeno. Se ha avanzado ciertamente en el esclarecimiento de algunos de los factores que lo propician, pero aún queda mucho por investigar al respecto si nos atenemos a la escasez de publicaciones que se han centrado en este asunto. Por ello, la intención que persigo a lo largo de estas páginas es contribuir a que se comprenda mejor por qué, en determinados momentos de la historia de nuestro idioma, se optó por unas formas de configuración oracional y textual que hoy son poco frecuentes o inexistentes, en lo que a la escritura culta se refiere.

Para lograr el objetivo fijado, he analizado un número importante de páginas de la *Estoria de España* de Alfonso X el Sabio[2], que es un texto

---

[1] El presente trabajo ha sido parcialmente financiado a través de una ayuda del Ministerio de Educación y Ciencia concedida al proyecto HUM 2006-08852 sobre «Vieja y nueva sintaxis en español medieval». Por otro lado, quiero agradecer a Ana Serradilla las sugerencias y comentarios realizados a propósito de este artículo. Los errores que pudiera contener son, eso sí, exclusivamente atribuibles a mí.

[2] Concretamente, he utilizado como corpus de datos los pasajes comprendidos entre el prólogo y el capítulo 60 («De cuemo murio la reyna Dido»), y entre el capítulo con

en que aparecen con cierta asiduidad el tipo de construcciones a que
nos venimos refiriendo, y que siempre resulta interesante, dada la
importancia que alcanza la obra producida por el escritorio alfonsí en la
historia de nuestra lengua. Los resultados a que me ha conducido su
estudio son expuestos en las siguientes líneas, y lo hago a partir de un
esquema de presentación en el que, en primer lugar, me ocupo de las
diversas definiciones y de los aspectos más relevantes que han señalado
los lexicógrafos y lingüistas a propósito de este concepto. Posteriormente, presento una tipología de las construcciones anacolúticas que aparecen en la *Estoria de España*, realizada a partir de parámetros sincrónicos,
y explico cuáles son sus recursos de codificación lingüística. Finalizo mi
exposición haciendo inventario de las conclusiones que pueden extraer-
se a partir de los datos aportados.

2. Definición de *anacoluto* y caracterización

Los diccionarios de carácter general y los especializados en el ámbito
lingüístico coinciden en presentar el anacoluto, con unas u otras palabras, como una inconsecuencia en el régimen o en la construcción de
una cláusula o, lo que es lo mismo, como una ruptura de la coherencia
sintáctica. Veamos algunos ejemplos:

VV. AA. (1976): Inconsecuencia o falta de ilación en la construcción de una
   frase, oración o cláusula, o en el sentido general de la elocución.
M. Moliner (1998): (Del latín «anacoluthon», griego «anakóluthos», que no
   sigue, derivado de «akóluthos», compañero de camino; gramática). Aparta-
   miento del rigor sintáctico en una frase, por dejarse llevar el que habla o
   escribe del curso de su pensamiento; muchas veces consiste en la impropie-
   dad del régimen de las palabras con que se ha empezado el período, debido
   a que el que habla no ha abarcado la totalidad de él al empezar a hablar.
J. Dubois (1994): Ruptura en la construcción de una oración, el anacoluto está
   formado por dos partes de oración que son sintácticamente correctas, pero

----

que se da comienzo a la segunda parte (566, «De cuemo fue don Pelayo alçado rey, et de
la hueste que enuio Tarif a Asturias, et de la muerte de Muça, et de Vlit amiramome-
llin») y el número 649 («Capitulo de commo el rey don Alfonso uençio los moros que
tenien çercado Benauent et Çamora»).

de cuya sucesión resulta una oración sintácticamente compleja, anormal o inusitada. Así, las series *aquel que no esté todavía convencido* y *es a él a quien yo me dirijo* son sintácticamente correctas, pero la secuencia *aquel que no esté convencido, es a él a quien yo me dirijo* constituye un anacoluto.

W. ABRAHAM (1981): Omisión de la continuación de la oración inicial debido a distracción, excitación u olvido (sobre todo en partículas que se corresponden, por ejemplo en alemán *teils-auch* = *teils-teils* «sea –también» = «sea…sea»; en miembros aislados de la oración anacoluto es la reasunción en otro caso, por ejemplo *homines-eorum hominum*).

F. LÁZARO CARRETER (1981): Abandono de la construcción sintáctica exigida por un período, para adoptar otra más acorde con lo que el hablante piensa en aquel momento, con olvido de la coherencia gramatical: *El alma que por su culpa se aparta desta fuente y se plantea en otra de muy mal olor, todo lo que ocurre della es la mesma desventura y suciedad* (Santa Teresa).

G. R. CARDONA (1991): Del bajo lat. *anacoluthon*, del gr. *anakóluthos* 'incongruente'). Desviación del orden sintáctico.

RAE (1992): (Del gr. anakolouqoz, inconsecuente). M. Gram. Inconsecuencia en el régimen, o en la construcción de una cláusula.

G. L. BECCARIA (1996): (Gr. *anakóluthon* [schêma] 'privo di un seguito', quello logicamente previsto dal lineare susseguirsi degli elementi nel discorso. Procedura sintattica che una grammática valutativa e prescrittiva qualifi come «scorretto», infringe infatti un pensiero già ripostato, mediante l'intromissione di un altro pensiero sintatticamente sconnesso con il precedente [...]. L'a[nacoluto] viene spesso impiegato nel linguaggio colloquiale, ed è anche ammesso in testi letterari a scopi consapevolmente artistici, per ritrarre mimeticamente il parlato, o a fini espressionistici. [...].
La moderna lingüística testuale [*cf.* Serianni 1988] ha sottolineato la relatività estrema del concetto di norma canonica e codificata riguardo ai fenomeni linguistici, che, in quanto storici, sono destinati a mutare nel tempo. A ciò si aggiunga la considerazione che ogni registro linguistico (familiare, formale, ecc.) prevede i propri impieghi, i propri stilemi; all interno del campo del discorso sarebbe pertanto arbitrario discriminare alcune manifestazioni e sancire la correttezza di altre. È perciò possibile ridefinirne lo statuto del cosiddetto «tema sospeso» (nell'antichità l'a[nacoluto] era infatti noto come *nominativus pendens*) a motivo della sua independenza sintattica, e quindi «assolutezza» dal resto (nominativo assoluto). In linguistica si adotta per esso il termine di «costrutto marcato». La nuova definizione riscatta dall'accusa di mera irregolarità un costrutto che, pur caratterizzato dall'artificio nella disposizione, resta tuttavia coerente. Nell'a[nacoluto] infatti la mancata coesione non pregiudica la coerenza testuale, categoría piú essenziale

della prima ai fini dell'efficienza comunicativa, perché investe piú profondamente unità e continuità del significato di un testo.

VV. AA. (1996): Falta de coherencia en la construcción sintáctica de los elementos de una oración: La oración '*Yo… me gusta más éste*' *encierra un anacoluto*. ETIMOL. Del latín *anacoluthon*, y éste del griego *anakóluthos* (que no sigue, inconsecuente).

E. ALCARAZ VARÓ y M.A. MARTÍNEZ LINARES (1997): En sintaxis el término 'anacoluto' se emplea para denotar la pérdida de rigor sintáctico, característico de la ACTUACIÓN. Como etimológicamente 'anacoluto' significa *inconsecuente* (DRAE), gran parte de los 'anacolutos' nacen por la inconsecuencia en el régimen, o en la construcción de una cláusula.

D. CRYSTAL (2000): Término retórico tradicional, que a veces se usa en los estudios LINGÜÍSTICOS del habla conversacional. Hace referencia a una ruptura SINTÁCTICA en la secuencia GRAMATICAL esperada dentro de una ORACIÓN. Es lo que ocurre, por ejemplo, cuando una frase comienza con una CONSTRUCCIÓN y queda inacabada: *El hombre vino y, ¿me estás escuchando?* En recientes estudios lingüísticos se ha prestado una especial atención al concepto de 'anacoluto' como uno de los rasgos de la ACTUACIÓN que la gramática de una lengua tendría que excluir.

L. EGUREN y O. FERNÁNDEZ SORIANO (2006): Fenómeno característico de la actividad verbal en situaciones comunicativas concretas que consiste en la ruptura de la secuencia gramatical esperada dentro de un sintagma o una oración, *v. g., Yo, a mí me parece…*

Efectivamente, y tal y como señalaba al inicio del presente epígrafe, la falta de rigor sintáctico es denominador común de todas las definiciones que se han propuesto, si bien algunas incluyen datos adicionales de interés. Así, M. Moliner indica que, probablemente, las causas de los anacolutos estriban en que el usuario de la lengua (oral o escrita) se deja llevar por el curso de su pensamiento, o porque el hablante no abarca la totalidad del periodo al empezar su discurso; W. Abraham, por su parte, relaciona directamente las construcciones anacolúticas con el lenguaje coloquial, desde el momento en que afirma que sus desencadenantes son la distracción, excitación o espontaneidad, asociados a este tipo de registro. E. Alcaraz Varó y M. A. Martínez Linares, al igual que D. Crystal, manifiestan que se trata de un fenómeno característico de la *actuación*. También L. Eguren y O. Fernández Soriano adscriben este fenómeno a situaciones comunicativas concretas. Por último, G. L. Beccaria aporta la definición y caracterización que a mí me parece más interesante y completa, puesto que no sólo se centra en el plano sincrónico, sino que también realiza apreciaciones desde el punto de vista diacrónico, y explica que el concepto de *corrección* varía con el tiempo y por ello no pueden aplicarse parámetros normativos actuales a los textos antiguos. De hecho, puede deducirse de sus palabras que muchas de las construcciones que hoy consideraríamos anacolúticas deberían ser analizadas como estructuras *marcadas*, en lo que concierne a obras de épocas remotas.

Parece indudable, en cualquier caso, e independientemente de la definición que se tenga en cuenta, que el anacoluto está sobre todo ligado, al menos sincrónicamente, al lenguaje coloquial, y que en él aparece frecuentemente. Por ello, voy a referirme a algunos estudios que abarcan esta área de contenido y que aportan datos de utilidad para los propósitos que perseguimos en este artículo. Me centro en los planteamientos efectuados por A. M. Vigara Tauste (2005) y A. Briz (2001), que han dedicado numerosas páginas a estas cuestiones.

En primer lugar, he de resaltar que aquella aboga por la existencia de tres principios de organización discursiva: *expresividad*, *comodidad* y *adecuación*. Por *expresividad*, la lingüista entiende el reflejo espontáneo de la afectividad del hablante, en función del cual éste tiende a estructurar su mensaje siguiendo los impulsos de su pensamiento y sin reflexionar acerca de la lógica o corrección de su expresión. Ello justifica que, a partir de la afectividad, se organice y regule la sintaxis coloquial. A propósito de la *comodidad*, es definida, *grosso modo*, como la tendencia espontánea del emisor a esforzarse lo menos posible para lograr la comunicación; finalmente, por *adecuación* se entiende la adaptación (también espontánea) del hablante a las condiciones variables del acto comunicativo. Pues bien, el anacoluto encajaría en este esquema, según Vigara Tauste, porque en muchas ocasiones no es sino un hipérbaton «imprevisto», ocasionado por la expresividad y deseo de ordenar subjetivamente los elementos oracionales, o consecuencia de la entrada en escena de otro principio que implica la relajación del hablante en la elaboración lingüística de su mensaje: la comodidad.

Con respecto a A. Briz, nos interesa fundamentalmente la distinción que realiza, apoyándose en A. Narbona (1989)[3], entre sintaxis *concate-*

---

[3] A. NARBONA (1989): *Sintaxis española: nuevos y viejos enfoques*. Barcelona: Ariel.

nada e *incrustada*. La primera de ellas es propia de enunciados en que las intervenciones se suceden conforme acuden a la mente del emisor, y tiene lugar en el lenguaje coloquial; la segunda, en cambio, está asociada a la escritura y al registro formal. De este planteamiento cabe esperar que sea en las oraciones y textos codificados lingüísticamente a partir de la sintaxis concatenada en donde puedan aparecer construcciones anacolúticas, fruto de un sistema en que la espontaneidad prevalece sobre la corrección gramatical.

Los manuales centrados en la enseñanza de técnicas de escritura también hacen alusión a estos asuntos e inciden, claro está, en la conveniencia de repasar adecuadamente los textos para evitar anacolutos. D. Cassany (1997: 121), por ejemplo, incluye estos últimos entre las faltas de redacción que «despilfarran la fuerza expresiva de la prosa, rompen su sinuosidad sintáctica, crean vacíos semánticos, provocan ambigüedades y, en definitiva, arriesgan el éxito final de la comunicación». G. Reyes (1998), desde otra perspectiva, sostiene que aquéllos son frecuentes e incluso aceptables en la lengua hablada[4], pero no así en la escrita, pues en esta última deben primar los criterios sintácticos sobre otros de orden extralingüístico, como dejarse llevar por el curso del pensamiento sin atender a aspectos de naturaleza prescriptiva.

E. Montolío (2000), por su parte, aconseja seguir tres pasos en el proceso de creación de un texto: *planificación*, *redacción* y *revisión*, y subraya la importancia de esta última como rasgo diferenciador entre lengua oral y escrita. Así, la espontaneidad de que hace gala la primera impide que el hablante pueda corregir el mensaje que ya ha emitido o, por lo menos, hacerlo de manera sistemática, al contrario de lo que ocurre en la segunda. L. Gómez Torrego (2002), asimismo, señala como posibles causas del anacoluto la distracción, dificultad para hilvanar los componentes de las oraciones y enunciados o el desaliño mental, y comenta que puede disculparse en ocasiones en el lenguaje coloquial, pero no así en la escritura, por lo que presenta una serie de

---

[4] Es preferible utilizar, en estos casos, el término de *lenguaje coloquial* al de *lengua hablada*, pues, como han explicado con acierto A. M. Vigara Tauste (2005) y A. Briz (2001), aquél es una modalidad de ésta, y en determinados contextos se cuida sobremanera la lengua hablada, en términos de corrección gramatical.

recomendaciones para evitarlo. Por último, J. Sánchez Lobato (2006), tras declarar que el fenómeno lingüístico a que nos referimos en estas páginas es una construcción sintáctica con ruptura de coherencia oracional, basado en muchas ocasiones en discordancias, presenta varios ejemplos junto a las oraciones correctamente formuladas que corresponden a cada uno de ellos. Pretende con esto, sin duda, que todos aquellos que deseen adquirir buenos hábitos de escritura (no en vano su libro se titula *Saber escribir*) presten atención para eliminar las expresiones que puedan suponer dificultades en lo concerniente a la ilación de sus textos.

En cualquier caso, y como conclusión de lo que se ha expuesto hasta ahora, puedo anunciar que hay consenso entre los autores a propósito de tres cuestiones básicas en lo que a las estructuras anacolúticas se refiere, a saber:

1. Definirlas como infracciones del orden sintáctico.
2. Asociarlas al lenguaje coloquial e incluso disculpar en este ámbito su aparición, a causa de la especificidad de este tipo de registro y de sus peculiares características.
3. Recomendación de evitarlas en la escritura, puesto que son indicio de falta de destreza y madurez estilística.

3. Tipos de anacoluto en la *Estoria de España*

Partiendo de las definiciones y datos aportados por los lingüistas y lexicógrafos acerca de los anacolutos, he analizado los que aparecen en la *Estoria de España* para comprobar si afirmaciones como las del apartado anterior, realizadas desde una perspectiva sincrónica, son también aplicables a la lengua antigua, y si los enunciados que ilustran falta de coherencia sintáctica en los textos de épocas pasadas presentan peculiaridades ajenas a la lengua actual. Tal estudio me ha permitido llevar a cabo la siguiente clasificación, que he ordenado de acuerdo a criterios cuantitativos, si bien debo señalar que el hecho de que ésta se haya realizado tomando como punto de referencia principios de carácter sincrónico anulará, como verdaderos anacolutos, la mayoría de las construcciones que presentamos a continuación.

3.1. *Anacolutos provocados por la pérdida del régimen preposicional del complemento indirecto o directo*

Representan el 82,5% del total, lo cual es un porcentaje nada desdeñable y muy significativo. Se trata de casos en que no aparece la preposición que se exige a todo CI o CD que no es pronombre. Estos son algunos ejemplos:

Y este segundo Hercules llamaronle por sobrenombre Sanao, e fue[...] (7b:21-22).

Los de Carthago, quando lo sopieron, pesoles mucho del tuerto que recibien, e[...] (15b: 54-56).

Et el, pues que esto ouo fecho en Gasconna, uiniendose dalla, llegol mandado de como una muy grand hueste salie de tierra de moros et uinie contra el (364ª: 27-30).

La codificación lingüística que recibe este tipo de anacoluto es variada, si bien predomina claramente una estructura sobre las demás, tal y como queda de manifiesto en el siguiente cuadro:

		Número de casos
SN +	– Or. Sub. Adv. Tiempo + verbo	20
	– Or. Sub. Adj. Relat. + verbo	5
	– Verbo	1
	– Or. Sub. Adj. Relat. + Or. Sub. Adv. Concesiva + verbo	1
	– Or. Sub. Adv. Causal + Or. Sub. Adj. Relat. + verbo	1
	– Or. Sub. Adv. Gerundio + verbo	1
	– Or. Sub. Adv. Gerundio + Or. Sub. Adv. Tiempo + verbo	1
	– Or. Sub. Adj. Relat. + Or. Subord. Adv. Tiempo + verbo	1
	– Or. Sub. Adj. Relat. + Or. Sub. Adv. Modo + Or. Sub Adv. Gerundio + verbo	1
	– Or. Sub. Adv. Gerundio + verbo	1

El patrón lingüístico a que hacíamos alusión es, claro está, aquel en que aparece un SN seguido de una oración subordinada adverbial de tiempo y del verbo, y los ejemplos son, como puede suponerse, fáciles de encontrar:

El quando los uio plogol mucho con ellos, e [...] (26ª: 10-11).

Dido, quand aquello oyo, pesol mucho, ca lo touo por fuert aguero (36ª: 15-16).

Bernaldo quando sopo las nueuas del padre que era preso, pesol muy de coraçon, et boluiosele toda la sangre del cuerpo (354b: 40-43).

El rey don Alfonso, quando lo sopo, pesol muy de coraçon, et guiso su hueste, et fue sobre el (358ª: 44-46).

Es llamativo, a su vez, que en todos estos casos se hace uso de un inventario limitado de verbos, tanto en la oración subordinada como en la principal. De hecho, en la proposición subordinada temporal la nómina se reduce a tres (*oír*, *saber* y *ver*), mientras que en el caso de la oración principal la lista se amplía hasta cuatro, si bien es cierto que dos de ellos (*plogar* y *pesar*) se imponen con autoridad sobre los dos restantes (*minguar* y *semeiar*), cuya utilización resulta anecdótica. También es importante destacar que, junto al verbo de la oración principal, suele aparecer un pronombre correferente con el CI antepuesto. Ilustran estos hechos los ejemplos anteriores.

Por último, es obligado comentar que, cuantitativamente, hay otra fórmula que adquiere cierta relevancia en lo que concierne al acomodo lingüístico de este tipo de anomalía sintáctica. Se trata de la estructura SN + Or. Sub. Adj. Relat. + verbo, de la que presentamos ejemplos a continuación:

E los otros que tenie dAffrica, que no enuiara a Roma, mandolos todos uender (22ª: 30-31).

E el que yua fuyendo, prisieronle los asturianos en una aldea a que dizen Olalies et mataronle y (324ª: 36-38).

Este rey a que aqui dezimos don Garcia, nol cuenta la estoria por que el yaga en la nomina de los reys, mas... (361b: 16-18).

3.2. *Anacolutos producidos como consecuencia de la pérdida del hilo narrativo por parte del emisor*

Sucede tan sólo en tres ocasiones, lo que se traduce en un 7,5%, y se trata de oraciones muy extensas en que da la sensación de que el escritor se ha desorientado y ya no reconoce el punto de partida de su discurso. A ello contribuye, con seguridad, la notable acumulación de oraciones subordinadas que se produce en la codificación lingüística de este tipo de construcción anacolútica[5]. No existen, sin embargo, esquemas lingüísticos recurrentes, sino tres formas distintas de expresión (una por cada caso):

a) Or. Sub. Adv. Tiempo + Or. Sub Adv. Lugar + Or. Sub. Adj. Relat. + Or. Coord. Consec. + Or. Coord. Cop. + Or. Coord. Cop. + Or. Sub. Adv. Consec.

b) Construcción Abs. de Part. + Or. Sub. Adv. Modal + Or. Sub. Adv. Tiempo + Or. Sub. Sust. CD + Or. Sub. Adj. Relat. + Or. Sub. Adv. Gerund. + Or. Sub. Sust. CD + Or. Sub. Adv. Modo + Or. Sub. Adv. Causal + Or. Sub. Adv. Modal.

c) Or. Sub. Adv. Gerund. + SN + Or. Coord Cop. + Or. Coord. Cop.

He aquí los ejemplos:

Quando la hueste de los Romanos, dond eran cabdiellos aquellos dos Cipiones que dixiemos, ouieron a passar por las tierras del sennorio de Francia, que eran muy fuertes yentes, assi ques atrouieron a lidiar con Annibal et con todo so poder, e demas auien grand guerra estonce con los romanos, et fazien les grand danno de manera que ant ellos no osauan enviar so poder a Espanna (19ª: 20-28).

Andados II annos del regnado del rey don Ramiro –et fue esto en la era de DCCC et LX annos, et andaua entonces ell anno de la Encarnation del Sennor en DCCC et XXII annos– assi como cuenta la estoria, pues que los moros sopieron que el rey don Alffonsso el Casto –que era rey muy esforça-do et muy fuerte et muy auenturado en batallas et los auie mucho apremia-

---

[5] Para conocer algunos de los motivos que impulsan al escritorio alfonsí a ensanchar tanto las oraciones, puede consultarse J. GONZÁLEZ COBAS (2004).

dos et crebantados con lides et correduras– que era muerto, et reynaua en su lugar el rey don Ramiro, cuedando ellos que el, como serie en su noueza, que les aurie miedo, ca era el poder de los moros muy grand en Espanna como lo oyredes todauia adelant en esta estoria, et que auiendoles miedo que les darie lo que demandassen por razon quel non diessen guerra et quel dexassen en paz (359b: 21-37).

Et ell andando contendiendo en esto, un fijo dalgo que dizien Fruela Uermudez –et era omne de mala parte et omne de nemiga, et por ende le llama la estoria fijo de perdicion, esto es de astragamiento et de fazer mal (368ª: 37-42).

3.3. *Anacolutos cuya causa es la discordancia verbal*

Ocurre dos veces (5%), y la anomalía se halla en que el verbo no concuerda con su sujeto, que en ambas ocasiones tiene como núcleo la palabra *linaje*. Esto último es significativo, pues se trata de un vocablo que posee como referente una colectividad de personas, por lo que podría afirmarse que no se respeta la concordancia formal, pero sí se establece otra en términos semánticos (*concordatio ad sensum*). En cuanto a su forma de codificación lingüística, en los dos casos el núcleo del SN sujeto se encuentra modificado por una construcción preposicional:

E cuenta otrossi en aquel libro mismo que el linage que daquellos descendio começaron a fazer una torre muy grand, pora apoderarse de las tierras (4b: 38-42).

Mas del quinto fijo de Japhet, que ouo nombre Thubal, donde uinieron los espannoles, so linage daquel andudieron por muchas tierras, buscando [...] (6ª: 36-39).

3.4. *Anacolutos debidos a la coaparición de tópico y sujeto*

Hemos detectado exclusivamente un caso (2,5%), y se trata de un enunciado que presenta un SN inicial tópico[6] y otro SN que impone la concordancia sobre el verbo y que actúa como sujeto:

---

[6] Entendemos como tópico «aquello de lo que se habla» o «el punto de partida y base de la predicación». Si se desea obtener datos adicionales acerca de este concepto y

Annibal otrossi, ell emperador dAffrica, a poco tiempo que fue uassallo de los romanos, acaecieron *guerras* a Roma por que ouieron a enviar por el, que les fuesse en huest, e dend adelant alli o ellos mandassen (27ª: 34-38) (La cursiva es mía).

3.5. *Anacolutos en que se omite la preposición que debería acompañar al complemento circunstancial*

Al igual que en 3.4, únicamente he encontrado un ejemplo (2,5%), que me limito a transcribir:

Depues de la muerte dErcules acaecio que la cibdat de Caliz, que Espan poblara de las yentes de Tiro que es en Asia, oyeron dezir que Hercules muriera en aquel logar (15b: 21-25).

4. ANÁLISIS Y VALORACIÓN DE LOS DATOS

En el apartado 2 se ha presentado una tipología de anacolutos sobre la base de las definiciones que, a propósito de este fenómeno lingüístico, se han formulado desde un punto de vista sincrónico. Ello nos ha permitido comprobar que, aparentemente, no son pocas las estructuras en que se pierde la coherencia sintáctica en la *Estoria de España*, a pesar de que hay coincidencia en que las obras producidas por el escritorio alfonsí fueron redactadas con cuidado y esmero. Además, los autores que han analizado el proceso de composición de los textos informan de que una de las fases más importantes es la revisión, y ésta es una de las características determinantes en la diferenciación entre lengua oral y escrita.

La clasificación a que me ha conducido el análisis de estructuras que hoy no dudaríamos en calificar de anacolúticas me ha permitido constatar que aplicar sin más criterios relativos a la lengua actual puede inducir a error a propósito de la lengua antigua. Realizo estas afirmaciones porque la valoración de los datos recogidos en las páginas que me han

---

de otros relacionados con él, como *comentario, tema* y *rema*, puede consultarse J. GONZÁLEZ COBAS (2005).

servido como corpus de esta investigación me hace pensar que, en realidad, el número de anacolutos que aparece en la *Estoria de España* es menor del que se ha señalado habitualmente, y que las construcciones que denotan falta de habilidad estilística no son tan numerosas.

Si concreto lo anterior, he de señalar que tan sólo los anacolutos causados por la interrupción del hilo narrativo parecen auténticas muestras de ruptura de coherencia sintáctica, y que en los casos restantes ciertos datos aconsejan realizar otro tipo de valoración. El caso más llamativo al respecto es con seguridad el de los «anacolutos» provocados por la pérdida del régimen preposicional del CI/CD, pues todos ellos comparten algunas características que los dotan de una fisonomía muy marcada: son bastante frecuentes, la distancia entre el SN que actúa como CI/CD y el verbo que actúa como predicado es reducida, la codificación lingüística es casi siempre la misma; los verbos elegidos también lo son, lo que no hace a pensar que se trate de descuidos, dificultades para hilvanar los componentes de las oraciones, improvisaciones o problemas para abarcar la totalidad del discurso, que son los factores que han sido señalados como causantes de los anacolutos. Además, no se debe olvidar que el verbo principal aparece generalmente acompañado de un pronombre correferente con el CI/CD antepuesto, *ergo* el emisor conoce perfectamente la función sintáctica asignada a esas palabras.

J. Elvira (1993-94) no ha pasado por alto estos datos, y por eso considera que el tipo de estructuras a que nos estamos refiriendo constituyen una fórmula narrativa propia de los textos más antiguos de nuestra lengua, lo que implicaría no calificarlas de anacolúticas. En realidad, tengo la impresión de que este tipo de construcciones se perfilan, en la *Estoria de España*, como recursos lingüísticos que sirven para canalizar secuencias en que está presente la interacción de varios personajes. En efecto, en determinados momentos estos últimos intercambian puntos de vista, o bien las acciones de unos suceden a las de los otros, en pasajes muy vívidos en que el relato de los hechos históricos se ralentiza para focalizar otros aspectos. Este tipo de técnica fue llamada *récit animé* o *dramatique* por J. P. Chausserie-Laprèe (1969) a propósito de la prosa historiográfica latina, si bien rescataré estos términos para aplicarlos a los pasajes en que, dentro de la obra que nos ocupa, se hace necesario un tratamiento estilístico especial.

No deja de ser cierto que también aparece este tipo de «anacoluto» en las obras jurídicas alfonsíes[7], pero ello no invalida la hipótesis de que estas estructuras son un buen recurso para codificar lingüísticamente los intercambios comunicativos de los personajes y expresar las reacciones que determinados hechos pueden provocar en ellos, al menos en la *Estoria de España*.

Con respecto a los casos de discordancia verbal, no extraña que ésta se produzca, habida cuenta de que en los dos ejemplos que he encontrado el referente del núcleo es, como ya se explicó anteriormente, una colectividad de personas, y se establece una concordancia semántica que sustituye a la puramente formal. Al fin y al cabo, éste es un asunto que suscita, en la actualidad, muchas dudas entre los hablantes, y que la RAE ha resuelto de la siguiente forma: cuando la función de sujeto está desempeñada por un SN cuyo núcleo es un sustantivo en singular con significado colectivo o de clase y va acompañado de un complemento encabezado por la preposición *de*, el verbo puede aparecer en singular, concordando con dicho núcleo, o en plural, concordando con el sustantivo que funciona como complemento.

No obstante, las normas que la Academia ha dictado con el objetivo de poner fin a las vacilaciones de los usuarios de la lengua no son aplicables, obviamente, a la prosa alfonsí, por lo que parece inadecuado tratar estos ejemplos como construcciones anacolúticas.

No querría dejar de hacer mención al único caso que he encontrado en que se omite la preposición que debería acompañar al CC. Resulta difícil hacer diagnósticos a propósito de este asunto, puesto que no es posible, por ejemplo, comparar patrones de codificación lingüística, tal y como se ha hecho con el CI/CD. No cabe duda, de todos modos, y precisamente por el motivo que se ha esgrimido, de que esta estructura es menos productiva que la del CI/CD (aunque el procedimiento sea el mismo), y de que su uso no está generalizado en la *Estoria de España*.

En cuanto a los anacolutos provocados por la aparición conjunta de tópico y sujeto, es evidente que provocan extrañeza y rechazo en el lector de hoy, puesto que son construcciones que nos son desconocidas, al menos en lo que se refiere a la escritura. Sin embargo, autores como C.

---

[7] Véase A. PALACIOS ALCAINE (1996).

Hagège (1978) y E. Cho (1997) informan de que se trata de estructuras habituales en la actualidad en bastantes idiomas, concretamente en lo que aquél denomina *lenguas sin dependencia de sujeto* («*Langues sans servitude subjectale*»). El lingüista francés señala, asimismo, que dichas construcciones fueron frecuentes en los estadios más antiguos de algunas lenguas (y hace una alusión especial a las indoeuropeas), en que el tópico gozaba de una gran autonomía[8]. Todos estos datos aconsejan, de nuevo, descartar este tipo de expresiones como anacolúticas.

Por último, precisaré algunos datos en lo concerniente a aquellos pasajes en que el autor parece haber perdido el hilo de su narración y, como consecuencia de ello, se producen desviaciones del orden sintáctico. Ya expliqué con anterioridad que se trata de oraciones muy largas, en las que se acumulan estructuras lingüísticas de muy diverso tipo, de modo que el emisor no parece ser capaz de identificar el punto de partida de su mensaje. En estos casos, sí es apropiado utilizar el vocablo *anacoluto*, puesto que nos hallamos ante infracciones producidas dentro del ámbito sintáctico, causadas por haberse dejado llevar el escritor por el curso de su pensamiento, o por dificultades para hilvanar los distintos componentes oracionales, una vez que el enunciado se ha complicado enormemente y ha alcanzado notables dimensiones.

Es significativo, a su vez, el hecho de haber encontrado únicamente tres casos que respondan a esta caracterización, puesto que, como ya es sabido, todos los estudios que han analizado las relaciones y diferencias entre oralidad y escritura han puesto de manifiesto que el proceso de revisión está unido indiscutiblemente a la última, y esto es algo aplicable a las obras de todas las épocas. Por ello, en un texto como la *Estoria de España*, redactado probablemente con esmero y minuciosidad, difícilmente se sostiene la hipótesis de que abundan las construcciones anacolúticas, fruto precisamente, al menos en la lengua escrita, de improvisación y dejadez. Más bien parece que la falta de ilación sintáctica es casi anecdótica, y que probablemente muchos de los casos que han sido cata-

---

[8] C. HAGÈGE (1978) explica que las estructuras lingüísticas que responden a esta caracterización han sido llamadas *construcciones de doble sujeto*, y que ésta es una denominación inadecuada, porque el primer sintagma que aparece en la oración es tópico, pero no sujeto.

logados como tales realmente no lo son si tenemos en cuenta las peculiares características de la lengua antigua frente a la actual.

Precisamente algunas investigaciones han resaltado el hecho de que en el español medieval son más importantes los principios de orden pragmático que los de naturaleza sintáctica, y que por ello hay que ser precavido en la búsqueda de explicaciones de los fenómenos lingüísticos que afectan a nuestro idioma en sus primeros tiempos. Aparte de las consideraciones de C. Hagège (1978), a quien ya he aludido, hay que hacer mención a las de T. Vennemann (1978), para quien el español antiguo es una lengua *TVX*[9], cuyo tópico no está gramaticalizado; J. Elvira (1988, 93-94), por su parte, afirma que, en esas primeras etapas del castellano, el orden de palabras está determinado en gran medida por principios pragmáticos, de modo que en la oración se enuncia primero una serie de circunstancias de tiempo, lugar y modo, que introduce la parte más informativa del discurso; I. Neumann-Holzschuh (1996) indica que las nociones de *tópico* y *comentario* en español medieval eran más importantes que las de sujeto y predicado; A. Palacios (1996), al demostrar que construcciones como las que aquí han sido analizadas aparecen también en las obras jurídicas alfonsíes, constata que son un procedimiento extendido en la época, independientemente del tema tratado, y en textos que, por abordar asuntos bastante delicados, fueron redactados muy probablemente con gran cuidado y precisión; E. Cho (1997) explica que el concepto de tópico es fundamental en la lengua antigua, puesto que regula la organización de los constituyentes oracionales; por último, en J. González Cobas (2004) presento también argumentos que confirman la importancia del tópico, no sólo a nivel oracional, sino también en lo que se refiere a la organización y estructuración de toda una obra, y confirmo que algunos de los procedimientos utilizados con el fin de construir un texto coherente no coinciden necesariamente con los que empleamos hoy.

---

[9] Debe interpretarse *T* como tópico, *V* como verbo y *X* como cualquier tipo de complemento.

5. CONCLUSIONES

Todos los estudios mencionados ponen de manifiesto la necesidad de analizar los fenómenos lingüísticos de otras épocas con especial atención y que, si bien a veces es conveniente, en términos metodológicos y con objetivos muy definidos, aplicar principios que regulan la lengua actual a los textos más antiguos, deben extremarse las precauciones para analizar adecuadamente los datos encontrados.

En este trabajo se ha realizado una clasificación de los anacolutos que aparecen en la *Estoria de España* partiendo de definiciones formuladas en fechas recientes y de criterios de naturaleza sincrónica, pero una investigación más sosegada de este fenómeno aconseja descartar muchos de ellos como auténticos anacolutos. En definitiva, de la lista pentapartita que aquí ha sido presentada en una primera aproximación al asunto en que me he centrado, tan sólo un tipo de estructuras (las que corresponden a la pérdida del hilo narrativo por parte del emisor) constituyen ejemplos de verdaderos anacolutos, lo cual redunda en la idea de que la lengua antigua se rige por patrones de diferente índole a los de la actual, y que ello debe ser tenido en cuenta para llegar a conclusiones fiables en el estudio de los textos escritos en fechas lejanas a nuestro tiempo.

BIBLIOGRAFÍA

ABRAHAM, Werner (1981): *Diccionario de terminología lingüística actual.* Madrid: Gredos.

ALCARAZ VARÓ, Enrique/MARTÍNEZ LINARES, María Antonia (1997): *Diccionario de Lingüística moderna.* Barcelona: Ariel.

BADÍA MARGARIT, Antonio (1960): «Dos tipos de lengua cara a cara», en: *Studia Philologica. Homenaje a Dámaso Alonso* I, 115-139.

BECCARIA, Gian Luigi (1996): *Dizionario di Lingüística e di Filologia, Metrica, Retorica.* Torino: Einaudi

BEDMAR GÓMEZ, María Jesús (1987): «El anacoluto en la lengua hablada», en: VV.AA.: *Amistad a lo largo. Estudios en memoria de Julio Fernández Sevilla y Nicolás Marín López.* Granada: Universidad de Granada, 56-79.

BRIZ, Antonio (2001 [1998]): *El español coloquial en la conversación. Esbozo de pragmagramática.* Barcelona: Ariel.

CANO AGUILAR, Rafael (1998): «La ilación sintáctica en el discurso alfonsí», en: *Cahiers de Linguistique Hispanique Médiévale* 21, 295-324.

CARDONA, Giorgio Raimondo (1991): *Diccionario de Lingüística*. Barcelona: Ariel.

CASSANY, Daniel (1989): *Describir el escribir. Cómo se aprende a escribir*. Barcelona: Paidós.

— (1995 [1997]): *La cocina de la escritura*. Barcelona: Anagrama.

CASTRO, Américo (1954): «Acerca del castellano escrito en torno a Alfonso el Sabio», en: *Filología Romanza* 1, 1-11.

CHAUSSERIE-LAPRÉE, Jean-Pierre (1969): *L'Expression narrative chez les historiens latins*. Paris: Éditions de Boccard.

CHO, Eunyoung (1997): *La topicalización y sus restricciones sintácticas en la Primera Crónica General de España de Alfonso X*. Tesis doctoral inédita, Universidad Autónoma de Madrid.

CONTRERAS, Heles (1978): *El orden de palabras en español*. Madrid: Cátedra.

CRABB, Daniel M. (1955): *A Comparative Study of Word Order in Old Spanish and Old French Prose Works*. Washington, D.C.: The Catholic University of America Press.

CRYSTAL, David (2000): *Diccionario de Lingüística y Fonética*. Barcelona: Octaedro.

DUBOIS, Jean *et al.* (1994 [1973]): *Diccionario de Lingüística*. Madrid: Alianza.

EGUREN, Luis/FERNÁNDEZ SORIANO, Olga (2006): *La terminología gramatical*. Madrid: Gredos.

ELVIRA GONZÁLEZ, Javier ((1988): «La posición del sujeto en español antiguo», en: ARIZA, Manuel/SALVADOR, Antonio/VIUDAS, Antonio (eds.): *Actas del I Congreso Internacional de Historia de la Lengua Española* I. Madrid: Arco/Libros, 339-346.

— (1993-94): «La función cohesiva de la posición inicial de frase», en: *Cahiers de Linguistique Hispanique Médiévale* 18 y 19, 243-278.

GÓMEZ TORREGO, Leonardo (2002). *Nuevo manual de español correcto*. Madrid: Arco/Libros.

GONZÁLEZ COBAS, Jacinto (2004): *Párrafo y tópico de párrafo en la Estoria de España de Alfonso X*. Madrid: Universidad Autónoma de Madrid (formato CD-ROM).

— (2005): «La estructura informativa de la oración: tópico y comentario. Estado de la cuestión», en: *Analecta Malacitana* 28, 2, 609-627.

HAGÈGE, Claude (1978): «Du thème au thème en passant par el sujet. Pour une théorie cyclique», en: *La Linguistique* 14, 2. Paris: Presses Universitaires de France, 3-38.

HOROWITZ, Rosalind/SAMUELS, S. Jay (eds.) (1985): *Comprehending Oral and Written Language*. New York: Academic Press.

LÁZARO CARRETER, Fernando (1981): *Diccionario de términos filológicos*. Madrid: Gredos.

LI, Charles N./THOMPSON, Sandra A. (1976): «Subject and Topic: A New Typology of Language», en: LI, Charles N. (ed.): *Subject and Topic*. New York: Academic Press, 457-489.

LODARES MARRODÁN, Juan Ramón (1995): «Alfonso el Sabio y la lengua de Toledo», en: *Revista de Filología Española* 75, 35-56.

MOLINER, María (1967): *Diccionario del uso del español*. Madrid: Gredos [1998].

MONTOLÍO, Estrella (coord.) (2000): *Manual práctico de escritura académica*. Barcelona: Ariel.

NEUMANN-HOLZSCHUH, Ingrid (1996): «Reflexiones acerca de una descripción funcional de la posición del sujeto en español medieval", en: ALONSO GONZÁLEZ, Alegría/CASTRO RAMOS, L./GUTIÉRREZ RODILLA, Bertha/PASCUAL RODRÍGUEZ, José Antonio (eds.): *Actas del III Congreso Internacional de Historia de la Lengua Española* I. Madrid: Arco/Libros, 471-488.

PALACIOS ALCAINE, Azucena (1996): «Sobre un tipo de anacoluto en la lengua medieval», en: *Analecta Malacitana* 29, 1, 89-99.

PANHUIS, D. G. J. (1982): *The Communicative Perspective in the Sentence: A Study of Latin Word Order*. Amsterdam: Benjamins.

REAL ACADEMIA ESPAÑOLA (1992): *Diccionario de la Lengua Española*. Madrid: Espasa-Calpe.

REYES, Graciela (1998): *Cómo escribir bien español*. Madrid: Arco/Libros.

SÁNCHEZ LOBATO, Jesús (coord.) (2006): *Saber escribir*. Madrid: Aguilar.

VV.AA. (1996): *Diccionario de uso del español actual*. Madrid: SM.

VV.AA. (1976 [1945]): *Vox Diccionario Ilustrado de la Lengua Española*. Barcelona: Bibliograf.

VENNEMANN, Theo (1978): «Topics, Subjects and Word Order: from SVX via TVX», en: ANDERSON, John M./JONES, Charles (eds.): *Historical Linguistics* II. Amsterdam: North Holland, 339-376.

VIGARA TAUSTE, Ana María (2005 [1992]): *Morfosintaxis del español coloquial. Esbozo estilístico*. Madrid: Gredos.

WEIL, Henri (1844): *De l'ordre des mots dans les langues anciennes comparées aux langues modernes. Question de Grammaire Générale*. Paris: Didier.

La articulación de un discurso científico
en castellano bajo Alfonso X. De la *Semeiança
del mundo al Lapidario*: de una descripción
del mundo en romance a la construcción
de un espacio castellano del saber

Marta Lacomba
Université Michel de Montaigne (Bordeaux III). SIREM

Para intentar demostrar la hipótesis enunciada en el título, es decir la existencia de una relación entre discurso científico y utilización del castellano, se procederá en dos etapas. Primero se intentará mostrar que, en el tiempo que media entre las fechas de redacción de las dos obras citadas –es decir entre el reinado de Fernando III y el del Alfonso X– se produce una evolución en los presupuestos y en los objetivos que llamaremos por comodidad científicos. En la segunda parte, centrada la utilización del castellano, se verá cómo el rumbo tomado por el discurso científico bajo el rey Sabio traduce y refleja en cierta medida la conciencia, naciente, del castellano como lengua y como cultura de una comunidad.

1. La evolución de los planteamientos científicos

Las obras que serán objeto de estudio nos remiten, desde un punto de vista cronológico, a la época de afianzamiento de la prosa castellana. Desde un punto de vista temático, ambas obras tienen como referente el mundo, la naturaleza. La representación del mundo que los letrados, clérigos y laicos transmiten en sus obras está marcada por la confluencia del pensamiento griego y de la tradición bíblica. Esta doble herencia se manifiesta tanto en las obras sobre el cosmos, la geografía, los animales, las plantas y los minerales. Las obras que aquí se tratarán hablan de geografía, en un sentido amplio, y, más concretamente, de las piedras. No hay que perder de vista que hasta la aparición de los mapas y la generalización de los viajes, a finales del siglo XIII, las representaciones que se dan de la tierra son más de orden simbólico que realmente geográfico. A partir del siglo XII, y en parte gracias a las nuevas traducciones de obras griegas llegadas desde el mundo árabe, se multiplican los tratados de alquimia, de medicina, de óptica, de astronomía, en los que el interés se va desplazando de una hermenéutica del mundo a unos planteamientos más centrados en los fenómenos naturales. En este marco general, se traducen al castellano las dos obras mencionadas en el título, procedentes de dos tradiciones científicas diferentes, la occidental latina –en el caso de la *Semeiança del mundo*– y la árabe, con el *Lapidario*.

1.1. *Presentación de las obras*

1) La *Semeiança del mundo*

La *Semeiança del mundo* es el resultado de la compilación y traducción de dos obras, la *Imago Mundi* y, de forma parcial, las *Etimologías* de Isidoro de Sevilla. La fecha de redacción ha quedado establecida entre 1173 y 1223, atendiendo a dos interpolaciones que aparecen en el manuscrito A y que estaban ausentes de las fuentes. Se trata de la fundación de Santa María de Huertos, en Burgos, que corresponde a la fecha de 1173 y de un fuerte terremoto en Lombardía, en torno a 1223[1]. Argumentos lingüísticos vienen a corroborar una datación en el primer tercio del siglo XIII[2]. Como lo sugiere el título, la obra contiene una descripción de la forma en que está constituido el mundo, de los elementos que lo forman, desde los continentes a los planetas, pasando por los países, las islas, los montes, las piedras, las fuentes, los mares, los ríos y los vientos.

Las fuentes de la *Semeiança del mundo* son, como se ha dicho, las *Etimologías de San Isidoro* y la *Imago Mundi* (o *Mapa Mundi*) atribuido a Honorius Inclusus. La cuestión de la atribución no está zanjada de forma absoluta. Para algunos, se trata de Honorio Augustodunensis (1080-1157), alumno y seguidor de San Anselmo. Otros sugieren incluso la autoría de este último[3]. Sea cual sea el autor de la *Imago Mundi*, su nombre no aparece citado en la *Semeiança del mundo*. Y aún es más,

---

[1] W. E. BULL/H. F. WILLLIAMS (1959: 10-11).
[2] *Idem*, 11.
[3] *Idem*, 3.

aunque el *incipit* de la *Semeiança* sigue casi palabra por palabra el de la *Imago Mundi*, lo atribuye de forma explícita a San Isidoro[4]. El doctor hispalense juega pues el papel de autoridad máxima a la hora de abordar la descripción del mundo. Como apunta Fernando Gómez-Redondo, las *Etimologías* representan una de las fuentes «más autorizadas (y pertinentes conforme a la doctrina religiosa)», lo cual podría significar que la *Semeiança del mundo* tenía por objeto la transmisión de una enseñanza dentro de un marco clerical[5]. Una transmisión y una enseñanza que vehiculan, en este caso, unos planteamientos científicos con varios siglos de antigüedad.

Sin embargo, la actualidad y la importancia de esta obra quedan patentes al considerar el hecho de que los cuatro manuscritos que de ella se conservan contienen asimismo otros dos textos fundamentales para la Edad Media castellana[6]. En el manuscrito A, de finales del siglo XIII, se encuentra la copia más antigua de *Poridat de Poridades*, mientras que el manuscrito B, de finales del siglo XV, y el C, del siglo XVIII o XIX –que es copia del B– figuran juntos la *Semeiança del mundo* y el *Calila e Dimna*[7]. Un cuarto manuscrito, descubierto y descrito por R. P. Kinkade, también de finales del siglo XIV, contiene una copia del *Lucidario* de Sancho IV[8].

Por lo tanto, es preciso admitir que la *Semeiança del mundo* constituye una actualización de unos planteamientos que, si bien hunden sus raíces en la alta Edad Media, no dejaban por ello de tener cierta vigencia bajo el reinado de Fernando III, al menos dentro de un ámbito clerical. No se analizará aquí la obra completa, sino tan sólo el *incipit* y la sección dedicada a las piedras, con el fin de establecer un paralelismo con la segunda obra en la que se basa este trabajo, el *Lapidario*, según el testimonio del manuscrito H I 15 conservado en el Escorial[9].

---

[4] Sobre la relación entre la *Semeiança del mundo* con sus fuentes, véase la edición citada, pp. 11-14.

[5] F. Gómez Redondo (1998: 143).

[6] Cabe señalar que en los tres casos, se trata de obras mucho más acordes con los planteamientos culturales de la época en que se escriben o traducen. Nos proponemos, en un próximo trabajo, estudiar la relación que mantiene la *Semeiança del mundo* con las obras junto a las que figura en los diferentes manuscritos.

[7] *Semeiança del mundo*, ed. cit.: 5-6.

[8] R. P. Kinkade (1971: 261-270).

[9] S. Rodríguez M. Montalvo (1981).

2) El *Lapidario*

Si la *Semeiança del mundo* remite a la época de Fernando III, harto conocida es la vinculación del *Lapidario* con el amplio proyecto enciclopédico emprendido por el rey Sabio. La particularidad de esta obra reside en su temprana fecha de redacción, hacia 1250, antes de que Alfonso accediera al trono, según lo afirma el prólogo: «Et fue acabado de trasladar el segundo año que el noble rey don Ferrando su padre ganó la cibdat de Sevilla». El manuscrito H-I-15 contiene cuatro lapidarios, pero el prólogo tan sólo se refiere al primero. Por ello, teniendo en cuenta que el prólogo constituye, como se verá más adelante, una fuente capital para entender los propósitos de la obra –que van más allá de la propia transmisión de un saber– , este trabajo se centrará tan sólo en el primero de los cuatro lapidarios que figuran en el manuscrito H-I-15.

El saber medieval sobre las piedras procede ante todo de las obras llamadas «lapidarios», como el que en este caso nos ocupa. Se trata de catálogos que recogen las virtudes médico-mágicas de las piedras. El lapidario más famoso de la Edad Media occidental es el *De gemmis*, del obispo de Rennes, Marbodio (siglos XI-XII), que se basa ante todo en Plinio e Isidoro de Sevilla. La tradición que en el *Lapidario* de 1250 recupera Alfonso X no es sin embargo la occidental. Es sabido que el primer tratado del *Lapidario* se presenta como una traducción de un texto árabe que habría sido traducido a su vez del caldeo por un tal Abolays. La cuestión de las fuentes y de la autoría del *Lapidario* dista mucho de haber sido resuelta[10]. En cualquier caso, el *Lapidario*, como casi todas las obras científicas alfonsíes, refleja un gran interés por los textos científicos procedentes del mundo árabe. Este primer *Lapidario* se propone describir las propiedades de trescientas sesenta piedras, treinta para cada signo astrológico.

---

[10] *Idem*, 14-15: tanto S. Rodríguez M. Montalvo como J. H. Nunemaker abogan a favor de una formación compilatoria de la obra. S. Rodríguez M. Montalvo considera pues que el verdadero «autor» de la obra sería pues su compilador o compositor, el médico del rey, Yhuda Mosca.

1.2. *Justificación de la elección de las obras*

La elección de estas dos obras como puntos de referencia para establecer la evolución de la relación entre lengua y discurso científico se basa, por un lado, en las similitudes que presentan ambos textos, que justifican un trabajo comparativo, y, por otro, en una serie de diferencias de orden cualitativo, que como se verá, permiten basar la comparación en términos de evolución.

Las similitudes entre ambas obras estriban ante todo en la materia abordada. Aunque en proporciones diferentes, tanto la *Semeiança del mundo* como el *Lapidario* se centran en las propiedades de las piedras. En la primera obra, las treinta piedras descritas representan tan sólo una de las muchas materias tratadas, mientras que la segunda, el *Lapidario*, es un conjunto monotemático dedicado a trescientas sesenta piedras. Sin embargo, esta diferencia cuantitativa no es suficiente como para que no se puedan establecer vínculos entre ambos textos. En ambos casos, la descripción de las virtudes de las piedras se encamina hacia veredas médicas, poniendo de manifiesto la estrecha relación que en las mentalidades medievales se produce entre naturaleza, medicina y magia, relación heredada de la antigüedad[11].

Desde un punto de vista cualitativo, se podría objetar que, mientras que la *Semeiança del mundo* posee un carácter eminentemente denominativo y descriptivo, el *Lapidario* aborda cuestiones astrológicas. Sin embargo, si bien es cierto que la clasificación de las piedras en el primer *Lapidario* está determinada por los signos del Zodiaco, el contenido mismo de la obra es ante todo un catálogo de las virtudes de cada una de las piedras citadas y descritas. Este *Lapidario* resulta ser la obra científica alfonsí menos relacionada con lo astronómico-astrológico y menos dirigida hacia una interpretación o modelización de las acciones humanas. Se trata en realidad de una obra relativamente descriptiva y por ende no tan alejada del género «speculum naturale».

Existen por lo tanto suficientes puntos de convergencia entre la sección dedicada a las virtudes de las piedras en la *Semeiança del mundo* y del primer tratado del *Lapidario*, como para poder considerar sus pun-

---

[11] J. VERNET (1978: 251-254).

tos de divergencia como variables significativas. Y entre los puntos de
divergencia, cabe destacar la naturaleza y la función de los textos de
presentación de ambas obras, pre-textos que servirán de puntos de referencia para abordar la evolución de un tipo de discurso pseudo-científi-
co en castellano.

1.3. *Los pre-textos de las obras*

Aunque también tiene sus reglas y sus figuras obligatorias, el prólogo
medieval es uno de los espacios de libertad textual, ya que en él tiene
cabida la expresión no del autor original de la obra, sino de aquel que se
ha dado por misión el actualizarla, de un modo u otro. Contiene datos
preciosos sobre las razones que han impulsado a este intermediario a llevar a cabo su misión de reescritura, en el sentido amplio de la palabra,
puede ir desde la compilación a la traducción[12].

Una rápida comparación entre ambos prólogos muestra que, mientras el de la *Semeiança del mundo* es casi inexistente y retoma en parte el
de la *Imago Mundi* de Honorius Inclusus, el del *Lapidario* es muy extenso y corresponde al canon del prólogo alfonsí[13]. Resulta importante destacar, por una parte, que la redacción del prólogo del *Lapidario* parece
ser tardía con respecto al resto de la obra y, por otra, que se admite la
posibilidad de que lo revisara directamente el rey Alfonso[14].

Más allá de las cuestiones relativas a la extensión y a la autoría, que
son de por sí altamente reveladoras –la longitud y la implicación de
Alfonso dan cuenta de la importancia que cobra el espacio del prólogo
en el *Lapidario*–, la comparación de ambos prólogos permite establecer
una serie de diferencias entre ellos. Diferencias que se pueden agrupar

---

[12] Sobre la topicidad de los prólogos de las traducciones, véase J. HAMESSE (1998:
1462).

[13] R. CANO AGUILAR (1989-90: 79-90). Analiza el prólogo como género en pp.
78-80.

[14] G. HILTY (1954: 19-20), en su edición de *El Libro conplido en los iudizios de las
estrellas,* conjetura que el códice tuvo que formarse entre 1276 y 1279. En cuanto al prólogo, se admite la posibilidad de una redacción más tardía (más bien 1270 que 1250) y
tal vez la revisión del Rey.

en torno a tres polos: el tratamiento de la materia, la relación entre el prólogo y dicha materia, y la modalidad de la estrategia discursiva.

La primera diferencia reside en el tratamiento que se reserva a la materia presentada. El prólogo de la *Semeiança del mundo* insiste en la idea de organización, de armonía, como también lo hace la introducción a la sección dedicada a las piedras, que retoma esta noción de orden: «E ya oystes fasta aquí de la tierra, como era ordenada toda y como se departe toda en tres partes». Orden entre el conjunto y las partes, importancia de los números que, siguiendo los preceptos de la Biblia (*«Omnia in mensura et numero et pondere disposuisti»*), definen simbólicamente el mundo medieval, como lo expresan las propias *Etimologías* («Suprime de todas las cosas el número, y todo se extingue»)[15].

Evidentemente, el *Lapidario* asume y hace suya esta visión simbólica del cosmos, como lo muestra la elección de trescientas sesenta piedras, que corresponden a los grados de una esfera, la celeste. Pero la simbología se declina aquí de otra manera. Paradójicamente, a pesar de centrarse, como todos los lapidarios, tan sólo en las propiedades de las piedras, dejando pues de lado la pretensión a la globalidad, el hecho de que las piedras aparezcan desglosadas del resto de las partes del mundo, el *Lapidario* propone un tratamiento cosmogónico de la materia diferente del que recibían los diferentes elementos abordados en la *Semeiança del mundo*. El orden en el que están presentadas las piedras en el *Lapidario* no se debe únicamente a una necesidad didáctica de descomposición, de análisis, sino que se explica por su correspondencia con los signos del Zodiaco. Es decir que el ordenamiento de la materia del *Lapidario* establece, como ya se dijo anteriormente, un vínculo entre cielo y tierra. Este ordenamiento de la materia es evidentemente tributario de la elección de las fuentes utilizadas y refleja, como es sabido, la conocida y estudiada apertura a los textos árabes del *Lapidario* y del resto de las traducciones alfonsíes. Pero lo que aquí interesa destacar no es la clasificación per se, sino el hecho de que el prólogo del *Lapidario*, redactado por los letrados alfonsíes o por el propio rey Sabio, reivindica y hace suya esta forma de proceder. Es decir que el prólogo alfonsí asume los criterios de ordenamiento desarrollados por el *Lapidario*. Ya desde las pri-

---

[15] *Etimologías*. Libro III, 4, 4: *«Quid Praestent Numeri»*(Sobre la importancia del número). *Cf.* J. Fontaine (1959: 349).

meras palabras del prólogo –que remiten a Aristóteles, «el mas complido de todos los filosofos», quien «mostro que todas las cosas del mundo son como trabadas»– se sugiere implícitamente la idea de orden, puesto que se habla de «las cosas del mundo», pero sobre todo se insiste de forma explícita en la idea de trabazón, de articulación, de interrelación.

Es decir que, frente al planteamiento analítico de la *Semeiança,* surge aquí un objetivo claramente dialéctico. No se busca tanto la descripción del mundo, establecer su «espejo», su semejanza, como establecer las relaciones que existen entre las diferentes partes de la naturaleza. Aunque el *incipit* de la *Semeiança* presenta el mundo como un huevo, es decir como un todo, este tópico medieval de la unidad no va a tener incidencia en el resto de la obra, más que como principio ordenador. Los cuatro elementos del «huevo», del mundo se abordan uno tras otro. Por el contrario, el *Lapidario* vincula la tierra con las estrellas, puesto que las virtudes de las piedras están relacionadas con el avance del sol por los doce signos en que se divide el cielo.

La figura de Aristóteles no es un mero recurso a la autoridad del filósofo para legitimar la relación dialéctica entre diferentes partes de la naturaleza. Aristóteles es uno de los verdaderos protagonistas del prólogo, que cuenta como el griego estableció un catálogo de las piedras, diciendo de ellas cuál era su color, su tamaño, sus virtudes y el lugar donde se pueden encontrar[16]. Dicho sea de paso, esto es lo que hace la *Semeiança del mundo*. Sin embargo, el prólogo del *Lapidario* afirma que «otros sabios» estimaron que este catalogar era inútil, si no se relacionaba cada una de las piedras con el cuerpo celeste cuya influencia reciben y al que por lo tanto deben sus virtudes.

Es decir que el *Lapidario* no es sólo la traducción de un lapidario árabe, sino que a través del prólogo asume y reivindica un tratamiento dialéctico de la materia tratada frente al tratamiento analítico seguido por la *Semeiança del mundo.*

La segunda diferencia que cabe establecer entre los dos prólogos se refiere a la forma en que cada una de las obras concibe su propia relación con la materia tratada. La *Semeiança del mundo* se presenta como un catálogo ordenado de los elementos que configuran el mundo. Pero

---

[16] Se trata en realidad del pseudo-Aristóteles, *cf. Lapidario,* ed. cit.: 13-14.

ese catálogo ordenado no aparece como obra del autor, sino como mero reflejo del orden natural. Es decir que se postula una relación especular entre libro y mundo, como si el ordenamiento del libro no hiciera sino reflejar el de la realidad, como lo indica el propio título. El *incipit* señala que el libro «a nombre *Semeiança del mundo* por rrazon que pareçe en el todo el ordenamiento del mundo asy commo en espejo»[17]. Domina pues la noción de transposición.

Si bien el prólogo del *Lapidario* también recurre, en cierto modo, a un argumento de legitimación al citar a Aristóteles, quien abre la narración y protagoniza la miniatura de presentación, la construcción que lleva a cabo es mucho más compleja y elaborada que la de la *Semeiança del mundo*. A través de la utilización del tópico del libro escondido, el prólogo del *Lapidario* va a justificar la traducción de esta obra, como lo hacen el resto de los prólogos alfonsíes. Ahora bien, el prólogo del *Lapidario* no se limita a hacer suyo este tópico, enunciándolo simplemente como es el caso de otras obras, sino que lleva a cabo una verdadera dramatización del tópico, llevando al lector por una senda que se encuentra en un plano intermediario entre la historia y la ficción. El prólogo narra así toda la historia de la obra, que en dos ocasiones desaparece del mundo y en dos ocasiones surge de nuevo a la luz gracias a las intervenciones del sabio Abolays y del no menos sabio Alfonso.

Lo que cabe destacar de esta puesta en escena no son tantos los fríos datos en sí, que se podrían resumir de la forma siguiente: la traducción al castellano del *Lapidario* promovida por el rey Alfonso procede de una traducción árabe de una antigua obra en caldeo. Lo importante no son estos hechos sino la forma en que, a través de la narración se otorga al rey Sabio un papel de promotor del saber, que lo convierte en un continuador de Aristóteles y de Abolays. Esta cadena de sabios no queda sólo dibujada por el relato, sino que aparece mucho más claramente afirmada a través de la miniatura de presentación, que conlleva dos escenas. En la primera, la mayor, aparece Aristóteles entregando su obra a sus discípulos. Bajo esta primera escena, se encuentra una letra historiada, que cobija a un rey coronado, sentado, en la misma actitud que el filósofo. Se trata del rey Alfonso. Es cierto que la figura del rey es más peque-

---

[17] *Semeiança del mundo*, ed. cit.: 53.

ña que la de Aristóteles y que sólo es el adorno de la primera letra del prólogo. Pero no se trata de una letra cualquiera. El prólogo empieza por la letra A, de Aristóteles, y de Alfonso (y tal vez incluso de Abolays). La miniatura que representa al rey Alfonso se encuentra bajo la letra A, que es a la vez la inicial de su nombre y la inicial de Aristóteles, a quien parece atribuirse la creación misma del género de los lapidarios. Esta cuestión de las iniciales no puede tratarse en ningún caso de una casualidad. Baste recordar que uniendo, por orden, las primeras letras de las *Siete Partidas* se obtiene el nombre Alfonso. En el *Lapidario* alfonsí, la organización espacial de miniaturas y letras muestra pues que Alfonso se sitúa bajo la figura de Aristóteles. Ambos personajes están además representados con la misma postura y la misma actitud. Otro elemento más, Alfonso se encuentra en el mismo eje vertical que Aristóteles, lo que subraya esta idea de herencia, de transmisión, de filiación simbólica. Es decir, que el rey no es un mero mecenas que encarga una traducción, es el último eslabón de una cadena de actores del saber.

El *incipit* de la *Semeiança del mundo*, agazapado bajo la autoridad de sus fuentes, presenta un tipo de actualización solapada, como a escondidas. Por el contrario, el prólogo del *Lapidario*, anclado en el aquí y ahora de la enunciación, protagonizado por el propio rey Sabio, presenta una actualización consciente y reivindicada de la obra que presenta.

De estas dos formas de implicación o de ausencia de implicación en la configuración de las obras presentadas, se deducen dos estrategias discursivas. El *incipit* de la *Semeiança*, antes de retomar el prólogo de la *Imago Mundi* de Honorius Inclusus, se limita a glosar sobre el libro como espejo, como reflejo del orden del mundo. Pero se afirma además la voluntad de retomar unas obras que se asumen como fuente absoluta de «auctoritas». Es decir que se establece una relación puramente especular no sólo entre la obra y la realidad descrita sino también entre la obra traducida y sus fuentes. De ello se deduce que el traductor se presenta, o mejor dicho, se esconde tras una función de mero canal de transmisión, y eleva las fuentes al rango de un saber objeto que existe por sí mismo, independientemente de la actividad cognitiva de ser humano. Esta forma de presentar las obras, poniendo entre paréntesis toda actividad o intervención del actualizador, otorga pues al texto el valor de la verdad, de lo que no es cuestionable, valor avalado generalmente por la autoridad de las fuentes, aquí San Isidoro. Cabe señalar, para subrayar la relación entre objetivos del discurso y recursos formales empleados y para no caer en estereotipos cronológicos, que esta estrategia encubridora es también la adoptada por la *Versión de 1289* de la *Estoria de España*, redactada bajo Sancho IV[18].

Desde una perspectiva lingüística, se podría decir que la *Semeiança del mundo* pretende adoptar una perspectiva referencial, tanto en lo que respecta a los autores de las obras traducidas –puesto que se presentan no como construcción de un saber sino como espejo de la realidad– como en lo que respecta a la traducción, que se reduce, siguiendo una de las tradiciones que se remontan a la Antigüedad, como una mera transposición de términos. No es necesario insistir en el hecho de que esta visión del proceso de traducción no es más que una ilusión puesto que, aun en el caso de lenguas próximas, no existen correspondencias perfectas entre dos idiomas y, proporcionalmente, pocos son términos de un idioma que son sin más transcodificables en otra. La labor del traductor existe, por más que aquí se quiera reducir al tópico de lo fatigoso de la tarea: «Et maguer que es grand lazerio e grand estudio en trasladar lo de latin en romanzo»[19]. Pero el *incipit* de la *Semeiança del mundo* deja al compilador y al traductor entre bambalinas, como si la obra pudiera existir sin ellos, y los esconde bajo la máscara de una imposible neutralidad, la de la supuesta traducción *verbum e verbo*[20].

Por el contrario, el prólogo del *Lapidario* adopta una perspectiva metadiscursiva. Toda la narración sobre la búsqueda y la difusión de la obra muestran al lector cómo se ha ido creando el discurso. El tópico del libro, del saber, como «tesoro escondido» se declina a través de una serie de oposiciones binarias que destacan el papel de Alfonso, como ya se vio, pero también de la escritura, del discurso. En el prólogo del *Lapidario*, mientras el libro permanece perdido –antes de que llegue el momento en que Alfonso lo encuentra y lo hace traducir–, tan sólo se alude a él en frases gramaticalmente negativas y que, desde un punto de vista semántico, que niegan su utilidad. En cuanto el libro sale a la luz, gracias a la traducción promovida por el rey Sabio, las frases se vuelven asevera-

---

[18] M. Lacomba (2007).

[19] *Semeiança del mundo*, ed. cit., 52-53.

[20] Éste es el tipo de traducción, frente a la que corresponde a una interpretación de sentido (*sensus e sensu*) más extendido en la Edad Media, *cf.* J. Hamesse (1998: 1467).

tivas y positivas, y se alaba tanto al rey como al bien que la difusión de esta obra puede aportar. Esto no significa que el prólogo del Lapidario suponga, en términos positivistas, un avance con respecto al de la *Semeiança del mundo*. Sería más oportuno plantear las cosas en términos de focalización. En el *Lapidario*, como en el resto de los prólogos alfonsíes, se trata de presentar al rey como promotor y fuente de un saber que pretende configurar y renovar el espacio cortesano. Ello se hace a través del despliegue de los recursos discursivos más adecuados a estos fines. En este caso, se retoma el tópico del libro como tesoro escondido, que permite destacar el papel de aquel que promueve su recuperación y su difusión. Es decir que, al contrario de lo que hace la *Semeiança*, que defiende otros intereses y escoge pues otra estrategia, el prólogo del *Lapidario* nos presenta un discurso que está haciéndose y por hacer.

Además de otras estrategias, como la de la continuidad de las figuras representativas del saber, el prólogo del *Lapidario* adopta une perspectiva metadiscursiva, que supone una conciencia del lenguaje que se está utilizando.

2. La repercusión de esta evolución en la lengua: del llamar al querer decir

Tras determinar el marco discursivo que cada uno de los prólogos establece, se estudiará ahora el tratamiento que cada una de las obras reserva a las piedras en relación con el idioma utilizado. Para poder tratar como variable significativa la relación entre la denominación de las piedras y la conciencia de la lengua utilizada, se ha establecido una tipología comparativa de los nombres con que la *Semeiança del mundo* y el *Lapidario* se refieren a las piedras tratadas.

2.1. Tipología de las denominaciones

Se ha determinado una doble tipología, atendiendo a dos criterios. El primero tiene en cuenta el hecho de que se mencionen o no el (o los) idioma (s) en el (los) que aparecen los nombres de las piedras. El segundo se basa en el del grado de motivación en la denominación de las piedras. En anejo, figura la clasificación de las piedras del grado de Géminis del *Lapidario*, como muestra del método de trabajo aplicado.

Según la primera clasificación, la de las lenguas mencionadas, se pueden observar que, en un 70% de los casos, la *Semeiança del mundo* especifica de forma explícita que los nombres de las piedras se dan en latín. A pesar de tratarse de una traducción sólo aparecen tres nombres más o menos traducidos en castellano, sin que el nombre de esta lengua romance aparezca una sola vez –cosa que sí que se produce en el *Lapidario*, que en varias ocasiones se refiere a la lengua en que se está traduciendo la obra. Por el contrario, el *Lapidario* se refiere al caldeo– idioma de la fuente original del texto, antes de que fuera traducido en árabe y en castellano– tan sólo en un 16% de los casos. Además del caldeo y del castellano, el *Lapidario* menciona también, en porcentajes variables pero significativos, los nombres, árabes, latinos e incluso griego (en una ocasión).

Esta primera tipología comparativa permite pues llamar la atención sobre dos elementos capitales. El primero es la ausencia absoluta del término «castellano» y la casi inexistencia de nombres castellanos para las piedras en la *Semeiança del mundo*. El segundo elemento es que, frente a la predominancia absoluta del latín en la *Semeiança del mundo*, el *Lapidario* da cabida a otros idiomas. Aunque estos puntos resultan significativos en sí, puesto que marcan unas tendencias de fondo, para llegar a una interpretación más precisa será necesario recurrir a la segunda tipología, la de la motivación de la denominación.

Según este segundo criterio, cabe señalar que tanto en la *Semeiança del mundo* como en el *Lapidario* comienzan con una frase de presentación, que se puede calificar de fórmula por su aspecto absolutamente mecánico y repetitivo. La *Semeiança del mundo* se refiere siempre a las piedras con una de las dos fórmulas de presentación siguientes «la piedra que dizen» o «esta piedra ha nonbre». En el *Lapidario*, los apartados de cada una de las piedras siempre empiezan de la misma forma: con el grado relativo al signo astrológico (del primer grado de Aries, hasta el trigésimo grado de Piscis) y la fórmula «es la piedra que llaman». Tras estas fórmulas de presentación recurrentes, se abre el camino a una posible explicitación de la relación del nombre con la realidad que designa. Los principales tipos de explicitación son los siguientes: la motivación geográfica y la motivación descriptiva.

En el primer caso, la etimología que se justifica por el lugar, país, río, etc. donde se halla la piedra, por ejemplo la piedra *gagates* según la

Semeiança del mundo o *gatiz*, según el *Lapidario*, recibe su nombre del río Gagatis o Gaga. Estos casos representan un 13% en la *Semeiança del mundo* y un 9% en el *Lapidario*. Teniendo en cuenta que el número de piedras tratado no es comparable en ambas obras, se puede decir que estos porcentajes resultan equiparables.

El segundo caso es el de las piedras cuyo nombre está explícitamente relacionado con su significado. En unos casos esta relación tiene que ver con el aspecto o las cualidades físicas de las piedras, en otros tiene que ver con sus efectos o virtudes. En la categoría del aspecto, estaría la piedra *selenites* de la *Semeiança del mundo*, que parece tener como una luna dentro, que crece y mengua como la del cielo, o la piedra *ratiz* del *Lapidario*, «que significa hueca por dentro». Se pueden contar tres piedras (casi un 10%) en la *Semeiança del mundo* y unas ochenta y cuatro (un 23%) en el *Lapidario*. Aparece pues aquí una primera disparidad estadística. En la categoría del efecto, no se puede incluir de la *Semeiança del mundo* más que la piedra *sarcofagus*, que se explica porque «los cueros de los omes muertos que son enterrados en esta piedra luego son desatados e todos comidos en menos de quarenta dias». La categoría de los nombres que conllevan una perífrasis explicativa del efecto que producen las piedras representa un 29% en el *Lapidario*. Y si se tienen en cuenta todos los casos de nombres relacionados con su significado, tanto desde el punto de vista del aspecto como del efecto, nos encontramos con que esta categoría representa un 13% en la *Semeiança del mundo* frente a un 54% en el *Lapidario*.

Reuniendo las tres motivaciones posibles, las cifras alcanzan un 23% en la *Semeiança del mundo* y un 61% en el *Lapidario*. Esta enorme disimetría con respecto a la carga semiótica de los nombres a la fuerza es reveladora del peso que cada una de las obras confiere al lenguaje como instrumento del saber. Para abordar esta cuestión, será necesario cruzar las dos tipologías establecidas –la de la lengua y la del sentido–, lo que permitirá poner de manifiesto la disparidad de ambas obras en cuanto a la relación que establecen entre lengua y mundo así como al papel que confieren al castellano.

2.2. *La relación lengua-mundo*

Una de las mayores diferencias entre la *Semeiança del mundo* y el *Lapidario* radica, como hemos visto, en la proporción de casos que establecen de forma explícita la motivación del nombre de las piedras, mucho más alta en el *Lapidario*. Las tres cuartas partes de los nombres citados en la *Semeiança del mundo*, que en esta parte se limita a traducir las *Etimologías* de san Isidoro, resultan para un lector no versado en latín tan sólo nombres o etiquetas. Por el contrario, el *Lapidario* expone de forma explícita, en una proporción casi inversa (el 66%), la relación que existe entre el nombre y la realidad que designa. Lo cual, paradójicamente, hace que el *Lapidario* tenga una relación más estrecha con el espíritu de las *Etimologías* de san Isidoro que la *Semeiança del mundo*, puesto que la etimología, para Isidoro, permite partir del origen de los nombres para llegar no sólo al sentido de las palabras sino sobre todo a la esencia de los seres y las cosas. Es decir que la comprensión del sentido de una palabra es la puerta del conocimiento. Puerta que el *Lapidario* abre para los castellanohablantes.

Antes de continuar, es necesario tomar algunas precauciones. La primera es que de lo que aquí se está hablando no es de las obras originales y de su contenido sino de sus traducciones. Cuando se trabaja sobre textos medievales, no hay que perder de vista que las obras a las que nos enfrentamos resultan casi siempre, en mayor o menor grado, de un trabajo de reescritura. En este campo entran tanto las compilaciones como las traducciones. En el caso del *Lapidario*, la tarea se complica al no estar identificadas las fuentes y al no poderse llevar a cabo un trabajo de comparación con el original. Ahora bien, si los textos medievales son desde el punto de vista diacrónico los elementos de una cadena de transmisión, no se debe olvidar que, el hecho de que se copien, se compilen, o se traduzcan en determinado momento los arraiga en un nuevo momento histórico. Es decir que, desde una perspectiva sincrónica, toda reescritura, toda actualización pasa a convertirse en elemento constitutivo del contexto cultural en que aparece. Huelga volver aquí a cuestiones harto conocidas como son la capacidad de elección que un copista o un traductor ejercen a lo largo de su tarea, que no es en absoluto un trabajo mecánico, sino que requiere una serie de decisiones en todas las etapas del proceso, desde la selección de las fuentes a las cuestiones de léxico o de retórica[21].

---

[21] Sobre la reescritura historiográfica en el ámbito alfonsí y su originalidad creativa, véanse los estudios de G. MARTIN (1991: 99-109) y de I. FERNÁNDEZ-ORDÓÑEZ (1992).

En el caso del *Lapidario*, puede verse cómo retoma y asume los criterios heredados a través de su fuente lo cual le lleva a situarse en una línea de traducción opuesta al *verbo a verbo* practicado por la *Semeiança del mundo*. Aquí no basta con traducir las cualidades y virtudes de las piedras: el nombre mismo de la piedra debe ser portador de sentido en el idioma en que se traduce la obra. Pasamos pues de un verter palabra por palabra a una visión comunicativa –y por lo tanto interpretativa– de la traducción.

A los nombres que se completan con la explicación de su motivación habría que añadir en el *Lapidario* los nombres de los que se da una verdadera traducción, lexicalizada, en castellano. Esta categoría representa un 23 %. Es decir que la proporción de nombres que no están asociados en castellano ni a una realidad concreta (a través de una verdadera traducción) ni a una explicación del sentido tan sólo alcanza un 11 %, y se reduce a las piedras cuyo nombre se da en caldeo, sin que medie ninguna traducción ni perífrasis explicativa del sentido.

En la *Semeiança del mundo*, la proporción de nombres que nada pueden significar ni sugerir a un lector que sólo domine el castellano alcanza el 60% de los casos. Es decir que la relación universalista, motivada que la mentalidad medieval establece entre lengua y mundo no se desplaza hacia el castellano, sino que se queda anclada en el latín.

2.3. *El papel del castellano como lengua del saber*

En la *Semeiança del mundo*, se habla de traducir del «latyn en el rromançe». Esto significa, en primer lugar, que sigue existiendo una frontera lingüística entre latín y lenguas vernáculas. Significa, en segundo lugar, que no existe una conciencia de un habla diferenciada. En cuanto al primer punto, cabe señalar que la *Semeiança del mundo*, como ya se ha dicho, no da el paso definitivo, que sería el de buscar una traducción de los nombres latinos al «romance». Recordemos que los nombres de las piedras se dan en latín, «la piedra que dizen en latyn». No se da pues la necesidad de nombrar, de apoderarse de la realidad en otro idioma que no sea el latín. Se podría objetar que, como en el caso de los nombres caldeos del *Lapidario*, tales correspondencias léxicas no existían en castellano. Si para algunos nombres se podría contemplar este argumento, resulta difícil admitir que la falta de imaginación o de saber lingüístico impidiera a los traductores pasar de «*selenites*» a *selenita*, de «*pyrites*» a *pirita*, de «*sabinus*» a *sabina* o de «*especularis*» a *especular*. Las raíces y las marcas de las declinaciones latinas se conservan las más de las veces, dándose un solo caso de castellanización del nombre de una piedra, de *tratius* se pasa a *tratio* (p. 106), y dos ejemplos de traducción («piedra byva o pedrenal» para «*pyritis*», y *lunagis* para «*selenites*»). Estas excepciones muestran que el proceso de castellanización hubiera sido una opción posible, que fue sin embargo desechada por el traductor. Éste, a través de la designación de las piedras con el nombre bien latino, deja patente que la lengua del saber sigue siendo el latín, aunque los contenidos de las fuentes latinas se pongan a disposición de quienes no lo comprenden bien. Es decir, que a pesar de un afán de difundir y vulgarizar el contenido científico, se mantiene la frontera, la diferencia de estatus entre las dos lenguas. El único desafío que asume la *Semeiança del mundo* es el de la vernacularización de los contenidos, con el propósito de ampliación la difusión a los «amigos» citados el *incipit*. Esto queda corroborado por el hecho de que, como ya se mencionó, el término «castellano» ni siquiera aparece[22]. No por ello debe perderse de vista el carácter precursor de esta empresa. Se trata de una de las primeras empresas de traducción de obras científicas al castellano, aunque sea sin nombrarlo.

Frente a la *Semeiança del mundo*, que se mantiene apegada a los orígenes y mantiene el latín como única lengua del saber, el *Lapidario* otorga este papel a varias lenguas: al caldeo, al árabe, al latín, y sobre todo al castellano. Resulta difícil hablar del castellano bajo Alfonso X sin mencionar la famosa expresión «castellano derecho», que aparece en el prólogo de otra obra científica, el *Libro de la Ochava esfera*[23]. Según Rafael Cano Aguilar esta expresión alude menos a los aspectos de corrección

---

[22] Aunque la lengua utilizada es el castellano, se habla de ella con el término «romanzo» (*Semeiança*, ed. cit.: 52-53), o con la expresión perifrástica «nuestro latín» (*Semeiança*, ed. cit.: 106), lo cual resulta aún más sorprendente.

[23] Esta obra forma parte de los *Libros del saber de astronomía*, título que el editor del texto, M. RICO y SINOBAS (1863-1867) dio a esta recopilación, sustituyendo al original, «libro del saber de astrología». Sobre esta sustitución véase F. GÓMEZ-REDONDO (1998: 597-598).

lingüística que a una conciencia de estar traduciendo al castellano[24]. Esto es exactamente lo que vemos aparecer en el *Lapidario*.

El *Lapidario* recurre de forma explícita al término «castellano» en un 25% de los casos. El nombre de las piedras figura en varios idiomas, que pueden ser el caldeo, el árabe, el latín y el castellano. En algunos casos, los nombres de las piedras aparecen en las cuatro lenguas, a veces sólo en dos o en tres. Pero el hecho de que el castellano sea un elemento más junto a lenguas secularmente asociadas al saber, como son el caldeo, el árabe y el latín, muestra que lo que se está estableciendo es una equiparación con estas lenguas. Y esto es lo que venía a mostrar en realidad el prólogo, a través de la puesta en escena de la búsqueda y de la transmisión del libro.

A través de la cadena establecida entre Aristóteles, Abolays y Alfonso, quedaba ya establecida la legitimidad del castellano como lengua del saber. Es la propia actitud voluntarista con respecto al saber la que legitima la utilización de la lengua del que busca. Recuérdese que Abolays, después de haber buscado obras sobre las virtudes de las piedras, hallaba este *Lapidario* en caldeo, y lo tradujo a su idioma, el árabe. Siglos después, tras haber permanecido como perdida, la obra cayó en manos de Alfonso, que supo comprender su valor, y la mandó traducir al castellano.

Al igual que la *Estoria de España* relata la historia de los diferentes pueblos que ejercieron su señorío en la Península, el *Lapidario* también preconiza esta visión dinámica en lo que se refiere a la relación de diferentes culturas y diferentes lenguas con el saber. Al igual que la historia de los diferentes poderes que se ejercieron en España viene a legitimar la autoridad de Alfonso, la utilización del castellano consagra el papel del rey Sabio como promotor y sobre todo como productor del saber.

El estudio comparado de la *Semeiança del mundo* y del *Lapidario* permite acotar un espacio, tanto desde un punto de vista cronológico como temático, como es el de la creación de una prosa científica castellana. Prosa

---

[24] Para R. Cano Aguilar (1989-9: 83), tanto el prólogo del *Lapidario* como el segundo prefacio del *Libro de la ochava esfera fijas* serían obra de los colaboradores: «De esta forma, la referencia al "castellano derecho" no puede considerar como salida directamente de la mano regia». Sobre la cuestión del «castellano derecho», véase también J. R. Lodares (1993-4: 313-334).

que, a lo largo del siglo XIII, irá evolucionando desde un ámbito de clerecía escolar a un marco de clerecía cortesana. Esto se hace a través de la importancia que adquiere el prólogo, que adopta una estrategia discursiva que convierte al Rey sabio en actor del proceso que permite la difusión de la obra y al castellano en lengua de cultura. Se pasa de la utilización de una lengua romance con fines puramente utilitarios en la *Semeiança del mundo* a la voluntad de forjar no sólo un idioma sino un espacio de comunicación. En el *Lapidario*, domina la búsqueda del sentido, como lo muestran las traducciones motivadas y las perífrasis que explican los nombres de las piedras. La actualización consciente y construida que se lleva a cabo de forma casi teatralizada en el prólogo –anclado de forma explícita en el tiempo y el espacio de la enunciación y del «yo» alfonsí– convierte al lector en un elemento de un espacio castellano del saber.

BIBLIOGRAFÍA

ÁLVAREZ JUNCO, José (2001): *Mater Dolorosa. La idea de España en el siglo XIX*. Madrid: Taurus.

BORN, Joachim (1992): «Leonesisch», en: HOLTUS, Günter/METZELTIN, Michael/ SCHMITT, Christian (dirs.): *Lexikon der Romanistischen Linguistik. 5, 1*. Tübingen: Niemeyer, 693-700.

BULL, William E./WILLLIAMS, Harry F. (eds.) (1959): *Semeiança del mundo. A medieval description of the World*. Berkeley/Los Angeles: University of California Press.

CANO AGUILAR, Rafael (1989-90): «Los prólogos alfonsíes», en: *Cahiers de linguistique hispanique médiévale* 14-15, 79-90.

FERNÁNDEZ-ORDÓÑEZ, Inés (1992): *Versión Crítica de la* Estoria de España. *Estudio y Edición desde Pelayo hasta Ordoño II*. Madrid: Fundación Ramón Menéndez Pidal/Universidad Autónoma de Madrid.

FONTAINE, Jacques (1959): *Isidore de Séville et la culture classique dans l'Espagne wisigothique*. Paris: Institut des Études Augustiennes.

GÓMEZ-REDONDO, Fernando (1998): *Historia de la prosa medieval castellana. 3 vols*. Madrid: Cátedra, vol. I.

HAMESSE, Jacqueline (1998): «La terminologie latine des traducteurs médiévaux, expression de la rencontre des cultures dans l'histoire de la pensée espagnole», en: SOTO RÁBANOS, José María (coord.): *Pensamiento medieval hispano. Homenaje a Horacio Santiago-Otero*. Tomo II, Madrid: CSIC/Consejería de Educación y Cultura de la Junta de Castilla y León/Diputación de Zamora, 1462.

HILTY, Gerold (ed.) (1954): *El Libro conplido en los iudizios de las estrellas.* Madrid: RAE.

ISIDORO DE SEVILLA: *Etimologías.* Libro III, 4, 4: «*Quid Praestent Numeri*».

KINKADE, Richard P. (1971): «Un nuevo manuscrito de la *Semeiança del mundo*», en: *Hispanic Review* 39, 261-270.

LACOMBA, Marta (2007): «Image du savoir, image du pouvoir dans le *Lapidario*», en: FOURNÈS, Ghislaine/LACOMBA, Marta (orgs.): «Images du pouvoir, pouvoir des images, Actas del coloquio internacional AMERIBER-SIREM» (17 y 18 de marzo de 2006, Burdeos), en: *E-spania* 3, junio.

LODARES, Juan Ramón (1993-4): «Las razones del castellano derecho», en: *Cahiers de Linguistique Hispanique Médiévale* 18-19, 313-334.

MARTIN, Georges (1991): «Cinq opérations fondamentales de la compilation. L'exemple de l'*Histoire d'Espagne* (étude segmentaire)», en: *L'historiographie médiévale en Europe.* Paris: Éditions du CNRS, 99-109.

RODRÍGUEZ M. MONTALVO, Sagrario (ed.) (1981): *Alfonso X, «Lapidario» (según el manuscrito escurialense H I 15).* Madrid: Gredos.

VERNET, Juan (1978): *La cultura hispanoárabe en Oriente y en Occidente.* Barcelona: Ariel.

ANEJO

Clasificación de las piedras en el *Lapidario*, grado de Géminis

	Sólo nombre	Traducción lexicalizada	Mención de otros idiomas	Etimología geográfica	Etimología descriptiva	Etimología relacionada con los efectos y las virtudes
zarocan	X					
piedra del oro		X				
barcadunitycaz			caldeo			que quiere decir en caldeo «tragador de olio».
«piedra que tira la carne»						X
margul			en caldeo			
lurita					que quiere decir tanto como «oleosa».	
«piedra de la serpiente»						X

	Sólo nombre	Traducción lexicalizada	Mención de otros idiomas	Etimología geográfica	Etimología descriptiva	Etimología relacionada con los efectos y las virtudes
«piedra del sueño».						X
bezaar		dícenle en griego *ubericulequyn*				que quiere decir tanto como «arredrador de tósigo».
bezaar amarillo	X					
coloquia				Y ha este nombre porque la hallan en minas que ha en una isla a que llaman Col		
«piedra que tira el vino»						X
taroc	X					
kedoritoz						que quiere decir «tirador de gusanos».

	Etimología relacionada con los efectos y las virtudes	Etimología descriptiva	Etimología geográfica	Mención de otros idiomas	Traducción lexicalizada	Sólo nombre
sipbe	que quiere decir «sanamiento».					
«piedra que parece en la mar cuando sube Mercurio»		X				
betora						X
«piedra de la golondrina»		Que se halla en el vientre de la golondrina				
koloquid		que quiere decir tanto como «cambiadiza» o «convertible»				
tarmicon				y este nombre en caldeo, quiere decir tanto como en arábigo asabac, y en latín «codicia de mujer».		

	Sólo nombre	Traducción lexicalizada	Mención de otros idiomas	Etimología geográfica	Etimología descriptiva	Etimología relacionada con los efectos y las virtudes
gemezt	X					
camiulicaz						que quiere decir tanto como «retenedor de caballo»
mecelucan			caldeo			que quiere decir tanto en caldeo, como «solvedor de natura»
«piedra que tira el sebo»						X
«piedra que es diente de cangrejo marino»					X	
batocita			caldeo			que quiere decir en caldeo tanto como «vedador de canas»
«piedra del hígado».						X

	Sólo nombre	Traducción lexicalizada	Mención de otros idiomas	Etimología geográfica	Etimología descriptiva	Etimología relacionada con los efectos y las virtudes
«piedra que torna el agua en sangre». Y a esta piedra no hallan nombre en ningún lenguaje, sino solamente éste					X	X
maduz	X					

Raúl Orellana Calderón
Universidad Autónoma de Madrid

En torno a la datación y lugar de redacción de la *Tercera Partida* de Alfonso X el Sabio

1. Datación

No podemos, cuando menos, dejar de señalar la notable diferencia que habría supuesto para la historia del derecho y del reinado de Alfonso X la existencia de alusiones a las fuentes aprovechadas por los compiladores de los textos jurídicos alfonsíes, especialmente, por lo que nos toca, en las *Siete Partidas*. Lo mismo valdría decir respecto a las referencias externas al texto, ya fueran meros apuntes cronológicos, sociales o culturales que funcionasen de actualizadores, como en ocasiones ocurre en la obra histórica del rey Sabio. Nada aparece, pues, en las *Partidas* que permita relacionar o vincular de forma definitiva la redacción con algún aspecto externo al texto, alusión que nos aproximaría a una fecha de redacción o redacciones con mínima firmeza y garantía.

A este respecto, y dejando a un lado la complejidad textual de la *Primera Partida*, ha de mencionarse la histórica polémica generada en torno a las fechas de composición que se deducen de los epígrafes de los diversos estados redaccionales del texto –aunque creemos firmemente que estás dataciones sólo serían aplicables a la *Primera Partida*–. Con respecto a la *Segunda Partida* ha de recordarse igualmente la existencia de dos versiones: la no interpolada u original y una interpolada. La comparación de estas versiones, especialmente en las variantes ligadas al pleito de sucesión, llevó al profesor J. R. Craddock (1981: 400-418), a intuir muy verosímilmente (pero no asegurar) que la versión original o primera estaría redactada antes de la muerte de Fernando de la Cerda en 1275, mientras que las interpolaciones se habrían introducido por partidarios de Sancho IV entre 1275 y 1278. Muy poco más o nada es lo que se ha dicho respecto a la cronología de la obra.

Por nuestra parte, hemos intentado aproximarnos a la datación relativa del conjunto de las *Partidas* por otros medios como, por ejemplo, el estudio de las referencias numismáticas que aparecen a lo largo de las *Siete Partidas*, pero lo vago y descontextualizado de éstas nos han obligado a abandonar la empresa sin resultado digno de comentario[1]. El punto de partida ha de ser otro.

El estudio de las fuentes de nuestra *Tercera Partida* permite concluir que la obra más moderna manejada por los compiladores alfonsíes de que tenemos conocimiento fue probablemente la primera redacción del *Speculum iudiciale* de Durante, datable en torno a 1272[2]. Puesto que el *Speculum* no puede ser anterior a esa fecha, el año 1272 puede juzgarse un *terminus post quem* fiable para la obra. Además, hay otro dato nada desdeñable, en este caso una referencia textual, que fijaría también el *post quem* en torno a 1270: se trata de la mención de unos personajes inmersos en una circunstancia concreta acaecida en 1270, de la que nos ocuparemos más abajo. La conclusión es, pues, inmediata: antes de los años 1270-1272 la *Tercera Partida* no estaba redactada, al menos como

---

[1] Partimos de un problema fundamental: la datación de la mayoría de las monedas no es clara ni unánime entre los especialistas; además, las referencias numismáticas que figuran en las *Partidas* (blancas alfonsíes, marcos, doblas, de oro, de plata, de vellón, etc.) son, como hemos dicho, demasiado poco específicas como para establecer coordenadas cronológicas. Sólo un caso hallado en *Partidas* VII, XXXIII, 2 ha llamado nuestra atención:

[…] Eſto ſeria como ſi algund ome compraſſe de otro alguna coſa, por precio de mil marauedis: e el vendedor dixieſſe que ſu entendimiento era, que eſtos marauedis fueſſen delos negros, e el comprador dixieſſe que eran de las blancos: ſi tal dubda como eſta non ſe pudieſſe aueriguar por carta[…].

Según G. Castán (2000: 52-55) la moneda prieta se documenta por vez primera en 1270 –aunque para O. Gil Farrés (1976) también se acuñaron prietas en 1258– y fue válida hasta 1279. Si tenemos en cuenta este dato, la noticia de *Partidas* VII, XXXIII, 2, sólo podría haberse dado a partir de 1270. El hecho no era intrascendente debido a que el maravedí de cuenta poseía diferente valor: el dinero prieto valía seis veces el precio del blanco.

[2] El *Speculum iudiciale* de Guillermo Durante conoció al menos dos redacciones. Fue la primera –a la que se viene atribuyendo una datación en torno a 1272– la que pudo haber influido en ciertas secciones de nuestro texto. Ello es seguro porque la segunda se llevó a cabo entre 1287 y 1291. La cuestión es tratada en mi tesis doctoral *La Tercera Partida de Alfonso X el Sabio. Estudio y edición crítica de los títulos XVIII al XX* (Universidad Autónoma de Madrid, 2006).

ahora la conocemos. Por el contrario, no se ha dado hasta la fecha un *terminus ante quem* satisfactorio, una fecha en la que la sepamos ya concluida. Así, aunque muy pocos dudamos de que la obra fuera conocida por el rey Alfonso X tal como nos ha llegado, la falta de pruebas o indicios fiables de una datación mantiene aún vivas en cierto modo las sospechas que al respecto introdujo A. García-Gallo.

1.1. *Personajes y lugares del título* XVIII

Aunque no hay seguridad sobre el valor que debemos conferirles, existen en la *Tercera Partida* referencias a elementos externos que podrían orientar la fijación de una posible datación del texto, confirmar el posible *post quem* que fijábamos después de 1272 y quizás también guiar tímidamente nuestros pasos hacia un *terminus ante quem*.

El título XVIII de la *Tercera Partida* es el único de la obra en que se nos ofrece un buen número de nombres conocidos, de lugares concretos y de alusiones a alguna que otra situación al menos susceptible de ser interpretada como verosímil. ¿Podríamos a través de todo ello determinar un momento más o menos concreto del siglo XIII en el que podría estar confeccionándose el texto? Ésa fue la idea de A. García-Gallo (1951-1952), idea que juzgamos enteramente razonable. Pero aunque este investigador estaba bien encaminado por los datos relativos a personajes y lugares, su conclusión final respecto a la datación del texto no es convincente.

Los nombres de estos lugares y personajes identificables aparecen en varios de los documentos insertados como modelos de escrituración notarial en algunas leyes del título XVIII. Pero, frente a lo que creyó A. García-Gallo, la mayoría de los documentos aludidos, tal como figuran en estas leyes de la *Tercera Partida*, no son documentos auténticos, sino que, salvo excepciones, son una adaptación (literal en muchos casos) de los modelos entresacados del formulario inserto en el *Ars notariae* de Salatiel[3]. En consecuencia, ningún provecho se puede obtener de inter-

---

[3] La fuente exclusivamente seguida en los talleres alfonsíes para la confección de las leyes 56-110 del título XVIII y para ciertas cuestiones del título XIX fue la segunda redacción del *Ars notariae* de Salatiel, fechada en 1253-1254. *Vid.* J. BONO (1979). Para edición del *Ars notariae*, G. ORLANDELLI (1961).

pretar como cierta una realidad que es sólo aparente en estas posturas, pleitos o avenencias por y entre personajes conocidos.

Es cierto también que algunos de los modelos documentales de estas leyes no están tomados del *Ars notariae* de Salatiel, por ejemplo, los seguidos para la redacción de documentos judiciales. Esto podría plantear la duda de si realmente estas otras fórmulas podrían proceder de verdaderos documentos notariales[4]. No se puede dar una respuesta negativa. No obstante, hemos de destacar que, a partir de lo que parece desprenderse de su examen, todo sugiere que estos patrones son artificiales o *ex profeso* en su forma e intención. Valga de ejemplo la ley 110, en la que se ofrecen las fórmulas necesarias para la escrituración de la sentencia de alzada: se muestran varias posibilidades en la resolución de los hechos con el fin de ofrecer a los escribanos una mayor casuística, un mayor número de ejemplos o simplemente casos contrarios a los que ajustar el tenor y la redacción del documento.

Sin embargo, en otros casos –como los nombramientos del alcalde sevillano Ferrand Mateos (ley 7) y del escribano de Segovia Velasco Ibáñez (ley 8)– es bastante probable que los documentos fueran efectivamente reales, tomados del archivo cancilleresco. No resulta extraño pensar que los compiladores del texto hubieran acudido a documentos de la cancillería o a documentos o registros notariales privados relativamente recientes, lo que no sería nada extraño en una corte itinerante.

Pero sean transcripciones de documentos auténticos, modelos tomados de Salatiel o patrones confeccionados *ex profeso*, lo que ha de llamarnos la atención es el hecho de que hayan sido introducidos en estos modelos como intervinientes personajes reales e identificados cuyas vidas convergen fundamentalmente en torno a la década de los setenta del siglo XIII.

Las referencias a nombres y lugares son variadas; se puede establecer una jerarquía basada en el nivel de especificidad de estas referencias. Así, en un primer lugar, aparecen alusiones indefinidas como «fulán» y «en tal lugar» (leyes 56-58, 60-63 y 65-69). Un segundo grupo lo constituyen referencias más explícitas en las que se dan nombres propios, en ocasiones acompañados de apellido, pero que, a falta de otras coordenadas, carecen

---

[4] Otro caso es el de *Partidas* III, XVIII, 77. La fórmula de afletamiento no encuentra semejante en el *Ars notariae* de Salatiel; parece responder a la *forma nauli* más tradicional, proveniente quizás de la práctica notarial sevillana.

de valor y no podemos considerarlas más que una mera sustitución de las referencias indefinidas (leyes 64, 70, 71-74, 76, 79-87, 89, 90, 92, 99 y 100-104). Un tercer grupo contiene referencias a nombres propios y la adscripción a algún lugar, lo que no es suficiente en un primer momento para su localización, pero con la confluencia de otros elementos externos podemos llegar a contextualizarlos (leyes 75, 88, 97 y 105). Y en un cuarto y último grupo podemos agrupar las referencias más específicas: nombres de personajes adscritos a una actividad realizada en un lugar concreto. En alguna ocasión, uno o varios de estos personajes aparecen inmersos en un contexto, si no real, al menos susceptible de ser interpretado como tal. Éstas últimas referencias son las que mejor nos informan acerca del posible marco cronológico de la *Tercera Partida* (*vid.* leyes 77, 78, 91, 93-96, 98 y 106-110). Nos centraremos principalmente en las referencias a los alcaldes mayores de Toledo, Sevilla y Burgos que sabemos activos durante el reinado alfonsí y de los que nos han llegado algunas pocas (aunque no siempre claras) noticias relativas a su labor y a sus personas.

1.1.1. Alcaldes de Toledo: Gonçalvo Iváñez (o Juanes) y Gonçalo Ruiz

No es mucho lo que se conoce acerca del alcalde de Toledo Gonzalo Ibáñez o Juanes (citado en las leyes 91, 93, 95 y 101). Sabemos que perteneció a una de las más importantes familias mozárabes de la ciudad de Toledo. Aunque desconocemos las fechas exactas en que comenzó y en que cesó en su cargo, hay documentos judiciales que confirman su actividad entre 1220 y 1270 (F. J. Hernández y P. Linehan 2004: 14)[5].

Gonzalo Juanes fue tío paterno del que llegaría a ser arzobispo de Toledo, Gonzalo Pérez o –con el apelativo con el que se le conoció desde el siglo XVI– «Gudiel»[6], figura que, como su familia, perteneció al

---

[5] Sin embargo, A. GONZALEZ PALENCIA (1926-1928) recoge documentos que aluden a Gonçalvo Iváñez entre 1267 y 1294: *Mozárabes* II: 200-201, doc. 602 (12 abril 1257); 219-220, doc. 619 (26 mayo 1264); 310-312, doc. 701 (17 marzo 1290); 331, doc. 716 (19 oct. 1294); III, 268-272, doc. 958 (23 dic. 1262); 276-279, doc. 960 (11 marzo 1269); 454-455, doc. 1044 (21 nov. 1272).

[6] Para aspectos biográficos de «Gudiel», *vid.* F. J. HERNÁNDEZ /P. LINEHAN (2004) y *cf.* R. GONZÁLVEZ RUIZ (1997: 299-657).

ambiente íntimo del rey Alfonso. Así, su hermano Garcí Pérez fue notario del rey en Andalucía entre 1253 y 1259. Otro tío de «Gudiel», también llamado Gonzalo Juanes, obispo de Cuenca hacia 1228, acompañó a Fernando III en la toma de Córdoba y a Alfonso X en la de Murcia, recibiendo de ambos importantes beneficios. El propio «Gudiel» consiguió ser arcediano de Toledo en 1269 y notario de Castilla en 1270, gracias a Alfonso X, y participó en el cuarto y quinto repartimiento de Murcia entre 1268 y 1271, tras la revuelta mudéjar, con sus colegas Gil García de Azagra y Maestro Jacobo de las Leyes.

Varios autores (J. Torres Fontes 1964, F. J. Hernández y P. Linehan 2004) han relacionado la presencia del alcalde toledano Gonzalo Ibáñez en estas leyes con la intervención de su sobrino Gonzalo Pérez en el proceso de confección de la *Tercera Partida*. Del mismo modo se ha supuesto que el deán de Toledo mencionado en la ley 75 podría ser el propio Gonzalo Pérez «Gudiel», gran bibliófilo y deán de Toledo en la década de los sesenta (antes de hacerse con el arcedianato gracias a Alfonso X), lo que se acomodaría perfectamente al tenor del modelo inserto en la mencionada ley[7]. «Gudiel» fue estudiante en París entre 1252 y 1258. A su regreso obtuvo el arcedianato de Moya (Cuenca) de otro de sus tíos, Rodrigo Juanes, hermano de Gonzalo Juanes y como él obispo de Cuenca desde 1257. Pero en lugar de incorporarse, «Gudiel» consiguió una licencia para estudios de leyes en Italia entre 1259 y 1263[8], lo que debió de convertirlo en experto jurista y quizá le permitió establecer relaciones con italianos que luego vemos en la corte alfonsí o traer consigo textos jurídicos entonces desconocidos en España, como el *Ars notariae* de Salatiel.

Juan Torres Fontes (1964: 531-545), seguido por F. J. Hernández y P. Linehan (2004: 136-140), supuso por ello que la redacción de las *Partidas* se habría llevado a cabo en esos años del repartimiento de Murcia

---

[7] Tanto la posible intervención de «Gudiel» en la composición de la *Partida* como la relación de éste con la aparición en el texto del alcalde Gonzalo Ibáñez no son ideas originales en ninguno de estos autores modernos: las encuentro documentadas por primera vez en F. MARTÍNEZ MARINA (1808 [1966]: 192 y 196).

[8] Para R. GONZÁLVEZ RUIZ (1997: 307-309) «Gudiel» habría decidido entonces continuar sus estudios en la rama civilística, ya que el derecho civil era una de las ramas más cotizadas en la Iglesia y en Castilla y una disciplina fundamental para acometer importantes carreras.

(entre 1268 y 1271) donde significativamente «Gudiel» coincidió con Jacobo de las Leyes y Pedro Gallego, dos de las figuras que tradicionalmente han sido vinculadas con la elaboración de las *Partidas*.

No obstante, no hemos de olvidar –algo que desconocen todos lo que han aducido esta hipótesis– que el documento inserto en la ley 75 es una copia fiel del *Instrumentum locationis operarum* del *Ars notariae* salatielino y que, por tanto, si bien tal tipo de servicio estaba a la orden del día, no cabe duda de que el caso presentado no es real. Pero esto no es óbice para preguntarse quién y por qué se acordaría del deán de Toledo en el momento de hispanizar el modelo italiano, ¿habría sido a instancias de «Gudiel», deán de Toledo hasta 1266 ó 1269?[9] ¿Cuántas veces no habría solicitado la copia de los libros que colmaban los anaqueles de su magnífica biblioteca? Y ¿por qué no, a fin de dar color local, sustituir el *iudex* del modelo de Salatiel por su tío, el famoso juez de Toledo?[10] Aunque estas coincidencias nada aseguran, indudablemente muestran la familiaridad de los autores de la *Tercera Partida* con estos personajes, aludiendo a una situación que poseían, además, antes de 1270 pero no después. Sin duda que los grandes juristas del entorno alfonsino como Fernando Martínez de Zamora, el maestro Roldán o Jacobo de las Leyes hubieron de intervenir de un modo u otro en el proceso de confección de esta sección procesal del gran código alfonsino, y es que no serían muchos los hombres por entonces con la capacidad y la formación necesarias para ello. A diferencia de éstos, no conocemos ninguna obra legal de Gonzalo Pérez «Gudiel», pero es indudable que sus conocimientos jurídicos adquiridos en Italia, su proximidad al ambiente íntimo del rey, su actividad en la corte como notario al menos desde 1270 y el hecho de que fuera designado por el propio Alfonso como dirimente en el repartimiento de Murcia lo convierte en un digno candidato a integrante del equipo que proyectó o confeccionó la *Tercera Partida* o, al menos, a persona que tuvo que estar muy cercana a los autores del proyecto.

Por lo que respecta al alcalde Gonçalo Ruiz (ley 91)[11], sabemos que en 1264[12] está en ejercicio de la función de su oficio público en Toledo;

---

[9] *Cf.* F. J. Hernández/Linehan (2004: 88-95) y R. Gonzálvez Ruiz (1997: 317).

[10] *Vid.* § 2.

[11] No hay ningún alcalde Gonzalo Ruiz en la ley 91 como dice A. García-Gallo (1951-1952: 441). La confusión parece provenir de una lectura particular de la ley en las

sin embargo, en las referencias que conocemos de él ya entre 1278 y 1287 no aparece citado como alcalde[13].

1.1.2. Don Marín Pérez, alcalde de Burgos

Hacíamos mención más arriba a que la concurrencia de determinados personajes en una situación casi sin duda ficticia, bien por haber sido tomada de Salatiel, bien por demasiado orientada a la exposición de las fórmulas precisas para la redacción de una determinada tipología documental, podría, sin embargo, ayudar a delimitar la fecha del texto o, al menos, a confirmar nuestra hipótesis que aboga por que la redacción se llevó a cabo en la década de los setenta. Tal es el caso de la ley 110, «Cómo deve seer fecha la carta de la sentencia que dan los juezes de las alçadas». Aquí se nos habla de un recurso de alzada a propósito de un pleito dirimido por don Marín, alcalde de Burgos, entre el abad de Oña y un tal Gonzalvo Ruiz, ante cuya sentencia este último se alza al rey. El modelo no está tomado del *Ars notariae* de Salatiel, ya que, como hemos dicho, éste no trata documentos de causas judiciales en su formulario, pero muy probablemente la situación descrita en el texto de la ley es ficticia, o en todo caso, inspirada de un caso real pero adaptada y presentada al modo del formulario italiano. Prueba de ello es la presentación en forma de disyuntiva de la resolución de la alzada descrita, algo impensable en una sentencia verdadera y firme. Pero fuera de este hecho, interesa destacar la existencia real de un don Marín, alcalde de Burgos que hemos podido localizar a través de algunos documentos, y

---

ediciones de Díaz Montalvo y Gregorio López, que han sustituido *Iváñez* por *Ruiz,* lección no corroborada en ninguno de los testimonios manuscritos. Por otro lado, en la ley 96 se alude a un tal Gonzalo Ruiz, pero, en realidad, la alusión hace referencia al *contendor* en el pleito y no necesariamente se trataría de ningún alcalde. Además, es significativo el hecho de que esta ley 96 esté relacionada con la ley inmediatamente anterior; ambas forman parte de un mismo «caso», con los mismos intervinientes y, evidentemente, el alcalde es don Gonçalvo Iváñez y no Gonçalo Ruiz.

[12] GONZÁLEZ PALENCIA, A.: *Mozárabes* II, 219-220, doc. 619 (mayo 1264).

[13] GONZÁLEZ PALENCIA, A.: *Mozárabes* II, 259-260, doc. 658 (23 nov. 1278); 276-279, doc. 674 (3 agosto 1283); 300-302, doc. 692 (21 ene. 1287) y 302-304, doc. 693 (18 mayo 1287).

cuya actividad parece desarrollarse muy intensamente en la década de los setenta[14].

La primera referencia a este alcalde burgalés se encuentra en un documento del Archivo Municipal de Burgos, en el que Alfonso X confirma el traslado notarial de las ordenanzas de los zapateros de Burgos, fechado en el 26 de mayo de 1270. Entre los testigos, aparece un tal «Mar(t)in Perez alcalde»[15]. También entre la documentación del monasterio de San Salvador de Oña encontramos varias cartas en las que aparece el mismo alcalde. Así, en una carta fechada en Valladolid el 18 de julio de 1271, dirigida por el infante don Fernando a los alcaldes de Burgos y, entre ellos, a un tal «Marin Perez»[16]; en otra carta fechada en Valladolid el 30 de abril de 1278 en que el propio rey Alfonso se dirige a «don Marin» para solicitarle la copia de una pesquisa llevada a cabo con respecto al pleito que por entonces mantienen el monasterio de San Salvador de Oña y el concejo de Frías[17]; y en un documento fechado el 20 de mayo de 1280 también relativo al pleito entre el monasterio de Oña y el concejo de Frías en el que se cita claramente a «don Marin, alcalde dela çipdat de Castiella»[18]; por último, don Marín vuelve a ser citado en las actas del mismo pleito fechadas el 13 de julio de 1280[19]. Tenemos, pues, a otro alcalde de los citados en la *Tercera Partida* localizado en la década de los setenta, activo aún en mayo de 1280.

Pero nuestra sorpresa aumenta cuando entre los documentos del monasterio de Oña aparece uno que, sin ser definitivo para nuestros intereses, goza de mayor relevancia. Se trata de un documento del rey Alfonso fechado en Miranda de Ebro el 20 de septiembre de 1270 en el que el rey conmina a un tal «Gonçaluo Royz de Atiença» a devolver a San Salvador de Oña algunos bienes que le había arrebatado impropiamente en monasterio de Rodilla y en Henosa:

---

[14] Don Marín aún no era conocido como personaje real por Ballesteros-Beretta (1984: 360), aunque unos cientos de páginas más adelante el autor reproduce un documento en el que aparece citado (1984: 933).

[15] Archivo Municipal de Burgos, sec. hca., n. 683. *Vid. DEDAL*, ACV, 40v.

[16] I. Oceja (1983: 189-192, doc. 195).

[17] I. Oceja (1983: 219-220, doc. 219).

[18] I. Oceja (1983: 231-234, doc. 229).

[19] I. Oceja (1983: 234-236, doc. 231).

Sepan cuantos esta carta vieren commo ante nos, don Alfonso, por la gracia
de Dios rey de Castiella, de Toledo, de Leon, de Galizia, de Seuilla, de Cor-
dova, de Murçia, de Iaen e del Algarve, venieron en iuizio don Pedro,
abbad de Onna, por sy e con carta de personeria del conuento, de la vna
parte, e Gonçaluo Royz de Atiença, de la vtra, en razon de las demandas
quel fazien el abbad y el conuento sobre la casa de Sancta Maria de Monesterio de Rodiella e sobre la teneçia de Fenosa, que dezie el abbad e el
conuento quel entro Gonçaluo Royz, commo non devie... (I. OCEJA 1983:
185-187, doc. 192).

El documento nada tiene que ver en principio, al menos directamente, con lo descrito en la ley 110 de nuestra *Partida*: ni se trata de un caso
de alzada ni se alude en él al alcalde don Marín. Insistimos en que no ha
de perseguirse la identificación legal o procesal del modelo de la ley de
la *Partida* con algún evento acaecido realmente, pues la ley no presenta
más que varias fórmulas de escrituración judicial para casos hipotéticos,
pero la «coincidencia» de la existencia histórica de un pleito entre Gonzalo Ruiz y el abad de Oña en 1270, en perfecta coincidencia con la
fecha de la primera documentación conocida de don Marín, es cuando
menos sorprendente.

1.1.3. Los alcaldes sevillanos

Pero es Sevilla la que se lleva la palma en este tipo de alusiones y referencias. Nada menos que tres de sus alcaldes son claramente aludidos en
numerosas leyes del título XVIII: Ferrand Mateos, que ya hemos mencionado un poco más arriba, Rodrigo Esteban y Alfonso Díaz; a ellos hay
que añadir, quizá, el alcalde Gonzalo Vicente[20]. Nos dice Ortiz de Zúñi-

---

[20] No existe ningún elemento ni circunstancia que realmente indique que el alcalde
Fernán Iváñez de la ley 110 sea el alcalde sevillano Fernán Iváñez, como ha aducido A.
GARCÍA-GALLO (1951-1952: 440-442). Este el motivo por el que no vamos a considerar
en esta sección al alcalde de Sevilla Fernán Iváñez. Podríamos decir lo mismo acerca del
«Gonçalo» que se nombra en la ley 70. Según A. GARCÍA-GALLO, éste es el alcalde sevillano Gonzalo Vicente. En principio, no podemos negar tal hecho, pero es necesario
señalar dos detalles importantes: 1) en ninguno de los testimonios manuscritos el personaje se cita como Gonzalo Vicente, sino simplemente como Gonzalo; el apellido Vicente

ga en el año 1250 de sus *Anales* que «los cuatro primeros alcaldes mayores fueron Rodrigo Estevan, Gonzalo Vicente, Fernan Mateos, Rui Fernandez de Safagun, que todos estan heredados entre los alcaldes del rey en el Repartimiento de la alqueria *Vesahit*, o Alcaldia»[21].

El primero que se cita en las leyes de la *Tercera Partida* es Fernán Mateos (leyes 7 y 106-109). La ley 7 es nada menos que la carta regia de su nombramiento como alcalde mayor de Sevilla. Es poco lo que se sabe con seguridad en torno a este alcalde sevillano: es nombrado en el repartimiento de Sevilla de 1253, donde recibió algunas tierras[22]. Existe para otros la posibilidad de que fuera el mismo Ferrán Mateos que fue alcalde en Toledo desde 1248, también en 1267[23] y 1271[24]; a partir de diciembre de 1275[25] los documentos aluden a él como fallecido. Se hace ciertamente difícil, con la escasa información que poseemos, explicar cómo podría haber compatibilizado ambos cargos, la alcaldía de Toledo y la de Sevilla. También es posible –quizás la teoría más probable– que el Ferrán Mateos de las *Partidas* fuese el hijo del almirante Juan Mathé de Luna que acabó casándose con Mayor de Mendoza, bisnieta de Ruy López, ricohombre alcalde mayor de Sevilla y señor de Huelva, el primer Almirante Mayor de la mar (F. Pérez-Embid 1944: 78 y D. Torres Sanz 1982: 238).

Un tal Gonzalo aparece citado en la ley 70 y se ha sugerido su identificación con el alcalde sevillano Gonzalo Vicente, la cual dista de ser

---

sólo aparece en las ediciones de Díaz de Montalvo y Gregorio López, y 2) en ningún lugar de la ley se dice que este Gonzalo sea alcalde. No obstante –con todas las reservas, y ya que tampoco se puede negar su identidad de forma absoluta–, hemos tenido en cuenta para el propósito que perseguimos en este apartado a este alcalde sevillano y las referencias que sobre él hemos hallado.

[21] ORTIZ DE ZÚÑIGA (1795), D.: *Anales eclesiásticos y seculares de la muy noble y muy leal ciudad de Sevilla*. Cito a través de N. TENORIO Y CEREZO (1901: 82).

[22] J. GONZÁLEZ GONZÁLEZ: *Repartimiento* I, 277; II, 64, 176, 238 y 263. La donaciones consistieron (al igual que para los demás alcaldes de Sevilla que aparecen en la *Tercera Partida*) en sesenta aranzadas y dos yugadas en el Vesvachit o Alcaldía y heredad de pan en Utrera; una huerta en la Macarena; sesenta aranzadas de olivar y seis yugadas en el Rasnachit y heredad de pan en Sibol.

[23] A. GONZÁLEZ PALENCIA: *Mozárabes* III, 989 y 1031 (19 sep.).

[24] A. GONZÁLEZ PALENCIA: *Mozárabes* II, 961 (1 dic.).

[25] A. GONZÁLEZ PALENCIA: *Mozárabes* II, 647 (20 agos. 1275), 650 (2 dic. 1275), 655 (ene. 1278), 674 (agos. 1283), 692 (ene. 1287); *Mozárabes* III, 829 (dic. 1287); 1045 (mayo 1281); 1064 (mar. 1276).

segura[26]. El alcalde Gonzalo Vicente recibió tierras en el repartimiento de 1253[27]. Además, conocemos por algunos documentos la actividad del alcalde don Gonzalo desde 1254[28]; en este año actúa por mandato del rey Alfonso X como mediador con los moros de Morón, hecho que se ratifica en un documento de 1255[29]. Existen, además, otros documentos que aluden a él con título de alcalde en 1256[30], 1257[31] y 1268[32]. Poco más podemos aducir con respecto a este alcalde sevillano.

Rodrigo Esteban (leyes 94 y 98) es el alcalde sevillano de quien más referencias nos han llegado. También es recompensado en el repartimiento de 1253[33]. Lo encontramos citado como alcalde ya en 1255[34] y 1256[35], también en 1272[36], 1274[37], 1280[38] y 1282[39], pero en dos documentos del 13 de enero de 1300 aparece como fallecido[40]. No conocemos la fecha de su nombramiento como alcalde, pero debió de tener lugar a principios del reinado de Alfonso X; en cuanto a su cese, si

---

[26] Vid. n. 18.

[27] J. GONZÁLEZ GONZÁLEZ: *Repartimiento* I, 70-72, 75, 278; II, 64, 176, 238, 263. Para otras concesiones después de 1253: 323, 324, 329 y 330.

[28] M. GONZÁLEZ JIMÉNEZ (1991: 151, doc. 139 [24 mayo]; y 151-152, doc. 141 [17 dic.]).

[29] N. TENORIO Y CEREZO (1901: 264-266), que se reproduce en M. GONZÁLEZ JIMÉNEZ (1991: 158-160, doc. 147 [3 abr.]), texto que confirma un acuerdo de 1254 entre Gonzalo Vicente y los moros de Morón: M. GONZÁLEZ JIMÉNEZ (1991: 161-162, doc. 150 [25 mayo]).

[30] M. GONZÁLEZ JIMÉNEZ (1991: 198-200, doc. 179 [10 jun.]; 203, doc. 183 [8 sep.]; 203-204, doc. 184 [13 sep.]; 207, doc. 187 [19 mar.]).

[31] M. GONZÁLEZ JIMÉNEZ (1991: 210-211, doc. 189 [11 mar.]).

[32] M. GONZÁLEZ JIMÉNEZ (1991: 374, doc. 347 [27 mar.]).

[33] J. GONZÁLEZ GONZÁLEZ: *Repartimiento* II: 65, 175, 239, 263. Otras concesiones posteriores a 1253: 325, 356, 358, 363.

[34] *DEDAL*, AAN, 33v (17 jun. 1255); idem. *Diplomatario*, 168, doc. 155.

[35] M. GONZÁLEZ JIMÉNEZ (1991: 207, doc. 187 [6 nov.]) y M. GONZÁLEZ JIMÉNEZ (1991: 532-535, doc 503 bis (9 nov.): Sentencia de Alfonso X contra el infante don Sancho).

[36] P. OSTOS/M. L. PARDO (1989: 277-278, doc. 53 [2 mayo]).

[37] *DEDAL*, AAN, 84v (6 jun.); *idem*, M. GONZÁLEZ JIMÉNEZ (1991: 435-436, doc. 411).

[38] M. GONZÁLEZ JIMÉNEZ (1991: 491, doc. 463 [31 mayo]).

[39] M. GONZÁLEZ JIMÉNEZ (1991: 522, doc. 491 [22 feb.]).

[40] P. OSTOS/M. L. PARDO (1989: 405-409, docs. 127 y 128).

hemos de creer lo que nos dice la *Crónica de Alfonso X*, este Rodrigo Esteban habría sido alcalde mayor de Sevilla hasta que fue asesinado en 1283 por los partidarios del infante don Sancho[41]. Parece haber sido, pues, un personaje que permaneció leal y próximo al rey hasta su muerte.

El último de los alcaldes sevillanos que se nombra en las *Partidas* es Alfonso Díaz (ley 98). Este alcalde no recibe tierras en 1253, pero sí en 1267[42], lo que induce a pensar que su nombramiento fue tardío. Sólo hemos hallado tres documentos que aluden a Alfonso Díaz como alcalde en 1272[43], 1273[44] y 1274[45], curiosamente actuando en ambas ocasiones junto a Rodrigo Esteban (al igual que en la ley de las *Partidas*).

Con respecto al hipotético pleito planteado en esta ley 98 entre el cabildo de Santa María y el concejo de Sevilla, aducía A. García-Gallo (1951-1952: 440-441), siguiendo a J. González (1951: I, 347, 376), que tal hecho debió de producirse entre el 21 de noviembre de 1260[46], momento en que el rey concede a la Iglesia de Sevilla la alquería de Umbrete, la aldea de Tercia y las villas de Brenes y Cazalla, y 1278 cuando estas donaciones se modifican (J. González González 1951: I, 337, 350)[47]. No sabemos si el pleito aludido (y el documento correspondien-

---

[41] *Cr. Alfonso X*: 232. Cap. LXXVII: De las cosas que acesçieron en el regno sobre la voz que tomó el infante don Sancho.

[42] J. González González: *Repartimiento* II, 347.

[43] P. Ostos/M. L. Pardo (1989: 277-278, doc. 53 (2 mayo)).

[44] M. González Jiménez (1991: 427-428, doc. 402 (1 jul.)).

[45] *Diccionario Español de Documentos Alfonsíes*, AAN, 84v (6 jun.); *idem*, M. González Jiménez (1991: 435-436, doc. 411).

[46] En J. González González (*Repartimiento* II: 347; *vid.* nota siguiente) J. González da la fecha de noviembre de 1261 (lo que parece sin duda una errata). Más adelante (1951: 376) alude correctamente al 21 de noviembre de 1260.

[47] *Vid.* también la noticia en J. González González (*Repartimiento*: II, 347 y 376). Dice J. González a propósito de los conflictos entre los varios señoríos del alfoz sevillano: «Así, en un principio la Iglesia tuvo rentas asignadas sobre las del rey. Pronto se modificó eso y en su lugar aparecen las concesiones de los pueblos: Cantillana (20 marzo 1252), las alquerías de Umbrete, Tercia y los pueblos de Cazalla y Brenes (21 de noviembre 1261 [1260]), con la facultad y condición de poblarlo por fuero de Sevilla; lo de Cantillana era poco peligroso, pues se hallaba fuera del territorio; lo de Brenes y Tercia podía serlo, pues se unían a lo anterior abarcando una extensión considerable de terreno; además se complicó por la repoblación de Villaverde, de donde el concejo temía el pleito con la Iglesia sevillana, y por eso sus alcaldes Rodrigo Esteban y Alfonso Díaz nombraron a Diego Alfonso por personero para tratar ese asunto ante el rey (1951:

te) existió realmente –probablemente sí, y vagamente se alude a ello en esta ley–, pero de lo que no nos cabe duda es de que el contexto histórico referido es el apropiado para la inclusión del tenor de la ley 98 en el título XVIII.

1.1.4. Terminus ante quem

Si establecer un *post quem* seguro es tarea complicada por la poca precisión en las coordenadas temporales que podemos trazar, también se revela difícil fijar un *terminus ante quem*. Hacíamos referencia arriba a ciertos hechos que narraba la *Crónica de Alfonso X* sobre la muerte del alcalde Rodrigo Esteban:

> [...] Et quando Sancho Martínez [de Leyua] e don Ferrant Andríquez et los que estauan en Córdoua por el infante don Sancho [lo] sopieron, sallieron a ellos e lidiaron con ellos de guisa que don Ferrant Pérez Ponçe e los otros que venían con él uençieron a los de Córdoua. E mataron y este día Ferrant Munnoz, alguacil mayor de Córdoua, et cortáronle la cabeça et leváronla al rey don Alfonso en presente. Et el rey mandóla colgar del tablado de Sevilla en garfios [de fierro]. Et otrosí mataron ese día á Rodrigo Estéuanez, alcalde mayor de Seuilla, et pesó mucho al rey don Alfonso. Et entonçe dio el alcaldía de Seuilla á Diego Alfonso [...] (*Cr. Alfonso X*: 232).

¿Podría ser este Diego Alfonso el mismo que aparece citado (como personero del concejo) junto a Rodrigo Esteban y Alfonso Díaz en la ley 98? De ser así, ello ofrecería un claro indicio de que cuando se introducían sus nombres en la ley de la *Partida* Rodrigo Esteban aún vivía y Diego Alfonso no había sido nombrado alcalde. Todo apunta a que nuestra *Partida* podría ser anterior a 1283: porque ¿qué sentido podría tener resucitar a este alcalde tantos años después de su muerte y en unas referencias tan marginales?

---

347)». El documento de la donación de 1260 puede leerse en el *Memorial Histórico Español* I, 166-169 y M. GONZÁLEZ JIMÉNEZ (1991: 255, doc. 233).

2. Lugar(es) de composición del texto

Decíamos anteriormente que la coincidencia en Murcia de las figuras de Pedro Gallego, Jacobo de las Leyes y Gonzalo Pérez «Gudiel» ha propiciado la idea de que bien pudieron concebirse las *Partidas* (especialmente la *Tercera*) en aquel entorno de los repartimientos (J. Torres Fontes 1964). Nos parece verosímil que en aquel ambiente jurídico tan particular como propicio pudieran acumularse algunos materiales y, en definitiva, que se trazasen las primeras líneas para la composición del texto, pero es poco probable que se efectuase entonces la redacción. Recordemos que habíamos fijado un posible *post quem* en 1272 en atención a la utilización del *Speculum* de Durante. Pero, para entonces, Pedro Gallego ya había muerto (1267); «Gudiel», por su parte, no residía allí, ya que, nombrado como notario de Castilla desde 1270, no intervino ya en el quinto repartimiento de Murcia entre 1272 y 1273. Sólo mantiene entonces su residencia en Murcia el maestro Jacobo, aunque tampoco participa en el repartimiento de 1272-1273.

La hipótesis murciana tampoco resulta muy verosímil si consideramos la absoluta falta de mención a lugares, personajes o circunstancias del ambiente murciano, que debió de ser sin duda notarialmente activísimo como consecuencia de los repartimientos, entre otros muchos aspectos.

Frente a esta ausencia de alusiones a Murcia, destacan la numerosas referencias a Sevilla, a su actividad, a ciertos cargos públicos y a varios de sus habitantes. Este importante número de referencias a personajes y lugares sevillanos es, en nuestra opinión, serio indicio de que la mayor parte del trabajo compilatorio y, acaso, su fase final debieron llevarse a cabo en Sevilla.

Muy posiblemente la *Tercera Partida* aún se redactaba en 1279 cuando la corte llegó a Sevilla y quizás allí, ya en los años de reclusión del rey, se le dio fin. ¿Se inspiraron en personajes y lugares sevillanos los compiladores para sustituir algunos de los nombres y lugares de los modelos salatielinos? Parecería lógico. De la práctica notarial sevillana se tomó el modelo para la *forma nauli* o de afletamiento que reproduce la ley 77. Con respecto a esta ley, sabemos que desde 1251 vivía en Sevilla el mercader don Alemán Andeguer[48], que afletó la Buenaventura. Sería tam-

---

48 Para J. González (*Repartimiento* I: 314, 335, 342) es sin duda el «Aleman el mercader» de *Partidas* III, XVIII, 77. Se tiene la primera noticia de él el 21 de noviembre de

bién entonces cuando se sustituyeron los «Yvanus Azolinus et Marchus», comerciantes boloñeses del modelo de Salatiel[49] por los «Pero de la Rochella e don Albaric, mercadores» de la calle Francos (ley 78); sería entonces cuando se tradujo «*ad gerendum omnia sua negotia quas et que habet vel habebit in curia Castri Franchi ut possit ipsas locare dislocare colere et coli facere fructus percipere pensiones et reddidus…*»[50] por «recabdar todas las cosas tan bien muebles como raíz cuantas á en Sevilla e que las pueda logar e alquilar e arrendar e recibir los fructos e los logueros d'ellas…» (ley 97); sería allí donde el «dominum Accursium tamquam in arbitrum electum concorditer…»[51] fue hispanizado con «Ferrand Mateos por su abenidor e por árbitro e por arbitrador e por comunal amigo» (ley 106); donde «Philipus de Ugonibus Bononie potestas in consilio generali congregato more solito ad sonum campanarum in palacio veteri communis Bononie […] Petri et Pauli procuratorum et Iohannis massarii dicti communis et talium electorum de consilio sine fraude constituit et ordenavit Petrum notarium sindicum et actorem et defensorem communis Bononie spetialiter in causa»[52], adaptándose a la institución sevillana, se transformó en «Rodrigo Estevan e Alfonso Díaz, alcalles de Sivilla, seyendo ayuntado el concejo d'esse mismo logar en tal iglesia con plazer e con otorgamiento de todos, fizieron a Diago Alfonso su personero pora demandar e pora responder ante nuestro señor el rey o sus juezes en el pleito que an o esperan aver con el arçobispo e el cabildo de la iglesia de Santa María de Sivilla en razón de Villa Verde o en otra cosa cualquier que la iglesia de Sivilla moviesse pleito contra el concejo d'esse mismo logar» (ley 98). Otras alusiones a Sevilla se encuentran también en otras *Partidas* como, por ejemplo, *Partidas* V, XI, 12: «… prometo a fulan de dar o de fazer tal cosa, si tal nave de Marruecos a Sevilla…» y *Partidas* V, XIV, 32: «… prometo de pagar tantos maravedis: si tal nave viniere a Sevilla…».

Creemos que el hecho de que Sevilla fuera la ciudad en que la corte alfonsí residió durante más tiempo a lo largo del reinado tuvo una indudable influencia en la composición de la *Tercera Partida*, palpable en la

---

1251 (*Repartimiento* II: 300) y en un documento del 19 de septiembre de 1291 (II, 365) se habla de sus casas, aunque no sabemos si aún vive.

[49] G. ORLANDELLI (II: 278).

[50] G. ORLANDELLI (II: 291).

[51] G. ORLANDELLI (II: 306).

[52] G. ORLANDELLI (II: 292).

prominente posición de la ciudad en las alusiones documentales, frente a otras como Toledo o Burgos, que también son mencionadas pero con menos frecuencia.

3. Modelos alfonsinos y práctica cotidiana

Con respecto a la escrituración de los documentos auténticos parece que la práctica precedió a la teoría formulada en las *Partidas*, pero a la vez éstas dejaron también su influencia en la práctica cotidiana[53]. No obstante, la abundante documentación aún por exhumar y estudiar, la variadísima tipología documental y sus variantes formulaicas y estilísticas hacen de este campo (especialmente el de la influencia de las *Partidas* sobre los hábitos notariales, que es lo que nos interesa) un terreno en el que las afirmaciones han de ser muy cautelosas.

Nos parece, sin embargo, que tuvieran o no vigencia general las *Partidas*, fueron sin duda ampliamente utilizadas en los tribunales reales y por los diferentes oficiales administrativos de la corte. Es más que probable que los hábitos cancillerescos de la corte itinerante alfonsí influyeran en la práctica de las oficinas notariales públicas de las ciudades, siendo así conocidos y asimilados tempranamente los diversos modelos documentales alfonsíes, tanto públicos y como privados.

Constancia de esa influencia se encuentra por doquier al estudiar la documentación contemporánea. Así, en la búsqueda de diversa documentación de datos que nos pudieran ayudar a saber algo más sobre los alcaldes sevillanos antes mencionados, nos hemos percatado de la existencia de varios documentos privados cuya disposición clausular y formulismo parece derivarse de forma directa de los modelos del código alfonsí. Ello sugiere que en cierta forma estos modelos ya tenían asiento en la práctica cotidiana cuando esos documentos fueron elaborados.

Uno de ellos está fechado en Sevilla el 22 de noviembre de 1285[54]; en él una tal Pascuala de Talavera, vecina de la colación de Santa Lucía,

---

[53] Aunque no existe ningún trabajo concluyente a este particular, remitimos a J. BONO (1979) y P. OSTOS/M. L. PARDO (1989).

[54] A. BALLESTEROS-BERETTA (1913: 262-263, doc. 239), reproducido en P. OSTOS/M. L. PARDO (1989: 322-324, doc. 85).

toma hábitos en el monasterio de Santa Clara de Sevilla. El documento se corresponde punto por punto con el modelo que se ofrece en *Partidas* III, XVIII, 88 tomado, a su vez, sin duda alguna, del *Instrumentum oblationis sui et suarum rerum alicui religioso* del *Ars notariae* de Salatiel. El otro documento, más tardío, está fechado en Sevilla el 28 de julio de 1295[55]; su exposición responde a *Partidas* III, XVIII, 75 tomado del *Instrumentum locationis operarum* de Salatiel.

Estos documentos testimonian, pues, que ya en 1285, recién fallecido el rey Sabio, su formulario notarial estaba plausiblemente completo, hasta el punto de haber comenzado a ser tenido en cuenta en la práctica documental cotidiana en Sevilla.

4. CONCLUSIONES

El problema de la datación del texto se deriva de las múltiples hipótesis en torno al momento de la confección del conjunto y de sus múltiples reelaboraciones. Así sucede que aún la mayoría de manuales de Historia de la Literatura, Historia de la lengua e incluso de Historia del Derecho se considera que las *Siete Partidas* fueron realizadas entre 1256 y 1265 (o bien 1263). A. García–Gallo introdujo –siempre con titubeos y matizaciones– la idea de que, planificadas por Alfonso X, las *Partidas* fueron acabadas en los reinados subsiguientes al del rey Sabio. Ya ha quedado sobradamente demostrado, y no podemos insistir aquí en ello, que estos razonamientos sólo serían parcialmente válidos para la *Primera Partida*, única de la que conservamos testimonios de haber sido reelaborada sucesivamente, pero, contra lo supuesto por García-Gallo, siempre en tiempos del rey Alfonso y bajo su iniciativa y supervisión. No hay duda, pues, que el texto conocido de las *Partidas* es enteramente alfonsí. Pero ¿cuándo alcanzó la forma en que hoy lo conocemos? El hecho de que la redacción primitiva, conocida como *Libro del fuero de las leyes*, fijara su elaboración entre 1256 y 1265 no es un dato que pueda saltarse a la ligera a la vista de prácticas de datación semejantes en muchas otras obras

---

[55] R. MENÉNDEZ PIDAL (1919: 470-471, doc. 356), reproducido en P. OSTOS/M.L. PARDO (1989: 371-372, doc. 109).

de la producción alfonsí, que no ponemos en duda. A favor de la existencia de esta redacción primitiva contamos con el testimonio de la *Segunda Partida*, de la que conservamos una versión posterior retocada tras la muerte de Fernando de la Cerda en 1275.

Sin embargo, los datos extraídos del análisis de la *Tercera Partida*, según acabamos de ver, sugieren que la transformación de los libros IV y V del *Espéculo* en la *Tercera Partida* tal como la conocemos hoy, sin versiones diferenciales, probablemente no se realizase antes de 1270-1272 y no fuera más allá de 1283. Los argumentos que se desprenden en torno a los personajes citados en las leyes del título XVIII no nos parecen lo suficientemente satisfactorios como para establecer con seguridad ninguna fecha concreta, aunque sí son ciertamente orientativos.

En este sentido llama nuestra atención la evidente utilización del referido documento de septiembre de 1270 que alude al pleito entre el abad de San Salvador de Oña y «Gonçaluo Royz de Atiença», aprovechamiento que aproxima, a nuestro entender, la fecha de redacción de la ley 110 del título XVIII a muy poco tiempo después de 1270. Del mismo modo es significativo que se aluda al alcalde sevillano Alfonso Díaz, alcalde tardío, que no es nombrado por Zúñiga entre los primeros alcaldes de Sevilla, que no recibe tierras en el repartimiento de 1253, pero sí en 1267[56], y cuyo cargo sólo se ha podido documentar entre 1272 y 1274, y no a otros alcaldes de nombramiento posterior. En relación a esto último destacamos también que la alusión a Diego Alfonso que figura en la ley 98 no lo identifica aún como alcalde de Sevilla, a pesar de que fue nombrado para ese puesto desde 1283 (en sustitución del fallecido Rodrigo Esteban).

Como ya hemos señalado, los argumentos más puramente textuales nos permiten también acotar un período de redacción de entre 1272 y 1285, muy aproximado al que sugieren las alusiones extratextuales. El posible *terminus post quem* parece fijado en 1272, fecha de redacción de la primera recensión del *Speculum iudiciale* de Guillermo Durante, muy probablemente utilizado de forma directa en la confección del título XIX, y el *terminus ante quem* en 1285, año en el que se data un documento sevillano que muestra a las claras no sólo que la doctrina notarial

---

[56]　J. Gónzalez González (*Repartimiento* II: 347).

de las *Partidas* ya era conocida –lo que siempre puede ser más difícil de evidenciar, pues dependía del grado de formación, edad y hábitos de los notarios, tradiciones locales, etc. y a que la penetración de la doctrina propugnada por las *Partidas* no fue asimilada con la misma presteza en las diferentes regiones y reinos–, sino que el sistema documental estaba siendo asimilado y se utilizaban sus modelos.

De haber sido un texto confeccionado con posterioridad a la muerte del rey Alfonso, ¿por qué citar a personajes de su época y ninguno de los tiempos de Sancho IV o Fernando IV?[57] ¿Por qué sustituir, por ejemplo, al «iudex Bononie» del modelo salatielino por Rodrigo Esteban y no por Juan Fernández o Martín Pérez, alcaldes de Sevilla en 1289[58] y 1299[59], respectivamente? La localización de la mayor parte de los personajes aludidos en la *Tercera Partida* entre las dos décadas que transcurren de 1260 a 1280 fuerza a ubicar en ese período los trabajos de preparación del texto. Probablemente la *Tercera Partida* fue elaborándose por entonces en aquella corte itinerante –acudiendo a nombres importantes del momento como lo fueron los alcaldes de la ferviente Sevilla, el toledano Gonzalo Ibáñez o el alcalde don Marín de Burgos, participante en un sonado pleito entre el monasterio de Oña y el concejo de Frías que duró cerca de diez años. La coincidencia de la mayor parte de ellos en la década que transcurre de 1270 a 1280 así como en las leyes finales del título XVIII, en las que se recurrió a Salatiel y quizá a Durante, parecen señalar a esa época como la de culminación del texto.

Fuentes documentales

Las Siete Partidas, ed. de Alfonso Díaz de Montalvo, Sevilla, 1491 y Venecia, 1501.

Las Siete Partidas de Alfonso el nono glosadas por el Licenciado Gregorio López, Salamanca, 1555 [edición facsímil, Madrid, B. O. E., 1974].

---

[57] Recordemos que A. García-Gallo (1977: I, 398) afirma que es en tiempos de Fernando IV (1295-1312) cuando la obra se divide en siete partes y, por tanto, es entonces cuando se produce la reelaboración de los libros IV y V del *Espéculo* en la *Tercera Partida*.

[58] P. Ostos/M. L. Pardo (1989: 332-337, doc. 90).

[59] P. Ostos/M. L. Pardo (1989: 399-400, doc. 123).

Las Siete Partidas del Rey don Alfonso el Sabio, cotejadas con varios códices antiguos por la Real Academia de la Historia, I-III, Madrid, 1807 [edición facsímil, Madrid, Atlas, 1972].

BIBLIOGRAFÍA

BALLESTEROS-BERETTA, A. (1913): *Sevilla en el siglo XIII*. Madrid: Juan Pérez Torres.

— (^{2}1984): *Alfonso X el Sabio*. Barcelona, «El Albir».

BONO HUERTA, J. (1979): *Historia de Derecho Notarial español*, t. I. *La Edad Media*. 2 vols. Madrid: Junta de Decanos de los Colegios Notales de España.

CASTÁN LANAPASA, G. (2000): *Política económica y poder político. Moneda y fisco en el reinado de Alfonso X el Sabio*. Valladolid: Junta de Castilla y León.

CRADDOCK, J. R. (1974): «La nota cronológica inserta en el prólogo de las *Siete Partidas*», en: *Al-Andalus* 39, 363-89 [reimpresión electrónica con suplemetos del 30 de julio de 2004].

— (1981): «La cronología de las obras legislativas de Alfonso X el Sabio», en: *AHDE* 41, 365-418.

DURANTIS W. (Guillaume Durand) (1975): *Speculum iudiciale illustratum et repurgatum a Giovanni Andrea et Baldo Degli Ubaldi*. Neudruck der Ausgabe Basel, 1574 [Edición facsímil Scientia Verlag Aalen, 1975].

GARCÍA-GALLO, A. (1951-1952): «El *Libro de las leyes* de Alfonso el Sabio. Del *Espéculo* a las *Partidas*», en: *AHDE* 21-22, 345-528.

— (1976), «Nuevas observaciones sobre la obra legislativa de Alfonso X», en: *AHDE* 46, 609-670.

— (1977): *Manual de Historia del derecho español*, I-II. Madrid: Artes Gráficas y Ediciones.

GIL FARRÉS, O. (1976): *Historia de la moneda española*. Madrid: O. Gil D. L.

GONZÁLEZ GONZÁLEZ, J. (1951): *El Repartimiento de Sevilla*, I-II. Sevilla: CSIC.

GONZÁLEZ JIMÉNEZ, M. (1991): *Diplomatario andaluz de Alfonso X el Sabio*. Sevilla: El Monte. Caja de Huelva y Sevilla.

— (ed.) (1998): *Crónica de Alfonso X*. Murcia: Academia Alfonso X el Sabio.

GONZÁLEZ PALENCIA, A. (1926-1928): *Los mozárabes de Toledo del siglo XII y XIII*. Madrid: Instituto Valencia de Don Juan.

GONZÁLVEZ RUIZ, R. (1997): *Libros y hombres de Toledo*. Madrid: Fundación Areces.

HERNÁNDEZ, F. J. (1996): *Los cartularios de Toledo*. Madrid: Fundación Areces.

HERNÁNDEZ, F. J./LINEHAN, P. (2004): *The morazabic Cardinal. The live and times of Gonzalo Pérez Gudiel*. Florencia: Sismel-Edizioni del Galluzzo.

MARTÍNEZ MARINA, F. (1808, 1832 y 1835): *Ensayo histórico-crítico sobre la legislación y principales cuerpos legales de los reinos de León y Castilla especialmente el código de las* Siete Partidas *de don Alonso el Sabio*. I-III. Madrid. Seguimos la edición que se encuentra en MARTÍNEZ MARINA, F. (1966): *Obras escogidas*. Madrid: BAE.

MENÉNDEZ PIDAL, R. (1919): *Documentos lingüísticos de España*. I: *Reino de Castilla*. Madrid: Centro de Estudios Históricos.

OCEJA GONZÁLO, I. (1983): *Documentación del monasterio de San Salvador de Oña* (1032-1284). Burgos: Ediciones J. M. Garrido Garrido.

OSTOS P./PARDO, M.ª L. (1989): *Documentos y notarios de Sevilla en el siglo XIII*. Madrid: Fundación Matritense del Notariado.

ORLANDELLI, G. (ed.) (1961): *Salatiele, Ars Notariae, I, I frammenti della prima stesura dal codice bolognese dell'Archiginnasio B 1484*; y *Salatiele, Ars Notariae, II, La seconda stesura dai codici della Biblioteca Nazionale di Parigi lat. 4593 e lat. 14622*. Milano: Giuffré Editore.

PÉREZ-EMBID, F. (1944): *El almirantazgo de Castilla hasta las capitulaciones de Santa Fe*. Sevilla: Universidad de Sevilla.

SÁNCHEZ, Mª Á. (2000): *Diccionario español de documentos alfonsíes*. Madrid: Arco Libros.

TENORIO Y CEREZO, N. (1901): *El Concejo de Sevilla. Estudio de la organización político-social desde su reconquista hasta el reinado de D. Alfonso XI (1248-1312)*: Sevilla: Imp. de E. Rasco.

TORRES FONTES, J. (1964): «Murcia y las *Partidas*», en: *AHDE* 34, 531-545.

TORRES SANZ, D. (1982): *La administración central castellana en la Baja Edad Media*. Valladolid: Universidad de Valladolid.

EL CASO DEL ADJETIVO *CARNAL*:
UN EJEMPLO RELATIVAMENTE TEMPRANO
DEL PASO DE RELACIONAL A VALORATIVO[1]

Ana Serradilla Castaño
Universidad Autónoma de Madrid

> *A mi maestro y compañero Juan Ramón, que
> siempre supo disfrutar con el estudio del idioma
> y me contagió su entusiasmo.*

Juan Ramón Lodares me transmitió en mi último curso de licenciatura, cuando él era aún un jovencísimo profesor recién llegado a la Universidad, su amor por las palabras y me enseñó a percibir cómo estas iban cambiando, llenándose de nuevos valores y olvidando, en muchos casos, aquellos otros para los que habían sido creadas. Este breve trabajo recoge parte del fruto de sus enseñanzas y es, como el resto de este volumen, un homenaje a su obra y, sobre todo, a su persona.

1. Introducción

El objetivo de este estudio es hacer un repaso de la situación del adjetivo *carnal* –'de la carne' o 'relativo a la carne'– en español antiguo, e intentar explicar su evolución sintáctica y las razones que motivan su cambio semántico[2].

Parto del hecho de que estamos ante un adjetivo relacional, es decir, un adjetivo no acotado temporalmente, que se caracteriza por proceder de un nombre *carne*[3] y que, frente a los calificativos, que se refieren a un rasgo constitutivo del nombre modificado, no indica una sola propiedad

---

[1] Este trabajo se inscribe en el Proyecto HUM2006-08852 «Vieja y nueva sintaxis: la emergencia de la norma sintáctica del castellano», dirigido por Javier Elvira.

[2] Agradezco a Javier Elvira y a Santiago U. Sánchez la lectura de la primera versión de este estudio así como sus interesantes observaciones.

[3] En este caso se trata de un adjetivo de formación latina *CARNALIS, CARNALE* derivado de *CARNIS, CARNE.*

del nombre sino que expresa un conjunto de propiedades y las vincula a las del nombre al que acompañan (V. Demonte 1999: 137). En latín, esta relación se establecía habitualmente con un nombre en genitivo que modificaba a otro nombre; así que, en cierto modo, estos adjetivos se extienden como recambio a la caída de los casos; hecho que va a traer consigo una serie de consecuencias en el nivel sintáctico pues son los adjetivos que más se asemejan a los nombres, como comentaré más adelante.

2. Características morfológicas

En primer lugar, antes de centrarme en las características sintácticas, quiero hacer un brevísimo comentario en torno a la morfología de este adjetivo. Se trata de un adjetivo formado a partir de un nombre con el sufijo *-al*, propio de los relacionales, que admitía con facilidad la nominalización morfológica, posibilidad hoy solo reservada a los adjetivos calificativos.

Véanse los siguientes ejemplos del español medieval y clásico:

1. que los omnes, por que son enbueltos en esta *carnalidad*», et cetera. Otrosi dize en la Scriptura [...] (1327-1332, D. Juan Manuel: *Libro de los estados*).
2. [...] a pasyón de la gula fagan algúnt exçeso, o por la *carnalidad* cunplan alguna concupiçençia (1430-1440, Alfonso de la Torre: *Visión deleytable*).
3. Por lo qual te digo que tal es este pecado de la *carnalidad*, que aun los que por matrimonyo son ayuntados por mandamiento de Dios, (1438, Alfonso Martínez de Toledo: *Corbacho*).
4. mediante la doctrina quite de vos otros la *carnalidad* con que me menospreciauades. (1499, Rodrigo Fernández de Santaella: *Vocabulario eclesiástico*).
5. y acometiéndole por diferentes partes ambición, *carnalidad*, y otros vicios desenfrenados, (1612-1625, Fray Juan Márquez: *El gobernador cristiano*).

Hoy en día, aunque el *DRAE* recoge el término *carnalidad*, este no aparece documentado en el *CORDE* desde 1800 ni en el *CREA*, lo que da muestra del mínimo uso que tiene en la actualidad, frente a su frecuencia en épocas anteriores de nuestra lengua.

En todo caso, y salvo las diferencias en cuanto a la posibilidad de crear nombres a partir de él, este adjetivo, como los demás adjetivos relacionales, no presenta variaciones en lo que respecta a su morfología a lo largo de la historia del español[4].

3. La sintaxis de carnal

Sin embargo, en lo que respecta a la sintaxis, sí hay importantes cambios que voy a ir comentando. Los adjetivos relacionales, entre los que se incluye *carnal*, surgen, en gran medida, como compensación a la desaparición del genitivo y, en este sentido, presentan en ocasiones características sintácticas muy cercanas a las de los nombres, lo que les permite actuar con una mayor libertad en la frase, tanto en lo que se refiere a su libertad posicional como a su facilidad para funcionar como atributos o para poder, en ocasiones, admitir elementos intercalados o aparecer como auténticos sustantivos.

Teniendo en cuenta esta realidad, a continuación veremos, tomando como ejemplo el caso de *carnal*, cómo los criterios sintácticos que hoy utilizamos para definir los adjetivos relacionales son parámetros que no son siempre aplicables a otras épocas anteriores del idioma:

– En español actual su orden en la frase es siempre la *posposición* al nombre al que modifican. Así se puede ver en español antiguo, aunque después tendremos que hacer algunas matizaciones:

6. [...] por Spíritu Ssanto ssin mezclamiento de omne *carnal* (1252-1270, Alfonso X, *Setenario*).
7. castidad, que quiere dezir abstinencia del apetito *carnal,* por la qual el hombre gana a Dios y buena fama (1300-1305, *Libro del cavallero Cifar*).
8. dize: La *carnal* amor del spiritu et el desseo *carnal* es restrinydo por el desseo spiritual (1376-1396, Juan Fernández de Heredia: *Libro de actoridades (Rams de flors))*.

---

[4] Morfológicamente estos adjetivos se caracterizan por los siguientes rasgos: a) se crean a partir de nombres; b) predominan los mismos sufijos y se observa que el predomino del sufijo *-al* va en progresivo aumento; c) son reacios a admitir diminutivos.

9. [...] con si fuego et flama de escalentamiento *carnal* (1376-1396, Juan Fernández de Heredia,: *Libro de actoridades (Rams de flors)*).

10. qu'el esfuerço de los deleytes engendra *amor carnal*. Et la amor *carnal* engendra auariçia; et la auariçia engiendra [...] (1376-1396, Juan Fernández de Heredia: *De secreto secretorum*).

11. De los males que se siguen de la cobdicia *carnal* (1376-1396, Juan Fernández de Heredia: *De secreto secretorum*).

12. e rreputado el que, por un poquito de delectaçión *carnal,* dexa los gozos perdurables e perpetualmente (1438, *El Corbacho*).

13. con grande impetuosidad se muevan a la comixtion *carnal,* el qual si non estoviesse en los animales non [...] (1440-1455, «El Tostado», (Alonso Fernández de Madrigal), *Libro de amor e amicicia*).

14. [...] que incitó a la donzella, dormiendo, a aquel acto *carnal* e así se engendró Merlín (1400-1498, Anónimo: *El baladro del sabio Merlín con sus profecías*)[5].

Es este, efectivamente, el orden más habitual en español antiguo pero, a diferencia de lo que ocurre en la actualidad, este adjetivo podía anteponerse sin que ello trajera consigo repercusiones semánticas. Esta anteposición es especialmente frecuente en el caso del adjetivo que estamos analizando. Veamos a continuación algunos de los ejemplos con los que contamos:

15. [...] pecado se allego a los mienbros nuestros una ley _mortal_ de cobdiçia, sin la qual el *carnal* ayuntamiento... (1474-1500, Antonio de Villalpando: *Razonamiento de las Reales Armas de los Católicos Reyes*).

16. a ti, Señora mía; en ciella te trobó, sin *carnal* compañía, dulzment' te saludó, (1236-1246, Gonzalo de Berceo: *Loores de* Nuestra *Señora*).

---

[5] Estamos ante un adjetivo de gran uso en la época y sirve para acompañar a sustantivos muy variados: *mugier, pariente, hermano, padre, persona, sobrino, hermano, primo, factura, obra, uso, fecho, acceso, cosa, gloria, condiçion, conjunçion, desonestad, laciuia, pecado, saber, inclinacion, conversaçion, suziedat, debdo, costumbre, cogniçion, ayuntamiento, facilidad, vileza, deleite, correpçion, presunçion, entendimiento, cognoscimiento, enfermedat, seso, consorcia, adulterio, descanso, plazer, viçio, coraçon, parte, fuerça...* Podemos decir, por tanto, que en esta época el adjetivo tiene mayor alcance, en el sentido de que presenta un mayor número de combinaciones sintagmáticas. Esto no obsta para que, tal y como se apunta en el diccionario de I. BOSQUE (2004), siga siendo un adjetivo que hoy en día admite la combinación con una gran cantidad de sustantivos.

17. cometian tan feos pecados, veyendo la *carnal* amor tuya quanto mal les fizo que los traxo a [...] (1293, *Castigos e documentos para bien vivir*).

18. e otro enbargo o se murió por aventura ante de la *carnal* cópula (1325, Pedro de Cuéllar: *Catecismo*).

19. e consúmese por la *carnal* cópula (1325, Pedro de Cuéllar: *Catecismo*).

20. Otrosí pecan que algunos monjes por *carnal* amor ensalçan, otros persiguen por enbidia (1325, Pedro de Cuéllar: *Catecismo*) (El carácter de esta obra hace que encontremos un estilo muy latinizante).

21. dize que filosofia fizo Platon senyor noble et no *carnal* nobleza, porque generacion espiritual faze ver [...] (1376-1396, Juan Fernández de Heredia: *Libro de actoridades (Rams de flors)*).

22. [...] non pueden entender en mis paraulas.Porque *carnal* delitaçion et mugeril et flaca leugeria et per [...] (1376-1396, Juan Fernández de Heredia: *Libro de actoridades* (Rams *de flors)*).

23. Item el mismo, en la dicha epistula, dize: La *carnal* amor del spiritu et el desseo carnal es restri (1376-1396, Juan Fernández de Heredia: *Libro de actoridades (Rams de flors)*).

24. no obstant qu'el era uieio, usando mucho la *carnal* delectacion quando era uiello, tomo muier (1379-1384, Juan Fernández de Heredia: *Vidas paralelas de Plutarco,* III).

25. & no pudiendo sofrir la *carnal* delectacion, auie secretament en su lecho vna [...] (1379-1384, Juan Fernández de Heredia: *Vidas paralelas de Plutarco,* III).

26. Pues la primera mala vida digo que es dicha *carnal* conversaçión (1411-1412, San Vicente Ferrer: *Sermones*).

27. por las nesçesarias cosas asi matara & vençera el *carnal* gigante antheo que es jnterpertado contrario de [...] (1417, Enrique de Villena: *Los doze trabajos de Hércules*).

28. las que se quieren con marido juntar, sostiniendo *carnal* corrupçión e dolor de parto (1427-1428, Enrique de Villena: *Traducción y glosas de la Eneida. Libros I-III*).

29. representando e susçitando sus deleites en *carnal* amor (1427-1428, Enrique de Villena: *Traducción y glosas de la Eneida. Libros* I-III).

30. a la osadía de cobdiçiar la muger del próximo por *carnal* appetito, porque éste fue tal que cobdiçió [...] (1427-1428, Enrique de Villena: *Traducción y glosas de* la *Eneida. Libros* I-III).

31. vista su fermosura, la opportunidat le movió a *carnal* concupisçençia (1427-1428, Enrique de Villena: *Traducción y glosas de la Eneida.* Libros I-III).

32. desecha esta impugnaçión corporal e doma la *carnal* audaçia. La primera jornada es de abstinençia (1427-1428, Enrique de Villena: *Traducción y glosas de la Eneida. Libros I-III*).

33. [...] por el *abominable carnal* pecado con amor junto desordenado (1427-1428, Enrique de Villena: *Traducción y glosas de la Eneida. Libros I-III*).

34. como en el conçepto, quando se faze viril et *carnal* comixtion; et es mas neçessario la virginidad (1437, «El Tostado» (Alonso Fernández de Madrigal), *Libro de las paradojas*).

35. como non se moverian a la generacion por *carnal* comixtion (1440-1455, «El Tostado» (Alonso Fernández de Madrigal): *Libro de amor e amicicia...*).

36. deseo de experimentar la delectaçion que esta en la *carnal* comixtion; si non oviera en este acto [...] (1440-1455, «El Tostado» (Alonso Fernández de Madrigal: *Libro de amor e amicicia...*).

37. sin aquel deleite que es en el *carnal* ayuntamiento; las bestias non tienen [...] (1440-1455, «El Tostado» (Alonso Fernández de Madrigal): *Libro de amor e amicicia...*).

38. [...] sienten con ellas alguna distración o alguna *carnal* tentación (1487, Fray Hernando de Talavera: *Católica impugnación del herético libelo maldito y...*).

39. el qual malvado espiritu eso mesmo ama todo *carnal* y suzio deseo. Tanbien es llamado leviatan (1494, Fray Vicente de Burgos: Traducción de *El Libro de Propietatibus Rerum* de Bartolomé Anglicus...).

40. porquel del mayor y mejor rey cristiano es su *carnal* primo segund que sabemos aqueste es osorio que [...] (1498, Francisco López de Villalobos, *Sumario de la medicina con un compendio sobre las pestíferas*).

41. despues de la culpa meresçio perdon, porque por el *carnal* cuerpo resçibio alguna cosa que en si mesmo (1474-1500, Antonio de Villalpando: *Razonamiento de las Reales Armas de los Católicos Reyes...*).

42. [...] a las del peregil, para poder passar sin asco la *carnal* grossería. - Estas otras, aunque vulgares, son [...] (1653, Baltasar Gracián: *El Criticón* segunda *parte*).

43. Primero que le estimule algún *carnal* movimiento, al sensual apetito pone anticipado (1675, Antonio Panes: *Escala Mística y Estímulo de Amor Divino*).

Obsérvese que la anteposición se encuentra en documentos de diverso tipo desde el siglo XIII y llega, incluso, a textos del siglo XVII, como puede verse en los dos últimos ejemplos. Seguimos hablando de un adjetivo relacional, que no parece haber tenido aún ninguna evolución semántica. Solo en el ejemplo 39, en el que se coordina con *suzio*, podría avanzarse el valor derivado, que no indica ya solo 'de la carne' sino 'sensual'[6], 'lascivo', 'lujurioso'; no obstante, parece que este nuevo valor no viene dado por su posición sino por otras razones ya que en la época clásica, como luego trataré con mayor profundidad, comenzamos a ver este nuevo valor incluso en casos de posposición.

– También V. Demonte señala como características de estos adjetivos la imposibilidad, luego cuestionada, de ser usados predicativamente (**la crítica es musical*). En el caso que nos ocupa se hace evidente que en español antiguo no es esta una característica que defina a *carnal*. Véanse los siguientes ejemplos en los que el adjetivo funciona como predicado:

44. que vido la correpçion del padre ser vil & falsa & *carnal* & ynfinitosa & ynReuerente a dios (1293, Anónimo: *Castigos*).

45. la que nos redemió; torne cosa angélica la que *carnal* nació, que nos tornen al cielo, ont Lucifer [...] (1228-1246, Gonzalo de Berceo: *Del sacrificio de la misa*).

46. e el terçero entendimiento es *carnal* & entiendese por el entendimiento de la carne (1440-1460, Antón de Zorita: *Árbol de batallas, de Honoré Bouvet*).

47. para fatiga nasçe el onbre, porque el que es *carnal,* amando las cosas transitorias, es afligido (1474-1500, Antonio de Villalpando: *Razonamiento de las Reales* Armas *de los Católicos Reyes*).

48. no te dé miedo el espanto, que si fue *carnal* el metal, las manos del oficial son del Spíritu (1467-1482, Fray Íñigo de Mendoza: *Coplas de Vita Chisti*).

49. Que Dios, que era la palabra, decendiesse a ser *carnal*. Lucas (1492, Juan del Encina: *Égloga representada en la mesma noche de Navidad*).

50. no tiene mas vso que de sensualidad s. quien es *carnal* o bestial .j. corinthios (1499, Rodrigo Fernández de Santaella: *Vocabulario eclesiástico*).

Todos los ejemplos presentados dan buena muestra de que esta construcción no era extraña al español antiguo. En este sentido, hemos de entender que este adjetivo presentaba muchas menos restricciones sin-

---

[6] Obsérvese que el adjetivo *sensual* también tiene en su origen solo el valor relacional de 'relativo a los sentidos'.

tácticas que en la actualidad. De todas formas, aunque autores como I. Bosque (1990) o V. Demonte (1999) consideran que es imposible que los adjetivos relacionales funcionen como predicados, si tenemos en cuenta la teoría de la *Estructura de los Qualia* de J. Pustejovski (1995)[7] podremos entender por qué algunos de estos adjetivos participan, incluso hoy, como predicados en construcciones que no pueden ser consideradas agramaticales. Según este autor podemos hablar de 4 roles o *qualia* diferentes:

- *Rol constitutivo*: codifica la relación entre un objeto y sus partes, y entre un objeto y la entidad a la que pertenece: *tren eléctrico.*
- *Rol formal*: contiene información sobre lo que distingue a un objeto de otros dominios: *piel facial.*
- *Rol télico*: hace referencia a la función y finalidad del objeto: *utensilio culinario.*
- *Rol agentivo*: establece informaciones relativas a la existencia del objeto, factores que intervienen en su creación: *persecución religiosa.*

El hecho de que un adjetivo seleccione uno u otro rol va a ocasionar diferencias de significado y va a tener, en ocasiones, repercusiones sintácticas. Así, por ejemplo, si analizamos un caso propuesto por V. Demonte como es *tren eléctrico/central eléctrica,* este adjetivo puede sig-

---

[7] Merece la pena detenerse para explicar, aunque sea muy brevemente, en qué consiste la hipótesis de la *Estructura de los Qualia* en la que se apoya R. ABAD (2004). Se trata de una subteoría del modelo de explicación del léxico propuesto por J. PUSTEJOVSKY (1995), conocido como la *Teoría del Lexicón Generativo*; según esta teoría, los verbos, nombres y adjetivos contienen un estructura compleja capaz de generar gran cantidad de interpretaciones dependiendo del contexto en que aparezcan. Por ejemplo, el adjetivo *excelente*, predicado de *cuchillo* o *profesor*, significa 'que hace muy bien su función', pero predicado de *cabellera* o *persona* significa 'que tiene buenas cualidades', lo que se explica, sin necesidad de proponer múltiples acepciones para la palabra *excelente*, ni múltiples entradas en el lexicón para múltiples *excelentes* homófonos, si se considera que *excelente* está capacitado para seleccionar el *quale* télico de *cuchillo* o *profesor* (nombres que contienen información sobre 'para qué sirven') y el *quale* constitutivo de *cabellera* o *persona* (nombres que no contienen información sobre 'para qué sirven' pero sí sobre 'cómo es su constitución interna'). Así, cuando decimos que un adjetivo tiene varias acepciones, lo que estamos sugiriendo es que, en combinación con uno u otro nombre, se predica de una u otra de las informaciones hipotéticamente contenidas en la Estructura de *Qualia*.

nificar 'que funciona gracias a la electricidad' cuando acompaña a *tren,* y, por lo tanto, escoge el rol constitutivo; mientras que, cuando acompaña a *central,* solo se interpreta como 'que produce electricidad', ya que el rol seleccionado es el télico. Una teoría como esta nos permite explicar muchos de los casos de aparente polisemia de los adjetivos relacionales, al tiempo que nos permite explicar, como hace R. Abad (2004), por qué unos adjetivos relacionales (los que seleccionan los roles constitutivo y agentivo) pueden funcionar hoy como predicados de oraciones copulativas y otros no (los que seleccionan los roles télico o formal).

En la documentación que presento, sin embargo, encontramos casos donde el adjetivo selecciona el rol formal; lo que parece indicar que la evolución ha supuesto mayor restricción. El hecho de que la hipótesis no parezca aplicable a los datos de la diacronía sugiere que, efectivamente, la evolución ha ido hacia unos requisitos más estrictos por lo que el siguiente paso de esta investigación bien podría ser indagar sobre cómo se ha producido el cambio en las condiciones de uso. El hecho de que la libertad posicional sea mayor en español medieval se debe a que estos adjetivos aún no han fijado definitivamente todas sus posibilidades constructivas, por lo que pueden aparecer aún en posiciones que posteriormente serán consideradas agramaticales, independientemente de los *qualia* seleccionados. En realidad, lo interesante del trabajo de R. Abad, a partir de J. Pustejovsky, es que permite, en cierto sentido, superar la barrera entre calificativos y relacionales y basar la separación en otros parámetros, y tal vez eso sí ayude a entender los datos de la diacronía, aunque sea todavía un tema pendiente de estudio.

–Se ha dicho también que los adjetivos relacionales no pueden entrar en comparaciones o ser modificados por adverbios de grado (**clínica muy dental*); pero los siguientes ejemplos parecen contradecir, sin dudas, esta información:

51. ca pensauan que mujer tan *carnal* despues de fallecida se delectaua (1494, Anónimo: Mujeres *ilustres*).

52. pues vos matastes a Yuan de las blancas manos; e por mal cauallero me ternian si yo no vengasse al pariente *tan carnal*; e por ende vos desafio (*c* 1470, Anónimo: *La demanda del Sancto Grial*).

53. Algunos son así locos que *tan carnal* amor han a los fijos que el entendimiento [...] (1448, Anónimo: *Traducción del Libro de las donas de Francesc Eiximenis*).

Estos usos son cada vez más frecuentes en el español clásico y siguen vigentes en la actualidad:

54. que la gente (que es *carnalíssima*) vendrá luego a caer en la red: pero han de proceder con cautela (1612-a 1625, Fray Juan Márquez: *El gobernador cristiano*).

55. Y como el gesto agradable es causa de amor y furia, así el vuestro abominable es remedio muy notable contra la carne y luxuria. Porque según sois tan fea y de tan orrible gesto, no abrá ninguno que os vea que por *muy carnal* que sea no le hagáis ser onesto (1540-1579, Sebastián de Horozco: *Cancionero*).

56. El baptista no se siente dela nueua ni desmaya ni de ver plato que vaya su cabeça por presente a Herodias ciertamente *muy carnal* que la compro por baylar (1508, Fray Ambrosio Montesino: *Coplas [Segunda parte del Cancionero general]*).

57. y, en siendo uno *muy carnal,* no hay fiarle cosa de buen entendimiento (1589, Juan de Pineda: *Diálogos familiares de la agricultura* cristiana).

58. los más lo juzgauan a que el Duque, su padre, fue *muy carnal* e se desabinió con la Duquesa, su muger (1535-c 1552, Gonzalo Fernández de Oviedo: *Batallas y* quincuagenas).

59. Sin duda que el frailazo no era *muy carnal*; yo pondré que las come sin grano de sal (c 1600-c 1630, Anónimo: *Parnaso español II*)[8].

60. Dexados, pues, otros cuentos (porque yo no quiero contar su hystoria, sino sus costumbres), fue primeramente *tan carnal* y dado a mugeres y a otros abominables pecados de la luxuria, tan desonestos y suzios, que yo no osaré ser tan desonesto que los cuente todos (1540 - c 1550, Pedro Mejía: *Silva de varia lección*).

61. que fué *tan carnal* i dada a este suzio vicio, i locura abominable que no sólo consentía que sus soldados la requiriessen de amores, sino que aún ella iva requiriendo i rogava a los que de mejor talle le parecían (1598, Jerónimo de Mondragón: *Censura de la locura humana y excelencias Della*).

62. gime y duélete que aun eres *tan carnal* y mundano, tan vivo en las pasiones(1536, Fray Luis de Granada: *Traducción de la Imitación de Cristo de* Kempis).

63. Siendo la ley evangélica *tan espiritual* (como todos sabemos) y siendo *tan carnal* como vemos el hombre, y no sólo carnal, sino vendido (a

---

[8] Obsérvese cómo en este caso el adjetivo funciona como predicado.

1598, Fray Alonso de Cabrera: *De las consideraciones sobre todos los evangelios...*).

64. y soy tan malo, *tan carnal*, tan ciego, tan inepto, que me paso la vida dudando de la bondad divina (1886, Emilia Pardo Bazán: *Los pazos de Ulloa*).

65. Cada vez que el señor Colignon, *tan carnal* y concreto, se asoma a aquel jardín [...] (1921, Ramón:Pérez de Ayala *Belarmino y* Apolunio).

66. y que no había sino un pueblo *tan carnal* que pudiera equivocarse en ello (1940, Xavier Zubiri: *Traducción de Pensamientos de Blaise Pascal*).

Ante ejemplos como los vistos arriba, cabe preguntarse cómo un adjetivo relacional puede presentar modificaciones en su grado cuando esto es, en principio, imposible ya que no se refiere a cualidades que el nombre al que acompaña pueda poseer en mayor o menor medida. Lo que ha ocurrido es que en estos casos, salvo en 52, el significado no parece ser ya el original sino el de 'lascivo, lujurioso', que antes comentaba. Es, pues, el paso de relacional a valorativo el que permitirá a este adjetivo a participar en una construcción como esta, vedada por regla general a los adjetivos de relación.

– Los adjetivos relacionales, por otra parte, no presentan antónimos, según autores como R. Schmidt (1972) o C. Bache (1978), entre otros, y, por tanto, no pueden formar parte de sistemas binarios y ser términos de correlaciones de polaridad. Así, frente a oposiciones como *grande - pequeño, feo - guapo, bueno - malo...* los relacionales no presentan antónimos (**amecánico*), ya que, por ejemplo, *celestial* no es lo contrario de *terrenal* sino que indica una relación diferente, no su negación. Por otra parte, como señala I. Bosque (1993: 22), cuando los adjetivos relacionales llevan un prefijo negativo no designan su antónimo sino la exclusión de la clase representada por el adjetivo relacional: *gramatical/agramatical, legal/ilegal...*

En este sentido, se justifica la teoría de que estamos ante una categoría gramatical que compensa la desaparición del caso genitivo, el cual servía para marcar también diferentes relaciones, no para negar. Así, es una buena muestra de la estrecha relación existente entre el nombre y este tipo de adjetivo. Los nombres, al igual que estos adjetivos muestran una complejidad de relaciones, que impide que se puedan oponer en correlaciones de polaridad; así *casa* no es lo contrario que *apartamento* sino otro tipo de vivienda y *toledano* no se opone a *griego* sino que expresa una relación diferente. De todas formas, y aunque la relación con los nombres no se pone en duda, en este punto tenemos que hacer unas matizaciones a lo que estos autores afirman. En los ejemplos de adjetivos de gentilicios (*toledano, griego…*), en los de profesiones (*carnicero, ballestero…*) o en los que indican religión (*cristiano, morisco…*), entre otros, es evidente que no existe la posibilidad de antonimia pero hay otros casos en los que, aunque no podamos hablar de antonimias propiamente dichas, la situación no es tan evidente; en este sentido, no podemos perder de vista la mentalidad medieval que organizaba el mundo en dicotomías: *carnal vs. spirital; mundanal, umanal vs. divinal, terrenal vs. celestial,* etc… y así se puede ver en algunos de los ejemplos que citamos:

67. no te dé miedo el espanto, que si fue *carnal* el metal, las manos del oficial son *del Spíritu* (1467-1482, Frey Íñigo de Mendoza: *Coplas de Vita Chisti*).

68. la que nos redemió; torne *cosa angélica* la que *carnal* nació, que nos tornen al cielo, ont Lucifer [...] (1228-1246, Gonzalo de Berceo: *Del sacrificio de la misa*).

69. dize: La carnal amor del spiritu et el desseo *carnal* es restrinydo por el desseo *spiritual* (1376-1396, Juan Fernández de Heredia: *Libro de actoridades (Rams de flors)*).

70. Siendo la ley evangélica *tan espiritual* (como todos sabemos) y siendo *tan carnal* como vemos el hombre, y no sólo carnal, sino vendido (a 1598, Fray Alonso de Cabrera: *De las consideraciones sobre todos los evangelios…*).

Tomamos, pues, este criterio con cierto recelo ya que al estudiar una etapa de una lengua no podemos dejar de tener en cuenta a los hablantes y su forma de organizar y nombrar el mundo en el que viven.

–Otra característica que se le supone a este tipo de adjetivos es la imposibilidad de coordinación con adjetivos valorativos (**taller mecánico y viejo*); Véanse, sin embargo, los siguientes ejemplos:

71. que vido la correpçion del padre ser vil & falsa & *carnal* & ynfinitosa & ynReuerente a dios (1293, Anónimo: *Castigos*).

72. urde todo mal * Fasnos por esta via mesquina e *carnal* * Por gracia de Dios en la vida eternal (1303-1309, Beneficiado de Úbeda: *Vida de San Ildefonso*).

73. el qual malvado espiritu eso mesmo ama todo *carnal* y suzio deseo. Tan-
    bien es llamado leviatan (1494, Fray Vicente de Burgos: Traducción de
    El Libro de Propietatibus Rerum de Bartolomé Anglicus).

La posibilidad de coordinación en este caso parece orientarnos hacia
un significado valorativo, aunque el valor original no está aún totalmente desdibujado.

– Por otra parte, la relación de adyacencia con el nombre modificado indica la estrecha relación que hay entre este tipo de adjetivo y el
nombre al que modifica, con el que forma una estructura compacta. Así,
en el caso de que aparezca más de un adjetivo modificando al nombre,
el relacional es el que aparece más cerca del nombre, como puede observarse en el siguiente ejemplo:

74. por el abominable *carnal* pecado con amor junto desordenado (1427-
    1428, Enrique de Villena: *Traducción y glosas de la Eneida. Libros I-III)*[9].

Por lo visto hasta el momento, podemos afirmar que no todos los criterios que hoy en día nos sirven para diferenciar los adjetivos relacionales funcionan en español antiguo, pues, por ejemplo, la posición no
parece estar en absoluto fijada y la capacidad para aparecer como predicado no presenta aún tantas restricciones; asimismo, hemos observado
la posibilidad de *carnal* de ser graduado o de combinarse con adjetivos
valorativos. Estos dos últimos hechos, sin embargo, nos invitan a la reflexión pues en estos casos percibimos una evolución semántica de forma
que el adjetivo relacional *carnal* parece pasar a convertirse en un adjetivo valorativo. Se trata de un cambio que va a ser analizado con mayor
profundidad en el siguiente apartado.

---

[9] En el caso de otros adjetivos relacionales medievales no se cumple siempre esta
norma y encontramos ejemplos como los siguientes: & de corruption uertudes & obras
del *mundo alto celestial* que es apoderado dellas. (1256, Alfonso X: *Picatrix. Vaticana
Reg*); e que el cuerpo de Cristo fuesse *cuerpo verdadero humano* de carne & huesso et
non fuesse cuerpo fantast... («El Tostado», Alonso Fernández de Madrigal (1437): *Libro
de las paradojas*).

4. La evolución semántica

Lo primero que quiero destacar es la menor polisemia de este adjetivo en español antiguo que en español actual; se trata de una situación lógica ya que las palabras se van cargando de nuevos significados a lo largo de su andadura en el tiempo pero hay un punto que me parece especialmente significativo: los valores que va adquiriendo lo conducen a pasar de relacional a valorativo, independientemente de que se use antepuesto o pospuesto al nombre al que modifica.

Sobre la adquisición de nuevos valores reflexionaban ya M. T. Cabré *et al.* (2000: 204): «Además en algunos casos en los que el adjetivo se lexicaliza, es posible encontrar dos significados: una acepción semánticamente transparente, uso relacional propiamente dicho (*dantesco* 'relativo a Dante), y otra no predictible sin conocimientos enciclopédicos (*dantesco* 'terrorífico')», aunque estas autoras no tienen en cuenta la diacronía, sino solo las diversas posibilidades que podemos encontrar en la sincronía.

Hoy día, por ejemplo –y utilizo un adjetivo de características similares–, alguien o algo *angelical* es alguien o algo adorable, dulce, bello y no solo 'de los ángeles', que es el valor básico de este adjetivo en los ejemplos analizados hasta el siglo XV, cuando ya se percibe este nuevo valor en algunos casos: *clavellina angelical, semblante angelical.*

En el XVII, se observa que en el caso de *angelical* y *angélico* conviven el valor etimológico y el nuevo significado calificativo:

75. que bajó el ángel; *pureza angelical* en lo blanco del hábito, mostrando que no [...] (1609, San Juan Bautista de la Concepción: *Apuntes sueltos en torno a la reforma...*).
76. luego es compuesta de lo mismo. Que su alma es *angélica* nadie lo duda, siendo de naturaleza intelectual (1644, Antonio Enríquez Gómez: *El siglo pitagórico y Vida de don Gregorio Guadaña*).
77. porque aquí los ojos ven *hermosura angelical.* Laureta (Aparte.) Mirad si la quiere mal (1610, Luis de Góngora y Argote: *Las firmezas de Isabela*).
78. Blasoné tu belleza milagrosa, pues rindió con *angélica cordura* el mejor corazón que alumbra Apolo (1649-1656, Antonio Enríquez Gómez: *Sansón Nazareno*).

La secuencia en este sentido parece clara: 'de los ángeles' (relacional argumental) > 'propio de los ángeles' (calificativo) > 'bueno, bello' (valorativo); 'de la carne' > 'propio de los hombres, que son carne' >'sensual, lascivo, lujurioso'.

Del mismo modo, en español medieval *humano, mundanal* o *mundano, terrenal* se oponen, en cierta medida, a otros adjetivos como *divinal, divino, celestial* o *spirital*; los primeros tienen que ver con lo relativo al hombre y a la tierra; los segundos con lo relacionado con Dios, el cielo y el espíritu; e *ynfernal* solo se refiere al infierno. Únicamente en algún ejemplo aislado tardío pueden verse valores similares a los que estos adjetivos pueden tener en la actualidad.

Hoy se pueden usar, en ocasiones, los gentilicios como indicadores de cualidad y no como relacionales propiamente dichos; así, podemos decir: *yo soy muy española*. En la época que nos ocupa no hay ningún ejemplo que nos oriente en esta dirección y no hay ejemplos del tipo *ser muy castellano, muy griego* o *muy extraño* ('extranjero')[10]. Lo mismo ocurre con los adjetivos que indican religión: no hay casos de alguien que *sea muy arriano o muy cristiano*. El primer ejemplo de este uso lo encontramos a finales del siglo XVII:

> 79. A D. Diego de Portugal se dió el gobierno de Ceuta, eleccion de gusto y aprobacion de todos, por ser este caballero muy gran soldado, muy desinteresado y *muy cristiano*, y estar sin el premio de sus servicios (1677-1678, Juan Antonio de Valencia: *Diario de noticias de 1677 a 1678*).

Además es necesario añadir que la dirección de esta tendencia es siempre en un único sentido: RELACIONAL > VALORATIVO[11] Así, lo que antes indicaba propiedades objetivas y definitorias ('de la carne', 'relativo a la carne') pasa a indicar algo subjetivo ('lascivo, sensual, lujurioso'). En el caso de este adjetivo estamos ante un cambio muy temprano en nuestra lengua y ambas acepciones son recogidas por S. de Covarrubias (1611) como usuales: 'Lo que pertenece a la carne; 2 y al hombre que es muy dado a la sensualidad y vicio de la carne, le llamamos *carnal*'. También I. Bosque (2004: 445) recoge para el español actual la doble

---

[10] Véase al respecto I. BOSQUE (1990: 123-124).

[11] Posiblemente, a través de un proceso gradual: relacional > cualitativo > valorativo.

significación pero, en este caso, las posibilidades combinatorias del adjetivo con valor relacional aparecen muy restringidas[12].

Se trata, en todo caso, de un cambio unidireccional e irreversible, ya que nunca se da en sentido contrario[13]. Esta dirección viene, en general, determinada por la pérdida de composicionalidad semántica. En origen los adjetivos relacionales son transparentes morfológicamente y su significado se resuelve por el significado de las partes que los componen, así, *rústico* se compone de dos semas que nos permiten entender que se refiere a algo relacionado con el campo o perteneciente al campo, pero, poco a poco, en determinados casos, la transparencia morfológica va desapareciendo y el uso contextual da a unidades complejas un significado global, por lo que el hablante, por mostrar un ejemplo, no identifica *ageno* como procedente de *alienus* 'de otro' o *divino* como 'de Dios'. Esto es lo que ocurre con los adjetivos valorativos, en los que el significado global no es deducible de las partes; y es así como se explica el paso de relacional a valorativo y el que no se conozcan situaciones contextuales en las que sea un adjetivo valorativo el que se convierta en relacional.

Al mismo tiempo la posibilidad de este cambio así como su unidireccionalidad es explicada con precisión y acierto por R. Almela (2000: 297):

[…] con independencia de los sentidos, contextuales, que el hablante pueda asignarle a un determinado adjetivo relacional, éste es portador de tres tipos de interpretaciones (identificadora, subclasificadora y analógica), como propone Tamba-Mecz (1980: 131-132). Del sintagma *sonido musical* puedo hacer: (1) una interpretación identificadora, esto es, un sonido de la música, propia de de esta actividad; (2) una interpretación subclasificadora, o sea, un sonido opuesto a cualquier otra procedencia o actividad que no sea la música; (3) una interpretación analógica, es decir, un sonido comparable, similar a otro que produce un instrumento musical. Esta triple posibilidad origina la polisemia de los adjetivos relacionales. Cuando se dice *camisa*

---

[12] De hecho, la nómina de sustantivos con los que puede combinarse se reduce unos pocos nombres de parentesco: *tío, pariente, sobrino* y *primo*.

[13] Sí es verdad, sin embargo, que en casos como *arroz blanco, piel roja* o *partido verde* los adjetivos cualitativos parecen haberse convertido en adjetivos relacionales que sirven para clasificar pero en estos casos es la construcción en su globalidad la que aporta el significado y es 'el arroz blanco', como construcción, quien se opone, por ejemplo a *paella*.

europea, se puede entender que es una camisa típica de Europa, o que ha sido fabricada o comercializada en Europa, o que es de un estilo semejante al estilo de los objetos que se usan en Europa… El adjetivo calificativo carece de una virtualidad que lo acerque al relacional; por eso tiene en sí mismo menos posibilidades de ejercer la «función» habitual del adjetivo relacional.

Los nuevos valores de estas palabras, pues, no serán ya tanto para clasificar los objetos por ellas designados sino para expresar sus cualidades, una vez que la pérdida de composicionalidad semántica ha desembocado, en algunos casos, en un significado unitario y global, y no ya en el resultante de la suma de los significados de las partes que componen estos adjetivos, lo que facilita la interpretación analógica.

Nos encontramos, pues, ante un cambio semántico con importantes repercusiones en la sintaxis ya que adjetivos relacionales en origen pasan a convertirse en valorativos y adoptan, por tanto, su comportamiento sintáctico. En este sentido, coincido con R. Almela (2000: 303) en que habría que hablar de «refuncionalización» de estos adjetivos más que de «recategorización».

Por otra parte, no solo en el caso de que un adjetivo relacional se convierta en valorativo, la semántica puede ser relevante para explicar el funcionamiento sintáctico de estos adjetivos; de hecho, según algunas corrientes lingüísticas, como ya he avanzado, la estructura léxica incide en la sintaxis y nos permite conocer los procesos sintácticos e incluso predecirlos. Personalmente, no sé si podemos llegar tan lejos pero lo que sí parece evidente es que la relación existe. En el caso del adjetivo que he analizado, está claro que puede, en ocasiones, ser ambiguo pero si tenemos en cuenta la teoría de J. Pustejovsky (1995) sobre la estructura de *Qualia* «podemos concluir […] que la interpretación que se haga de ciertas construcciones no depende de la sintaxis de los adjetivos relacionales, esto es, de su posición respecto del nombre, ni siquiera del significado del nombre del que provienen, sino de la estructura semántica del nombre al que acompañan» (R. Abad 2004: 54). Así, cuando el nombre es deverbal, el adjetivo que lo acompaña selecciona un papel temático de la estructura argumental de dicho nombre pero, cuando un adjetivo relacional acompaña a un nombre concreto o a nombres deverbales con los que mantengan una relación semántica adjunta, es argumento de los *qualia* de dicho nombre.

Así como en los documentos más antiguos la polisemia es mínima y prácticamente no hay casos de ambigüedad; y, por tanto, parece que en las primeras épocas del idioma los adjetivos mantienen cierta estabilidad en la selección de roles; poco a poco, sin embargo, estos adjetivos han desarrollado más posibilidades semánticas lo que permite un abanico más amplio en la selección de *qualia*.

Ahora bien, aunque esta teoría pueda explicar algunos cambios en sincronía, una visión diacrónica nos permite explicar la naturaleza de los cambios desde una perspectiva más amplia. Así, como la propia Demonte admite en las conclusiones de su trabajo: «[...] la interpretación última de estos adjetivos ha de realizarse con criterios que tienen que ver con el 'uso' de estas expresiones (es decir con criterios pragmáticos) aunque una buena parte de esta interpretación provenga también de un primer análisis léxico-semántico» (V. Demonte 1999: 167). Los datos de la diacronía son los que mejor ilustran el uso.

5. Conclusiones

No se dan en el español antiguo las restricciones sintácticas que existen hoy en día, esta realidad facilitará que comiencen a surgir desde épocas relativamente tempranas fluctuaciones semánticas. En cualquier caso, conociendo las ideas cristianas que en la época medieval oponen *espiritual* a *carnal* y que relacionan, por tanto, la carne con el hombre y el pecado, no puede extrañar ese paso a 'sensual, lascivo, lujurioso', atestiguado en época temprana. Para entender, pues, los cambios que en los diferentes niveles ha ido sufriendo este adjetivo hay que enlazar, pues, necesariamente explicaciones externas con explicaciones lingüísticas internas.

Por otra parte, el hecho de que el adjetivo analizado, así como otros similares, se convierta en valorativo va a tener unas repercusiones sintácticas que lo hacen alejarse de las características de los adjetivos relacionales.

De todos modos, hay un punto sobre el que quisiera llamar la atención y es el hecho de que no tenemos la certeza de si es el cambio semántico el que trae consigo los cambios sintácticos o si es el hecho de que no haya una fijación sintáctica el que provocará que en algunos de estos adjetivos se dé un valor diferente al relacional. En el caso concreto que nos ocupa podemos ver cómo las características sintácticas de un adjetivo valorativo (posibilidad de anteposición, coordinación con valorativos, aparición como predicado…) se observan desde muy pronto en un adjetivo que al principio es claramente relacional por lo que podemos asegurar que los criterios establecidos para considerar un adjetivo como relacional no son aplicables a los adjetivos medievales. Por otro lado, conocemos cuándo *carnal*, tras algunos ejemplos en los que su significado puede resultar ambiguo, empieza a ser claramente valorativo porque hay ejemplos clásicos evidentes, pero llama la atención que la sintaxis de este adjetivo es siempre muy flexible y que no se observan cambios al dotar a este adjetivo de un nuevo valor. Es posible, pues, que esta flexibilidad de los adjetivos relacionales en español antiguo sea la que permite en determinados casos el cambio semántico. Sin embargo, en aquellos casos en los que el cambio semántico no se produce, estos adjetivos acaban por fosilizar su sintaxis y es lo que observamos en el español actual, donde las restricciones sintácticas de los adjetivos relacionales son mucho mayores.

BIBLIOGRAFÍA

ABAD PASTOR, Raquel (2004): *Adjetivos relacionales en la interficie léxico-sintáctica*. Universidad Autónoma de Madrid. Trabajo de investigación.

ALMELA PÉREZ, Ramón (2000): «El orden AS/SA: La solución está en el conflicto», en: WOTJAK, Gerd (ed.): *En torno al sustantivo y adjetivo en español actual. Aspectos cognitivos, semánticos, (morfo) sintánticos y lexicogenéticos*. Madrid/Frankfurt: Iberoamericana/Vervuert, 293-309.

BACHE, Carl (1978): *The Order of Premodifying Adjectives in Present-day English*. Odense: Odense University Press.

BOSQUE, Ignacio (1990): *Las categorías gramaticales*. Madrid: Síntesis.

— (1993): «Sobre las diferencias entre los adjetivos relacionales y los calificativos», en: *Revista Argentina de Lingüística* 9, 9-48.

— (2004): *Redes: diccionario combinatorio del español contemporáneo. Las palabras en su contexto*. Madrid: SM.

CABRÉ, M. T. *et al.* (2000): «Nombre propio y formación de palabras», en: WOTJAK, Gerd (ed.): *En torno al sustantivo y adjetivo en español actual. Aspectos cognitivos, semánticos, (morfo) sintánticos y lexicogenéticos*. Madrid/Frankfurt: Iberoamericana/Vervuert, 191-206.

DEMONTE, Violeta (1999): «El adjetivo: clases y usos. La posición del adjetivo en el sintagma nominal», en: BOSQUE, Ignacio/DEMONTE, Violeta (coords.): *Gramática descriptiva de la lengua española*. Madrid: Espasa Calpe, 129-215.

GARCÍA GONZÁLEZ, Javier (1990): *Contribución al estudio de la sintaxis histórica del adjetivo en español*. Madrid: UCM, Tesis doctorales.

— (1992): «La colocación del adjetivo atributivo en el español medieval: un problema metodológico e histórico», en: *ACILFR* 19, V, 819-827.

LAPESA, Rafael (1975): «La colocación del adjetivo atributivo en español», en: *Homenaje a la memoria de D. Antonio Rodríguez Moñino*. Madrid, 343-359 (recogido también en: CANO AGUILAR, R./ECHENIQUE ELIZONDO, M.ª T.ª (eds.) (2000): *Estudios de morfosintaxis histórica del español*, I. Madrid: Gredos, 210-234).

McNALLY, Louise/BOLEDA, Gemma (2004): «Relational Adjectives as Properties of Kinds», en: BONAMI, O./CABREDO HOFHERR, P. (eds.): *Empirical Issues in Formal Syntax and Semantics 5*, 179-196.

PUSTEJOVSKY, James (1995): *The Generative Lexicon*. Cambridge: MIT Press.

RAINER, Franz (1999): «La derivación adjetival", en: BOSQUE, Ignacio/DEMONTE, Violeta (coords.) *Gramática descriptiva de la lengua española*, III. Madrid: Espasa Calpe, 445-482.

SERRADILLA CASTAÑO, Ana (2004): «Superlativos cultos y populares en español clásico», en: *Edad de Oro* XXIII, 95-133.

SCHMIDT, Reinhard (1972): *L'adjective de relation en français, italien, anglais et allemand*. Göppingen: Alfred Kümmerle.

SUÁREZ FERNÁNDEZ, Mercedes (1998): «El adjetivo destacado en castellano medieval y clásico: su funcionamiento en la cláusula», en: *AEFEx* 21, 383-406.

Variaciones diafásicas y diastráticas en Castilla a finales de la Edad Media: marcadores discursivos formados con el sustantivo *fe*

Marta López Izquierdo
Université Paris 8

Introducción

Este trabajo se propone describir la aparición de un conjunto de marcadores discursivos con valor modal formados a partir del sustantivo *fe* dentro de estructuras sintagmáticas no idénticas (*por mi fe, a la fe, alahé, miafé*). Dicho de otra manera, trataré de una variable sintáctica y de cuatro de sus variantes. Como veremos, la variación sintáctica que se observa en esta serie de marcadores discursivos muestra regularidades contextuales que reflejan un claro reparto socio-estilístico, es decir, una distribución condicionada por motivos diastráticos y diafásicos. Aportaré por medio de este trabajo algunas reflexiones sobre la posibilidad y la utilidad de estudiar este tipo de variación en épocas históricas y asimismo sobre la necesidad de incluir la acción de factores externos en la descripción de procesos de gramaticalización y pragmaticalización.

He llevado a cabo un primer estudio sobre las variantes en las dos Celestinas y en el teatro de Juan del Encina, situándome así en el último tramo del período de transición entre el español medieval y el español renacentista[1]. A continuación, he utilizado el corpus *CORDE* de la RAE, con el estudio de todas las ocurrencias de los sintagmas con *fe* entre 1200 y 1525 y, posteriormente, a partir de 1525 hasta la actualidad. Aquí

---

[1] Aunque la periodización de la lengua española no ha alcanzado un consenso entre los especialistas, el siglo XV aparece generalmente descrito como una época de «revoluciones» lingüísticas y como una fase de transición (R. EBERENZ 1991, E. RIDRUEJO 1993, M. T. ECHENIQUE/M. J. MARTÍNEZ 2000: 40-60). La frontera entre el español medieval y el español renacentista con criterios internos no tiene, como es natural, una identificación precisa, sino que debe entenderse como un *continuum* de procesos de cambio que muestran una aceleración a lo largo del siglo XV.

presentaré los datos de este corpus más general, que llamaré corpus de referencia[2].

El carácter indirecto de los datos es dado por supuesto: no se pretende, por consiguiente, describir sociolectos o registros de la lengua hablada de finales de la Edad Media, sino su reelaboración en textos escritos. Sin embargo, asumimos que entre las variedades, inaccesibles, de la lengua hablada de aquella época y sus representaciones en los textos escritos existe una correspondencia cuando menos indirecta, resultado de elaboraciones variadas.

Los datos que se ofrecen aquí responden a un estudio cualitativo pero también cuantitativo del problema abordado[3]. No se ha realizado, sin embargo, un estudio cuantitativo-estadístico, ya que los textos estudiados, tanto en el corpus de referencia como en el corpus de especialidad, se caracterizan por una gran heterogeneidad interna que impide el tratamiento exclusivamente estadístico de sus variantes. Ha sido necesario evaluar cada ocurrencia por separado en función de los criterios retenidos, que serán especificados más adelante.

De hecho, la heterogeneidad interna de los textos es una de las dificultades principales en todo estudio de lingüística socio-histórica. En uno de los trabajos pioneros dentro de este campo, Suzanne Romaine (1982) obvia este problema en su estudio sobre los relativos en los textos de Escocia central entre 1530-1550 al escoger un corpus consistente en siete textos diferentes que ilustran el continuum diafásico que se pretende describir: cada texto ilustra así un estrato estilístico diferente[4], y no se contempla la presencia de variedades diafásicas en el interior de cada texto. Francisco Gimeno Menéndez, por su parte, en un trabajo sobre la presencia y ausencia de *ad* ante apelativo personal y pronombre en los siglos X, XI y XII, selecciona un corpus de fueros municipales bre-

---

[2] Para la utilización de marcadores discursivos con valor modal en *La Celestina*, *vid.* M. LÓPEZ IZQUIERDO (2006).

[3] Según P. M BUTRAGUEÑO (1997: 43), es argumento cuantitativo aquel que: «a. se apoya en la asignación de cantidades a variantes de una variable, b. el que se construye asignando jerarquías entre variantes de una variable, c. el que se construye asignando valores de presencia o ausencia a las variantes de una variable».

[4] Los siete textos (y sus correspondientes «estratos») son agrupados en 6 tipos: 1. Prosa : a. prosa oficial y legal, b. prosa narrativa, c. prosa epistolar; 2. verso : a. verso cortesano o serio; b. verso moralizador o religioso; c. verso cómico.

ves en latín, en los que toma en cuenta la variación diacrónica y geográfica (León, Castilla, Aragón y Navarra) pero que considera homogéneos desde un punto de vista diastrático y diafásico[5].

La distribución de las variantes estudiadas aquí, como veremos, obliga a considerar la heterogeneidad interna de los textos y a analizar las circunstancias contextuales de aparición de cada ocurrencia.

Por otro lado, utilizaré como equivalentes los términos *variante diafásica*, *registro* y *estilo* para referirme a variantes intraindividuales, condicionadas por la situación, y los términos *variación diastrática*, *social* o *sociolecto* para referirme a las variantes interindividuales, condicionadas por la pertenencia a un grupo social. La distinción de estos dos tipos de variación no está exenta de problemas, y las superposiciones o solapamientos entre ambas han sido señaladas desde los primeros trabajos de William Labov (1966: 261, 264).

Por último, al tomar en consideración los factores extralingüísticos que han intervenido en la formación del sintagma, quiero recordar a Juan Ramón Lodares y a su visión «humana», y no puramente gramatical, de la historia de la lengua. La lengua es una realidad multidimensional en que factores sociales, culturales e históricos interactúan con los lingüísticos, es un producto, en definitiva, de la comunidad que la habla y de sus circunstancias.

1. *POR MI FE, A LA FE, ALAHÉ, MIAFÉ*

Los sintagmas estudiados (*por mi fe, a la fe, alahé, miafé*) presentan en parte de sus empleos una función de marcador discursivo; entendemos por marcador discursivo, siguiendo a M. A. Martín Zorraquino y a J. Portolés Lázaro (1999: 4057):

> unidades lingüísticas invariables, [que] no ejercen una función sintáctica en el marco de la predicación oracional –son, pues, elementos marginales– y poseen un cometido coincidente en el discurso: el de guiar, de acuerdo con sus distintas propiedades morfosintácticas, semánticas y pragmáticas, las inferencias que se realizan en la comunicación.

---

[5] F. GIMENO MENÉNDEZ (1995: 153 y 176-178).

Por su significado, están dentro de los llamados por estos mismos autores «marcadores conversacionales» con valor modal. Como se puede comprobar en los ejemplos 1a-1d, las cuatro variantes funcionan como refuerzos de aserción de un enunciado y pueden considerarse marcadores de modalidad epistémica. No contribuyen a la semántica del enunciado sino que informan al receptor sobre el grado de implicación del locutor en su acto enunciativo. El locutor se declara garante de lo dicho e intenta por este medio ganarse el crédito de su interlocutor.

1a. Quando Oliveros oyó aquellas palabras tan dissolutas y fuera de razón, por poco le saltaran las lágrimas de los ojos del gran sentimiento que hovo dellas. Mas pensando amansar la reina y apartarla de su mal propósito, sin mostrar turbación alguna, díxole:
–Señora, vuestra alteza dize que me quiere mucho y me ruega que la quiera. *Por mi fe*, ninguna cosa amo más que al rey mi señor y a vuestra alteza, y como a madre la desseo servir y obedecer y ninguna cosa me mandara que no la faga como soy obligado (*La historia de los nobles caballeros Oliveros de Castilla y Artús d'Algarbe*, 1499; *apud CORDE*).

1b. «Dama», dyxo el rrey, «por dar conclusyón a estos señores y damas no os rrespondo; que las obras os dyera por rrespuesta y por testygo».
«Sy, *a la fe*», dyxo la dama, «a los honbres nunca les faltó palabras quanto más donde faltan las obras» (*La corónica de Adramón c* 1492; *apud CORDE*).

1c. CEL. ¡ Jesú, Jesú, Jesú! ¿Y tú eres Pármeno, hijo de la Claudina?
PARM. ¡ *Alahé*, yo !
CEL. ¡ Pues fuego malo te queme, que tan puta vieja era tu madre como yo! (*La Celestina,* c 1499-1502; *apud CORDE*).

1d. Ya acá estoy, / mas ¿vos no sabéis quién soy? / Pues Gil Cestero me llamo. /Porque labro cestería, / este nombre, *miafé,* tengo (Juan del Encina: *Egloga de Plácida y Vitoriano*, 1513; *apud CORDE*).

En la lengua contemporánea, contenidos similares serían los expresados por *en verdad, la verdad, de veras*...[6].

---

[6] Otros marcadores modales señalados por los autores citados son *claro, desde luego, por lo visto*... con valor modal epistémico, y *bueno, bien, vale*... con valor modal deóntico.

Sin embargo, en algunos casos pueden también presentar valor de refuerzo deóntico, es decir, referido a la intención, la volición o la obligación de actuar por parte del emisor del enunciado:

2. MINGO Con dos mil cosas que sé. / Yo, *miafé*, la serviré / con tañer, cantar, bailar, / con saltar, correr, luchar, / y mil donas le daré (Juan del Encina: *Égloga representada en requesta de unos amores,* 1492[7]; *apud CORDE*).

Volveremos a esta doble posibilidad modal más adelante (*vid.* cuadro 4).

Los marcadores discursivos aparecen en la lengua como resultado de un proceso de gramaticalización (o de pragmaticalización) que ha podido alcanzar un desarrollo en mayor o menor grado. Citando de nuevo a M. A. Martín Zorraquino y J. Portolés (1999: 4060):

los marcadores del discurso proceden de la evolución de una serie de sintagmas que de una parte van perdiendo sus posibilidades de flexión y combinación, y, de otra, van abandonando su significado conceptual y se especializan en otro de procesamiento.

Este proceso histórico ha sido objeto de abundante descripción en los últimos años[8]. Según Elizabeth Traugott (2004), un adverbio intraoracional pasa a funcionar como adverbio oracional y finalmente como adverbio de la enunciación, adquiriendo en este proceso valor pragmático, referido a las intenciones discursivas del locutor[9]. Este cambio se acompaña de las alteraciones siguientes[10]:

---

[7] Seguimos la datación para esta égloga de Jose María Viña Liste (1991: 145).

[8] Para el español, *vid.* C. Company (2004), Á. Octavio de Toledo y Huerta (2001/2), M. Castillo Lluch (2006), entre otros.

[9] En este mismo trabajo, E. Traugott describe la aparición de los marcadores discursivos del inglés *indeed* y *besides,* diferenciando para ambos 4 pasos: etapa 0, el sustantivo de partida funciona como pieza léxica plena; etapa 1: formación de una locución adverbial que toma nuevos valores (modales, por ejemplo); etapa 2: la locución se sitúa al margen del enunciado y lo modifica en su conjunto, como un adverbio oracional; etapa 3: la locución deja de referirse al contenido proposicional del enunciado y adopta funciones pragmáticas, discursivas.

[10] E. Traugott (2004), G. Dostie (2004), M. Castillo Lluch (2006).

- descategorización
- reducción o alteración fonológica
- cambios semánticos: generalización del significado (es decir, aumento de las polisemias), pérdida del valor referencial, refuerzo de los valores pragmáticos
- modificación de las capacidades combinatorias y aparejamiento (con posibles coalescencias)
- pérdida o alteración fonética
- se amplía el alcance modificador del sintagma que pasa a modificar todo el enunciado
- reduplicación
- fijación de determinadas relaciones sintagmáticas que constituyen paradigmas
- la superposición (*layering*) de unidades antiguas y nuevas

Como veremos (§3), estas etapas pueden reconocerse en los marcadores discursivos construidos a partir del sustantivo *fe*. Los ejemplos de 1 reúnen las características que se suelen asociar con los marcadores discursivos[11]: son externos al contenido proposicional del enunciado, no expresan estados de cosas sino puntos de vista del hablante (en particular, el hablante guía al oyente respecto a la credibilidad que éste debe atribuirle en su acto de enunciación), reciben una curva entonativa que los sitúa al margen de la oración, aunque admiten cierta movilidad (*vid.* cuadro 5 *infra*). Sin embargo, no presentan uno de los rasgos considerados fundamentales para reconocer un marcador plenamente gramaticalizado: la invariabilidad formal. Podemos suponer varias hipótesis para dar cuenta de este último hecho: 1) las cuatro variantes sintácticas responden a procesos paralelos y equivalentes de gramaticalización a partir de un mismo sustantivo, que la lengua ha hecho coexistir durante cierto tiempo; 2) estamos ante un proceso poco avanzado de gramaticalización, los sintagmas estudiados no son marcadores discursivos pero pueden asumir funciones pragmáticas similares; 3) el proceso de gramaticalización ha sido influido en su desarrollo por otros factores, dando lugar a formas especializadas en alguna función y no totalmente intercambia-

---

[11] Expuestos en S. SÁNCHEZ (2006).

bles. El análisis de los datos recogidos orienta hacia esta última hipótesis, pues los sintagmas en proceso de gramaticalización reciben una especialización socio-estilística, es decir, cada uno de ellos presenta una preferencia por determinada variedad diastrática y/o diafásica.

2. APARICIÓN DE LAS CONSTRUCCIONES CON *FE* Y DISTRIBUCIÓN

2.1. Fuera de algunas ocurrencias del sustantivo *fe* que no presentan una relación directa con las construcciones en proceso de gramaticalización aquí mencionadas (por ejemplo, en el caso de sintagmas en función de sujeto), la distribución de *fe* ofrece las posibilidades que se reflejan en los cuadros 1 y 2 (las cifras a la derecha indican el número de ocurrencias recogidas en el conjunto de documentos examinados)[12].

---

[12] Hemos dejado aquí también de lado otras construcciones que, aunque están claramente relacionadas con las variantes estudiadas, no pueden considerarse antecedentes directos de las mismas: se trata principalmente del sintagma *buena fe* y sus variantes (*a buena fe, en buena fe, por buena fe…*) así como los empleos de *fe* en función de complemento directo de verbos como *prometer* (*prometer, dar (la) fe*), documentados desde el siglo XIII en *CORDE*.

El sintagma *a buena fe* aparece desde fecha temprana (primer tercio del siglo XIII en *CORDE*) acompañando con gran frecuencia al verbo *prometer* (u otros de sentido parejo) y casi exclusivamente en documentos jurídicos (notariales, ordenamientos y códigos leales):

E yo Ferrand Ivanes <u>prometo a bona fe</u> e me obligo con mie madre María Fagúndez de tener e de gardar este plecto que fiz escrivir en esta karta (*Carta de concesión de una escritura de arras* [*Documentos del Archivo Histórico Nacional (a1200-a1492…)*, 1233]; *apud CORDE*).

Va a conocer un desarrollo más tardío como marcador discursivo (primeros ejemplos h. s. XVI-XVII):

No sé –dijo Sancho Panza–, a mí me parece la más hermosa criatura del mundo: a lo menos en la ligereza y en el brincar, bien sé yo que no dará ella la ventaja a un volteador; <u>a buena fe</u>, señora duquesa, así salta desde el suelo sobre una borrica como si fuera un gato (M. de Cervantes Saavedra: *Segunda parte del ingenioso caballero don Quijote de la Mancha*, 1615; *apud CORDE*).

Por último, señalemos que la forma con posesivo: *dar mi fe*, que podía ir seguida de un infinitivo o de una completiva introducida por *que*, se documenta en *CORDE* sólo a

CUADRO 1
Modificador verbal con *fe*

complemento preposicional	*prometo por (la) mi fe* + O	05
	juro prep. + *mi fe* + O	05
	te asseguro prep. *mi fe* + O	01
dobletes verbales (o tripletes…)	*prometo y por mi fe juro de…* *e aseguro e prometo e juro por mi fe* *real que…* etc.	10

2.2. Los valores semánticos del sintagma en función de modificador verbal aparecen en el cuadro 2 y se ilustran con los ejemplos de 2a-2d:

2a. e <u>prometo por mi fe</u> rreal que yo no libraré ni daré cartas por donde rreuoque ni abrogue esta ley (*Cuaderno de las Cortes de Ocaña del año de 1469*; *apud CORDE*).

2b. mas yo vos <u>juro por mi fe</u> que nunca contra françes tome armas (Diego de Valera: *Árbol de batallas de Honoré Bouvet*, c 1441-1447[13]; *apud CORDE*).

2c. e de mí vos <u>prometo, e por mi fe vos juro,</u> / de uos dar un tabardo; desto <u>vos aseguro</u> (Pero López de Ayala: *Rimado de Palacio*, 1403-1406[14]).

2d. quando ellos oyeron estas nuevas, ouieron tan gran alegria, que no lo pudieron creer; e despues preguntaronle quando fuera aquel desbarato, y el dixoles el dia que fuera, y ellos dixeron: «Ay señor, por Dios, que no nos lo

---

partir del siglo XV. A su vez, ha podido ser el punto de partida de la forma del marcador *mi fe*, que vemos en funcionamiento a partir del siglo XVI.

La gran abundancia de construcciones que aparecen en esta época no se limitan a los marcadores con *fe* sino que son ilustración de un fenómeno general en la renovación de la «ilación discursiva» entre los siglos XV y XVI (*cf.* J. J. DE BUSTOS TOVAR 2006: 31).

[13] Atribución de la traducción y fecha según J. MANUEL LUCÍA MEGÍAS y J. RODRÍGUEZ VELASCO, en C. ALVAR y J. M. MEGÍAS (2002).

[14] Datación según J. M. VIÑA LISTE (1991 : 57).

CUADRO 2
Valores semánticos del sintagma modificador verbal

	modal deóntico	modal epistémico
prometo por mi fe + O	05	00
juro prep. *mi fe* + O	01	04
te asseguro por mi fe + O	01	00
duplicación verbal	10	00

CUADRO 3
Marcadores discursivos con *fe*

sintagma preposicional introducido por *a*	*a la fe*	35
	a la he, alahé[15]	08
	a la mi fe	10
	a la fe mía	01
	a la mia fe	01
	a fe	01
sintagma preposicional introducido por *por*	*por mi fe*	27
	por la mi fe	30
sintagma preposicional introducido por otras preposiciones	*en mi fe*	08
	para la mi fe	02
	par mi fe	01
sintagma no preposicional	*miafé*	25

Todas las ocurrencias recogidas, con algunas excepciones sobre las que volveremos más adelante, se documentan tan sólo a partir de principios del siglo XV (hasta el siglo XVII).

---

[15] Aparecen cuatro formas con coalescencia gráfica (*alahé*): 2 en *La Celestina*, 1 en Juan del Encina, 1 en Lucas Fernández.

fagays creer si no es verdad, ca nos confundiriades malamente por ay». «Yo os <u>juro sobre mi fe</u> que vi al rey Mares desbaratado, e al su pueblo muerto ante la ciudad de Camaloc, e vos lo creeys o no, no os podria ay al fazer» (*La demanda del Sancto Grial, c* 1470; *apud CORDE*).

Se observa que este tipo de refuerzos aparece mayoritariamente en enunciados con valor deóntico, para expresar compromisos (o actos de habla compromisivos[16]) (ejs. 2a-c). El locutor contrae por escrito (y para que conste) la obligación de actuar de determinada manera. Sólo el verbo *jurar* presenta en algunos casos un valor modal epistémico, por el cual el locutor garantiza la verdad de lo dicho (ej. 2d).

2.3. En cuanto a la distribución de estos modificadores verbales según el tipo de texto y la situación comunicativa, resulta del estudio del corpus un empleo mayoritario en boca de personas (o personajes) con posición social dominante y en situaciones no igualitarias, caracterizadas por un registro formal, tema serio y tono grave. La forma que mayor flexibilidad muestra, con algún ejemplo de variantes no dominantes e informales, es la de *jurar,* que ofrece también una menor fijación sintáctica (se ha documentado *juro por mi fe, sobre mi fe, en mi fe,* y hasta una forma rústica, *juri a la fe*[17]).

Los dobletes verbales merecen un comentario aparte ya que se documentan en un 80% de los casos en textos jurídicos, caracterizados por un grado mayor de formalidad y de fijación formularia. Me parece interesante resaltar la tendencia en contextos de distanciamiento tanto social como situacional entre emisor y destinatario a recurrir a un incremento verbal, proporcionando por el mismo medio un soporte icónico al compromiso al que el locutor se esfuerza en dar credibilidad. No es raro encontrar junto a verbos y sintagmas con valor de compromiso alusiones a gestos con esa misma función (como santiguarse, tocar los Evangelios...) que, al no poderse realizar delante del alocutario, se registran por escrito (y aumentan, a su vez, el peso icónico del mensaje):

---

[16] J. R. SEARLE (1969).

[17] «Quiçá le hiziera / gormar lo comido detrás la higuera; / mas no me da nada, que *juri a la fe,* / que echó más d'un palmo la pierna de huera / y aun poco marró que no la besé» (TORRES NAHARRO, Bartolomé (c. 1505-1517): *Diálogo del Nascimiento; apud CORDE*).

3a. E porque todos mis súbditos e naturales sepan e conoscan que la dicha moneda e quartos que agora corre por el dicho su abaxamiento e falsedad de ley que en ella ay non á de correr nin ser usado nin contratar en estos dichos mis reinos más de quanto la dicha buena moneda se comience a labrar como dicho es por esta mi carta, *juro a Dios, e a Santa María, e a esta señal de cruz e a las palabras de los Santos Evangelios, e prometo por mi fe e palabra real* que así començada a labrar la dicha moneda como dicho es yo mandaré proibir e defender de todo punto el uso e comunicación de la dicha moneda de quartos (*Pragmática de Enrique IV,* 1470 [Documentos del Archivo Municipal de Toledo (c1300-a1500)]; *apud CORDE*).

3b. E mando e ordeno que non vala nin aya fuerça alguna *e juro e prometo por mi fe real e al nonbre de Dios e a esta sennal de cruz (signo) e a las palabras de los sanctos euangelios, corporalmente tannidos con mis manos, presentes los sobredichos e otros del mi consejo e asimesmo los dichos procuradores de las dichas çibdades e villas de mis regnos que comigo están, por ante mi secretario yuso escripto,* de lo ansy guardar e conplir realmente e con efecto e de non yr nin pasar nin consentir yr nin permitir yr nin passar contra ello nin contra cosa alguna nin parte dello en algund tienpo nin por alguna manera (*Premática del rey Juan II, en la que ordena que no se den cosas de la Corona,* 1442; *apud CORDE*).

Destaquemos también finalmente que la construcción con *prometer por mi fe* aparece sólo en boca de monarcas, y el sustantivo se acompaña de un adjetivo *real* o de una alusión a su estatuto regio: *como rey coronado.*

3. Indicios de gramaticalización del sintagma y empleo como marcador discursivo

3.1. *Reducción de las posibilidades combinatorias*

La aparición de adjetivos como *real* junto a *fe* no se documenta en los marcadores. Por otro lado, a pesar de cierta vacilación inicial en la construcción con artículo, posesivo o posesivo articulado del sintagma (como hemos visto), se termina por seleccionar un número limitado de posibilidades. La desaparición del posesivo articulado del sistema estaba en

pleno avance en el siglo XV, como ha mostrado, entre otros autores, Rolf
Eberenz (2001)[18].

3.2. *Desgaste fonético y pérdida de autonomía morfológica*

Evidentes en el caso de *a la fé > alahé*. Dado que en esta época tanto la
grafía <f> como la grafía <h> podían representar una aspirada, no podemos establecer una separación inequívoca de las dos variantes [a la fé] /
[alahé] en las ocurrencias de nuestro corpus. Una pronunciación [f]
frente a [h] o incluso [Ø] respondería a una forma conservadora de
habla, y sería propia de sociolectos altos o de registros formales[19].

También se observa pérdida de autonomía en el caso de *miafé*, donde
se produce la fusión del posesivo no apocopado con el sustantivo. La
ausencia de determinante (*mía* es morfológicamente un adjetivo en esta
época) es un indicio más de la pérdida de autonomía del sintagma nominal que ha originado el marcador. Será finalmente sustituido por *mi fe*,
menos marginal, a partir de finales del siglo XV (pero creado probablemente sobre una base diferente, *vid.* nota 12 *supra*).

3.3. *Desemantización*

El sustantivo *FIDES* en latín ya presentaba una amplia polisemia que iba
desde la creencia religiosa (aunque en un uso arcaico, sólo conservado
en determinadas exclamaciones: *pro deum atque hominum fidem*[20], por
ejemplo, utilizadas para invocar el testimonio de los dioses y de los hom-

---

[18] Los ejemplos relativamente numerosos de *por la mi fe* (20), recogidos en el cuadro
2, aparecen concentrados (con una sola excepción) en el *Tristán de Leonís* (1501), donde
alternan con la forma sin posesivo *por mi fe* y muestran por consiguiente una particularidad estilística limitada a un autor y a un solo texto en nuestro corpus.

[19] R. PENNY (2004: 599): «Es muy probable que ya en el siglo XIV la pronunciación
de /h/ fuera normal en Castilla en aquellas palabras que en latín presentaban F y donde
a la consonante le seguía una vocal [...] aunque en ciertas regiones (la zona burgalesa de
Castilla la Vieja) era posible la eliminación de la aspirada [...]. Tampoco se puede eliminar la posibilidad de que en ciertos círculos cultos (o en ciertos registros exclusivos de la
gente culta) se usara una labiodental /f/».

bres), hasta el valor de fiabilidad, credibilidad de la palabra dada, o incluso promesa. Este significado tendrá un gran desarrollo en el derecho romano, como explican A. Ernout y A. Meillet (1994, *s. v. fides*), para expresar: «engagement solennel, garantie donnée, serment, d'où bonne foi, loyauté, fidélité à la parole donnée».

Gérard Freyburger (1986) diferencia cinco acepciones fundamentales para esta palabra: confianza, crédito, lealtad, promesa y protección. Las cuatro últimas acepciones derivan, según este autor, de la primera:

> *Fides* est ce qui, dans l'homme, fait d'un lien ou d'une obligation contractés envers autrui un lien moral et établit ainsi la confiance des autres. [...] La «promesse» que désigne véritablement *fides* est non pas, comme le serait une «caution» ou une «garantie» un fait en soi, mais un engagement fondé sur la confiance réciproque: le latin dit *seruare, perdere fidem cum aliquo* (R. Heinze, citado por G. FREYBURGER, 1986: 30).

> *Fidem dare* signifie littéralement 'offrir son crédit' comme un gage (*cf. pignus dare*) (G. FREYBURGER 1986 : 65)[21].

El acto compromisivo en latín se expresaba con frecuencia utilizando el sustantivo *fides* en acusativo: *fidem dare, promittere* o en ablativo : *fide promittere, mea fide promittere* o simplemente *mea fide* (sin el verbo *promittere*). Es interesante destacar aquí que estas construcciones ya parecen presentar en latín una preferencia en función del género textual: *fidem promittere* es una expresión más habitual de la poesía, mientras que *fide aliquid promittere* se registra en las inscripciones y los textos jurídicos[22].

---

[20] Tres tipos de exclamaciones: 1. *pro fidem* (usualmente: *«pro deum atque hominum fidem»*); 2. *per fidem*; 3. en nominativo o acusativo solo; ejs.: 1. *«pro diuum fidem»* (Enn. *Sat.* 18); 2. *«quo deorum, per fidem, ista monstrante»* (Plin. *Nat.* 29. 24); 3. *«fidem iustitiae!»* (Quint. *Decl.* 14.1), *Oxford Latin Dictionary* (*s. v. fides*).

[21] La definición de *fe* que propone aún el *Diccionario de Autoridades* muestra la proximidad de las nociones de promesa y crédito en español también: «Significa también la palabra o promessa que se da de hacer alguna cosa, con cierta circunstancia, como de juramento u pleito homenage, de suerte que si no se cumple redunda en descrédito del que la dio» (p. 729).

[22] G. FREYBURGER (1986); *Oxford Latin Dictionary, s. v. fides*; *Thesaurus Linguae Latinae, s. v. fides*.

El latín medieval retoma, por un lado, el antiguo valor de fe religiosa, aplicándolo ahora a la fe cristiana en particular, y desarrolla los empleos jurídicos relacionados con la promesa y el juramento dentro del sistema feudal: la *FIDES* es ahora la que el vasallo jura a su señor[23].

El proceso semántico que lleva desde los valores deónticos, de promesa y compromiso, que estamos viendo, hacia los valores epistémicos ha sido descrito dentro de los cambios semánticos que caracterizan la gramaticalización de las unidades modales[24]. Y es ese estadio ya avanzado de desemantización que se refleja en los valores modales de los marcadores del castellano recogidos en el cuadro siguiente:

CUADRO 4
Valores semánticos de los marcadores discursivos (%)

	modal deóntico		modal epistémico	expresivo
	directo	**indirecto**		
por mi fe	0	11,1	88,9	0
a la fe	2,9	8,6	88,5	0
a la he	0	0	87,5	37,5[25]
miafé	28	0	72	8

Frente a los valores modales del modificador verbal, destaca ahora la presencia minoritaria de valores deónticos, que además suelen ser indi-

---

[23] J. F. Niermeyer/C. van de Kieft (2002).

[24] E. C. Traugott (1989, 1997) propone la evolución semántica: radical/deóntico > epistémico objetivo > epistémico subjetivo, y considera este cambio un caso de «subjectification», es decir: «the historical pragmatic-semantic process whereby meanings become increasingly based in the speaker's subjective belief state, or attitude toward what is said» (1997: 185). Por otro lado, este tipo de procesos no se describen sólo para los verbos del tipo de *prometer*: «Such subjectification is [...] attested throughout the modal system broadly construed, including not only the development of the epistemic modals, and of the quasi-modals [...] but also of epistemic adverbs [...] and connectives [...], metalinguistic, [...] focus and scalar particles [...]» (*ibíd.*: 201).
Por su parte, J. Bybee y *al.* (1994) proponen la cadena de cambio: modalidad orientada hacia el agente (*agent speaker modality*) > modalidad epistémica.
Para un estudio de los valores modales de *prometer vid.* M. López Izquierdo (2003).

rectos (es decir, que se derivan de enunciados asertivos epistémicos). El ejemplo 4a es indirecto, los ejemplos 4b y 4c, directos.

4a. –¡*Por mi fe* –dixo Sagramor–, más quiero morir a manos de un buen cavallero que no vevir entre los covardes cavalleros de Cornualla, que no osan defender su señora de un solo cavallero! (*Tristán de Leonís* 1501; *apud* CORDE).

4b. –«Pues, veamos, ¿qué faré?» / –«Que la dexes, *a la fe* (Alfonso Enríquez: *Poesías [Cancionero de Palacio]*, 1438 - 1444[26]; *apud* CORDE).

4c. Y el hato quiero mudar /antes que otra cosa venga; / tú, *miafé,* también, Menga, / encomiéngate a dusnar (Juan del Encina: *Égloga de Mingo, Gil y Pascuala,* 1493[27]; *apud* CORDE).

Se observa asimismo que empiezan a surgir algunos empleos en que el valor modal ya no es detectable o de manera muy difusa, permaneciendo sólo una idea de énfasis, de pura exclamación, que lleva a algunos de estos marcadores hacia categorías interjectivas aún mas vacías. La duplicación (ejemplos 5a-5c) es un indicio del valor expresivo de estas formas (y de su avanzada desemantización), así como su aparición autónoma, sin modificar ningún segmento (5d):

5a. Y para esto, Pármeno, ¿hay deleite sin compañía? ¡*Alahé, alahé,* la que las sabe las tañe! Éste es el deleite, que lo ál mejor lo hacen los asnos en el prado (*La Celestina,* 1499-1502; *apud* CORDE).

5b. BRAS ¡A! Beneito del Collado, /¿dónde vas? / BENEITO *Miafé, miafé, miafé,* Bras, / de muerte voy debrocado (Juan del Encina: *Égloga representada en la noche postrera de Carnal,* 1493[28]; *apud* CORDE).

5c. Luego mi amigo riendo, /por darme mayor dolor, / vino con bozes diziendo: / «Ya beo qu'estas ardiendo / del fuego d'este señor, / *a la fe, a la*

---

[25] Los valores expresivos pueden sumarse a la expresión de un valor modal, de ahí que el total de los ejemplos de una variante pueda sumar más de 100%.

[26] Fecha de la copia según J. M. VIÑA LISTE (1991: 116).

[27] J. M. VIÑA LISTE (1991: 145).

[28] J. M. VIÑA LISTE (1991: 145).

fe ha, / tu coraçon donde esta, / ya tu te puedes dezir / la manera del viuir / qu'el Amor al suyo da». (*Cancionero de Juan Fernández de Íxar*, h 1470 - 1575[29]; *apud* CORDE).

5d. ¡*Alahé*!, ¡juro [a] san Pego! / Hablando con reuilencia, / ¡miafé! grande pestilencia /ños embía amor de fuego (Lucas Fernández, Lucas: *Farsa o quasi comedia... vna donzella y vn pastor y vn cauallero*, a 1497[30]; *apud* CORDE).

3.4. *Otros indicios del funcionamiento como marcadores de los sintagmas estudiados*

La posición del sintagma respecto al enunciado modificado muestra un alto grado de movilidad para las tres primeras variantes, aunque se noten algunas preferencias para los dos primeros; en el caso de *miafé* estamos ante un marcador esencialmente parentético:

CUADRO 5
Movilidad de los sintagmas dentro de la oración (%)

	inicial	media	final
por mi fe	74	15	11
a la fe	34,3	51,4	14,3
a la he	37,5	37,5	25
miafé	12	88	0

Por otro lado, se observa la posibilidad de que los marcadores aparezcan junto a conjunciones, pero éstas aparecen antepuestas:

6a. Claudia.– ¿Pues no respondéys, señor? Mirá lo que hazéys, que aun por la vergüença no's aviedes de echar, *y a la fe*, para bien no's falta, sino que os quitéys la camisa (*Comedia Thebayda*, c 1515-1519[31]; *apud* CORDE)

---

[29] Fecha de la copia según J. M. Viña Liste (1991: 149).
[30] Fecha de redacción según J. M. Viña Liste (1991: 150).
[31] No seguimos en este caso la datación propuesta por *CORDE* para esta obra (c. 1500), sino la que propone Jose Luis Canet en su edición.

6b. Amintas.– Siempre lo haze assí, que este es su oficio y, la verdad, él no tiene otra grangería salvo regozijarnos a todos. *Y por mi fe*, que no valdríemos nada sin él (*Comedia Thebayda*, *c* 1515-1519; *apud* CORDE).

También se ha registrado la presencia de conjunción *y* delante del marcador *a la fe* y una alternancia entre *por mi fe* y *por mi fe que* (sólo en la *Comedia Thebayda*).

3.5. *Cronología e interpretación*

El proceso de gramaticalización que se refleja en los apartados precedentes puede esquematizarse por medio de la figura siguiente, que marca las etapas de la cadena función sintáctica > función pragmática, típica en la aparición de marcadores:

FIGURA 1
Gramaticalización de los sintagmas con *fe*

---

etapa 0: *fe* con valor léxico pleno, pero polisémico: valor activo 'creer en algo', valor pasivo 'ser creído', 'creencia religiosa'. Aparición en sintagmas preposicionales en función adverbial: «*prometo por mi fe que...*» 'que pierda mi crédito si no cumplo mi promesa'.

etapa 1: el sintagma preposicional deja de expresar una verdadera condición de cumplimiento e indica la naturaleza «formal» del acto performativo realizado (promesa, juramento), expresado por el verbo.

etapa 2: el sintagma expresa un comentario del acto performativo realizado en el enunciado, con o sin verbo explícito: «*(prometo/juro) por mi fe, ...*».

etapa 3: el sintagma expresa una marca de implicación que el locutor dirige al interlocutor a propósito de su enunciación o con respecto a la situación comunicativa.

Sin embargo, los datos recogidos en nuestro corpus no muestran un desarrollo sucesivo de estas cuatro etapas: las etapas 0 y 3 aparecen de manera prácticamente simultánea. Los marcadores estudiados presentan una frecuencia significativa a partir del siglo XV que se extiende en general hasta el XVI pero con un claro descenso a lo largo de este siglo. Las formas que desaparecen antes son *miafé* y *alahé*, *por mi fe* será la que veamos perdurar más hasta finales del XVII, con algunas supervivencias ocasionales después[32].

Sin embargo, es posible encontrar algunas ocurrencias aisladas de *por mi fe* y *a la fe* desde finales del siglo XIII y en el siglo XIV donde se ve que estamos ya ante marcadores discursivos:

7a. E commo el padre por aquesto non se quisiese escusar, dize el dicho poeta que vn dia el padre preguntando al fijo de vilezas e de fealdades muchas, el fijo respondio: «*Por mi fe*, padre, sy non fuese por dar honor a mi madre, que es cara de buena sy en el mundo es, yo non confesaria a vos por padre nin por sennor nin por amigo, ca non me fazedes obras de padre nin de amigo...» (*Castigos e documentos para bien vivir ordenados por el rey Sancho IV*, 1293; *apud CORDE*).

7b. Como la mi vejezuela me avía aperçebido, / non me detove mucho, para allá fui luego ido; / fallé la puerta çerrada, mas la vieja bien me vido: / «¡Yuy!», diz, «¿qué es aquello, que faz aquel roído? // ¿Es omne o es viento? Creo que es omne, non miento; / ¡vedes, vedes cómo otea el pecado carboniento! / ¿Es aquél? ¿Non es aquél? Él me semeja, yo lo siento: / ¡*a la fe*, aquél es Don Melón! Yo lo conosco, yo lo viento...» (Juan Ruiz: *Libro de Buen Amor*, 1330-1343; *apud CORDE*).

Esto hace pensar que dichos marcadores debían existir ya en la lengua hablada pero que no tenían el prestigio suficiente como para generalizarse en los textos literarios. Será sólo a partir del momento en que

---

[32] *Por mi fe*: Numerosos ejemplos de este marcador a lo largo de todo el siglo XV, y entrando en el XVI. El ejemplo más antiguo remonta al siglo XIII, pero se observa después un salto hasta principios del XV. Claro descenso a partir de mediados del XVII.

A la fe: 35 ocurrencias, 8 del siglo XIV, el resto repartidas sobre todo a partir de la segunda mitad del XV y extendidas hasta el primer cuarto del XVI. Se observa una escasez de ocurrencias en la primera mitad del XV. Último ejemplo en *CORDE*: MORETO, Agustín (1657): *El Santo Cristo de Cabrilla*.

A la he, alahé: 8 ocurrencias, tardías todas ellas (2ª mitad del XV, pero finales del XV mayoritariamente)

Miafé: 25 ocurrencias, todas ellas de finales del siglo XV y primeros del XVI, no sobrepasa el XVI. Se recoge siempre en los mismos autores (J. del Encina, L. Fernández, B. Torres Naharro, así como en los Cancioneros jocosos).

se extienden en español las fórmulas inicialmente latinas, expresadas con *juro por mi fe* o *prometo por mi fe* (y que eran, como hemos visto, más propias de la lengua literaria) cuando estos marcadores reciban una importante difusión, esta vez sí dentro de la lengua escrita, gracias a la autoridad del calco latino. Asistimos así a un desarrollo más amplio de un proceso de gramaticalización de formas que ya podían existir anteriormente.

Pero queda por explicar la razón por la que se da esta multiplicación de formas, dentro de un proceso de gramaticalización que tiende a la selección y generalización de una sola forma para la misma función, provocando la invariabilidad formal de los marcadores más gramaticalizados.

4. Circunstancias contextuales asociadas con las ocurrencias de los marcadores estudiados

He tenido en cuenta los siguientes criterios a la hora de caracterizar cada una de las ocurrencias estudiadas:

1. pertenencia del locutor a un grupo dominante (noble) o dominado (villano),
2. relación igualitaria o no igualitaria entre locutor y alocutario,
3. estructura diálogica (el locutor inscribe al alocutario en su discurso) o no,
4. situación formal o informal (de confianza, de intimidad) entre locutor y alocutario,
5. tema y tono del mensaje: considero dos tipos de temas, serios (S): asuntos públicos, filosóficos, doctrinales, del amor cortés…) / no serios (asuntos privados, de la vida cotidiana, de carácter intrascendente), y cuatro tonos: grave (G), neutro (N), de oposición (O) y jocoso (J). Los dos primeros se asocian a una mayor distancia, los dos últimos a una distancia menor entre locutor y alocutario,
6. tipo de documento; en prosa: a) jurídicos, b) históricos y tratadística, c) narrativos (de ficción), d) epistolar, e) drama profano; en verso: f) clerical, g) cancioneril, h) drama religioso o profano (églogas de Encina, Lucas Fernández, comedias de Torres Naharro). Se puede proponer una gradación que iría de los géneros más

formales a los menos formales (aunque como he dicho anteriormente, la consideración exclusivamente del género no será suficiente para caracterizar cada ocurrencia) (figura 2).

FIGURA 2
Género y registro

prosa	verso	+ formal
a. jurídico	f. clerical	
b. histórico y tratadística	g. cancioneril	
c. ficción narrativa	h. drama religioso	
d. epistolar	h. drama profano	
e. drama profano		– formal

Los resultados de esta clasificación aparecen en el cuadro 6. Las dos
primeras características del cuadro pueden ponerse en relación con la
variación social, las demás con la variación diafásica.

Para los cuatro marcadores, estamos antes formas típicas del discurso dialógico, es decir, marcadores conversacionales[33].

Por su carácter conversacional, aunque literario, ninguno de ellos es
portador de un registro formal estricto, sino que se asocian con registros
que van desde una formalidad baja hasta una informalidad acusada. En
el cuadro 7, se intenta reflejar la distribución socio-estilística diferenciada que se ha detectado para las cuatro variantes.

• *por mi fe:*

Es la forma que cuenta con mayor prestigio en nuestro corpus. Su
empleo se produce mayoritariamente en boca de personajes dominantes
(nobleza, caballeros, realeza...) aunque en algún caso aparece también
en boca de personajes bajos (rufianes, rocines personificados...). Se

---

[33] M. A. Martín Zorraquino/J. Portolés Lázaro (1999: 4143 y ss.).

CUADRO 6
Factores contextuales (%)

	1 dte.	2 igualitario	3 diálogo	4 formal	5 tema: S tono: G/N/J/O	6 tipo de texto: (a-h)
por mi fe	74	60	96,3	26	37 G 48 N 15 J 11 O 26	b 18,5 c 44,4 d 18,5 e 3,7 g 11,1 h 3,7
a la fe	28,5	85,7	100	8,5	34,2 G 8.6 N 25.8 J 42.8 O 22.8	b 5.8 c 2.8 e 5.8 f 20 g 11.4 h 54.2
a la he	0	87,5	62,5	0	14 N 25 J 75	e 25 g 37.5 h 57.5
miafé	0	72	96	0	12 J 100	g 4 h 96

CUADRO 7
Distribución socio-estilística de los marcadores con *fe*

	sociolecto alto	sociolecto bajo
formalidad moderada	*por mi fe*	*a la fe*
informal	*a la fe*	*alahé* *miafé*

observa también un empleo tanto en situaciones igualitarias como de jerarquía social.

- *a la fe:*

Caracteriza el habla informal de los sociolectos altos y el habla de formalidad moderada en los sociolectos bajos. Los personajes dominantes evitan este marcador, salvo en contextos en que es necesaria una mayor expresividad (es decir, un refuerzo de su función pragmática): en presencia de negación, para expresar un reproche o una crítica violenta.

- *a la he* (o *alahé*), *miafé:*

Aparecen claramente circunscritos a variedades sociales bajas y a registros informales. Los empleos puramente expresivos (para expresar la implicación del locutor con referencia a la situación comunicativa de manera general) son frecuentes con estas dos formas.

- *Alahé:*

Alahé aparece con formas fijas: proverbios, estribillos de canciones; *miafé* parece funcionar como marcador de un grupo social muy definido (personajes rústicos), que sin duda responde a un estereotipo literario.

Dos datos relativos a la distribución de los marcadores en los tipos de texto llaman la atención: 1) la oposición de los tipos b (histórico y tratadística) y h (drama religioso o profano), que permite por sí sola diferenciar el comportamiento de los cuatro marcadores (y su adscripción socio-estilística); 2) la mayor o menor representación textual que muestran los marcadores, con el máximo de flexibilidad para *por mi fe* y *a la fe,* el mínimo para la forma más estereotipada, *miafé* .

CONCLUSIONES

En primer lugar, la cronología y la extensión de las formas estudiadas sugiere la actuación de un proceso de gramaticalización con doble alcance. Los procesos de gramaticalización no son mecanismos automáticos, que se desarrollan indefectiblemente según las etapas descritas por los especialistas. Otros factores, lingüísticos o extralingüísticos, pueden modificar, interrumpir o relanzar el proceso en curso. En nuestro caso, es probablemente el intenso contacto con el latín a partir del siglo XV lo que ha remotivado la extensión de formas que no contaban con gran predicamento en los textos escritos antes del siglo XV (y que podían existir, sin embargo, como formas de poco prestigio en la lengua oral, casi totalmente ausentes de la escritura): el prestigio de una lengua o de una forma lingüística está constantemente sometido a prueba por la comunidad de hablantes.

En segundo lugar, la necesidad de explicar la emergencia coetánea de cuatro variantes sintagmáticas de significado comparable me ha llevado a diferenciar variedades socio-estilísticas en el habla elaborada en los textos y a proponer posibles correspondencias con variedades diastráticas y diafásicas de la lengua de la época, sin olvidar el papel que sin duda jugaron las convenciones retóricas y literarias en los textos de nuestro corpus. Por otra parte, ha sido necesario tener en cuenta la influencia del registro y del sociolecto en el curso de la gramaticalización de una forma, y en particular en el fenómeno ya mencionado de superposición o *layering*, es decir, de pervivencia de formas antiguas junto a formas nuevas, o, más exactamente en nuestro caso, de formas distintas coexistentes para expresar funciones similares. Las cadenas de cambio conocidas bajo los nombres de lexicalización, gramaticalización y pragmaticalización, pueden sufrir la interferencia de factores socio-estilísticos.

Por último, he aludido a una doble tendencia en el uso de fórmulas reforzadoras de la fuerza ilocutiva del enunciado (compromisos o aserciones): 1) reforzar el compromiso recurriendo a incrementos verbales (por medio de coordinaciones de verbos y de sintagmas reforzadores (ej. 3b); 2) reforzar la aserción recurriendo a la elisión en los marcadores discursivos y, especialmente, en *alahé, miafé*. Estos dos procedimientos pueden relacionarse con niveles socio-estilísticos diversos. E. Finegan y D. Biber (1994) han observado que las formas reducidas fonológicamente tienden a asociarse con estilos informales, mientras que las formas plenas se asocian más generalmente con estilos formales. Estos dos autores explican esta tendencia por la presencia de redes sociales más estrechas entre hablantes de bajo nivel social, lo cual conlleva una mayor presencia de información compartida y permite la utilización de formas abreviadas. Este fenómeno se observa con los marcadores aquí estudiados: las formas «largas» aparecen esencialmente en textos jurídicos; las formas «breves» en textos que representan discursos orales, y que llegan a su mínima expresión en niveles sociales bajos y registros informales (*miafé, alahé*).

BIBLIOGRAFÍA

ALVAR, C./LUCÍA MEGÍAS, J. M. (2002): *Diccionario Filológico de literatura medieval española. Textos y transmisión*. Madrid: Castalia.

BUSTOS TOVAR, J. J. de (2006): «Lengua común y lengua del personaje en la transición del siglo XV al XVI», en: BARANDA LETURIO, C./VIAN HERRERO, A. (eds.): *El personaje literario y su lengua en el siglo* XVI. Madrid: Editorial Complutense, 13-39.

BYBEE, J. *et al.* (1994): *The evolution of the grammar: tense, aspect, and modality in the languages of the world*. Chicago/London: The University of Chicago Press.

CASTILLO LLUCH, M. (en prensa): «La formación de los marcadores discursivos *vaya, venga, anda y vamos*», en: *VII Congreso Internacional de Historia de la Lengua Española*. Mérida (México), septiembre 2006.

COMPANY COMPANY, C. (2004): «¿Gramaticalización o desgramaticalización? Reanálisis y subjetivización de verbos como marcadores discursivos en la historia del español», en: *Revista de Filología Española* 84, 29-66.

DOSTIE, G. (2004): *Pragmaticalisation et marqueurs discursifs. Analyse sémantique et traitement lexicographique*. Paris: Duculot.

EBERENZ, R. (1991): «Castellano antiguo y español moderno: reflexiones sobre la periodización en la historia de la lengua», en: *Revista de Filología Española* 71, 79-106.

— (2000): *El español en el otoño de la Edad Media. Sobre el artículo y los pronombres*. Madrid: Gredos.

FINEGAN, E./BIBER, D. (1994): «Register and social dialect variation: an integrated approach», en: BIBER, D./FINEGAN, E. (eds.): *Sociolinguistic perspectives on register*. New York/Oxford: Oxford University Press, 315-347.

ECHENIQUE ELIZONDO, M. T./MARTÍNEZ ALCALDE, M. J. (2000): «Historia externa y periodización en la historia de la lengua española», en: *Diacronía y gramática histórica de la lengua española*. Valencia: Tirant lo Blanch, 40-60.

ERNOUT, A./MEILLET, A. (1994): *Dictionnaire étymologique de la langue latine. Histoire des mots*. Paris: Klincksieck.

GIMENO MENÉNDEZ, F. (1995): *Sociolingüística histórica (siglos XI-XII).* Madrid: Visor Libros/Universidad de Alicante.

GLARE, P. G. W. ([21]1994): *Oxford Latin Dictionary.* Oxford: Clarendon Press.

LABOV, William (1966): *The Social Stratification of English in New York City.* Washington, D.C.: Center for Applied Linguistics.

LÓPEZ IZQUIERDO, M. (2003): *Recherches sur la modalité. Les verbes de modalité factuelle en espagnol médiéval.* Villeneuve d'Ascq: Presses Universitaires du Septentrion (Tesis de doctorado defendida en 2000, Université Paris X).

— (2006): «Sobre la ruptura de la verosimilitud en la lengua de *La Celestina*: distribución de tres marcadores discursivos», en: FERNÁNDEZ, E./LLOM-BART, M. (eds.): *Rupture(s).* Pandora, 6.

MARTÍN BUTRAGUEÑO, P. (1997): «Aproximación sociolingüística al estudio de la variación y el cambio sintáctico. Esbozo de algunos problemas generales», en: MORENO FERNÁNDEZ, F. (ed.) (1997): *Trabajos de sociolingüística hispánica.* Alcalá: Universidad de Alcalá, 37-67.

NIERMEYER, J. F./VAN DE KIEFT, C. (2002): *Mediae latinitatis lexicon minus.* Leiden/Boston: Brill.

OCTAVIO DE TOLEDO Y HUERTA, Á. (2001/2): «¿Un viaje de ida y vuelta? La gramaticalización de *vaya*», en: *Anuari de Filologia* 23-24; F, 11-12: 47-71.

PENNY, Ralph (2004): «Evolución lingüística en la Baja Edad Media: evoluciones en el plano fonético», en: CANO, R. (coord.): *Historia de la lengua española.* Barcelona: Ariel, 593-612.

PÖSCHL, Victor (1900-): *Thesaurus linguae latinae.* Leipzig: B. G. Teubner.

REAL ACADEMIA ESPAÑOLA: Banco de datos (CORDE) [en línea]. *Corpus diacrónico del español.* <http://www.rae.es> [octubre - diciembre 2006].

— (1726-1739) *Diccionario de Autoridades* (en línea: <http://www.rae.es>).

RIDRUEJO, E. (1993): «¿Un reajuste sintáctico en el español de los siglos XV y XVI?», en: *Actas del Primer Congreso Anglo-hispánico (I). Lingüística.* Madrid: Castalia, 49-60.

ROMAINE, S. (1982): *Socio-historical linguistics: its status and methodology.* Cambridge/New York/Sidney: Cambridge University Press.

— (1988): «Historical Sociolinguistics: Problems and Methodology», en: AMMON, V. *et al.* (eds.), *Sociolinguistics/Soziolinguistik. An international Handbook of the Science of Language and Society/Ein internationales Handbuch zur Wissenschaft von Sprache und Gesellschaft.* Vol. 2. Berlin/New York: Walter de Gruyter, 1452-1469.

SEARLE, John R. (1969): *Speech Acts: an essay on philosophy of language.* Cambridge: University Press.

TRAUGOTT, Elizabeth C. (1989): «On the rise of epistemic meanings in English: an example of subjectification in semantic change», en: *Language* 65, 31-55.

— (1997): «Subjectification and the develpment of epistemic meaning: The case of *promise* and *threaten*», en: SWAN, T./WESTVIK, O. J. (eds.). Berlin/New York: Mouton de Gruyter, 185-210.

— (2004): «Le rôle de l'évolution des Marqueurs Discursifs dans une théorie de la grammaticalisation», en: FERNANDEZ-VEST, M. M. Jocelyne/CARTER-THOMAS, S. (eds.): *Structure informationnelle et particules énonciatives. Essai de typologie.* Paris: L'Harmattan: 295-333 [traducción del inglés de la comunicación al *XIIth International Conference on Historical Linguistics* (1995). Manchester. En línea: <http://www.stanford.edu/-traugott/ect-papersonline.html>.

VIÑA LISTE, J. M. (1991): *Cronología de la literatura española.* Vol. I. *Edad Media.* Madrid: Cátedra.

LA CREACIÓN DE UN MARCADOR DEL DISCURSO: *NATURALMENTE**

Santiago U. Sánchez Jiménez
Universidad Autónoma de Madrid/
Instituto de Investigación R. Lapesa (RAE)

1. *NATURALMENTE* EN ESPAÑOL ACTUAL

Si pretendemos explicar el funcionamiento del adverbio[1] *naturalmente* en el español actual –partiendo de una nómina de construcciones como la que aportamos a continuación– advertiremos, de inmediato, dos circunstancias relevantes: su polifuncionalidad (es decir, la variedad de contextos sintagmáticos en los que se emplea el adverbio *naturalmente*) y su plurisignificación (esto es, los distintos valores semánticos que asume y que dependen, en buena medida, de su ámbito de aplicación y de su comportamiento sintáctico).

(1) El conferenciante hablaba *naturalmente*.
(2) El animal reaccionó *naturalmente* a ese estímulo.
(3) El cisne es *naturalmente* hermoso.
(4) El tigre, *naturalmente* agresivo, acomete con fiereza a la presa.
(5) Este artefacto, *naturalmente*, es difícil de manejar.
(6) Iba sin frenos, cuesta abajo, a toda velocidad, por un camino sin asfaltar; *naturalmente*, sufrió un grave accidente.
(7) *Naturalmente* que no iré, solo me faltaba tener que ver su cara en la fiesta.
(8) A. ¿Vienes al parque?
     B. ¡*Naturalmente*!

En los cuatro primeros ejemplos, considerando la estructura sintagmática en que aparece el adverbio, se observa que su ámbito de afección se localiza en el seno de la relación predicativa que se establece entre sujeto y predicado, es decir, dentro de la estructura proposicional.

---

* Este trabajo se inscribe en el Proyecto HUM2006-08852 «Vieja y nueva sintaxis: la emergencia de la norma sintáctica del castellano», del Ministerio de Educación y Ciencia de España.

[1] Para un estudio general del adverbio en español, *cf.* O. KOVACCI (1999).

En (1) *naturalmente* funciona, dentro del SV, como un modificador verbal obligatorio: está seleccionado léxicamente por el verbo y su complementación es, por ello, necesaria[2]. También en (2) el adverbio se inserta en el SV, pero su posición con respecto al núcleo verbal es más externa: es un adjunto de modo que modifica al complejo sintagmático constituido por el núcleo verbal y el sintagma preposicional subcategorizado por el verbo. Se trata, en este caso, de un complemento circunstancial facultativo. En el ejemplo (3) *naturalmente* también se localiza en el SV, pero el núcleo semántico no es el verbo *ser*. En esta oportunidad el núcleo predicativo que desarrolla la red de dependencias semánticas es el adjetivo *hermoso*: al SN *el cisne* se le atribuye la cualidad de ser *hermoso* y el adverbio muestra la perspectiva desde la que se aplica la atribución. Por último, en (4) el adverbio afecta tan solo a un elemento oracional. Se observa con claridad, además, que dentro de la aclaración parentética, referida al SN (*el tigre*), encontramos de nuevo un adjetivo que funciona como núcleo predicativo *agresivo* y la perspectiva (*naturalmente* 'por naturaleza') desde la que ha de entenderse la agresividad que se atribuye a ese felino.

Por el contrario, en los cuatro últimos ejemplos la aparición del adverbio no responde a las precisiones de la información que transmite el enunciado: es la enunciación la que determina su presencia. En (5) y (6), *naturalmente* supera el límite impuesto por la relación predicativa entre sujeto y predicado, es decir, su ámbito de aplicación es la proposición, considerada en su conjunto como una entidad. El adverbio es un elemento marginal y esa separabilidad sintáctica se manifiesta por medio de una marcación entonativa, que se refleja en la escritura en el uso de las comas[3].

Así, en (5), *naturalmente* es un término periférico, externo a la proposición, de movilidad variable –además de incidental, puede abrir o

---

² Según O. Kovacci (1999: 727-728), se trata de un adverbio de predicado: un circunstancial obligatorio de modo o manera.

³ Según M. A. Martín Zorraquino/J. Portolés (1999: 4064-4065), «se encuentran limitados como incisos por la entonación. […] En la escritura, la entonación peculiar de los marcadores del discurso se refleja habitualmente situando el marcador entre comas, aunque no sea extraño que en ocasiones no se escriba ningún signo de puntuación». Y, del mismo modo, para M. J. Cuenca (2006: 54) los marcadores, o conectores parentéticos, «són paraules o locucions invariables de caràcter apositiu o parentètic, és a dir, van entre pauses i són prescindibles sintàcticament».

cerrar el enunciado– y aislado entonativamente con respecto al resto del enunciado. El empleo de este adverbio parentético apunta directamente a un enunciador que, como participante del acontecimiento comunicativo, emite una opinión referida al contenido informativo del enunciado. También en (6) se advierten algunas de las propiedades señaladas en (5): se trata de un término periférico, delimitado por la marcación entonativa, que destaca la subjetividad de enunciador. Sin embargo, en este caso, el elemento periférico desempeña el papel de conector de dos eventos: el segundo enunciado, encabezado por *naturalmente* es la consecuencia lógica –esperada, a juicio del enunciador– del cumplimiento del primero[4].

En los dos últimos ejemplos reconocemos la interacción comunicativa propia del encuentro de dos interlocutores, de dos voces de enunciación. En (7) *naturalmente* es un reforzador de una aserción que no añade información nueva a los participantes en el diálogo, aunque sí aporta indicios del posicionamiento de este interlocutor con respecto a esta información conocida. Podría tratarse de la respuesta a un enunciado directivo (como *No vendrás mañana, ¿verdad?*) con el que se pretende confirmar la información que tiene el interlocutor. La conjunción *que* funciona como introductor del tema o de la información conocida, en definitiva, es un eco del contenido del enunciado anterior. El dialogismo en (8) es explícito: el segundo interlocutor (B) responde a un acto directivo con un enunciado oracional unimembre[5], a partir del cual el primer interlocutor (A) infiere que, 'por supuesto', (B) irá al parque.

Esta capacidad del adverbio *naturalmente* para variar su distribución en el discurso y ocupar distintos espacios funcionales está claramente vinculada con la expresión de dos significados: un significado *conceptual* (que reside en el código lingüístico y que, en la producción discursiva, se localiza fundamentalmente en el marco delimitado por el enunciado) y un significado *procedimental* (que se origina en la enunciación: es

---

4 Como observa O. Kovacci (1999: 769), «algunos adverbios se comportan como una clase de conectores: establecen o explicitan un nexo semántico entre constituyentes coordinados y subordinados. Un grupo es el de los reforzadores o matizadores de la coordinación, como *consecuentemente, entonces, así...*». Podríamos añadir a la lista este uso conjuntivo de *naturalmente*.

5 S. B. Kaul de Marlangeon (2002: 27) habla, en el caso de *sí* o *no*, de pronombres de oración.

resultado del significado del código y de la información contextual de la que los hablantes disponen cuando participan en la progresión del discurso[6]).

En el adverbio *naturalmente*, identificamos una parte léxica (el adjetivo *natural*, que, por ser una palabra lexemática[7] integrante del vocabulario del idioma, apunta al mundo) y una parte gramatical (el sufijo *-mente*, que resulta de la gramaticalización de una pieza léxica que deja de referirse al mundo para establecer relaciones en el discurso). Por tanto, el significado conceptual del adverbio *naturalmente* –una vez concluido el proceso de gramaticalización que hace que el sustantivo *mente* se convierta en sufijo– depende de la base adjetival *natural*, que aporta dos acepciones fundamentales: a) relativo o propio de la naturaleza (adjetivo clasificador)[8] y b) sencillo, sin artificio (adjetivo calificativo).

La manifestación de una acepción u otra (la del adjetivo clasificador o la del adjetivo calificativo) en el adverbio dependerá de las relaciones que se establezcan en el discurso. En otras palabras, dependerá de los contextos sintácticos en los que pueda aparecer la idea de clase o la noción de cualidad. Así, en el ejemplo (1) la presencia de un agente que controla su actividad (*hablar con claridad y llaneza*) permite una atribución calificativa de base que puede ser graduada: *Él era/resultaba poco/bastante/muy natural al hablar*. En cambio, en (3) y en (4), se desarrolla el significado básico del adjetivo clasificador: no aparece un agente controlador de una actividad; más bien, hay un sujeto al que se le atribuye una propiedad esencial: la de ser *naturalmente* ('por naturaleza' y no 'por artificio') *hermoso* o *agresivo*[9].

---

[6] Para una explicación de la noción de significado procedimental o de procesamiento, *cf.* J. PORTOLÉS (2004: 271-288).

[7] Para la distinción *coseriana* entre palabras lexemáticas, categoremáticas y morfemáticas o instrumentales, *cf.* W. DIETRICH (1991-1992), citado en S. B. KAUL DE MARLANGEON (2002: 25).

[8] Ha de tenerse en cuenta que *natural* como adjetivo clasificador, acepción 1 del *DRAE* (2003, *s. v. natural*) 'perteneciente o relativo a la naturaleza o conforme a la cualidad o propiedad de las cosas', dará lugar a un adjetivo calificativo, acepción 6 del *DRAE*: 'regular y que comúnmente sucede y, por eso, fácilmente creíble'.

[9] No todos los adverbios en *-mente* son parafraseables por estructuras de manera, que incluyen sustantivos ligeros (o de soporte) de manera, como *modo, forma, manera*. Así, (1) *El conferenciante hablaba* NATURALMENTE = *el conferenciante hablaba* DE MANERA

En el ejemplo (2) se reconoce una acción (*reaccionó*), pero el sujeto no ejerce un verdadero control sobre la acción, es más bien un experimentante que se mueve ('reacciona') por instinto, y no voluntariamente, sometido a los dictados ('estímulos') *naturales*. Por eso, el adverbio *naturalmente* ('por naturaleza') hereda el significado del adjetivo clasificador.

(9) *El senador reaccionó naturalmente ante las quejas de los ciudadanos*

La aparición de un agente controlador de la acción verbal haría variar el significado del adverbio, como sucede en (9). En esta oportunidad, el senador *reaccionó* 'con naturalidad' (es decir, *fue natural al atender a las quejas*) y no *reaccionó* 'por naturaleza', esto es, siguiendo los dictados de la naturaleza[10].

Podríamos decir, en resumen, que el significado conceptual del adverbio *naturalmente*, que se desarrolla dentro del ámbito predicativo de la proposición, deriva del contenido semántico de *natural,* como adjetivo clasificador o como adjetivo calificativo. Conforme a los ejemplos analizados, partiendo del adjetivo calificativo, *naturalmente* presenta un contenido modal, tiende a la posposición con respecto al núcleo predicativo verbal: verbo + 'de manera natural' en (1). Tomando como referencia el adjetivo clasificador, *naturalmente* aporta un contenido más causal que modal y puede anteponerse al núcleo predicativo al que refiere: 'por naturaleza' + núcleo predicativo en (2), (3) y (4).

Por otro lado, el significado procedimental de *naturalmente* en (5), (6), (7) y (8) es consecuencia de su carácter periférico o marginal: afecta al enunciado, considerado en su conjunto. Estos elementos periféricos, en general, muestran la actitud de los interlocutores ante el contenido de la comunicación o su implicación en el propio proceso de la comuni-

---

NATURAL, pero (3) *El cisne es* NATURALMENTE *hermoso* ≠ *el cisne es* DE MANERA NATURAL *hermoso*, porque en la segunda construcción *lo natural* «no tiene modo ni capacidad de realizar nada», como advierte S. B. KAUL DE MARLANGEON (2002: 31), a propósito de *mortalmente*.

[10] El significado de *naturalmente* se desplaza desde 'de manera natural' a 'espontáneamente', cuando la acción verbal es puntual o cuando se pasa de una acción o una realización, que se extienden en el tiempo, a un logro: un evento de cumplimiento instantáneo. Por otro lado, nótese el cambio de significado que supone la incorporación de la marcación entonativa: *El senador,* NATURALMENTE, *reaccionó a las quejas de los ciudadanos.*

cación: son, en definitiva, huellas o rastros de la enunciación. De esta forma, su ámbito de aplicación sobrepasa lo estrictamente lingüístico (el repertorio verbal que sirve para la construcción del enunciado) y apunta a lo pragmático (a la participación de los interlocutores en el acontecimiento comunicativo).

No obstante, entre los dos significados no se produce una exclusión, sino una complementación, una proyección: el significado conceptual (que está anclado en el enunciado) sirve de referencia para el significado procedimental o pragmático (que surge en la enunciación). En (6) *naturalmente* permite la conexión causa-efecto que se establece entre dos eventos. Por el conocimiento del mundo que tienen los hablantes, el desenlace esperado es sufrir un accidente si uno va sin frenos, cuesta abajo, a toda velocidad, por un camino sin asfaltar. La presencia de *naturalmente*, como adverbio periférico, se explica únicamente a partir de un marco socio-cognitivo compartido por los hablantes, de acuerdo con el cual un evento se considera 'natural' o no[11].

A la hora de clasificar el adverbio periférico[12] *naturalmente* como marcador discursivo, hay dos propuestas bien diferenciadas: a) es un adverbio modal o de *modus*[13] y b) se trata de un adverbio que remite al *dictum*.

M. A. Martín Zorraquino y J. Portolés (1999: 4146-4161) lo clasifican dentro de los modificadores oracionales que afectan al *modus* y consideran que *naturalmente* es un marcador de modalidad epistémica y, a su vez, junto a otros marcadores (*desde luego, claro, por supuesto* o *sin*

---

[11] Este uso pone de relieve la evolución del significado de la base adjetiva: de algo que sucede de forma natural o no (adjetivo clasificador), se pasa a algo que sucede de modo más o menos regular (adjetivo calificativo).

[12] *Naturalmente* como marcador del discurso puede funcionar también como un adverbio nocional o de 'punto de vista' que, a pesar de estar separado de la proposición, mantiene claramente un significado conceptual. P. ej.: *Esta desgracia, NATURALMENTE, no se puede explicar* (es decir, 'desde un punto de vista natural' no se puede explicar; si bien, como se aprecia en este ejemplo, no puede descartarse que se trate de un adverbio que transmita la consideración que el hablante tiene respecto al contenido proposicional).

[13] Dentro de los adverbios de *modus* o *modalidad* se encuentran los que expresan la actitud del hablante en relación con el valor de verdad del enunciado: restringen o refuerzan el valor de verdad de la aserción, *cf.* M. J. FERNÁNDEZ LEBORANS (2005: 24), O. KOVACCI (1999: 755 y ss.).

duda), constituye el subgrupo de los *evidenciales* que se caracterizan por ser reforzadores de la aserción[14]. T. M. Rodríguez Ramalle (2003) y (2005) coincide con estos autores al incluir *naturalmente* dentro de los adverbios evidenciales (*evidentemente, indudablemente* o *lógicamente...*). Sin embargo, los distingue de los epistémicos, ya que el grado de compromiso con la verdad de la proposición es mucho mayor en los evidenciales y muestran «un comportamiento sintáctico y semántico propio»[15].

Sin embargo, Sergi Torner (2005: 52, n. 49) considera que *naturalmente* –y *lógicamente* e *indiscutiblemente*– es un adverbio externo al *dictum* y lo incluye en el grupo de los *evaluativos* y, a su vez, dentro de estos, en la subclase de los *emotivos*, ya que «evalúan una situación en función de una norma implícita que indica lo que convencionalmente se considera esperable en una situación dada»[16]. Veamos las diferencias que pueden apreciarse entre *obviamente* (marcador epistémico evidencial) y *naturalmente* (marcador evaluativo emotivo, según S. Torner):

(10)　Obviamente, Enrique ha salido.
(11)　Naturalmente, Enrique ha salido.

En (10) el adverbio *obviamente* subraya la evidencia sensorial e inductiva que el hablante extrae de su propia percepción del mundo. En (11), en cambio, el hablante parte de un conocimiento previo del mundo que le permite evaluar la aserción e, incluso, justificarla: sabe, por ejemplo, que Enrique lleva varios días en cama, que le encanta pasear por el

---

[14] Los marcadores epistémicos reflejan cómo enfoca el hablante el mensaje introducido por estos marcadores: permiten la opinión y favorecen la interacción comunicativa, *cf.* F. R. Palmer (2001: 58). *Naturalmente* es un rotundo reforzador de la aserción que puede desarrollar *efectos de sentido*, valores contextuales, más ocasionales; dar una respuesta más tajante de lo esperado por el interlocutor; subrayar, al confirmarlo, un fragmento del discurso; o asumir provisionalmente las palabras del interlocutor para evitar una posible objeción, *cf.* M. A. Martín Zorraquino/J. Portolés (1999: 4154-4155).

[15] M. T. Rodríguez Ramalle (2005: 514) sigue la sugerencia de F. R. Palmer (2001: 68-69) de distinguir entre «assertion and strong assertion».

[16] S. Torner (2005: 107). El autor ha limitado su estudio sobre los adverbios en *-mente* a aquellos que derivan de adjetivos calificativos y a los que, además de ser complementos del verbo, pueden funcionar como adverbios oracionales o adverbios periféricos.

barrio y que, por fin, hoy le daban el alta. Esta oposición entre la percepción directa –objetiva– del mundo de (10) y la evaluación emotiva que se hace en (11) de un evento, a partir del conocimiento previo que el hablante tiene, podría explicar el comportamiento opuesto de las paráfrasis adjetivales[17]:

(10) → Es obvio que ha salido. / *Es obvio que haya salido.
(11) → *Es natural que ha salido. / Es natural que haya salido.

De acuerdo con este planteamiento, el conocimiento estructurado que los hablantes tienen del mundo y que se aloja en su memoria a largo plazo les permite calificar un evento de esperado (*naturalmente, comprensiblemente, lógicamente*) o de sorpresivo (*curiosamente, incomprensiblemente, inexplicablemente y paradójicamente*). Si examinamos los ejemplos (5) y (6) conforme a esta propuesta, el enunciado al que afecta el adverbio periférico *naturalmente* se considera una consecuencia esperada de un conocimiento que el hablante interpreta como la causa desencadenante. En (5) ese conocimiento es pragmático, es un significado oculto o implícito que resulta de la selección que el hablante, como intérprete de la realidad, hace del contexto[18]. En cambio, en (6) ese conocimiento previo ha de ser facilitado por el hablante, ya que su interlocutor con toda seguridad lo desconoce: es una información explícita, que opera dentro de la memoria a corto plazo, porque depende del propio «cotexto»[19]. La sustitución de *naturalmente* por *curiosamente* supone un cambio en la forma de concebir el evento.

---

[17] Las paráfrasis adjetivales de carácter factivo (el evento señalado por la subordinada se presupone) seleccionan el modo subjuntivo (*Es CURIOSO/NATURAL que este artefacto sea difícil de manejar*) y representan, como los marcadores *naturalmente* y *curiosamente*, los dos extremos de la evaluación de carácter emotivo: lo esperado y lo inesperado de un evento.

[18] Ese *significado oculto*, común, responde a tres categorías: lógico o universal, cultural (de una sociedad determinada) y personal o grupal (específico del individuo o del grupo social). Según J. VERSCHUEREN (2002: 136 y ss.), el contexto no ha de entenderse como una noción vaga, ya que son los interlocutores los que construyen activamente el contexto: contextualizan la comunicación.

[19] Entendemos por *cotexto* el entorno verbal en que aparece una unidad lingüística.

(5) Este artefacto, *naturalmente*, es difícil de manejar.
    → Este artefacto, *curiosamente*, es difícil de manejar.

(6) Iba sin frenos, cuesta abajo, a toda velocidad, por un camino sin asfaltar; *naturalmente*, sufrió un grave accidente.
    → Iba sin frenos, cuesta abajo, a toda velocidad, por un camino sin asfaltar; *curiosamente*, no sufrió un grave accidente.

En (6) las condiciones previas que se enumeran son suficientemente peligrosas como para que la consecuencia esperada ('natural') sea sufrir un accidente; el que ese accidente *no* se produzca es lo extraño, lo inesperado, lo 'curioso'. En (5) es innecesario un cambio de modalidad afirmativa a negativa al emplear *curiosamente*, porque lo que varía es el signo del conocimiento previo: si el artefacto es muy sofisticado, *naturalmente* será difícil de manejar; si, por el contrario, el artefacto es poco sofisticado, muy sencillo, *curiosamente* será difícil de manejar. Podemos concluir señalando que *naturalmente* es un adverbio periférico coorientado con respecto al evento previo, ya que mantiene su orientación argumentativa; por el contrario, *curiosamente* es un adverbio periférico antiorientado, puesto que altera o invierte el sentido de la argumentación precedente[20].

No obstante, en los ejemplos (7) y (8) la presencia de *naturalmente* no parece afectar a un enunciado –como en los ejemplos anteriores– que se considera una consecuencia lógica de un evento anterior o de un conocimiento que comparten los interlocutores. En estos casos el adverbio es más bien un operador[21] que refuerza el valor de verdad de un enunciado que ya conocen emisor y receptor: no hay una progresión informativa, es más bien un subrayado de algo que discursivamente ya está dicho. En (7) la conjunción *que* introduce el tema y *naturalmente* refuerza lo ya conocido. El uso de *naturalmente* en (8), que constituye por sí solo un enunciado oracional unimembre, puede entenderse como

---

[20] Para las nociones de coorientado o antiorientado, *cf.* J. PORTOLÉS (2004: 263 y ss.).

[21] El marcador es un elemento que relaciona dos o más miembros del discurso; el operador afecta únicamente a un elemento del discurso. Para una explicación de la diferencia entre marcadores y operadores, *cf.* M. A. MARTÍN ZORRAQUINO/J. PORTOLÉS (1999: 4072-4073) y J. PORTOLÉS (2004: 288-292).

un refuerzo de una posición temática no ocupada, implícita: *Natural-mente* (que iré al parque)[22].

Hasta el momento, y a partir de los ejemplos propuestos, podemos extraer unas conclusiones provisionales que atañen al empleo de *naturalmente* en el español actual:

a) Su distribución es más versátil cuando es un elemento periférico como el que aparece en (5) y, por el contrario, encuentra más restricciones cuando está integrado en la proposición, como en (1), (2), (3) y (4). También se restringe la movilidad de *naturalmente* cuando funciona como conector (6), ya que ha de preceder al evento 'lógico' o 'natural', o cuando es un reforzador que introduce por medio de *que* el tema informativo.

b) El significado conceptual (el que tiene *naturalmente* cuando se ubica en la proposición) lo hereda del adjetivo *natural*, como clasificador –(3)– o como calificativo –(1)–. Estas acepciones derivadas hacen que el adverbio se combine en el discurso con unas palabras y no con otras.

c) El significado procedimental o pragmático (*naturalmente* es, en este caso, un elemento separado del enunciado) es resultado de la relación ostensivo-inferencial que mantienen los interlocutores al entender la comunicación como una actividad –(5) y (6)–. No hay exclusión de significados: el significado procedimental se desarrolla a partir del significado conceptual.

d) El intercambio comunicativo (el diálogo) es la situación comunicativa más propicia para que determinados marcadores del discurso asuman efectos de sentido que se desprenden de la propia interacción dialógica –(7) y (8)– y que pueden llegar a convencionalizarse.

---

[22] Evidentemente, si enmarcamos (5) y (11) en un diálogo –como un enunciado reactivo que responde a otro enunciado previo (iniciativo)–, el valor del adverbio *naturalmente* es el de reforzador de la aserción: de una información que emisor (al decir: *Enrique ha salido* o *Este artefacto es difícil de manejar*) y receptor (al responder: NATU-RALMENTE, *Enrique ha salido* o NATURALMENTE, *este artefacto es difícil de manejar*) comparten. Para el valor de los enunciados iniciativos y reactivos, *cf.* B. GALLARDO (1996: 84 y ss.) y L. CORTÉS/M. M. CAMACHO (2005: 161-181).

2. La perspectiva diacrónica

Solo un estudio diacrónico –a pesar de sus limitaciones– puede responder a preguntas como estas: ¿Cómo se explica la pluralidad de usos y de contenidos que una misma forma léxica (*naturalmente*) mantiene en el español actual? ¿Cuándo empieza a funcionar este adverbio como verdadero marcador del discurso, alejado de su significado de código?

Pretendemos, a partir de una aproximación diacrónica, explicar cómo el significado conceptual del adverbio *naturalmente*, heredado del que aporta el adjetivo *natural*, permite el desarrollo de un significado procedimental, que guía las inferencias de los interlocutores en el proceso comunicativo: dar cuenta, en definitiva, de cómo el adverbio *naturalmente* llega a funcionar como marcador del discurso. Partimos, para ello, de la documentación que ofrece el *CORDE*[23] desde 1270 a 1900.

Las referencias cronológicas pueden resultar convencionales pero no responden a decisiones inmotivadas. Siguiendo a N. Dyer (1972), los adverbios en *-mente* asisten en el periodo romance, probablemente en la prosa alfonsí, a un primer proceso de gramaticalización: de la intencionalidad o de la disposición que aplica el sujeto en la realización de algo se pasa a la expresión de otras circunstancias más ajenas a la esfera del sujeto (su forma de actuar o indicaciones relativas al orden, al tiempo o al espacio). Por lo tanto, en el último cuarto del siglo XIII, coincidiendo con ese primer intento alfonsí encaminado a la regularización o sistematización del castellano[24], asistimos a una primera fase de gramaticalización: la de los adverbios en *-mente* que pueden expresar, además de la disposición que se origina en el agente, otros contenidos[25]. De otro lado, en el siglo XX, *naturalmente* ya está definitivamente asentado como marcador del discurso y su comportamiento responde a las particularidades que hemos señalado en los ejemplos (5), (6), (7) y (8), aunque, en modo

---

[23] *Corpus diacrónico del español: Banco de datos de la Real Academia Española*. También he consultado la entrada de *naturalmente* en el fichero de la *RAE*.

[24] Al interés que el monarca tenía en la consolidación de una lengua estándar castellana dedicó Juan Ramón LODARES varios trabajos (1993-1994), (1995) y (1999).

[25] Los adverbios de manera en *-mente*, en el español actual, «al combinarse con verbos que denotan eventos, pueden referirse a alguno de sus tres componentes: el agente, el proceso mismo y el resultado», en Á. DI TULIO (2005: 205).

alguno, esto supone que su empleo no genere nuevos efectos de sentido que puedan llegar a sedimentarse en las competencias comunicativas de los hablantes.

3. Un proceso de gramaticalización: la creación del adverbio en *-mente*

Los adverbios románicos en *-mente*, derivados de bases adjetivales de género femenino, proceden de locuciones latinas adverbializadas: adjetivo + sustantivo *mente*, que mantienen una concordancia casual en ablativo[26]. Estas construcciones, «en un primer momento, indicaban el temple, ánimo o propósito con que el sujeto realizaba la acción», según R. Lapesa (2000: 111-112). El proceso de gramaticalización ya estaba iniciado en latín clásico: se apreciaba una tendencia a la fijación estructural de adjetivo y sustantivo *mente* y, además, se asistía a un desgaste de la intencionalidad (propia del sustantivo) que daba lugar a una interpretación más genérica del formante adverbial. No obstante, en el latín cristiano, la conciencia de un significado conceptual básico –intencional– del sustantivo *mente* explica el incremento del uso de esta construcción adverbializada, ya que se pretende subrayar la intencionalidad y la responsabilidad que el hombre tiene en la realización de todos sus actos, como mantiene R. Lapesa (1981: 65).

Atendiendo a la forma del elemento gramatical, es sabido que *-mente* no se fija de manera definitiva hasta el siglo XV. La variante *miente* se documenta, junto a su forma apocopada *mient*, en los siglos XIII y XIV. Antes del siglo XIII, y también durante este siglo, se registra *mientre*. En cuanto a la construcción, se observa la separación gráfica de adjetivo y sustantivo en el castellano medieval y solo se impone su escritura conjunta en el siglo XVI, aunque se admite su escisión cuando coincide con la pausa final de verso. La pervivencia de una base adjetival femenina (exigida por la con-

---

[26] El latín disponía de tres recursos para la creación de adverbios deadjetivales: dos morfológicos (formas casuales inmovilizadas o sufijaciones adverbiales específicas: *-e* e *-iter*) y uno sintáctico (construcciones adverbializadas de adjetivo + sustantivo abstracto: *modus, sors, pectus, animus, mens…*). Como es frecuente en el paso del latín al romance, acaban prevaleciendo los procedimientos de carácter analítico o sintáctico.

cordancia con el sustantivo), la doble acentuación de la construcción (adjetivo + sustantivo) y la tendencia –obligación estilística en el español clásico y en el moderno– a evitar la repetición de *mente* cuando se coordinan dos adverbios son características que demuestran cómo se mantiene constante en el hablante la imagen de una construcción analítica[27].

No es objetivo de este trabajo discutir si en el caso de los adverbios en -*mente* nos encontramos ante procesos de derivación o de composición[28]. Sin embargo, sí nos parece de interés destacar que en su formación se combinan un significado gramatical (que reside en -*mente*) y un significado léxico o conceptual (que aporta la base adjetival). El significado gramatical, por un lado, es resultado de una progresiva instrumentalización (o gramaticalización) de una palabra lexemática (*mente*), que pierde su identidad como palabra de vocabulario y, a su vez, amplía su capacidad gramatical, es decir, su capacidad para relacionar en el discurso unas palabras con otras[29]. De otro lado, en la base adjetival del adverbio se localiza el significado conceptual. El adverbio, por tanto, hereda del adjetivo un significado y, además, una manera de significar que se manifestará en las restricciones selectivas que harán posible que un adverbio aparezca o no en determinados entornos sintácticos.

4. El significado del adjetivo *natural*

A finales del siglo XIII el adverbio *naturalmente* experimenta, como ocurre con otros adverbios en -*mente*, un proceso de gramaticalización que se aplica a un significado conceptual (básico): el que aporta el adjetivo *natural*. En el periodo que se extiende desde 1270 a 1400, este adjetivo muestra dos empleos fundamentales[30]:

---

[27] Para un estudio diacrónico de la creación de adverbios en -*mente, cf.* R. Pharies (2002: *s. v. mente*), que sigue fundamentalmente el trabajo de K. E. Karlsson (1981).

[28] Para un estado de la cuestión sobre la morfología de los adverbios en -*mente, cf.* O. Kovacci (1999: 707-715), M. T. Rodríguez Ramalle (2003: 11-20).

[29] Es, según J. C. Moreno Cabrera (1996: 204), una trayectoria que parte de lo lexemático «léxicogenético» y se encamina a lo sintáctico «sintactotélico». Para un estudio de la gramaticalización en español, *cf.* C. Company (2003).

[30] Son estas, precisamente, las dos primeras acepciones que se recogen de este término en el *DRAE* (2003, 22.ª ed., versión electrónica).

a) Perteneciente o relativo a la naturaleza o conforme a la cualidad o propiedad de las cosas.

(12) En el nombre de Dios, Padre e Fijo e Espíritu Santo, que son tres personas e un dios verdadero que bive e regna por siempre jamás, e de la bien aventurada Virgen gloriosa Santa María, su madre, a quien yo tengo por señora e por avogada en todos mis fechos, e a onra e servicio suyo e de todos los santos de la corte celestial. Porque es *natural* cosa que todas las cosas que nacen fenecen todas quanto en la vida d'este mundo, cada una a su tiempo sabido (Anónimo: *Privilegio rodado del rey Pedro I*, 1363).

b) Nativo de un pueblo o nación.

(13) ca maguer cada vno se pague de ssu tierra onde es *natural* e la alaba por rrazón de la naturaleza (Alfonso X: *El Setenario*, 1252-1270).

A la hora de producirse el trasvase de acepciones desde el adjetivo *natural* hasta el adverbio *naturalmente*, se produce una restricción impuesta por el formante gramaticalizado *-mente* que bloquea el uso de la segunda acepción[31]. En el periodo (1270-1400), por tanto, el significado conceptual del adverbio corresponde exclusivamente a la primera acepción de *natural*.

De otro lado, el carácter clasificador del adjetivo permite establecer oposiciones antonímicas de complementariedad, con otros adjetivos de la misma clase, que dependen del criterio semántico en que se sustenta la consideración de lo que es *natural* o no. Estas relaciones antonímicas afectan tanto al adjetivo como al adverbio que hereda este modo de significar. De esta forma, lo *natural* ('humano') se opone a lo *sobrenatural* ('divino'); y, atendiendo a otro criterio clasificador, lo *natural* ('referido a los designios divinos') se opone a lo *accidental* ('relativo a la intervención humana').

---

[31] Este bloqueo en la herencia del significado se observa en la sincronía: «Se excluyen de la construcción con *-mente* los adjetivos determinativos o relacionales que señalan origen, pertenencia, cargo (**inglesamente, *presidencialmente*)...», como apunta O. KOVACCI (1999: 711).

(14) Ecce virgo concipiet por milagro: mas parece que pues que lo dio por milagro: que non es *natural* cosa que virgen pueda concebir (Anónimo: *Sevillana medicina de Juan de Aviñón, c.* 1381-1418) La esencia de las cosas que afectan al hombre se opone a lo divino: al *milagro*.

(15) E nos buenos somos criados *naturalmente*, mas por vna manera de meresçimiento de culpa somos fechos [malos] contra la natura (Anónimo: *Traducción del Soberano bien de san Isidoro*, 1400) Lo accidental corresponde a la intervención de los hombres que tuerce el designio del creador y va *contra la natura*.

Además, lo *natural* –concebido como una intervención divina– es una causa necesaria, 'irracional' e impuesta, que el hombre se limita a acatar. De esta forma, esa aparente neutralidad ('naturalidad', podría decirse) de los adjetivos clasificadores oculta un modo de pensar, una ideología conformada a lo largo del tiempo[32], sustentada en lo que el grupo social considera *natural* –como se observa en (16), (17) y (18)– y, en ese caso, de observancia obligada.

(16) Otrosí, fijos, guardadvos de meter en poder de los fariseos judíos, que son muy sotiles en todo mal y son enemigos de nuestra fe, ni pongáis en ellos vuestros fechos por ninguna manera, que ésta es *natural* enemistad de querer siempre mal los judíos a los siervos de Jesuchristo por el yerro & por el pecado en que cayeron en su muerte (Anónimo, *Libro del cavallero Cifar*: 1300-1305). El enfrentamiento religioso: entre judíos y cristianos.

(17) «e porné quanta diligencia pudiere por complir mandamiento de la vuestra real majestad, como *naturalmente* só tenudo» (López de Ayala: Traducción de las *Décadas* de Tito Livio, *c.* 1400). El respeto a la máxima autoridad política es de natural cumplimiento.

(18) Ca aquel poderoso Señor soberano que dió preheminençias al varón para que las aya *naturalmente* e continua, bien las puede dar a la hen-

------

[32] Puede entenderse que el análisis de determinadas construcciones lingüísticas permite descubrir esquemas socio-cognitivos que, evidentemente, no son estables: varían dependiendo de épocas, sociedades, individuos, etc. En J. Portolés (2004: 238-245) se ofrece una aproximación a las teorías de los topos (*topoi*) y de los estereotipos de O. Ducrot y J. C. Anscombre.

bra graçiosamente e en tienpos devidos, asý como la su profunda sabiduría sabe que conviene e alo hecho algunas vezes, e avnque no lo aya
hecho lo puede hazer (Teresa de Cartagena: *Admiración Operum Dei*,
1450). El sometimiento *natural* de la mujer.

A partir de 1400, se observa una evolución progresiva en el significado del adjetivo: mantiene su función como clasificador del referente al
que se aplica, pero también se emplea para atribuir a un evento la propiedad de ser más o menos regular. Este cambio paulatino supone, además, una modificación en la tipología del adjetivo: pasa de ser clasificador a ser calificativo[33]. Esta evolución condicionará, en consecuencia,
los modos de significar del adverbio en el discurso.

5. EL ADVERBIO NATURALMENTE DENTRO DEL SV

Conforme a la documentación recabada del periodo que va desde 1270
a 1400, el adverbio *naturalmente* funciona dentro del SV como un complemento facultativo, no seleccionado léxicamente por el verbo, que
demuestra gran movilidad en el seno del SV y que, con frecuencia, adopta una posición preverbal. Por otro lado, hereda su significado modal-
causal ('por naturaleza') del adjetivo clasificador.

> (19) Aquella rregion es ael plazentera & apta. la qual es *naturalmente*
> caliente (Ferrer Sayol: *Libro de Palladio*, 1380-1385).

Es precisamente el significado del adverbio lo que explica las peculiaridades de los SSVV en que aparece: predominan los verbos que indican estados[34]. Además, abunda el uso del presente gnómico o atemporal

---

[33] Para un análisis diacrónico del paso de adjetivo clasificador a calificativo, *cf.* A.
SERRADILLA (en este mismo volumen). Este cambio hace que, por ejemplo, la antonimia
deje de ser *complementaria* (la del adjetivo clasificador) y pase a ser *polar*, porque la idea
de lo natural es graduable (propia del adjetivo calificativo), *cf.* J. LYONS (1997: 153-155).

[34] Según M. T. RODRÍGUEZ RAMALLE (2005: 282), «los predicados de estado no
admiten la presencia de adverbios de manera ni, en general, de modificadores del núcleo
verbal. Por ese motivo, oraciones como *María pesa delicadamente cincuenta kilos* o *Luis
sabe ruso cuidadosamente* no resultan posibles.

que, aplicado a los procesos o a las acciones verbales en que los sujetos se implican o se ven implicados, da lugar a que las acciones y procesos se interpreten como estados: eventos invariables, «naturales». Aunque, con menos asiduidad, una actividad puntual admite el adverbio como modificador del SV y, en ese caso, *naturalmente* aparece pospuesto. Sin embargo, en este periodo las actividades se sienten como un modo de obrar impuesto por las leyes de la Naturaleza, por eso *llorar naturalmente* es hacerlo 'por naturaleza' y 'de manera natural' y no 'con naturalidad' como demuestran (20) y (21):

(20)   Pero el que quisiere fazer duelo fágalo en dos maneras: la vna, dentro en su coraçón, llorando *naturalmente* aquel que perdió de muerte, e mayormente si sabe quel alcançó en mal estado (Alfonso X: *Setenario*, 1252-1270).

(21)   pero nuestro señor Dios quiso que *naturalmente* todas las criaturas fagan tres cosas: la una es que *lloran*, la otra es que tremen, la otra es que tienen las manos cerradas (Juan Manuel: *El Conde Lucanor*, 1325-1335).

A partir de 1400, coincidiendo con la evolución del adjetivo *natural* que asume como calificativo otros contenidos, también el adverbio *naturalmente* amplía su capacidad significativa, como se aprecia en (22) y (23). No obstante, se mantiene el predominio de la noción causal-modal ('por naturaleza') con verbos de estado como *desear* o *saber*, en estructuras atributivas con *ser*[35] o con verbos de acción o movimiento en presente atemporal, sobre todo en la primera mitad del siglo XV.

(22)   Digo, primero, que aquesta qüestión que responde la primera razón de la planta, diziendo ansí: 'Si demandas cómo se levantó Jhesuchristo del sepulcro, digo que ansí como se levanta la planta, e esto porque ha en raíz vida e fortaleza'. Onde vemos *naturalmente*, e lo dize Aviçena in libro De Vegetabilibus et Plantis et in libro De Agri cultura, que

---

[35]   En estas estructuras el verbo es un soporte; es el adjetivo el que se comporta como un núcleo predicativo que despliega su red argumental, como se aprecia en el ejemplo: «mas sientenlo los corazones *naturalmente* generosos o exçellentes» (El Tostado (1437): *Libro de las paradojas*).

dado que al árbol le corten las ramas e aun el tronco a raíz de la tierra, si la raíz fincó sana, dize que este árbol bien puede revenir e tornar al primer estado (Anónimo: Sermonario castellano medieval, 1400-1500). Se observan dos extensiones semánticas: *naturalmente* pasa de 'por naturaleza' a 'claramente' y *ver* se desplaza de la percepción sensorial a la comprensión intelectiva.

(23)   Enpero para que eligiessen essas mismas cosas consigo necçessario era que el desseo de los onbres ambos, que son cada una de ellos, concordasse o, *fablando* un poco *mas naturalmente*, era necçessario que los juizios & desseos del ombre & del animal veniessen a una cosa (El Tostado, Alonso Fernández de Madrigal: *Libro de amor e amicicia*, 1440-1445). En este caso, se trata de un verbo de actividad verbal (*fablando*) y el adverbio *naturalmente* ('con sencillez', 'con naturalidad') que admite, por su carácter calificativo, la intensificación de *más*.

La evolución significativa del adverbio *naturalmente* (de 'por naturaleza' a 'de manera clara o sencilla') tiene repercusiones sintáctico-semánticas[36]. En primer lugar, se amplía la nómina de verbos compatibles con el adverbio, incluyendo los que expresan acciones (alguien puede hacer algo de manera natural). Además, su relación con el núcleo verbal es más inmediata –incluso puede llegar a ser seleccionado léxicamente por el verbo, como sucede con *ver* o *hablar*[37]– y, por ello, adopta una posi-

---

[36] Y podría añadirse que este incremento de la capacidad significativa del adverbio también tiene repercusiones en las compatibilidades que se establecen con otras construcciones, que no eran posibles cuando el adverbio expresaba una noción híbrida de causa y modo. Así, en el caso de *naturalmente* como adverbio de modo, el adverbio se relaciona con aquellas construcciones de carácter adverbial que mantienen el contenido conceptual que aporta el adjetivo *natural*: un SP, que incluye un sustantivo ligero de modo (de *manera/modo/forma* + *natural*) o el SP *con naturalidad*. No obstante, parece que la relación con estas estructuras, según la documentación que aporta el *CORDE*, no se da hasta el siglo XX, en lo que atañe a los sustantivos ligeros (*de manera natural*, 8 casos; *de forma natural*, 1 caso; *de modo natural*, 12 casos), y con respecto a *con naturalidad*, no se produce realmente hasta el siglo XIX, ya que en el siglo XVIII solo se registran 3 casos.

[37] La presencia del adverbio junto a *ver* o a *hablar* supone un cambio de significado. El ejemplo de *hablar naturalmente* es el que se ofrece en todos los diccionarios de la RAE (desde *Autoridades* al *DRAE* de 2003) para ilustrar la acepción de 'con naturalidad' (*s. v. naturalmente*). Por otro lado, no siempre resulta fácil distinguir si el adverbio está seleccionado por el verbo o no, *cf*. M. Ll. HERNANZ/J. M. BRUCART (1987: 234).

ción estable –la posposición– en el SV. Semánticamente, se desprende de su valor causal y expresa únicamente el modo como se desarrolla la acción verbal y como el agente se muestra ante esa acción[38]. En definitiva, dentro del marco oracional, el adverbio aumenta sus posibilidades de combinación con otras palabras, al añadir a su primer significado causal-modal (derivado del adjetivo clasificador) un significado modal (derivado del adjetivo calificativo).

6. *NATURALMENTE* COMO ELEMENTO PERIFÉRICO: LA EMERGENCIA DEL ENUNCIADOR

Cuando se estudian los marcadores del discurso en el español actual, se suele acudir a la marcación entonativa como prueba de la autonomía del marcador con respecto al enunciado al que remiten. Esa separabilidad entonativa se refleja en la escritura, por lo general, por medio de las comas. Sin embargo, el investigador de la historia de la lengua, desprovisto de las guías que le brinda su propia competencia comunicativa, ha de proceder con cautela al interpretar la marginalidad del marcador. Y esta inseguridad se acrecienta, sin duda, por la dificultad que supone la interpretación de los criterios de puntuación manejados en épocas anteriores a la fijación llevada a cabo por la *Real Academia Española*[39].

En lo que concierne a nuestro estudio, habremos de mostrarnos recelosos con respecto a las puntuaciones de las ediciones modernas que, en algunos casos, podrían inducirnos a conclusiones erróneas, si no aventuradas, como sucede con (24) y (25). A pesar de que el empleo de la coma autoriza una interpretación de *naturalmente* como reforzador o marcador evaluativo, el análisis de otros muchos registros del adverbio en la etapa de 1270 a 1400 nos permite asegurar que no se trata de un adverbio periférico, sino de un adverbio ('por naturaleza') que modifica al SV.

En ninguno de los dos ejemplos podemos hablar de un marcador del discurso: fijémonos, además, en que para el refuerzo de la aserción se

---

[38] O. KOVACCI (1999: 728-729) llama a estos «adverbios de modo» de acción y agente.

[39] R. SANTIAGO (1998) traza un esclarecedor panorama de las líneas de evolución de los sistemas de puntuación de ortógrafos e impresores en los siglos XVI y XVII.

hace uso de otra estructura en (25): *só cierto que*. El adverbio *natural-mente*, que expresa causa y modo a un tiempo, se caracteriza por una gran movilidad dentro de la estructura oracional, si bien su posición más frecuente es la preverbal, fuera del dominio del verbo. Se puede analizar como un marco circunstante[40] o como un elemento topicalizado extraído de la estructura proposicional y su anteposición tal vez se ajuste a una relación icónica: causa (*naturalmente*) + consecuencia (resto del enunciado).

> (24)   E *naturalmente*, mas piadosas son las madres que los padres (Anóni-
>   mo: *Castigos e documentos para bien vivir ordenados por el rey Sancho
>   IV*, 1293).

> (25)   et só cierto que *naturalmente*, segund la mi edat, non puedo vevir muy
>   luengamente (Don Juan Manuel: *El Conde Lucanor*, 1325-1335).

Por tanto, hasta el siglo XV, *naturalmente* puede anticiparse al resto del enunciado, pero no funciona como un elemento periférico, ya que su significado se origina en el SV: en (24) precede al núcleo predicativo *piadosas* y en (25) su topicalización[41] hace que se desplace de su posición en el SV: *non puedo naturalmente* ('por naturaleza') *vevir*.

Sin embargo, a partir del siglo XV, como resultado de los cambios semánticos que experimentan el adjetivo *natural* y el adverbio *natural-mente* como modificador del SV, empiezan a desarrollarse nuevos efectos de sentido que, poco a poco, van a desembocar en el uso del adverbio como modificador oracional. En la primera mitad de este siglo, se registran ejemplos –(26) y (27)– en que el adverbio refuerza la relación causa-consecuencia que se sustenta en la lógica proposicional y que pueden considerarse precedentes del marcador *naturalmente*, como evaluador emotivo, del ejemplo (5).

---

[40]   O. KOVACCI (1999: 737) señala que los adverbios que cumplen esta función son «generalmente circunstanciales, externos al predicado si están en posiciones preverbales. Puede acompañarlos una unidad melódica, rasgo que les permite ocupar una posición inicial en la oración u otras posiciones parentéticas». No obstante, solo considera los marcos espaciales y temporales.

[41]   Para el estudio diacrónico de la estructura jinformativa de la oración, *cf.* J. GONZÁLEZ COBAS (2005).

(26) E tancta era la difuscaçión, qu'el rayo lunar, que suele paresçer aunque
      las estrellas sean viladas de nuves, que su luz demostrar non podía. E
      tal tiempo, *naturalmente,* engendra tristeza e la tristeza más aína conçi-
      be temor, mayormente en la mar, que están en continuo reçelo de la
      comoçión de la fortuna marina (Enrique de Villena: *Traducción y glosas
      de la Eneida, Libros I-III,* 1427-1428). La condición circunstancial del
      sujeto *tal tiempo* es la causa que explica el predicado (consecuencia).

(27) enpero despues de la resurrecçion iran en cuerpos et en animas & los
      cuerpos *naturalmente* han menester camino por donde vayan et puerta
      por la qual entren en los logares çerrados. (El Tostado: *Libro de las
      paradojas,* 1437) El conocimiento pragmático de las propiedades esen-
      ciales del sujeto (*los cuerpos*) permite suponer cuáles son las conse-
      cuencias lógicas o 'naturales' indicadas en el predicado.

En la segunda mitad del siglo XV se mantienen los valores de marco
circunstante (28) y de refuerzo de la relación causa-efecto de la lógica
proposicional (29), que en (30) supera el ámbito oracional y se ajusta al
devenir discursivo.

(28) E *naturalmente,* todas las mugeres han cabellos mas luengos & blan-
      dos que los honbres (Fray Vicente de Burgos: *Traducción de El libro de
      Propietatibus rerum de Bartolomé Anglicus,* 1494).

(29) La cabeça pequeña *naturalmente* tiene pequeño cerebro, & los
      muchos cabellos son gran defensión de la cabeça (Anónimo: Traduc-
      ción del *tratado de Phisonomía en breve summa contenida,* de Mondi-
      no dei Luzzi, 1494).

(30) Ella ama mucho los lugares montuosos & come los granos muy
      mediçinales & aromaticos & roye las estremidades de los ramos &
      quando es llagada come una yerva dicha draguntea & asi saca de su
      cuerpo la saeta; su sangre es mediçinal segund dize Plinio ca ella alar-
      ga los nervios encogidos & quita el dolor de los artejos & mata &
      vençe el venino. *Naturalmente* los serpientes la fuyen & no pueden
      sofrir su resollo; ella es de muy aguda vista & de muy presuroso correr
      como es dicho en el capitulo de la cabra salvaje (Fray Vicente de Bur-
      gos: Traducción de *El libro de Propietatibus rerum de Bartolomé Angli-
      cus,* 1494).

Es en este periodo –de 1450 a 1500– cuando aparecen las primeras documentaciones de *naturalmente* como marcador evaluativo emotivo. Algunos de estos ejemplos mantienen una relación muy estrecha con el contenido conceptual derivado del adjetivo (31), pero en otros casos ya se observa una separación más marcada entre el contenido procedimiental y el conceptual: (32), (33). Son dos las circunstancias que pueden explicar este uso: por un lado, el empleo de *naturalmente* como marca de la sucesión lógica de sujeto (causa) y predicado (consecuencia); por otro, el empleo de *naturalmente* como adverbio seleccionado por verbos epistémicos de percepción intelectual como *ver* (22), que se desarrolla, precisamente, en este siglo. Sin embargo, el valor de *naturalmente* como reforzador de la aserción (7) no parece estar convencionalizado (34), aunque se genere como efecto de sentido en el discurso.

(31) Primeramente en lo natural, ca deve todo rey o buen capitán aver respecto a las tierras y provincias donde los cavalleros nacen y donde moran, porque *naturalmente,* según la calidad de las tierras, assí los omes han flaquezas o fortaleza, animosidad o temor (Rodrigo Sánchez de Arévalo: *Suma de la política*, 1454-1457).

(32) E allende désto, es de pensar que ellos están en tierra agena, que *naturalmente* les pone temor (Hernando del Pulgar: *Crónica de los Reyes Católicos*, 1480-1484).

(33) Lo terçero, sabemos e conoçemos bien que debatimos con onbres tiranos, ladrones e robadores, a quien su mismo yerro hace *naturalmente* cobardes (Hernando del Pulgar, *Crónica de los Reyes Católicos*, 1480-1484).

(34) E *es asy verdad* que *naturalmente* el entender ó conoscer de los ombres se puede variar, é puede fallescer que non se enderesce á obrar bien, pues nescesaria cosa fue que los ángeles fuesen diputados para guarda de los ombres (Pero Díaz de Toledo, *Diálogo é razonamiento en la muerte del marqués de Santillana*, 1458).

Podemos decir que en el siglo XVI *naturalmente* empieza a asumir las funciones propias de un marcador del discurso: marcador evaluativo emotivo, reforzador de una aserción, reformulador y conector. Se trata de un segundo proceso de gramaticalización o pragmaticalización[42] (tras la instrumentalización del sustantivo *mente*, como elemento de formación de adverbios a partir de adjetivos): el adverbio supera el marco proposicional, establece relaciones entre segmentos discursivos y pone de manifiesto la aparición del yo, la voz del enunciador en el texto.

Entre 1500 y 1600 son frecuentes los empleos de *naturalmente* como marcador evaluativo emotivo. Sin embargo, la evaluación del evento –o de la sucesión de eventos– como algo esperable (o 'natural') aún se configura a partir del significado conceptual que aporta el adjetivo clasificador, como se observa en (35), (36) y (37). Se aprecia, además, cómo el adverbio introduce la consecuencia lógica o 'natural' que deriva de un evento que se interpreta como la causa, como vemos en (38). En todo caso, como ocurre en (39), la relación causa-efecto puede construirse a partir del significado conceptual. Aun así, se registran ejemplos, como (40), en los que se observa la desemantización del adverbio: se pasa de lo que se concibe como 'natural' a lo que se entiende como 'lógico', 'previsible'.

(35) Mas ellos, conociendo su propósito, temiendo la muerte, como *naturalmente* por todos es temida, defendíanse bravamente (Garci Rodríguez de Montalvo: *Las sergas del virtuoso caballero Espladián*, 1504).

(36) y en universal, hablando de lo dicho, se sigue que los mozos son *naturalmente* de menos prudencia y saber que los viejos, cuanto son más aptos para la generación, y que los viejos son más ingeniosos, como dice Homero, cuanto son para menos trabajo corporal (Juan de Pineda: *Diálogos familiares de la agricultura cristiana*, 1589).

(37) mas yo digo que el sol se escurecerá sobrenaturalmente por la voluntad divina, tras lo cual se sigue *naturalmente* eclipsarse la luna y las estrellas, porque reciben dél su claridad (Juan de Pineda: *Diálogos familiares de la agricultura cristiana*, 1589).

(38) La razón desto es, porque como los efectos *naturalmente* sigan á la condición de sus causas, cuanto las causas son más poderosas y fuertes, tanto lo son los efectos que proceden dellas (Fray Luis de Granada: *Adiciones al Memorial de la Vida Cristiana*, 1574).

---

[42] Para el concepto de *pragmaticalización*, *cf.* G. Dostie (2004).

(39) Porque de mi naturaleza soy misericordioso, *naturalmente* huelgo con
la misericordia, y amo los misericordiosos (Fray Luis de Granada:
Libro de la oración y meditación, 1554).

(40) PINCIANO Adonde va la vida y honra y el alma bien se puede sufrir,
que en aquel tiempo, cualquier favor de palabra o de obra, por pequeño que sea, puede ser muy perjudicial, porque *naturalmente* el favor
acrecienta el esfuerzo y el disfavor le mengua (Juan de Arce de Otáro-
la: *Coloquios de Palatino y Pinciano*, 1550).

Además de la autonomía sintáctica con respecto al enunciado proposicional y de la erosión del significado conceptual de base, los marcadores del discurso ponen de manifiesto la presencia de una voz enunciado-
ra y son muy permeables al influjo de la propia dinámica discursiva. En
primer lugar, la evaluación emotiva ha de realizarse a partir del conocimiento, pero también a partir de la propia experiencia que el hablante
tiene del mundo (41). La afirmación del yo por medio del marcador discursivo *naturalmente* –que parece producirse a finales del siglo XVI– es,
en realidad, la consolidación de una voz propia, desligada del contenido
conceptual que aporta el adverbio, desde la que se juzgan los acontecimientos que ocurren a su alrededor, como se advierte en (42).

(41) e también porque, *naturalmente*, quando un hombre está en mucha
hondura debaxo del agua, *como lo he yo muy bien provado*, los pies se
levantan para arriba e con dificultad pueden estar en tierra debaxo del
agua luengo espacio (Gonzalo Fernández de Oviedo: *Sumario de la
natural y general historia de las Indias*, 1526).

(42) Llegaron los embajadores imperiales allá á esos desiertos del superior
Egipto, donde él con no sé cuántos discípulos se había de su gana desterrado. No pudo dejar de saberse por todos quién enviaba aquel
recaudo, y todos *naturalmente* se alborotaron más de lo que el santo
viejo quisiera (Fray Alonso de Cabrera: *Consideraciones sobre los
Evangelios de los domingos de Adviento*, 1598).

Asimismo, la propia dinámica discursiva propicia el encuentro de
enunciados y, por tanto, sugiere nuevos contenidos que pueden contribuir a la estabilización de determinados significados. En (43) el adverbio funciona con respecto a su enunciado como un marcador circuns-

tante causal; pero, al estar situado tras un enunciado causal, se convierte en un introductor de la consecuencia esperable que se deduce del evento anterior. La lógica discursiva se desvincula por completo de la lógica natural en (44): el adverbio funciona como un verdadero marcador del discurso, un conector que introduce la consecuencia esperable del evento anterior (un evaluador emotivo) y se desliga del contenido proposicional del enunciado que introduce, ya que, atendiendo a ese contenido, la bestia no puede *por naturaleza* sentir la inclinación del santo monje.

(43)　ya que el hombre se conosce mortal en sí mesmo, *naturalmente* desea trasponerse en otro que le conserve y lleve adelante su ser, y esto se hace mediante la generación de los hijos, a los cuales los padres comunican su naturaleza (Juan de Pineda: *Diálogos familiares de la agricultura cristiana*, 1589).

(44)　Estando Marino Monge en su celda en el desierto, vino un día a él un feroz javalí, huyendo de los perros de ciertos caçadores. Recogióle y túvole en guarda, hasta que entendió que estava libre de aquel peligro, que le dexó ir libre. Bien se mostrara liberal con huéspedes el que lo fue con una salvagina. Y *naturalmente*, la bestia sintió la inclinación del santo monge, pues en tan manifiesto peligro quiso más valerse dél que librarse huyendo por la montaña (Alonso de Villegas: *Fructus sanctorum y quinta parte del Flos sanctorum*, 1594).

En este periodo se empiezan a registrar también usos de *naturalmente* como reforzador de la aserción que consideramos usos derivados de su empleo como marcador evaluativo[43]. En el ejemplo (45) apreciamos cómo el marcador del discurso (*naturalmente*) evalúa como algo esperable la relación entre la causa (*... hallaría cosas...*) y la consecuencia (*asentiría en que...*) y, al mismo tiempo, es un reforzador de la consecuencia esperable: se pretende evaluar algo como esperable y reforzar el

---

[43] La consulta de la entrada del adverbio *naturalmente* en el *Tesoro Lexicográfico de la RAE* arroja los siguientes datos de interés: no se recoge el valor evaluativo emotivo ('probablemente, consecuentemente') hasta el *Diccionario Usual* de 1869 y, hasta el *Diccionario Manual* de 1984, no se registra su uso como operador de refuerzo ('por supuesto; sin duda alguna'). A partir de 1992, los dos valores se recogen como primera acepción ('sin duda, consecuentemente').

resultado (*sin duda … naturalmente asentiría*). La evaluación y el refuerzo generado en el contexto lingüístico como un efecto de sentido no se apartan del contenido conceptual que aporta la base léxica del adverbio (*lumbre natural, naturalmente, capacidad natural*).

> (45) Es grande gente la que así se gobierna; y que no hay otra nación tan grande, tan ilustre como ella, no, que tenga sus dioses tan cercanos así como yo lo estoy de vosotros. Si un gentil con sola la lumbre natural encontrase con el Evangelio sin título que se lo declarase, sin duda hallaría cosas en él tan conformes á buena razón, que *naturalmente* asentiría en que era ésa ley y gobierno puesto en toda razón y equidad (dado que hay otras cosas que exceden la capacidad natural) (Fray Alonso de Cabrera: *De las consideraciones sobre todos los evangelios de la Cuaresma*, 1598).

Podría decirse que es precisamente la evaluación conjunta de lo que se pretende reforzar como algo 'natural' «en relación con datos que se hallan en el discurso o que están en los presupuestos en la mente del hablante, o en la de los participantes en la conversación»[44] lo que permite aplicar ese refuerzo. El marcador reforzador pretende, por tanto, subrayar la evidencia del segmento discursivo al que afecta. En este sentido, deja de ser un marcador del discurso que relaciona dos segmentos discursivos (el segundo es la consecuencia esperable del primero) y se transforma en un operador, ya que afecta exclusivamente al segmento del discurso que pretende reforzar.

En (46) y (47) el refuerzo se asienta en el significado conceptual del adjetivo clasificador (*natural* > 'por naturaleza'); en (48), en cambio, este significado se ha perdido y se parte del contenido del adjetivo calificativo que desemboca en el marcador evaluativo. El ejemplo (49) es el único caso claro de operador que hemos encontrado en este periodo. Se trata de un texto legislativo en que el 'yo enunciador' refuerza, con su autoridad, un segmento del discurso. No se establece una conexión textual con ninguna unidad textual anterior, es el resultado (lógico, 'natural') de un proceso de inferencia pragmática a partir del conocimiento del mundo que comparten el enunciador y el destinatario del documen-

---

[44] M. A. Martín Zorraquino/J. Portolés (1999: 4150).

to: se refuerza lo que no admite ningún tipo de cuestión, lo conocido y asumido por los interlocutores.

(46) y esto dice porque *naturalmente* el hablar requiere congruo tiempo y aun mucho tiento (Fray Antonio de Guevara: *Epístolas familiares*, 1521-1543).

(47) *Naturalmente,* enciende más el grande fuego (Francisco de Osuna: *Segunda parte del Abecedario espiritual*, 1530).

(48) E *naturalmente* non puede ser que non aprenda ome mucho de aquellos con quien biue cotidianamente. E por esto dixo Catón el sabio castigando su fijo, 'si quisieres aprender bien faz vida con los buenos' (Sebastián de Horozco: *Libro de los proverbios glosados*, 1570-1579).

(49) esto de hablar a la red pocas veces lo conceda la Madre y nunca para alguna persona cuando aveis de dormir o comiéredes e mientras el oficio divino, ni tampoco para acudir al locutorio antes de salir el sol o después de puesto; ni el sacerdote duerma fuera del monesterio en el que tendrá habitación, *naturalmente* fuera de la clausura (Anónimo: *Constituciones y ordenanzas, Documentos de los conventos de Guadalajara*, 1532).

Aunque lo habitual es la presencia de *naturalmente* como reforzador de la aserción en posición inicial, hemos documentado un ejemplo (50) –que mantiene el significado conceptual derivado del adjetivo clasificador ('por naturaleza')– en que cierra el enunciado. En este caso su valor operativo (como mero reforzador de un segmento discursivo) se desvincula con claridad de la función de marcador: considera todo lo anterior como ámbito del refuerzo.

(50) y éstos son más intellectivos y menos animosos o más tímidos que los de la parte cercana a septentrión, *naturalmente* (Fray Bartolomé de las Casas: *Apologética historia sumaria*, 1527-1550)

Los dos últimos empleos de *naturalmente* en el siglo XVI (el de reformulador y el de conector) ponen de manifiesto que el adverbio, en su papel de «objeto discursivo»[45], asume otros valores instrumentales que

---

[45] Tomo el término de Á. LÓPEZ (1996: 147).

se desprenden de la dinámica textual. El adverbio *naturalmente* –dentro del SV– integra construcciones incidentales de reformulación, que recapitulan o explican algo anterior, como se aprecia en (51). Sin embargo, en (52) se trata de una construcción incidental que orienta el discurso desde un punto de vista determinado, como los marcadores nocionales o de punto de vista, y es el adverbio el que precisa el sentido de esa orientación. Su empleo como conector deriva de su función como marcador evaluativo[46] (introduce la consecuencia como resultado de una causa anterior). Esa conexión puede establecerse con arreglo a un significado conceptual (53) o en función de un conocimiento pragmático (54).

(51) Esta virtud es la que tiene en paz la república, y faltando ella luego falta la paz, y como la paz sea principal fin de la república *naturalmente* hablando, es cosa importante (Felipe de Meneses: *Luz del alma cristiana*, 1555).

(52) Y dice que le recibió como a hurtadillas, porque así como lo que se hurta es ageno, así aquel secreto era ageno del hombre, hablando *naturalmente*, porque recibió lo que no era de su natural; y así no le era lícito recibirle, como tampoco a san Pablo le era lícito poder decir el suyo. Por lo qual dijo el otro profeta dos ueces: Mi secreto para mí (San Juan de la Cruz: *Cántico espiritual. Segunda redacción*, 1578-1584).

(53) Saturno es infortuna, frío y seco destemplado; *naturalmente* significa e obra mal (Francisco Falero: *Tratado del Espera y del Arte de Marear*, 1535).

(54) Lo cual dice esta relación que fué falso, porque como Luis Ponce e su gente iban del camino trabajados e con hambre e allí hallaron mucha comida, *naturalmente* se les había de ofrescer mala dispusición e aquellos vómitos e cámaras (Gonzalo Fernández de Oviedo: *Historia general y natural de las Indias*, 1535-1557).

---

[46] M. J. CUENCA (2006: 77), a propósito de los marcadores del discurso de carácter adverbial, que denomina *connectors parentètics* señala que «no marquen una relació sintàctica estructural de coordinació o subordinació, sinó únicament una relació semanticopragmàtica entre els constituents units (bàsicament, d'addició, disjunció, contrast i conseqüència)».

En suma, a finales del siglo XVI, el marcador discursivo *naturalmente* muestra la emergencia del yo de la enunciación que se erige en evaluador emotivo de un acontecimiento (en efecto, también, permite indicar el refuerzo de una aserción, si bien este valor no parece completamente convencionalizado: los ejemplos escasean y derivan casi en su totalidad de la marcación discursiva evaluativa). Sin embargo, si tenemos en cuenta el «cotexto» en que se manifiesta este marcador del discurso, su uso parece restringido al ámbito culto y a las estructuras monológicas.

7. *NATURALMENTE* COMO OPERADOR DE REFUERZO: DOS VOCES DE ENUNCIACIÓN

Es a partir de la segunda mitad del siglo XVIII, pero, sobre todo, a partir del siglo XIX cuando se produce un tercer proceso de gramaticalización (o pragmaticalización). El uso del marcador *naturalmente* se generaliza: se emplea también fuera del ámbito culto y en situaciones comunicativas dialogadas. Esto supone que el marcador evaluativo emotivo –ya presente en el siglo XVI– deja de funcionar exclusivamente como marcador textual (en estructuras monológicas) y asume otros valores que surgen como efectos de sentido generados en la interacción comunicativa. En este proceso, que traza un desplazamiento desde la conexión textual a la interacción dialógica, el marcador *naturalmente* experimenta una pérdida del contenido conceptual (que no desaparece por completo, ya que esta misma forma desempeña otras funciones donde se mantiene con claridad el significado conceptual) y, al mismo tiempo, cobra mayor importancia el significado procedimental (o pragmático).

En el intercambio comunicativo el marcador *naturalmente* aparece en todos los casos en enunciados reactivos. Esta circunstancia explica la consolidación de *naturalmente* como operador de refuerzo, contenido que se apuntaba en el siglo XVI, e incluso su capacidad para funcionar como adverbio frase, ya que se elide la información conocida. Su uso más extendido es el de marcador de enunciados reactivos (epistémicos) que muestran el acuerdo con el contenido proposicional del enunciado iniciativo (55). El refuerzo de réplica no es neutro: se trata de una intensificación de algo sabido, donde no hay lugar para la discrepancia. Por ello, su empleo requiere una explicación por parte del interlocutor, que no entiende esa firmeza de la aserción (56), puede reforzar una muestra de conformidad previa del interlocutor (57) o responde a la insistencia que se manifiesta en el enunciado iniciativo con un apéndice comprobativo (58).

(55) D.ª Pepa. Me voy allá dentro á verlo. (Vase.) / D. José. Si se levanta una, todas / van á ver la casa á un tiempo. D.ª Mar. ¿Si se habrá desazonado? / D.ª Marta *Naturalmente.* Yo quedo á acompañarte. Ve tú / (A Doña Ignacia.) para que nos enteremos (Ramón de la Cruz: *La visita de duelo*, 1768).

(56) –¿Y usted ha leído esa obra?
–Naturalmente.
–¿Cómo naturalmente?
–Es claro: por razón de oficio.
–Pues ¿qué oficio es el de usted? (Pedro Antonio de Alarcón: *La Alpujarra: sesenta leguas a caballo precedidas de seis en diligencia*, 1874).

(57) –¿Tan mal lo está?
–Tan mal, tan mal... no digamos; pero ya lo sabe usted, «hacienda, tu amo te vea», y yo jurara que usted no la ha visto en su vida.
–Verdad es.
–Naturalmente. ¡Tendrá usted tantas cosas que valdrán más! A Radegundis se lo he dicho yo muchas veces: «He aquí una finca que es una alhaja para un hombre hacendoso; y el diablo me lleve si su amo, nuestro pariente, se acuerda de ella; y para no acordarse de ella ¡cuánto no tendrá ese hombre!» (José María de Pereda: *El buey suelto...*, 1878).

(58) –¿Pues qué duda tiene?... Y bien se ve ahora que muchos de aquellos hombres, adorados después por las multitudes inconscientes, eran unos pillos de marca mayor. D. Francisco, yo le recomiendo a usted que lea la obra de Taine...
–Si la he leído... No, miento: esa no; ha sido otra. Tengo muy mala memoria para el materialismo de cosas de lectura... Y mi cabeza, velis nolis, se ha de aplicar a estudios de otra sustancia, ¿eh?
–Naturalmente (Benito Pérez Galdós: *Torquemada en el purgatorio*, 1894).

En el enunciado reactivo, *naturalmente* puede ser un marcador deóntico, que muestre la aceptación (59) de un enunciado iniciativo directivo, o servir como marca fática que muestra la cooperación del receptor en la actividad comunicativa (60).

> (59) Granadina ¿Ustedes irán ahora / al Prado, a ver qué hay de nuevo? / Calderón *Naturalmente*. Si ustedes / quieren el favor hacernos / de venir, pronto estamos / los dos para irlas sirviendo (Ramón de la Cruz: *El Prado por la noche*, 1765).

> (60) –Eso es indudable. ¿No ve usted que aquí no hay quien lea, y los pocos que leen no tienen dinero?...
> *–Naturalmente* –decía Ido a cada instante, echando ansiosas miradas en redondo por ver si aparecía la chuleta (Benito Pérez Galdós: *Fortunata y Jacinta*, 1885-1887).

El uso de *naturalmente* en la dinámica del intercambio comunicativo descubre la presencia de una voz (de carácter iniciativo) y otra (de carácter reactivo). Por eso, su incorporación en el discurso propio evoca la participación de un interlocutor que propone (inicia el diálogo): *naturalmente*, en este caso, refuerza el segmento discursivo al que refiere, como si se tratara de una respuesta al interlocutor evocado (61). En (62) se reconoce esa polifonía incorporada en el discurso monologal. La conjunción *que* introduce una información conocida (de la que es responsable esa voz evocada), reforzada por el operador *naturalmente*[47]. Se trata de un refuerzo que permite asumir provisionalmente algo con lo que no se está de acuerdo: la verdadera opinión del enunciador del discurso se esconde detrás de la conjunción *pero*, que supone una contraargumentación con respecto a lo aceptado hasta ese momento (el segmento encabezado por la conjunción *que*).

> (61) Ha llegado, pues, la época de que se formule el credo de una religión nueva, que sustituya todas las antiguas religiones y comprenda las nuevas aspiraciones de la actividad. *Naturalmente* esta no es obra de un solo día. Las religiones nuevas comienzan á ocupar la inteligencia,

---

[47] Según C. Fuentes/R. E. Alcaide (2002: 246), en cuanto a su valor argumentativo, el segmento introducido por operadores como *naturalmente* «aparece como inapelable, indiscutible, pues pertenece al saber común, apela a la autoridad que le confiere la comunidad».

cuando principian á desocuparla las religiones que pasan, y esta ley ha debido seguir también el nuevo ideal (Serafín Álvarez: *El Credo de una Religión Nueva*, 1873).

(62) Cuando se fríe pescado, la primera vez se saca el aceite después de colarlo; pero en este caso a través de un lienzo, bien mojado con zumo de limón o con vinagre de yema. *Naturalmente que* el gasto continuo del líquido exige la reposición; *pero* es más cómodo hacer la provisión como queda indicado, que tener que preparar cada vez el aceite que se necesite (Ángel Muro: *El practicón. Tratado completo de cocina*, 1891-1894).

En definitiva, a partir de la segunda mitad del siglo XVIII, *naturalmente* ha experimentado una nueva instrumentalización, se ha desvinculado de su contenido evaluativo y se ha convertido en un operador que refuerza la respuesta dada por un interlocutor a otro: se ha pragmaticalizado[48]. Por otro lado, el valor evaluativo emotivo –que, a veces, puede desempeñar la función de conector, como en (63)– se conserva, alejado de las nociones del adjetivo *natural* como clasificador, pero asentado en el significado conceptual del adjetivo calificativo *natural*, que admite una consideración subjetiva (emotiva) de lo que resulta lógico, 'creíble'. Así, es lógico (y fácil de creer) que si se planta un roble en un tiesto, el árbol crezca y rompa el tiesto.

(63) Se me ocurre una comparación, que me parece que no es mía: es de algún poeta, no sé cual... en fin, puede que sea mía, y allá va. Córdova es un roble plantado en un tiesto. El árbol crece... *Naturalmente* el tiesto se rompe... (Benito Pérez Galdós: *De Oñate a la Granja*, 1876).

BIBLIOGRAFÍA

BEINHAUER, Werner (1978): *El español coloquial*. Madrid: Gredos.
COMPANY, Concepción (2003): «La gramaticalización en la historia del español», en: *Medievalia* 35, 3-61.

---

[48] La forma ¡*Natural*! y su «deformación jocosa» *naturaca,* que W. BEINHAUER (1978: 206) considera tan frecuentes, derivan del operador de refuerzo *naturalmente* y no se emplean hasta el siglo XX.

CORTÉS, Luis/CAMACHO, M.ª Matilde (2005): *Unidades de segmentación y marcadores del discurso*. Madrid: Arco/Libros.

CUENCA, M.ª Josep (2006): *La connexió i els connectors. Perspectiva oracional i textual*. Universitat de Vic: Eumo Editorial.

DI TULLIO, Ángela (2005): *Manual de gramática del español*. Buenos Aires: La isla de la luna.

DIETRICH, Wolf (1991-1992): «Adverbes, pro-adverbes et morphemes, à la lumière de la théorie des parties du discours d'Eugenio Coseriu», en: *Omul Si Limbajul Sau. Studia linguistica in honore Eugenio Coseriu, Analele Stiinfice Ale Universitaii "Al.I.CUZA"*, 21-30.

DOSTIE, Gaétane (2004): *Pragmaticalisation et marqueurs discursifs. Analyse sémantique et traitement lexicographique*. Paris: Ducolot.

DYER, Nancy (1972): «A Study of the Old Spanish Adverb in *-mente*», en: *Hispanic Review* 11, 40, 303-308.

FERNÁNDEZ LEBORANS, Mª Jesús (2005): *Los sintagmas del español. II. El sintagma verbal y otros*. Madrid: Arco/Libros.

FUENTES, Catalina/ALCAIDE, Esperanza R. (2002): *Mecanismos lingüísticos de la persuasión*. Madrid: Arco/Libros.

GALLARDO, Beatriz (1996): *Análisis conversacional y pragmática del receptor*. Valencia: Episteme.

GONZÁLEZ COBAS, Jacinto (2005): «La estructura informativa del español: tópico y comentario. Estado de la cuestión», en: *Analecta Malacitana* 27, 2, 609-627.

HERNANZ, M.ª Lluïsa/BRUCART, José M.ª (1987): *La sintaxis. Principios teóricos. La oración simple*. Barcelona: Crítica.

KARLSSON, Keith E. (1981): *Syntax and Affixation: The Evolution of mente in Latin and Romance*. Tübingen: Max Niemeyer.

KAUL DE MARLANGEON, Silvia Beatriz (2002): *Los adverbios en -mente del español de hoy y su función semántica de cuantificación*. Madrid/Frankfurt: Iberoamericana/Veuvert.

KOVACCI, Ofelia (1999): «El adverbio«, en: BOSQUE, Ignacio/DEMONTE, Violeta (dirs.): *Gramática descriptiva de la lengua española*. Madrid: Espasa-Calpe, 705-768.

LAPESA, Rafael (1981): *Historia de la lengua española*. Madrid: Gredos.

— (2000): «Los casos latinos: restos sintácticos y sustitutos en español», en: *Estudios de Morfosintaxis histórica del español*. Madrid: Gredos, 73-122.

LODARES, Juan Ramón (1993-1994): «Las razones del castellano *derecho*», en: *Cahiers de Linguistique Hispanique Médiévale* 18-19, 313-334.

— (1995): «Alfonso el Sabio y la lengua de Toledo (Un motivo político-jurídico en la promoción del castellano medieval)», en: *Revista de Filología Española* 75, 35-56.

— (1999): «Consideraciones sobre la historia económica y política de la lengua española», en: *Zeitschrift für Romanische Philologie* 115, 117-154.

LÓPEZ, Ángel (1996): *Gramática del español. II. La oración simple.* Madrid: Arco/Libros.

LYONS, John (1997): *Semántica lingüística.* Barcelona: Paidós.

MARTÍN ZORRAQUINO, M.ª Antonia (1998): «Los marcadores del discurso desde el punto de vista gramatical», en: MARTÍN ZORRAQUINO, M.ª Antonia/MONTOLÍO, E. (coords.): *Los marcadores del discurso. Teoría y análisis.* Madrid: Arco/Libros, 19-53.

MARTÍN ZORRAQUINO, M.ª Antonia/PORTOLÉS, José (1999): «Los marcadores del discurso», en: BOSQUE, Ignacio/DEMONTE, Violeta (dirs.): *Gramática descriptiva de la lengua española*, 4051-4214.

MORENO CABRERA, Juan Carlos (1996): «Teoría de la gramaticalización y cuantificación adverbial», en: *Signo & Seña* 5, 201-216.

PALMER, Frank R. (2001): *Mood and Modality.* Cambridge: Cambridge University Press.

PHARIES, David (2002): *Diccionario etimológico de los sufijos en español.* Madrid: Gredos.

PORTOLÉS, José (2004): *Pragmática para hispanistas.* Madrid: Síntesis.

REAL ACADEMIA ESPAÑOLA: Banco de datos (*CORDE*) [en línea]. Corpus diacrónico del español. <http://www.rae.es> [noviembre y diciembre de 2006].

— (2003^{22}): *Diccionario de la lengua española* (versión electrónica).

RODRÍGUEZ RAMALLE, Teresa M.ª (2003): *La gramática de los adverbios en -mente o cómo expresar maneras, opiniones y actitudes a través de la lengua.* Madrid: Universidad Autónoma de Madrid.

— (2005): *Manual de sintaxis del español.* Madrid: Castalia.

SANTIAGO, Ramón (1998): «Apuntes para la historia de la puntuación en los siglos XVI y XVII», en: BLECUA, J. M. *et al.* (eds.): *Estudios de Grafemática en el dominio hispano.* Salamanca: Universidad de Salamanca/Instituto Caro y Cuervo, 243-280.

SERRADILLA, Ana (2008): «El caso de *carnal*: un ejemplo relativamente temprano del paso del adjetivo relacional al adjetivo valorativo», en: *Lenguas, reinos y dialectos en la Edad Media ibérica. La construcción de la identidad. Homenaje a Juan Ramón Lodares.* Madrid/Frankfurt: Iberoamericana/Vervuert.

TORNER CASTELLS, Sergi (2005): *Aspectos de la semántica de los adverbios de modo en español* (tesis doctoral). Barcelona: IULA-UPF [CD-ROM].

VERSCHUEREN, Jef (2002): *Para entender la pragmática.* Madrid: Gredos.

Cuestiones semánticas y pragmáticas en torno al recorrido diatético en el *Tratado de la Concordia* de Villafáfila (1506)

Mª. Azucena Penas Ibáñez
Universidad Autónoma de Madrid

¿Qué tienen en común distintas funciones de la lengua particular cuando pueden ser utilizadas en la misma situación o con respecto al mismo estado de cosas? Comparemos entre sí, por ejemplo, las siguientes expresiones latinas: *Caesar Pompeium vicit; Pompeius a Caesare victus est; victoria Caesaris; clades Pompeii*[1]. En cierto modo se puede decir que la función de *Caesar* es igual en todas las expresiones y asimismo la función de *Pompeius*. Pero ¿en qué consiste esa función que no cambia? Evidentemente no se trata de la función «sujeto», ya que *Caesar* sólo en la primera frase es sujeto. En el caso de *Pompeius* no se trata de la función que representa un objeto como «objeto», porque esa función la tiene *Pompeius* justamente sólo en la primera frase, pero no en la segunda. Ahora bien, hay algo común: entendemos que en todas las expresiones, *Caesar* es el *agente* de la acción de vencer, aunque ese agente se expresa de maneras muy distintas. Con el verbo activo se expresa como sujeto; con el verbo pasivo como complemento preposicional y, finalmente, como genitivo atributivo con el sustantivo verbal *victoria*, que, como el verbo, designa una acción que en este caso se refiere a *Caesar* como agente. Entendemos también que *Pompeius* es siempre objeto de la acción del vencer, independientemente de la función sintáctica de la expresión *Pompeius*.

Se ha de distinguir, por consiguiente, entre la función en la lengua y la función con respecto a la realidad designada o al estado de cosas designado. Son necesarios términos diferentes para esos dos tipos de función, a fin de poder respetar siempre esa diferencia. Sería, por ejemplo, conveniente, sugiere E. Coseriu (1992), designar las funciones que se refieren a la acción misma mediante términos como «agente» y «objeto», y, en cambio, las funciones lingüísticas mediante expresiones como

---

[1] Ejemplos tomados de E. Coseriu (1992: 130).

«agentivo» y «objetivo». En la Gramática no suele hacerse esa distinción de forma consecuente, de modo que en este campo hay cierta confusión generalizada, alentada por el cruce entre función sintáctica y significado categorial.

Para S. Gutiérrez (1996: 85-86) todo esquema sintagmático presenta una organización funcional. Está formado por funciones sintácticas (del tipo sujeto, complemento, atributo, etc.) que se unen y cohesionan mediante relaciones. Las funciones son roles, papeles que contraen los sintagmas en el interior de la secuencia. Su conocimiento es necesario para llegar a una interpretación correcta. La lengua dispone de medios para expresar qué función contrae cada sintagma en cada decurso, y cuando esta función no queda bien explícita nace una ambigüedad. Por tanto, las funciones sintácticas son significados. Son varios los factores que pueden ser utilizados por la lengua como significantes de función sintáctica: índices funcionales y conectores, concordancia, orden, pausas, posibilidades de conmutación y permutación, etc., formando, incluso, un significante complejo.

En los llamados índices funcionales se observa a veces una duplicidad significativa: por un lado hacen referencia a la función que contraen los sintagmas que unen (hecho lingüístico) y, por el otro, proporcionan informaciones sobre los *denotata* en la realidad extralingüística. Al delimitar la competencia lingüística general se plantea el cometido de distinguir claramente entre funciones lingüísticas generales (funciones que conciernen a la referencia a la realidad) y funciones lingüísticas particulares (funciones que conciernen a la configuración lingüística). Esto se debe a que en la interpretación de las funciones lingüísticas generales interviene también lo lingüístico particular. Así, retomando el ejemplo anterior, en la configuración del latín se basa el tener que interpretar el genitivo en *victoria* como *genitivus subiectivus*, y el genitivo en *clades* como *genitivus obiectivus*.

La participación de la configuración de la lengua particular se puede reconocer igualmente en algunas lenguas románicas. En cierto sentido los verbos franceses *vaincre* y *défaire* o los verbos españoles *vencer* y *derrotar* tienen el mismo significado 'vencer'. Se podría, incluso, reproducir lat. *vicit* y *victus est* por las formas correspondientes de los verbos mencionados. Pero en los sustantivos respectivos ocurre que *victoire* y *victoria* se interpretan solo en sentido activo, mientras que *défaite* y *derrota*, en sentido pasivo. Los sustantivos verbales son en sí del mismo tipo, pero se oponen en su perspectiva activa/pasiva. Por esa razón, la *victoria de César* se interpreta automáticamente como 'la victoria que hizo el propio César', en cambio, la *derrota de Pompeyo*, como 'la derrota hecha a Pompeyo'[2].

Volviendo al principio del que partíamos, resulta claro que un mismo estado de cosas puede ser descrito con estructuras sintácticas muy diferentes; tomemos otro ejemplo: *Juan rompió la estatuilla, La estatuilla fue rota por Juan, La estatuilla fue rota, La estatuilla se rompió*. Aunque puedan parecer equivalentes a primera vista, según J. Verschueren (2002), estas formas de expresión tienen condiciones de uso muy diferentes. Para señalar sólo un aspecto a modo de ilustración, se puede observar la reducción progresiva del énfasis en la persona responsable de la rotura de la estatuilla, que empieza con la entera construcción pasiva que todavía incluye la mención del agente, Juan, y que termina con una fórmula que puede sugerir hasta la completa ausencia o ignorancia acerca de cualquier responsabilidad. Otro aspecto del uso es la evaluación del hablante de si es más relevante para el oyente que se le diga algo sobre Juan, en cuyo caso es más probable que la oración empiece con Juan, o sobre la estatuilla, en cuyo caso la posibilidad de que se elija la figurita como sujeto es mayor.

En el nivel del significado de palabras –el campo de la semántica léxica–, en cuanto una palabra se usa, hay que tener en cuenta más de lo que normalmente sería considerado como su significado de diccionario. En una oración simple como *la puerta se abrió*, el verbo *abrir* puede tener diferentes significados, dependiendo de las propiedades físicas del contexto. Sin más información, sabemos que para que *la puerta se abrió* sea una descripción adecuada de un hecho, la puerta se debe haber abierto automáticamente o por alguien que esté fuera de la visión del hablante. Esto significa que, si ha habido un agente humano,

---

[2] Esto no quiere decir que la unidad de la función lingüística particular de *de x*, que corresponde a la función «genitivo», ya no se dé porque se expresan diferentes funciones lingüísticas generales, esto es, «agente» u «objeto». Lo que significa es que la interpretación de la función lingüística general puede estar determinada también por la lengua particular, en el caso anterior, por ejemplo, por los correspondientes sustantivos verbales.

este no puede haber estado en el mismo lado de la puerta que el
hablante. Más aún, esta posibilidad es excluida completamente si la
puerta es transparente. Por lo tanto, estamos adoptando una perspectiva dinámica a la hora de generar significado, que permite distinguir,
cuando sea necesario, entre construcción de significado, enfatizando
agentividad, y emergencia de significado, enfatizando procesos que
implican un menor grado o un tipo menos saliente de agentividad o
conciencia.

La construcción de significado y el significado emergente se explican
atendiendo al principio de la relevancia comunicativa. Del conjunto de
hechos que constituyen el entorno cognitivo de un individuo, este elige
unos y no otros para procesarlos como información. Para D. Sperber y
D. Wilson (1986), lo que hace que una información sea digna de ser pro-
cesada es una sola propiedad, la relevancia. La comunicación, según
estos autores, tiene por finalidad alterar el entorno cognitivo de los
oyentes con una garantía de relevancia, mediante un comportamiento
ostensible, que proporciona evidencia de lo que se piensa. Con ello,
estamos dentro de la creencia de que la comunicación es intencional y
debe ser así reconocida; postura que es respetuosa con el principio de
cooperación de P. Grice (1989), por cuanto sigue en pie la idea de que el
acto de comunicarse crea ciertas expectativas que aprovecha al máximo
de un modo racional y eficiente. Sin embargo, un comportamiento lingüístico bastante frecuente y siempre bien visto parece contradecir este
principio: la cortesía. Por cortesía, el hablante se comporta a veces de un
modo que parece irracional y poco eficiente. Aunque los comportamientos corteses son necesarios y efectivos, puesto que están regulados
socialmente y contribuyen a la buena fortuna de la comunicación, sin
embargo, no se dan automáticamente por descontados para avanzar en
la conversación, como parece suceder siempre con los principios básicos de cooperación de P. Grice, ya que es muy difícil socavar la suposición de que nuestros interlocutores son cooperativos, pero, en cambio,
la de que siempre son, por añadidura, corteses, es una suposición mucho
más débil. En efecto, resulta difícil no ser cooperativo en una conversación, pero no es tan difícil ser descortés: esto revela que se trata de principios de índole diferente. Diferencia que se mitiga, como tendremos
ocasión de ver más adelante en lo que se refiere al recorrido diatético y
su entorno, si analizamos un texto escrito del registro lingüístico jurídi-

co[3], como es el *Tratado de la Concordia de Villafáfila*[4], de 1506, cuya importancia radica en ser el último tratado internacional firmado entre las coronas de Aragón y de Castilla como reinos soberanos, pero reconociendo el carácter español de ambos estados, bajo el mismo patronazgo de Santiago Apóstol.

La imposibilidad de una explicitud completa y la necesidad de explicar aspectos de información general de fondo para lograr un entendimiento completo de cualquier ejemplo de uso del lenguaje son tan generalizadas que se inventó un término, algo confuso en opinión de G. Reyes (1990), para los productos que desarrollan el significado de un enunciado por medio de representaciones más explícitas: la *explicatura*. Por ejemplo, *El Centro está cerrado en enero* requiere como explicaturas una especificación posterior sobre de qué *Centro* se habla, o si *enero* significa enero de un año específico o de todos los años y si *cerrado* significa cerrado para toda criatura viviente o sólo para personas que de otro modo entrarían para usar el centro para sus fines normales.

Consideramos que en el ejemplo anterior no interesa la explicatura que hace referencia al agente de la acción de cerrar, ya que nos retrotraeríamos a una fase anterior de proceso, previa al resultado que nos ofrece el ejemplo comentado: 'como el Centro ha sido cerrado *por alguien* > entonces el Centro está cerrado'. En la secuencia de proceso: 'ha sido

---

[3] Ch. MORRIS (1946: 218), al referirse al problema de los diversos tipos de discurso, distingue distintas clases de uso de habla (informativa, valuativa, incisiva, sistemática) y distintos modos de empleo del signo (designativo, apreciativo, prescriptivo, formativo). Considera el discurso jurídico en cuanto al modo: designativo; y en cuanto al uso: incisivo (perlocutivo, ya que es necesario que en el oyente se produzca un efecto en consonancia con la intención del hablante). Por nuestra parte, consideramos que dentro del discurso jurídico, el uso de la pasiva es, sin embargo, ilocutivo, puesto que basta, como afirma B. SCHLIEBEN-LANGE (1987), que el hablante haga una manifestación, con la que admite determinadas obligaciones de acción, y que el oyente entienda esta manifestación y acepte sus condiciones. Si J. L. AUSTIN (1962: 147) ejemplifica con la siguiente serie: *hablar* → *incitar (ilocutivo)* → *convencer (perlocutivo); conmoverse* → *rogar (ilocutivo)* → *obtener mediante ruegos (perlocutivo)*; nosotros podemos análogamente ofrecer otra serie que tenga en cuenta el recorrido diatético: *abrir* → *ser abierto (ilocutivo)* → *estar abierto (perlocutivo)*.

[4] Tratado de la concordia o capitulación de paz entre don Fernando El Católico, rey de Aragón, y su yerno Felipe El Hermoso, nuevo rey consorte de Castilla, para solventar las diferencias entre ambos, sobre la gobernación de los reinos de Castilla. *Cf.* E. RODRÍGUEZ RODRÍGUEZ (1999).

cerrado', sí cabe la explicatura de *por quién*. Por lo tanto, la explicatura constituye una eficaz prueba para mostrar la pasiva de proceso frente a su resultado, al constituir una representación de formas de significado implícitas en lo referente al agente.

Con respecto al agente, y su correlato el paciente, conviene tener en cuenta que toda entidad puede estar dotada de potencia (+ POT) o no (–POT). Se trata de un principio jerárquico de vida y de supervivencia: *el águila ataca a su presa, el hombre mata al ciervo...* Este QUIÉN hace QUÉ fundamenta la relación actancial nuclear, en torno a la cual se organizan los sistemas casuales, los ejes de actancia y de dependencia, las diátesis; por ejemplo, Entidad en posición de potencia: *Yo (+) le (–) amenazo*; Entidad en posición de no-potencia: *Él (+) me (–) amenaza.*

En cuanto a la jerarquización[5] B. Pottier (1993), cree que se debe distinguir entre el agente del evento (conceptual), el sujeto del enunciado (sintáctico) y el tema intencional (pragmático-enunciativo). Con respecto al agente del evento, en la confrontación del *yo* y del *él*, veíamos que se establece una relación de potencia, con las entidades *yo/él (+) me/le (–)* y el comportamiento *amenazar*. El dinamismo está orientado y el orden natural va del agente hacia el paciente. Razón por la cual, en referencia al sujeto del enunciado, definido sintácticamente, se observa que el 95% de las lenguas expresan el sujeto antes que el objeto. Si se quiere «ir a contracorriente», es necesaria una operación, suplementaria, marcada por lo general en la lengua cuando esta lo permite: lat.: *amat/amatur;* esp.: *ama/es amado.* La diátesis pone de manifiesto estas posibilidades lingüísticas, que muestran la intervención del enunciador en el curso natural del evento: en el ejemplo siguiente, retomado de antes, el amenazador existe, se manifiesta antes de que otra entidad sea su víctima o presa: *Yo (+) le (–) amenazo* [donde quedan asociados sujeto y agente (+); y objeto y paciente (–)][6] > *Él (–) es amenazado por mí (+)* [donde quedan disociados sujeto (–) y agente (+)][7].

---

[5] Las categorías modales conocidas con el nombre de *tematización* y *focalización* son la expresión usual de la intención jerarquizante por parte del enunciador, desde el nivel conceptual.

[6] Exactamente igual que en *Él (+) me (–) amenaza*; aunque cambian diatéticamente las entidades, no así el papel de la potencia coasociada al evento y al enunciado.

[7] Por lo tanto, un recorrido diatético diferente al anterior.

Con relación al tema intencional, este sirve de soporte intencional a un aporte o rema elegido por el enunciador en función de la finalidad de su discurso y de sus visiones sobre el interpretante: *Él/es amenazado por mí* [*Él* (hablamos de él[8] – tema)] [*es amenazado por mí* (constituye la finalidad principal del mensaje – rema)]. Si los elementos marginales (los circunstantes) entran en juego, sirven de encuadre al evento, y vienen naturalmente al principio: *todos los días, en la calle, delante de los vecinos, él es amenazado por mí*. Estas circunstancias no constituyen la finalidad principal del mensaje. En caso contrario, vendrían colocadas en posición que sugiriesen un rema: *Él es amenazado por mí todos los días, en la calle, delante de los vecinos*.

Para la diátesis hay que situarse en el área de la propiedad, recorrida por el SER y el PADECER. El SER establece relación con el HACER; Así, la entidad de base, situada en el centro –la existencial–, puede ser afectada por una propiedad o ser el punto de partida de una actividad[9]: *soy glotón [afectado]* → *como mucho [efectuante]; soy carnívoro [afectado]* → *como carne [efectuante]*; el PADECER establece vinculación con el ACTUAR, sobre el eje de la POTENCIA, obteniéndose dos posiciones polares: *[paciente de un evento] soy atacado por los mosquitos (+)* → *[agente de un evento] mato los mosquitos (–)*.

De este modo se comprueba la aproximación que se da entre atributiva (SER, entidad *afectada* por una *propiedad*) y pasiva (PADECER, posición *mínima* de la *potencia*, en cuanto *paciente* de un evento).

El área de la propiedad se desarrolla entre el polo neutro (simple caracterización estática) y el polo máximo de actividad (afectación máxima, función de paciente, denominado *pasivo*); con ello llegamos al arco de la variable de pasivización:

1. atribución puramente descriptiva: *Juan es rubio;*
2. atribución condicionada: *Juan está inquieto* (por los acontecimientos);

---

[8] *Él* está puesto como punto de partida semántico no crítico. Presupone *Yo le amenazo*. Existe afinidad (isosemia) entre lo determinado y lo tematizado (connivencia de saber entre los interlocutores).

[9] Interesan los dos tipos de actividad existentes: actividad interna (involuntaria, paciente) y actividad externa (voluntaria, agente).

3. atribución vinculada a otro actante: *Juan estuvo acompañado de su mujer;*
4. atribución con agente: *Juan fue agredido por unos gamberros.*

El español tiene dos formas de base: *ser* + adjetivación y *estar* + adjetivación; un *ser de proximidad* (propiedades inherentes y pasiva real): *Juan es optimista (por naturaleza); Juan fue golpeado por los ladrones;* y un *estar de relatividad* (propiedades dependientes del enunciador y/o del entorno, y pasiva ficticia): *Juan está optimista (lo encuentro así; ante los acontecimientos); Juan estuvo acompañado de su esposa.*

De esta manera, la pasiva real (acción padecida) con *ser*, vendrá seguida cronológicamente de un resultado (relatividad de la acción padecida) con *estar: Juan está herido porque fue herido ayer.* Así, pues, la pasiva podría entenderse como un caso límite de la variable relativa al agente en el área de la propiedad[10].

Cada lengua desarrolla de un modo muy detallado todas las posibilidades de matización de la relación predicativa. El francés tiene una sola forma de base: *être* + adjetivación, con marcas progresivas como *de* (causa débil), *par* (causa fuerte), y el paso del adjetivo (*inquiet...*) al participio pasado (*inquieté...*), según la variación de la carga de agentividad: *Jean est inquiet*[11] *(des événements) [Juan está inquieto por (a causa de) los acontecimientos]*[12] ; y *Jean est agressé par les voyous [Juan es agredido por los gamberros]*[13].

---

[10] En el área de la localización también se marca el grado de agentividad: *La fuente ocupa el centro de la plaza (estativo); la policía (+–) ocupa el centro de la ciudad (evolutivo-estativo); el jardín está cercado de verjas (estativo); el jardín fue rodeado por la policía (+) (evolutivo).* El paso de la propiedad a la localización es frecuente: *estar apurado > estar en apuros (en un apuro); no ser reservado > salir de su reserva.* También se da el paso en sentido inverso, ahora de la cognoscitividad a la propiedad: *tiene dos piernas (constatación de un saber a través de una atribución localizante: 'las piernas son de...') > es bípedo; tiene miedo > está atemorizado; tiene hambre > está hambriento; tener satisfacciones > estar satisfecho.*

[11] Basta con pasar a evolutivo este estativo para hacer que se presente el relator fuerte *par* (isosemia): *Jean est rendu inquiet par les événements [Juan se ha vuelto inquieto por los acontecimientos].*

[12] Aquí van a parar los participios irregulares o fuertes de los verbos con doble participio en español. No olvidemos que muchos de estos participios han culminado el proceso de adjetivación.

[13] En cambio, aquí van a parar los participios regulares o débiles de los verbos con doble participio en español.

En el nivel de la representación mental, un evento puede tener un estatuto estativo o evolutivo. El estativo designa la permanencia en el tiempo sin considerar cambio alguno. El evolutivo indica un cambio. Cambio que puede ser natural (sin sugerir causación) o provocado. En este último caso, un causador puede desencadenar el evolutivo: tal es el causativo: evolutivo (*X enfriarse, X inquietarse*): estativo (reducción): (*X estar frío, X estar inquieto*); causativo[14] (adición): (*C enfriar X, C inquietar a X*). El causador presentará un máximo de potencia, representándose encima de la entidad víctima del proceso: *Juan (+) despierta a María (–) con suavidad > María (–) es despertada por Juan (+) con suavidad*. Con ello comprobamos una relación natural entre causativo y agente en cuanto al grado más elevado de potencia.

La relación natural que podemos establecer con respecto al paciente en referencia al grado mínimo de potencia, se muestra a través de las equivalencias que describe el recorrido diatético: *operar a X (–) → practicar una operación a X (–) → X (–) ser operado → X (–) padecer una operación*. En estos ejemplos, la perífrasis es una lexía equivalente que implica una construcción específica; por lo tanto, hay parasinonimia entre lexía densa sintética y lexía analítica. En los ejemplos perifrásticos anteriores el paciente siempre se expresa. Pero, también el procedimiento perifrástico puede formar parte de los recursos de la lengua y permitir, por ejemplo, evitar expresar el paciente (objeto) cuando no se desea hacerlo: *voy a comprar (cosas) → voy a hacer compras → voy de compras*.

En cuanto a la potencia, la diátesis no establece diferencias actanciales con respecto a las supleciones léxicas, que dibujan deixis interna al lexema:

- supleción léxica (deixis inversa): *A (+) compra O (–) a B (–)*
  B (+) vende O (–) a A (–)
- diátesis: *O (–) es comprado por A (+) a B (–)*
  O (–) es vendido por B (+) a A (–)

En cuanto a la tematización, la diátesis sí establece diferencias intencionales jerarquizantes por parte del enunciador con respecto a las supleciones léxicas:

---

[14] La presencia de un causador implica el paso al área de las actividades transitivas.

–supleción léxica (deixis inversa): *A (+), B (+)* tematizadas
–diátesis: *O (–)* tematizada

Con ello se comprueba que la diátesis es una construcción adaptada al fin pragmático[15], al recolocar en el rema, como aporte, al agente (+), el elemento de mayor potencia.

El recorrido diatético está presente en las cuatro áreas descritas: *localización, cognoscitividad, propiedad* y *actividad*. En referencia a la *localización*, toda relación entre dos entidades puede, en principio, ser recorrida en los dos sentidos: A → B, B → A. La relación localizado–localizante, es con mucha frecuencia homóloga de animado–inanimado o variable–estable. La diátesis directa, natural, irá en el sentido variable–estable: *la verja cerca el terreno*; la diátesis inversa, siempre posible con el pensamiento (nocional) o con la intención (pragmática), se dirá: *el terreno está cercado por la verja*. Si hay coincidencia entre la entidad contenida y la entidad continente, se obtiene: *el carbón llena el sótano > el sótano está lleno de carbón*.

En la *cognoscitividad* la diátesis directa, natural, irá en el sentido: yo–objeto de la cognoscitividad. El ejemplo más conocido de diátesis, que, además, no recibe por lo común este nombre, es: *adoro el chocolate > me gusta el chocolate*. El español dispone normalmente de estos dos

---

[15] Pero no sólo la diátesis es una construcción adaptada al fin pragmático, también lo es la atribución puramente descriptiva y la atribución condicionada, con las que está emparentada, como veíamos anteriormente, ya que permiten distintos tipos de escalas argumentativas. Según J. PORTOLÉS (2004: 260-261), hay escalas en las que la propia gramática de la lengua crea el orden (+ – fuerza) de antecedente a consecuente: *María es muy inteligente, aprobará; María es bastante inteligente, aprobará*; en otros casos el orden existe por cierta estructuración del léxico: *helado/frío; llover/lloviznar; adorar/apreciar...*: *el agua está helada, no metas al bebé; el agua está fría, no metas al bebé*. Existen, asimismo, otras escalas que nacen de nuestro conocimiento del mundo: *se ha comprado un coche nuevo, se da todos los caprichos; se ha comprado un televisor nuevo, se da todos los caprichos*. En efecto, es el conocimiento del mundo en el que vivimos el que nos dice que en nuestra sociedad es más fácil comprarse un televisor que un coche.

Para distinguir entre escalas semánticas y escalas pragmáticas, se puede utilizar la prueba que S. A. SCHWENTER (1999: 187) propone. Las escalas semánticas, a diferencia de las pragmáticas, se acomodan difícilmente a mantener *elemento fuerte PERO NO elemento menos fuerte*. Así, **el agua está helada PERO NO está fría*; en cambio, no encontramos extraño: *se ha comprado un coche nuevo, PERO NO un televisor nuevo*.

recorridos diatéticos: *DIR.: yo creo que P* → *INV.: me parece que P*[16]. Hay casos de metaforización de *cognoscitividad en localización*: *Pedro tiene dudas* > *las dudas invaden a Pedro.*

En la *propiedad* cuando no se trata más que de una entidad, la diátesis inversa supone una transformación formal de orden sintáctico: *Juan está inquieto* > *la inquietud de Juan.*

En la *actividad* la diátesis directa sigue la orientación natural que va del (+) de POT. hacia el (–) de POT.: *Pedro abre la puerta* > *la puerta es abierta por Pedro.* La diátesis directa se interesa por el evento en su totalidad. La diátesis inversa, por el hecho mismo de ser secundaria, resulta apta para retener sólo un elemento remático del predicado (que es el punto de llegada del evento, y, a menudo, su resultado), que inicia un nuevo punto de partida temático: *A/abrir puerta* → *puerta/ser abierta (+ – por A)* → *la puerta/es abierta*[17] *(por A)* → *la puerta/está abierta*[18].

En la visión enunciativa de la actancia, los dos parámetros más útiles son la potencia inherente al contenido del lexema y su posibilidad de controlar voluntariamente[19] una actividad: si en *Juan* la potencia y la voluntariedad están presentes; en *fuego*, sólo lo está la potencia; y en *mesa*, ninguna de las dos. Estas dos variables nos permiten distinguir elementos próximos al *agente*, como son *causa* (origen) e *instrumento*, ya que en *agente* la potencia y la voluntariedad están presentes; en cambio, en *causa* e *instrumento*, sólo lo está la potencia, no la voluntariedad.

Si acudimos a la notación de G. Lazard (1978; 1986), quien utiliza la combinatoria $X\,V\,Y$, donde X = actante origen (+); Y = actante afectado (–); y V = verbo, para establecer cuatro variaciones posibles, entre las que se hallan la diátesis directa o inversa, podemos comprobar la dife-

---

[16] Los verbos inversos no son jamás sinónimos de los verbos directos: creer ≠ parecer; amar ≠ gustar (*Pedro ama a Juana* → *Juana le gusta a Pedro* (léxico), *Juana es amada por Pedro* (gramática).

[17] En inglés *is opened.*

[18] En inglés *is open.* El español presenta un triple procedimiento para marcar el resultado: participio de pasado regular, en verbos sin doble participio; participio de pasado irregular, en verbos con doble participio; y adjetivo, para cualquiera de los dos casos anteriores.

[19] El español no distingue en el nivel de los signos el grado de voluntariedad; así, en la frase *me he caído*, no se sabe si ha sido involuntariamente, o por mi culpa; en cambio, otras lenguas, como algunas caucásicas, lo marcan a través del ergativo (+ VOL).

rencia existente entre *agente* y *causa*. Así, el *agente* viene representado por X^+ dentro de la estructura pasiva: $Y^- \leftarrow V \leftarrow X^+$; en cambio, la *causa* viene representada por *(x)* dentro de la estructura atributiva $Y \leftarrow V \leftarrow$ *(x)*. De tal manera que *la taza fue rota por Juan* (pasiva) ≠ *la taza está rota a causa de Juan* (atributiva).

Cuando en $Y^- \leftarrow V \leftarrow X^+$ se pierde la noción latente de X $(\rightarrow \emptyset)$, se pasa al perfecto o resultativo:

$Y^- \leftarrow V \leftarrow X^+$: *la puerta fue abierta por Juan.*
$Y^- \leftarrow V \leftarrow \emptyset$: *la puerta fue abierta*
$Y \quad\quad V \quad\quad$: *la puerta está abierta*

Pero esto no es del todo exacto, ya que incluso pueden encontrarse cuatro soluciones lingüísticas, visibles cuando hay procedimiento léxico que permite manifestarlas, bien porque presentan dualidad participio/adjetivo, o dualidad participio regular/participio irregular:

$Y^- \leftarrow V \leftarrow X^+$: *el mantel fue ensuciado por Juan; el huevo fue freído por Juan*
$Y^- \leftarrow V \leftarrow \emptyset$: *el mantel fue ensuciado; el huevo fue freído*
$Y \leftarrow V \quad\quad$: *el mantel está ensuciado; el huevo está freído*
$Y \quad\quad V \quad\quad$: *el mantel está sucio; el huevo está frito*

Atendiendo a las posiciones actanciales, se describen cuatro, distribuidas sobre un eje que va del (+) al (–): [*agente de verbo transitivo – sujeto activo de intransitivo*][20] – [*sujeto inactivo – objeto de verbo transitivo*][21].

---

[20] El agente de verbo transitivo se transforma en complemento agente de estructura no transitiva pasiva, que puede elidirse para dar paso a las estructuras, posibles, de pasiva impersonal → medio-pasiva → media → medio-activa: *los chinos venden algunos relojes muy barato* → *algunos relojes son vendidos muy barato por los chinos* → *algunos relojes son vendidos muy barato* → *algunos relojes se venden muy barato* → *se venden algunos relojes muy barato* → *se vende algunos relojes muy barato*. Obsérvese el morfema *se* en las tres últimas estructuras; puede decirse que el *se* indica una orientación hacia el agente, sea real o ficticio. Cuando es ficticio, el efecto de sentido es el de impersonalización, o más bien despersonalización, como sucede en las estructuras media y medio-activa.

[21] En la pasiva se describe el recorrido inverso: objeto de verbo transitivo → sujeto inactivo. Por eso en la diátesis B. García Hernández (1980; 1991; 2000) habla de alteridad intersubjetiva y no de alternación intrasubjetiva.

En cuanto a la ponderación de los actantes, puede observarse el papel del peso actancial en la siguiente progresión, partiendo de un agente de verbo transitivo y un objeto de verbo transitivo:

–*Mira, Pedro lee los libros* (hay dos entidades actualizadas).
–*Pedro lee libros* (él sabe hacerlo, lo hace a menudo, la 2ª entidad es virtual).
–*Pedro es lector* (el proceso afecta globalmente a la base y pasa a ser una propiedad de este).
–*Pedro es leído*[22] (lo mismo que en el caso anterior, con una propiedad intensificada, que lleva a un resultado: 'muy lector → leído; es decir, tan lector que alcanza el estatus de leído').

En los ejemplos anteriores hemos ido viendo que el proceso supone un desarrollo que lleva a un resultado, por el que la actividad deviene en una propiedad. Se pueden considerar cuatro fases: prospectiva (*facturus; despertar*) → cursiva (*faciens; despertando*) → retrospectiva (*factus; despertado*) → resultativa (*factus; despierto*), de donde las isosemias entre los auxiliares de desarrollo y estas formas; ahora tomaremos un ejemplo donde no disponemos de la variante léxica adjetiva, sino de la variante sintáctica verbal para la fase resultativa: *voy a cantar; estoy cantando; he cantado; tengo cantado.*

Según esto, tanto el agente como el paciente nos permiten dibujar un eje de disminución de la agentividad y pasividad. Con respecto al eje de disminución de la agentividad, éste ofrece cuatro momentos:

A_1 (Agente activo): *el humo ennegrece la chimenea; yo bebo mucho vino.*
A_2 (cumplido): *el humo ha ennegrecido la chimenea; yo he bebido mucho vino.*
A_3 (Agente y resultado): *el humo tiene ennegrecida la chimenea; yo tengo bebido mucho vino.*
A_4 (Nuevo estado del agente): *el humo hace que la chimenea esté negra; yo estoy bebido.*

Asimismo, el eje de disminución de pasividad ofrece otros cuatro momentos:

---

[22] Actualizando un sentido deponente activo.

B$_1$ (Paciente afectado): *la chimenea es ennegrecida por el humo; mucho vino es bebido por mí.*

B$_2$ (cumplido): *La chimenea ha sido ennegrecida por el humo; mucho vino ha sido bebido por mí.*

B$_3$ (Resultativo, perfecto): *la chimenea está ennegrecida; mucho vino está bebido.*

B$_4$ (adjetivo desligado): *la chimenea está negra (es negra, tiene negrura); mucho vino está bebido*[23].

En español se constata una gran polivalencia de las secuencias formales. Si atendemos a la causa, desde la diátesis directa, tenemos: *A⁺ rompe B⁻; A⁺ rompe (...)*; es decir, *A es rompeDOR*[24]; desde la diátesis inversa, encontramos: *B⁻ es roto por A⁺; B⁻ es roto (...)*; es decir, *B es rompIBLE*[25]. Si atendemos a la evolución, tanto desde el verbo simple: *B rompe*; como desde el verbo pronominal: *B se rompe*[26], llegamos al resultado de *B está roto.*

Hay que observar que el valor *pasivo* del participio varía de acuerdo con el semema del lexema (esto es, el saber que deriva de él): *Cuando he llegado a casa, he constatado que la tapadera estaba / era: rota* (pasividad máxima, sufre, padece roturas), *abollada* (presenta abolladuras), *esmaltada* (luce esmaltes), *verde* (pasividad nula, estado de una propiedad).

Vamos ahora, ya para finalizar, a comentar algunos ejemplos[27] curiosos que aparecen, dentro de las Capitulaciones, en el Tratado de la Concordia de Villafáfila (1506), relacionados con las cuestiones semánticas y pragmáticas que suscita el recorrido diatético, a las que hemos hecho referencia a lo largo de este trabajo:

1) «y para que a todo el mundo sea manifiesto el mucho amor y muy estrecha unyon admistad e confederaçion que ay e a de aber syenpre»

---

[23] No hay tal adjetivo en español. Nos topamos con una deficiencia léxica. En cambio, en A$_4$ sí tenemos adjetivos permutables por *yo estoy bebido,* como *beodo* o *borracho,* incluso la perífrasis *ahíto de vino.*

[24] Sufijo que marca la agentividad. Otros sufijos de agentividad pueden iniciar series más complejas morfológica y semánticamente: *es huidizo* → *huye* → *ha huido* → *está huido* → *es fugitivo, un fugitivo.*

[25] Sufijo que marca la virtualidad: 'que puede ser roto'.

[26] Homosintaxia, que establece un nivel ambiguo de interpretación: 'ha sido roto por alguien' o 'se ha roto por sí mismo'.

[27] Cito por Elías RODRÍGUEZ (1999: 149-154).

(p. 149): estamos ante una atribución vinculada a otro actante. En *mucho amor y muy estrecha unyon admistad e confederaçion*, se rastrea una escala argumentativa por cierta estructuración del léxico, que consiste en una escala semántica, no pragmática, ya que se acomoda difícilmente a mantener *elemento fuerte PERO NO elemento menos fuerte*: *ay e a de aber syenpre mucho amor pero no muy estrecha unyon admistad e confederaçion. A su vez, estos mismos elementos son los que hacen del destinatario (*a todo el mundo*) un beneficiario. Obsérvese también que este ejemplo se abre y se cierra con un totalizador (*todo ... syenpre*), que aporta relevancia al efecto perlocutivo que persigue; además cumple la función de causa final con respecto al siguiente ejemplo:

2) «fazemos saber [...] que [...] fue concordada e asentada firmada e jurada entre nos, los dichos reyes, una capitulaçion de paz e concordia e admistad e unyon perpetua del tenor syguyente» (p. 149): aquí el supuesto rema deja de serlo, al ir precedido de la misma información que se nos da, mediante la causa final. No dice *por nos*, sino *entre nos*, y con ello se muestra mejor la voluntad de cooperación de todos, su entendimiento mutuo y consenso. En la anáfora *los dichos reyes*, se actualiza el modo designativo del discurso jurídico, y por otra parte, se hace necesaria la explicatura de que con ella se excluyen Miguel Perez de Almaçan, secretario del rey, y Bartolome Ruiz de Castañeda, escribano de camara del rey e de la reina e secretario de las cortes.

3) «Lo que [...] es asentado e acordado entre los muy altos e muy poderosos señores, el señor rey don Felipe, por la gracia de Dios, rey de Castilla, de León, de Granada, etc., de la una parte, e el señor rey don Fernando, rey de Aragón, de la Dos Seçilias, de Jerusalen, etc., de la otra es lo syguyente» (p. 149): nos encontramos ante una expresión ecuativa, que sirve de marco de presentación del rema que se nos va a decir seguidamente; es decir, la expresión formularia ecuativa realzará el rema posterior. La expresión *los muy altos e muy poderosos señores...*, no es de cortesía propiamente, sino de cooperación a favor de la relevancia.

4) «Primeramente, el dicho señor rey don Fernando dize que [...] tovo determinado de dexar estos Reynos de Castilla e de León e de Granada, etc.» (p. 150): nos hallamos en el eje de disminución de agentividad, en la fase A_3 (agente y resultado: *tovo determinado*). La orientación pragmática del resultado se ve respaldada por el principio de cooperación unas líneas más abajo: "sienpre su fin e yntençion fue delos dexar

libre e enteramente a los dichos señores rey e reyna, sus hijos, syendo venydos a estos reynos", con lo que se refuerza el alcance perlocutivo de la acción. Obsérvese la construcción de *ser + participio de pasado* para formar los tiempos compuestos de los verbos de movimiento;

5) «y tanbien porque tiene por cierto que estos dichos reynos seran mejor regidos y gobernados por los dichos señores rey y reyna sus hijos solos que por el y ellos juntamente» (p. 150): presenciamos el primer caso de agente propiamente dicho, dentro de la información remática que se nos aporta, con relevancia novedosa, focalizada en la oposición *solos/juntamente*. Si en lugar de *por*, figurara la preposición *entre*, como en los ejemplos anteriores, se podría incurrir en una ambigüedad que indujera a interpretar una posible alternancia entre Felipe y Juana. El tema (*estos dichos reynos*) resulta isosemántico al venir determinado, como información consabida, supuesta;

6) «ha por bien e le plaze y es contento de dexar e dexa estos dichos reynos e la gobernaçion dellos a los dichos señores rey don Felipe e reyna doña Juana» (p. 150): en *ha por bien* tenemos diátesis directa; en *le plaze*, en cambio, diátesis inversa; en *es contento*, se ofrece el último estadio de disminución de agentividad. Podemos reconstuir el siguiente esquema: A_1 *se contenta > de dexar (verbo pronominal: con participación ilocutiva del agente activo)* → A_2 *se ha contentado > dexa (verbo pronominal: con participación perlocutiva del agente que ha cumplido)* → A_3 *está contentado (Y‾ ← V, como benefactivo subjetivo del agente y resultado)* → A_4 *está contento (Y V, como atribución condicionada, a un nuevo estado del agente)* → A_5 *es contento (Y V, como atribución puramente descriptiva, con adjetivo desligado)*. Por lo tanto, de lo anterior se deduce que la expresión *de dexar e dexa* no obedece a un simple poliptoton retórico, sino a un fin intencional pragmático: ilocutivo/perlocutivo.

7) «Otro sy [...] ansy mismo tiene e le perteneçen diez quentos de mrs. de renta en cada un año, que tiene situados sobre las alcabalas de los maestrazgos [...] es concordado e asentado entre los dichos señores reyes, que el dicho señor rey don Fernando aya de tener e tenga las dichas rentas e probechos e yntereses de las Yndias, por la mitad como dicho es, y los dichos diez cuentos de renta donde estan situados [...] e que en ello, ny en parte alguna dello, no le sera ny consyntira serle puesto enbargo ny ynpedimiento alguno, antes le dexan e dexaran todos los dias de su vida, como dicho es, coger e llevar libremente, sin ynpedi-

miento alguno, la mitad de las dichas rentas y probechos e yntereses de las Yndias, e los diez cuentos de sytuado cada un año, por mano de los ofiçiales e personas a quyen el dicho señor rey don Fernando ha encargado y encargare la cobrança de todo ello» (pp. 150-151): en este largo ejemplo se constata, primero, un curioso proceso de progresiva integración lingüística: *diez quentos de mrs., que TIENE SITUADOS SOBRE LAS ALCABALAS DE LOS MAESTRAZGOS (el agente participa en la situación sobre las alcábalas con diez quentos como resultado) > los dichos diez cuentos de renta DONDE ESTAN SITUADOS (nuevo estado, sin llegar a consolidarse como adjetivo desligado: sito) > los diez cuentos DE SYTUADO (sustantivación como clase o tipo de cuentos)*; segundo, se observa también una progresión en el área existencial de los eventos, a partir de la localización. Así: partiendo del evolutivo, con abstracción del resultado que nos ofrece el texto (*los diez quentos se sitúan sobre las alcabalas; medio-pasivo; Pot (+ –)*), por reducción se llega al estativo (*los diez quentos están situados; Pot (–)*), y por adición se alcanzaría el causativo (*C sitúa los diez quentos de mrs. de renta sobre las alcabalas; Pot (+)*), solución no expresada de forma patente, sino latente, en el texto, porque no interesa explicitar la entidad C, el agente; tercero, la fórmula jurídica *como dicho es*, introduce como tema, tanto la información que precede como la que sigue, información presupuesta ya, compartida; cuarto, aparecen dos elipsis propias del registro jurídico (no le sera [*consentido*] ny consyntira; es decir, [*ny se le consyntira*]*,* con claro valor perlocutivo); quinto, en *serle puesto enbargo ny ynpedimiento alguno*, no interesa mostrarlo desde la diátesis directa, que apela al sujeto agente (+), al QUIÉN. Lo que interesa aquí es la diátesis inversa, por cuanto el objeto (–), el QUÉ, ha sido focalizado como sujeto paciente, reemplazando en interés comunicativo al agente, que se mantiene elidido; sexto, en *coger e llevar libremente*[28]*, sin ynpedimiento alguno, la mitad de las dichas rentas y probechos e yntereses de las Yndias, e los diez cuentos de sytuado cada un año, por mano de los ofiçiales e personas a quyen el dicho señor rey don Fernando ha encargado y encargare la cobrança de todo ello, se*

---

[28] Aunque todo es temático, ya que presupone información compartida, expresada en el valor anafórico de *dicho, dichas*, el hecho de que *coger e llevar libremente* vaya justo después de la fórmula jurídica, lo rematiza en parte, al ocupar la posición esperable para rema.

comprueba cómo con tres entidades se puede tener un factitivo y un causador-destinatario: rey don Fernando (*factitivo*), por mano de los ofiçiales e personas... (*causador*), a quyen el dicho señor rey don Fernando... (*destinatario*), según el siguiente orden cronológico: por → el rey → a. Más adelante encontramos otro ejemplo de factitivo, donde, además, quedan diferenciados el instrumento (+) del destinatario (–): «Otro sy, es concordado y asentado que los dichos señores rey don Felipe e rey don Fernando enbien desde luego, por medio de sus envaxadores, sus suplicaciones a nuestro muy santo padre»[29] (p. 152): rey don Felipe e rey don Fernando (*factitivos*), por medio de sus envaxadores (*instrumento*), a nuestro muy santo padre (*destinatario*). La expresión *desde luego* refuerza el valor remático de la información por doble vía: conminativa (locución temporal 'desde ya'), y confirmativa (marcador del discurso 'por supuesto');

8) «e que no le ynpidira ny daran lugar que les sean ynpedidas, direta ny yndiretamente, por via de Roma, ny por otra via, las provisyones de los priorazgos, encomiendas» (p. 151): aquí el recorrido diatético se ve muy bien representado: diátesis directa (*que no le ynpidira direta*); diátesis inversa (*ny daran lugar que les sean ynpedidas yndiretamente*). Curiosamente, *por via de Roma, ny por otra via*, afecta tanto a la diátesis directa como inversa, por lo que se demuestra que no es agente sino instrumento 'mediante, por medio de'.

Con frecuencia el agente es sistemáticamente elidido, aunque no siempre[30]; en su lugar, aparecen como acabamos de ver el instrumento, también la localización o la causa. Así, en

---

[29] Este ejemplo continúa así: «en que le suplicaren que hatendido que el dicho señor rey don Fernando tiene por autoridad apostólica la admynystraçion de los dichos maestrazgos de Santiago e de Calatrava e Alcantara, por todos los dias de su vida, que no derogando a la dicha admynystraçion , antes aquella confirmada»; continuación que nos permite apelar al concepto de *cumplido* para entender las elipsis existentes dentro de una cronología del pensamiento. Así, 'habiendo sido confirmada' (anterior a antes, como cumplido; incluso 'estando confirmada', como resultativo) → 'siendo atendido' (proceso anterior, pero no cumplido, sino todavía en curso; vinculación a ahora) → no derogando (ahora).

[30] Otro de los pocos ejemplos que se dan es: «Otro sy es acordado e asentado que los dichos señores reyes, cada vez que el caso lo requeriere, y el uno fuere requerido *por*

9) «de manera que en todo el mundo se vea y conozca que esta admystad es la mas verdadera y la mas estrecha que entre padre e hijo puede aver» (p. 152): construcción media, por lo que se evita el agente, en favor de la localización. También en "de manera que en Roma y en toda parte se vea la verdadera unyon que entre ellos es..." (p. 153). Y en

10) «e por quanto el señor rey de los romanos ha procurado syenpre con todas sus fuerças que entre los dichos señores reyes se haga esta unyon e admystad, es concordado e asentado que el dicho señor rey don Felipe le enbiara esta capitulación" (p. 152): de nuevo una construcción media (*se haga esta unyon e admystad*), sin agente, ahora con instrumento (*entre los dichos señores reyes* 'por medio de ellos'), enmarcada dicha construcción media desde una causa inicial (*por quanto...*). El hecho de que ahora aparezca *capitulaciones* en lugar de *suplicaciones*, tres ejemplos más arriba, provoca que sigamos considerándolo rema.

Las construcciones medias alternan con las pasivas en numerosas ocasiones. Asi, en:

11) «e [por que podría ser que algunos subditos de los dichos señores reyes quisiesen] procurar que no se guarde lo contenido en esta capitulaçion, es concordado e asentado *que*, a qualquyer que lo tal procurare o venyere en algo contra lo contenydo en esta capitulaçion, *que* lo castigue aquel de los señores reyes cuyos subditos fueren» (p. 153): aunque hay redundancia de *que*, esta es cohesiva, no superflua, ya que establece un vínculo anafórico con el *que* precedente, que permite una coherencia semántica en el texto jurídico.

En ocasiones vemos encadenamientos de tema-rema desde la causa y la finalidad como beneficiario, que cooperan en dar, sobre todo al rema, mayor relevancia:

12) «Otro sy por que esta union e admystad perpetua se faze prinçipalmente para lo que toca al serviçio de Nuestro Señor Dios, y para

---

el otro, enbiara sus suplicaçiones a nuestro muy santo padre» (pp. 152-3): se observa, asimismo, un solecismo de número, por *enbiaran,* dada la atracción de la construcción pasiva inmediata precedente.

ensalçamyento de su fee, y para guerra contra los infieles, [...], es concordado e asentado que qualquyera de las dichas partes que oviere
menester gente e mantenymyentos e navios para la dicha guerra contra
los infieles, requeriendolo a la otra parte, le aya de dar»(p. 153): tenemos rema en *qualquyera de las dichas partes que oviere menester gente e*
mantenymyentos e navios para la dicha guerra contra los infieles ... le aya
de dar; pero tema en *requeriendolo a la otra parte*, ya que presupone
información anterior (*el uno fuere requerido por el otro*) que retoma
ahora como diátesis directa.

Hemos detectado también distintos procedimientos en el recorrido
diatético, según sea el área del evento, o propiedad-cognoscitividad, o
actividad:

13) «Yten, es asentado e concordado que todos los que han sydo
servydores de anmas las dichas partes e de qualquyer dellas, sean avidos
e tenydos por muy buenos e leales servydores y no se les faga daño ny
perjuyçio alguno en las personas e bienes, ny ofiçios, ny tenençias, ny
honrras, ny negoçios, por esta cabsa antes en todo ello sean muy bien
tratados» (p. 153): construcción media para el área de la actividad (*no se*
les faga daño ny perjuyçio alguno...); construcción pasiva para el área de
la propiedad (*sean avidos e tenydos por muy buenos e leales servydores); y*
para el área de la cognoscitividad (*sean muy bien tratados*). De nuevo,
nos topamos con la elisión del agente, suplido por la causa (ultracorrec-
ción *cabsa*), y por el origen (*en todo ello*; es decir, 'en lo que respecta a
todo ello', 'en lo que se refiere a todo ello').

El tipo de construcción también permite decidir sobre la naturaleza
agentiva o causativa del complemento:

14) «Otro sy, es asentado e concordado que todo lo açontenydo en
esta capitulaçion se aya de guardar e guarde por anmas las dichas partes
muy enteramente, no enbargante qualesquyer capitulaçiones que las
dichas partes e qualquyer dellas fasta aqui tengan fechas, e de aqui adelante fiçyeren con otros qualesquyer príncipes o potentados, por que el
efeto de lo contenido en esta capitulaçion quyere que no se estorbe ny
impida por ninguna otra fecha ni por façer» (p. 153): con la construc-

ción medio-pasiva (*todo lo açcontenydo en esta capitulaçion se aya de guardar e guarde por anmas las dichas partes muy enteramente*), sí aparece el agente; con la construcción media (*no se estorbe ny impida por ninguna otra fecha ni por façer*), no aparece el agente, sino la causa[31].

15) «Otro sy es concordado e asentado que porque las cosas contenydas en esta capitulaçion sean mas fuertes e firmes las ayan de jurar e juren los procuradores de cortes de las çibdades e villas destos reynos de Castilla, de León, de Granada, en nombre dellos»[32] (p. 153): la causa precedente potencia, dando relevancia, al rema, verdadero fin que persigue el compromiso adquirido en las Capitulaciones.

El cumplido llega a su culmen jurídico en:

16) «La qual capitulaçion aqui ynserta e encorporada de palabra a palabra, vista e entendida por nos el dicho rey don Fernando, la aprobamos, loamos, ratyficamos, otorgamos, e confirmamos, e prometemos, e juramos a Nuestro Señor Dios, e a su sancta cruz, e a los sanctos quatro evangelios, que con nuestras manos corporalmente tocados, e puestas sobre su hara, [...] que, cunpliremos, mantenemos[33], e guardaremos» (pp. 153-4): de tal manera que se sitúan *ynserta e encorporada; vista e entendida*, en el sobrecumplido: 'ya ynserta e encorporada', 'ya vista e entendida'; que dan paso, incluso, al resultativo perfecto B_3: 'una vez ya ynserta e encorporada', 'una vez ya vista e entendida' → 'estando ya ynserta e encorporada, vista e entendida'. También es rastreable una reconstrucción de la elipsis para *tocados* y *puestas*, a través del eje de disminución de agentividad: A_3: 'teniendo tocados los evangelios', 'teniendo puestas las manos', como agente y resultado.

Termina las Capitulaciones con una sutil diferenciación, de nuevo, entre la causa, el agente y el instrumento:

---

[31] En el caso de interpretar la construcción como medio-pasiva, la causa también se interpretaría como agente.

[32] Claramente queda expuesto el carácter instrumental del agente. Un agente rebajado potencialmente.

[33] Resulta estratégica la posición intermedia del verbo regente sintácticamente, pero no semánticamente, ya que permite anteponer el verdadero rema, aporte informativo: el *cumplir*, al que se pospone un sinónimo, más atenuado pragmáticamente: el *guardar*.

17) «e por çertinydad e corroboraçion e validaçion de todo lo suso dicho, mandamos faser la presente, firmada por nos y sellada con nuestro sello» (p. 154): en efecto, la causa es final (*por çertinydad e corroboraçion e validaçion de todo lo suso dicho*); el agente va asociado solidariamente a firmar (*firmada por nos*); y el instrumento va vinculado, también como solidaridad, a sellar (*sellada con nuestro sello*); es decir, sellada con el sello de las armas reales de Aragón y *synada del syno del dicho secretario Almaçan*. Por lo tanto, se llega a constatar algo más: una jerarquización semántico-pragmática y social con respecto al uso de *por* y *de* en el Tratado de la Concordia: *POR (+): agente, rey; DE* [+]: *causa-origen-instrumento, secretario*, un texto jurídico, que no es neutro, puesto que adopta posiciones.

BIBLIOGRAFÍA

AUSTIN, John L. (1962): *Cómo hacer cosas con palabras*. Barcelona: Paidós.

COSERIU, Eugenio (1992): *Competencia lingüística*. Madrid: Gredos.

GARCÍA HERNÁNDEZ, Benjamín (1980): *Semántica estructural y lexemática del verbo*. Reus (Barcelona): Ediciones Avesta.

— (1991): «The lexical system of intersubjective and intrasubjetive relationships», en: COLEMAN, R. (ed.): *New Studies in Latin Linguistics*. Amsterdam: John Benjamins, 129-149.

— (2000): «Complementariedad intersubjetiva y secuencia intrasubjetiva. Desplazamientos históricos», en: MARTÍNEZ HERNÁNDEZ, M. *et al.* (eds.): *Cien años de investigación semántica: de Michel Bréal a la actualidad. Actas del Congreso Internacional de Semántica*, I. Madrid: Ediciones Clásicas, 45-64.

GRICE, Herbert Paul (1989): «Meaning», en: *Studies in the way of words*. Cambridge: Harvard University Press.

GUTIÉRREZ, Salvador (1996): *Introducción a la semántica funcional*. Madrid: Síntesis.

LAZARD, Gilbert (1978): «Éléments d'une typologie des structures d'actance: structures ergatives, accusatives et autres», en: *Bulletin de la Société de Linguistique* 73, 1, 49-84.

— (1986): «Le type linguistique dit 'actif': réflexions sur une typologie globale», en: *Folia linguistica* 20: 87-108.

MORENO CABRERA, Juan Carlos (2003): *Semántica y Gramática. Sucesos, papeles semánticos y relaciones sintácticas*. Madrid: A. Machado Libros Lingüística y Conocimiento.

MORRIS, Charles (1946): *Signs, Language and Behavior*. Englewood Cliffs, N.J.: Prentice-Hall.

PORTOLÉS, José (2004): *Pragmática para hispanistas*. Madrid: Síntesis.

POTTIER, Bernard (1993): *Semántica general*. Madrid: Gredos.

POTTIER, Bernard (2000): *Représentations mentales et catégorisations linguistiques*. Louvain-Paris: Éditions Peeters.

REYES, Graciela (1990): *La pragmática lingüística*. Barcelona: Montesinos.

RODRÍGUEZ, Elías (1999): «La Concordia de Villafáfila. 27 de junio de 1506», en: *Stvdia Zamorensia* 5, 109-154.

SCHLIEBEN-LANGE, Brigitte (1987): *Pragmática lingüística*. Madrid: Gredos.

SCHWENTER, Scott A. (1999): *Pragmatics of conditional marking. Implicature, scalarity, and exclusivity*. New York: Garland.

SPERBER, Dan/WILSON, Deirdre (1986): *Relevance. Communication and Cognition*. Cambridge: Harvard University Press.

VERSCHUEREN, Jef (2002): *Para entender la pragmática*. Madrid: Gredos.

NOTAS SOBRE LA IDENTIDAD CASTELLANA
EN LA POESÍA NARRATIVA MEDIEVAL. DEL MODELO
DE HÉROE FEUDAL AL DE MONARCA MODERNO,
DE LA ÉPICA A LOS *DEZIRES* ALEGÓRICOS

Luis Miguel Vicente García
Universidad Autónoma de Madrid

La frontera no es la nación sino la que la define como tal.

Ricardo-Reis a Alberto Caeiro, Pessoa

Hemos aprendido, los que escribimos, que la regla restrictiva de la censura, no hay que decir esto o lo otro, ha sido desde entonces reemplazada por la regla soviética del poder: hay que decir esto o lo otro.

Pessoa

Se puede dialogar con los hechos del pasado para comprender el presente. Se han vertido ríos de tinta en torno al tema de la identidad de España, o de las piezas que integran esa identidad también de semántica movediza: reinos, regiones, autonomías... La semántica de las identidades parece provocar susceptibilidades y discusiones sin fin. M. E. Lacarra investigó con lucidez cómo se habían manipulado las obras literarias de la Edad Media para fines políticos posteriores, como en la reciente dictadura franquista (María Eugenia Lacarra 1982).

La identidad es un concepto en el que caben revoluciones, sentimientos, intereses, cosas en común, pero siempre algo movedizo carente de realidad esencial. Para consagrar indentidades en la Edad Media española se emplean reliquias, mantras, rituales exclusivos o incluso la lengua para conformar un «nosotros», una identidad que oponer a un «vosotros» o «ellos». Las identidades político-religiosas medievales se olvidan de que lo esencial del ser humano está en toda la especie, y que su inteligencia esencial le permite al hombre aprender cualquier cultura, por lo tanto cualquier identidad. Se dio a las etiquetas nacionales-religiosas un carácter de esenciales que ninguna identidad de ese tipo posee.

Solo es esencial lo que puede ser nombrado como identidad original sobre la cual sí conviene investigar no tanto para globalizar como para comprender cómo se crean las guerras de identidades y los movimientos totalitarios que convierten en un momento dado a una identidad colectiva en aniquiladora de otras identidades colectivas, y en aniquiladora de cualquier identidad individual.

La comunidad cristiana de la España medieval construye su identidad sobre la importancia de los guerreros y de la religión. El feudalismo es la identidad de la supervivencia. Y la clase guerrera y la religiosa lo apuntalan y lo difunden. La religión que en sí es una fuerza de cohesión, de reunión de las gentes, se vuelve obligación política, como bajo cualquier totalitarismo. La identidad cristiana logra imponerse en la Península y expulsa al final a las otras identidades tras una larguísima y fecunda convivencia. Observamos que en plena eclosión de las nacionalidades cristianas en la España medieval entran en juego una serie de aparatos de propaganda que hoy se abordan normalmente como literatura y desde la literatura. El Mester de Clerecía es una de las primeras muestras de la literatura de propaganda para construir y apuntalar la identidad castellano cristiana como la identidad hegemónica en el panorama medieval. La literatura del Mester de Clerecía presenta una imagen de mundo organizado de una manera relativamente sencilla por la Providencia cristiana. Su verdad es incompatible con la de las otras culturas. El bien está de su parte y el mal de la del enemigo, que son los hombres de las otras religiones, musulmanes y judíos.

El primer Mester de Clerecía repudia incluso las ciencias que han venido a través de árabes y judíos. Así la postura clerical más conservadora aflora en las obras del Mester de Clerecía en lo que concierne a la figura de los astrólogos y a las prácticas de astrología, relacionadas siempre en esas obras con los judíos y musulmanes y la ayuda que el diablo les presta para esos estudios. El tema aparece reflejado en todas esas obras del mismo modo. Lo que les dice el conde castellano a sus vasallos contra los astrólogos y su arte en el *Poema de Fernán González* casi se convierte en una fórmula que se repite en todas las obras de esa escuela:

> Luego de estrelleros começo de fablar.
> «Los moros, bien sabedes, se guian por estrellas,
> Non se guian por Dios, que se guian por ellas;

> Otro criador nuevo han fecho ellos d'ellas,
> Diz que por ellas veen muchas maravellas.
> Ha y otros que saben muchos encantamientos,
> Fazen muy malos gestos con sus espiramientos,
> De revolver las nuves e revolver los vientos
> Muestras les el diablo estos entendimientos.
> Ayuntan los diablos con sus connjuramientos,
> Aliegan se con ellos e fazen sus conventos,
> Dizen de los passados todos sus fallimientos,
> Todos fazen conçejo los falsos carbonientos.
> Algun moro astroso que sabe encantar
> Fizo aquel diablo en sierpe figurar
> Por amor que podiese a vos mal espantar[1].

En las obras del Mester de Clerecía del siglo XIII (*El libro de Alexandre*, *El libro de Apolonio*, las obras de Berceo y *El poema de Fernán González*) la imagen de los astrólogos y la astrología son muy similares. El nuevo mester se inaugura para Isabel Uría (2000) con el *Libro de Alexandre* y con su segunda estrofa que tiene valor de manifiesto poético, puesto que toda la estrofa está dedicada a señalar y ponderar los rasgos formales y morales («mester fermoso; sen pecado, grant maestría...»). Son numerosos los hemistiquios, incluso los versos, que se repiten en el *Alexandre*, el *Apolonio*, los poemas de Berceo y el *Poema de Fernán González*. Esta unidad es para I. Uría el fruto del *Studium* palentino que ya señalara Dutton y que se plasma en el uso de unas obras de referencia común como el *Verbiginale* de Pedro de Blois o la *Alexandreis*.

En estos poemas los protagonistas, la clase de los defensores-infanzones, opuestos a la nobleza linajuda en el *Poema de Mio Cid* y también en el *Poema de Fernán González*, y el clero, son los dos pilares sobre los que se sustenta la sociedad feudal; los dos pilares sobre los que se realiza la Reconquista o la unificación nacional en el *PFG*. Los pecheros sostienen con su trabajo a esas dos columnas. El vasallaje a Dios o a su Intercesora la Gloriosa garantiza el galardón de la salvación y de la hegemonía política.

Las historias que cuenta Berceo son perfectamente asequibles para el pueblo en general porque son cercanas al tipo de narración folclórica.

---

[1] J. VICTORIO (ed.) (1990), Madrid: Cátedra, cc. 475d-476, 132.

No hay en estas obras nada que no responda en primer lugar a la defensa de la clase clerical, que es la encargada de sacralizar el orden feudal. Incluso en el *PFG*, en principio de materia histórico-novelesca, el asunto se presenta como una historia de milagros sucesivos con que Dios corresponde a sus vasallos cristianos cuando éstos le rinden el homenaje oportuno: cumplen sus sacramentos, hacen penitencia por los pecados y oraciones para pedir la gracia divina. Es una épica de milagros y las verdaderas hazañas las realizan los seres sobrenaturales que actúan al mismo nivel que el resto de personajes, como si fueran reales, con su propia voz y personalidad. Piénsese en san Pelayo o en el estratega san Millán, o el brazo derecho de Cristo –Santiago Apóstol– o en las palabras tan fuertes con que expresa Fernán González su querella hacia Dios cuando siente que Éste ha incumplido su parte del contrato, y desasiste a su vasallo: «dixo: "Señor del mundo, ¿por que me has falleçido? [...] si fuesses tu en la tierra, serias de mi rebtado; / nunca fiz por que fuese de ti desanparado"» (c. 600d y 602 a-b).

El enemigo en los poemas de clerecía –sea del tema que sean– es el diablo encarnado en el Islam, en el Judaísmo o en algún traidor cristiano que no soporta el vasallaje de los cristianos con Dios y les tiende constantes trampas para que éstos lo rompan. Restablecido el vasallaje mediante el ritual adecuado, Dios vuelve a proteger a sus vasallos. La reconquista es vista en el *PFG* como un mandato de Dios a los godos-castellanos-cristianos. Cuando estos caen en desgracia sólo salvarán su identidad por la custodia de las reliquias que consiguen poner a salvo de los musulmanes y por la penitencia y oración que realizan; penitencia que obtiene la consiguiente respuesta de Cristo que les envía un ángel para que les designe a Pelayo como hombre santo y rey encargado de iniciar la Reconquista. Pelayo es protegido desde el principio por el propio Cristo que realiza el milagro de parar y devolver las flechas que le lanzan sus enemigos. Es decir, es una historia de los milagros de Dios o de su jerarquía (Virgen, ángeles, apóstoles, santos) para reparar el orden violado –el feudal cristiano– y el héroe épico es un instrumento más de esa provisión divina para desagraviarse de la «gente descreída». El orden ha sido violado, según se presenta en el *PFG*, por derribar precisamente a la otra clase social imprescindible para mantener la sociedad feudal-cristiana: los defensores. Don Yllán ha aconsejado a Don Rodrigo nada menos que desarmar a los defensores. Sin clérigos ni defensores no hay sociedad posible como bien establece Ramon Llull en su *Libro del orden de caballería* y como bien reflejan las tres obras de clerecía de asunto más o menos épico (el *Poema de Fernán González,*, el *Libro de Alexandre*, y el *Apolonio*). Ese es el mensaje básico de la épica española especialmente de clerecía pero también el del *Poema de Mio Cid*: el principal señor es Dios y de las relaciones que se tengan con ese señor tan poderoso dependen los sucesos históricos que siempre son providenciales.

Ya sea una épica de base nacionalista como el *PMC*, o mucho más aún el *PFG*, o sea una épica de figuras cristianizadas como el *Libro de Alexandre* o el *Libro de Apolonio*, o se trate de una épica de santos o de la propia Virgen, es siempre una lucha contra el diablo, el pecado o la gente descreída y sus creencias, entre las que están la astrología y la magia. Y esta batalla la ganan clérigos y defensores asociados, ordenados éstos por aquellos, y sustentados todos por el público que recibiría este tipo de textos. La moralización contenida es demasiado general, asimilable y efectiva para todo el público cristiano. Las identidades que se consagran en estos textos (Castilla, el Cid, Fernán González, La Gloriosa, los santos...) son un modo de interpretar la historia y de justificar la existencia de comunidades nacionales (reinos) o supranacionales (Cristianismo).

La épica del Mester de Clerecía explica la historia presente y pasada como un plan de Dios y un ejemplo de cómo funciona la relación de vasallaje del hombre con Dios. A buen servicio buen galardón siempre: «Qui a buen señor sirve siempre bive en deliçio» se dice en *PMC* (v. 850, ed. Colin Smith).

La dimensión propagandística no es privativa del Mester de Clerecía ni se puede separar de la literatura medieval en su conjunto, ni es siquiera diferente en el *Poema de Mio Cid* donde las oraciones y el vasallaje a Dios tienen un poder principalísimo en el triunfo del héroe. Los contenidos enciclopédicos se articulan para poder ser difundidos y asimilados en mayor o menor grado por todo el público, pero adecuadamente filtrados y cristianizados para que sirvan como rasgos de identidad cristiana más que como fruto de un odiado mestizaje que se combate sin pudor en estas obras (*cf.* Luis Miguel Vicente García 2005). De manera que la identidad en el nombre de Dios es el estereotipo de identidad más común, y aparece desde el principio en las obras de clerecía y en las de juglaría con fuerte componente de clerecía como el *PMC*.

El carácter propagandístico de las obras del Mester de Clerecía ha sido abordado por la crítica con diversos matices. La crítica marxista fue la primera en llamar la atención sobre el carácter esencialmente propagandístico e ideológico de estas obras; propaganda que también fue puesta de manifiesto por Bédier y sus continuadores que han relacionado la épica española con la promoción de un determinado monasterio, héroe y nacionalidad. Es en realidad un mester ligado a la construcción de una identidad colectiva diferenciada de otras por unas creencias, símbolos y rituales propios, que el mester se encarga de enseñar, consagrar y propagar. Es en este tipo de obras donde el rompecabezas de la identidad cristiana medieval aparece con sus piezas más al descubierto y encajadas unas con otras como en un catecismo básico en forma más o menos dramatizada para instruir a los oyentes en quiénes son y qué cosas corresponde que hagan para salvarse y para pertenecer al grupo cuya identidad se exalta: el grupo cristiano, principalmente el castellano, que se siente hegemónico y compite con otras identidades cristianas peninsulares, además de con los moros y judíos.

Mientras las obras de Alfonso X tratan de construir un vasto proyecto enciclopédico para cristianizar el conocimiento, el Mester de Clerecía se muestra más combativo con el conocimiento proveniente de las gentes de otras religiones. Así aparecen anatemizadas las ciencias que cultivaban los sabios semitas.

Existe un invencible peso político sobre los sabios de las tres religiones para llevar el conocimiento a su terreno y a su religión, haciendo imposible el conocimiento universal sin prejuicios. La teología seguía siendo la piedra angular que decidía sobre el modelo de mundo y de divinidad que podía ser admitido. La teología más o menos popular como la que contienen las obras de G. de Berceo es aún más efectiva pues simplifica enormemente el esquema de la realidad y las pautas de comportamiento de los individuos dentro de ese mundo cristiano feudal. El mundo castellano aparece en estas obras alzándose con el liderazgo de la identidad cristiana en la península. Una identidad que llegará a formar un imperio.

LOS HÉROES CASTELLANOS: EL CID Y FERNÁN GONZÁLEZ

El primer gran héroe de la épica castellana es el Cid, que encarna perfectamente los valores feudales y la creación de una identidad nacional cristiana y castellana. La salida del Cid hacia el destierro sirve para dar principio a la acción. El tema del honor es paralelo al de la fuerza, dibuja al héroe interiormente (cuerpo=fuerza/alma=honor) (*cf.* Joaquín Gimeno Casalduero 1975). Lo exterior es siempre un reflejo de lo interior a través de la obra. No se insiste en los detalles, se busca lo esencial. El honor del Cid consiste en controlarse, medirse y sujetarse a las leyes de Dios y de los hombres. Desde el momento que pasa la frontera la fuerza del Cid va creciendo; en cada batalla también crece el número de enemigos y el botín que se recoge. En el primer cantar se establece que el Cid nunca se deshonró a sí mismo, fue expulsado de Castilla injustamente. El hecho de pedir dinero a los judíos de Burgos sirve para demostrar su inocencia ante las acusaciones de haber robado parte de las parias que había recaudado para Alfonso del rey de Sevilla. A partir del segundo cantar el honor del Cid va en aumento hasta llegar a enriquecerse con la toma de Valencia y a volver a la gracia real. En el tercer cantar se repite el mismo desarrollo del tema del honor (desgracia-acción-triunfo), pero esta vez desde un punto de vista personal, que hace del personaje un mito. El Cid se convierte en la personificación del valor; hace maravillas, como con el león. Ante la deshonra personal del Cid el rey convoca las cortes más grandes de sus cuarenta años de reinado. El Cid hace tres peticiones: las espadas, la dote y el dinero y el juicio de Dios. Ambas espadas (Tizón y Colada) relucen milagrosamente y llegan a mitificarse como Excalibur y Durandarte.

No sólo la relación entre los hombres es feudal, la relación con Dios también lo es. En el mundo feudal todo estaba encadenado hasta llegar a Dios; si un eslabón se rompía, la cadena entera sufría las consecuencias. El Cid vuelve a obtener la gracia real según va ganando batallas y enviando presentes a su señor, que responde perdonando a sus hombres (vv. 810-836), a su familia (vv. 1316-1621) y al mismo Cid (vv. 1821-1899). En las vistas del Tajo el Cid se pone en cuatro patas y corta la hierba con los dientes en señal de vasallaje.

El *Poema de Fernán González* es un caso único en la épica española, pues en él se sobreponen elementos folclóricos legendarios, juglarescos y del Mester de Clerecía. Se escribió a mediados del siglo XIII, en pleno auge del gótico. Lo que más rápidamente puede identificar al arte gótico es su sentido de la elevación, su movimiento de abajo hacia arriba, movimiento que no es más que una proyección dirigida hacia el infinito. En el Poema podemos también encontrar esta proyección como bien señalara Joaquín Gimeno (1968). Castilla, Fernán y el monasterio pasan de lo insignificante (pequeño rincón, criado de un carbonero, ermita) a lo grandioso (condado independiente y luego reino, gran conde fundador casado con sangre real, gran monasterio). La intención del autor parece mostrarse bien clara a lo largo de la obra: la glorificación de su patria, su monasterio y su héroe. Todo aquello que no le condujera a este propósito deberá ser eliminado, atenuado o transformado. J. P. Keller y J. Gimeno Casalduero coinciden en ver en la obra una estructura tripartita (*cf.* J. P. Keller 1957). El uso de otra técnica también ayuda a la proyección hacia arriba: es la presentación del motivo de grandeza-traición-caída, que desemboca en una nueva grandeza y que se repite tres veces, según Keller, la primera con el imperio visigodo (grandeza inicial, traición de don Julián, pérdida del imperio, pero que va a renacer en un gran reino: Castilla); la segunda antes de las bodas de Fernán González con doña Sancha (El conde triunfador cae en una trampa y es encarcelado, pero al liberarse se casa con una princesa); y la tercera ante la petición del pago de la deuda contraída por la venta del azor y del caballo al rey leonés (nueva traición, nuevo encarcelamiento, pero con la libertad del conde se obtiene también la de su tierra). Todos estos ciclos están al servicio del engrandecimiento final: el primero produce a Castilla como entidad, el segundo sirve para que Fernán se una a sangre real, y el tercero produce la emancipación de Castilla. Una Castilla que es la encargada de llevar a cabo la Reconquista, incluso, según el monje de Arlanza de forma anacrónica como bien señalara S. G. Armistead:

> El monje de Arlanza, lleno de enstusiasmo reconquistador, deseaba ver, hasta en la dominación de Hispania por los godos, una guerra santa contra el Islam, trasunto de empresas posteriores hispano-cristianas. De ahí que introduzca, que se deslice en el texto la alusión, fugaz e inverosímil, a unos moros pregóticos, seres míticos y a la vez íntimamente relacionados con la actualidad del poeta y su personal perspectiva histórica (S. G. ARMISTEAD 1961: 16-17).

Las fuentes que el autor del *Poema* utilizó no deben ser equiparadas a la verdad histórica, pues el autor del *Poema* escribía varios cientos de años después de la muerte del héroe[2]. J. Gimeno Casalduero analizó con su acostumbrada minuciosidad y sentido de la historia la estructura del *Poema* y demostró claramente la intención del autor:

> El poema se divide en tres partes. La primera (1-172), constituida por patrones históricos de patrones distintos, desarrolla los tres momentos de la historia hispana: imperio toledano, invasión árabe, Asturias y Castilla. La segunda (173-563) y la tercera (564-final), construidas por episodios histórico-novelescos de patrones fijos, refieren las hazañas de Fernán González. La primera parte es una introducción por lo tanto; de ahí que prepare la materia y los elementos sobre los que la obra se levanta. Las dos partes siguientes constituyen el cuerpo del poema; de ahí que dibujen, en tres direcciones, la historia de Castilla: reconquista (frente al mundo árabe), supremacía (frente a Navarra), independencia (frente a León) (J. GIMENO 1968: 181).

Para su intención de encumbrar a Castilla sobre todos los demás reinos peninsulares, ésta aparece al principio de la obra como «un pequeño rincón»: «Era toda Castilla solo un alcaldia, / maguer que era pobre y de poca valia». (estr. 172). El autor está echando mano de un artificio bastante utilizado en las narraciones folclóricas, la ley del contraste. Para cuando se escribió el *PFG*, ya Castilla era el reino más importante de España: «Varones castellanos, este fue su cuydado: / de llevar su sennor al mas alto estado. / D'un alcaldia fyzieron condado, / tornaron la despues cabeça de rreynado».

Este engrandecimiento, tan acentuado al compararlo con sus humildes orígenes, no podía menos que admirar, y considerársele como milagroso[3]. El autor no deja ninguna duda de que Dios tiene mucho que ver en todo esto: cuando Fernán González va a Arlanza a pedirle ayuda a Dios, «Sennor, sea por ty Castyella defenduda», San Pelayo se le aparece con la réplica divina: «El Cryador te otorga quanto pedidol' has. [...] Avn te dize mas el alto Criador, / que tu eres su vassallo e el es tu Sen-

---

[2] La leyenda de Fernán González llegaría al autor ya bastante deformada por elementos legendarios y juglarescos y la deformación de lo histórico no debe ser achacada en su totalidad a la mano del clérigo de Arlanza (*Cf.* J. P. KELLER 1956).

[3] Como ya señalara S. G. ARMISTEAD (1961: 12): «Al enfrentarse con la historia, el autor del *Poema* se permitió el lujo de contemplar los humildes y austeros comienzos de Castilla desde la cumbre de un glorioso presente».

nor». No obstante al autor le queda un problema por resolver como bien señalara Joaquín Gimeno[4]: Dios no ayudaría a Castilla si esta no se hubiera comportado con lealtad, según las normas feudales. La secesión de Castilla fue un acto ilegal, una rebelión abierta contra su señor, el rey de León. Para ello el autor se cuida primero de no mostrar en sus principios a Castilla como parte de la corona leonesa, sino como una entidad igual a Asturias, y por ello al imperio Godo, que, de alguna manera continúa tratando de recuperar sus tierras. Asturias, heredera de los godos, puede representar a España. El poema, empero, no va a tratar de Asturias ni de España, sino de Castilla; de ahí que se comience a sustituir lo general hispánico por lo particular castellano, y que para conseguirlo se identifique desde el comienzo Asturias-España con Castilla. Asturias y Castilla representan entonces una misma entidad histórica: las gentes que resisten el empuje musulmán, los herederos del imperio visigótico. El elogio de España con que culmina la victoria sobre Carlomagno, se convierte en un elogio de Castilla. No será sorprendente que cuando muere el rey Alfonso II, la narración se desentienda del resto del reino. La transición sirve en este momento no solo para concentrarse en Castilla, sino también para justificar su independencia y de alguna manera hacer que la presentación de la misma tierra como dependencia de otro reino sea vista como una afrenta:

> Rrey fue de grran[d] sentydo e de [muy] gran[d] valor,
> syervo fue e amigo mucho del Cryador,
> fue se d'aqueste mundo poral otrro mejor,
> fynco toda la tierra essora syn sennor.
> Eran en muy grran[d] coyta espannones caydos,
> duraron muy grran[d] tienpo todos desavenidos,
> commo omnes syn sennor, tristes [e] doloridos,
> dizien: «Mas nos valdrrya nunca s[e] er nasçidos».
> Quand vyeron castellanos la cosa assy yr,
> e pora alçar rrey nos' podian avenir,
> vyeron que syn pastor non podian byen veuir,
> posyeron qui podiessen los canes rreferyr.
> Todos los castellanos en uno s'acordaron,

---

[4] Esto lo ha desarrollado muy bien J. GIMENO CASALDUERO (1968).

dos omnes de grann[d] guisa por alcaldes alçaron,
los pueblos castellanos por ellos se guiaron,
que non posyeron rrey grran[d] tienpo duraron.

En el *Poema de Fernán González*, los castellanos parecen obrar en toda justicia tras la muerte de su rey, puesto que no podían avenirse a elegir un nuevo rey, deciden gobernarse por jueces. Sin embargo, el autor no explica la relación de Castilla con León y extraña un poco que Fernán González tenga que ir a las cortes de Sancho Ordóñez:

Ovo yr a las cortes pero con gran[d] pesar,
era muy fiera cosa la mano le besar;
«Sennor Dios de los çielos, quieras me ayudar,
que yo pueda a Casti[e]lla desta premia sacar».

Resulta un poco asombroso este cambio; después de haber igualado con tanto ahínco a Castilla con España y con el reino visigodo, se nos presenta ahora, sin explicaciones, como un territorio dependiente de otro reino. Porque lo normal en el poema es que se mantenga la ilusión de que Castilla es la misma cosa que el reino visigodo: «Castellanos [perdieron] sonbra e abrygo, / la ora que murio mi ermano don Rrodrygo».

Castilla se contrapone a toda España a la que desprecia por rendirse ante los musulmanes:

El conde don Fernando con muy poca companna
–en contar lo que fyzo semejaria fazanna–,
mantovo syenpre guerra con los rrey[e]s d'Espanna,
non dava mas por ellos que por una castanna.
[...]
quando perdio la tierra el buen rrey don Rrodrigo,
non quedo en Espanna quien valies[s]e un fygo,
sy non Casty[e]lla Vieja vn logar muy antigo.
Los rreyes de Espanna con derecho pavor,
oluidaron a ty que eres su Sennor,
tornaron se vas[s]allos del moro Almoçor.
Quando yo vi que ellos fueron en tal error
[e] por miedo de la muerte fizyeron lo peor,
nunca de su companna despues ove sabor,
por fer a ty serviçio non quis mas su amor.

Castilla se presenta como la única tierra que ha mantenido el carácter original del imperio visigodo, y como víctima de la opresión que sufre a manos de los demás reinos. Sin embargo no hay en el poema nada que pueda indicar una rebelión abierta contra su señor, el rey de León. La independencia se obtiene a través del pago de una deuda económica, para no romper la coherencia que pide el sistema feudal.

El autor se propuso usar la misma técnica de engrandecimiento para su héroe; para ello no duda en manipular la historia de nuevo e idear una infancia del héroe criado por un carbonero[5]. Aunque Fernán González se presente como vasallo del rey de León a su pesar, lo que más se enfatiza en la obra es su vasallaje con Dios. El conde castellano promete servicio a la religión, y Dios le corresponde. Una vez obtenida la ayuda divina, no es difícil presentar que la independencia castellana tenga lugar, pues esto es el deseo principal del conde. Para ello sirve la serie de episodios fantásticos que se narran en el Poema. La escena de caza que lo lleva hasta la ermita donde se profetiza su futura grandeza. A cambio de esto él promete el engrandecimiento de la ermita.

La persona del conde castellano está íntimamente ligada con el monasterio de San Pedro de Arlanza. De nuevo el autor echa mano de la misma técnica para presentar uno de los monasterios más ricos de Castilla en sus principios ínfimos.

Se trata, nuevamente, y como en el caso de Castilla, de un contraste tácito: entre la pobre ermita que era el monasterio de San Pedro de Arlanza en épocas de Fernán González (coplas 226-27), y la riquísima abadía del siglo XIII, tan loada en el *PFG* , con jurisdicción eclesiástica sobre veintidós iglesias y con señorío civil sobre un número aún mayor de villas (*cf.* J. B. Avalle Arce 1972).

La abadía hace el papel de intermediaria entre Castilla y el cielo, su destino está unido al de su patria y su héroe. Su principio como pobre ermita y su crecimiento va en consonancia con el engrandecimiento de Fernán González. Es en este lugar sagrado donde se proyecta su futura grandeza dos veces. Es allí donde la protección de Dios se hace manifiesta. El conde elige la abadía como lugar para su descanso eterno, así la persona del conde y la abadía participan de la grandeza que se obtiene al acabar la obra:

---

[5] Similar situación se da en el *Libro de Alexandre*.

«Mandóse leuar al monesterio de Sant Pedro de Arlança el que él fiziera... et que auíe enrrequeçido de donadios et de muchos buenos heredamientos».

El *Poema de Fernán González* participa del gótico en el desarrollo de los tres elementos que protagonizan el poema: el héroe, el santuario y la patria (*cf.* G. David 1948). Ya que no se podía presentar la grandeza que estos tres elementos poseían en el momento en que fue escrito el poema, el autor utiliza una técnica de contraste al presentar los principios de cada uno de ellos situándolos en el estado más bajo posible. Desde allí la elevación comienza y se dirige, no a una grandeza que acaba dentro del texto, sino que más bien se proyecta hacia el infinito como muy bien ha señalado Joaquín Gimeno. Esto se hace posible gracias a que el lector u oyente del relato puede percibir la diferencia entre lo que se presenta en el texto y el estado actual de las cosas en la castilla hegemónica en donde vive. Las palabras de Carlos Moreno Hernández expresan con contundencia el propósito de esta obra del Mester de Clerecía:

El texto, que probablemente no se hubiera escrito sin los problemas que trajo al monasterio y su comarca el imparable avance cristiano hacia el sur, al final del reinado de Fernando III, expone ya con claridad los elementos fundamentales de la ideología nacionalista española en torno a Castilla que ha perdurado desde entonces, inseparable del fundamentalismo religioso de base eclesiástica que los cristianos acabaron oponiendo al de sus enemigos musulmanes. Esta ideología está presente en otras historias o relatos conservados sobre el conde castellano, llámense crónicas o poemas épicos, o sus dramatizaciones y novelizaciones posteriores, que ejemplifican bien los límites confusos hasta el siglo XIX entre esos dominios que llamamos hoy literatura e historia[6].

---

[6] C. Moreno Hernández (1998). C. Moreno remite además a las diferentes versiones de la historia de Fernán González: G. de Berceo, *San Millán*, batalla de Simancas, coplas 362-487; *El cantar de Rodrigo,* o *Crónica rimada del Cid*, versos 1-35 (*Mocedades de Rodrigo*, ed. Deyermond); *Conde Lucanor*, ejemplos 16 y 37. Del supuesto cantar de gesta primitivo perdido derivarían las prosificaciones de la crónica de 1344 y el romance «Castellanos y leoneses» (v. ed. Victorio). Existen otros tres romances tradicionales; algunos versos, en arte mayor y quintillas, del Abad de San Pedro de Arlanza Fray Gonzalo de Arredondo, autor de la *Crónica de Fernán González* (finales del siglo XV y principios del XVI); Lope de Vega: *El conde Fernán González* (1623); Francisco de Rojas Zorrilla: *La más hidalga hermosura* (1645). Otra obra de finales del siglo XVIII, de Manuel

Del modelo del noble feudal al de monarca moderno

Cuando la identidad castellana vaya definiéndose más como una monarquía fuerte que como un reino feudal, la imagen del héroe que suele recaer sobre un guerrero noble como el Cid o Fernán González, será sustituida por la imagen del rey mismo como arquetipo de hombre perfecto, y los *dezires* alegóricos sustituirán a la épica para narrar las hazañas pasadas, presentes y por venir de los príncipes y reyes como Juan II (*cf.* Joaquín Gimeno Casalduero 1972). La literatura de clerecía cede paso como aparato de propaganda a la literatura cortesana de nombre propio. La épica se trasforma en cierto sentido en *dezir*, y se inserta en un esquema alegórico donde la presencia de las artes liberales o de los conocimientos humanistas preponderan sobre las hazañas mismas, y la moralidad ocupa extensas reflexiones de lo general a lo particular. Es Francisco Imperial quien a modo de Dante pone la literatura al servicio del nacionalismo castellano y hace de Juan II el nuevo héroe que encarna los valores de la nación[7]. El feudalismo va quedando superado por el triunfo de la monarquía que culmina con los Reyes Católicos que requerirán de una nueva propaganda para su incipiente imperio.

Imperial es el primero que con cierta inspiración en Dante y en la tradición enciclopédica medieval, realiza una verdadera revolución poé-

---

Fermín de Laviano (oficial de la Real Hacienda y secretario del Duque de Híjar), comedia heroica titulada *La toma de Sepúlveda por el conde Fernán González*, ya en tiempos de Carlos IV, con su sucesor Fernando, otra época de crisis y amenaza «pagana». Larra, su drama histórico *El conde Fernán González y la exención de Castilla*, obra primeriza basada en la de Rojas Zorrilla, no estrenada, publicada en 1866. Telesforo de Trueba y Cossío: *The Count of Castile* (Londres,1830). Parece ser parte de *The Romance of History. Spain* (1830), 24 narraciones desde la caída de la monarquía visigótica hasta fines del siglo XVII que formaba parte de una colección editorial de leyendas de todos los países. Fue publicada en España en 1840, traducida del francés. Es significativo que Trueba publicó otra novela, *The Castilian* (1829) sobre las guerras civiles en tiempos de Pedro I. Su protagonista principal se llama Ferrán de Castro y representa el honor caballeresco y la lealtad castellana en una época confusa. Hay que tener en cuenta que entonces reinaba en España otro Fernando, el séptimo, y que Trueba era un exiliado. También José Joaquín de Mora escribió su poemita *El primer conde de Castilla* (1840). Hay otras obras en el siglo XIX (A. Zamora Vicente, xxxi).

[7] Véase nuestro estudio, en L. M. Vicente García (2004). Recogido y ampliado con otros estudios de *dezires* y autores de *dezires* en L. M. Vicente García (2006): capítulos V y VI.

tica en la poesía castellana del siglo XV, similar a la producida un siglo después por el garcilasismo, aunque haya sido mucho menos atendida y reconocida por la crítica[8].

El poema a Juan II es una propuesta de preponderancia de Castilla en el concierto europeo, emergiendo sobre las demás naciones porque se desarrolla la idea que el propio Dante suministra en el *Convite* de que solamente se puede conseguir la felicidad de los hombres con una monarquía universal (*cf.* J. Gimeno Casalduero 1964). Imperial propone a Juan II y a Castilla como cabeza del imperio cristiano.

Imperial difunde el uso de nuevos símbolos en una nueva poesía castellana (*cf.* L. M. Vicente García (2004). Es la época de los poetas teólogos, indisolublemente políticos también. El poeta va a ser testigo en *Dezir del nacimiento de Juan II*, del alumbramiento del futuro Juan II por la reina madre el 6 de marzo de 1405: «En dos setecientos e más dos e tres, / passando el aurora, viniendo el día, / viernes primero del terçero mes» (e. 1)[9] Los datos que se suministran se parecen a los necesarios para alzar una carta astrológica real: día de nacimiento, hora (en el poema sin precisión) y lugar. Pero en el poema sólo interesa realzar la sincronización de un momento, el del nacimiento de Juan II, con la voluntad divina de usar a este niño para sus provisiones sobre la historia. La Virgen María aparece universalizada (es invocada en latín y en árabe)[10] asistiendo el parto de la reina y a ella se dedican pues, junto a la reina, las dos estrofas de introducción al poema. La madre celestial permite que las demás esferas bajo su dominio, los ángeles y los planetas, concedan sus dones al recién nacido. Son de algún modo los instrumentos de la Providencia para gobernar la Creación. Y así quedan cristianizadas las imágenes astronómicas.

En la tercera estrofa entra el poeta como personaje. Goza de clarividencia y clariaudiencia para sentir y contar las excelencias de un lugar

---

[8] *El dezir a las syete virtudes y otros poemas*, ed. de Colbert NEPAULSINGH, LXIX-LXX.

[9] Cito según la edición de DUTTON, Brian/GONZÁLEZ CUENCA, Joaquín (eds.) (1993): *Cancionero de Juan Alfonso de Baena*. Madrid: Visor Libros, 255, poema 226.

[10] Esa universalización que hace Imperial no será mantenida por otros autores de dezires del mismo tema. Véanse nuestros trabajos (2004) y (2006): capítulos V y VI. Cuando los autores de dezires son clérigos el mundo semita recobra el carácter de enemigo preferente aún cuando la Reconquista esté prácticamente acabada.

ameno especial, sobrenatural, donde escucha cantar a unos seres sobrehumanos también. En la tierra el poeta ve a la reina simbolizada por una leona sentada sobre un toro «muy asosegado» que representa a España: «vi entrar un toro muy asosegado / e una leona sobre él asentada» (e. 6) La leona representa el poder político, la esposa del león que tiene al toro-España bien amansado a su servicio. El poeta parece estar entre el cielo y la tierra, en un lugar desde donde puede visualizar la geografía del mundo cuando mira abajo (ee. 3-6) y la jerarquía del cielo cuando mira hacia arriba: las ocho estrellas o dueñas angelicales que corresponden a los siete planetas conocidos, más Fortuna, y que se expresan en gradación descendente (Saturno, Júpiter, Marte, Sol, Venus, Luna, Tierra y Fortuna) y disposición «circundante», alabando todas ellas a Dios con una música inefable que alude la música de las esferas.

Se describen los arquetipos astrológicos de cada planeta, a los que se llama estrellas, comenzando por el más lejano, Saturno, que se asocia con la Prudencia; Júpiter representa la Templanza; Marte la Fortaleza; el Sol la Fe; Venus la Caridad; Mercurio la Esperanza; la Luna la Justicia; y Fortuna representa a la virtud más realzada en el poema: la Discreción. La asociación de virtudes a los planetas es en sí misma un acto de cristianización de los arquetipos astrológicos, para hacerlos coincidir con las virtudes cristianas y cuenta con numerosos precedentes en el enciclopedismo medieval. Las ocho estrellas son descritas como ocho dueñas muy angelicales, acompañadas de ocho doncellas, todas coronadas de oro y piedras preciosas. Las dueñas encarnan a los planetas y las doncellas a las virtudes que porta el planeta. Ve luego el poeta otras doce *fazes* equidistantes, circundando a las ocho dueñas-estrellas, todas entonando un canto –música de las esferas– con que alaban a Dios de seis en seis voces, con un salmo en latín.

La Discreción es la virtud por excelencia asociada a la naturaleza del poeta, se identifica con sabiduría, conocimiento del mundo, saber gobernar, aconsejar y profetizar. Es un término de amplias connotaciones en Imperial que sintetiza la función del poeta en la nueva poesía castellana. Dante e Imperial son modelos de sabio con una función política, son intérpretes del plan de Dios ante la monarquía y los poderes temporales. Imperial busca el modelo de príncipe y lo plasma recurriendo a los arquetipos de los planetas y las virtudes que se les asocian desde el punto de vista cristiano, junto con la galería de personajes del mundo histórico o mitológico que ilustran cada virtud.

En dos estrofas otorga Saturno sus dones al recién nacido (ee. 14-15). Le regala la virtud de la Prudencia, coherente con su longevidad y sabiduría. Saturno le desea que sea un gran arquitecto de palacios, conocedor de Uclides, para que pueda edificar villas y palacios. Júpiter, en cinco estrofas (ee. 16-20) le obsequia la virtud de la Templanza, y le desea la dignidad imperial de un Carlomagno, más sabiduría que Salomón, y así le da el primer consejo moral: «más ame ser bueno que non ser temido» (e. 18) La extensión del discurso de Júpiter, cinco estrofas, está proporcionada con lo que significa el arquetipo Júpiter: El primero entre los dioses, el más grande entre los planetas, al que se asocia la riqueza y la dignidad imperial. Junto con el Sol será el arquetipo con más presencia y peso en la carta de los poderosos.

La fortaleza marciana no puede faltar en la personalidad de un futuro jefe de los ejércitos[11] y así viene con tres regalos idóneos para significar el poder militar (ee. 21-24): la lanza de Aquiles, la espada del Duque de Bullón, y Bucéfalo. Y además, el estado del noble Galoz, el hijo de Lanzarote. Será pues el infante el perfecto caballero casi luliano, reforzado por todos los referentes artúricos. Y el perfecto emperador, mejor que Alejandro pues es cristiano, pero como éste «sea feridor e nunca ferido» (e. 24).

El propio Sol cuando ve al infante se alegra más que Dante cuando vio a Beatriz en el cielo, y le pronostica prosperidad en todo lo que se asocia al arquetipo. El Sol, en un discurso de cinco estrofas (ee. 25-29), similar en extensión al de Júpiter, garantiza al infante magnanimidad con los pobres, buena descendencia, riqueza y más hermosura que Absalón. Generosidad, gallardía, alteza, como la de Alejandro de nuevo, o la de César «quando conquistaron / al mundo universo todo triunp-

---

[11] Para Picco della Mirandola tampoco puede faltar Marte en el horóscopo de un buen filósofo, pues confiere la capacidad de acción necesaria para imponerse en un debate. Pico está pensando en un horóscopo real, no en la astrología retórica que usan los poetas en este género de dezir: «Es quizás por esta razón por la que los caldeos deseaban que Marte apareciera dispuesto en triángulo con Mercurio en el momento del nacimiento de quien había de ser filósofo, como si dijeran *faltando esta conjunción y esta lid, toda la filosofía quedará en el futuro en estado letárgico y somnoliento*». *Manifiestos del Humanismo. Petrarca, Bruni, Valla, Picco della Mirandola, Alberti*. Edición de María Morrás, Barcelona, Península, 2000 (reseña de Luis Miguel VICENTE GARCÍA (2001), en: *Voz y Letra* XII/2: 142-148)

hando» (e. 26). Su doncella le entrega la virtud de la Fe, apropiada para ponerla bajo el dominio arquetípico del Sol, ya que así se reúnen también el poder temporal y el espiritual: rey defensor de la fe cristiana. En *Imperial* el enemigo no se especifica, en otros autores de *dezires* se hace explícito: el enemigo semita, sobre todo el musulmán.

Venus maternal está fascinada con el niño de la leona: sin duda será el mejor amador, cónyuge, mejor tañedor de instrumentos que Tristán, decidor, y sin igual sensual y amado de mujeres más que Lanzarote, que Paris o que Amadís (ee. 30-33), continuando con las referencias al mundo artúrico. La virtud que le regala es la Caridad para cristianizar su figura y equipararla a María según una tradición que emana del primer enciclopedismo de los siglos XII y XIII en donde se equiparan las figuras de Venus y María.

Mercurio le regala agudeza y brillo en los estudios y las ciencias, será más sabio y sutil que Aristóteles o Agustín, no será ocioso sino que mantendrá interés por los libros y el derecho (ee. 34-36). Le cede a su doncella-virtud: la Esperanza, sugiriendo que las dotes para el estudio que van aparejadas a Mercurio han de traducirse en esperanza. Otro modo de cristianizar los arquetipos astrológicos.

La Luna augurará buena salud y complexión, y a un futuro cazador como Diana, para lo cual ésta le regala su arco y sus flechas. Le garantiza la fecundidad de todas sus tierras tal y como se asocia al arquetipo Luna, que interviene en las cosechas, en las lluvias y en todo movimiento de generación y corrupción. Para el futuro príncipe sólo habrá fecundidad y, como virtud, le regala la Justicia que es, significativamente, la primera virtud que hace en el poema un discurso propio de casi dos estrofas (ee. 40-41); la virtud que no debe en ningún caso ser sometida a corrupción. La Luna, a través de la virtud Justicia con que le obsequia, introduce sutilmente algo que será constante también en el género de los *dezires*: la crítica de los defectos morales que afectan al reino y el modo de solventarlo. Mena y Santillana desarrollarán este tipo de crítica y *El dezir de las siete virtudes* desarrollará este tema también ampliamente[12]. El *dezir* fun-

---

[12] La creación y transformación del género del dezir alegórico se estudia sobre un corpus significativo de textos en los capítulos V y VI de nuestra monografía L. M. VICENTE GARCÍA (2006).

ciona así como manual de príncipes. La enfermedad del reino, sea la que fuere, se origina primero en la moral y luego se materializa en abusos concretos. El discurso de Justicia manifiesta que no ha sido bien tratada ni conocida en el reino de Castilla y que sus puertas sólo se han abierto para un personaje mítico como el troyano Rifeo, antes que para los contemporáneos de Imperial o del Infante. La voz del poeta, como la voz de Dante o Petrarca, es una fuerte voz moral que intenta orientar a los poderosos.

Es la octava estrella, la Fortuna (ee. 42-46) la que señorea a las siete anteriores y ocupa en el discurso una extensión semejante a Júpiter y el Sol. Le otorga Fortuna al príncipe la virtud más importante de todas: la Discreción, que adopta voz propia en el poema como lo ha hecho la Justicia. Donde la Discreción termina su discurso pidiendo fama para el futuro rey, el poeta aparece con voz propia para retomar la tarea de trasmitir la fama de la monarquía a la posteridad. El poeta mismo posee discreción o la capacidad para comprender cabalmente las metáforas de Dios, que han sido consagradas por el uso que Dante ha dado a la metáfora astrológica como idónea para revelar la consonancia entre los asuntos divinos y los humanos. Los planetas anuncian que dotarán de sus mejores virtudes al rey con tal que Fortuna consienta. No hay justificación de por qué los planetas le serán tan propicios al monarca; no hay interés en fundamentarlo en una carta astrológica real; hay sólo un intento de poetizar, sirviéndose del sustrato astrológico, la función especial del monarca en la historia.

El poeta puede contemplar no sólo a Juan II en su estado de recién nacido, sino también su futuro encumbramiento con todos los atributos de la monarquía:

> De ángel avía faz e semblante,
> Braços e pechos de gentil león,
> E todo lo otro dende adelante
> De cavallero avía su açión;
> Tenía en la mano del su coraçón
> De oro corona de piedras labrada,
> E en la otra mano le vi un espada
> E a las espaldas un alto pendón (e. 50)
> De oro e de sirgo e armas reales

> De la grant España; en derredor d'el
> Las ocho donzellas tan angelicales
> De alvo vestidas, çintas de laurel.
> Discreçión me dixo: «Amigo e fiel,
> Llegad al Infante, besadle la mano».
> Mas llegar non pude, porque el ortelano
> Me lançó fuera de todo el vergel (e. 51).

De la Castilla del Cid a la de Imperial hay una gran evolución que la literatura refleja muy bien. De la vocación de independencia a la de imperio. También la mano de clerecía se ha diversificado, y aparecen voces religiosas pero independientes como la de Imperial. Aunque continúan otras como la de Diego de Valencia para quien el cometido político principal de Juan II seguirá siendo la Reconquista, tema que no aparece en Imperial. Como en el antiguo Mester de Clerecía, el enemigo es sobre todo el Islam: «Sea luengos tiempos grant Rey en Castilla, / de todos los moros ardit vencedor» (e. 15). Nacionalismo castellano no dimensionado hacia el imperio como en Imperial sino muy bien diferenciado de lo que suena a ideas italianas, extranjeras. De ahí que Dante también salga mal parado en el dezir de Valencia[13].

Mena y Santillana consagraron el género. Pero cuando el imperio tuvo necesidad de contar hazañas de héroes guerreros volvió a la epopeya tradicional y tuvo su *Araucana*, porque volvía a sentirse el gusto por lo narrativo sobre lo alegórico, a la par que se publicaban las crónicas sobre el Nuevo Mundo. Otra identidad que consagrar.

No son en principio las identidades malas ni buenas; son buenas para coexistir en comunidades o unidades mayores, y se construyen sobre elementos que son comunes a todas las culturas probablemente. El peligro es cuando esas identidades se consagran como las únicas posibles y se combaten en el nombre de Dios. Mayor aberración no cabe.

---

[13] *Cf.* L. M. VICENTE GARCÍA (2006): capítulo VI, sobre los dezires alegóricos del siglo XV.

BIBLIOGRAFÍA

AVALLE-ARCE, Juan Bautista, (1972): «El Poema de Fernán González: clerecía y juglaría», en: *Philological Quarterly* 51, 60-73.

DUTTON, B./GONZÁLEZ CUENCA, Joaquín (eds.) (1993): *Cancionero de Juan Alfonso de Baena*. Madrid: Visor Libros.

DAVID, Gifford (1948): «National Sentiment in the Poema de Fernán González and in the Poema de Alfonso Onceno», en: *Hispanic Review* 16, 61-68.

GIMENO CASALDUERO, Joaquín (1975): «Sobre la oración narrativa medieval: estructura, origen y supervivencia», en: *Estructura y diseño de la literatura castellana medieval*. Madrid: Porrúa Turanzas, 11-29.

— (1968): «Sobre la composición del *Poema de Fernán González*», en: *Anuario de Estudios Medievales* 5, 181-206.

— (1964): «Fuentes y significado del *Decir al nacimiento de Juan II*», en: *Revue de Littérature Comparée* 38, 115-20. Reimpr., en: *La creación literaria de la Edad Media y del Renacimiento* (1977). Madrid: Porrúa Turanzas, 35-43.

— (1972): *La imagen del monarca en la Castilla del siglo XIV: Pedro el Cruel, Enrique II y Juan I*. Madrid: Revista de Occidente.

IMPERIAL, Francisco (1977): *El dezir a las syete virtudes y otros poemas*, en: NEPAULSINGH, Colbert (ed.). Madrid: Espasa-Calpe.

KELLER J. P. (1957): «The Structure of the Poema de Fernán González», en: *Hispanic Review* 25, 235-246.

— (1956): «El misterioso origen de Fernán González», en: *Nueva Revista de Filología Hispánica* 10, 41-44.

— (1954): «Inversión of the Prisión Episodes in the *Poema de Fernán González*», en: *Hispanic Review* 22, 253-263.

LACARRA, María Eugenia (1982): «Consuecuencias ideológicas de algunas delas teorías en torno a la épica peninsular», en: BELLINI, Giuseppe (ed.) (1980): *Actas del VII Congreso de la Asociación Internacional de Hispanistas*. Roma: Bulzoni.

MORRÁS, María (ed.) (2000): *Manifiestos del Humanismo. Petrarca, Bruni, Valla, Picco della Mirandola, Alberti*. Barcelona: Península.

MORENO HERNÁNDEZ, Carlos (1998): «Raíces medievales del nacional catolicismo: El Poema de Fernán González», en: <http://parnaseo.uv.es/Lemir/Revista/Revista3/Moreno.htm>. Fecha de envío: 20/07/98.

URÍA, Isabel (2000): *Panorama crítico del mester de clerecía*. Madrid: Castalia.

VICENTE GARCÍA, Luis Miguel (2006): *Estrellas y astrólogos en la literatura medieval española*. Madrid: Ediciones del Laberinto, Colección Arcadia de las Letras.

— (2005): «La cristianización de la astrología en el enciclopedismo medieval», en: *Cauces* Revue d'Études hispaniques 6, Dossier Monographique: *Science, Magie et Religion, un Compromis Medieval?*, 87-101.

— (2004): «Francisco Imperial y los *horóscopos a la carta* en los *dezires* alegóricos del siglo XV: hacia una nueva poética de metáforas celestes», en: *Revista de Poética Medieval* 12, 121-155.

3. LAS LENGUAS DE ESPAÑA: BALANCE DE UNA CONVIVENCIA MILENARIA*

* Mesa redonda celebrada el viernes 17 de noviembre de 2006 en el Coloquio Internacional *Lenguas, Reinos y Dialectos en la Edad Media ibérica. La construcción de la identidad. Homenaje a Juan Ramón Lodares*.

Presentación

Elena de Miguel Aparicio
Universidad Autónoma de Madrid

España constituye un país plurilingüe; ese hecho, que no es sino la consecuencia de su historia, constituye sin duda una situación enriquecedora[1] pero es también fuente habitual de conflictos[2]. En cualquier caso es un hecho inevitable y, por otro lado, nada extraño o inusual si se analiza con una perspectiva histórica. Esa fue precisamente la propuesta de los organizadores del coloquio internacional *Reinos, lenguas y dialectos en la Edad Media ibérica. La construcción de la identidad* en homenaje a nuestro querido compañero Juan Ramón Lodares, quien trató el tema en una serie de trabajos de importante repercusión, no exenta de polémica[3].

Como magnífico cierre de los actos del congreso, la tarde del 17 de noviembre de 2006 tuve el honor de coordinar la Mesa Redonda «Las lenguas de España. Balance de una convivencia milenaria», título en el que ya se identifica el origen del regalo de la historia (o la fuente del conflicto)[4]. En ella se abordaron los distintos aspectos que conforman el

---

[1] Como «un regalo de la historia» lo definí en E. De Miguel (2006).

[2] El libro de I. Lozano (2005), ganador del Premio Espasa Ensayo 2005, subraya el lado conflictivo de la convivencia lingüística ya en su propio título: *Lenguas en guerra*. La autora hace propias algunas de las tesis de Ángel López García en su obra *El rumor de los desarraigados. Conflicto de lenguas en la península ibérica* (XIII Premio Anagrama de Ensayo) (Á. López García 1985) y en la más reciente *Babel airada. Las lenguas en el trasfondo de la supuesta ruptura de España* (Á. López García 2004). El tema se aborda desde otra perspectiva en la colección de trabajos que constituyen el volumen *Las lenguas españolas: un enfoque filológico* (E. de Miguel/M. C. Buitrago (eds.) 2006) y en el muy reciente *El nacionalismo lingüístico* (J. C. Moreno en prensa).

[3] *Cf.* entre otros, J. R. Lodares (2000) y J. R. Lodares (2005).

[4] Lo que llamamos convivencia milenaria es a veces percibido por los ciudadanos (y amplificado en los medios de comunicación) como una situación más bien de pervivencia incómoda, o incluso (tomando la expresión de L. Payrató y F. X. Vila, 2004), como una forma más de malvivir que de convivir, como menciono en E. de Miguel (2006) y también ha recogido P. Perea en su contribución en este volumen.

complejo tema de la cuestión lingüística en la España del siglo XXI: desde los problemas terminológicos[5] hasta los relacionados con la percepción de la diversidad, las distintas actitudes ante ella,[6] las políticas lingüísticas, la naturaleza de las lenguas como instrumentos de identidad y de cohesión de grupos y su consiguiente asociación con sentimientos e ideologías de corte nacionalista. Asuntos de indudable actualidad en el panorama no sólo lingüístico, sino también político y social, como el concepto de lengua propia o la noción de identidad compartida, fueron analizados en el contexto histórico en que surgen y se desarrollan, con las aportaciones de los miembros de la Mesa, quienes aunaban los conocimientos históricos, filológicos y sociolingüísticos.

Participaron en la Mesa Redonda María Teresa Echenique (Catedrática de la Universidad de Valencia), Fernándo González Ollé (Catedrático de la Universidad de Navarra), Francisco Moreno (Catedrático de la Universidad de Alcalá), María Pilar Perea (Profesora Titular de la Universidad de Barcelona) y Ramón Sarmiento (Catedrático de la Universidad Rey Juan Carlos), todos ellos profundos conocedores del tema, que enfocaron desde muy diversas perspectivas en sus intervenciones[7].

---

[5] Á. LÓPEZ GARCÍA (1985) se sirvió para sus tesis de una distinción interesante entre *castellano* y *español*, cuestión que también se planteó en la Mesa Redonda, como el lector podrá comprobar en los textos que siguen a esta introducción.

Mientras que algunos lingüistas optamos por defender la sinonimia de estos términos, López García defendió la diferencia: el primero es la lengua del Reino de Castilla, el segundo es la coiné. La distinción, que es frecuente en la bibliografía, está en la base de los términos con los que solemos referirnos a la lengua: hablamos del sistema fonológico del castellano pero aludimos al español en el mundo, al español de los negocios o al español para extranjeros, lo que deja claro que usamos este término cuando pensamos en una coiné. En cualquier caso, no se trata de una distinción sin consecuencias, puesto que implica asumir, desde una perspectiva histórica, que a partir de un determinado momento coexisten dos variedades lingüísticas, cuyas diferencias hay que describir.

[6] Entre otras cuestiones motivo de polémica, se encuentra precisamente la propuesta de la existencia de una coiné que no se impone en ciertos territorios por decisiones de política lingüística sino por su propia naturaleza de *lingua franca*, tesis defendida por Á. LÓPEZ GARCÍA (1985), entre otros. En la medida en que esta propuesta concede carácter de lengua propia de los distintos territorios a la general, que es más fuerte y permite mayores posibilidades de promoción, para algunos autores favorece las tesis de la globalización y el internacionalismo lingüístico. Para otros, en cambio, la defensa de las lenguas propias de los distintos territorios en términos de discriminación positiva, supone

Abrió la Mesa (y el debate subsiguiente) la intervención de M.ª Teresa Echenique «Las lenguas de España. Balance de un convivencia milenaria», una reflexión sobre la complejidad de la situación lingüística de la España actual desde una perspectiva que toma en cuenta el origen y la evolución del problema, a la vez que aborda de manera crítica el enfoque que recibe habitualmente. María Teresa Echenique se planteó y planteó a los asistentes preguntas fundamentales sobre la naturaleza de la convivencia de lenguas en la Península, cuestionó los tratamientos políticos y apostó por el replanteamiento de las cuestiones básicas con un enfoque filológico.

En su contribución («Identidad idiomática y política lingüística: *Allá van lenguas do quieren reyes*»), Fernando González Ollé llevó a cabo un repaso de las diferentes actitudes frente al uso de las lenguas en diversos momentos históricos (y políticos y sociales) de la España del siglo XX, que han inspirado cambiantes y contradictorias políticas lingüísticas. El autor pasó revista a ejemplos representativos del pasado respecto del uso y la oficialización de distintas lenguas, con el objetivo final de demostrar que la cuestión lingüística es un terreno de difícil armonización donde priman más las opiniones que las razones fundamentadas.

Francisco Moreno centró su contribución, «Etiquetas lingüísticas y convivencia», en la cuestión terminológica. Se ocupó del uso de las denominaciones *español* y *castellano* en la historia y en el mundo, y volvió sobre los problemas no sólo terminológicos sino también de contenido que implica la concepción del castellano como coiné, a la vez que aportó datos históricos sobre el uso de los términos *dialecto* y *lengua propia*.

Pilar Perea abordó desde una perspectiva sociolingüística el problema de la convivencia de lenguas, sus orígenes históricos y la situación actual, en su intervención «Las lenguas de España: una convivencia milenaria». Perea se circunscribió, en concreto, al ámbito de la relación

---

adoptar un ecologismo lingüístico insostenible. *Cf.* a este propósito E. DE MIGUEL (2006) y el resto de los trabajos citados en la nota 2. De nuevo en los textos que siguen a esta introducción el lector encontrará opiniones a favor del enriquecimiento que supone la lengua común, sin que ello suponga un detrimento de las lenguas propias de cada zona.

[7] Por razones técnicas, la contribución de Ramón Sarmiento no ha podido incluirse en esta recopilación.

entre catalán y castellano, y atendió a un nuevo fenómeno, el de la inmigración, que en este momento inclina la balanza de hablantes hacia el castellano en algunas zonas de Cataluña.

El texto de las aportaciones que a continuación se publica suscitó un prolongado e intenso debate en el que participaron activamente los miembros expertos de la mesa y también los asistentes al acto, muy especialmente los estudiantes, lo que prueba el interés del tema escogido y el de las aportaciones de los participantes en la Mesa Redonda. Quiero agradecer a los organizadores la espléndida ocasión que me brindaron de moderar, en la medida de mis posibilidades, ese interesante debate, y de contribuir con ello a rendir homenaje a nuestro malogrado compañero Juan Ramón Lodares.

BIBLIOGRAFÍA

LODARES, Juan Ramón (2000): *El paraíso políglota*. Madrid: Taurus.
— (2005): *El porvenir del español*. Madrid: Taurus.
LÓPEZ GARCÍA, Ángel (1985): *El rumor de los desarraigados. Conflicto de lenguas en la Península Ibérica*. Barcelona: Anagrama.
— (2004): *Babel airada. Las lenguas en el trasfondo de la supuesta ruptura de España*. Madrid: Biblioteca Nueva.
LOZANO, Irene (2005): *Lenguas en guerra*. Madrid: Espasa Calpe.
MIGUEL, Elena de (2006): «La cuestión lingüística en la España del siglo XXI», en: MIGUEL, E. de/BUITRAGO, M.ª Cruz (eds.), 7-33.
MIGUEL, Elena de/BUITRAGO, M.ª Cruz (eds.) (2006): *Las lenguas españolas: un enfoque filológico*. Madrid: Ediciones del Instituto Superior de Formación del Profesorado, Ministerio de Educación y Ciencia.
MORENO, Juan Carlos (2007): *El nacionalismo lingüístico*. Barcelona: Península.
PAYRATÓ, Lluis/VILA, F. X. (2004): «Les llengües a Catalunya: introducció i xifres bàsiques», en: PAYRATÓ, Ll./VILA, F. X. (dirs.): *Les llengües a Catalunya*. Ciclo Joan Corominas III. Sabadell: Fundació Caixa Sabadell, 7-12.

Algunas consideraciones sobre las lenguas hispánicas en la actualidad

Mª Teresa Echenique Elizondo[1]
Universidad de Valencia

1. Devenir histórico de las lenguas de España

La convivencia de lenguas ha sido hecho habitual en la historia lingüística española. Los textos medievales ofrecen con frecuencia, a un mismo tiempo, rasgos castellanos, leoneses, aragoneses o, incluso, ultramontanos, como muestra de su coexistir en la tradición literaria, lo que, en ocasiones, ha originado la aparición de teorías totalmente dispares sobre la lengua del original en trabajos de filólogos eminentes. Tal es el caso de un texto como el *Auto de los Reyes Magos*, cuya brevedad no ha impedido visiones diametralmente opuestas, o del *Libro de Alexandre*, en el que no existe acuerdo a la hora de determinar cuál es la lengua del texto original y cuál el disfraz superpuesto. Otras veces el método filológico permite delimitar con mayor eficacia rasgos lingüísticos que, pertenecientes a distintos ámbitos, aparecen en estrecha convivencia: es el caso de asturiano y provenzal en *El Fuero de Avilés*. Después, la lengua literaria ha sido escenario de representación del multilingüismo peninsular: testimonio de lenguas como el vasco en la comedia del Siglo de Oro, o de modalidades como el sayagués, por poner ejemplos bien conocidos, junto al tratamiento más científico de reconocimiento de la variedad lingüística peninsular en el *Diálogo de la lengua* de Juan de Valdés o en los *Orígenes de la lengua castellana* mayansianos. Esta consideración es aún más exacta para los testimonios de la lengua vasca, que aparecen siempre en compañía de otras lenguas en las inscripciones o documentos correspondientes a la etapa arcaica del vascuence (inscripciones de

---

[1] Agradezco mucho a los organizadores de este Coloquio la posibilidad de contribuir con estas páginas al Homenaje al Profesor Juan Ramón Lodares, con quien hubiera deseado debatir cordialmente las discrepancias derivadas de nuestra diferente interpretación de la riqueza lingüística peninsular.

época paleohispánica y romana, glosas, testimonios toponímicos o antroponímicos de época medieval), así como también en los ya pertenecientes a épocas históricas más recientes; de hecho, los testimonios vascos encontrados hace escasos meses en Veleia (en el caso, poco probable, de que llegara a demostrarse su autenticidad) están insertos en un contexto latino, así como el manuscrito también recientemente encontrado de Joan Pérez de Lazarraga (siglo XVI) está acompañado de extensos fragmentos intercalados en castellano.

Si nos remontamos al pasado paleohispánico, por otra parte, comprobaremos la constatación creciente de la existencia de lenguas prerromanas diversas conforme se va reconstruyendo con mayor fiabilidad la situación anterior a la llegada a Hispania de la lengua latina. El vascuence, única lengua paleohispánica que sobrevivió a la romanización y a la consiguiente latinización, convivió con el latín llegado a Hispania y sur de la Galia (de él proceden numerosos préstamos léxicos y, en menor medida, gramaticales), así como con lenguas románicas después, principalmente con el castellano, pero también con el aragonés, con el navarro, con el catalán, con el occitano-gascón (en el que se incluye el hoy vivo aranés) y, ya en época más tardía, con el francés; no hay que olvidar, además, el contacto histórico con el árabe y algunas otras modalidades lingüísticas carentes de espacio geográfico propio. De todas estas lenguas ha ido recibiendo influencias y a ellas, a su vez, ha aportado otras en diferentes órdenes lingüísticos, configurando la historia lingüística vasco-románica, pese a lo cual ha mantenido su estructura propia sin diluirse en ellas.

2. Convivencia de lenguas hispánicas en el pasado

Europa es hoy un mosaico de lenguas, como lo era también en la Edad Media, y esa situación se hace extensiva a España en el pasado. En el momento histórico en que se escribieron las *Glosas Emilianenses* en algún lugar próximo a San Millán de la Cogolla, además de vasco y castellano convivían, en un clima de diferenciación pero sin tensión social conocida (hasta donde se nos alcanza), el latín (como lengua del culto cristiano y de los documentos oficiales), el navarro, el occitano de los inmigrados francos de Ultrapuertos junto con su variedad gascona muy marcada (ambos utilizados en documentos oficiales bien diferenciados), el hebreo y el mozárabe de los inmigrados procedentes del Sur, sin olvidar el árabe. Las *Glosas Emilianenses,* en tanto en cuanto son ya muestra de la existencia románica en territorio peninsular, han sido interpretadas, por unos, como manifestaciones del romance navarro-aragonés; por otros, de romance navarro, aragonés o castellano (y, dentro del castellano, riojano para algunos), porque, en realidad, hay en ellas rasgos caracterizadores de todos estos dialectos románicos originarios; quizá habría que decir, con mayor precisión, que hay rasgos que pueden ser atribuidos a varios de ellos, pues todos formaban en el pasado un *continuum* lingüístico románico que se extendía por los Pirineos y llegaba hasta las puertas del dominio catalán[2]. Incluso el euskera, por los muchos latinismos y romanismos que todavía hoy tiene vigorosamente insertos en su variada realidad dialectal, nos está hablando de su relación ininterrumpida con el mundo latino-románico de todas las épocas. No sería el caso del caló-romanó o lengua romaní en su época pasada (si bien se ha regramaticalizado y relexificado más tarde hacia el romance, dando lugar incluso a variedades de orientación más castellana o más catalana, según los casos), el árabe (históricamente diluido en los varios romances peninsulares) o el hebreo.

Por lo tanto, el mapa lingüístico peninsular de la actualidad es producto de su misma historia. Hoy vamos conociendo mejor esa realidad, que no ha aflorado de la nada, sino que es continuación de siglos de historia, aunque haya habido, y siga habiéndola aún en ocasiones, gran desconocimiento sobre todo ello. Es lo que está pasando, también, en Europa, donde las lenguas no han hecho más que multiplicarse en lugar de disminuir, porque, al hilo del reconocimiento de ciertas modalidades idiomáticas, se ha planteado la necesidad de considerar como lenguas de cultura algunas que habían llegado hasta el día de hoy sin poseer esa condición.

---

[2] Sin olvidar que cada una de las variedades pirenaicas surgió in situ como desarrollo del latín asentado desde antiguo. No me parece científica la aseveración al paso sobre que «El aragonés, considerado en la actualidad por los especialistas como un dialecto arcaico del castellano, como el astur-leonés…» (J. C. FERRERAS 2006: 111), pues no creo que haya hoy especialistas que mantengan una opinión tal.

3. Consideraciones históricas de las lenguas de España

Hoy se habla de cuatro lenguas oficiales en España: castellano-español, gallego, vascuence-euskera y catalán-valenciano, con reconocimiento expreso tanto en el ámbito jurídico como en su tratamiento filológico. Hay, no obstante, otras modalidades lingüísticas, algunas de las cuales reciben mención en los respectivos Estatutos de Autonomía que regulan la distribución territorial actual de España, junto a otras que existen sin que ese reconocimiento se haya hecho efectivo: seguramente el caso más claro y llamativo es la ausencia de mención a la lengua árabe en el ordenamiento jurídico de los Estatutos respectivos de Ceuta y Melilla.

Desde la comunidad de origen que alcanza a la mayoría de lenguas y modalidades peninsulares (el latín) se ha ido avanzando con el paso de los siglos hacia la diversidad y la diferenciación. De hecho, los espacios románicos hispánicos han ido acentuado con el tiempo los rasgos diferenciadores, conforme se han alejado de su origen latino compartido, a través de un proceso de autoafirmación frente a las lenguas cercanas.

Esto ha sido más o menos progresivo y ha contado con diferentes grados y matices, según los casos. El gallego, por ejemplo, nacido de un proceso estrechamente vinculado al portugués, se castellanizó históricamente antes de su *Rexurdimento* en el siglo XIX; pero, después, ya en época reciente, la normalización oficial lo ha alejado tanto del castellano como del portugués, aunque no faltan quienes desearían mantener en la normativa codificada un grado mayor de filiación con el portugués, senda por la que parece caminar consensuadamente su consolidación en el momento actual. En cambio, el euskera, como es ya en origen tan distinto de las modalidades románicas de su entorno, no ha tenido inconveniente en aceptar modelos latino-románicos en tiempos históricos, tanto en ámbito oral como escrito: además de los numerosos préstamos latinos que hay insertos en la lengua general, se ha ido nutriendo de la influencia latina desde sus primeros escritores del siglo XVI, si bien es verdad que, hoy, en cambio, también la lengua estándar común supone un afianzamiento de lo diferencial vasco respecto al castellano, así como, por otra parte y en otra medida, al francés.

Digamos, en todo caso, que hay una lengua común, el castellano-español, hablada en la totalidad de la geografía española, así como otras lenguas y modalidades que ocupan parcialmente otros espacios de menor extensión o intensidad geográfica y social. En época medieval, el castellano no era sino uno de los varios dialectos románicos originarios surgidos del latín de Hispania; sólo después la castellanización de la totalidad del territorio conocido como España dio lugar a que se generalizara por todo él la koiné castellana hasta llegar a convertirse en la lengua común que hoy denominamos español; en el futuro puede haber modificación en otras direcciones, pues el establecimiento del tipo lingüístico desde el punto de vista histórico es un proceso cambiante y abierto a transformaciones[3]. Tener una lengua común es una riqueza innegable, como lo es también la existencia de las otras lenguas.

Si entramos en la consideración sociolingüística en la convivencia de los diferentes espacios lingüísticos en el pasado y añadimos la doble consideración en situaciones de contacto de lenguas (a saber, una vía de transferencia a través de la comunicación oral y otra que tiene como soporte la lengua escrita), concluiremos que la historia lingüística peninsular ha transitado por ambas. Piénsese, a modo de ejemplo de la segunda, en la influencia ejercida por el árabe o, incluso, del griego sobre el castellano en época alfonsí por medio de la traducción de textos orientales. Hoy, cuando es sabido y reconocido que el contacto de lenguas conlleva una influencia mutua de los sistemas que participan en él, posee toda su vitalidad esta afirmación de Luis Michelena:

> No es que la acción mutua entre las lenguas, como la gravitación, no pueda obrar a distancia (piénsese, por citar un solo caso, en la relación entre francés y rumano en el siglo pasado), pero es evidente que la proximidad en el espacio y sobre todo la contigüidad facilitan el intercambio y con él la extensión de hechos lingüísticos de todo tipo, extensión favorecida por las semejanzas estructurales, aunque no lo impidan ni siquiera las diferencias tipológicas más profundas (Luis MICHELENA 1995 [1966]: 210).

Entre nosotros, la proximidad espacial y la contigüidad han sido constantes históricas de las que han derivado los influjos en direcciones

---

[3] Las circunstancias históricas que condujeron a la situación actual no son ya susceptibles de modificación; sí lo es, en cambio, la consideración que sobre todo ello se haga. Así, no creo que responda a una realidad necesaria afirmar que la imposición del castellano en el pasado erosionó a los dialectos limítrofes «condenándolos a seguir siendo dialectos» (J. C. FERRERAS 2006: 14).

varias: del provenzal y catalán en castellano, no digamos en aragonés, del latín en todas las variedades románicas, incluso en el vasco, todo lo cual ha tenido lugar en diferentes órdenes lingüísticos, de entre los cuales el léxico es, sin duda, el más llamativo.

4. LA SITUACIÓN LINGÜÍSTICA DE ESPAÑA EN EL SIGLO XXI

En tanto en cuanto son sistemas de comunicación, hay lenguas habladas por varios millones de usuarios (como es el castellano, hablado en España y en otros muchos países) y otras empleadas por grupos reducidos (como el euskera o, más aún, el aranés); unas que han sido poco utilizadas como lenguas escritas o han comenzado a escribirse en época tardía (sería el caso del vascuence, que empezó a ser utilizado en la lengua escrita sistemáticamente a partir del siglo XVI) o han dejado de utilizarse por espacio de tiempo prolongado, como sucedió con el gallego entre los siglos XV y XVIII, en tanto que otras poseen una considerable producción literaria y científica continuada. Hay modalidades oficiales en grados diversos (el español es oficial en toda España; el euskera o vascuence sólo en determinadas Comunidades Autónomas) y otras que no han alcanzado esa condición o no la han alcanzado plenamente (pensemos en el aragonés del Alto Aragón), modalidades cuyo uso apenas sobrepasa los límites de una comunidad (como el asturiano, aunque históricamente tiene estrechos vínculos con los restos vivos de su prolongación por tierras leonesas y hasta portuguesas) y lenguas de relación que vienen empleándose para la comunicación entre grupos de diferente idioma materno (caso del español, en España y en América, por lo menos); lenguas de uso general dentro de una colectividad (el catalán o el gallego) y lenguas reservadas para ciertas ocasiones o materias (el hebreo o el latín en la actualidad). Es importante tener un conocimiento adecuado de los hechos históricos, y también filológicos en el caso que nos ocupa, para enfocar adecuadamente las cosas.

Después de lo que llevo dicho resulta claro que, en España, el número de lenguas es mayor al de las cuatro que vienen siendo unánimemente reconocidas: el árabe en Ceuta y Melilla ofrece la ausencia de reconocimiento más evidente, a mi juicio, como he señalado al principio. En realidad, nos encontramos en un momento de profunda reflexión sobre todo ello y es aún largo el camino que queda por recorrer en esta dirección. Por poner un ejemplo: en el Estatuto de Cataluña de 1979 se decía textualmente que «el habla aranesa será objeto de enseñanza y de especial respeto y protección»; pero en la nueva redacción del Estatuto de Cataluña ya no se califica de *habla aranesa-parla aranesa* a lo que se habla en el valle de Arán, sino de «Lengua occitana, que en Arán recibe el nombre de aranés», al tiempo que se pide para ella que sea oficial en todo el territorio catalán: «La llengua occitana, denominada aranès a l'Aran, es la llengua pròpia i oficial d'aquest territori i és també oficial a Catalunya, d'acord amb el que estableixen aquest Estatut i les lleis de nomalitzaciò lingüística». La propuesta implica una toma de postura, pues da por sentada la pertenencia del gascón (modalidad o lengua a la que se vincula el aranés) a la lengua occitana, y, por otra parte, la posibilidad de que el aranés sea oficial en todo el territorio de Catalunya abre las puertas a una consideración renovada para la situación de otras lenguas en el conjunto de España, con las luces y sombras que esta propuesta tiene, en superficie y en su trasfondo[4].

Claro, el nombre en sí de las lenguas no es una cuestión baladí. La denominación de *castellano* en la Constitución (y no *español*) ha sido fuente de profundas reflexiones y discrepancias; qué decir de *valenciano-catalán*. En el caso que acabo de citar más arriba, el habla aranesa mencionada en el Estatuto de Cataluña aparece de pronto convertida en *lengua occitana*, sin que, ni en 1979 ni ahora se haya introducido precisión alguna al respecto ni haya existido debate alguno, que sepamos. Otros territorios, en cambio, no trasladan a la denominación de la lengua los problemas relativos a su inclusión en un grupo lingüístico más amplio o su rechazo a estas consideraciones, como sucede en el caso del gallego. Curiosamente, por otra parte, el hecho de que en el Estatuto del País Vasco se hable de *euskera* (que se califica de «lengua propia»), mientras en la Ley de reintegración y amejoramiento del régimen foral de Navarra se habla de *vascuence* (añadiendo que esta lengua tendrá carácter también oficial en las zonas vasco parlantes de Navarra), no ha planteado, que sea sabido, la posibilidad de considerarlas lenguas distintas; evidentemente, no lo son.

---

[4] No puedo dejar de mencionar que, en el bombardeo informativo al que nos estamos viendo sometidos con la discusión de los diferentes Estatutos de Autonomía, apenas se recogen reflexiones sobre esta circunstancia, que creo de interés general.

De manera que, en España, hay territorios con lengua propia, reconocida como tal en el ordenamiento jurídico, o sin ella. Otras veces ni siquiera se otorga denominación concreta a una realidad que se presupone: así, en el Estatuto de Autonomía de la Comunidad Autónoma de Aragón, se dice simplemente: «Las lenguas y modalidades lingüísticas propias de Aragón [no se concreta cuáles son esas "lenguas y modalidades propias de Aragón"] gozarán de protección. Se garantizará su enseñanza y el derecho de los hablantes en la forma que establezca una ley de Cortes de Aragón para las zonas de utilización predominante de aquéllas». Más llamativo aún es el caso de Melilla, en cuyo Estatuto se habla de «respeto y aprecio de la pluralidad cultural y lingüística de la población melillense» [*sic*], que se repite en los mismos términos para la «población ceutí» [*sic*].

Como consideración complementaria a los territorios con lengua propia y sin ella, tal como queda recogido en los diferentes ordenamientos jurídicos, sería importante recordar la existencia de lenguas con territorio propio y lenguas sin él: el caló o romanó es el caso más llamativo en este apartado (hay caló hablado por comunidades residentes en Cataluña, en el País Vasco, en Valladolid, en Valencia...), sin olvidar el hebreo o las lenguas de inmigración (polaco, rumano, etc.) o del turismo (con su asentamiento más o menos estable: inglés, alemán...). Hay, además variedades que se corresponden mejor con lo que la lingüística denomina códigos de grupo: maragato, la xíriga, el habla del Pas, además de otras modalidades sin reconocimiento académico que, sin embargo, cuentan con partidarios fervorosos: el panocho en Murcia, o el extremeño. No resulta fácil insertar en los diferentes Estatutos de Autonomía a estas lenguas sin territorio propio, aunque tampoco sería imposible hacerlo, pese a que probablemente ello conllevara su fraccionamiento, como sucede en los otros casos en que más de una comunidad comparte una misma lengua o variedad; quizá fuera más lógico darles entrada en la Constitución a través de una fórmula genérica, pero, claro está, estas consideraciones competen a los juristas y son ellos quienes deben darles el tratamiento jurídico correspondiente. Lo importante, y lo que quisiera destacar hoy, es que aún nos queda mucho camino por recorrer y mucho por reflexionar sobre todas estas cuestiones.

Cabe también hacer distinción entre lenguas y modalidades con reconocimiento oficial o sin él (con reconocimiento: el vascuence o el gallego; sin él, el árabe en Ceuta y Melilla), con mención expresa o sin ella (con mención: el bable; sin mención expresa, aunque con reconocimiento tácito por la forma en que está redactado el Estatuto de Aragón, el aragonés en sus diferentes formas: «las lenguas y modalidades lingüísticas propias de Aragón» que, según he dicho hace un momento, se mencionan genéricamente en el estatuto de Autonomía de Aragón); con reconocimiento, sin más especificación, en nuestro ordenamiento jurídico (el bable, con esta denominación) o sin él (el panocho, el extremeño)[5].

Lo que, en definitiva, quisiera subrayar es el hecho de que, si bien es verdad que español y vasco son lenguas tipológicamente muy distantes, así como también español y caló, o español y hebreo, o español y árabe, mientras en otros casos a los que me he referido la cercanía del tipo lingüístico es mayor, hay también un hábito de siglos de convivencia entre todos estos sistemas lingüísticos que, sin duda, ha favorecido y favorece su proximidad cultural y, con ello, su convivencia. Ello nos permite presumir, y desear, que pueda seguir habiéndola igualmente, en el presente y en el futuro. Bien es verdad que no está aún bien determinado si es o no conveniente que todas las lenguas tengan la misma consideración o en qué grado se debe reajustar su equilibrio para que el espacio multilingüe no se convierta en una especie de repetición en serie de los diferentes compartimentos estancos. Ha faltado un debate serio en nuestra sociedad sobre el papel de la lengua común, más allá de las loas impositivas de su excelencia o, en el extremo contrario, de actitudes desdeñosas hacia la indudable riqueza que encierra, a mi juicio, el hecho de poseer una lengua común como la castellana. Porque es también largo el asentamiento histórico del castellano como lengua común de la totalidad del espacio peninsular.

BIBLIOGRAFÍA

ABREU, M.ª Fernanda *et al.* (1994): *Lenguas de España, lenguas de Europa.* Madrid: Fundación Cánovas del Castillo.

---

[5] El *idioma valenciano*, junto al *castellano*, se consideran las dos lenguas oficiales de la Comunidad Valenciana en la redacción del nuevo Estatuto de Autonomía.

BOYER, Henri/LAGARDE, Christian (dirs.) (2002): *L'Espagne et ses langues. Un modèle écolinguistique?* Paris/Budapest/Torino: L'Harmattan.

CANO AGUILAR, Rafael (²2005): *Historia de la lengua española.* Barcelona: Ariel.

DIBATTISTA, Denise (1998): «Osservazioni in tema di plurilinguismo nel diritto comunitario», en: BAYLEY, P./SAN VICENTE, F. (eds.): *In una Europa plurilingue. Culture in transizione.* Bologna: CLUEB.

ECHENIQUE ELIZONDO, M.ª T./SÁNCHEZ MÉNDEZ, Juan (2005): *Las lenguas de un Reino. Historia lingüística hispánica.* Madrid: Gredos.

ECHENIQUE ELIZONDO, M.ª T. (2007): "El patrimonio lingüístico de España", en: ECHENIQUE ELIZONDO, M.ª T./QUEROL PUIG, E./CAPDEFERRO I PLA, J./TARRÈS CHAMORRO, S.: *La vida de las lenguas en nuestra sociedad. Las posibilidades de futuro.* Pamplona: Ayuntamiento de Pamplona, 21-36.

GARCÍA MOUTON, Pilar (1988): *Las lenguas de España.* Madrid: Arco-Libros.

GONZÁLEZ OLLÉ, Fernando (1970): «Vascuence y romance en la Historia lingüística de Navarra», en: *Boletín de la Real Academia Española* 50, 31-76.

— (1978): «El establecimiento del castellano como lengua oficial», en: *Boletín de la Real Academia Española* 58, 229-280.

— (1996): «Navarro», en: *Manual de Dialectología hispánica: el español en España.* Barcelona: Ariel, 305-316.

GOYENS, M./VERBECKE, W. (eds.) (2003): *The Dawn of the written Vernacular in Western Europe.* Leuven: Leuven University Press, I/XXXIII.

HERRERAS, José Carlos (2006): *Lenguas y normalización en España.* Madrid: Gredos.

LAPESA, Rafael (⁹1981 [1942]): *Historia de la lengua española.* Madrid: Gredos.

MARINER, Sebastián (1999 [1960]): «El latín de la Península Ibérica», en: *Latín e Hispania Antigua.* Madrid: Universidad Complutense.

MICHELENA ELISSALT, Luis (1995 [1966]): «Problemas generales de la reconstrucción», en: *Fontes Linguae Vasconum* 27, 69, 205-242.

MORENO FERNÁNDEZ, Francisco (2005): *La situación sociolingüística de las lenguas de España.* Madrid.

PENNY, Ralph (2004 [2000]): *Variación y cambio en español.* Madrid: Gredos.

STEINER, Georges (1995 [1975]): *Después de Babel.* México: Fondo de Cultura Económica.

VV.AA. (1986): *El mapa lingüístico de la Península Ibérica.* Madrid: Fundación March.

VV.AA. (1995): *Las lenguas de España.* Sevilla: Fundación El Monte.

Identidad idiomática y política lingüística: «Allá van lenguas do quieren reyes»

F. González Ollé
Universidad de Navarra

> Una de las cosas que con especial diligencia debe procurar una nación es que su lengua sea universal… Produce grandes utilidades. Una de ellas es que los de la propia nación se hacen mucho más racionales, teniendo un medio fácil para aprender las artes y ciencias.
>
> (G. Mayans y Siscar, al ministro J. Patiño, 1734)

> Expresiones tan pintorescas me hacen desear (al revés que a otros amigos) que siga Vd. escribiendo en catalán.
>
> (M. Menéndez Pelayo, al novelista N. Oller, 1886)

1. En la sesión del Congreso de los Diputados del día 14 de agosto de 1896 el catedrático M. Polo y Peyrolón (Cañete, 1846-Valencia, 1918), miembro de la Cámara por el Partido Carlista, solicitó de la Mesa que transmitiera al Gobierno, ausente del banco azul, el ruego de que

> fijase su atención acerca de lo que está ocurriendo en varias escuelas de instrucción primaria […] en las provincias en que se habla algún dialecto regional, como ocurre en las Vascongadas, Valencia, Cataluña, Galicia y Baleares.

El interpelante expone las insuperables dificultades pedagógicas padecidas por los niños de dichas regiones, en especial las Vascongadas, donde no entienden a sus maestros. En consecuencia, habría que exigirles, por una Real Orden, el conocimiento del correspondiente *dialecto regional*, adquirido en las respectivas Escuelas Normales, donde se crearían las oportunas cátedras.

En la sesión siguiente, el ministro de Fomento, A. Linares Rivas (Santiago, 1841-Madrid, 1903), de ideas políticas revolucionarias, luego trocadas en liberales y conservadoras, contesta, de modo contundente, la interpelación. La cuestión, «en la apariencia muy modesta», resulta «grave», pues se reconoce que en algunas regiones de España el castellano es tan ignorado como el griego o el ruso. Se hace preciso acabar con esa situación y, por eso, rechaza la propuesta. Apoya su negación en la exigencia legal de que todas las enseñanzas del Reino se impartan en castellano: una ley no puede ser modificada por una orden. Aunque no existiera ese imperativo, «por convencimiento mío» rechazaría la propuesta. Demoradamente expone su criterio personal, que resumo: es una amenaza para la patria que una parte de ella no alcance a entenderse con las autoridades. Desconoce la información, suministrada por Polo, de que la enseñanza en catalán y en mallorquín del Catecismo esté autorizada en sus respectivos territorios. De ser así, «borraré esa autorización». Su posición es la del Gobierno (presidido por Cánovas del Castillo, quien tres años atrás, 1893, había sentenciado: «No están las lenguas para nuevos dialectos»).

Este debate, además de proporcionar noticia de dos posturas dispares en la sociedad española, ofrece, de modo indirecto, otra información muy estimable. En una cámara numerosa, 401 miembros, de variado espectro político, el debate, que contó con varias intervenciones, quedó reducido a los citados interlocutores, sin suscitar la de ningún otro parlamentario. Me parece oportuno destacar esta indiferencia, señal inequívoca de que la cuestión lingüística, no despertaba el mínimo interés en el poder legislativo, pese a estar viva en otros medios, según manifestarán las discusiones surgidas en el Congreso y fuera de él por un R. D. de 1902 sobre regulación lingüística. Antes, la repercusión del debate parlamentario se encuentra en el discurso leído por Núñez de Arce en el Ateneo de Madrid, dos meses después. Por supuesto –como enseguida se entenderá mejor– su talante liberal comparte la postura de Linares Rivas.

Todavía se desprende un dato más de la referida sesión: sus protagonistas implícitamente aluden a la ley Moyano, la cual no prescribe de modo expreso la lengua vehicular de la enseñanza primaria, si bien dispone que se utilicen la *Gramática* y la *Ortografía* de la Real Academia. Más precisa había sido en este sentido una R. C. de 1768, en la cual Carlos III ordenaba: «La enseñanza de primeras Letras, Latinidad, y Retórica se haga en lengua Castellana». Igualmente, el informe (con parcial sanción legislativa), 1813, de la *Junta para la reforma de la enseñanza*, que, presidida por el poeta Quintana e inspirada en planes de Jovellanos, denigraba el «ridículo lenguaje» del latín escolar, para recomendar que en todo el Reino se enseñase en la misma lengua. Sería fantasía suponer que la polémica se apoyaba en cualquiera de los documentos citados.

Desconocimientos similares en cuanto al alcance exacto de la situación legal vigente o a las adscripciones idiomáticas en función de determinados valores intrínsecamente ajenos a ellas, no van a ser excepcionales entre la clase política a lo largo del siglo XX y también del XXI, según tendré ocasión de ir denunciando.

2. La referida sesión parlamentaria de 1896 bien pudiera ser la primera confrontación general de las lenguas habladas en España o, al menos, considerarse así, convencionalmente, dado el supremo marco institucional en que se desarrolla. Valga esta puntualización, pues no faltan manifestaciones similares previas. Por ejemplo, en intervenciones muy sucintas, dos políticos liberales, el marqués de Sardoal, 1876, y Romero Robledo, 1888, se habían manifestado de forma negativa en el Congreso acerca del vasco y del catalán, respectivamente. Por el contrario, en el Senado hubo una propuesta, rechazada, del monárquico catalanista Maluquer i Viladot, 1889, a favor de que los Derechos Forales se tradujesen «en tres o cuatro dialectos para que se entiendan en las provincias».

Importa ya, por coincidencia con lo anticipado y por cuanto sigue, resaltar estas dispares adscripciones y la correspondencia con las ideas políticas de sus mantenedores.

3. La última confrontación conjunta –dudo de que quepa denominarla *institucional,* aun enmarcada dentro de un régimen autonómico; en cualquier caso le correspondería un plano inferior a la precedente– sobre la que tengo noticia, se produjo durante el mes de julio del presente año, en San Sebastián. Según el boletín *Euskararen Berripapera* (septiembre, 2006, n°. 172), cito literalmente:

> Delegaciones del más alto nivel de las áreas de política lingüística del Gobierno Vasco, Xunta de Galicia y Generalitat de Catalunya perfilaron un marco de colaboración en materia de política lingüística para las tres instituciones.

La finalidad de la reunión consistía, cito de nuevo, en

> aunar esfuerzos y criterios para que los poderes públicos del Estado avancen hacia el pleno reconocimiento en pie de igualdad de las 4 lenguas oficiales (español, gallego, euskera, catalán) en el ámbito de la Administración del Estado, y que esta cooficialidad plena inspire la actuación de los poderes centrales, así como la de las instituciones de la Unión Europea.

Se fijaron «las líneas generales de actuación» y se trazó un plan de trabajo durante tres años, que se concretará en protocolos anuales hasta 2008.

La utilización del término *español* en vez del constitucional *castellano* invita a un comentario –no lo haré, por ajeno a mi finalidad presente– del cual cabe deducir importantes consecuencias políticas, diversas y aun contradictorias.

4. Desde la sesión del Congreso en 1896 hasta la reunión donostiarra de hace unos meses, el enjuiciamiento y la práctica de relaciones públicas y privadas, legales, alegales e ilegales entre las cuatro lenguas mencionadas, las opiniones privadas, las actitudes colectivas y las disposiciones legislativas centrales y autonómicas han pasado por todas las fases combinatorias posibles, que apenas voy a mencionar sucintamente, pues son bien conocidas por ustedes, aunque no tanto por la clase política ni la intelectual.

Antes, volveré a apuntar algunos antecedentes de la época recién acotada, 1896 a 2006, para facilitar la comprensión de muchos sucesos ocurridos en ella, consecuencia de las profundas discrepancias reinantes sobre la materia examinada.

Durante un período de la historia lingüística española –en una primera aproximación cabe establecerlo entre las postrimerías del siglo XVIII y mediados del XX– las actitudes ante la diversidad idiomática de España –valga reducirlas por ahora a la antinomia de su aceptación o de su rechazo– se insertan con íntima conexión en sendos idearios, cada uno de los cuales ofrece la peculiaridad de sostener una postura también contraria a la del otro respecto a variados aspectos de la realidad social, política, jurídica, etc., incluso religiosa. Me resulta difícil denominar escuetamente, de manera adecuada, una y otra de las dos posiciones; caracterizar, con un solo y constante calificativo, a sus representantes. He elegido *tradicionalistas* y *progresistas*, a falta de mejor ocurrencia y pese a saber que, en ocasiones, aplico tales palabras a personas e ideas anteriores –cuando menos, semánticamente– a la lexicogénesis de ellas. Pues, indudablemente, *denominación* es posterior a *existencia*, en especial cuando se opera con mentalidades, doctrinas, etc., que van adquiriendo paso a paso su perfil y asentándose con mayor nitidez, no exenta de complejidad e inseguridades en cuanto a su aplicación particular. Aún añadiré que a ambas palabras no ha de atribuírseles aquí necesariamente sentido político, aunque lo tengan en algunas de sus apariciones.

5. Los tradicionalistas se presentan como partidarios de mantener y aun fomentar la diversidad idiomática de España; los progresistas, opuestos a ella, favorables, en consecuencia, a la unidad. Esta disparidad, como queda dicho, se mantiene desde finales de siglo XVIII hasta casi mediado el siglo XX, cuando se produce una innovación radical. A partir de este momento, con algunas ocasiones decisivas, sin posibilidad de precisar una fijación uniforme, pues varía según los protagonistas, los idearios susodichos invierten el signo de su faz lingüística. Esta inversión se produce poco antes de que dicho signo se vuelva inestable, cambiante o mal definido ante la aparición (mejor, reaparición o rebrote intenso, hasta entonces reprimido, no apagado, durante varios lustros) de un nuevo factor, básicamente político: el nacionalismo, palabra hoy de equívoca semántica. Habrá que precisarla: *nacionalismo regionalista*. Cierto, que los movimientos de esta naturaleza, desde su aparición en los primeros decenios del siglo XIX, han protagonizado siempre el principal papel en las confrontaciones lingüísticas, por encima de cualquier otro, pugnando con el *nacionalismo estatal*. Estas dos concepciones ocuparán el fondo de mi exposición, aunque, claro está, sin ocuparme específicamente de ellas.

Por de pronto, he de declarar, perfilando un postulado anterior, que, a los efectos aquí considerados –sólo a ellos y en su inicio– *nacionalismo regionalista* y *nacionalismo estatal*, son equiparables, respectivamente, en líneas generales, a *tradicionalismo* y *progresismo*.

6. La ideología revolucionaria (llámese luego *progresista, liberal*, etc., pero teniendo siempre presente el diverso significado de estas palabras según los momentos y aun los individuos) se asociará indefectiblemente con la defensa a ultranza de la lengua general de España, como desde Juan de Valdés venía considerándose al castellano. Apenas necesito ya decir que la ideología contrarrevolucionaria (llámese luego *tradicionalis-*

ta, conservadora, etc., con la misma advertencia terminológica expuesta para sus oponentes) asumirá la protección de las lenguas regionales o minoritarias. Al estudiar la historia posterior de las tensiones y conflictos lingüísticos de Europa no se podrá prescindir, en principio, del proceso nacional unificador suscitado por el abate Grégoire. Baste pensar que se integró en el sistema doctrinal revolucionario y que con él hubo de expandirse. Pero, referido al caso español, no ha de pensarse necesariamente en la influencia de Francia, según luego mostraré. Ahora me propongo atestiguar y justificar, con la mención de sucesos históricos, el reparto de papeles que he asignado a cada corriente sociopolítica.

Con harta frecuencia se desconoce la inversión capital –luego señalaré su momento– que se produjo en la apuntada distribución, mantenida con notable constancia en sus dos fases cronológicas. De ahí, afirmaciones erróneas en algunos tratadistas, como la de Ferrer i Gironés, senador (1977-1982) integrado en el grupo socialista, estudioso de *La persecución política de la lengua catalana,* sorprendido, indebidamente, por el hecho de que «en 1837 el Gobierno Superior Político de las Baleares, aun siendo progresista, prohíbe el uso del catalán en la escuela», cuando tal comportamiento, a tenor de los copiosos datos que iré alegando, ya anticipados algunos, es el habitual para aquella época y raramente podría ser otro. Además, Ferrer olvida que la norma iba acompañada de su justificación: por no saber castellano se pierden muchos talentos; y que para su efectividad recurre al anillo delator colocado a los escolares inobservantes.

7. La fundación en Vergara, por la Real Sociedad Bascongada de los Amigos del País, de un colegio de primeras letras para el desarrollo de las provincias vascas, recibe en 1772 protestas sobre dos aspectos: el desarraigo provocará serios inconvenientes entre los campesinos, como también la instrucción en lengua castellana. A esta segunda censura replica la Sociedad que la lengua vasca es «peculiar del país», pero que la castellana es «la nativa de todos los españoles»; además, sólo existe material didáctico compuesto en esta última. He aquí un temprano y patente testimonio –anterior, y con hechos, al debate de 1896– sobre la discrepancia idiomática entre ilustración y tradición. Repetido un siglo después, cuando, a corta distancia de Vergara, la Universidad de Oñate, restaurada por el pretendiente Carlos VII, imparte la enseñanza en vascuence y castellano.

8. La actuación educativa de los ilustrados vascos muestra que España, según anticipé, no necesitaba de impulsos foráneos para adoptar actividades coincidentes en su finalidad esencial con las ideas sociolingüísticas de la Revolución Francesa, pues hubo quienes se adelantaron a ella. Dicho sea sin óbice de que, como en otros ámbitos, aquí también influyeran aquellas doctrinas. Éste era el caso de un clérigo liberal, Posse, quien –según declara en sus Memorias–, nacido en 1766 en un «lugarcillo» gallego, juzgaba «gerigonza» la lengua de su tierra y en 1808 se enteró «con gusto y admiración» de que en el colegio de Vergara se enseñaba el castellano «con toda perfección».

9. Precisamente en Galicia la propaganda carlista se difundía con folletos redactados en gallego. La composición titulada *Oriamendi*, con destino, frustrado por una derrota, a las tropas liberales, convertida luego en himno carlista (1837), tuvo su primera letra en vascuence: *Gora Jainko maite maitea,* 'Arriba, Dios amado' (luego se impuso *Por Dios, por la Patria y el Rey,* según la letra publicada por D. Baleztena. Algo similar a lo ocurrido con la boina roja, distintivo inicial de los isabelinos y finalmente de los requetés).

De nuevo, ante sabidas vinculaciones históricas, el desconocimiento de algunos políticos actuales. Un destacado miembro del PNV ha podido escribir este mismo año acerca del escritor José Arteche (Azpeitia, 1906): «Aunque pertenecía a una familia carlista, la lengua habitual en su casa era el euskera». Apenas cabía esperar otra cosa en tales circunstancias de lugar y tiempo. Añádase que *su casa* era la fonda regentada por sus padres en dicha población. La condición de carlista no hace sino ratificar, en modo alguno negar ni debilitar, el efecto presumible. Más, en año nada propicio, 1945, para proclamar su ideario lingüístico, el Partido Carlista, acorde con su tradición secular, denuncia en una *Declaración al País Vasco* las restricciones que sufre su lengua.

10. La divergencia que vengo exponiendo alcanza una de sus cumbres en Unamuno cuando en 1908 se encrespa ante el uso del catalán por el alcalde de Barcelona para saludar al rey en su entrada a la ciudad: «Aplauden esa beligerancia concedida a la lengua catalana los antiliberales del resto de España. Sí; la lengua española es el vehículo de liberalismo, como lo es todo lo que une y relaciona íntimamente los pueblos». El ideal de ciertas gentes sería cada pago con su lengua rústica. Esta última afirmación se conforma con otras lanzadas el año anterior: «Es en nombre de la cultura, no sólo del patriotismo, es en nombre de la cultura como debemos pelear por que no haya en España más lengua oficial, más lengua de cultura nacional, que la lengua española». Para «los otros lenguajes españoles», recomienda «que se debe(n) dejar a su vida doméstica».

El editorial, 7. X. 1899, del semanario *La lucha de clases* (1891-1936, con interrupciones), órgano de la Unión General de Trabajadores de Vizcaya, declaraba: «Quisiéramos un Gobierno que prohibiese los juegos florales donde se ensalzan las costumbres de una región en detrimento de otras, que no permitiera la literatura regionalista y que acabara con todos los dialectos y todas las lenguas diferentes de la nacional, que son causa de que los hombres de un país se miren como enemigos». Se anticipa así al ideario, recién expuesto, de Unamuno, que fue colaborador de dicha publicación. Sus antagonistas laborales, la Solidaridad de Obreros Vascos (1901-1937), próxima a la CNT, también se inclinan, por cuanto he podido saber, hacia el español, pese a cierto tinte racista (la afiliación a Solidaridad exigía que uno de los cuatro primeros apellidos fuera vasco; pero no se exigía hablar vascuence). Su revista *Euzko Langillia/El Obrero Vasco* (1919-1932), inconsecuente con su mancheta (pronto, en 1921, destacó gráficamente la formulación castellana en detrimento de la vasca), sólo publicó un diez por ciento de colaboraciones en vascuence, sin llegar a incluir algunas en todos los números. Probablemente, en las dos asociaciones mencionadas pesaban intereses laborales, al igual que debía de ocurrir en Éibar (Guipúzcoa), donde, según denuncia Campión con motivo de unas fiestas euskaras, los obreros prefieren el castellano al vascuence. Asimismo, que en Busturia (Vizcaya) los padres de familia instan al maestro a castigar a los escolares que se valgan de esta última lengua.

Aunque limitada a un ámbito local y aun personal, ejemplifican excelentemente la postura izquierdista, desde una instalación social muy distanciada de las recién vistas, los gestos de un alcalde (en varias épocas) de Pamplona, Joaquín Viñas Larrondo (Pamplona, 1868 - Madrid, 1937), persona de posición económica desahogada, propietario de una de las mejores mansiones de su ciudad, uno de los más destacados y activos liberales de Navarra, republicano y anticlerical. Durante el ejercicio de su cargo rechazó, en 1906, la compra del *Diccionario vasco,* de Azkue, «por considerar inútil la obra» (y un cartel de las fiestas de Sabadell, por estar redactado «en un dialecto que no es la lengua nacional»).

11.	Como contrapunto de las variadas, pero unánimes, opiniones y actitudes recién expuestas, la del influyente político y brillante parlamentario Vázquez de Mella (Cangas de Onís, 1861–Madrid, 1928), fundador del partido tradicionalista tras separarse del carlista. En 1918 pronuncia un famoso discurso en defensa del regionalismo –cuestión clave de su doctrina política–, que en esta ocasión, como en otras, distingue cuidadosamente del separatismo, objeto de vivo rechazo por su parte. Al determinar los diez derechos que pertenecen a las regiones, señala entre ellos «la conservación y libre uso de lengua y dialecto», que desarrolla así:

> Para todos los actos, no digo literarios, porque eso nadie lo niega, sino judiciales, para todo, puede usarse la lengua regional [...]. Repito que las regiones con lengua propia deben ser pueblos bilingües, y que para todos los usos literarios y jurídicos puede emplearse la lengua propia.

Con igual vehemencia postula la exigencia del español: «Esta lengua castellana, formada por todas las regiones, no es lengua castellana, porque no es lengua regional; es lengua de comunicación, y, por lo tanto, lengua común y española». En modo alguno admite que su práctica responda a una coacción: las regiones españolas entre sí y con los Estados americanos han de «comunicarse en la lengua castellana [...]. La existencia, pues, de esa lengua no es una imposición legal, se funda en una necesidad común».

Desde tales supuestos, resulta lógico que Vázquez de Mella proclame: «No comprendo siquiera que se haya planteado como un problema las relaciones entre la lengua regional y la lengua común». La incomprensión o, mejor, ceguera de Vázquez de Mella ante un asunto que tantas tensiones había desencadenado ya e iba a desencadenar, quizá sólo tiene cabida dentro de un ideario político muy coherente, como fue el suyo.

12.	No voy a entrar en el tema de la deslealtad lingüística de algunos naturales de cada región, sino para mostrar, una vez más, la inconsciencia –no encuentro otra explicación– de políticos actuales respecto del pasado. La Real Academia Galega instituyó en 1963 el *Día das Letras Galegas*, para celebrarlo, como viene sucediendo todos los años, con neto carácter reivindicativo del gallego, el 17 de mayo, aniversario de la aparición de *Cantares Galegos*, de Rosalía de Castro. Sin negar el impacto idiomático y literario de este libro ni la valía poética de su autora, el radical cambio operado por ésta en cuanto a su idiolecto, justifica mi objeción a la oportunidad de la efeméride. Si al frente de la citada obra exaltaba el gallego como «dialecto soave e mimoso que queren facer bárbaro os que no saben que aventaxa ás demais linguas en dozura e armonía», años después, 1880, declaraba en *Follas novas* que había pagado su deuda con el gallego y no volvería a escribir en él, pese a su hostilidad hacia todo lo castellano. Así lo ratificaba enérgicamente a su esposo en carta de 1881, ante la desestimación de sus paisanos: «Ni por tres, ni por seis, ni por nueve mil reales volveré a escribir nada en nuestro dialecto».

13. Un mes antes de aprobarse la Constitución de 1931, en conformidad con la disparidad habitual, Antonio Ribas (1878-1958), estudiante en varias universidades españolas y extranjeras, asistente con Pablo Iglesias a la II Internacional (Stuttgart, 1907), titular de altos cargos políticos con la Dictadura y la República, inmediato colaborador de Largo Caballero, diputado en las Cortes Constituyentes, etc., interpretaba así, con una dosis de sectarismo, las posturas adoptadas en el conflicto idiomático español:

> Por lo que toca a la enseñanza, no ya del castellano, sino también en castellano, la República no puede hacer la menor concesión [a las lenguas regionales], so pena de faltar a uno de sus más sagrados deberes, especialmente por lo que se refiere a los trabajadores.
>
> Las clases alta y media de las Provincias Vascongadas, de Cataluña y de Galicia aprenderán siempre, por la cuenta que les tiene, el castellano, y por las cuentas que les pueda tener procurarían seguramente que las clases obreras no conocieran más que el idioma vernáculo. En este caso, los asalariados de las tres regiones mencionadas se encontrarían, por decirlo así, confinados dentro de su propio país o al menos con grandes dificultades para trasladarse a otras regiones […] y practicar colectivamente la solidaridad con sus compañeros del resto de España.

En efecto, de tiempo atrás, los líderes sindicales de Cataluña se oponían al catalán por interpretar que éste era el instrumento de la burguesía industrial para dificultar su comunicación con los movimientos internacionales obreros. Ya he dejado un poco antes alguna noticia en este sentido, que ahora completo con otras. Víctor Alba (seudónimo de Pere Pagès, Barcelona, 1916-2003), activo militante desde muy joven en asociaciones laborales de signo marxista, sin mengua de su catalanismo, y, luego, historiador de ellas, certifica «la absència de catalanisme en el moviment obrer de Catalunya». Así viene a confirmarlo la experiencia del catalanista notario barcelonés J. M. de Porcioles i Colomer: cuando al comenzar la guerra civil

> la CNT y la FAI se apoderaron de las calles y de los resortes del poder [...], se vivió una terrible paradoja. Los controles de carreteras se realizaban en castellano, mientras muchos auténticos catalanistas eran arrojados a las cárceles, obligados a vivir en la clandestinidad o, peor aún, a morir asesinados.

Insistirá en que dicha práctica lingüística se mantenía sin excepción.

14. La situación en Cataluña era más complicada que en otras regiones, por el fuerte tradicionalismo de una parte de su clase alta. J. de Porcioles i Gispert, notario de Áger, *fervoroso catalanista*, se dirigía en 1887 al *Semanario de Bañolas* para que se redactase en catalán, en consonancia con su medio de difusión; en castellano, le parecía puro artificio. De la correspondencia cruzada con el semanario, un tanto confusa, creo entender que su director, carlista y catalanista, justifica así la práctica idiomática seguida: evita el castellano para no exponer a amplias zonas sociales al contagio ideológico de la revolución y la irreligiosidad; además, el cambio le acarrearía ser tachado de republicano. Porcioles parece convencerse y responde que «el demonio escribe en catalán para ganar adeptos. No hay que dejar tan preciosa arma en manos del enemigo».

15. De modo paralelo y con similares miras, una parte muy activa del clero vasco, en especial mediante la predicación, rechaza desde el siglo precedente la difusión de la prensa en español, considerada vehículo de ideas opuestas a la Religión y a los valores tradicionales del campesinado vasco. También varios escritores seglares, bien conocidos en la literatura vasca, propagan el mismo mensaje. Así, en 1922, Luzaide (seudónimo de José María Iraburu Mathieu, Pamplona, 1899–1983) asevera:

> Es el vascuence el más fuerte obstáculo y el valladar más infranqueable que guarda nuestro país de las disolventes doctrinas modernas y de la impiedad ambiente. Escudadas en él se conservan las piadosas costumbres de nuestra

raza; pero quitadles su defensa, abrid brecha en su idioma, y veréis entrar por ella, sin medio alguno que ataje el mal, la prensa sectaria que matará la fe, y los hábitos viciosos que envilecen las almas.

Pocos años antes, 1919, bien había observado Baroja: «El vasco reaccionario no ama el idioma castellano, porque el castellano ha sido para él vehículo de las ideas revolucionarias».

Pero este sector de la sociedad vasca no monopolizaba tal criterio. Paradójicamente, sus contrarios ideológicos coincidían, por distinta vía, en idéntica oposición. Como lo revela que, en 1932, Azaña anote en sus Memorias la negativa de Prieto a que el Consejo de Ministros sancionase la enseñanza del catalán, porque, de autorizarse –argumentaba Prieto– en Vizcaya pasaría algo igual y «la enseñanza caería en manos de los nacionalistas católicos».

16. Aprobada por vez primera la oficialidad de la lengua española en las Cortes constituyentes de 1931, así queda establecida en la Constitución de ese año (en su texto, la denominación es *castellano*, no *español*). Durante el debate previo ningún congresista desmentirá las numerosas alusiones a la *oficialidad* del castellano y aun habrá quienes argumenten, sin ser rebatidos, con tal supuesta condición legal, cuando fue precisamente aquélla la ocasión en que quedó establecida. Bien puede darse este desconocimiento como un error generalizado. Cierto que la calificación aparece con anterioridad, pero en textos de mínimo rango legal, valga decir insignificantes. Consigno algunas muestras: una R. O. de 1907, por contraste con las otras lenguas de España; una disposición, 1895, de la Diputación de Guipúzcoa; un oficio del Ayuntamiento de Ituren (Navarra), 1900; etc. Como también en algunos tratadistas. Baste citar ahora a Prat de la Riba, 1894, para quien, a propósito del catalán, sienta que no se origina en la corrupción de «la llengua oficial, que es la castellana».

17. El régimen instaurado tras la guerra civil de 1936, considerado de modo global, debe ser colocado en la alternativa genéricamente denominada aquí *tradicionalista*, aunque resulten inseguras o inadecuadas muchas adscripciones personales a él. En la atribución de una postura idiomática propia del Estado, huelga resaltar el giro radical producido, a la vista de los comportamientos acostumbrados. El trueque está anunciado, en los primeros días de 1938, mediante estas tempranas declaraciones del general Franco:

> El carácter de cada región será respetado, pero sin perjuicio de la unidad
> nacional, que la queremos absoluta, con una sola lengua, el castellano, y una
> sola personalidad, la española.

Ideario con claros ecos de Unamuno y Ortega, opuesto al de Menéndez
Pelayo y Vázquez de Mella, relaciones contradictorias desde otros puntos de vista.

A la vez se produce la paradoja –no es la única– de que, abolida por
las armas la Constitución de 1931, la lengua española perdió su reconocimiento oficial y careció de él durante todo el período siguiente. Esta
situación es más o menos conocida, pero ha quedado en la sombra que
el propósito de Franco respecto del catalán ya lo había empezado a ejecutar –nueva paradoja– el Gobierno de la República seis meses antes. Su
Presidente, Azaña, refiere en sus Memorias, julio de 1937, que el diario
madrileño *El Socialista* arremetía contra la «enconada zafiedad» de un
articulista barcelonés por pedir la prohibición de prensa en castellano,
al ser éste el enemigo de Cataluña. Y anota Azaña, satisfecho: «El ministro de la Gobernación ha ordenado que metan en la cárcel al autor».

Al día siguiente de entrar en Barcelona las tropas de ocupación, un
bando, 27. I. 1939, de su general en jefe advertía: «Estad seguros, catalanes, de que vuestro lenguaje en el uso privado y familiar no será perseguido». La afirmación, ese mismo año, del poderoso ministro Serrano
Suñer: «La política catalana se ha terminado para siempre y el catalán
no volverá a tener carácter oficial», viene a coincidir con la del catedrático Andrés Ovejero, diputado socialista en las Constituyentes de 1931:

> Quisiéramos un Gobierno que prohibiese los Juegos Florales [...], que no
> permitiera la literatura regionalista y que acabara con todos los dialectos y
> todas las lenguas diferentes de la nacional.

Testimonio para sumar a otros equivalentes ya aducidos, en especial
el de *La lucha de clases* (1999), del cual (§ 10) constituye un neto plagio

La posterior evolución de la política lingüística se refleja en las palabras del ministro Fraga en 1964: «La unidad de la patria no se ve, no
puede verse amenazada por el cultivo del idioma vernáculo». Para

entonces, ya se habían publicado más de 3.000 libros en catalán, que sólo en el año siguiente fueron casi 5.000; en 1956 se restauraron los *Jocs florals*, buscando su enlace con los de 1936, presididos en 1967 por el Príncipe de Asturias; se había fundado la editorial Galaxia (1950) para publicar sólo libros en gallego, lengua autorizada (1960) para artículos de prensa; la revista *Egan* (1948), con artículos en castellano y vasco, se limita a éste desde 1954. En la misma dirección se alinean diversas normas docentes, a partir de la *Ley General de Educación* (1970), que culminan en una reforma escolar (1976), abierta a «la inclusión de la enseñanza de las lenguas nativas españolas en los primeros niveles». El año 1975 funcionaban 122 ikastolas.

18. La libertad de expresión cambiará de raíz la situación, no sólo respecto a la inmediata situación anterior, sino también a tiempos lejanos. La elección de lengua se decidirá, más que nunca, en función de cómo se entienda o admita la unidad española. Gobierno central frente a gobierno(s) autonómico(s) será la alternativa determinante en la preferencia, con diversos grados de aceptación, por la lengua común o por cada una de las particulares. Dentro de un inicial criterio restrictivo, que se va ampliando, respecto a las últimas, las contradicciones reveladas en esta época serán determinantes de las futuras actuaciones.

Durante los primeros años del régimen democrático, personalidades relevantes y grupos ideológicos preexistentes van a mantener actitudes acordes con las suyas anteriores a la guerra civil. Por ejemplo, Tierno Galván manifestará en 1977: «Los socialistas vemos con desconfianza un regionalismo [...] que rompa, por razones lingüísticas o psicológicas, la unidad de la clase trabajadora», en coincidencia con la tesis (1931) de sus correligionarios (admitido un socialismo en amplio sentido) Fabra Rivas, Ovejero, etc., antes citada. Igual va a opinar Andrés Saborit (1889-1980), tipógrafo, compañero de Pablo Iglesias, vicesecretario del PSOE en 1915, diputado en 1918 y en las Cortes Constituyentes, vicepresidente de UGT en 1932, estrecho colaborador de Julián Besteiro. A su regreso del exilio, el mismo año 1977, declara en una entrevista: «La problemática de las lenguas regionales puede envenenar el socialismo, y, sin embargo, se está utilizando como argumento fundamental, cuando no es más que una cuestión secundaria y una aspiración burguesa». Pero los acontecimientos no respondieron a tal recomendación, no fue ésta la actitud dominante en la sociedad española, sino la variabilidad para acomodarse a las circunstancias de las aspiraciones autonómicas, como se refleja de modo especialmente significativo en la trayectoria del PSOE, obligada piedra de toque por ser la única formación política sobreviviente, con peso, de la época republicana.

19. Tal como quedó expuesta aquí, conocida línea de actuación del Partido Socialista Vasco desde los últimos años del siglo XIX, ha de chocar que en 1977 se propusiera la *reuskaldunización* de Euskadi, «la vuelta del euskera a sus habitantes, imponiéndose el aprendizaje entre sus propios miembros como tarea primordial». Ejemplar muestra del nuevo criterio –acomodación circunstancial– que observo en los últimos decenios del siglo XX, confirmado, entre otras actuaciones, por la postura del Partido Socialista Gallego, que en el Parlamento de Galicia vota, 1988, en contra del uso del gallego en las corporaciones locales. O por la evolución radical del Partido Socialista Navarro, inicialmente impulsor del vascuence en su ámbito territorial, hasta percibir la repulsa de su electorado respecto a esta opción.

Por antecedentes ya consignados, se entiende que la situación catalana fuera especialmente delicada en 1976 para el PSOE y el PSUC, según la experiencia de Solé Tura:

> Entre las inquietudes no calmadas estaba el problema de nuestro futuro lingüístico, primero para la recuperación plena de nuestra lengua catalana y después para la convivencia del catalán y el castellano, que era la lengua de la mayoría de los trabajadores.

Los exaltados, en «debates muy desagradables», querían el catalán en exclusiva. Hubo de intervenir en público Salvador Espriu a favor del bilingüismo.

20. No puedo continuar a este paso y he de saltar, por más conocidos, acontecimientos decisivos (en especial una copiosa legislación) para la historia lingüística española, como el establecimiento de la oficialidad del español (*castellano* según la terminología constitucional) y el reconocimiento de la cooficialidad, en su territorio, de otras habladas en España. Éstas han visto un rápido crecimiento y expansión, en no pocos casos con abierta repulsa y exclusión de aquélla, desde foros tenidos por respetables hasta algaradas callejeras. A mi entender, proliferan excesivas actitudes extremosas, con violentas discusiones y desplantes, que habrán de ser reconducidas, por no hablar de las pintorescas, entre ellas el uso del aranés en las Cortes hace unos meses, con la petición de su oficialidad. Añádase también, por su valor testimonial, una sesión del Senado, 1997, en que se recurrió a la traducción simultánea para facilitar el uso las lenguas de cooficialidad regional. Ya he mencionado el proceso creciente de postergación experimentado por la lengua española desde hace varios lustros. No voy a entrar en el enjuiciamiento de sus (sin)razones. Por citar un sólo caso representativo en varios aspectos, consigno cómo un miembro barcelonés de CC. OO. se dirigía en larga carta a los periódicos el año 1993: dado que

> una gran mayoría de afiliados o votantes de CC. OO. nos expresamos normalmente en castellano [...], lo que sí parece coherente es que debería defender que unos derechos lingüísticos legales y constitucionales que afectan principalmente a los hijos de miles de obreros fueran cumplidos y en los colegios nacionales se impartiera la mitad de la enseñanza en catalán y la otra mitad en castellano, como ocurría antes [...]. Sin embargo, la postura de CC. OO. en este aspecto está siendo vergonzosa y diametralmente opuesta [...]. La enseñanza en castellano [...] ahora ya no existe.

La realidad del problema denunciado queda confirmada, meses después, por Alfonso Guerra, vicesecretario del PSOE y poco antes también vicepresidente del Gobierno, al rehusar, en una entrevista, a opinar sobre la normalización del catalán, para añadir:

> Lo que sí digo con toda claridad es que si una sola familia española que viva en Cataluña quiere que sus hijos sean educados en la lengua castellana, tiene todo el derecho a que las autoridades le garanticen ese derecho.

Por otro camino, muy diverso, se había llegado a la situación idiomática, antes testimoniada, de comienzos del siglo XX: el proletariado hablaba castellano, conducta vista con desagrado, al parecer, por parte de la burguesía, como luego estaría más decididamente dificultada por los nacionalismos en las comunidades con lengua cooficial.

21. Nunca he sabido –y no por falta de interés– en qué lengua conversan los presidentes de las autonomías con *lengua propia* cuando dos de ellos se entrevistan, según viene sucediendo de tiempo atrás. Como también desconozco de cuál se valió el presidente de Euzcadi para la conferencia pronunciada en Barcelona que la prensa catalana anunciaba en catalán y vascuence el 23. VII. 1986. Sí sé, en cambio, también según noticias de prensa, que en 1983 se celebró en Vigo un *Coloquio sobre lenguas españolas* entre representantes de las tres comunidades con lengua cooficial. Uno de los ponentes catalanes utilizó el gallego para su exposición; al destacar esta información, deberá suponerse que las demás intervenciones serían en castellano. La reunión siguiente, en Barcelona, contó con traducción simultánea, al igual que, según referí, ocurrió en el Senado.

22. Los últimos acontecimientos políticos en Cataluña han producido situaciones y revelado talantes dignos de atención. Citaré algunos, cuya fuente es asimismo la prensa diaria con sus inevitables limitaciones (más las de este lector): el enfrentamiento callejero en Barcelona durante el pregón pronunciado por Elvira Lindo al abrir las fiestas de la Virgen de la Merced, Patrona de la ciudad, entre un grupo favorable y otro opuesto a su lectura en castellano (desconozco si *Manolito Gafotas* ha opinado sobre este acontecimiento...).

Aunque la sombra electoral se cernía, hace escasos meses, sobre el programa de los partidos políticos para alcanzar la presidencia de la Generalidad, en el socialista, se advertía cierta desviación sobre la actitud seguida hasta entonces, al propugnar que el castellano debía ser también lengua de Cataluña, a la vez que su candidato demandaba mayor flexibilidad de su uso en la Universidad. Por su parte, una formación nueva, *Citadans*, anunciaba su compromiso de volverlo al parlamento catalán, del cual lleva muchos años ausente. Al parecer, CiU y PP guardaban silencio, al menos, no ha llegado hasta mi limitada información ninguna noticia relevante. Valga recordar también una fotografía inserta en diarios del día 1. XI, que no hubiera pasado inadvertida a nuestro homenajeado y aun le hubiera suministrado materia para un atinado comentario. En la imagen aparecía, tras haber votado, el candidato de CiU con su esposa, tomando café en un modesto bar. Al fondo de la escena se alcanzaba a ver una pizarra o un hule en que con tiza o pintura gruesa figuraban toscamente escritas las recomendaciones del establecimiento. Allí se podía leer: *bandeja, pincho, vino, crianza...* Parece que el dueño del local no atendía las recomendaciones de la *Oficina de garanties linguistiques* creada por la Generalidad. Me alegró ver, tan de manifiesto, esta imagen de tolerancia.

Titulares de prensa de ayer mismo aseguraban que la política lingüística era el último escollo para llegar a un acuerdo entre los socios del reciente gobierno tripartito catalán, como pocas semanas antes lo decían del también reciente gobierno autonómico gallego. Y a idéntico motivo se debe, desde hace más de un año, la paralización del reglamento interno de las Cortes.

¡Qué desafortunado juicio el de Américo Castro al opinar, en 1922, que «el catalanismo llevado a las cuestiones de lenguaje no es sino un fuego de artificio que a la inanidad e ineficacia del Poder central se le aparece a menudo como un fiero bombardeo»! Y aun menor trascendencia concede al vascuence. Sorprende que también Castro parece desconocer las actuaciones a favor de las lenguas regionales desde los últimos decenios del siglo XIX. Como filólogo, opina que debe evitarse su desaparición; como liberal, sostiene que «lo primero de todo es enseñar español [...], cuya ignorancia consideraría como una vergüenza». Por eso, «hay que llevar urgentemente el español a las montañas gallegas, a las aldeas vascas, a la montaña catalana, y a donde quiera que falte».

23. Me he ido avanzando hasta llegar a un terreno resbaladizo, en especial para mí, porque mi dedicación profesional no es de orden prospectivo sino histórico. En el recorrido efectuado he percibido en el comportamiento idiomático de los españoles, a partir de los años treinta, cómo se desvanecía una imagen arraigada, de doble faz netamente establecida, por un movimiento de oscilación y vaivén, en general más dirigido que espontáneo; por un proceso de hacer y deshacer, de contradicción y aun de incoherencia, según momentos, entre un mismo ideario o postura pública y su dimensión lingüística. Tal es el balance obtenido.

Declarada mi preferencia, permítanseme unas fugaces miradas al pasado, dentro y fuera de las fronteras españolas, para mostrar que la situación contemporánea no resulta insólita, sino que guarda algunas correspondencias, analógicas, con épocas remotas.

Por de pronto, la misma actitud diferencial que vengo exponiendo obtiene un nuevo refrendo en varias resoluciones de la Corona española relativas a América. Felipe II es el monarca más respetuoso con las lenguas indígenas, hasta el punto de prohibir, 1580, la ordenación sacerdotal de los destinados a la evangelización de indios, si ignoraban su lengua. En 1596, frente a la recomendación del Consejo de Indias, disponía sobre los indígenas, tras haberlo meditado: «No parece conveniente apremiarlos a que dejen su lengua natural, mas se podrán poner maestros para los que voluntariamente quisieren aprender la castellana».

Por el contrario, atendiendo a sus consejeros ilustrados, Carlos III dicta en 1768:

> Ordeno y mando a mis Virreyes del Perú, Nueva España y Nuevo Reino de Granada, a los Presidentes, Audiencias, Gobernadores y demás ministros, jueces y justicias [...], a los Muy Rdos. Arzobispos, Rdos. Obispos [...], que de una vez se llegue a conseguir el que se extingan los diferentes idiomas de que se usa en los mismos dominios, y sólo se hable el castellano.

De nuevo, una anticipación al ideario lingüístico jacobino, pero también a otros soberanos europeos, como José II de Austria, que impuso el alemán como lengua administrativa a numerosas colonias de húngaros, croatas, rumanos, etc., y fijó un plan para que en tres años se extendiese a la judicatura y la enseñanza.

24. En la Corona de Aragón, el advenimiento, 1137, de la Casa de Barcelona motiva que su Cancillería use el catalán como lengua vulgar casi exclusiva durante toda la Edad Media, siendo así que la general del Reino era el aragonés, según reflejan los *Fueros de Aragón,* que habían de jurar los monarcas, como los exigentes memoriales dirigidos a ellos por una nobleza rebelde; tales, el *Privilegio general* (1238) y el *Privilegio de la Unión* (1287), por no mencionar su uso regular en ordenanzas municipales, actas notariales, etc. Mientras, en las Cortes generales de la Corona prevalecía, no sin disputas y providencias, el catalán. Muy revelador es el comportamiento de Pedro IV, usuario del aragonés durante su juventud, antes de su coronación, en la ceremonia de ésta y en su época *continentalista,* hasta que asume la política mediterránea y entonces se vale casi en exclusivo del catalán. Con la dinastía Trastámara, advenida el año 1412, cuyos miembros, en conformidad con su origen, significativamente apostillan en castellano la documentación escrita en catalán, se produce el progresivo abandono de éste en beneficio del castellano-aragonés. En él se dirigirá Alfonso V, justificando su proceder, a los aragoneses y a todos los embajadores. Recuérdese el conocido texto, 1486, del jurisconsulto zaragozano Gonzalo García de Santa María, para declarar que escribe en castellano porque ésta es la lengua de sus Reyes.

25. El mismo criterio idiomático encuentra su máxima potenciación en Inglaterra, valga traerlo aquí también por carácter ejemplar, pero muy diverso de los anteriores.

Al conquistar, 1066, Guillermo de Normandía la isla, el anglosajón no sólo era la lengua común, sino que gozaba de elevado cultivo literario (el *Beowulf* data de los siglos VII-VIII). Pero inmediatamente el francés (*anglonormando* o *anglofrancés*) desempeñó el papel de lengua del rey y de la corte, por tanto del Derecho (el anglosajón es ya raro en documentos de fines del siglo XI) y de la Administración, sin llegar nunca a lengua de uso general. Ésta siguió siendo el inglés, frenado su desarrollo literario, sin recuperarlo hasta los *Cuentos de Canterbury* (finales del siglo XIV). El francés, lengua materna de los reyes, que también la utilizan en la escritura, desde Guillermo I hasta Ricardo II, destituido en 1399, era lengua segunda de la nobleza, nunca de los estamentos llanos. Se supone que Enrique IV, instaurador de la Casa de Lancaster, fue el primer soberano de lengua materna inglesa, pues en ella pronunció, 1399, el juramento de su coronación. Hasta Enrique V (1413-1422) perdura la diglosia, que tan marcada huella ha dejado en el inglés (según acusan las diferencias entre el antiguo y el medio) a causa de la influyente presencia, durante tres siglos, del francés. Tras la victoria de Azincourt, 1415, sobre los franceses, Enrique V fomenta el ya exaltado nacionalismo inglés y, buscando el favor de los suyos para obtener subsidios y continuar la guerra, les dirige varias proclamas en lengua inglesa. Así se inició el cambio de la tradicional práctica idiomática de sus antecesores, también seguida por él hasta entonces. La innovación se fue extendiendo a todos los ámbitos de la vida pública, si bien lentamente (hasta 1731 no se implanta por completo su uso forense). Cuando el francés deje de ser, a fines del Medievo, sustituido por el inglés, la lengua del Rey, ésta se alzará también como modelo. *The King's English* se denominará, sin necesidad de explicación alguna, el más prestigioso manual normativo de la lengua inglesa, que se viene editando desde 1906.

CONCLUSIÓN

Para una formulación sentenciosa de lo hasta aquí expuesto valdría adaptar una conocida máxima medieval: *Allá van leyes do quieren reyes,* con sustitución de *leyes* por *lenguas*, entendida analógicamente la secuencia condicionante. En los momentos iniciales de la confrontación lingüística, las preferencias y propuestas se identificaban con determinadas actitudes políticas o posturas ideológicas, cambiantes según los tiempos. La diferencia actual respecto a épocas precedentes radica en que entonces la resolución pública emanaba de una sola autoridad en cada momento, y ahora el Gobierno de la Nación, delegadas competencias, está flanqueado por diecisiete Comunidades autónomas. Buen número de ellas cuenta con un departamento de alto nivel administrativo para fijar y dirigir su respectiva política lingüística, mientras que el Gobierno central carece de un organismo homólogo, sin que parezca echarse de menos. Quiere esto decir que se tiene por innecesaria o imposible cualquier tarea de coordinación o armonía.

«Es mucho más difícil describir que opinar. Infinitamente más. En vista de lo cual, todo el mundo opina», asevera Josep Pla. Sin presunción alguna, yo he preferido describir (o referir) para llegar a una explicación, por encima de opiniones, según suelo proceder. Ojalá sirva, al menos, como *reflexiones sobre el pasado para imaginar el futuro*. Así reza la primera línea del último libro de Juan Ramón Lodares, que Dios tenga en su gloria.

P. S. (15.XII.2007) El R. D. 905/2007, «por el que se crean el Consejo de las Lenguas Oficiales en la Administración General del Estado y la Oficina para las Lenguas Oficiales» aporta ahora un dato relevante a mis precedentes apreciaciones.

ETIQUETAS LINGÜÍSTICAS Y CONVIVENCIA

Francisco Moreno Fernández
Universidad de Alcalá de Henares

El uso mismo de las lenguas, en sus diferentes modalidades, no implica jerarquías lingüísticas. Ocurre, sin embargo, que ese uso sí es capaz de reflejar diferencias sociales por conllevar una distribución de funciones dentro de la comunidad. Por otro lado, las denominaciones de las lenguas y de sus variedades (pongamos, español o castellano, andaluz o dialecto andaluz, catalán o valenciano, vasco, euskera o vascuence), así como las etiquetas metalingüísticas que se adjudican a esas variedades o a las relaciones que establecen entre sí, suelen reflejar percepciones y actitudes diferentes por parte de los hablantes. A partir de estos dos hechos, se deduce que las cuestiones terminológicas tienen la suficiente fuerza e importancia como para afectar a la convivencia de los usuarios de lenguas o modalidades diferentes.

Entre las numerosas etiquetas metalingüísticas que se utilizan popularmente, hay dos que han supuesto más de una polémica, sobre todo en la historia social de las lenguas de España de los últimos 150 años, precisamente por reflejar diferentes percepciones e interpretaciones ideológicas de la realidad lingüística. Me refiero, por un lado, al término *dialecto* y a los valores semánticos que ha portado a lo largo de su historia; y, por otro, a la etiqueta *lengua propia*, denominación de difusión galopante, que ha elevado su uso hasta la altura de los textos jurídicos de rango superior, como se aprecia en el artículo 6 del *Estatuto de Autonomía de Cataluña*, aprobado por el Parlamento de España en 2006 y titulado precisamente *La lengua propia y las lenguas oficiales*. La importancia de estas denominaciones merece un breve comentario sobre su historia y su uso. A ello me aplicaré de forma escueta. Si *dialecto* y *lengua propia* son términos tan polémicos, merece la pena detenerse en su historia mínimamente. Para completar este panorama terminológico, haré una consideración general sobre el nombre de la koiné a la que, entre lingüistas, llamamos normalmente *lengua española*. Todo ello fundamentado en la idea de que la percepción de la realidad se ve claramente influida por los valores asociados a los términos que la designan.

1. DIALECTO

La bibliografía europea de la especialidad afirma que la primera documentación del término *dialecto* en una lengua vernácula europea surgió en lengua francesa. Fue en el *Abrégé de l'art poetique*, de Ronsard, un texto de 1565, en el que el autor se refiere a los dialectos como hablas provinciales o de una región, sin atender estrictamente al tipo de filiación lingüística existente entre ellos (L.-J. Calvet 1981: 39).

La primera documentación de la palabra *dialecto* en lengua española –por lo hasta hoy sabido– es de 1580 y corresponde a Fernando de Herrera. Con esta referencia se adelanta en 25 años la datación de 1604, referida a Jiménez Patón, que figura en el diccionario etimológico de J. Corominas y J. A. Pascual, siguiendo la propuesta hecha por la Real Academia Española en su diccionario de Autoridades*. Antes de la primera referencia aportada por Corominas y Pascual se encuentran aún dos testimonios más, ambos datados en 1601. El vocablo aparece citado en los *Discursos de la certidumbre de las reliquias descubiertas en Granada* de Gregorio López Madera, cuando dice, en el rótulo de un capítulo, «en qué consiste el dialecto de cada nación» (Conde de la Viñaza 1893: 17). De este modo, dialecto vendría a significar «forma de hablar en un territorio determinado», sin atender al origen de las variedades. Por otro lado, la voz en cuestión también se encuentra en Francisco del Rosal, quien habla del «dialecto dórico». Un uso algo diferente se hace de la palabra en 1604, cuando Jiménez Patón, en su *Eloquencia Española en Arte* citada como autoridad en el primer diccionario académico (1732), explica que una lengua puede tener dialectos propios; y Covarrubias ofrece una definición general que se acerca a la acepción de dialecto como variedad de una lengua en un territorio determinado.

---

* Agradezco la ayuda que me han prestado Rafael Rodríguez Marín (Instituto de Lexicografía, Real Academia Española), Lidio Nieto (CSIC) y Manuel Alvar Ezquerra (Universidad Complutense) en la localización de las referencias más antiguas de la palabra española *dialecto*.

Así pues, entre los primeros testimonios de la palabra *dialecto* en español, encontramos muestras de una acepción por la que se hace referencia a la forma de hablar en un territorio determinado, incluyendo tanto variedades propiamente dichas de la lengua castellana como modalidades lingüísticas diferentes, a las que se incluye dentro del ámbito de influencia de la lengua general, que es la española castellana. En mi opinión, tal concepción de la palabra *dialecto* se debe a una influencia directa del uso francés, tal vez por la analogía de las situaciones lingüísticas de ambos países, y ha calado muy profundamente en el manejo popular del término en España, puesto que la inclusión del gallego, del catalán e incluso del portugués como dialectos de la lengua española no solo fue frecuente entre los siglos XVII y XIX (Rosalía de Castro hablaba de «dialecto gallego»), sino que se ha prolongado hasta el siglo XX, penetrando incluso en los libros escolares. Durante el franquismo, por ejemplo, se determinó que los diálogos de las películas fueran todos en castellano, «prescindiéndose, en absoluto, de los dialectos» (F. Moreno Fernández 2005: 228). Esta denominación viene a oponer el uso de una lengua general al de unas, digamos, variedades regionales y familiares, que reciben la denominación indistinta, no siempre bien aceptada, de *dialecto*. Es evidente que todos estos argumentos tienen la capacidad de generar opiniones enfrentadas.

2. LENGUA PROPIA

La historia de la expresión *lengua propia* también ofrece hitos interesantes. En general, durante los siglos XVII y XVIII, se habla de *lengua propia* bien para referirse a la de España, frente al latín, bien para referirse a las de otras naciones o países, especialmente a las lenguas de los indios americanos, filipinos o al árabe, y en tal caso a menudo se hace sinónimo de *lengua materna*. Curiosamente, nunca se utiliza *lengua propia* aplicada a ninguna de las modalidades lingüísticas peninsulares, a excepción de la lengua española.

La atribución de tal sintagma a las lenguas peninsulares llegó con el nacimiento del regionalismo y del nacionalismo a lo largo del siglo XIX, pero no a finales del XX, como afirma Irene Lozano en su libro *Lenguas en guerra* (2005). A partir del XIX, su uso comenzó a extenderse tanto entre las tesis nacionalistas como, por contra argumentación, en las no nacionalistas. Uno de los primeros testimonios de esa expresión se encuentra en Juan Valera quien, en su *Historia de la civilización ibérica* (1887), apunta:

> Hoy en día, tal cual es el concepto de nacionalidad, más fácil de sentir que de expresar, desentona en cualquier oído el sustantivo nación unido al adjetivo cordobesa. Y si no puede haber nación cordobesa, no hay más razón para que pueda haber nación catalana. El tener lengua propia no da este privilegio a Cataluña. Si le diese, podría haber nación gallega y nación mallorquina, y en Italia nación veneciana, y en Sicilia una nación también aparte. Aunque la lengua propia cultivada sea un elemento de nacionalidad, no es el único.

Naturalmente, durante los siglos XIX y XX también se habla de *lengua propia* para aludir a la lengua de otros países, a la lengua de los pueblos de la Antigüedad o a la lengua española, y tampoco faltan los usos más técnicos del sintagma (Alonso 1953). Sin embargo, la más llamativa de todas sus dimensiones contemporáneas es la política. Amado Alonso escribía en su *Castellano, español, idioma nacional* (1943: 136):

> Esta idea de la lengua propia [...] asalta con gran insistencia a las personas que tienen un vivo sentimiento nacionalista del idioma. En Norteamérica ya lo hemos visto, y en la Argentina no es tampoco raro. No hace aún muchos días he recibido, como Director del Instituto de Filología, la consulta de un escolar de provincias a quien su maestra le ha encargado una composición sobre si la Argentina tiene o no una lengua propia.

Con todo, la expresión ha encontrado su época de mayor expansión después de 1978, con la Constitución española y el desarrollo del proceso autonómico. De modo que puede afirmarse que la expresión *lengua propia*, en su acepción más reciente, ha ampliado su uso con el desarrollo de los movimientos nacionalistas y se ha convertido en una forma de marcar la lengua específica de un territorio como particular seña de identidad, a la vez que en un modo de distanciar la «propiedad» de la lengua española. Por eso no sorprende la frecuente aparición de *lengua propia* en la prensa de Cataluña y del País Vasco, a menudo en boca de representantes políticos nacionalistas o independentistas, como se desprende de la consulta del *Corpus de Referencia del Español Actual* (Real

Academia Española). No obstante, el abundante uso de la fórmula durante los últimos treinta años ha tenido como consecuencia más significativa su generalización en el lenguaje político público y administrativo, así como en el de los medios de comunicación social.

Así pues, si entre los siglos XVII y XIX, la expresión *lengua propia* fue un recurso para destacar el asentamiento del español en todas las áreas de España, en el siglo XX revelaba una concepción lingüística característica de los nacionalismos, donde lo propio –el catalán, el vasco, el gallego– se intenta oponer claramente a lo ajeno (el español) y donde lo general de España, las áreas castellanohablantes o los castellanohablantes nativos de las áreas bilingües, no se tiene en consideración, al valorarse como irrelevante el hecho de que todos ellos también tengan *lengua propia*.

3. El nombre de la Koiné

Finalmente, a propósito de la koiné hispánica, me conformo en esta mesa redonda con llamar la atención sobre tres hechos constatables. En primer lugar, que las denominaciones utilizadas tradicionalmente (*español, castellano*) presentan unas limitaciones que se manifiestan en la situación actual. El rótulo *castellano* está muy bien para la designación de la lengua en los ámbitos geográficos que prefieran su uso (sea en América del Sur, sea en las áreas castellanas históricas, sea en territorios bilingües de España), pero resulta limitado con un valor referencial más amplio (sinceramente, no veo que la fonología general de nuestra lengua pueda llamarse hoy *fonología castellana*). El rótulo *español* está muy bien entre hablantes de lenguas extranjeras o como designación en determinados ámbitos geográficos (sea Andalucía o Canarias, sea México o el Caribe), pero en el mundo hispánico se está produciendo una re-asociación unívoca del término con el país de origen y está dejando en evidencia lo limitado de la etiqueta para un instrumento lingüístico de geografía mucho más extensa.

El segundo hecho que he de comentar –y denunciar– es la confusión conceptual y terminológica que se ha creado en torno a la etiqueta *español estándar*. Al utilizarse en español las fórmulas *lengua estándar* y *español estándar*, como fruto de la influencia de la lingüística anglosajona, se ha venido haciendo referencia, no a un supuesto español abstracto, descontextualizado y desprovisto de marcas, sino a un tipo muy específico de español: el español castellano, el español norteño, como se venía haciendo desde la Edad Media. La prueba de que esto es así está en los libros que llevan como título o incluyen capítulos de *fonología estándar*, fonología que se caracteriza por incluir el fonema interdental sordo, que solo existe como tal en la Península Ibérica; en otras palabras, fonología basada en el modelo castellano. Generalmente, cuando se enseña español estándar, se atiende al uso de *vosotros*, a la conjugación verbal correspondiente y de su correlato en los pronombres *os, vuestro, vuestra*; es decir, gramática basada en el modelo castellano. *Español estándar* es una fórmula muy utilizada por las escuelas de español como lengua extranjera, para dejar claro que se pretende enseñar un español castellano o, al menos, basado en un español castellano. Creo que el empleo que se ha hecho de la etiqueta *español estándar* ha sido especialmente desafortunado, y se ha complicado recientemente al crearse una acepción más, la que lo hace sinónimo de *español internacional, español neutro* o *español global*.

El tercer hecho reseñable es que cada día se hace más evidente la necesidad de ajustar el nombre de la koiné a la realidad geolingüística y sociolingüística que designa. Por esa necesidad se está produciendo la propagación, en todo tipo de discursos, especialmente en los medios de comunicación, de la etiqueta *habla hispana*. Si hacemos unas calas en un motor de búsqueda, como *Google*, encontraremos que la expresión *lengua hispana* es mencionada 68.000 veces, mientras que *habla hispana* aparece en más de 2.300.000 páginas. No se registra, sin embargo, el uso de *hispano* como sustantivo que designa la lengua (hablo hispano), aunque tal vez todo sea cuestión de tiempo.

Dialecto, lengua propia y *habla hispana* son etiquetas de tradición más corta o más larga que evidencian distintas percepciones de la realidad lingüística a lo largo de la historia, si bien la historia demuestra que también las etiquetas por sí mismas pueden complicar la comprensión de las realidades.

BIBLIOGRAFÍA

ALONSO, Amado (1943): *Castellano, español, idioma nacional*. Buenos Aires: Losada.

— (1976 [1953]): *Estudios lingüísticos. Temas hispanoamericanos*. Madrid: Gredos.

CALVET, Louis-Jean (1981): *Lingüística y colonialismo*. Madrid: Júcar.

COROMINAS, Joan/PASCUAL, José Antonio (1980): *Diccionario Crítico Etimológico Castellano e Hispánico*. Madrid: Gredos.

COVARRUBIAS, Sebastián de (1611): *Tesoro de la lengua castellana o española*, en: MARTÍN DE RIQUER (ed.) (1943). Barcelona: Horta.

LOZANO, Irene (2005): *Lenguas en guerra*. Madrid: Espasa-Calpe.

MORENO FERNÁNDEZ, Francisco (2005): *Historia social de las lenguas de España*. Barcelona: Ariel.

REAL ACADEMIA ESPAÑOLA (1990): *Diccionario de Autoridades*, edición Facsímil. Madrid: Gredos.

— (*CREA*) [en línea], *Corpus de Referencia del Español Actual,* <http://www.rae.es> [20-09-2006].

— (*CORDE*) [en línea], *Corpus diacrónico del español,* <http://www.rae.es> [20-09-2006].

ROSAL, Francisco del (1992): *Diccionario etimológico. Alfabeto primero de origen y etimología de todos los vocablos originales de la lengua castellana,* facsimilar (ed. facsimilar y estudio de E. GÓMEZ AGUADO). Madrid: CSIC.

VIÑAZA, Conde de la (1978 [1893]): *Biblioteca histórica de la Filología Castellana*. Madrid: Imprenta de Manuel Tello.

Reflexiones sobre el contacto entre el castellano y catalán

María Pilar Perea
Universitat de Barcelona

La diversidad lingüística en España, consecuencia de un pasado histórico conocido, puede ser, en efecto, un hecho enriquecedor –la pluralidad, en principio, suma y enriquece–, pero puede ser simultáneamente una fuente de conflictos cuando los elementos que componen esta pluralidad no se encuentran, en el marco político y social, en una situación de igualdad.

En la relación de convivencia que se ha establecido entre el catalán y el castellano ha dominado –y domina– el componente conflictivo. Ya a finales del reinado de Alfonso XIII, José Ortega y Gasset forjó el término *conllevancia*, que implicaba una cierta aceptación, con matices, de la realidad catalana, y el político catalán Francesc Cambó escribió un libro *Per la concordia*, donde afirmaba: «El día en que por una acción coincidente de intelectuales castellanos y catalanes fueran quemadas y aventadas las dificultades subjetivas que dificultan una solución armónica del pleito catalán todos quedarían sorprendidos de la facilidad con que podrían vencer las dificultades objetivas». Ambos hechos muestran que alguna cosa flojeaba en las relaciones entre ambas lenguas.

Si se utiliza la expresión *convivencia milenaria* se hace referencia a la distinción entre el *hoy* y el *pasado*. Las palabras *convivencia* o *convivir* significan vivir juntos, sin que este hecho implique una condición de desigualdad, o concretamente, en la posición del catalán respecto del castellano, una situación de subordinación social y política, como ha existido en los siglos pasados.

Hoy por hoy, para un catalanohablante, la convivencia es difícil debido a múltiples cortapisas que reducen la posibilidad de expresarse en la propia lengua: en la administración, y especialmente en la administración de justicia, en la relación con la policía, en el ejército, y también se evidencia la ausencia del catalán en el etiquetaje de productos, en los medios de comunicación, etc. Y, recientemente, se ha generado la problemática de la inmigración, que requiere la aplicación de una regulación coherente y de una política lingüística que ampare y defienda el uso del catalán.

Las consecuencias de la emigración, en los años cincuenta, procedente de localidades españolas serán irrisorias si se las compara con las consecuencias que supondrá esta nueva oleada de recién llegados procedentes de diversos países, los cuales, si es que ya no lo saben, como los suramericanos, aprenden el castellano y dejan de lado el catalán, puesto que conociendo la primera lengua ya les es suficiente para comunicarse. Recordemos que a principios del siglo XX la inmigración, en Cataluña, sólo constituía el 4% de la población. Entre 1951 y 1975, 1.700.000 personas llegaron a Cataluña procedentes del sur de la Península. Actualmente, el número de inmigrantes se ha multiplicado por 5,2 en seis años. Si en 2000 había 181.590 personas (el 4% de la población), en 2006 se ha llegado a la cifra de 939.321 (el 13,1%), según la Fundació Jaume Bofill. Se pueden dar diversos ejemplos de imposición lingüística de tipo social. Existen pequeñas localidades valencianas, por ejemplo, donde más de un 50% de la población está constituida por inmigrantes rumanos o procedentes de otros países del este; y estos, si aprenden una lengua, aprenden el castellano. Y si se dedican al comercio provocan que hablantes que siempre habían utilizado el valenciano usen, en ese contexto, el castellano. Otro tanto sucede, en Barcelona, con los emigrantes que trabajan, por ejemplo, en el gremio de la hostelería. No entienden el catalán y con frecuencia se dirigen al cliente con malos modos haciéndoselo saber y reclamando un cambio de lengua. Y los ejemplos de este tipo se podrían multiplicar.

Si se adopta la expresión de Ll. Payrató y F. Vila (2004), que se refiere, con relación a las lenguas del territorio peninsular, al hecho de malvivir más que de convivir, no es inadecuado considerar que la situación de convivencia en Cataluña es actualmente controvertida y polémica. Pero este conflicto no responde a prejuicios históricos, sino a hechos reales que tienen sus fundamentos en la historia. Todos sabemos lo que pasó después del Decreto de Nueva Planta (1707/1714) y de la orden de Carlos III de 1768, que suponía la aplicación de prohibiciones progresivas del uso del catalán (en la escuela, en los libros de contabilidad, en los libros de texto). Posteriormente, la prohibición del teatro en catalán, de la lengua en las manifestaciones públicas, las leyes del conde de Romanones (la prohibición de la enseñanza de catecismo en 1902), por no hablar de las dictaduras de Primo de Rivera y, sobre todo, de Franco (con consignas muy lamentables: *hable usted en cristiano, no ladre*, etc.).

Si se desea poner una fecha, el momento histórico que significó la pérdida de la convivencia inicial fue 1714, año en que con la Nueva Planta se integraron de manera coactiva los diversos reinos peninsulares en un mismo aparato estatal dominado por Castilla. Es cierto que los primeros contactos entre catalán y castellano se produjeron ya en el siglo XVI. El castellano era considerado una lengua de prestigio a los ojos de la nobleza puesto que era la lengua que utilizaba la monarquía, pero este hecho no afectó a las clases populares, que continuaban expresándose en catalán.

Los aconteceres históricos minaron la convivencia y muy probablemente los nacionalismos acentuaron más la problemática. De hecho, los nacionalismos, a menudo, surgen como reacción a otro nacionalismo. A inicios del siglo XX surgió, en Cataluña, el catalanismo político, que reivindicaba el catalán como lengua culta y como lengua oficial. De todos modos, el nacionalismo no es sólo el catalán, sino también el español, cerrado y cerril. Cabe destacar las palabras de Francesc de B. Moll al rey Juan Carlos: «aquí no hay separatistas sino separadores». Hoy por hoy que, en Cataluña, desde 1978, en virtud de la Constitución Española, y desde 1979, en virtud del Estatut d'Autonomia, catalán y castellano son oficiales, todavía se dan casos de desigualdad y de imposición. Es de esperar que impere el sentido común (el *seny*, utilizando el término catalán) y que vuelva a prevalecer la convivencia. Aunque, a decir verdad, actualmente estamos sometidos a la acción de unas políticas que buscan minorizar el catalán para que se convierta en una lengua secundaria y prescindible.

En cuanto a la convivencia del catalán y del castellano en Cataluña, el llamado bilingüismo, desde un punto de vista amplio y tendiendo hasta el hipotético equilingüismo, no tiene por qué ser una maldición sino un enriquecimiento, como lo es el hecho de conocer con fluidez y competencia otras lenguas.

Esa *lingua franca*, que es el español[1], es también para los catalanes una riqueza que no queremos desdeñar, como lo supone a una mayor

---

[1] Obsérvese el uso indiferenciado de español y castellano. Considerando que la denominación *castellano*, hace referencia a su región de origen, Castilla y que la denominación *español* fue ganando terreno a partir del siglo XVI, en el momento de consolida-

escala e inevitablemente, el inglés. La globalización nos amenaza con la imposición del inglés como *lingua franca* real, no sólo en los ámbitos comunicativos más elementales sino también, por ejemplo, en el de la proyección académica, que valora mucho más positivamente, no sólo por su alcance, si se publica en inglés que en la lengua vernácula. Lo que se pide es que no se nos impongan las lenguas, sino que nosotros las adoptemos porque nos conviene. De todas maneras la defensa y la protección de catalán para nosotros es fundamental, y no hay que hablar de «ecologismo lingüístico insostenible», sino de naturalidad en el empleo y en el cultivo de la lengua propia.

Por otro lado, ciertas comunidades plurilingües pueden ser valoradas idílicamente. Así, a menudo se exagera cuando se habla de la convivencia pacífica en Suiza. Los *romands* francófonos viven de espaldas a la Suiza alemana. Los suizos alemanes se van volviendo cada día más hacia el inglés. Por otro lado, no es exacto que el italiano desaparezca de las universidades. Este es otro asunto. Nunca ha sido lengua de enseñanza universitaria y lo que desaparece es la asignatura de lengua y literatura italianas en las universidades, y eso a costa del español, especialmente.

Y, para terminar, la convivencia entre catalán y castellano fue armónica (piénsese en la confederación catalano-aragonesa medieval) pero se dislocó a partir del siglo XVIII. Podría volver a ser armónica si hay buena voluntad por ambas partes y unas acciones de política lingüística coherentes que no maltraten a las lenguas minorizadas y sin estado.

BIBLIOGRAFÍA

BOIX-FUSTER, Emili (2004): «El camí a la situació contemporània del català i del castellà a Catalunya: entre la complexita i la fragilitat», en: PAYRATÓ, L./VILA, F. X. (dirs.): *Les llengües a Catalunya*. Barcelona: Fundació Caixa de Sabadell, 13-27.

MARFANY, Joan Lluís (2001): *La llengua malatractada. El castellá i el catalá a Catalunya del segle XVI al segle XIX*. Barcelona: Empúries.

PAYRATÓ, Lluís/VILA, Francesc X. (dirs.) (2004): *Les llengües a Catalunya*. Barcelona: Fundació Caixa de Sabadell.

---

ción de la unificación de los reinos de España a partir del reinado de Carlos I de España, desde mi punto de vista son una misma cosa.

LOS AUTORES

MÓNICA CASTILLO LLUCH es profesora titular de Lingüística Hispánica en la Université Paris 8 y miembro del SIREM (Séminaire Interdisciplinaire de Recherches sur l'Espagne Médiévale, GDR 2378 CNRS). Su investigación se centra en aspectos de la evolución morfosintáctica y semántica del español, así como en cuestiones de sociolingüística desde un punto de vista histórico, pero también en el contexto español actual. Sobre este tema ha editado, junto con Johannes Kabatek, el libro *Las lenguas de España. Política lingüística, sociología del lenguaje e ideología desde la Transición hasta la actualidad* en Iberoamericana/Vervuert (2006).

GERMÁN COLÓN DOMENECH es catedrático emérito de Filología Iberorrománica de la Universidad de Basilea. Se ha ocupado de la edición de textos (*Furs de València*, 11 Vols.; *Llibre del Consolat de Mar*, 4 Vols.) y ha estudiado especialmente el léxico de las lenguas románicas. Entre sus libros cabe citar: *El Léxico catalán en la Romania* (1976), *Español y catalán, juntos y en contraste* (1989); *Estudis de lingüística catalana i romànica* (1997), *Para la historia del léxico español* (2002) y *De Ramon Llull al Diccionari de Fabra. Acostament lingüístic a les lletres catalanes* (2003).

BERNARD DARBORD es catedrático de lengua y literatura españolas en la Universidad de París 10 Nanterre. Es autor, con Bernard Pottier, de una gramática histórica del español (*La Langue espagnole. Grammaire histoirique*, Paris, Armand Colin, 2004). Actualmente está trabajando sobre tipología de las formas breves románicas medievales, *exempla* y proverbios en particular. Es miembro del CRIIA (Centre de Recherches Ibériques et Ibéro-américaines) de la Universidad de París X Nanterre y del SIREM (Séminaire d'Études Médiévales Hispaniques) del CNRS.

M.ª TERESA ECHENIQUE ELIZONDO es catedrática de Lengua Española en la Universidad de Valencia desde 1987; con anterioridad ha sido profesora de la Universidad Complutense de Madrid, Universidad de Valladolid y Universidad Autónoma de Madrid. Es autora, entre otros, de *Historia lingüística Vasco-románica* (Madrid, Paraninfo, 1987) y, en coautoría con Juan Sánchez Méndez, de *Las lenguas de un Reino. Historia lingüística Hispánica* (Madrid, Gredos, 2005). Es miembro de número de la Real Sociedad Bascongada de los Amigos del País.

JAVIER ELVIRA es catedrático de Lengua Española en la Universidad Autónoma de Madrid. Dedica su investigación a la gramática histórica, con especial atención a la morfología y sintaxis. También ha realizado trabajos de carácter teórico sobre problemas de cambio morfológico y gramatical. Entre sus últimas publicaciones destaca su participación en el volumen colectivo *Sintaxis histórica de la lengua española*, México, 2008.

ANTÓNIO EMILIANO es profesor auxiliar agregado de Linguística en la Faculdade de Ciências Sociais e Humanas de la Universidade Nova de Lisboa. Sus trabajos de investigación pertenecen al ámbito de la filología portuguesa, con especial atención a la edición y estudio de documentos notariales latinoportugueses y antigoportugueses y al estudio del desarrollo de la escritura portuguesa medieval. Enseña las asignaturas de Lingüística Portuguesa y de Fonología. Es autor de *Latim e Romance em Documentação Notarial da Segunda Metade do Século XI* (2003) e *Transcrição fonética do português (europeu): princípios e convenções gerais* (en prensa, 2008). Dirige el proyecto de investigación *Origens do português: digitalização, edição e estudo linguístico de documentos dos séculos IX-X*, financiado por la Fundação para a Ciência e a Tecnologia. Es coautor de las propuestas de codificación de caracteres medievales *Proposal to add medievalist characters to the UCS* (ISO/IEC, JTC1/SC2/WG2, N3027) y *Proposal to add Medievalist and Iranianist punctuation characters to the UCS* (ISO/IEC, JTC1/SC2/WG2, N3193).

JOSÉ MARÍA ENGUITA UTRILLA es catedrático de Lengua Española en la Universidad de Zaragoza. Su docencia e investigación están dedicadas a la historia de la lengua española y de sus variedades geográficas. Ha publicado varias monografías y numerosos artículos sobre el español de América y el aragonés medieval. Actualmente dirige el *Archivo de Filología Aragonesa* y coordina el grupo de trabajo AraLex. Es delegado de la Asociación de Lingüística y Filología de América Latina para España y Portugal.

INÉS FERNÁNDEZ-ORDÓÑEZ es catedrática de Lengua Española en la Universidad Autónoma de Madrid. Como especialista en Alfonso X e historiografía medieval, es autora de los libros *Las Estorias de Alfonso el Sabio* (1992) y *Versión crítica de la Estoria de España* (Madrid, 1993), editora del volumen colectivo *Alfonso el Sabio y las Crónicas de España* (2001) y co-editora de la *Cuarta parte de la General Estoria* de Alfonso X (2008). La dialectología y, especialmente, la variación gramatical, forman también parte de sus intereses investigadores, en el marco de los cuales viene compilando el *Corpus Oral y Sonoro del Español Rural* (COSER).

JAVIER GARCÍA GONZÁLEZ es profesor de Lengua Española en la Universidad Autónoma de Madrid. Especialista en Lingüística histórica y Lingüística aplicada, su actividad investigadora se ha centrado en los últimos años en dos ámbitos interconectados: el español en contacto con otras lenguas (el estudio, desde la perspectiva de la sociolingüística histórica, del contacto árabe-lenguas romances en la Edad Media de la Península Ibérica) y la adquisición-aprendizaje de segundas lenguas (el estudio de la formación y desarrollo de interlenguas).

CÉSAR GARCÍA DE LUCAS es doctor por las universidades de Alcalá y París X Nanterre y profesor titular en esta última desde 1999. Sus clases y trabajos de investigación versan principalmente sobre la lengua y la literatura castellanas de la Edad Media. Es miembro del CRIIA (Centre de Recherches Ibériques et Ibéro-américaines) de la Universidad de París X Nanterre y del SIREM (Séminaire d'Études Médiévales Hispaniques) del *CNRS*.

JOSÉ MARÍA GARCÍA MARTÍN es catedrático de Lengua Española en la Universidad de Cádiz desde el año 2000 y miembro del Séminaire Interdisciplinaire d'Études sur l'Espagne Médiévale (Sorbona/CNRS, 2001). Entre sus libros se cuentan una edición de *La vida es sueño*

(Madrid, 1983), *Materiales para el estudio del español de Gibraltar* (Cádiz, 1996), *La formación de los tiempos compuestos en español medieval y clásico* (Valencia, 2001). Ha publicado numerosos artículos de sintaxis histórica e historia de la lengua en revistas científicas españolas y extranjeras.

JACINTO GONZÁLEZ COBAS es profesor asociado de Lengua Española en la Universidad Autónoma de Madrid y miembro del Instituto de Investigación Rafael Lapesa (RAE), que persigue como objetivo prioritario la elaboración del *Nuevo Diccionario Histórico de la Lengua Española*. Sus investigaciones pertenecen al ámbito de la Lingüística Histórica, y ha dedicado especial atención a la forma en que tópico y párrafo se manifiestan en los textos medievales: "Estudio sobre el párrafo" (*Estudios de Lingüística Universidad de Alicante*, 2004) y "La estructura informativa de la oración: tópico y comentario. Estado de la cuestión" (*Analecta Malacitana*, 2005).

FERNANDO GONZÁLEZ OLLÉ ha sido catedrático en las universidades de Murcia, Granada y Navarra. Cultiva la lingüística histórica española, tanto interna como externa, en todas sus épocas, como también lo hace con los dialectos hispánicos. Entre sus últimas publicaciones destacan: "El discurso de Carlos V en Roma (1536): ¿una apología de la lengua española?", "*Vamos.* De subjuntivo a marcador", "El habla cortesana, modelo principal de la lengua española", "Apuntes para la historia lingüística de Madrid. Navarra, *Romania emersa* y *¿Romania submersa?*", "*Vidal Mayor*, texto idiomáticamente navarro", "Los orígenes (remotos) de la sintaxis románica" y "Latín y romance en la documentación sinodal castellano-leonesa".

MARTA LACOMBA es profesora de Literatura y Civilización Españolas en la Universidad Michel de Montaigne-Bordeaux III. Forma parte del SIREM (Séminaire interdisciplinaire de Recherches sur l'Espagne Médiévale). Sus trabajos de investigación versan sobre el análisis del discurso en las obras de Alfonso X, desde una perspectiva que contempla tanto aspectos filológicos y lingüísticos como políticos y narrativos.

MARTA LÓPEZ IZQUIERDO es profesora titular de Lingüística Hispánica en la Université Paris 8 y miembro investigador del equipo Langues-Musiques-Sociétés (CNRS-Université Paris 5) y del SIREM (CNRS, Université Paris IV, ENS-LSH Lyon). Sus campos de estudio son la modalidad y la auxiliaridad desde un punto de visto sincrónico y diacrónico, y el contacto de lenguas (en California, donde ha realizado diversas estancias como investigadora y profesora invitada, en UC, Santa Bárbara y USC, Los Ángeles). Actualmente se interesa por la sociolingüística histórica. Ha publicado *Recherches sur la modalité. Les verbes de modalité factuelle en espagnol médiéval* (2003), y coeditado *Répertoire(s)* (*Pandora 7*, 2007), con Valentine Litvan.

ELENA DE MIGUEL es profesora titular de Lengua Española de la Universidad Autónoma de Madrid. Entre sus diversas publicaciones, se puede destacar el libro *El aspecto en la sintaxis del español: perfectividad e impersonalidad* (Madrid, UAM, 1992), el capítulo 46 "El aspecto léxico" de la *Gramática Descriptiva de la Lengua Española* editada por I. Bosque y V. Demonte (Madrid, Espasa-Calpe, 1999, 2) y la edición del volumen colectivo *Las lenguas españolas: un enfoque filológico* (Madrid, MEC, 2006), en el que se recogen los trabajos presentados en el curso del mismo nombre que la autora dirigió en la Universidad Internacional Menéndez Pelayo (Santander, septiembre 2005).

JOSÉ RAMÓN MORALA RODRÍGUEZ es catedrático de Lengua Española en la Universidad de León y pertenece al Instituto de Estudios Medievales de dicha universidad. Sus trabajos en el campo de la diacronía atienden principalmente a aspectos como la grafemática, la fonología o la lexicografía históricas analizados a partir de los datos que proporcionan la toponimia, la dialectología o la documentación medieval y moderna, especialmente la procedente del área leonesa.

JOSEP MORAN I OCERINJAUREGUI es profesor titular en el Departamento de Filología Catalana de la Universidad de Barcelona, miembro de la Secció Filològica del Institut d'Estudis Catalans y director de la Oficina d'Onomàstica de esta institución. Su actividad docente e investigadora se centra en la lingüística histórica catalana (historia de la lengua y gramática histórica) y en la onomástica (antroponimia y toponimia). Sus publicaciones se centran en estas áreas de conocimiento.

FRANCISCO MORENO FERNÁNDEZ es catedrático de Lengua Española en la Universidad de Alcalá. Ha sido director académico del Instituto Cervantes, así como director de los institutos Cervantes en Sao Paulo y en Chicago. Ha sido profesor e investigador visitante en las universidades de Londres, Nueva York (SUNY en Albany), Quebec (Montreal), Gotemburgo, Tokio, Sao Paulo y de Illinois. Entre sus más recientes publicaciones destacan *Historia social de las lenguas de España* (2005), *Principios de sociolingüística y sociología del lenguaje* (²2005), *Qué español enseñar* (²2007), *Demografía de la lengua española* (2007) y *Atlas de la lengua española en el mundo* (2008), con Jaime Otero.

RAÚL ORELLANA CALDERÓN es doctor en Filología Española (Universidad Autónoma de Madrid). Ha desempeñado el cargo de *maître de langue étrangère* en la Université de la Sorbonne-Paris III (2000-2002) y ha sido lector de español en la École Normale Supériéure Lettres et Sciences humaines de Lyon (2002-2004). Actualmente colabora con el Instituto Orígenes de la lengua española de la Fundación San Millán de la Cogolla donde trabaja en el estudio de los romanceamientos bíblicos, especialmente en la obra de Alfonso X el Sabio. Entre sus publicaciones destaca la reciente edición del *Libro de los juegos* de Alfonso X (Biblioteca Castro, 2007) y se espera en breve la edición de la cuarta parte de la *General estoria* de Alfonso el Sabio junto a Inés Fernández-Ordóñez.

Mª AZUCENA PENAS IBÁÑEZ es profesora titular de Lengua Española en la Universidad Autónoma de Madrid. Antes dio clase en la Universidad del País Vasco. Su especialidad es la Semántica lingüística. De entre sus publicaciones destacan, como autora: *Análisis lingüístico-semántico del lenguaje del "gracioso" en algunas comedias de Lope de Vega* (Universidad Autónoma de Madrid, 1992), *El lenguaje dramático de Lope de Vega* (Universidad de Extremadura, 1996), *Félix Lope de Vega* (Eneida, 2004), *Cambio semántico y competencia gramatical* (Iberoamericana/Vervuert, 2008, en prensa), y como co-editora: *Estudios sobre el texto. Nuevos enfoques y propuestas* (Peter Lang, 2009, en elaboración).

MARÍA PILAR PEREA es profesora del Departamento de Filología Catalana de la Universitat de Barcelona. Se ha especializado en lingüística descriptiva, dialectología y morfofonología verbal. Ha colaborado en diversos proyectos de investigación basados en el análisis y la descripción de la lengua oral dialectal y en la elaboración de herramientas informáticas para el tratamiento de datos dialectales. Es autora de libros sobre los trabajos del dialectólogo Antoni M. Alcover y también de artículos relacionados con la morfología, la lexicografía, la dialectología y la lingüística histórica.

SANTIAGO U. SÁNCHEZ JIMÉNEZ es profesor asociado de la Universidad Autónoma de Madrid y desde el año 2006 forma parte del Instituto de Investigación Rafael Lapesa (RAE), cuyo principal objetivo es la elaboración del *Nuevo Diccionario Histórico de la Lengua Española* (NDHE). Su investigación se ha orientado, fundamental pero no exclusivamente, al estudio del español en su vertiente diacrónica. Estos trabajos de investigación abordan especialmente cuestiones relativas a la interfaz sintáctico-semántica y al estudio de los marcadores del discurso.

PEDRO SÁNCHEZ-PRIETO BORJA es catedrático de Lengua Española de la Universidad de Alcalá, donde dirige el grupo de investigación GITHE, que ha elaborado el "Corpus de Documentos Españoles Anteriores a 1700 (CODEA, www.textoshispanicos.es). También es coordinador de la Red Internacional CHARTA, dedicada al estudio y edición de fuentes archivísticas españolas y americanas. Su investigación se orienta a la historia de la lengua española, historia de la escritura, metodología de la crítica textual y edición de textos medievales. Es ponente de la propuesta de un estándar para la edición de textos literarios españoles (Fundación San Millán de la Cogolla, 2008). Entre sus numerosas publicaciones destacan *Cómo editar los textos medievales* (Arco, 1998), la edición, con Bautista Horcajada Diezma, de la los Libros de Salomón en la *General estoria* (Gredos, 1994), y la de las Primera y Tercera Parte de la *General estoria*, dentro de la publicación íntegra, en 10 Vols., de la obra (Biblioteca Castro, 2001-2008). También coordina la serie *Textos para la historia del español* (Universidad de Alcalá, 4 Vols. publicados).

ANA SERRADILLA CASTAÑO es profesora titular de la Universidad Autónoma de Madrid y sus investigaciones se centran en el estudio de la sintaxis y el léxico desde una perspectiva diacrónica. Ha publicado, entre otras obras, el *Diccionario sintáctico del español medieval. Verbos de entendimiento y lengua* (Gredos, 1996) y es co-editora del volumen *Estructuras léxicas y estructuras del léxico* (Peter Lang, 2006).

JOSÉ ANTÓNIO SOUTO CABO es profesor titular de Gramática Histórica Portuguesa y Dialectología Portuguesa en el Departamento de Filoloxia Galega de la Universidade de Santiago de Compostela. Dos líneas pueden sintetizar los que han sido centros de interés de su trabajo científico más reciente, por un lado, la investigación sobre las coordenadas espacio-temporales en que se inscribe la lírica gallego-portuguesa y, por otro, la edición y estudio de obras literarias y documentos notariales gallego-portugueses situados entre los siglos XII y XVII. En lo que se refiere al último campo, podemos citar las siguientes obras: *Crónica de Santa Maria de Íria* (Santiago, 2001), *Livro de Tristan e Livro de Merlin* (Santiago, 2001), *História de D. Servando* (Santiago, 2007), *Documentos galego-portugueses dos séculos XII e XIII* (La Coruña, 2008).

LUIS MIGUEL VICENTE GARCÍA es profesor de Literatura en la Universidad Autónoma de Madrid. Autor de numerosas publicaciones, muchas de ellas en el ámbito medieval: *Estrellas y astrólogos en la literatura medieval española* (Madrid, Ediciones del Laberinto, 2006), ganador del VII Premio "Demetrio Santos" de investigación; mencionado para el Premio "La Corónica" al mejor libro de investigación en temas medievales. Coedita con Gerold Hilty, *El libro conplido en los Iudizios de las estrellas. Partes 6 a 8* (Zaragoza, Instituto de Estudios Islámicos y del Oriente Próximo, 2005).

XULIO VIEJO FERNÁNDEZ, profesor de Filología Española de la Universidad de Oviedo, está especializado, como docente e investigador, en Filología Asturiana. Es autor de varios libros y artículos sobre los más variados aspectos relativos a este ámbito, particularmente los referidos a la historia lingüística y literaria. Entre ellos cabría destacar *La formación histórica de la lengua asturiana* (2003) e *Historia de la lliteratura asturiana. Llingua y cultura lliteraria na Edá Media asturiano-lleonesa* (2004). Es, asimismo, secretario, de la *Revista de Filoloxía Asturiana*.